内容简介

本书涵盖了企业并购财务管理、企业集团财务管理、国际财务管理、中小企业财务管理、非营利组织财务管理、企业破产清算财务管理等专门性财务问题，这些问题有的是当前经济活动中的热门话题，如企业并购财务管理；有的是财务管理的难点，如企业集团财务管理；有的则是一般的财务管理教材中较少涉及的内容，如非营利组织财务管理等。

2021年，本教材第4版获首届全国教材建设奖全国优秀教材二等奖。第5版保留了原有的理论框架，对内容和细节进行了散点多面的替换和补充。主要修订内容如下：

1. 更新了部分法规和政策，如《证券法》《上市公司收购管理办法》等。

2. 更新了部分案例。

（1）对主要章节的“本章导读”进行了更新，尽可能通过现实问题吸引读者兴趣。

（2）对一些典型案例数据进行了延续式更新。

（3）对原有的案例进行了逻辑修改、数据完善或彻底更新。

3. 吸纳了实践中的一些新问题和新现象。

主编简介

王化成　中国人民大学商学院教授，博士研究生导师。中国人民大学首批聘任二级教授、杰出学者A岗教授，国家高层次人才特殊支持计划教学名师，教育部长江学者特聘教授，财政部首批会计名家，国家社会科学基金重大项目首席专家。

曾先后获教育部高校青年教师奖、国家级教学成果奖、宝钢优秀教师特等奖等诸多奖项。现任全国会计专业学位研究生教育指导委员会副主任委员兼秘书长，中国成本研究会副会长。

刘亭立　北京工业大学经济与管理学院教授，博士研究生导师。主要研究方向为公司治理与公司金融，围绕这一研究方向，近年主持国家社会科学基金项目2项、省部级课题2项，出版著作4部，发表学术论文70余篇。

前言

完成第5版的修订，才突然发现距离本书的首次出版恰好过去了18年，就像一个人从懵懂走向成熟，《高级财务管理学》几经修订，吐故纳新，也开始走向成熟。18年前，国际上有关高级财务管理的书籍主要是专题或论文汇编，基本没有针对本科生教学的系统性教材，国内虽有零星的教材出版，但内容体系存在较大差异，这给财务管理专业的教学带来一定困惑。在此背景下，我们结合自身在财务管理理论结构研究中的体会和积累，大胆提出“高级财务管理讲授的都是突破财务管理假设的内容”这一观点，并从财务管理假设入手，创新性地构建了高级财务管理理论的教学体系。18年间，中国经济社会发展进入快车道，贸易出口额居世界第一，GDP跃至世界第二，对全球经济增长的年均贡献为30%左右，小康社会全面达成。而在这背后，是企业治理结构的不断完善，是资本市场的发展壮大，是营商环境和制度政策的持续优化。财务理论的发展与经济实践活动密不可分，秉持与时俱进的理念，首版出版后我们对教材进行了数次修订，及时吸纳中国经济发展的创新成果，反映中国特色的企业实践，承蒙全国上百所高校财经专业师生的厚爱，本教材印数已达43万余册。2021年，本教材第4版获首届全国教材建设奖全国优秀教材二等奖。

“持续跟踪，动态优化，潜心做好一本充分体现中国经济社会发展脉动的高级财务管理学教材”是我们编写教材的初心，为了更好地吸收十九大以来的制度创新和政策优化，将多层次资本市场和高质量发展等新思想融入教材，我们于2021年年初启动了第5版的修订工作。在这个过程中，我们深入访谈了多位使用教材的教师和学生，接纳了许多热心读者的建议和反馈，与编辑进行了恳谈，最终确定了修订思路。此次修订依然保留了原有的理论框架，但对内容和细节进行了散点多面的替换和补充，主要聚焦于补充新法规和新政策、案例的时序更新、陈旧内容的更换等。具体修订内容如下：

1. 更新了部分法律法规和政策

对教材中涉及的法律法规和政策进行了梳理，更新了一些新法规的要求及其影响，如《证券法》《上市公司收购管理办法》等。

2. 更新了部分案例

案例丰富是本教材的主要特点之一，在此次修订过程中，案例的更新具体分为三种情况。

（1）对主要章节的“本章导读”进行了更新，尽可能通过现实问题吸引读者兴趣。例如，第 2 章将中国并购市场的统计数据更新至 2020 年。

（2）对一些典型案例数据进行了延续式更新。例如，中集集团的案例将数据更新至 2019 年。

（3）对原有的案例进行了逻辑修改、数据完善或彻底更新。例如，结合美的电器近年的发展，重新梳理和丰富了美的电器财务管理目标的案例。

3. 增加了新内容

本次修订对实践中的一些新问题和新现象进行了吸纳，主要有两种做法：

（1）对于相对比较成熟、在某种程度上基本已有共识的新现象进行了理论归纳。例如，在第 9 章增加了“创业企业财务管理”一节，专门讨论创新创业背景下创业企业的财务管理问题。

（2）对于一些特定背景下出现的新问题，则通过案例分析或案例讨论的方式提供给读者，如永煤控股的债券违约案例等，这也体现了高级财务管理学的研究型特征。

本书第 5 版的修订工作由王化成、刘亭立、邓路、裘益政完成。

时代车轮滚滚向前，财务管理实践创新不断，教材的修订和完善永远在路上。本书一定还存在疏漏之处，恳请读者朋友批评指正。

王化成　刘亭立

目录

第 4 章

企业并购运作

第 5 章

企业集团财务管理概述

第 6 章

企业集团的资金运筹

第 7 章

企业集团财务控制

第 8 章

国际财务管理

第 9 章
中小企业财务管理

第 10 章
非营利组织财务管理

第 11 章
企业破产、重整与清算

第1章 总　论

本章导读

张雨涵是中国人民大学财务管理专业三年级的学生，他上学期刚刚上完“财务管理学”这门课，这学期又要学习“高级财务管理学”。上课前，以下问题一直困扰着雨涵：财务管理学与高级财务管理学有何区别？高级财务管理学主要讲授哪些内容？

为此，上第一次课时，雨涵早早来到教室，与主讲老师王教授就上述两个问题展开讨论。王教授告诉雨涵，财务管理学讲授通用业务，如筹资、投资、分配等，高级财务管理学讲授特殊业务，如企业并购财务问题、企业集团财务问题等。

王教授接着介绍说，高级财务管理学讲授的专题主要包括：(1) 企业并购的财务管理。主要内容包括并购的基本概念与基础理论、并购中对目标公司的估价、并购支付方式及其筹资等。(2) 企业集团财务管理。主要内容包括企业集团的概念、特征、财务管理特点，企业集团的资金运筹，企业集团的业绩评价等。(3) 国际财务管理。主要内容包括国际财务管理的概念、特点，外汇风险管理，国际企业筹资管理，国际企业投资管理，国际企业营运资金管理，国际企业纳税管理等。(4) 中小企业财务管理。主要内容包括中小企业的类型和财务管理的特点、中小企业筹资的各种方法和应注意的问题、中小企业的投资战略和资本营运等。(5) 非营利组织财务管理。主要内容包括非营利组织财务管理的特点、目标，非营利组织的筹资管理与资本预算管理等。(6) 企业破产、重整和清算的财务管理。主要内容包括破产的基本概念与破产界限、企业重整的理论与方法、企业清算的程序和企业破产的预警等。

学习目标

- 掌握财务管理理论结构的概念和基本框架
- 理解财务管理假设的构成及其与高级财务管理内容的关系
- 了解设计财务管理课程体系的各种思路
- 掌握高级财务管理的基本内容

1.1 财务管理的理论结构

理论研究的深度，是衡量一门学科成熟与否的标志；首尾一贯的理论，则是评估实务正确与否的指南。财务管理实务已有较长历史，但财务管理理论的出现则较晚。根据现有资料，社会主义制度下的财务管理学是20世纪40年代苏联科学院院士费·吉亚琴科教授倡导与创建的。在西方，直到50年代，才形成比较规范的财务管理理论。中国的财务管理理论研究是从60年代才开始的。但是，由于种种原因，对于财务管理的理论结构问题始终没有进行过充分的讨论。理论来源于实践，同时理论又指导和预测实践，没有理论指导的实践，是盲目的实践。改革开放以来，中国的财务管理实践发生了重大变化，亟须理论的规范与指导，以使今后的财务管理实务得到更好的发展和进步。

1.1.1 财务管理理论结构的概念

1. 财务管理理论

为弄清什么是财务管理理论，必须首先弄清什么是理论。世界著名的《韦氏国际词典》(*Webster's New International Dictionary*）第三版将理论解释为：理论是某一研究领域的一套前后一致的假设、概念和实用原则所构成的系统。

我国的《辞海》对理论的解释是：理论是概念、原理的体系，是系统化了的理性认识。

我国《现代汉语词典》对理论的解释是：理论是人们由实践概括出来的关于自然界和社会的知识的有系统的结论。

但不论怎样描述，理论与实践的关系总是非常密切并相辅相成。它们互为对方提供支持和帮助，每一方都有助于纠正对方的缺陷，使其更加完善。理论的职能是扩大经验的范围，并深化其含义。凡属科学的理论，必须能完整、准确地解决两个问题：(1) 如何解释实践，即认识世界；(2) 如何进一步做好实际工作，即改造世界。

财务管理理论是根据财务管理假设进行科学推理或对财务管理实践进行科学总结而建立的概念体系，其目的是解释、评价、指导、完善和开拓财务管理实践。

2. 财务管理的理论结构

"结构"作为哲学上的范畴是指物质及其运动的分布状态，是事物各个组成要素之间相互稳定的排列顺序、组合方式和互相制约、互相联系、互相作用、互相依赖的关系总和。《现代汉语词典》对结构的解释是：结构是各个组成部分的搭配和排列。一般而言，讲到结构，应包括以下两个方面的含义：一是构成系统或物质的基本要素或元素；二是这些要素或元素在整体中的作用及其排列组合，即要素之间的联结关系。即使系统的构成要素或物质的组成元素相同，由于其联结方式不同，也会引起系统或物质发生变化，因此，讲到结构，一定包括上述两方面内容。

借用结构的基本定义，可以将财务管理的理论结构定义为：财务管理理论各组成部分（或要素）以及这些部分之间的排列关系。本书所建立的是以财务管理环境为起点，财务管理假设为前提，财务管理目标为导向，由财务管理的基本理论、应用理论构成的理论结构。

1.1.2 财务管理理论结构的起点

研究财务管理理论结构，一个十分重要的问题就是从何处入手，以什么作为逻辑推理的出发点。

1. 关于现有财务管理理论研究起点的主要观点

财务管理理论研究的起点，长期以来是一个有争议的问题，主要观点有以下几种：

（1）财务本质起点论。长期以来，我国财务管理的理论研究以"财务的本质"为起点，从这一起点出发，逐渐阐述财务管理的概念、对象、原则、任务、方法等一系列理论问题。我国著名财务管理学家郭复初教授认为，这种观点形成于20世纪80年代，当时对财务的存废问题存在很大争议，财务管理理论工作者在形成财务独立论的过程中，从财务的本质研究出发，奠定了财务理论的基石。① 进入90年代，我国有些学者对其进行了系统论证，指出，财务质的规定性决定了财务的独立性，财务的种种独特性态，乃是奠定财务独立存在的客观基础。从建立和完善财务管理学科体系来看，对财务的本质进行科学的定义是必要的，但以财务的本质作为理论研究的起点，只能解决什么是财务、什么是财务管理这些纯理论的问题，不能解决为什么进行财务管理这一与财务管理实践密切相关的问题，也不可能有效地指导财务管理实践。因此，以财务的本质作为财务管理理论的起点，会阻碍财务管理应用理论的发展，不利于财务管理理论体系的完善。

（2）假设起点论。这种观点是近年来在借鉴会计理论研究方法的基础上形成的。持这种观点的人认为，任何一门独立学科的形成和发展，都是以假设为逻辑起点的，然而，在财务学中，却忽略了这一点。并指出，假设对任何学科都是非常重要的，因为它为本

---

① 郭复初，等．财务通论．上海：立信会计出版社，1997.

学科的理论和实务提供了出发点或奠定了基础。① 财务管理假设是财务管理理论结构中一个非常重要的问题，必须认真研究。但以财务管理假设作为财务管理理论研究的起点还存在一些问题，这是因为：1）财务管理假设不是凭空捏造的，也不是天生就有的，而是根据财务管理环境和财务管理的内在规律概括出来的，显然，环境决定假设，而不是相反。2）即使是过去一直以假设为理论起点的会计学，进入 20 世纪 70 年代，也逐渐放弃了这种观点，改用其他范畴作为会计理论研究的起点。可见，并不是任何学科、任何时候都以假设作为理论研究的起点。

（3）本金起点论。这是我国著名财务管理学家郭复初教授提出的一种观点。他认为，本金是指为进行商品生产和流通活动而垫支的货币性资金，具有流动性与增值性等特点。② 并进一步指出，经济组织的本金，按其构成可以分为实收资本、内部积累和负债等几大组成部分。③ 同时强调，本金起点论符合逻辑起点的基本标准，弥补了其他起点理论的种种不足。本金作为财务资金的代名词已成为财务理论的核心概念，是财务理论概念体系中的组成部分。以本金作为基本细胞并从此开始研究，有利于从小到大、层层展开，从而构成完整的财务管理理论体系。但以本金作为财务管理理论研究的起点，必须解决本金与资金、资本之间的关系。

（4）目标起点论。进入 20 世纪 90 年代以后，我国有些学者提出了以财务管理目标为财务管理理论研究起点的看法。这种观点认为，任何管理都是有目的的行为，财务管理也不例外。只有确立合理的目标，才能实现高效的管理。适应市场经济发展要求的财务管理理论结构应该以财务管理目标为出发点……同时认为，财务管理目标是在考虑风险和报酬两个重要因素的基础上实现企业价值的最大化。④ 这种观点突出了财务管理目标在财务管理理论结构中的作用，有利于财务管理理论对财务管理实践的指导。但现在看来，这种观点也存在一些问题。这是因为：1）从逻辑学的角度来看，任何理论的研究起点都应是其原本点（即原始出发点），显然财务管理目标并不具备这一特点，因为财务管理目标受财务管理环境的影响，不同的理财环境会产生不同的财务管理目标。2）从财务管理理论体系本身来看，如果以财务管理目标为起点，则很难安排财务管理假设在财务管理理论结构中的地位，因为假设是根据环境概括出来的，而不是根据目标概括的。

2. 以财务管理环境为起点来构建财务管理的理论结构

财务管理环境是对财务管理有影响的一切因素的总和。它既包括宏观的理财环境，也包括微观的理财环境。其中宏观环境主要是指企业理财所面临的政治、经济、法律和社会文化环境；微观环境主要是指企业的组织形式，企业的生产、销售和采购方式等。笔者认为，从 20 世纪财务管理的发展过程可以看出，理财环境对财务管理假设、财务管理目标、财务管理方法、财务管理内容具有决定作用，是财务管理理论研究的起点。

20 世纪是财务管理大发展的世纪，在这 100 年的时间里，财务管理经历了五次飞跃

① 陆建桥．试论财务假设．四川会计，1995（2）．
② 郭复初．国家财务论．成都：西南财经大学出版社，1993：6．
③ 郭复初，等．财务通论．上海：立信会计出版社，1997：35．
④ 王化成．企业财务学．北京：中国人民大学出版社，1994．

性的变化，我们称之为财务管理的五次发展浪潮。①

（1）第一次浪潮——筹资管理理财阶段。这一阶段又称“传统财务管理阶段”，在这一阶段，财务管理的主要职能是预测公司资金的需要量和筹集公司所需要的资金。20世纪初，由于西方国家经济的持续繁荣和股份公司的迅速发展，各类企业都面临如何筹集扩大生产经营所需资金的问题。那时，市场竞争不是十分激烈，各国经济迅速发展，只要筹集到足够的资金，一般都能取得较好的效益。然而，当时的资金市场还不甚成熟，金融机构也不十分发达，因而如何筹集资金便成为财务管理的最主要问题。在这一阶段，筹资理论和方法得到迅速发展，为现代财务管理理论的产生和完善奠定了基础。

（2）第二次浪潮——资产管理理财阶段。这一阶段又称“内部控制财务管理阶段”。筹资阶段的财务管理只着重研究资本筹集，却忽视了企业日常的资金周转和内部控制。第二次世界大战以后，随着科学技术的迅速发展，市场竞争日益激烈，西方财务管理人员逐渐认识到，在残酷的竞争中要维持企业的生存和发展，财务管理的主要问题不仅在于筹集资金，更在于有效的内部控制，管好用好资金。在此阶段，资产负债表中的资产项目，如货币资金、应收账款、存货、固定资产等引起财务管理人员的高度重视。在这一时期，企业内部的财务决策被认为是财务管理的最主要问题，而与资金筹集有关的事项已退居第二位。各种计量模型逐渐应用于存货、应收账款、固定资产等项目，财务分析、财务计划、财务控制等得到广泛应用。

（3）第三次浪潮——投资管理理财阶段。20世纪60年代中期以后，随着企业经营的不断变化和发展，资金运用日趋复杂，市场竞争更加激烈，投资风险不断加大，投资管理受到空前重视。主要表现在：1）确定了比较合理的投资决策程序；2）建立了科学的投资决策指标；3）建立了科学的投资决策方法；4）创立了投资组合理论和资本资产定价理论。对投资财务管理理论做出重要贡献的学者是迪安（Joel Dean）、马科维茨（Harry M. Markowitz）和夏普（William F. Sharpe）。迪安在其所著《资本预算》一书中，主要研究应用贴现现金流量法来确定最优投资决策问题。马科维茨致力于投资组合的研究，提出了投资组合理论。夏普提出了资本资产定价模型，揭示了风险与报酬的关系。

（4）第四次浪潮——通货膨胀理财阶段。20世纪70年代末期和80年代早期，伴随石油价格的上涨，西方国家出现严重的通货膨胀，持续的通货膨胀给财务管理带来许多问题，在通货膨胀条件下如何有效地进行财务管理便成为主要矛盾。大规模的通货膨胀，使企业资金需求不断膨胀，货币资金不断贬值，资金成本不断升高，成本虚降，利润虚增，资金周转困难。为此，西方财务管理提出了许多应对通货膨胀的方法，企业筹资决策、投资决策、资金日常调度决策、股利分配决策，都根据通货膨胀的状况进行了相应的调整。

（5）第五次浪潮——国际经营理财阶段。20世纪80年代中后期，由于运输和通信技术的发展，市场竞争加剧，企业跨国经营发展很快，国际企业财务管理越来越重要。当然，一国财务管理的基本原理对国际企业也是适用的，但是，由于国际企业涉及多个国

① 王化成. 20世纪西方财务管理的五次浪潮. 中国财经报，1997-11-08.

家，要在不同制度、不同环境下做出决策，就会有一些特殊问题需要解决，如外汇风险问题、多国融资问题、跨国资本预算问题、国际投资环境的评价问题、内部转移价格问题等，都与一国的财务管理不同。80年代中期以来，国际财务管理的理论和方法迅速发展，并在财务管理实务中得到广泛应用，成为财务管理发展过程中的又一个高潮。

从20世纪财务管理的发展过程可以看出，财务管理目标、财务管理内容、财务管理方法的变化，都是理财环境综合作用的结果。可以这样说，有什么样的理财环境，就会产生相应的理财模式，也就会产生相应的财务管理理论体系。实际上，财务管理总是依赖于其生存发展的环境。在任何时候，财务管理问题的研究都应以客观环境为立足点和出发点，这样才有价值。脱离了环境来研究财务管理理论，就等于是无源之水、无本之木。所以，将财务管理环境确定为财务管理理论结构的起点是一种合理的选择。

1.1.3 财务管理理论结构的构建

1. 我国学者关于财务管理理论体系的主要观点简介

明确了财务管理理论结构的起点以后，再来构建财务管理的理论结构就容易得多，因为良好的开端是成功的一半。从现有文献来看，我国关于财务管理理论结构的文章并不多，但关于财务管理理论体系的文章有一些，现对有关观点简介如下：

我国著名财务管理学家王庆成教授认为，财务管理理论体系中的基本概念是资金运动，它的基本规律是资金运动规律，它的基本程序和方法是资金运动规律性的运用。由此展开，财务管理理论体系的构成要素可以概括为以下几个方面：财务管理对象、财务管理职能、财务管理主体、财务管理环境；财务管理目标、财务管理原则、财务管理体制；财务管理环节、财务管理方法。他指出，对象、职能、主体、环境主要是从财务的本质出发展开的；目标、原则、体制主要是从资金运动规律性出发展开的；而环节和方法主要是从资金运动规律性的运用展开的。①

我国著名财务管理学家李相国教授认为，遵循理论与实践辩证关系的原理，作为财务管理实践的系统化的认识，财务管理基本理论体系可按认识的不同层次划分为以下五个组成部分：(1) 描述财务管理及其基本特征、目标的理论；(2) 描述财务管理的主体、客体和理财环境的理论；(3) 描述财务管理职能、研究财务管理运行机制的理论；(4) 研究财务管理规范的理论；(5) 关于财务管理方法原理的理论。②

我国著名财务管理学家刘恩禄教授等认为，财务管理理论体系由基本理论和应用理论两大部分构成。其中基本理论包括以下几个方面：经济效益理论、资金时间价值理论、资金保值理论、财务控制理论、财务分析理论、财务公共关系理论、资金运动规律、资金成本理论、财务系统理论、财务信息理论、财务机制理论。应用理论分别按环节划分和按工作对象划分。按环节分主要包括：财务预测理论、财务决策理论、财务计划理论、

① 王庆成．关于财务管理学体系的研究．财务研究，1991 (1).

② 李相国，卢春泉．对财务管理理论体系的研究．财务研究，1991 (3).

财务调控理论、财务分析诊断理论；按工作对象分主要包括：资金筹措理论、资金投资理论、资金日常管理理论和资金分配理论。①

我国著名财务管理学家郭复初教授等认为，财务理论体系由财务基本理论、财务规范理论和财务行为理论三部分构成。其中，基本理论包括财务本金理论、财务对象理论、财务职能理论、财务假设理论和财务发展史；规范理论包括财务法规理论、财务政策理论、财务管理体制、财务人员管理和财务组织管理；行为理论包括财务管理的目标、筹资理论与方法、投资理论与方法、资金耗费理论与方法、收益理论与方法和分配理论与方法。②

2. 财务管理理论结构的基本框架

以上著名财务管理学家对财务管理理论体系的看法都有其可取和独到之处，为我们构建财务管理理论结构提供了可供借鉴的理论和方法。根据上述各种观点，结合当前和未来一段时间我国财务管理环境的现状和发展，可以构建如图 1－1 所示的财务管理理论结构。

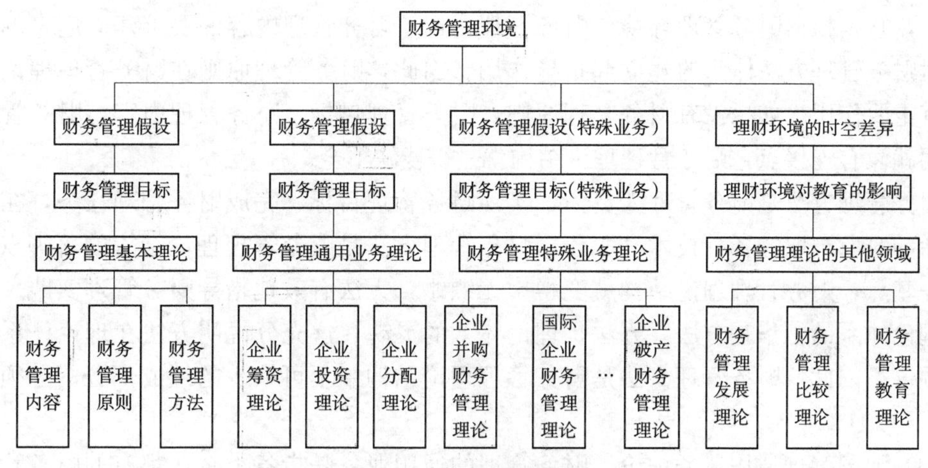

图 1－1 财务管理理论结构图

现对图 1－1 简要说明如下：

（1）财务管理理论的起点、前提与导向。财务管理环境是财务管理理论研究的逻辑起点。财务管理中的一切理论问题都是由此展开的，并在此基础上层层深入，形成合理的逻辑层次关系。

财务管理假设是财务管理理论研究的前提。财务管理假设是人们利用自己的知识，根据财务活动的内在规律和理财环境的要求所提出的，具有一定事实依据的假定或设想。一般来说，理论体系的建立，多数要通过假设、推理、实证等过程实现。因此，要形成理论，需要先根据环境和特定学科的规律性提出假设。

财务管理目标是财务管理理论和实务的导向。它是在认真研究财务管理环境和已经

① 刘恩禄，汤谷良．财务管理学建设的系统构想——对财务管理学理论、学科、课程三大体系的探讨．北京商学院学报，1990（4）．

② 郭复初，等．财务通论．上海：立信会计出版社，1997：214-215．

确立的财务管理假设的基础上确定的，既对财务管理内容、财务管理原则、财务管理方法等基本理论问题起导向作用，也对财务管理的通用业务理论和特殊业务理论起导向作用。不同的财务管理目标，必然产生不同的理论构成要素和理论逻辑层次关系。在财务管理理论结构中，财务管理目标具有承上启下的作用，它是根据财务管理环境确立的，同时又会对财务管理基本理论和应用理论产生影响。

（2）财务管理基本理论。财务管理的基本理论是指由财务管理内容、财务管理原则、财务管理方法构成的概念体系。

财务管理内容历来是一个有争议的问题，国内外学术界的看法存在一些分歧。财务管理的基本内容是企业财务活动，而财务活动又分为企业筹资引起的财务活动、企业投资引起的财务活动、企业日常经营引起的财务活动和企业分配引起的财务活动等。因此，财务管理的内容包括企业筹资管理、企业投资管理、企业营运资金管理和企业分配管理等四个方面。

财务管理原则是财务管理工作必须遵循的基本准则，是从财务管理实践中概括出来的体现财务活动规律性的行为规范。财务管理原则在财务管理理论结构中居于承上启下的地位，它是根据财务管理环境、财务管理目标、财务管理内容的要求建立起来的，但它又对财务管理方法体系的建立起指导作用。因此，财务管理原则在财务管理理论结构中具有重要作用。如果没有财务管理原则，财务管理目标、财务管理内容与财务管理方法之间就没有连接点，财务管理理论结构就显得残缺不全。

财务管理方法是财务管理人员为了实现财务管理目标、完成财务管理任务，在进行理财活动时所采取的各种技术和手段。财务管理方法是财务管理理论结构的落脚点，没有这一基点，财务管理理论结构就变得虚无缥缈，无法有效地指导财务管理实践。有人说，理论体系的精华是方法，方法是理论体系的灵魂，这充分说明方法在理论体系中的重要程度。因此，财务管理方法是财务管理理论结构中不可缺少的组成部分，必须认真研究。

（3）财务管理通用业务理论。财务管理的通用业务是指各类企业都有的财务管理业务。从财务管理的基本理论中我们知道，财务管理的基本内容包括企业筹资管理、企业投资管理、企业营运资金管理和企业分配管理等。但企业营运资金管理更多涉及操作方法问题，理论方面的内容不多，故在财务管理的通用业务理论中，可以只研究企业筹资管理理论、企业投资管理理论和企业分配理论。这三个方面的理论都受财务管理环境的影响，都以财务管理的基本假设为前提，都以财务管理的目标为导向。

（4）财务管理特殊业务理论。财务管理的特殊业务是指只在特定企业或某一企业的特定时期才有的财务管理业务。这类业务有很多，如企业破产的财务管理、企业并购的财务管理、企业集团的财务管理、小企业财务管理、通货膨胀财务管理、国际企业财务管理等。这些业务往往是在特定情况下或特定的企业中发生的，会对原有的财务管理假设产生冲击，财务人员在处理这些业务时通常要提出新的假设，甚至提出新的财务管理目标。例如，企业破产的财务管理、企业并购的财务管理就对持续经营假设提出挑战，研究此类问题时，就不能遵循持续经营假设，而应当提出非持续经营假设；企业集团财务管理、国际企业财务管理等会对理财主体假设提出挑战，因为出现了理财主体的多元化问题；小企业财务管理会对理性理财假设和有效市场假设提出挑战，因为小企业财务管理人员的素质相对较差，极有可能出现非理性理财行为，即使存在一个有效市场，由于受规模限制，小企业也无法充分利用；非营利组织财务管理则会对资金增值假设提出挑战，因为这种单位的资金并不要求增值。

（5）财务管理理论的其他领域。分析完上述四个方面，财务管理的理论结构的主要问题都有了相应的安排，但尚有一些问题没有讨论，主要有：财务管理的发展理论（财务管理史问题）、财务管理的比较理论（比较财务管理问题）和财务管理的教育理论。我们把这些问题统一归入财务管理理论的其他领域进行研究。财务管理的发展理论主要研究财务管理环境在时间上的差异以及这些差异对财务管理理论和实践的影响；财务管理的比较理论主要研究财务管理环境的空间差异以及这些差异对财务管理理论和实践的影响；财务管理的教育理论主要研究财务管理环境变化对财务管理教育提出的要求以及财务管理教育所采取的对策。

1.2 财务管理假设

1.2.1 财务管理假设的概念

"假设"（postulate）一词的含义究竟是什么？一般都引用比较权威的《韦氏国际词典》的解释。该词典对假设给出了如下两方面解释：（1）提出一个认为是理所当然或不言自明的命题；（2）基本的前提或假定。可以认为，第一种解释是指假设是一种不需要证明的、有一定事实依据的命题；第二种解释是指假设是人们进行实践活动或理论研究的基本前提。因此，可以把假设定义为：人们根据特定环境和已有知识所提出的、具有一定事实依据的假定或设想，是进一步研究问题的基本前提。

根据以上假设的概念，结合财务管理的特点，可以把财务管理假设定义为：人们利用自己的知识，根据财务活动的内在规律和理财环境的要求所提出的、具有一定事实依据的假定或设想，是进一步研究财务管理理论和实践问题的基本前提。

1.2.2 财务管理假设的分类

根据作用不同，财务管理假设可以分为以下三种。

1. 财务管理基本假设

财务管理基本假设是研究整个财务管理理论体系的假定或设想，它是财务管理实践活动和理论研究的基本前提。财务管理基本假设在构建财务管理理论体系中具有重要意义。亚里士多德说过，每一可论证的科学多半是从未经论证的公理开始的，否则，论证的阶段就永无止境。这里的"未经论证的公理"就是假设。美国著名审计学家伯特·莫茨也说过，无论哪门学科，在阐明和检查它的基本假设、性质、缺陷、意义之前，均无法得到真正的发展。对一门学科进行深入研究，首先应明确这门学科的基础或前提，就像一棵树，要想多结果实，仅在枝叶上下功夫不行，必须在挨近根的地方翻土并施肥，即所谓的“养其根而俟其实”。财务管理基本假设作为财务管理理论和财务管理实践的逻辑前提，是深入研究许多财务管理问题的基础，在财务管理研究中处于“根”的地位，每一位财务管理人员都必须对此有明确的认识。

2. 财务管理派生假设

财务管理派生假设是根据财务管理基本假设引申和发展出来的一些假定和设想。财务管理派生假设与基本假设互为作用，派生假设是对基本假设的进一步说明和阐述，在构建财务管理理论体系中起着重要作用。

3. 财务管理具体假设

财务管理具体假设是指为研究某一具体问题而提出的假定和设想。它是以财务管理基本假设为基础，根据研究某一具体问题的目的提出的，是构建某一理论或创建某一具体方法的前提。例如，财务管理中著名的 MM 理论、资本资产定价理论、本量利分析方法等都是在一系列假设的基础上构建的。

1.2.3 研究财务管理假设的意义

1. 财务管理假设是建立财务管理理论体系的基本前提

一般来说，理论体系的建立，多数要通过假设、推理、实证等过程实现。因此，要形成理论，都需要先提出假设。恩格斯曾说过，“只要自然科学运用思维，它的发展形式就是假说。”① 可见，不管是自然科学还是社会科学，要建立科学的理论体系，都需要建立一定的假设。

2. 财务管理假设是企业财务管理实践活动的出发点

人类做出任何决策都需要一定的假设，财务管理也不例外。例如，当一个企业进行长期债券投资时，必然假定自己的企业和被投资的企业均是持续经营的企业；当我们说把钱存入银行不如投资股票的报酬高时，实际上是假设风险与报酬同增。

1.2.4 财务管理假设的构成

1. 理财主体假设

理财主体假设是指企业的财务管理工作不是漫无边际的，而应限制在每个经济上和经营上具有独立性的组织之内。它明确了财务管理工作的空间范围。这一假设将一个主

① 马克思，恩格斯．马克思恩格斯选集：第 3 卷．北京：人民出版社，2012：932.

体的理财活动同另一个主体的理财活动相区分。在现代的公司制企业中，客观上要求将企业的财务活动与股东的财务活动划分清楚，如果将成千上万的股东和企业混在一起，就无法判断企业的经营业绩和财务状况。而使用理财主体假设，将企业与包括股东、债权人和职工在内的其他主体分开，无疑是一种聪明的做法。

理财主体应具备以下特点：(1) 理财主体必须有独立的经济利益；(2) 理财主体必须有独立的经营权和财权；(3) 理财主体一定是法律实体，但法律实体不一定是理财主体。

一个组织只有具备这三个特点，才能真正成为理财主体，显然，与会计上的会计主体相比，理财主体的要求更严格。如果某个主体虽然有独立的经济利益，但不是法律实体，则该主体虽然是会计主体，但不是理财主体，如一个企业的分厂。如果某主体虽然是法律实体，但没有独立的经营权和财权，则其也不是理财主体。当然，实际工作中，为了满足管理上的要求，会人为地确定一些理财主体。例如，对一个分厂实行承包经营，赋予它比较大的财权，这个分厂就有了理财主体的性质。因此，可以认为，考虑到实际情况，理财主体可以区分为完整意义上的理财主体（或称真正的理财主体、自然的理财主体）和相对意义上的理财主体（或称相对的理财主体、人为的理财主体）。一个真正的理财主体必须具备上述三个条件。一个相对的理财主体，条件可适当放宽，可以根据实际工作的具体情况和一定单位责、权、利的大小，确定特定层次的理财主体。不过，在财务管理理论研究中所说的理财主体，一般是指真正意义上的理财主体。

由理财主体假设可以派生出自主理财假设。从上述理财主体的概念中可知，凡是成为理财主体的单位，都有财务管理的自主权，即可以自主地从事筹资、投资和分配活动。当然，自主理财并不是说财权完全集中在财务人员手中，在现代企业制度下，财权是在所有者、经营者和财务管理人员之间进行分割的。这里的所有者主要是指原始出资者，在股份公司中是指股东；经营者是指企业的董事会和经理办公会的成员；财务管理人员是指包括财务部门经理在内的各级财务人员。股东的权利一般不能单独行使，它通常表现为一种集体决策权，股份公司发放股利、大规模增资、进行重大项目投资都必须经过股东大会集体表决。当然，在所有权与经营权日益分离的现代企业制度中，这种表决一般是象征性的。因此，两权分离的推行使财权回归企业，经营者有权独立地进行财务活动，包括筹资、投资和分配等重要决策。“经理革命”的出现，进一步为企业成为理财主体奠定了基础。所谓“经理革命”，是指领取薪水的经理人员在高层管理中逐渐取代传统的所有者在企业中的支配地位，这是现代企业制度的一个基本特征。正如汤谷良教授所说，经理革命的完成使企业经理在企业决策中的地位得以牢固确立，原始出资人难以再染指企业财务决策，企业的法人产权日益由经理层全权支配和处置，法人财产日渐脱离原始产权不断独立化。所有权与经营权的分离，更加显示出理财主体假设的实际意义。因此，在现代的股份制企业中，企业是一个独立的理财主体。

在我国，国有企业的理财主体地位经历了如下三个阶段的变化：(1) 改革开放以前，企业不是独立的理财主体，国家才是企业的理财主体；(2) 20 世纪 70 年代末至 80 年代末，国有企业的理财主体具有双重性，即国家和企业均可能是企业的理财主体；(3) 20 世纪 80 年代末至 90 年代末，随着企业改革的不断推进，一部分企业完全掌握了理财的自主权，成为真正意义上的理财主体，但仍有一部分企业属于双重理财主体。随着我国现代企业制度的建立和财权逐渐回归企业，所有竞争行业的国有企业均应成为真正意义上的理财主体。而一部分不完全竞争行业的国有企业，其理财主体的双重身份可能会长期存在。但这种特殊情况的存在并不否定理财主体假设的成立。

理财主体假设为正确建立财务管理目标、科学划分权责关系奠定了理论基础。

2. 持续经营假设

持续经营假设是指理财的主体是持续存在的，并且能执行其预计的经济活动。也就是说，除非有相反的证明，否则将认为每一个理财主体都会无限期地经营下去。它明确了财务管理工作的时间范围。

在设定企业作为理财主体以后，就面临一个问题，这个企业能存在多久。企业可能是持续经营的，也可能会由于某种原因发生变更甚至终止营业。在不同的条件下，所采用的财务管理原则和财务管理方法是不一样的。绝大多数企业都能持续经营下去，破产、清算的毕竟是少数，即使可能发生破产，也难以预计发生的时间。因此，在财务管理上，除非有证据表明企业将破产、关闭，否则，假定企业在可以预见的将来持续经营下去。

显然，持续经营虽然是一种假设，在正常情况下，却是财务管理人员唯一可选择的办法，因而为财务管理人员所广泛接受，成为一项公认的假设。在任何一个时点上，企业的前景只有两种可能——持续经营和停业清算，非此即彼，没有第三种可能。在正常情况下，当企业进行筹资、投资和分配时，假定企业持续经营是完全合理的，推测企业破产反而有悖常理。因为只有在持续经营的情况下，企业的投资在未来产生效益才有意义，企业才会根据其财务状况和对未来现金流量的预测、业务发展的要求安排其借款的期限，如果没有持续经营假设，这一切都无从谈起。

事实上，一个企业，不论其规模大小，总是一个“生命有限”的经济组织。由于客观和主观的原因，一个企业往往不能永远经营下去。因此，持续经营假设并不是永远不变的。一旦有迹象表明企业经营欠佳，财务状况恶化，不能偿还到期债务，持续经营假设就失去了支持其存在的事实，以这项假设为基础的财务管理原则和方法也就失去了应有的效用。这时，财务管理中必须放弃此项假设，而改为清算假设。例如，在企业破产清算中，1年期的债务和3年期的债务、未到期的债务和已到期的债务是没有区别的，而在持续经营的条件下，它们却有实质性的差异。

持续经营假设可以派生出理财分期假设。按理财分期假设，可以把企业持续不断的经营活动人为地划分为一定期间，以便分阶段考核企业的财务状况和经营成果。根据持续经营假设，企业自创立之日起，直到解散停业为止，其生产经营活动和财务活动都是持续不断的。企业在其存在期内的财务状况是不断变化的，一直到停业之日才停止变动。为了分阶段地考核企业的经营成果和财务状况，必须将持续经营的企业人为地划分为若干个期间，这就是理财分期假设的现实基础。

持续经营假设是财务管理中一个重要的前提，在确定筹资方式时，要注意合理安排短期资金和长期资金的关系；在进行投资时，要合理确定短期投资和长期投资的关系；在进行收益分配时，要正确处理各个利益集团短期利益和长期利益的关系，这些都是建立在此项假设基础之上的。

3. 有效市场假设

有效市场假设是指财务管理所依据的资金市场是健全和有效的。只有在有效市场上，财务管理才能正常进行，财务管理理论体系才能建立。最初提出有效市场假设的是美国财务管理学者法玛（Fama）。法玛在1965年和1970年各发表一篇文章，将有效市场划分为三类：（1）弱式有效市场。当前的证券价格完全反映了蕴涵在证券历史价格中的全部信息。其含义是，任何投资者仅仅根据历史的信息进行交易，不会获得额外盈利。（2）次强式有效市场。证券价格完全反映所有公开的可用信息。这样，根据一切公开的信息，如公司的年度报告、投资咨询报告、董事会公告等不能获得额外的盈利。（3）强式有效市场。证券价格完全反映一切公开的和非公开的信息。投资者即使掌握内幕信息也无法获得额外盈利。实证研究表明，美国等发达国家的证券市场均已达到次强式有效。我国有些学者认为，中国股票市场已达到弱式有效①，但尚未实现次强式有效。② 事实上，即使是发达国家的股票市场，也不是在所有时间和所有情况下都有效，会出现例外，所以称为假设。

法玛的有效市场假设建立在美国高度发达的证券市场和股份制占主导地位的理财环境的基础之上，并不完全符合中国的国情。从中国理财环境和中国企业的特点来看，我们认为，有效市场应具备以下特点：（1）当企业需要资金时，能以合理的价格在资金市场上筹集到资金。（2）当企业有闲置的资金时，能在市场上找到有效的投资方式。（3）企业理财的任何成功和失误，都能在资金市场上得到反映。

有效市场假设的派生假设是市场公平假设。它是指理财主体在资金市场的筹资和投资等活动完全处于市场经济条件下的公平交易状态。市场不会抹杀某一理财主体的优点，也不会无视某一理财主体的缺点。理财主体的成功和失败，都会公平地在资金市场上得到反映。因此，每一个理财主体都会自觉地规范其理财行为，以便在资金市场上受到好评，以利于今后的财务管理工作。市场公平假设还暗含着另一个假设，即市场是由众多的理财主体在公平竞争中形成的，单一理财主体，无论实力多强，都无法控制市场。

有效市场假设是建立财务管理原则，决定筹资方式、投资方式，安排资金结构，确定筹资组合的理论基础。如果市场无效，很多理财方法和财务管理理论都无法建立。

4. 资金增值假设

资金增值假设是指通过财务管理人员的合理营运，企业资金的价值可以不断增加。这一假设实际上指明了财务管理存在的现实意义。财务管理是对企业的资金进行规划和控制的一项管理活动，如果在资金运筹过程中不能实现资金的增值，财务管理也就没有存在的必要了。

企业财务管理人员在运筹资金的过程中，可能会出现以下三种情况：一是取得资金

---

① 陈小悦．中国股市弱型效率的实证研究．会计研究，1997（9）．

② 吴世农．上市公司盈利信息报告、股价变动与股市效率的实证研究．会计研究，1997（4）．

的增值（有了盈余）；二是出现资金的减值（有了亏损）；三是资金价值不变（不盈不亏）。财务管理存在的意义绝不是后两种情况，而应该是第一种情况。当然，资金的增值是在不断运动中产生的，即只有通过资金的合理运筹才能产生价值的增加。马克思在《资本论》中曾指出："它是一种运动，是一个经过各个不同阶段的循环过程……它只能理解为运动，而不能理解为静止物……在这里，价值经过不同的形式，不同的运动，在其中它保存自己，同时使自己增殖，增大。"[①] 在商品经济条件下，从整个社会来看，资金的增值是一种规律，而且这种增值只能来源于生产过程。但从个别企业来考察，资金的增值并不是一种规律，也不一定来源于生产过程。例如，一家企业投资于股票，一年以后卖出，可能实现资金的增值，也可能会出现亏损，因此，我们说从个别企业进行考察，资金增值只是一种假设，而不是一个规律。在财务管理中，在进行这种投资时，一定假定这笔投资是增值的，如果假定出现亏损，这笔投资就不会发生了。

资金增值假设的派生假设是风险与报酬同增假设。此项假设是指风险越高，获得的报酬也越高（取得的增值越大或付出的成本越低）。资金的运筹方式不同，获得的报酬就不一样，例如，国库券基本是无风险投资，而股票是风险很大的投资，为什么还有人将巨额资金投向股市呢？这是因为他们假设股票投资取得的报酬要远远高于国库券的报酬。同样，有人将资金投向食品行业，有人却投向房地产行业，还有人投向衍生金融工具，他们同样是根据风险与报酬同增这一假设来进行决策的。风险与报酬同增假设实际上暗含着另一项假设，即风险可计量假设。因为如果风险无法计量，财务管理人员就不知道哪项投资风险大，哪项投资风险小，风险与报酬同增假设也就无从谈起。

资金增值假设说明了财务管理存在的现实意义，风险与报酬同增假设又要求财务管理人员不能盲目追求资金的增值，因为过高的报酬会带来巨大的风险。这两项假设为科学确立财务管理目标、合理安排资金结构、不断调整资金投向奠定了理论基础。风险报酬原理、利息率预测原理、投资组合原理都是依据此项假设展开论述的。

5. 理性理财假设

理性理财假设是指从事财务管理工作的人都是理性的，因而他们的理财行为也是理性的。他们会在众多的方案中选择最有利的方案。在实际工作中，财务管理人员分为两类：理性的和盲目的。但不管是理性的还是盲目的，他们都认为自己是理性的，都认为自己做出的决策是正确的，否则，他们就不会做出这样的决策。尽管存在一部分盲目的理财人员，但从财务管理理论研究来看，只能假设所有的理财行为都是理性的，因为盲目的理财行为是没有规律的，而没有规律的事情无法上升到理论的高度。

理性理财的第一个表现就是理财是一种有目的的行为，即企业的理财活动都有一定的目标。当然，在不同的时期和不同的理财环境中，对理性理财行为的看法是不同的。例如，在计划经济年代，企业的主要任务就是执行国家下达的总产值指标，企业领导人职位的升迁、职工个人利益的多少，均由完成产值指标的程度来决定，这时所做出的理财决策无疑是为了实现产值的最大化。今天看来，这种行为不是理性的，因为它造成了

---

① 马克思，恩格斯. 马克思恩格斯选集：第 2 卷. 北京：人民出版社，2012：322.

只讲产值不讲效益、只求数量不求质量、只抓生产不抓销售、只重投入不重挖潜等种种对企业长期健康发展有害的理财行为。但是，在当时，人们会认为这种理财行为是正确的、理性的。可见理性理财假设中的理性是相对的，是相对具体理财环境而言的。无论事后证明这种理财行为正确与否，行为的基本前提和出发点都被认为是理性的。

理性理财的第二个表现是理财人员会在众多方案中选择一个最佳方案。表现为财务管理人员要通过比较、判断和分析等手段，从若干方案中选择一个有利于财务管理目标实现的最佳方案。

理性理财的第三个表现是当理财人员发现正在执行的方案是错误的方案时，会及时采取措施进行纠正，以使损失降至最低。

理性理财的第四个表现是财务管理人员都能吸取以往工作的教训，总结以往工作的经验，不断学习新的理论，合理应用新的方法，使理财行为由不理性变为理性，由理性变得更加理性。

尽管上述四个方面为理性理财行为假设提供了理论依据，但在实际工作中，仍有个别理财行为不是理性行为。另外，即使所有的理财行为都是理性行为，也不一定完全导致理性的结果。因此，理性理财行为只是一种假设，而不是事实。

理性理财假设可派生出另一项假设——资金再投资假设。这一假设是指当企业有了闲置的资金或产生资金的增值，都会用于再投资。换句话说，企业的资金在任何时候都不会大量闲置。因为理财行为是理性的，所以企业必然会为闲置的资金寻找投资途径。因为市场是有效的，所以能够找到有效的投资方式。财务管理中的资金时间价值原理、净现值和内部报酬率的计算等，都是建立在此项假设基础之上的。

理性理财行为是确立财务管理目标、建立财务管理原则、优化财务管理方法的理论前提。财务管理的优化原则，财务管理的决策、计划和控制方法等都与此项假设有直接联系。

1.3 财务管理目标

1.3.1 研究财务管理目标的重要意义

财务管理的目标是企业理财活动希望实现的结果，是评价企业理财活动是否合理的基本标准。

系统论认为，正确的目标是系统良性循环的前提条件，企业财务管理的目标对财务管理系统的运行具有同样的意义。为了完善财务管理的理论结构，有效指导财务管理实践，必须对财务管理目标进行认真研究。因为财务管理目标直接反映理财环境的变化，并根据环境的变化做适当调整，所以它是财务管理理论结构中的基本要素和行为导向，是财务管理实践中进行财务决策的出发点和归宿。不研究财务管理的目标，就无法确定财务管理的理论结构。

财务管理目标制约着财务运行的基本特征和发展方向，是财务运行的驱动力。不同的财务管理目标会产生不同的财务管理运行机制，科学地设置财务管理目标，对优化理财行为、实现财务管理的良性循环，具有重要意义。研究财务管理目标问题，既是建立科学的财务管理理论结构的需要，也是优化我国财务管理行为的需要，无论在理论上还是在实践上都有重要意义。

1.3.2 对财务管理目标主要观点的评述

对于财务管理目标的界定，国内外学者从不同角度进行了多方面的探讨，在此选择三种最具代表性的观点进行简要介绍。

1. 利润最大化

利润最大化目标是指通过对企业财务活动的管理，不断增加企业利润，使利润达到最大。利润最大化观点在西方经济理论中根深蒂固，西方许多经济学家都以利润最大化这一概念来分析和评价企业行为和业绩。例如，亚当·斯密、大卫·李嘉图等经济学家都认为，企业的目标是利润最大化。20世纪50年代以前，西方财务管理理论界也认为，利润最大化是财务管理的最优目标。历史上，我国也有一部分财务管理学家认为，以利润最大化为目标是财务管理人员的最佳选择。这是因为企业要想取得利润最大化，就必须讲求经济核算，加强管理，改进技术，提高劳动生产率，降低产品成本，这些都有利于经济效益的提高。但以利润最大化作为财务管理的目标存在以下缺点：利润最大化没有考虑利润发生的时间，没能考虑资金的时间价值。利润最大化没能有效地考虑风险问题，这可能会使财务管理人员不顾风险的大小去追求最多的利润。利润最大化往往会使企业财务决策带有短期行为倾向，即只顾实现目前的最大利润，而不顾企业的长远发展。应该看到，利润最大化的提法只是对经济效益浅层次的认识，存在一定的片面性，并不是财务管理的最优目标。

2. 股东财富最大化

股东财富最大化是指通过财务上的合理经营，为股东带来最多的财富。股东财富由其所拥有的股票数量和股票市场价格两方面来决定，在股票数量一定时，当股票价格达到最高时，股东财富达到最大。所以，股东财富最大化又演变为股票价格最大化。与利润最大化目标相比，股东财富最大化目标有其积极的方面，主要体现为：它科学地考虑了风险因素，因为风险的高低会对股票价格产生重要影响；股东财富最大化在一定程度上能够克服企业在追求利润上的短期行为，因为不仅目前的利润会影响股票价格，预期未来的利润对企业股票价格也会产生重要影响；股东财富最大化目标比较容易量化，便于考核和奖惩。但应该看到，股东财富最大化也存在一些缺点：它只适合上市公司，对非上市公司很难适用；它只强调股东的利益，而对企业其他关系人的利益重视不够。股票价格受多种因素影响，并非都是公司所能控制的，把不可控因素引入理财目标是不合理的。

3. 企业价值最大化

由于现代企业是多边契约关系的总和，财务管理目标应该与企业多个利益集团相关，是这些利益集团共同作用和相互妥协的结果，所以将企业财务管理目标定为企业价值最大化更为科学。企业价值最大化是指通过企业财务上的合理经营，采用最优财务政策，充分考虑资金的时间价值和风险与报酬的关系，在保证企业长期稳定发展的基础上，使企业总价值达到最大化。这一定义看似简单，实际上有着丰富的内涵，其基本思想是将企业长期稳定发展摆在首位，强调在企业价值增长中满足各方利益关系，具体内容包括以下几个方面：强调风险与报酬的均衡，将风险限制在企业可以承受的范围之内；创造与股东之间的利益协调关系，努力培养安定型股东；关心本企业职工利益，创造优美和谐的工作环境；不断加强与债权人的联系，重大财务决策请债权人参加讨论，培养可靠的资金供应者；关心客户的利益，在新产品研制和开发上有较高投入，不断推出新产品来满足客户的要求，以保持销售收入的长期稳定增长；讲求信誉，注意企业形象的宣传；关心政府政策的变化，努力参与政府制定政策的有关活动，争取出现对自己有利的法规，一旦法律法规颁布实施，不管是否对自己有利，都会严格执行。

企业价值最大化强调企业价值的增加，以企业各种利益主体共同价值最大化为目标。从理论上讲，企业价值是企业未来报酬（通常用现金流量来表示）的贴现值。

1.3.3　影响财务管理目标的各种利益集团

确立科学的财务管理目标，必须分析究竟哪些利益关系人会对企业理财产生重要影响。与企业有关的利益集团很多，但不一定都对企业理财产生重大影响，那么，究竟哪些利益集团对企业理财，进而会对财务管理目标产生影响呢？一般而言，影响财务管理目标的利益集团应当符合以下三条标准：必须对企业有投入，即对企业有资金、劳动或服务方面的投入；必须分享企业收益，即从企业取得诸如工资、奖金、利息、股利或税收等各种报酬；必须承担企业风险，即当企业经营失败时，会承担一定损失。根据这三个标准，影响财务管理目标的利益集团包括以下四个方面。

1. 企业所有者

所有者对企业理财的影响主要是通过股东大会和董事会形成的。从理论上讲，企业重大的财务决策必须经过股东大会或董事会的表决，企业经理和财务经理的任免由董事会决定，因此，企业所有者对企业财务管理有重大影响。

2. 企业债权人

债权人把资金借给企业后，一般都会采取一定的保护措施，以便按时收取利息，到期收回本金。因此，债权人必然要求企业按照借款合同规定的用途使用资金，并要求企业保持良好的资本结构和适当的偿债能力。当然，债权人权力的大小在各个国家有所不同，在日本，债权人尤其是银行会对企业财务决策产生重大影响。

3. 企业职工

企业职工包括一般的员工和企业经理人员，他们为企业提供了智力和体力劳动，必然要求取得合理报酬。职工是企业财富的创造者，他们有权分享企业收益；职工的利益与企业的利益紧密相连，当企业经营失败时，他们要承担极大风险，有时承担的风险甚至比股东还大，因此，在确立财务管理目标时，必须考虑职工的利益。

4. 政府

政府为企业提供了各种公共方面的服务，因此要求分享企业收益。要求企业依法纳税，对企业财务决策会产生影响。当然，在计划经济条件下，政府对企业财务管理的影响很大，而在市场经济条件下，因为实行政企分离，政府对企业财务管理的影响力要弱些，经常通过政策诱导的方式影响企业财务管理的目标。

1.3.4 财务管理目标的选择

由上述分析可以看出，财务管理目标与企业多个利益集团有关，在一定时期和一定环境下，某一利益集团可能会起主导作用，但从企业长远发展来看，不能只强调某一利益集团的利益，而置其他集团的利益于不顾，也就是说，不能将财务管理的目标仅仅归结为某一利益集团的目标，从这个意义上说，股东财富最大化不是财务管理的最优目标。从理论上讲，各个利益集团的目标都可以折中为企业长期稳定发展和企业总价值不断增长，各个利益集团都可以借此来实现它们的最终目的。为此，以企业价值最大化作为财务管理的目标，比以股东财富最大化作为财务管理的目标更科学。

以企业价值最大化作为财务管理的目标，避免了利润最大化的主要缺陷，同时也避免了股东财富最大化可能引致的利益不均衡。该目标具有以下优点：考虑了取得报酬的时间，并用时间价值的原理进行了计量；科学地考虑了风险与报酬的联系；能克服企业在追求利润上的短期行为，因为不仅目前的利润会影响企业的价值，未来的利润对企业价值的影响更大。进行企业财务管理，就是要正确权衡报酬增加与风险增加的关系，努力实现二者之间的最佳平衡，使企业价值达到最大。因此，企业价值最大化的观点，体现了对经济效益的深层次认识，是现代财务管理的最优目标。

1.4 财务管理课程体系

1.4.1 财务管理课程体系概述

支撑一个专业的基础是课程，系统科学地设置课程，不仅涉及人才的素质，而且涉及专业素质。财务管理作为一门学科已走过百年的历史，但是作为一个专业在我国的历史比较短。我们认为，财务管理课程体系的安排，一要考虑培养目标的界定；二要考虑厚基础、宽口径、高素质的要求；三要照顾当前和长远的需要；四要符合新经济条件下经济和社会发展的特征。在明确上述问题以后，我们再来探讨财务管理专业课程体系安排的基本思路。

1.4.2　关于专业课程设置的不同思路

为了体现厚基础、宽口径的要求，专业必修课所占学分不应太多，但要体现专业深度和广度的要求。另外，还要适当增加专业选修课，让学生有更多的选择余地。

关于财务管理专业必修课的设置，目前争议较大，主要有以下几种观点。

1. 按财务管理的内容设置

财务管理专业的必修课设置为：财务管理原理、筹资管理、投资管理、分配管理、成本管理等。

这种设置的优点是通过课程体系反映企业财务活动的全貌，便于非专业人士正确认识财务管理专业及其人才的知识结构，为毕业生就业提供一定的便利；其不足之处是割裂了财务管理各部分之间的联系，同时给教学安排带来难度。

2. 按财务管理的环节设置

财务管理专业的必修课设置为：财务管理原理、财务预测与决策、财务计划与控制、财务评价与考核、财务管理专题等。

这种设置的优点是将财务活动融入财务管理各环节，便于学生较为全面地掌握财务管理的环节和方法，在学生能力培养方面更具优越性；其不足之处是分解了财务活动的全过程，在内容上不可避免会有重复。

3. 按财务管理的主体设置

财务管理专业的必修课设置为：初级财务管理、企业财务管理（公司理财）、部门财务管理、集团公司财务管理、国际财务管理、非营利组织财务管理等。

这种设置的优点是将财务管理从一般意义上的微观层次扩展到中观和宏观层次，既研究微观层次的财务问题，也研究中观和宏观层次的财务问题，使培养对象的知识面更宽、视野更加开阔；其不足之处是相关课程的内容重复问题难以解决，除此之外，课程的设置与现行的淡化专业界限、加强基础知识教育的教学要求存在一定的矛盾。

4. 按财务管理的知识层次设置

财务管理专业的必修课设置为：初级财务管理、中级财务管理、高级财务管理等。

这种设置的优点是遵循由易到难的教学规律，同时也符合现有管理课程设置原则，方便教师教、学生学；其不足之处是各门课程之间内容很难严格划分，因为“初级”“中级”“高级”只是相对的概念，并没有严格的划分标准。

1.4.3 按财务管理知识层次设置课程

对于财务管理专业必修课程，无法简单地归入哪种分类，而是结合起来设置课程体系。应该说上述课程设置各有利弊，但总的来说，按财务管理的知识层次设置课程利大于弊，我们倾向以此种模式为主来设置专业必修课。① 但是，层次设课的难点是初级、中级与高级财务管理的内容划分。我们认为，这三门课程划分的基本思路是：

（1）初级财务管理。主要阐述财务管理的基本理论和方法，其主要内容有：1）财务管理的基本理论，如财务管理的概念、财务管理的目标、财务管理的内容、财务管理的发展等；2）财务管理的基本观念，如时间价值观念、风险报酬观念、利息率观念等；3）财务管理的基本环境，如金融环境、法律环境、经济环境等；4）财务管理的基本方法，如财务分析、财务计划、财务预测、财务决策、财务控制、财务评价等；5）财务管理的基本内容，如筹资管理、投资管理、分配管理等。这里需要说明一点，初级财务管理作为一门财务管理入门课程，需要保持一定的系统性，因而需要单设一章讲授投资、筹资、分配和财务管理专题等财务管理的基本内容，以便与中级财务管理、高级财务管理衔接。

（2）中级财务管理。财务管理课程的内容设置与财务管理假设有密切的关系。中级财务管理主要阐述财务管理的常规业务，或者说是不超出财务管理假设的内容。具体内容包括筹资管理、投资管理、营运资金管理、分配管理等。② 中级财务管理要将初级财务管理中所提及的财务管理内容细化。如果说初级财务管理只是介绍财务管理内容的梗概，中级财务管理则要详细介绍财务管理的基本理论及其应用。中级财务管理中的知识点包括：风险与报酬原理及应用；贴现现金流量分析、风险条件下的资本预算、敏感性分析；资本成本、组合投资、资本资产定价模型、套利定价理论、β值估计；普通股筹资、长期负债筹资、融资租赁筹资、优先股与认股权证、可转换债券；股利政策、激励机制、奖惩制度；现金管理、应收账款管理、存货管理、短期融资等。

（3）高级财务管理。如前所述，凡符合财务管理假设的内容，都放入初、中级财务管理中，凡是对财务管理假设有突破的内容，都放入高级财务管理中。因此，高级财务管理讲授的是突破财务管理假设的内容，针对的是一些专门的问题，如企业并购财务管理、企业集团财务管理、企业破产财务管理、非营利组织财务管理、中小企业财务管理等。

1.5 高级财务管理的内容与本书的结构安排

本书是按上述层次体系编写的，除第1章总论以外，其他章节都讲授财务管理专题内容，即凡是对财务管理假设有突破的问题，都放入高级财务管理中讲授。本书的基本

---

① 以层次设课思路为主，但不排除补充其他相关课程，如国际财务管理、成本管理等。

② 如果做更详细的划分，也可将中级财务管理划分为筹资管理学、投资管理学、营运资金管理学和分配管理学。

内容包括：

（1）企业并购财务管理。并购的财务问题涉及理财主体假设和持续经营假设，即并购涉及理财主体的变更和理财主体的消亡。并购的内容较多，本书设三章讲授。第2章是企业并购财务管理概述，主要内容包括并购的概念与种类、并购的动机、并购的效应和并购简史等。在此基础上，第3章着重讲授并购中对目标公司的估价，主要内容包括目标公司的选择程序、目标公司估价的理论与方法等。第4章系统介绍并购的运作过程，主要包括企业并购筹资渠道与支付方式、杠杆收购、管理层收购以及反收购策略等。

（2）企业集团财务管理。企业集团财务管理主要涉及理财主体假设，在全资子公司和控股子公司中，理财主体的地位已经部分消失，因为许多财权掌握在母公司手中。本书安排三章内容讲授企业集团财务管理问题。第5章为企业集团财务管理概述，主要讲授企业集团的概念、企业集团的特征、企业集团财务管理的特点、企业集团的组织结构以及企业集团的财务管理体制等问题。第6章为企业集团的资金运筹，主要讲授企业集团筹资管理、投资管理、分配管理、资本经营等问题。第7章是对集团专题财务管理内容的介绍，包括预算控制、业绩评价等。

（3）国际财务管理。国际财务管理主要涉及理财主体假设。跨国公司在不同国家设有子公司和分公司，使同一理财主体的业务遍及世界各地，受多国理财环境的影响，财务管理更加复杂。本书第8章讲授国际财务管理，内容涉及国际财务管理的概念和特点、外汇风险管理、国际企业筹资管理、国际企业投资管理、国际企业营运资金管理、国际企业税收管理等。

（4）中小企业财务管理。中小企业财务管理主要涉及有效市场假设和理性理财假设。本书第9章集中介绍有关中小企业财务管理问题，内容包括中小企业的类型与财务管理的特点、中小企业的融资管理、投资管理以及中小企业对相关政策的利用。

（5）非营利组织财务管理。非营利组织财务管理突破了资金增值假设，因为非营利组织的目标不是增值而是提供社会服务。本书第10章主要讲述非营利组织财务管理的特点、非营利组织的筹资管理和资本预算决策等。

（6）企业破产、重整与清算财务管理。这部分将突破理财主体的假设，出现理财主体的变更和消亡。本书第11章主要围绕该部分内容展开，讲述企业破产预警管理、重整与和解财务管理、破产清算财务管理等。

1.6 案例研究与分析：美的电器的财务管理目标

1.6.1 案例背景

美的电器的前身是一家生产塑料瓶盖的小厂，20世纪80年代进入家电业，1992年实行股份制改造，1993年在深圳证券交易所（简称深交所）上市（美的电器，000527），成为中国第一家由乡镇企业改制而成的上市公司。由于受当时上市法规的限制，股份公司的发起人和第一大股东由具有国有背景的顺德市北滘经济发展总公司担任，持股

52.5%，而何享健等创始人只持有22.5%的内部职工股。从1999年开始，美的管理层逐步从北滘镇政府手中收购美的电器股权，开了国内上市公司实施MBO① 的先河。此后，美的实施了股权分置改革、整体上市、并购以及股权激励等重大财务战略安排，成为中国规模最大的家电制造企业之一。

1. 股权分置改革

2005年4月30日，证监会宣布启动股权分置改革试点工作，正式拉开了股权分置改革的序幕。股改对于想要获得稳定合法控制权的何氏家族来说是天赐良机。为保证何氏家族的控股权，美的集团先分别与顺德区有利投资服务有限公司、上海钱湖投资管理有限公司、广东核电实业开发有限公司、宁波银盛投资有限公司签署股权转让协议，计划受让这四家公司所持有的美的电器非流通股股份合计2 174.64万股。2006年2月，美的电器宣布其精心设计的股改方案：第一，每10股流通股送1股以及5元现金；第二，如果美的电器2006年度的净利润相对2004年度增长率低于30%，或者2007年度的净利润相对2006年度增长率低于10%，美的集团将放弃当年的分红，归除开联实业（何氏家族控股企业）以外的其他股东所有；第三，美的集团承诺在对价支付完成后的6个月内，增持不少于2亿元美的电器股份。

2006年3月10日至2006年5月19日，美的集团通过二级市场以10.8亿元现金共增持美的电器148 660 970股，占总股本的23.58%，平均买入成本为每股7.26元。何氏家族持股比例由2005年年末的合计30.8%增加到50.99%。2006年4月25日，美的电器董事会、监事会审议通过了《关于修订〈公司章程〉的议案》，其中设置了包括“金色降落伞”在内的一系列反收购条款，以加强对上市公司的控制。

从全流通后H股和A股对家电股票的估值来看，美的集团有动力将资产注入A股上市公司享受流通溢价。2006年11月底，美的电器完成合肥荣事达洗衣机设备制造有限公司、合肥荣事达电冰箱有限公司、合肥荣事达美的电器营销有限公司的资产注入，达到50%的控股比例，确立了公司在白电业务平台中的地位。

财务报表资料显示，股权分置改革后美的电器的主要财务指标有了明显改善。根据股权分置改革承诺，美的电器自2006年起将每年盈利的40%以现金形式分红，有助于形成稳定的估值预期。更重要的是，2007年3月，美的电器董事会一改多年来派息多而送股和转增公积金少的分配风格，决议以资本公积金每10股转增10股并派息3.5元。这样，连同计划中定向增发的股份，美的电器总股本将扩至14.12亿股，股票流动性显著增强，估值水平优化。

2. 整体上市

2012年是家电行业步履维艰之年，欧美的债务危机致使我国家电出口量增速放缓，国内的房地产市场低迷导致城市家电需求量明显下滑。在行业背景的影响下，家电企业

---

① MBO（management buy-out），即管理层收购，是指目标公司的管理层利用外部融资购买本公司的股份，改变本公司所有者结构、控制权结构和资产结构，进而达到重组本公司的目的并获得预期收益的一种收购行为。

产品大量积压，同业竞争激烈，打起了价格战。工信部的数据显示，2012 年前三个季度我国家电行业的营业收入同比增幅明显下降。从美的集团的年报数据中得知，美的集团 2012 年度营业收入为 1 027 亿元，同比下降 23%；净利润为 61 亿元，同比下降 8%，均出现负增长。

2012 年美的电器公布的半年业绩公告与上年同期相比，主营业务收入下降近 50%，空调、冰箱、洗衣机等主打产品营收同期下降幅度巨大，财务指标等数据有较明显的下滑。为了逆转美的电器遭遇重创的经营状况、优化公司内部的股权架构与组织效率，美的集团开始改变过去先做大规模再降低成本的产业模式，着力提升公司的运营能力和核心竞争力，发挥协同效应，因此引进了投融资机构优化公司股权结构，变更有限责任公司为股份有限公司，并调整公司的组织与治理架构，加速了集团整体上市的准备工作。

2012 年 8 月 27 日，美的电器公告称接到控股股东美的集团的通知，正在筹划与公司相关的重大事项，股票将自 8 月 27 日开市起停牌，待发布相关公告后复牌。2013 年 4 月 1 日，美的电器公告整体上市方案，美的集团以换股吸收合并美的电器的方式实现整体上市。2013 年 4 月 22 日，美的集团整体上市重组方案的各项子议案获股东大会通过。2013 年 7 月 31 日，美的集团换股吸收合并美的电器获得证监会核准，进入实施阶段。2013 年 9 月 12 日，美的电器终止上市并发布摘牌公告，注销股票。2013 年 9 月 18 日，美的集团在深交所上市。美的集团上市引入公众投资者后，持股比例由 60%明显下降为 35%。至此，美的集团的核心业务大家电、小家电、机电、物流的资产全部注入上市公司。

3. 并购

美的集团与无锡小天鹅有长达十余年的并购渊源。小天鹅创立于 1958 年 5 月，属于国有企业；1978 年，小天鹅生产出全国第一台全自动洗衣机；1996—1997 年，小天鹅在深交所先后挂牌 B 股和 A 股，成为中国洗衣机类股票第一股。

2001 年，“二次创业”的小天鹅多元化发展遭遇瓶颈，洗碗机业务大幅亏损。2007 年 3—5 月，美的电器通过其子公司 Titoni Investments Development Ltd.（简称 TITONI）在二级市场购入 1.8 万股小天鹅 B 股，所购股份占小天鹅总股本的 4.93%。2008 年 2 月，美的电器和无锡市国联发展（集团）有限公司（简称国联集团）签订了股份转让协议，国联集团将其所持有的小天鹅 24.01%的股份转让给了美的电器，交易价格为 16.8 亿元，此次股权转让在 2008 年 4 月交割完成，美的电器成为小天鹅的控股股东。

2010 年 11 月，小天鹅通过发行股份的方式，购买了美的电器旗下的合肥荣事达洗衣机设备制造有限公司 69.47%的股权，交易完成后，小天鹅成为美的旗下洗衣机业务唯一平台，同时美的电器的持股比例从 24.01%上升至 34.15%，直接和间接持有小天鹅总股本的 39.08%。2012 年 12 月，美的电器通过集中竞价方式增持了小天鹅 1%的股份，持股比例上升至 35.15%，直接和间接持有小天鹅总股本的 40.08%。2014 年 6 月，美的集团及其全资子公司 TITONI 对小天鹅 A 股及 B 股股票实施部分要约并购，并购完成后，美的集团直接和间接持有小天鹅总股本的 52.67%。并购后，美的集团与小天鹅始终保持着母子公司的经营模式，在洗衣机品牌上则一直为“美的”和“小天鹅”双品牌运营模式。2018年10月23日，美的集团发布公告将通过换股方式合并小天鹅，2019年5月，美的集团完成了对小天鹅的私有化并购。

4. 股权激励

为了进一步完善公司治理结构，激励高级管理层和核心员工提升工作绩效，美的集团于2014年1月10日公布并实施了第一期股权激励计划。2015年3月27日召开第一届董事会第二十六次会议，审议《关于调整公司股权激励计划激励对象及股票期权行权数量的议案》，首次股权激励对象主要包括高管人员，技术研发岗、事业部的核心人员。首期股权激励计划增强了技术人员的归属感，也提高了高管人员的收益水平。

2015年4月27日，美的集团启动了第二期股权激励计划，拟向高管人员、研发人员、制造人员、营销人员以及其他业务骨干等738名员工实施股权激励，激励规模为8 430万份，第二期激励范围比第一期增加45人，覆盖了更多的制造与营销等其他业务人员，让更多中层员工受益。

2016年6月6日，美的集团启动了第三期股权激励计划，拟向研发人员、信息技术人员、制造人员、营销人员等931名员工实施股权激励，激励规模为12 753万份，比第二期激励范围增加193人，研发人员数量有较大幅度提升，体现了美的集团对创新研发的重视程度。

2017年4月21日，美的集团面向中高层及核心业务骨干推出了第四期股权激励计划和第一期限制性股票激励计划，拟向研发人员、制造人员、其他业务骨干等1 476名员工实施股权激励，向140名高管人员与其他管理人员等实施限制性股票激励，其中，股票期权9 898.20万份，限制性股票2 979万份，这也是美的集团第一次实施限制性股票激励计划，建立了公司高层、核心骨干与全体股东长期利益一致的机制，公司治理进一步优化提升。

1.6.2 案例分析

从一家乡镇企业到上市公司，从美的电器到美的集团，其发展是中国经济改革在微观层面的真实映射；从改制上市到MBO，从股权分置改革到整体上市，美的集团的成长生动阐释着中国资本市场内涵式发展巨大成就的动力源泉。在美的集团的发展过程中把握企业财务管理目标的变化，可以更深刻地体会到财务管理目标作为企业财务活动的基本要素和行动导向的重要作用。

1. 股权分置改革推动财务管理目标向股东财富最大化转变

从美的集团的发展历程来看，股权分置改革可以说对其财务管理目标产生了重大影响。股权分置改革前，在整个美的集团的发展版图中，上市公司美的电器是重要的融资平台，在很大程度上起着“反哺”集团的作用，上市公司本身的发展则有被边缘化的趋势，主要是为满足控股股东利益最大化的目标，这种做法降低了美的电器的利润率和市场价值。在这一时期，何氏家族的利益在公司的财务管理目标定位中起着主导作用。

股权分置改革之后，何氏家族的控股权得以明确和稳定，其作为股东的利益与上市公司的利益完全一致，有利于促进上市公司价值增长，美的电器市值增长是股东利益最大化的取向，因而增加股东财富成为美的电器的主要财务管理目标。

2. 整体上市促使财务管理目标向企业价值最大化转变

整体上市后，美的集团经营业绩显著提升，2014 年上半年集团实现营业总收入 777 亿元，同比增长 18%；实现归属于母公司的净利润 66 亿元，同比增长 58%；每股收益 1.57 元，同比增长 58%；电商零售额近 40 亿元，同比增长 160%，并超过 2013 年全年销售额。转型之后，美的集团坚持深化转型、勇于改变、重新增长的经营思路，持续加大研发与技术投入，提升效率，围绕消费者与客户创造价值，不断提升公司的市场地位与核心竞争力。在这一背景下美的集团市值不断提高，集团 2013 年度利润分红每 10 股派现 20 元并转增 15 股，为中国资本市场中慷慨分红的首例，以当年 9 月 17 日收盘价计算，集团整体市值已接近 900 亿元，显著提升的业绩充分显示了集团强有力的综合竞争力，并且得到了资本市场的持续看好。

集团整体上市进一步促进了公司整体的规范运作，巩固了集团的行业地位和核心竞争力，实现资源共享，最大化地利用公司资源、成本及效率优势。同时，旗下所有业务在一个上市主体内，既解决了产业内的关联交易，也使得公司最大限度地接受公众监督，并形成控股股东、战略投资者、管理层、股东共同持股的多元化股权结构，解决管理层中长期激励问题，建立起持续有效的治理管控机制，以一个整合型企业呈现，巩固集团行业地位和核心竞争力。由此可以看出，美的集团整体上市为集团带来了市场效益和财富效益，中小投资者也分享到了集团发展的红利，这一时期财务管理目标更加契合企业价值最大化的定位。

3. 业务整合与治理优化为企业价值最大化提供动力支持

并购为美的集团带来了技术与财务的协同效应。美的电器成为小天鹅的控股股东之后，通过整合小天鹅的技术资源，其洗衣机产品规模与综合技术能力大幅提升。2008 年，美的电器洗衣机业务收入 42.17 亿元，比 2007 年增长 136.79%，毛利率提升 1.42 个百分点，洗衣机短板得以弥补。2012 年，美的电器洗衣机产品市场占有率达到 16.5%，仅次于海尔。在完成对小天鹅的私有化并购后，美的集团的现金净流量更加充沛，三季报数据同比增长达到 158.93%，现金流偿债能力显著提高，从 2019 年中期开始，集团的短期和长期偿债能力比率分别同比增长 167%和 140%。由此可见，并购提高了美的集团整体的抗风险能力，改善了企业的经营状况。2020 年，尽管遭遇新冠肺炎疫情的冲击，美的集团的净利润仍然保持了两位数的增长，显示出企业具有强大的经营实力与渠道活力。

股权激励进一步促进了公司治理。面向核心研发、品质、技术、制造及管理骨干，美的集团已推出四期股权激励计划和一期限制性股票激励计划，构建了经营层与全体股东利益一致的股权架构及长短期激励与约束相统一的激励机制，进一步提升了公司治理水平。美的集团实施的特别是以高管为激励对象的限制性股票计划，通过股权激励的方式将管理层和股东之间的利益冲突淡化，缓解了委托代理问题，使其成为利益共同体，在一定程度上避免管理层在投资、融资、经营管理上的短视行为，提高了企业的可持续发展的能力，促进企业稳定发展。此外，股权激励计划也满足了人力资本的需求，不仅激发了创新产出端核心员工的创造力及创新产出效率，还提高了员工的积极性，对企业的长远发展产生了积极作用。

在企业价值最大化目标的导向下，美的集团通过业务和技术的整合，进一步提升了自身在产品市场的优势；同时通过股权激励计划优化了公司治理体系，为企业价值的可持续增值提供治理保障。市场竞争力和公司治理水平的提高是企业价值最大化财务管理目标的有力支撑。

1.6.3 案例启示

结合理论，美的集团的案例带给我们至少两方面的启示：一是财务管理环境影响财务管理目标；二是财务管理目标约束理财行为。

1. 财务管理目标往往随着理财环境的变化而变化

从美的集团的案例中我们可以得到一个总的启示，即企业的财务管理目标并非一成不变，而是随着理财环境的变化不断调整。作为一个实质上的家族控制企业，由于在股权分置改革之前何氏家族无法获得合法合理的控股权地位，上市公司美的电器的价值并未受到重视，而是成为“反哺”集团其他企业的有利平台，在这一时期，何氏家族的利益在企业的财务管理目标定位中起着主导作用。股权分置改革之后，何氏家族的控股权得以明确和稳定，其作为股东的利益与上市公司的利益完全一致，有利于促进上市公司的价值增长，因而增加股东财富成为美的电器新的财务管理目标。

2. 财务管理目标决定和影响企业的理财行为

企业的理财行为总是受到财务管理目标的约束和制约。在何氏家族利益与上市公司利益并未完全一致的股权分置改革之前，家族利益最大化致使上市公司主要承担集团融资平台的角色，何氏家族则通过一系列关联交易实现对上市公司的控制，许多关联交易实质上降低了上市公司的利润率，损害了上市公司的利益。股权分置改革之后，家族利益与上市公司利益高度一致，随着中国经济改革的深化，市场经济制度不断完善，增加上市公司的价值成为新的财务管理目标，企业的理财行为发生一系列调整和变化：首先，上市公司在集团中原先的边缘化地位迅速演变为产业平台（白电业务）和资本平台并重的核心地位；其次，2012 年 8 月，创始人何享健正式卸任美的集团董事长职位，在公司引入职业经理人，传贤不传子，被誉为“开启民企传承先河”的典范之笔，此后公司向职业经理人授予 5 000 万份股票期权以实施股权激励，为公司治理奠定了良好基础；再次，公司通过引入高盛作为战略投资者，不仅优化了公司的资本结构，而且提升了机构投资者对美的电器投资价值的认可度；最后，积极宣扬美的集团的企业文化和发展战略，以此改善投资者关系。事实证明，一系列理财行为产生了良好的效果，2021 年 1 月，美的集团股价站上 100 元大关，总市值超过 7 000 亿元，而同期格力电器市值尚不足 4 000 亿元。截至 2021 年，美的集团已经逐渐发展为品类发展均衡、收入结构多元化、抗风险能力强的民族企业典范。

资料来源：

①孔鹏. 何享健操盘美的白电市值王. 新财富，2007 (6).

②甘霖. 美的集团整体上市方案出炉. 证券时报，2013-04-01.

③孙庭阳. 美的集团为何在合并前“分光”小天鹅?. 中国经济周刊，2019 (4).

④美的集团 2014—2018 年上市公司年报.

本章小结

● 财务管理理论结构是指财务管理理论各组成部分（或要素）以及这些部分之间的排列关系。

● 财务管理假设包括理财主体假设、有效市场假设、持续经营假设、资金增值假设和理性理财假设。

● 财务管理的目标是企业理财活动希望实现的结果，是评价企业理财活动是否合理的基本标准。利润最大化、股东财富最大化、企业价值最大化是三种最具代表性的观点。

● 财务管理课程体系按层次可以分为初级财务管理、中级财务管理和高级财务管理。高级财务管理主要研究一些突破财务管理基本假设的专门问题。

思考题

1. 你认为应如何构建财务管理的理论结构?
2. 简要论述财务管理假设与财务管理内容的关系。
3. 试分析设立财务管理课程体系的各种思路。
4. 你认为高级财务管理应由哪些内容组成?
5. 请你谈谈高级财务管理与初、中级财务管理的关系。

第2章

企业并购财务管理概述

本章导读

普华永道会计师事务所发布的《2020年中国企业并购市场回顾与2021年前瞻》显示，2020年中国并购交易数量比2019年增加了11%，并购活动交易金额增长了30%，达到7 338亿美元，是自2016年以来的最高水平，这主要得益于国有企业和政府资金强有力的投资支持。按照交易量和交易额计算，中国约占全球并购市场的15%，在全球市场中扮演着越来越重要的角色。据统计，2020年发生了93宗超大型并购交易（单宗10亿美元以上），反映了国有企业改制进程的加快以及政府主导的对金融行业注资的重视。可以预测，在国有企业改革以及“双循环”和“产业升级”战略的支持下，未来一段时期内，中国企业并购市场可能将继续以境内交易为主题，但随着世界经济的逐渐复苏，海外投资的整体水平也将有较大的上升空间。

企业并购的动因是什么？并购会为企业带来什么样的效应？这正是本章要重点讨论的问题。

学习目标

- 掌握并购的形式与类型
- 理解并购的动因和效应
- 了解中外并购史

2.1 企业并购概念

企业并购活动始于 19 世纪末。20 世纪 80 年代，西方国家兴起了新一轮企业并购浪潮，特别是进入 90 年代以后，企业并购更是愈演愈烈，规模之大、时间之长、影响之广泛是前所未有的，2000 年的全球并购交易额占当年世界经济总量的 1/10，目前全球跨国直接投资中，并购占到了八成以上。普华永道会计师事务所发布的《2020 年中国企业并购市场回顾与 2021 年前瞻》显示，2020 年中国的并购活动交易金额增长了 30%，达到 7 338 亿美元。按照交易量和交易额计算，中国约占全球并购市场的 15%，在全球市场中扮演着越来越重要的角色。事实上，企业并购作为市场经济发展的产物，已经成为西方发达国家一个十分重要的经济现象。在当今市场经济发达的国家，企业越来越重视利用并购这一手段拓展经营，实现生产和资本的集中，达到企业外部增长的目的。

并购源于英文 merger & acquisition（M&A），其中，merger 指物体之间或权利之间的融合或相互吸收，通常被融合或吸收的一方在价值或重要性上要弱于另一方。融合或相互吸收之后，较不重要的一方不再独立存在。acquisition 是指获得或取得的行为。M&A 的主要特征是获得目标公司的控制权。本书所涉及的并购主要指在市场机制作用下，企业为了获得其他企业的控制权而进行的产权重组活动。

2.1.1 并购的形式

并购包括控股合并、吸收合并、新设合并三种形式。

（1）控股合并。收购企业在并购中取得对被收购企业的控制权，被收购企业在并购后仍保持独立的法人资格并继续经营，收购企业确认并购形成的对被收购企业的投资。

（2）吸收合并。收购企业通过并购取得被收购企业的全部净资产，并购后注销被收购企业的法人资格，被收购企业原持有的资产、负债在并购后成为收购企业的资产、负债。

（3）新设合并。参与并购的各方在并购后法人资格均被注销，重新注册成立一家新的企业。

通常，我们把主兼并或主收购的企业称为兼并企业、收购企业、主并企业、进攻企业、出价企业、标购企业或接管企业等；把被兼并或被收购的企业称为被兼并企业、被收购企业、目标企业、标的企业、被出价企业、被标购企业或被接管企业等。

2.1.2 并购的类型

并购按不同的标准可以分为不同的类型。

1. 按双方所处的行业分类

按照并购双方所处行业的性质来划分，企业并购方式有纵向并购、横向并购、混合并购等三种。

纵向并购是指从事同类产品的不同产销阶段生产经营的企业所进行的并购，如对原材料生产厂家的并购、对产品用户的并购等。纵向并购可以加强企业对销售和采购的控制，带来生产经营过程中所需资源的节约。

横向并购是指从事同一行业的企业所进行的并购。例如，两家航空公司的并购，或两家石油公司的结合等。美国波音公司和麦道公司的合并便属于横向并购。横向并购可以清除重复设施，提供系列产品，实现节约。

混合并购是指与企业原材料供应、产品生产、产品销售均没有直接关系的企业之间的并购。例如，北京东安集团兼并北京手表元件二厂，并利用其厂房改造成双安商场便属于混合兼并。混合兼并通常是为了扩大经营范围或经营规模。

2. 按并购程序分类

按照并购程序来划分，企业并购方式有善意并购和非善意并购。

善意并购通常是指并购公司与被并购公司双方通过友好协商确定并购诸项事宜的并购。这种并购方式一般先由并购公司确定被并购公司即目标公司，然后设法与被并购公司的管理当局接洽，商讨并购事宜。通过讨价还价，在双方可接受的条件下签订并购协议。最后经双方董事会批准，股东大会 2/3 以上赞成票通过。

非善意并购是指当友好协商遭拒绝时，并购公司不顾被并购公司的意愿而采取非协商性购买的手段，强行并购对方公司。被并购公司在得知并购公司的并购企图之后，出于不愿接受较为苛刻的并购条件等原因，通常会做出拒不接受并购的反应，并可能采取一切反并购（或抵制并购）的措施，如发行新股以分散股权，或收购已发行的股票等。

获取委托投票权是指并购公司设法收购或取得被并购公司股东的投票委托书，如果并购公司能够获得足够的委托投票权，使其能以多数地位胜过被并购公司的管理当局，就可以设法改组被并购公司的董事会，最终达到并购的目的。然而，在这场被称为“委托投票权大战”的激烈斗争中，并购公司需要付出相当大的代价，作为被并购公司的“局外人”争夺股票权常遭被并购公司基本股东的拒绝，因此这种方法常常不易达到并购的目的。

收购被并购公司的股票，是指并购公司在股票市场公开买进一部分被并购公司股票作为摸底行动，之后宣布直接从被并购公司的股东用高于股票市价（通常比市价高10％～50％）的接收价格收购其部分或全部股票。从理论上说，并购公司能够买下被并购公司 51％的股票，就可以改组被并购公司的董事会，从而达到并购的目的。但在实际工作中，由于股权比较分散，有时拥有 20％甚至 10％的股票也能达到控制的目的。

3. 按并购的支付方式和购买对象分类

按照并购的支付方式和购买对象，并购可以分为现金购买资产或股权、股票换取资产或股权以及承担债务换取资产或股权，详见表 2－1。

表 2－1 按支付方式和购买对象划分的并购类型

支付方式	购买对象	
	资产	股权
现金	现金购买资产	现金购买股权
股票	股票换取资产	股票换取股权
承担债务	承担债务换取资产	承担债务换取股权

2.2 企业并购的动因和效应

2.2.1 并购的动因

按照古典经济学理论，横向并购的动因主要在于降低成本和扩大市场份额，现代企业理论则从降低交易费用和代理成本的角度解释了纵向并购的动因。具体来说，并购的动因主要可以概括为以下几种。

1. 获得规模经济优势

规模经济是指随着生产经营规模的扩大，生产成本随着产出的增加而下降，收益不断递增的现象。通过横向并购，企业可以快速将各种生产资源和要素集中起来，从而提高单位投资的经济收益或降低单位交易的费用和成本，获得可观的规模经济。为此，企业有动力扩大生产规模，而并购，特别是横向并购是企业扩大生产规模最便捷有效的途径之一。

2. 降低交易费用

按照科斯的理论，企业是市场机制的替代物，市场和企业是资源配置的两种可互相替代的手段。通过并购，主要是纵向并购，企业可以将原来的市场交易关系转变为企业内部的行政调拨关系，从而大大降低交易费用。

3. 多元化经营

多元化经营不仅可以降低风险、增加收益，而且可以使企业发掘出新的增长点，所以多元化经营往往成为企业发展到一定阶段的重要战略之一。并购是企业迅速进入其他生产经营领域，实现多元化战略的重要方式。通过并购，企业避免了培育一个新产业可能会带来的风险与不确定性，有利于根据市场现状选择最佳进入时机。虽然多元化经营未必一定通过并购来实现，也可以通过企业内部的成长来达成，但时间往往是重要因素，通过并购其他企业可迅速达到多元化扩张的目的。

2.2.2 并购效应

在各种并购动因的驱使下，并购活动是否增加了股东财富？这是西方经济学中的并购理论所探讨的另一个重要问题。西方学者的研究认为，企业并购并非总能产生正效应。有的并购确实能产生正效应，有的并购却是零效应，有的并购甚至产生负效应。这里评价并购效应的标准是股东财富。股东财富增加为正效应，反之则为负效应。大量的实证研究表明并购总是能为目标企业股东带来正效应，而并购企业股东却不总能从并购中获得好处，双方股东财富效应的组合产生了上述三种结果，这三种结果的产生被认为与并购的动因有关。

1. 并购正效应的理论解释

（1）效率效应理论。效率效应理论认为并购活动产生正效应的原因在于并购双方的管理效率是不一样的。具有较高管理效率的企业并购管理效率较低的企业，可以通过提高后者的管理效率获得正效应。该理论有两个基本假设：并购方的管理资源有剩余，并且具有不可分散性。如果并购方的管理资源没有剩余，已经得到充分利用，或者并购方的剩余管理资源具有可分散性，可以轻易释出，则并购是没有必要的。对于目标企业来说，其管理的低效率可以通过外部管理层的介入和增加管理资源的投入得到改善。

（2）经营协同效应理论。经营协同效应理论的假设前提是规模经济的存在。由于人力资本支出、固定资产支出、制造费用、营销费用、管理费用等的不可分割性，在合理范围内，分摊这些支出的产品数量越大，单位产品的成本就越低。在企业尚未达到合理规模使各种资源得到充分利用时，并购显然是解决这一问题的有效手段。当并购双方存在互补优势时，也会产生经营协同效应。例如，并购方拥有较强的研发力量，而营销力量较弱，相反，被并购方具有强大的营销力量而产品研发力量较弱，这时两者的合并无疑会增强并购后企业的整体实力。此外，纵向并购通过降低上下游企业的交易费用带来经营协同效应。

（3）多元化优势效应理论。股东可以通过证券组合来分散其投资风险，而企业的管理者和员工由于人力资本的不可分散性和专用性面临较大的风险。因此，企业的多元化经营并不是为了最大化股东的财富，而是为了分散企业经营的风险，降低企业管理者和员工的人力资本投资风险。此外，企业的多元化经营可以增加员工升迁的机会。如果企业原本具有商誉、客户群体或供应商等无形资产，多元化经营可以使这些资源得到充分利用。

（4）财务协同效应理论。财务协同效应理论认为并购可以给企业提供成本较低的内部融资。例如，当一方具有充足的现金流量而缺乏投资机会，而另一方有巨大的成长潜力却缺乏融资渠道时，两者的兼并就会产生财务协同效应。此外，并购后的企业借贷能力往往大于并购前各自的借贷能力，负债的节税效应将降低企业的财务成本。

（5）战略调整理论。战略调整理论强调企业并购是为了增强企业适应环境变化的能力，并购有利于企业迅速进入新的投资领域，占领新的市场，获得竞争优势。虽然企业也可以通过内部发展来获得新的资源和新的市场，但并购显然能使企业更快地实现这种调整。

（6）价值低估理论。这一理论认为，当目标企业的市场价值由于某种原因未能反映其真实价值或潜在价值时，并购活动就会发生。企业价值被低估的原因通常有以下几个：1）企业的经营管理未能充分发挥其潜能；2）并购企业拥有外部市场所没有的有关目标企业真实价值的内部信息；3）通货膨胀造成企业资产的市场价值和重置成本的差异。

常被用来衡量企业价值是否被低估的指标是托宾 q 比率。q 等于企业的市场价值与其重置成本的比值。当 q 小于1时，表明企业的价值被低估了。例如，如果 q 为0.5，即使并购成本为被并购企业市值的1.8倍，但总成本只有被并购企业重置成本的90%，并购企业也有利可图。

(7) 信息理论。信息理论认为当目标企业被并购时，资本市场之所以重新对该企业的价值做出评估，有两种可能：1）并购向市场传递了目标企业被低估的信息；2）有关并购的信息将激励目标企业的管理层采取有效措施改善其经营管理效率。基于以上两点，不管并购最后是否成功，目标企业的股票价格往往会经历一个上升的过程。

2. 并购零效应的理论解释

并购企业由于管理者傲慢自大，往往会过于乐观，向目标企业股东出价过高，或者即使该项投资并无价值仍坚持投资，或者在有较多的竞争者时并购成本被过分地抬高，当并购成本大于并购收益时仍坚持并购。这就是所谓的“过度自信”理论。在这种情况下，并购企业从并购行为中获得的将是零效应。目标企业股东收益的增加实际上是财富从并购企业股东向目标企业股东的简单转移。

3. 并购负效应的理论解释

当管理者为了自己的利益甚至以损害企业的利益或股东的利益为代价采取并购行为，或者有关并购的决策错误时，并购的总体效应为负值。

对企业并购负效应的理论解释可以归纳为以下两种：

(1) 管理主义。这种理论认为并购本身就是一个代理问题。实证研究表明，代理人的报酬取决于企业的规模，因此代理人有动机通过并购使企业规模扩大，从而增加自己的收入和保障职位的安全。管理者重视企业增长率而忽视企业的实际投资收益率，因此会做出对股东来讲是负效应的并购决策。

(2) 自由现金流量假说。所谓自由现金流量，是指企业在支付了所有净现值为正的投资计划后所剩余的现金流量。如果管理者以股东财富最大化为目标，则应放弃低于资本成本的投资，而把这些自由现金流量支付给股东。但管理者往往动用自由现金流量去并购企业来实现扩张政策，并可能采取低收益甚至导致亏损的并购。这种低效的企业并购必然会损害企业的价值。经营稳定但缺少有效的投资机会而产生巨额现金流量是实施这种低效并购的企业的一个特征。在这种意义上，企业并购是股东和管理者之间利益摩擦的一种反映。

理论上，上述任何一种关于并购动因和效应的解释都是不全面的。现实中，一起并购往往不只有一个动因，而是一个多种因素平衡的过程，因此，并购所产生的效应不一定与最初的动因一一对应。

2.3　企业并购的历史演进

2.3.1　西方企业的并购简史

西方发达国家的企业成长史实质上就是一部并购史，以美、英、日、德等发达国家为代表的并购活动按历史进程大概可以分为五个阶段，在每个阶段总有一种特定的并购方式处于主导地位。

1. 第一次并购浪潮（1895—1904年）

第一次并购浪潮发生在19世纪与20世纪之交，这一阶段的并购以横向并购为主，并购后形成了一批大规模、具有垄断特点的企业。

1895—1904年，美国企业有75%由于并购而消失，也就是说，在这次并购浪潮中，美国企业中的3/4被并购，另外1/4成为并购方。这一时期，铁路、通信、公用事业等基础设施的并购最为活跃。这次并购浪潮的主要形式是横向并购，重大结果是形成了企业垄断。大量中小型企业通过并购组成一个或几个大型企业，这些大型企业成为现代大工业某一部门的垄断者，如美国钢铁公司、杜邦公司、美国烟草公司、美国橡胶公司等。根据哈罗德·利夫赛的资料，1899年美国通过并购形成的100家大公司，在主要部门中占有国内市场的份额是：石油工业公司82%，结构金属公司100%，陶器和玻璃工业公司100%，食品工业公司54%。①

【例2-1】 美国火柴工业1880年以前共有30多家火柴企业，均属小型分散的企业。这些企业通过相互之间的横向并购，形成了四大火柴企业，占据了美国火柴市场80%以上的份额。1900年，经过进一步并购，最后形成了美国钻石火柴公司（Diamond Match Co.）独家垄断美国火柴业的局面。

2. 第二次并购浪潮（1922—1929年）

第一次并购浪潮后，企业并购活动处于低潮，直到20世纪20年代，企业并购才形成第二次浪潮。第二次并购浪潮与第一次有显著的不同。第二次并购浪潮在企业规模更大的基础上进行，主要是已经形成的垄断企业并购大量企业，扩张其势力范围。并购形式以纵向并购为主，同时出现了产品扩展型混合并购、市场扩展型混合并购。根据有关统计资料，在美国278家大企业中，有236家企业进行了原料、半成品、制造加工等生产工序相互结合的兼并活动，有85%的企业进行了将生产、流通和分配各个环节统一到一个企业中的并购行为。20年代的并购浪潮在很大程度上形成了英国制造业的基本轮廓，产生了一批在各部门处于领导地位的大型企业。这个时期形成的重要企业，如英国

① Harold C. Livesay, Patrick G. Potter. Vertical integration in American manufacture 1899—1948. Journal of Economic History, 1969.

帝国化学工业集团（ICI）和尤尼莱弗，至今仍控制着英国的制造行业。

1926—1930年，美国共发生4 600起并购。1919—1930年，制造业、采矿业、公用事业和银行业共有1.2万家企业被并购。受影响的行业主要包括金属、石油产品、食品、化工产品、运输设备。

纵向并购的目的是控制上下游企业，减少行业波动风险，追求产业融合。这一时期股权投资日渐娴熟，少数投资者运用较小的投资资本就能控制大企业。1929年10月29日，美国股票市场发生了被称为“黑色星期四”的股市大跌。第二次并购浪潮就此结束。

【例2-2】 美国钢铁公司在第一次并购浪潮中，通过并购大量中小型企业组成了实力强大的垄断公司。到了第二次浪潮，该公司通过大量纵向并购，并购了一系列采掘、炼铁、炼钢、轧钢、运输、销售等环节的企业，形成了一个庞大的钢铁联合企业。公司规模之大，产品品种之齐全，无与伦比。

3. 第三次并购浪潮（20世纪60年代）

20世纪60年代，出现了第三次并购浪潮。这一阶段的并购以多元化经营和品牌重组为主要特征，主要是混合并购。第三次并购浪潮无论是规模还是速度，都大大超过了前两次，第二次并购浪潮的规模比第一次大一倍，而第三次并购浪潮的规模超出第二次一倍以上。1925—1931年的7年间，美国的并购活动平均每年为835起；1965—1971年的7年间，平均每年为1 511起。[①] 第三次并购浪潮主要是大型企业之间的并购，企业的垄断程度进一步提高。并购形式以互不关联的企业之间的混合并购为主。与美国相似，英国也出现了许多大企业之间的并购。这种大规模的大型企业的并购，使英国各行业的垄断程度大大提高，联合体和多数行业的集团化趋势进一步发展。

混合并购的一大优势就是有助于企业合理避税。股息、利息、资本收益以及不同资产之间的税率不同，使得收购不同标的物（资产或股权）、采用不同支付方式（现金、股票或债券）给企业带来不同的合理避税价值。例如，企业可以利用亏损递延条款实现合理避税，这为并购亏损企业（而不管其他协同）创造了理由。由于美国各州/地区之间、不同行业之间税率优惠存在差异，跨地区的收购可以给企业带来合理避税的好处。

此外，形成业务不相关的大型经济体可以降低融资成本。并购后企业可以提高信用级别，进入原先不能进入的融资市场和降低贷款利率等。

【例2-3】 国际电话电报公司原是一家专营电信设备和电信劳务的公司，1955年名列美国公司第80位。在第三次并购浪潮中，该公司通过混合并购，进行多元化经营。通过兼并美国最大的生产工业用泵的贝尔-戈赛特等公司，公司成功进入机械工业领域；通过兼并生产各种自动控制仪表的通用控制公司、研究与开发先进电子元件的电子技术研究所，以及生产电子元件的全国计算机产品公司，进入高科技生产领域和国防工业；通过兼并美国三大酒店之一的希尔顿，进入旅游服务业；通过兼并克利夫兰汽车公司，进

① Bureau of Census of U.S. Department of Commerce. The Statistical History of the United States: From Colonial Times to 1970. 1975: 914.

入汽车维修业；通过兼并鲍布斯-梅里尔（Bobbs-Merrill）出版公司、美国三大广播公司之一的美国广播公司，进入文化宣传领域；通过并购哈特福德（Hartford）公司、埃特纳（Etna）金融公司、索普（Thorpe）金融公司，进入金融业。除此之外，国际电话电报公司还兼并了住宅建筑行业以及众多其他行业的中小企业。到1970年，国际电话电报公司成为美国第八大企业。

4. 第四次并购浪潮（20世纪70—80年代）

第四次并购浪潮自20世纪70年代中期起，延续了整个80年代。这次浪潮规模空前，1978年以前，10亿美元以上的特大型并购甚是罕见，而在1983年、1984年和1985年分别就有6起、17起和37起。第三次并购浪潮中混合并购的弊端开始显露，因此通过并购活动调整多元化经营企业的内部结构，消除混合并购所带来的弊端，成为80年代并购浪潮中的一个重要任务。第三次并购浪潮的另一个特点是杠杆并购开始流行，出现了大量小企业并购大企业的现象，而金融界为了支持杠杆并购，开始发行“垃圾债券”。垃圾债券最早起源于美国，早期被一些小企业用于筹集开拓业务的资本。由于小企业资信状况较差，信用等级较低，发行债券融资时就以较高的收益来补偿其高风险，当高收益高风险的债券被市场吸纳后，越来越多的资信较差的企业也加入进来，致使20世纪80年代垃圾债券危机四伏。此次浪潮中还出现了小企业借助金融企业财力，以股东革命的面目并购多元化发展的大企业，即“小鱼吃大鱼”的现象。

第四次浪潮是以美国为代表的发达国家企业进入市场经济的重要转折期。同时，这一时期跨国并购不断增多，一直延续到第五次浪潮，而日本企业在此期间表现尤为突出。英国企业在这次并购浪潮中的数量和规模要明显大于前两次，这与当时英国政府对并购采取较为宽松、放任的政策是密切相关的。这一时期，大规模的分拆活动成为英国企业并购活动中的一个重要方面，企业把非核心的部门或附属企业分离出来卖给其他企业，或者以管理层收购的形式卖给这些分离出来的部门或附属企业原来的管理者。80年代，日本企业趁日元升值，纷纷到海外并购企业，以建立海外行销网或生产基地，绕过国际贸易壁垒。比较著名的案例有索尼公司以34.5亿美元购买美国哥伦比亚制片公司，三菱公司以8.4亿美元购买洛克菲勒华尔街大厦51%的股份等。

总体上看，第四次并购浪潮呈现出鲜明的特点：（1）并购活动的数量减少，但交易额普遍较大。大企业成为并购目标企业。（2）投资银行发挥作用，并占据主导地位，促进垃圾债券的发行和债券市场的形成，以及并购交易的形成。（3）并购策略的复杂性增加，开始大量使用绿票讹诈、狙击手等并购手段，敌意收购与反收购手段并存。（4）垃圾债券得到大量使用，形成新的收购方式，如财务杠杆收购（LBO）、管理层收购。小企业收购/攻击大企业，使上市公司退市或者私有化。（5）开始出现跨国并购，这主要得益于美元对日元的汇率变动，日元大幅升值促进了日本资产对美国资产的收购。

【例2-4】 KKR公司是美国一家著名的经纪公司。1984—1987年，KKR公司依靠发行垃圾债券借款高达267亿美元，并购了11家大型公司。1988年，KKR公司又以251亿美元并购了在美国大公司中排名第19位的RJR纳贝斯克公司，在此次并购活动中，KKR公司出资15亿美元，50%～70%为向两家投资银行贷款，其余为发行垃圾债券筹集的资金。

5. 第五次并购浪潮（20世纪90年代开始）

第五次并购浪潮始于20世纪90年代初，主要特征为“强强联合”和“跨国并购”。这次并购浪潮中参与并购的企业数量之多，单起并购交易额规模之大、影响之广泛都是空前的。例如，1998年年底，美国埃克森石油公司宣布以810亿美元兼并美孚石油公司；1999年美国第二大长途电话公司国际微波通信公司以1 290亿美元收购斯普林特公司。价值数百亿美元、经营数十年甚至上百年的公司以及一些大型跨国公司都成为这次并购浪潮的并购对象，出现了像波音-麦道公司那样的世界性行业垄断集团。以往的并购活动主要集中在几个行业，而这次并购浪潮席卷了通信、化工、机械、航空、电子、零售、医疗保健、银行等行业，其中银行、电信、网络和制药业的并购活动尤为突出，交易额高达上百亿甚至上千亿美元，促进了产业结构的调整。并购方式又回到一个世纪前流行的横向并购为主，但这次是跨国的横向并购。

自20世纪90年代中期以来，横向跨国并购在全球并购中所占的份额无论是从数量还是从交易额来看都占绝对优势。在经济全球化的趋势下，除发达国家主导的“强强联合”并购，这一时期发达国家对发展中国家企业的并购数量和金额也迅速增长，特别是在亚洲金融危机以后，欧美一些大型企业集团纷纷斥巨资并购资产价值被低估的亚洲企业。

【例2-5】 1996年12月，美国波音公司并购麦道飞机制造公司，这次并购涉及133亿美元，并购方式是麦道公司每股换持波音公司0.65股。新合并而成的波音-麦道公司成为当时世界上规模最大、实力最强、业务最广、形象最受羡慕的航空公司，也是美国最大的出口商。同时，这次并购也是对空中客车公司强有力的冲击，使空中客车面临一个强大的联盟体的竞争威胁。

2.3.2　中国企业的并购简史

新中国成立以来，我国企业并购的发展大致可以分为两个时期：第一时期为1993年以前。这一时期我国的企业并购主要是通过政府无偿划拨或通过产权交易市场进行的。第二时期以1993年的“宝延风波”为起点，我国的企业并购进入以公司形态为主，通过股权交易进行并购的阶段。公司制企业的发展与证券市场的建立和发展是这一时期的两个基本条件。

第一时期的企业并购带有浓重的行政色彩，大多数企业并购都是在政府的推动下实施和完成的。① 在这一时期，最有名的并购模式是“保定模式”和“武汉模式”。保定模式采取自上而下的程序，由政府依据产业政策，以所有者代表身份进行干预、引导、牵线搭桥，推动企业并购。1984年，保定市经委以“用大型企业带动小型企业，以优势企业带动劣势企业”的思路，将四家亏损企业卖给优势企业，从而消灭了一批亏损企业，

① 郑海航，李海舰，吴冬梅. 中国企业兼并研究. 北京：经济管理出版社，1999.

并且满足了部分优势企业的扩张欲望，取得了比较好的效果。武汉模式采取自下而上的程序，企业在双方自愿自主的基础上充分协商并达成协议，报双方主管部门批准即可。保定模式偏重产业政策，武汉模式强调自愿互利，但本质上都是通过政府推动的。1988年，武汉市成立第一个企业产权转让市场。同年，成都、保定、郑州、洛阳、太原等地也相继组建了产权交易市场。产权交易市场的建立为企业并购提供了一个重要的途径，促进了企业并购在全国范围内的迅速发展。1989年2月，国家体改委、国家计委、财政部、国家国有资产管理局联合发布《关于企业兼并的暂行办法》，这是我国规范企业并购活动的第一个正式法规。

第二时期的企业并购按照相关法律制度的建立和完善大致可以划分为四个阶段。

第一阶段（1993—1999年）：1993年4月22日国务院发布《股票发行与交易管理暂行条例》，在第四章专门规范了上市公司的收购，正式确立了上市公司并购的相关法规。1993年10月，深圳宝安集团在上海证券交易所（简称上交所）通过购买股票方式，收购了上海延中实业公司16.8%的上市流通股票。1994年4月，宝安集团完成对延中实业公司的控股。这是我国第一起通过国内证券市场进行的股权收购，标志着我国企业并购活动进入一个新的阶段。1994年4月，珠海恒通集团股份有限公司（简称恒通集团）收购上海棱光股份有限公司（简称上海棱光）1 200万股国有股，成为上海棱光第一大股东，完成收购后，恒通集团将其下属全资子公司恒通电能仪表有限公司转让给上海棱光。该集团不仅开了国有股份转让的先河，而且完成了我国第一例完整意义上的“买壳上市”，此后，许多因政策限制而被排除在证券市场之外的民营企业，开始通过“买壳”的方式间接上市。1997年，上市公司并购与促进产业结构调整和产业升级联系在一起，进一步丰富了并购重组的经济内涵。1998年，民营科技型企业成为并购重组的主角，出现了清华同方与鲁颖电子的吸收合并、申能股份国有股回购等一系列市场运作的实践创新。到1999年，我国证券市场的并购模式创新基本成熟。

第二阶段（1999—2002年）：1999年7月1日开始实施的《中华人民共和国证券法》（简称《证券法》）明确规定上市公司的股权转让可以协议转让和二级市场收购两种形式实施，并且明确了投资人在二级市场收购已发行股份的5%应当及时履行报告和信息披露义务。同时，证监会对并购信息的披露要求更加严格。2000年共有100余家上市公司的控制权发生了转移。竞争较为激烈的传统行业，如啤酒、航空和商业等领域也发生了许多战略性兼并重组，形成了规模经济。政府在企业并购中的作用仍然比较突出，如2000年下半年公布的PT红光、ST郑百文等上市公司并购重组方案中，地方政府都发挥了不可或缺的关键作用，主要体现为给予并购者一定的优惠政策，如税收优惠、债务本息的减免、无偿划拨土地等。进入2001年以后，市场监管力度明显加强，通过让PT（特别转让）股和连续三年亏损的ST（特别处理）股直接退市的机制，加速了对绩差公司的并购。

第三阶段（2002—2006年）：2002年12月1日实施的《上市公司收购管理办法》和《上市公司股东持股变动信息披露管理办法》，以及2002年11月发布的《关于向外商转让上市公司国有股和法人股有关问题的通知》等文件，标志着我国上市公司收购的法律框架基本完成。首先是《上市公司收购管理办法》突破了《证券法》的原有界限，明确将证券交易所外的股份转让纳入监管范围，更加符合我国的实际，同时，收购交易的运作空间更加开放，境内外的法人和境内自然人都拥有收购权，大大吸引了包括外资和民营资本在内的更多主体参与上市公司收购。

第四阶段（2006 年至今）：伴随着《上市公司收购管理办法》、《中华人民共和国公司法》（简称《公司法》）、《证券法》的修改，以及我国资本市场股权分置改革，2006 年可谓我国并购市场的重要分水岭，并购在经济资源配置中扮演着越来越重要的角色。2006 年年初，一场有关外资与经济安全的讨论引发了对频频上演的外资并购的反省与思考，直接推动了政策完善的进程。当年 9 月 8 日，商务部等六部门联合发布《关于外国投资者并购境内企业的规定》，对外国投资者并购境内企业做出了更细致的规定，被国际咨询资深顾问认为是“在商业领域，中国迄今为止唯一达到了国际行文水准的法律法规性文件。它没有出现‘一般不得’‘可以’等充满道德性判断、逻辑不清的弊病，对于任何真心实意想在中国做生意的外国投资人，外资并购新规都是一个重要的利好。它为政府和企业双方设置了一个比较明确的游戏规则”。随着新政策的出台，可以预见“绿地投资”① 将会减少，虽然一些涉及经济安全问题的并购将会受阻，但在其他领域并购热将会持续。从经济发展态势来看，全球的并购已经进入一个新的高潮，亚洲特别是中国将是未来 3～5 年全球并购关注的焦点。

随着资本市场进入全流通时代，上市公司并购的外部环境发生了重大变化，上市公司并购重组的动力增强，方式不断创新，2006 年以来在并购的支付手段上，除了传统的现金方式，以发行新股认购资产甚至以股份换股份的方式大量出现。为支持上市公司通过并购重组做优做强，2008 年证监会颁布《上市公司重大资产重组管理办法》，并于当年 5 月 18 日起开始施行。该办法的出台使得市场广泛认可和接受的措施通过制度化的规定，具有更强的规范和执行效力。

2008 年 8 月 4 日起施行的《上市公司并购重组财务顾问业务管理办法》是为了充分发挥财务顾问在上市公司并购重组活动中的外部监督职能，督促并购重组活动的相关当事人自觉规范运作，维护市场秩序和公信力，降低证监会的监管风险，推动市场化进程。该管理办法明确规定，上市公司并购重组财务顾问业务是指为上市公司的收购、重大资产重组、合并、分立、股份回购等对上市公司的股权结构、资产和负债、收入和利润等具有重大影响的并购重组活动提供交易估值、方案设计、出具专业意见等专业服务。从事财务顾问业务的机构应该获得证监会的核准。

2008 年 12 月 9 日，中国银监会发布《商业银行并购贷款风险管理指引》，明确了银行贷款可以介入股权投资领域，在贷款比例上，发放并购贷款的金额原则上占并购股权对价款的比例不高于 50%，从而为上市公司实施杠杆并购创造了条件，拓宽了并购途径。而在此之前 1996 年央行制定的《贷款通则》明确规定：借款人不得用贷款从事股权资本性投资。

2015 年，银监会发布修订后的《商业银行并购贷款风险管理指引》（简称《指引》），

---

① 所谓“绿地投资”，是到国外投资设厂的投资模式，即到国外相关国家或地区投资设厂，利用当地廉价劳动力等资源实施本土化经营。

其主要做出了三点调整：贷款期限从5年延长至7年，并购贷款占并购交易价款的比例从50%提高到60%，并购贷款担保的强制性规定修改为原则性规定。同时，要求商业银行进一步加强并购贷款的风险防控。修订后的《指引》强化了并购贷款的风险控制，明确规定资本充足率低于10%的商业银行没有资格开办并购贷款业务，同时商业银行全部并购贷款余额占同期本行一级资本净额比例不能超过50%，对单一借款人的并购贷款余额占同期本行一级资本净额比例不能超过5%。

伴随着2020年3月1日新《证券法》的正式实施，为进一步提高监管的效率与水平，促进上市公司质量提升，证监会对《上市公司重大资产重组管理办法》（简称《重组办法》）、《上市公司收购管理办法》（简称《收购办法》）和相关权益变动报告书、收购报告书、要约收购报告书、被收购公司董事会报告书披露规则做了配套修改。

新《证券法》对上市公司收购制度修订的主要目的是，通过加强信息披露要求、填补披露空白，遏制随意或不加节制放大杠杆的收购行为。这是对超过自身风险承受能力的收购的制约，有助于规范并购重组市场，优化资本市场资源配置。

具体来说，《重组办法》的修订内容主要包括以下三点：（1）完善重组罚则体系。大幅提高对相关违法违规行为的处罚力度，明确将上市公司控股股东、实际控制人纳入信息披露违规处罚对象，首次明确发行股份购买资产违规可能构成欺诈发行。（2）为深化改革预留制度空间。增加了存托凭证作为重组支付工具的规定。（3）落实简政放权要求。简化媒体披露要求，减轻企业负担，调整有关证券服务机构的表述，强调其履职要求。

《收购办法》的修订内容主要包括以下四点：（1）完善对持股5%以上股东持股变动的监管要求。将此类股东每增加或者减少5%股份的“限制买卖期”延长至该事实发生之日起至公告后3日内。增加对持股5%以上股东及其一致行动人持股增加或者减少1%时的通知和公告要求。此外，明确违规买入在上市公司拥有权益股份的，在买入后36个月内，该超过规定比例部分股份不得行使表决权。（2）细化对持股变动信息的披露要求。在简式权益变动报告书中，要求披露增持资金来源。要求在简式、详式权益变动报告书中，分别披露投资者及其一致行动人在上市公司中拥有表决权股份变动的时间及方式。（3）明确对免除要约收购义务的监管安排。增设“事中事后”监管机制，规定符合《收购办法》第六章规定的情形方可免于履行要约收购义务。同时明确，触及要约收购义务的，收购人应当在收购报告书摘要公告5日内，公告其收购报告书、财务顾问专业意见和律师出具的法律意见书。（4）强化事中事后监管机制。例如，将“收购人不符合办法规定的免除发出要约情形，拒不履行相关义务、相应程序的”纳入监管治理范围。同时，细化对中介机构的监管要求，督促其履行好“看门人”职责。

以上制度的出台，进一步完善了我国上市公司并购的法律法规制度框架。

2.4 企业并购的财务问题

一个完整的并购过程可以划分为三个阶段：准备、谈判和整合。表2-2列示了每个阶段包括的步骤。①

表 2-2　并购三阶段及其步骤

第一阶段
● 并购战略、价值创造逻辑和并购标准的确定 ● 目标企业搜寻、筛选和确定 ● 目标企业的战略评估和并购辩论
第二阶段
● 并购战略的发展 ● 目标企业的财务评估和定价 ● 谈判、融资和结束交易
第三阶段
● 组织适应性和文化评估 ● 整合方法的开发 ● 并购企业和被并购企业之间战略、组织和文化的整合协调 ● 并购效果评价

在整个并购过程中主要涉及以下财务问题：

（1）第一阶段，在企业战略目标和并购标准的指导下，对候选目标企业进行并购可行性分析，核心内容是确定并购价值增值。无论企业并购的具体动因是什么，从财务的角度来看，最终都可以归结为创造企业价值增值。具体来说有三方面的内容：1）估计并购将产生的成本降低效应、销售扩大效应、劳动生产率提高效应、节税效应等，从而确定并购所能创造的价值。2）估计并购成本。3）确定并购创造的价值增值。

（2）第二阶段的核心是财务。主要内容包括：1）确定目标企业的价值和并购溢价的允许范围，从而确定并购价格区间。2）确定支付方式。支付方式主要有三种，即现金、股票和承担债务。不同的支付方式会产生不同的财务效果，并影响对并购资金的需求。3）确定筹资方案。

（3）第三阶段，评价并购成功与否。例如，通过比较并购前后企业的管理费用、制造费用等判断是否实现了经营协同。尽管单纯的财务指标还不足以全面评价企业的并购行为，但财务评价显然是衡量并购成功与否所不可缺少的。

上述几大财务问题的核心内容可以归结为企业估值、支付方式和筹资方案的选择以及并购绩效评价三部分。本书的第 3 章、第 4 章将分别对这些问题进行详细介绍和阐述。

2.5　案例研究与分析：中集集团的并购扩张之路

2.5.1　案例背景

中国国际海运集装箱（集团）股份有限公司（简称中集集团）初创于 1980 年 1 月，

① P. S. 萨德沙纳姆. 兼并与收购. 胡海峰，舒志军，译. 北京：中信出版社，1998.

最初由招商局集团（香港）有限公司（简称招商局）和丹麦宝隆洋行（中国）有限公司（简称宝隆洋行）共同出资300万美元组建，是我国最早的集装箱专业生产厂和最早的中外合资企业之一。

1982年9月22日中集集团正式投产，1987年中国远洋运输（集团）总公司（简称中远公司）对中集集团进行投资，招商局和中远公司各持有中集集团45%的股份，宝隆洋行则持有10%的股份。1993年，中集集团改组为股份公司，定向募集职工股576万股，1994年在深交所上市，发行A股1 200万股，B股1 300万股，募集资金19 830万元。1995年起以集团架构开始运作。集团致力于为现代化交通运输提供装备和服务，主要经营集装箱、道路运输车辆、机场设备制造和销售服务。截至2005年年底，中集集团总资产为171.73亿元，净资产为94.56亿元，在国内外拥有40余家全资及控股子公司，员工34 000人。招商局国际共持股22.75%，中远公司控股的中远太平洋有限公司的附属全资子公司中远集装箱工业有限公司持股16.23%。

20世纪80年代以后，我国对外贸易迅猛发展，极大地带动了集装箱行业的发展。国内经济的持续稳步增长促进了进出口贸易的繁荣，特别是出口业务表现出强劲的发展势头，价低量大仍然是我国出口产品的主要特点，这一特点决定了出口产品主要依赖海运的方式，导致国内市场产生对集装箱的大量需求。加之我国制造业与运输业成本相对较低，进一步增强了集装箱行业的竞争力，为其提供了更大的发展空间。90年代初期的市场增长使得早期进入该行业的企业获得了较高的回报，行业利润率一度高达30%，吸引了大批厂家进入集装箱行业。国内先后有20多家企业上马集装箱项目，同时，东南亚国家的一些企业也开始大力发展集装箱业务，生产能力的激增导致低水平的重复建设和低水平的激烈竞争，市场供需出现大逆转，矛盾最严重的时候，全球的需求量为100万箱，生产能力却高达250万箱。针对行业内重复建设带来的资金、资源的严重浪费，国家明确规定控制新的项目上马。与此同时，行业内恶性竞争的恶果开始显现，一些技术与管理水平相对较低的企业陷入困境，难以自拔。

正是在这样一个特殊的市场环境中，作为国内集装箱龙头企业的中集集团敏锐地看到了低成本扩张的机会：实施并购。中集集团认为，由于实施了对新建项目的控制，市场供需矛盾不会进一步激化，而那些拿不到订单的企业希望找到一条退出之路，中集集团作为一个股份公司，在管理水平、市场拓展、融资条件等方面具有不可比拟的优势，通过并购实现规模扩张恰逢其时。

2.5.2 并购战略的实施

中集集团的并购是从集装箱行业的横向并购开始的，在核心竞争力增强之后，通过一系列新领域的并购形成了多元化经营模式。

1. 并购优势分析

首先，从市场占有情况来看，中集集团具有其他竞争对手不可比拟的优势。这在很大程度上得益于中远公司的加盟。中远公司的前身是1961年成立的中国远洋运输集团，航运业是它的核心业务，该公司拥有600余艘船舶、1 700万载重吨，在航运企业的世界排名中位居第三。成为中集集团的大股东之后，对集装箱的需求自然更加倚重中集集团的产品，这进一步巩固了中集集团的市场优势。

其次，从公司融资来看，中集集团作为上市公司具有得天独厚的资金募集优势。公司在1994年以8.5元的价格发行A股1 200万股，B股1 300万股，1996年和1997年又先后增发B股3 000万股和4 800万股，资金实力较为雄厚。上市公司具有比较好的公众形象，容易促成并购的实现，而且国家对上市公司通过并购实现规模扩张持鼓励态度，公司所在地深圳市政府也为推进上市公司并购出台了多项优惠政策。

最后，从管理实力来看，中集集团有扎实的积累，培养出一批专业的营销队伍，建立起一支卓有成效的管理团队，产品的市场覆盖面不断扩大，客户结构得以优化。时任董事长麦伯良曾说，收购企业后要对其进行改造和管理，没有足够的实力是很难产生效益的。借助公司完善的管理制度、有效的成本控制和质量管理体系，中集集团在行业内部形成了良好的品牌效益，为收购的实现奠定了坚实的基础。

2. 并购的实施

在集装箱领域，按照利用核心优势，通过并购实现低成本扩张的战略规划，结合所处产业的特征，对并购目标的选择主要考虑了区域因素。从区域环境来看，在国家沿海开放政策的带动下，整个沿海地区的投资环境、法制环境和思想观念都比较灵活和开放，集装箱一生产出来，最好能就近装货出口，成本才会最低。所以，中集集团首先将并购对象框定在沿海地区。从当时国内集装箱生产的情况来看，华北、华南、华东三大区域结构初步形成，为了实现最有效的地域布局，获得战略优势，中集集团制定了在每个区域建立生产基地的并购战略。

在集装箱业务占据全球一半以上的份额之后，中集集团经过将近3年的项目发展战略研究和技术研发，形成了现代道路运输车辆业务的发展框架，从2002年开始，以雄厚的资本优势并购了国内多家特种车辆制造企业。2006年，中集集团道路运输车辆的销售收入达71亿元，相当于其2001年进入车辆业务前整个集装箱业务的销售收入。车辆业务的生产和销售再次成为世界第一。

在车辆业务之后，中集集团开始通过并购进军能源化工和海洋工程领域，逐渐完成了对天然气上游开采设备、中游运输设备和下游分销设备三大领域的布局。与此同时，中集集团实现了从劳动密集型工业向资本和技术密集型工业的转变。

中集集团的主要并购历程如表2-3所示。

表2-3　中集集团的主要并购历程

时间	并购对象	简要说明
1993年	大连集装箱公司	收购大连集装箱公司51%的股权，在华北地区建立生产基地。投入约1 767万元对生产线加以改造并增加设备。
1994年	南通顺达集装箱股份有限公司	收购该公司61.8%的股权，投入约2 768万元用于生产线的改造。

续表

时间	并购对象	简要说明
1995 年	上海中集冷藏箱有限公司	与中国国际海运集装箱（香港）有限公司、佛罗伦集团有限公司、上海罗南农工商总公司和德国格拉芙有限公司签订合资经营上海中集冷藏箱有限公司的协议，投资总额 5 000 万美元，中集集团持股 52%。
1995 年	广东省新会大利集装箱厂	整体并购，但在 1996 年 4 月将 40%的股权转让给 4 家外商，中集集团仍持股 60%。
1995 年	南方中集	与中国国际海运集装箱（香港）有限公司合资设立深圳南方中集集装箱制造有限公司（南方中集），注册资本为 600 万美元，中集集团持有 75%的股权。
1998 年	上海远东集装箱有限公司 天津北洋集装箱有限公司	受让中远工业公司上海远东集装箱有限公司 22.5%的股权和天津北洋集装箱有限公司 47.5%的股权。
2000 年	英国 UBHI	收购其特种箱技术。
2002 年	扬州通华专用车公司	扬州通华是国家重点高新技术企业，大部分产品属于国家优先发展的高技术产品。
2002 年	青岛宇宙集装箱公司	收购青岛宇宙集装箱公司 80%的股权，并将其改造为车辆生产基地。
2003 年	济南考格尔特种汽车公司	济南考格尔主要生产具有世界先进水平的冷藏保温汽车、罐式汽车、厢式汽车、快换集装箱运输车和压缩式垃圾箱等。
2003 年	美国第八大半挂车企业万格勒公司（HPAMonon）	收购美国第八大半挂车企业万格勒的半挂车生产相关资产和零部件配售中心相关资产。
2004 年	英国 Clive-Smith Cowley Ltd.	收购英国 Clive-Smith Cowley Ltd. 60%的股权，获得折叠箱关键技术。
2004 年	驻马店华骏	驻马店华骏是我国最大的专用车制造企业。
2004 年	张家港圣达因化工机械有限公司	圣达因在我国低温液体贮槽及罐车制造技术方面居于领先地位。
2007 年	安瑞科能源装备控股有限公司	斥资 11.28 亿元，以每股 5.92 港元收购港交所挂牌公司安瑞科（HK 3899）约 42.18%的股权。安瑞科是国内成长迅速的 CNG（压缩天然气）及 LNG（液化天然气）物流设备制造企业。
2008 年	烟台莱佛士船业有限公司	通过在香港设立的一家子公司 Sharp Vision Holdings Limited 收购烟台莱佛士 29.9%的股份。烟台莱佛士是国际领先的船舶及海洋工程设施建造公司，是当时我国最大、全球第三的半潜式海洋工程装备建造商。
2008 年	卢森堡 TGE GAS INVESTMENT SA	以 2 000 万欧元收购卢森堡 TGE GAS INVESTMENT SA 60%的权益，并且约定，2009 年和 2010 年该公司业绩达到约定目标时，中集集团每年再支付 500 万欧元。
2010 年	龙口三联船厂	烟台莱佛士以 2.91 亿元的价格完成了对龙口三联船厂的收购，该船厂占地 40 多万平方米。收购完成后，烟台莱佛士成为当时世界上最大的致力于建造自升式钻井平台的船厂之一。
2012 年	德国老牌企业 Ziemann	推动集团食品装备业务迅速发展。

续表

时间	并购对象	简要说明
2013 年	德国消防救援车辆百年老店 Ziegler	中集集团下属的德国全资子公司 Albert Ziegler GmbH 完成了对德国消防救援车辆百年老店 Ziegler 的收购，正式步入消防车领域。
2013 年	瑞典海工设计公司（BTAB）	通过收购与自建，中集集团在上海、烟台的研发团队与国际团队联合设计，在迎接全球海工产业的新一轮转移中占据了主动权。
2014 年	新加坡德利国际有限公司	通过反向收购，中集天达海外上市成功，成为中集集团旗下第二家上市公司。
2015 年	中国消防	中集集团将 Ziegler 40%的股权注入中国消防换取其 30%的股权，成为中国消防的第一大股东。
2016 年	英国企业 Briggs	全资收购具有 200 多年历史的英国企业 Briggs，这是中集集团收购的企业中最古老的一家。

资料来源：荆林波，等. 中国企业大并购. 北京：社会科学文献出版社，2002；其他资料参见南方网.

从 1993 年实施兼并计划，经过 7 年的发展，中集集团规模迅速扩大，资产总额从 1993 年的 5.76 亿元增长到 1999 年的近 67 亿元。2000 年，中集集团已成为世界最大的国际标准干货集装箱制造商和中国最大的冷藏集装箱制造商。通过不断并购新的产能、技术和渠道，中集集团已经在干货集装箱、冷藏集装箱、特种集装箱、罐式集装箱、登机桥和专用车制造六大领域雄居世界第一，特别是其集装箱生产与销售占据全球 50%以上的市场份额。

从被并购企业的类型来看，中集集团具有明确的并购战略和目标。

道路运输车辆领域的并购步骤可以分解为三步：第一步，通过收购国内知名的制造企业切入市场，形成产能；第二步，通过收购技术进行产业整合，优化结构；第三步，通过收购外国企业获取海外渠道，并将生产逐步转移至国内，实现全球资源的合理配置。具体来看，扬州通华具备单班年产 3 500 辆各类专用车和半挂车的生产能力，能够生产八大系列 80 余种型号、200 多种规格的专用车和半挂车；济南考格尔主要生产冷藏保温汽车、罐式车、厢式车、快换集装箱运输车和压缩式垃圾箱等；通过收购美国第八大半挂车企业万格勒公司，中集集团将美国企业的技术、管理经验与自身低成本战略优势和核心能力有效结合，实现国内零部件生产与美国工厂的配套运作；对华骏车辆的收购使其进一步完善道路运输车辆业务的生产布局，形成规模优势，提高市场占有率；张家港圣达因的低温液体贮槽及罐车制造技术在国内居于领先地位。通过兼并收购，中集集团掌握了各企业先进的技术和管理经验。到 2015 年，道路运输车辆业务收入超过 128.6 亿元，占集团收入的 21.92%，已是中集集团集装箱业务之外的第二大业务板块。

中集集团通过收购英国 UBHI 的罐式集装箱技术，形成了罐式箱的全球龙头地位；通过并购张家港圣达因，在低温液体贮槽、低温压力罐车等产品方面获得核心优势；通过将集装箱业务与车辆业务巧妙结合，中集集团形成了在天然气运输设备制造领域的先发优势，为其在能源化工和海洋工程领域的扩展奠定了良好基础。2007 年并购安瑞科，一个原因就在于看好能源装备行业，选择并购在天然气行业方面具有领先优势的安瑞科可以一举实现占领整个行业制高点的目标，另外，中集集团的业务本身和安瑞科具有一定的协同性。中集集团并购安瑞科后，不仅迅速获取了燃气物流设备制造技术，还能够向客户提供燃气加气站的集成解决方案。在拥有了民用和汽车燃气客户后，中集集团又开始向工业客户转移。TGE GAS公司在LNG和LPG等石油化工气体的储存、处理领域拥有较为先进的核心技术，并购后，与中集集团现有的LNG下游应用业务可以形成业务一条龙，在天然气开发和应用领域为客户提供一站式解决方案。而签订未来两年的业绩目标，在不熟悉被并购方业务的情况下，有助于控制管理风险，真正实现协同效应。通过签订追加付款的条款来控制并购风险，是国际并购比较好的方法。接着，中集集团又开始向海上运输设备制造转移。在收购烟台莱佛士后，中集集团一方面直接切入海洋油气开发装备即特殊船舶和海洋工程的建造业务领域，获得了在海洋工程领域的产品设计、技术秘诀、专业技能以及生产基地、专用生产设备等；另一方面利用现有的供应链、生产组织管理、生产基地、财务等优势资源，加强烟台莱佛士的竞争力。

3. 并购后的整合与效果

并购完成后，中集集团立即派驻新的管理层对企业进行重组改造，尊重被并购企业员工的个人意愿，愿意留下来的都可以留下来，但对原管理层全部替换，最多一次曾派驻29名管理干部。因为中集集团并购主要是通过股权控制实现的，通过更换管理层可以有效地贯彻和落实集团的发展战略与管理思想。正是通过管理层的移植，中集集团将集团公司的目标管理体制带到了被并购企业，使企业、经营者和员工成为真正的利益共同体，完整的考核、激励与约束体系将集团的整体目标层层分解，落实到具体责任人，不仅实现了管理的统一性，而且通过完善的制度保证了经济效益的实现。与此同时，中集集团还对被并购企业进行投资扩建，这样就打消了被并购企业的顾虑，使被并购企业有更大的发展空间，对双方都有利。

此外，中集集团对被并购企业进行文化的渗透与移植。企业文化能否得到认同往往是并购后整合的关键一步。中集集团企业文化的核心就是员工的发展与企业的发展紧密结合，企业力图为每一位员工创造最好的发展空间，员工的发展则建立在企业发展的基础上。企业提倡全体员工“尽心尽力，尽善尽美”，得到认同的企业文化转变为员工创新工作的动力。

中集集团并购的效果主要体现在以下几个方面：

（1）扩大了产业布局。以集装箱领域为例，通过并购，中集集团迅速形成在沿海各港口的合理布局。目前中集集团在全国11个港口拥有15个干货箱生产基地、2个冷藏箱基地、4个特种箱基地和覆盖国内主要干线港口的九大堆场网络，形成了从制造、维修、零部件供应、租赁到堆存的一站式全链服务体系。

（2）通过生产成本的控制和降低实现了集团规模优势。以集装箱领域为例，钢材、油漆、木地板是集装箱生产的主要原材料，大约占生产成本的70%，中集集团充分利用大规模集团大量采购、需求稳定的特点，通过三级谈判、三级压价，从源头降低了原材料成本。同时，统一计划、统一采购、统一分配、统一核算的集中式管理最大限度地降低了集团内部的成本损耗。并购扩张后，中集集团在主要的三大区域都拥有了生产基地，集团公司统一接单并安排生产，使得各下属公司只是成本中心，通过集团公司的统一调配生产和销售，大大降低了空箱的运输成本。

（3）形成了多元化经营模式，有效地降低了经营风险。正是通过多次并购，中集集团形成了多元化业务经营模式。中集集团2019年业务收益情况如表2-4所示。

表2-4　中集集团2019年业务收益情况

主营业务构成	营业收入（亿元）	收入比例	营业利润（亿元）	利润比例	毛利率
道路运输车辆	233.35	27.19%	33.19	26.64%	14.22%
集装箱	201.63	23.50%	16.93	13.59%	8.40%
能源、化工及液态食品装备	150.75	17.57%	26.20	21.03%	17.38%
物流服务	91.57	10.67%	8.13	6.53%	8.88%
空港、消防及自动化物流装备	59.62	6.95%	13.15	10.55%	22.06%
海洋工程	45.17	5.26%	4.83	0.39%	1.07%

资料来源：中集集团2019年年报.

2.5.3　案例启示

中集集团成为通过并购实现规模化长远发展的典范。从中集集团通过并购实现快速增长的过程中，我们可以得到以下几个方面的启示。

1. 通过并购获得规模经济优势

规模经济理论认为，生产规模和经济效益之间有着重要的函数关系，随着产量的增加，生产成本是降低，而设备的效能会随之增加，同时，管理潜力得以开发和利用。横向并购是获得这种规模优势的重要途径之一。中集集团的许多并购属于横向并购，许多企业因为竞争不力而处于退出的边缘，更是降低了并购的直接成本和难度，使得管理和技术等具有行业专属性的生产要素得以简易且有效地转移和重组。与此同时，中集集团通过产能的扩张提高了与上游供应商，尤其是钢铁企业的议价能力，压低了原材料的采购成本。

在一系列收购兼并后，在资源整合的基础上，中集集团逐步实现了渠道整合和优化以及技术引进。目前，中集集团已经成为全球领先的物流和能源行业设备及解决方案供应商，主要从事集装箱、道路运输车辆、能源、化工、液态食品装备、海洋工程装备、空港、消防及自动化物流装备的制造及服务业务。截至2019年，集团的标准干货集装箱、冷藏箱产销量全球第一，罐式集装箱的产销量全球第一，半挂车产销量全球第一；集团的登机桥业务综合竞争力位居全球领导者地位，为全球三大旅客登机桥制造商之一，在中国市场的份额4年占比达95%以上。2019年，中集集团的总资产达到1 721亿元，营业收入为858.2亿元。历年发展趋势如图2-1所示。

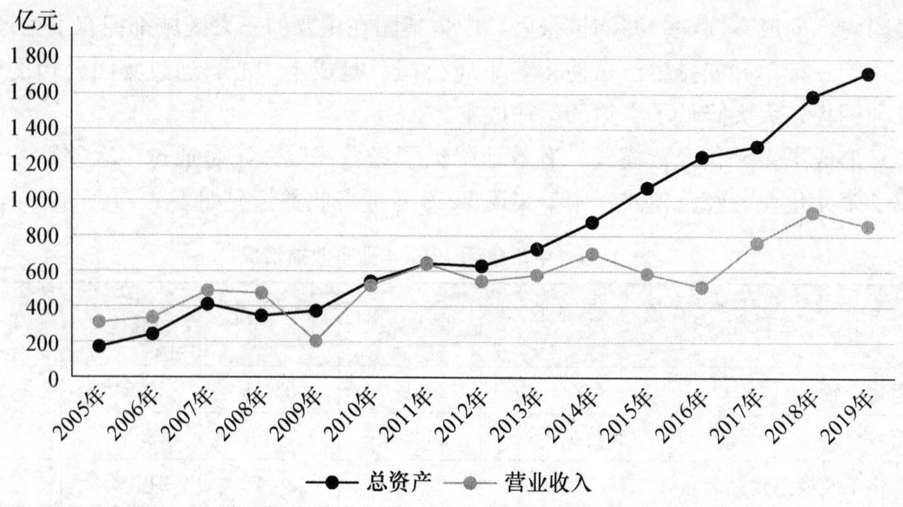

图 2-1　中集集团 2005—2019 年总资产和营业收入变化趋势

2. 并购为企业战略服务

中集集团的并购行为始于战略并服务于战略，是以企业本身、所处市场、全球市场的发展现状为基点所做的长远发展战略。正是由于具有较完备的战略准备，并购战略才会实现预期的效果。物流装备制造始终是中集集团的战略核心，无论是集装箱制造、机场地面设备、道路运输车辆，还是能源化工设备和海洋工程设备领域的并购都是为这一核心服务的，使中集集团在产业的不断升级中保持运营的协同。

中集集团成功的案例说明只有并购企业积累了一定的核心优势，并购才能真正服务于总体战略。

3. 并购后的整合不容忽视

并购本身并不能创造价值，并购的真正效益来源于并购后对生产要素的有效整合。并购过程中，无论是主并企业还是目标企业都有一些可以转移或共享的生产要素，只有对这些生产要素进行重新定位、组合和配置，发挥出各种要素的潜能并相互融合，才能实现管理协同效应和财务协同效应。中集集团在并购后的整合过程中，利用严格的管理制度和管理人员的移植，使目标企业很快成为集团公司价值链上的重要一环，从而实现为整体战略目标服务。

资料来源：

①荆林波，等. 中国企业大并购. 北京：社会科学文献出版社，2002.

②中集集团官网，http://www.cimc.com.

③上海九华企业管理咨询有限公司网，http://www.jiuhua.net.

④新浪网. 中集集团：大手笔提升并购成长性. [2007-08-06]. http://finance.sina.com.cn/stock/s/20070806/01483852994.shtml.

⑤财新网. 中集集团积极寻求全球并购机会. [2009-04-20]. https://companies.caixin.com/2009-04-20/100052333.html.

⑥凤凰网. 中集并购入佳境 隐忧仍不容忽视. [2010-10-11]. http://auto.ifeng.com/news/parts/20101011/437185.shtml.

本章小结

● 并购的形式主要有控股合并、吸收合并、新设合并。

● 按并购双方所处行业的性质，并购可以分为横向并购、纵向并购和混合并购；按并购的程序，并购可以分为善意并购和非善意并购；按并购的支付方式，并购可以分为现金支付、股票支付和承担债务。

● 主要的并购动因有获得规模经济优势、降低交易费用、多元化经营。并购可能会产生正效应、负效应和零效应。

● 西方企业的并购简史可以概括为五次浪潮；我国企业的并购以 1993 年为分界点分为两个时期，其中第二时期可以划分为四个阶段。

案例讨论

顺丰控股并购鼎泰新材

2016 年 5 月 23 日，深交所中小板上市公司鼎泰新材（002352）发布公告，拟以全部资产和负债与顺丰控股全体股东持有的顺丰控股 100%股权的等值部分进行置换，鼎泰新材作价 8 亿元，顺丰控股作价 433 亿元。这一公告的发布意味着顺丰控股通过并购鼎泰新材实现上市的序幕正式拉开。2017 年 2 月 24 日，鼎泰新材正式更名为顺丰控股，股票代码不变。顺丰控股并购鼎泰新材正式完成。

一、并购前双方的基本情况

顺丰控股的前身为顺丰速运，顺丰速运于 1993 年 3 月 26 日在广东顺德成立，是一家主要经营国际、国内快递业务的港资快递企业，其初期业务为顺德与香港之间的即日速递业务，随着客户需求的增加，顺丰速运的服务网络延伸至中山、番禺、江门和佛山等地，并最终发展成为覆盖全国、连接全球的高效速递业务体系。截至 2014 年，顺丰速运已建有 3 个分拨中心、近 100 个中转场以及 2 000 多个营业网点，覆盖了国内 31 个省区近 200 个大中城市及 900 多个县级市或城镇。同时，顺丰速运还是当时我国快递行业中投递速度最快的快递公司之一。

马鞍山鼎泰稀土新材料股份有限公司（简称鼎泰新材），是从事稀土新材料的研发及其在镀层防腐领域应用的专业厂家，是经科技部认定的国家火炬计划重点高新技术企业。该公司是全国唯一一家经过国家发展改革委稀土产品鉴定的企业，公司产品被广泛应用于电力、电信、高铁、高速公路、水利、桥梁等建设项目，并销往全国大部分地区，更出口至南美洲、欧洲、中东、越南、韩国等地，拥有广阔市场。公司于 2010 年在深交所中小板成功上市，股票简称“鼎泰新材”、股票代码“002352”。公司上市本是为了融资，而鼎泰新材上市 6 年分红不断，从未在资本市场上通过增发股份、发行可转债等进行再融资。2010 年鼎泰新材 IPO 共募集 5.86 亿元，到 2013 年年底，首发募集资金已经全部使用完毕。2015 年公司总资产同比缩水 8%，所有者权益同比下降 1.67%，营业收入同比下降 17.7%，对于一家大型股份有限公司来说，鼎泰新材的未来发展前景并不明朗。

二、顺丰控股并购鼎泰新材的目的及交易方式

顺丰控股并购鼎泰新材有三个目的：一是缩短上市时间，通过并购方式简化流程，实现短期内上市的目的，避免IPO传统上市方法所带来的高门槛风险性；二是提升公司形象，通过并购上市彰显自身的实力和形象，提高公司的知名度；三是拓宽公司融资渠道，获得低成本的资金来源，通过并购上市获取权益性资金，解决资金亏缺难题。

顺丰控股的实际控制人王卫虽然在一些公开场合表示排斥资本市场，但当时快递行业的竞争已经上升到资本层面，从2015年开始，“通达系”快递纷纷传出上市计划，申通率先登陆资本市场，对行业领先的顺丰控股造成巨大压力。加上顺丰控股刚开始涉及国际市场、冷链运输市场等，对资金的需求极大，为了保证行业的领先地位和业务的扩张，顺丰控股不得不在短时间内完成上市融得资金，否则可能会失去核心竞争力。

顺丰控股并购鼎泰新材的交易过程主要分为以下三步：第一步，双方重大资产置换。鼎泰新材以全部资产及负债与顺丰控股全体股东持有的顺丰控股100%股权的等值部分进行置换。以2015年12月31日为基准日，本次交易的拟购买资产顺丰控股100%股权的预估值为448亿元。2016年5月3日顺丰控股召开股东大会，决议以现金形式分红15亿元。根据《重大资产置换及发行股份购买资产协议》的规定，经交易各方友好协商，以拟置入资产预估值为基础并扣减上述拟实施的现金股利分配，本次交易顺丰控股100%股权的初步作价为433亿元。第二步，鼎泰新材发行股份购买资产。经交易各方协商一致，本次交易中鼎泰新材拟置出资产初步作价8亿元，拟置入资产初步作价433亿元，两者差额为425亿元。置入资产与置出资产的差额部分由鼎泰新材以发行股份的方式自顺丰控股全体股东处购买。鼎泰新材在向顺丰控股原股东发行权益性证券后，其生产经营决策被顺丰控股控制，即鼎泰新材在股票发行后控制权发生了转变。法律上的母公司鼎泰新材成为壳公司，即会计上的被购买方。而法律上的子公司顺丰控股成为会计上的购买方。第三步，鼎泰新材募集配套资金。鼎泰新材以不低于11.03元/股的价格向不超过10个特定机构投资者定增募集配套资金不超过80亿元。因此，此次并购重组构成了反向并购。

经深交所核准，公司股票简称自2017年2月24日起变更为“顺丰控股”，正式登陆A股。上午10点50分左右，顺丰控股成功封一字板，报55.21元/股，总市值达2 310亿元，超越万科A和美的集团，成为深市第一大市值公司，顺丰创始人王卫持有近64%的股份，身价近1 500亿元，一跃成为中国财富榜上靠前的企业家之一。至此，顺丰控股并购鼎泰新材一事终于尘埃落定。

三、并购后的业绩

在此次并购中，顺丰控股全体股东承诺本次重大资产重组实施完毕后，顺丰控股在2016年度、2017年度、2018年度实现的扣除非经常性损益后归属于母公司所有者的净利润不低于21.8亿元、28亿元和34.8亿元，具体金额由交易双方根据聘请的具有证券从业资格的评估机构出具的资产评估报告中相关的预测净利润协商确定。因此，并购完成后，上市公司盈利能力预期将得到大幅提升，有利于保护全体股东特别是中小股东的利益，实现利益相关方共赢的局面。此外，通过本次并购，顺丰控股获得了A股融资平台，可进一步推动公司业务发展，提升其在行业中的综合竞争力和行业地位，为后续发展提供推动力，实现上市公司股东利益最大化。

表2-5是顺丰控股并购上市前后的资产状况对比，由表可知，在并购上市后，顺丰控股的资产规模呈不断增长趋势，2015年总资产为347.17亿元，并购上市后达到576.60亿元，归属于上市公司净资产、股本、每股净资产均得到了提升。究其原因，一方面，在并购上市后，顺丰控股不断扩展业务，利润提高；另一方面，并购上市后，顺丰控股通过资本市场募集资金，拓宽了公司的融资渠道。

表2-5　顺丰控股并购上市前后的资产状况对比

年份	总资产（亿元）	归属于上市公司净资产（亿元）	股本（亿元）	归属于上市公司每股净资产（元）
2015	347.17	136.96	39.50	3.47
2016	441.35	205.12	41.84	4.90
2017	576.60	326.81	44.11	7.41
2018	716.15	540.18	44.19	12.22

资料来源：根据顺丰控股2015—2018年年报整理.

融资渠道的拓宽为顺丰控股带来了充足的资金，公司加大了科技投入，服务质量、客户黏度等与过去相比有了明显变化。表2-6列示了顺丰控股并购前后的盈利状况对比，2016年度实现营业收入574.83亿元，同比增长21.51%；营业利润36.93亿元，同比增长44.26%；归属于上市公司股东的净利润为41.80亿元，同比增长112.51%。扣除非经常性损益后归属于上市公司股东的净利润约为26.43亿元，超过了此前承诺的21.80亿元。2017年和2018年也保持了同样的发展势头。

表2-6　顺丰控股并购上市前后的盈利状况对比

年份	营业收入（亿元）	营业利润（亿元）	利润总额（亿元）	归属于上市公司股东的净利润（亿元）	基本每股收益（元）
2015	473.08	25.60	28.45	19.67	0.50
2016	574.83	36.93	51.91	41.80	1.06
2017	710.94	64.49	65.02	47.71	1.12
2018	909.42	58.18	58.68	44.64	1.03

资料来源：根据顺丰控股2015—2018年年报整理.

2018年顺丰控股的营业利润比2017年有所下降，主要是由于公司在2018年拓展新业务，增加资源投入，优化底盘，升级产业，提高了营业成本，这也从侧面映射出并购上市满足了顺丰控股上市前开拓新领域、多元化发展业务的需要。

从长远来看，并购后的绩效主要取决于并购后的整合，只有策略运用得当，并购公司之间融合好，才能增强竞争力，产生“1+1>2”的经济效应。顺丰控股凭借并购上市提高了市场知名度，拓宽了融资渠道，其资本规模的快速增长为公司扩大市场规模奠定了坚实基础，也为公司由传统快递向智能快递物流生态转型提供了充足的资本，在合理利用资本市场助力公司长远发展方面具有一定的启示意义。

资料来源：

①吕泓霖. 顺丰433亿资产借壳上市获证监会批准. 中国企业家杂志，2016（10）.

②任明杰. 快递巨头上市潮涌：顺丰股权置换欲借壳 资产作价433亿元. 中国证券报，2016-05-24.

要求：

对顺丰控股通过与鼎泰新材进行股权置换方案进行讨论。资产置换过程中如何合理定价？业绩承诺标准如何合理制定？结合顺丰控股并购后的经营状况进行讨论和分析。

思考题

1. 什么是并购？
2. 常见的并购形式有哪几种？它们之间的区别是什么？试举例说明。
3. 什么是横向并购？举例说明。
4. 什么是纵向并购？举例说明。
5. 什么是混合并购？举例说明。
6. 按照支付方式，并购可以分为哪几种类型？
7. 你认为哪种理论较好地解释了并购的动因和效应？说明你的理由。
8. 你认为企业并购是否增加了股东财富？企业并购能增加社会财富吗？或者只是社会财富的简单转移？

第3章

企业并购估价

本章导读

2017年8月，阿里巴巴在幕后推动饿了么收购百度外卖，当时资本市场对饿了么的估值为50亿美元；2018年3月23日，科技部发布《2017年中国独角兽企业榜单》，其中对饿了么的估值为55亿美元；2018年4月2日，阿里巴巴与饿了么共同宣布，阿里巴巴联合蚂蚁金服对饿了么完成全资收购，收购总金额为95亿美元（约600亿元人民币）。

此消息一出，市场上热议不断，很多人认为饿了么被高估，戏称“马云点了史上最贵的一个‘外卖’”。但也有观点认为，饿了么庞大的本地即时配送网络正是阿里巴巴渴求的筹码，进入阿里新零售大体系后，饿了么将为“三公里理想生活圈”、天猫超市“一小时达”、盒马“半小时达”和24小时家庭救急服务等提供配送支持。同时，饿了么的庞大“吃喝”用户将会成为支付宝的忠实用户，并且形成支付习惯，庞大的消费者数据体系将会继续在支付入口竞争上助力支付宝。

企业并购过程中如何选择并购对象？如何合理地对目标企业进行估价？这正是本章的主要内容。

学习目标

- 熟悉如何选择并购目标公司
- 掌握每种目标公司价值评估方法的原理
- 掌握贴现现金流量法的估值过程

3.1　并购目标公司的选择

企业并购属于一种大规模的战略性投资，决策准确可带来较好的收益，决策失误则会给企业带来巨大的损失。并购目标公司的确定不仅是企业实施并购的第一步，而且是非常重要的一步，对并购效应有直接影响。目标公司的选择一般包括发现目标公司、审查目标公司和评价目标公司三个阶段。

3.1.1　发现目标公司

成功并购的前提是能够发现和抓住适合本企业发展的并购目标。在实践中，并购公司需要从两方面着手：利用公司自身力量或借助公司外部力量。

1. 利用公司自身力量

利用公司内部人员的私人接触或自身管理经验发现目标公司。首先，高级职员熟知公司的经营情况和相关公司的情况，并购同行业中公司的想法常常来自这些人员，公司有必要提供专门的机会和渠道使这些想法得以产生、传播和讨论。其次，可在公司内部设立专职的并购部，主要工作是收集和研究各种公开信息，发现适合本企业的目标公司。在大企业中，并购部可以独立于其他业务部门，而在中小企业，这部分工作往往由企业的财务管理部门兼任。

2. 借助公司外部力量

利用专业金融中介机构为并购公司选择目标公司出谋划策。在并购领域的专业中介机构中，有一大批训练有素、经验丰富的并购专业人员，如精通某一行业的律师或会计师、安排并购双方谈判的经纪人等。投资银行由于有专业客户关系方面的优势，越来越多地参与并购事务，它们常常为并购公司提供一揽子收购计划、安排并购融资、代为发行证券等。

目前的发展趋势是，投资银行在企业并购活动中扮演着越来越重要的角色。投资银行家与公司经常性地保持私人联系，由于熟悉公司的具体情况和发展目标，他们能为公司高层决策人员提供适合公司具体情况的并购建议和目标，当然一旦并购成功，投资银行也会获得一定收益。

3.1.2　审查目标公司

对于初步选定的并购目标公司，还需做进一步的分析评估和实质性审查，审查的重点一般集中在以下方面。

1. 对目标公司出售动机的审查

目标公司如果主动出售，往往有其原因，审查出售动机有助于评估目标公司价值和确定正确的谈判策略。一般来讲，目标公司出售动机主要包括：目标公司经营不善，股东欲出售股权；目标公司股东为实现新的投资机会，需要转换到新的行业；目标公司并非经营不善，而是大股东急需大量资金投入，故出售部分股权；股东不满意目标公司管理，故以并购的方式撤换整个管理层；目标公司管理人员出于对自身地位与前途的考虑，愿意被大企业并购，以便在该大企业中谋求一个高薪且稳定的职位；目标公司调整多样化经营战略，出售不符合本企业发展战略或获利不佳的子公司，同时并购一些获利较好的公司等。

2. 对目标公司法律文件的审查

这不仅包括审查欲收购公司的产业是否符合国家的相关产业规定，还包括审查目标公司的章程、合同契约等法律性文件。

（1）审查目标公司的章程、股票证明书等法律性文件中的相关条款，以便及时发现是否有并购方面的限制。

（2）审查目标公司主要财产目录清单，了解目标公司资产所有权、使用权以及有关资产的租赁情况等。

（3）审查所有对外书面合同和目标公司所面临的主要法律事项，以便及时发现可能存在的风险。

3. 对目标公司业务的审查

业务上的审查主要是检查目标公司是否能与本企业的业务融合。在审查过程中，并购目的不同，审查的重点可能不同。

如果并购的目的是利用目标公司现有的生产设备，则应注意目标公司的生产设备是否保养良好，是否实用，直接利用目标公司的生产设备与企业自行购买哪个更合算；如果并购的目的是通过目标公司的营销资源来扩大市场份额，则应对其客户特性、出售动机等情况有所了解；等等。

4. 对目标公司财务的审查

财务审查是并购活动中一项极为重要的工作。并购方应防止目标公司提供虚假或错误的财务报表，尽量使用经注册会计师审计过的财务报表。在进行财务审查时，主要从以下三个方面进行：（1）分析目标公司的偿债能力，审查目标公司财务风险的大小；（2）分析的盈利能力，审查目标公司获利能力的高低；（3）分析目标公司的营运能力，审查目标公司资金周转状况。

5. 对并购风险的审查

对并购风险的审查主要包括以下几个方面：

（1）市场风险。并购的目标公司如果是上市公司，消息一旦外传，会立即引起目标公司股价上涨，增加并购的难度；并购对象如果是非上市公司，消息传出，容易引发其他企业的兴趣，挑起竞标，使价格上抬。这种因股票市场或产权交易市场引起的价格变动的风险，即市场风险。市场风险很难预测，只能在实施中从社会心理学、大众传播媒介等不同角度出发予以小心控制。

（2）投资风险。并购作为一种直接的外延型投资方式，同样是投入一笔资金，以期在未来得到收益。企业并购后取得收益的多少，受许多因素的影响，每种影响因素的变动都可能使投入资金遭受损失，预期收入减少，这就是投资风险。

（3）经营风险。并购完成后，如果并购方不熟悉目标公司的产业经营手法，不能组织一个强有力的管理层去接管，就会导致经营失败。从风险角度讲，通过并购方的努力，经营风险可以降到最低，甚至完全回避。

3.1.3 评价目标公司

1. 估价概述

一旦确定了并购的目标公司，就需要对目标公司进行评价。评价目标公司也称企业并购估价，其实质就是对目标公司进行综合分析，以确定目标公司的价值即并购企业愿意支付的并购价格。

估价在企业并购中具有核心地位。根据价值低估理论，并购企业所要并购的企业往往都是价值被低估的企业。要确定企业的价值是否被低估，首先要确定该企业的合理价值。可见，价值评估是并购企业选择并购对象的重要依据之一。并购企业在报出并购价格之前，必须估计目标公司的价值。根据已有的实证研究，并购企业从并购活动中获得负收益的主要原因是并购企业向被并购企业支付过多。因此，对并购企业来说，估价不仅是实施并购的必要程序，而且是决定并购是否成功的重要因素。被并购企业也必须确定自身的合理价值，以决定是否接受并购企业提出的并购条件。除了目标公司的价值，还有一些其他因素会对并购价格产生重大甚至是举足轻重的影响，如并购双方在市场和并购中所处的地位、产权市场的供求状况、未来经营环境的变化等。

2. 估价的难题

在企业并购估价中具体使用估值方法时，应注意并购估价本身的一些特点。企业并购估价的对象往往不是目标公司现在的价值，而是并购后目标公司能为并购企业带来的价值增值。这至少要考虑两个因素，即目标公司的增长性和并购产生的协同作用或其他效应。这两部分价值将决定并购企业出价的上下限。由此可以看出，企业并购估价的难题在于：

（1）企业整体的估价相对于个别资产投资的估价要复杂得多。企业不是各种资源的简单相加，而是体现着一种整体大于个别要素相加之和的效率特征。如何评估由于企业这种不同于市场的组织形式所产生的无形价值与个体企业各不相同的组织有效性导致的无形价值的差异，到目前为止，并没有直接的模型可以利用。

（2）对于可以预计未来现金流量的企业，可以通过增量现金流量的折现对企业的未来增长性进行估值；而如何对在很长时期内不产生现金流量的企业，如网络公司，进行估值仍是悬而未决的问题。

（3）根据第2章中介绍的并购动因理论，可以知道企业并购的动因是多种多样的，往往是并购企业对并购所能带来的价值增值的预期。对并购效应的估计是并购企业估价的另一个难题。

3.2　目标公司价值评估的方法

企业并购估价的基本方法，更加确切地说是使用的估值模型，与其他估价没有太大的不同。从理论上说，大致可以把常用的估值方法归为贴现现金流量法、乘数法、成本法和换股估价法等。

3.2.1　贴现现金流量法

持续经营是贴现现金流量法的基本假设前提。在持续经营的前提下，企业有获利能力并不断扩大经营。贴现现金流量法（DCF）认为企业的价值与其未来能产生的现金流量密切相关。应用贴现现金流量法，能通过各种假设反映企业管理层的管理水平和经验。

贴现现金流量法的原理是假设任何资产的价值等于其预期未来现金流量的现值之和。其基本公式为：

$$V=\sum_{t=1}^{n}\frac{CF_t}{(1+r)^t} \tag{3-1}$$

式中，V 为资产的价值；n 为资产的寿命；r 为与预期现金流量相对应的贴现率（所谓"对应"指贴现率应反映预期现金流量的风险）；CF_t 为资产在 t 时刻产生的现金流量。

使用以上模型估值需要满足三个条件，第一，确定各期的现金流量；第二，确定反映预期现金流量风险的贴现率；第三，确定资产的寿命。

当被估价资产的预期现金流量为正，能够根据现金流量的风险特性确定相应的贴现率，并且比较可靠地估计现金流量产生的时间时，贴现现金流量法是一个很好的估价方法。但当上述三个条件中任何一个不能得到满足时，贴现现金流量法就无能为力或者其估值结果会产生较大的误差。

贴现现金流量法的优点在于考虑了企业未来的收益能力，并且比较符合价值理论。该方法的局限性主要在于在评估企业价值时，其结果的准确性依赖于各种假设的准确性——企业经营持续稳定、现金流量预测、资本成本等。同时，该方法对业绩不稳定的公司、周期性行业的公司和成长型公司或新生公司的预测比较困难。

实际上，任何在理论上完美的方法，在实践中都会遇到这样或那样的问题。由于该方法（尤其是其中的公司自由现金流量模型）既反映了股权价值与债权价值，也考虑了企业未来的收益水平，因此在实践中得到广泛的应用，本章将主要介绍这种方法。

3.2.2 乘数法

当并购的目标企业是非上市公司时，由于难以获得较为详细的财务数据，运用贴现现金流量法可能受阻，但如果可以找到可比的并购交易或具有活跃市场的可比公司，就可以采用乘数法进行估值。乘数法的基本思路是以可比对象的股价和财务数据为基础，构造一些价值乘数，计算目标企业的价值。与贴现现金流量法相比，乘数法技术性要求较低，使用方便快捷。

1. 可比公司分析法

可比公司分析法的关键是选出一组与并购目标企业在业务和财务上相似的企业，通过对这些企业的经营状况、财务状况、股票行情和发展前景等进行分析，确定估价指标和乘数，以此为基础计算目标企业的价值。

常用的财务指标包括：销售利润率、销售毛利率、存货周转率、应收账款周转率、产权比率、销售增长率等。

可以构造两种类型的乘数：基于市场价格的乘数和基于企业价值的乘数。常见的市场价格乘数有：市盈率（市价/盈余）、价格对收入比率（市价/营业收入）、价格对净现金流量比率（市价/净现金流量）以及价格对有形资产账面价值比率（市价/有形资产账面价值）。常见的企业价值乘数有：企业价值/息税前盈余、企业价值/息税前折旧和摊销前盈余、企业价值/自由现金流量。

【例3-1】2020年年初甲公司拟并购一家非上市的乙公司，调查获得四家可比公司的市盈率分别为8，6，7，5，乙公司2019年净利润为4 000万元。

根据上述资料，首先计算可比公司的平均市盈率为6.5，再根据乘数法原理，计算乙公司的估价为：

$$4\ 000\times6.5=26\ 000(\text{万元})$$

2. 可比交易分析法

可比交易分析法的基本思路是：相似的标的应该有相似的交易价格，所以可以从类似的并购交易中获取有用的财务数据来估算目标企业的价值。应用可比交易法时，不再对企业的市场价值进行分析，只是统计同类企业在被并购时所获得的平均溢价水平，利用这个溢价水平计算目标企业的价值。

寻找与目标企业经营业绩相似的企业的并购交易是应用可比交易分析法的第一步，在此基础上，从可比并购交易中获取有用的财务数据，以确定可比交易的市场平均溢价水平。常用的乘数有：

$$\text{支付价格/收益}=\frac{\text{并购方支付的价格}}{\text{税后利润}}$$

$$账面价值倍数=\frac{并购方支付的价格}{净资产价值}$$

$$市场价值倍数=\frac{并购方支付的价格}{股票的市场价值}$$

3.2.3 成本法

成本法也称重置成本法、加和评估法或成本加和法。使用这种方法所获得的价值，实际上是对企业账面价值的调整。这种方法起源于对传统的实物资产的评估，如土地、建筑物、机器设备等，着眼点是成本。它的理论基础是“替代原则”（傅依等，2001），即任何一个精明的潜在投资者在购置一项资产时，所愿意支付的价格不会超过创建一个具有相同用途的替代品所需的成本。用重置成本对企业进行整体价值评估时，实际上就是将构成企业的各种要素资产的评估值加总，这也是加和评估法或成本加和法名称的由来。

使用成本法是基于这样的假设，即企业的价值等于所有有形资产和无形资产的成本之和减去负债。因此这种方法在评估企业价值时，主要考虑的是成本，而很少考虑企业的收入和支出。

成本法的优点在于客观性，因为其数据是历史的、已经发生的，不带有任何不确定因素。但它的局限性也源于此，即这种方法仅从历史投入的角度考虑企业的价值，而没有从资产的实际效率和企业的运行效率角度考虑。因此运用这种方法的结果是，无论效益好坏，同类企业只要原始投资额相等，企业价值的评估结果就会相等。另外，这种方法对无形资产的价值估计不足。

如果并购后目标企业不再继续经营，可以利用成本法估计目标企业的价值。常用的计价标准有：

（1）清算价值。清算价值是指目标企业清算出售，并购后目标企业不再存在时其资产的可变现价值。

（2）净资产价值。净资产价值是指目标企业资产总额减去负债总额即目标企业所有者权益的价值。

（3）重置价值。重置价值是指将历史成本标准换成重置成本标准，以资产现行成本为计价基础的价值。

成本法下目标企业有形资产净值是并购后出售目标企业的最低价格，并购企业由此可以测算并购的风险。

3.2.4 换股估价法

如果并购是通过股票进行的，则对目标公司估价就是确定一个换股比例。换股比例是指为换取1股目标公司的股份而需付出的并购方的股份数量。

在市场经济条件下，股票的市场价格体现了投资者（包括股东）对企业价值所做的评价，所以，人们通常用股票的市场价格来代表企业价值或股东财富。一般来说，股票的市场价格反映了企业目前和未来的盈利能力、时间价值和风险报酬等方面的因素及其变化，因此，股票市场价格最大化在一定条件下成为企业追求的目标。股票并购也要服从这个目标，只有并购后的股票价格高于并购前并购方和目标公司的股票价格，并购方和目标公司的股东才能接受。

假设a公司计划并购b公司，并购前a，b公司的股票市场价格分别为P_a和P_b，并购后a公司的市盈率为β，那么并购后a公司的股票价格为：

$$P_{ab}=\beta\cdot(Y_a+Y_b+\Delta Y)\cdot\frac{1}{S_a+ER\cdot S_b} \tag{3-2}$$

式中，Y_a为并购前a公司的总盈余；Y_b为并购前b公司的总盈余；S_a为并购前a公司普通股的流通数量；S_b为并购前b公司普通股的流通数量；ΔY为由于协同效应产生的协同盈余；ER为换股比率。

对于并购方a公司的股东来说，需满足的条件是$P_{ab}\geqslant P_a$，即并购后a公司股票市场价格大于等于并购前a公司股票的市场价格；对于b公司的股东来说，又必须满足$P_{ab}\geqslant P_b/ER$，即并购后拥有a公司的股票价值总额大于等于并购前拥有b公司的股票价值总额。因此，由$P_{ab}\geqslant P_a$得出最高换股比率为：

$$ER_a=\frac{\beta\cdot(Y_a+Y_b+\Delta Y)-P_a\cdot S_a}{P_a\cdot S_b} \tag{3-3}$$

此时 $P_{ab}=P_a$

由$P_{ab}\geqslant P_b/ER$，得出最低换股比率为：

$$ER_b=\frac{P_b\cdot S_a}{(Y_a+Y_b+\Delta Y)\cdot\beta-P_b\cdot S_b} \tag{3-4}$$

此时 $P_{ab}=P_b/ER_b$

从理论上讲，换股比率应在ER_a与ER_b之间。在实际工作中，换股比率究竟为多少，取决于双方的谈判过程。

【例3-2】 假设a公司要并购b公司，两公司的有关资料如下：$\beta=20$，$Y_a=800$万元，$Y_b=400$万元，$\Delta Y=200$万元，$S_a=1\ 000$万股，$S_b=800$万股，$P_a=16$元，$P_b=10$元。

由上述资料，有

$$ER_a=\frac{\beta\cdot(Y_a+Y_b+\Delta Y)-P_a\cdot S_a}{P_a\cdot S_b}=\frac{20\times(800+400+200)-16\times1\ 000}{16\times800}=0.937\ 5$$

$$P_{ab}=20\times(800+400+200)\times\frac{1}{1\ 000+0.937\ 5\times800}=16(\text{元})$$

$$ER_b=\frac{P_b\cdot S_a}{(Y_a+Y_b+\Delta Y)\cdot\beta-P_b\cdot S_b}$$

$$=\frac{10\times 1\ 000}{(800+400+200)\times 20-10\times 800}=0.5$$

$$P_{ab}=20\times(800+400+200)\times\frac{1}{1\ 000+0.5\times 800}=20(元)$$

因此，换股比率应在0.5～0.937 5之间。如果换股比率低于0.5，则b公司的股东财富受损；如果换股比率高于0.937 5，则a公司的股东财富受损。

3.3 贴现现金流量法

3.3.1 贴现现金流量法的两种类型

贴现现金流量法又可以分为两种类型：股权资本估价和公司整体估价。

1. 股权资本估价

公司股权价值可以通过股权资本成本对预期股权现金流量进行贴现获得。股权资本成本是股权投资者要求的收益率；预期股权现金流量是扣除公司各项费用、支付利息和本金以及纳税后的剩余现金流量。股利贴现模型是用贴现现金流量法评估股权价值的一个特例。这种方法认为，股权的价值是预期未来全部股利的现值总和。

2. 公司整体估价

公司整体价值包括普通股股东、优先股股东、债权人等利益相关者的权益。公司整体价值可以使用该公司加权平均资本成本对公司预期现金流量进行贴现得到。公司加权平均资本成本是公司不同融资渠道的资本成本根据其市场价值加权平均得到的。

3.3.2 自由现金流量的计算

以贴现现金流量法评估企业价值需要计算预期的现金流量和贴现率。与股权资本估价和公司整体估价分别对应，需要计算股权自由现金流量和公司自由现金流量，合理确定自由现金流量可以保证现金流量与用来评估公司价值的贴现率相一致。

股权自由现金流量是企业向债权人支付利息、偿还本金、向国家纳税、向优先股股东支付股利，以及满足自身发展需要后的剩余现金流量，体现了股权投资者对企业现金流量的剩余要求权。

公司自由现金流量是公司所有权利要求者，包括普通股股东、优先股股东和债权人的现金流量总和。公司自由现金流量和股权自由现金流量的主要区别在于公司自由现金流量包括与债务有关的现金流量，如利息支出、本金偿还、新债发行和其他非普通股权益现金流量，如优先股股利。

公司自由现金流量和公司价值的关系可以表示为：

$$\text{公司自由现金流量现值} + \text{税后非营业现金流量和有价证券现值} = \text{公司总价值} \tag{3-5}$$

对企业进行价值评估的第一步就是计算自由现金流量，包括计算历史时期的自由现金流量以及预测未来时期的自由现金流量。自由现金流量的预测值是最终价值评估值的基础，因此它的准确与否就显得格外重要。

1. 股权自由现金流量

按照股权自由现金流量（FCFE）的概念，其基本计算公式为：

股权自由现金流量＝净收益＋折旧－债务本金偿还－营运资本追加额
－资本性支出＋新发行债务－优先股股利 (3-6)

如果公司的负债比率保持不变，仅为增量资本性支出和营运资本增量进行融资，并且通过发行新债来偿还旧债，则在不考虑优先股的情况下，式（3-6）可以写为：

股权自由现金流量＝净收益－(1－负债比率)×增量资本性支出
－(1－负债比率)×营运资本增量 (3-7)

股权自由现金流量的计算与公司所处的发展阶段密切相关。上述计算公式中，资本性支出是指厂房的新建、扩建、改建，设备的更新、购置以及新产品的试制等方面的支出，增量资本性支出则为本期资本性支出与折旧的差额。处于高速增长期的公司的增量资本性支出要高于处于成熟期的公司。同样，高速增长期营运资本增量也会比较高，这是由于存货和应收账款等项目占用较多的资金。

2. 公司自由现金流量

公司自由现金流量（FCF）的计算方法有两种：

一是将公司所有权利要求者的现金流量加总，公式如下：

公司自由现金流量＝股权自由现金流量＋利息费用×(1－税率)
＋偿还债务本金－发行的新债＋优先股股利 (3-8)

二是以息税前净收益（EBIT）为出发点进行计算，公式如下：

公司自由现金流量＝息税前净收益×(1－税率)＋折旧
－资本性支出－营运资本净增加额 (3-9)

式（3-9）中的前两项，即“息税前净收益×(1－税率)＋折旧”就是企业经营性现金净流量。因此上述公式可以变化为：

公司自由现金流量＝经营性现金净流量－资本性支出
－营运资本净增加额 (3-10)

3.3.3　资本成本的估算

在确定自由现金流量之后，还必须合理确定贴现率，即对应的资本成本，才能通过贴现现金流量法进行估值。本节主要介绍股权资本成本、债务资本成本以及加权平均资本成本的计算。

1. 股权资本成本

估算股权资本成本的方法很多，最常用的有股利增长模型、资本资产定价模型和套利定价模型。

(1) 股利增长模型。对于稳定增长的公司而言，可以用股利增长模型估算股权资本成本，因为稳定增长的公司股票价格可以表示为：

$$P_0=\frac{DPS_1}{K_s-g}$$

则
$$K_s=\frac{DPS_1}{P_0}+g \tag{3-11}$$

式中，P_0 为当前的股票价格；DPS_1 为下一年预计支付的股利；K_s 为股权资本成本；g 为股利的增长率。

该模型计算简单，实际上与稳定增长模型的计算方法是一样的，认为公司以一个固定的增长率增长并一直持续下去。但是由于我国资本市场的股利支付率极低，这种方法基本上不适合目前我国的国情。

(2) 资本资产定价模型。可以说，到目前为止，资本资产定价模型（capital asset pricing model，CAPM）是最成熟的风险度量模型。该模型用方差来度量不可分散风险，并将风险与预期收益联系起来。资本资产定价模型有五个假设前提：1）投资者对资产收益和变化的预期是一致的；2）投资者可以按照无风险利率进行借贷；3）所有资产是可交易的，而且完全可以分割；4）没有交易成本；5）资本市场上没有对卖空交易的限制。

在这些假设前提下，任何资产不可分散的风险都可以用 β 值来描述，相应地计算出预期收益率，其基本公式如下：

$$R=R_f+\beta(R_m-R_f) \tag{3-12}$$

式中，R 为投资者所要求的收益率；R_f 为无风险收益率；R_m 为市场预期收益率；β 为企业（资产组合）对整个市场风险的贡献。

资本资产定价模型中，关键是要确定无风险利率、估计风险溢价及 β 值。

第一步，确定无风险利率。

通常无风险利率被定义为投资者可以确定的预期收益率。为此，无风险的投资一般需要满足两个条件：一是不存在违约风险。这就意味着该证券必须是政府发行的。二是不存在投资收益率的不确定性。这就意味着我们可以使用与所分析的现金流期限相同的国债利率作为无风险利率。但从实际来看，因为预测现金流量确实存在很大的不确定性，根据时间不同使用不同的无风险利率与使用一个平均的无风险利率相比，其对现值的影响很小。

在具体的操作上，许多人主张采用银行定期存款利率作为无风险利率，这从理论上说显然是不对的，因为随着我国银行的商业化，银行利率的风险不能说是最低的。人们一致认为，应该选用国债利率作为无风险利率，但对于所选择的国债期限还有争论，主要有四种观点：1）用短期国债利率作为无风险利率，其理由是 CAPM 是一个单期模型；2）使用当年的短期政府债券与市场的历史风险溢价收益率计算第一期（年）的股权成本，同时利用期限结构中各年的远期利率估计各年的无风险利率，以及未来时期的股权资本成本；3）用当期的长期国债利率作为无风险利率，因为确定必要公允资本成本的目的是判断长期资本投资的取舍；4）使用中期国债利率作为无风险利率，因为中期国债利率比短期国债利率稳定，并且多数资本性投资项目实际上是中期项目。从理论上说，上述四种观点都是可以接受的，既可以认为 CAPM 是当期的风险收益模型，将当期短期国债利率作为未来短期利率的合理预期，也可以着重远期利率在预测未来利率上的优势，或是认为长期国债与被评估资产有着相同的到期期限。

结合实际情况，我国资本市场风险比较大，在假设被评估公司寿命无限期的情况下，使用长期国债利率作为无风险利率较合适。这是因为：一方面，长期利率通常与被评估公司的现金流量期限基本对应，同时长期国债利率是短期国债利率的几何加权平均估计值；另一方面，长期国债利率更容易与股票市场组合指数的期限相匹配，这样就能保持与 β 和市场风险溢价相一致。

第二步，估计风险溢价。

在 CAPM 中，(R_m-R_f) 部分即所谓的风险溢价，是指股票平均收益率与无风险收益率的差异。这个数据通常是在历史数据的基础上计算出来的，在具体计算过程中，通常还需要考虑以下几个问题：1）样本观测期的长度；2）市场收益率的确定；3）计算平均值时选用算术平均法还是几何平均法。

国际分析师所使用的观测期一般是 10 年或是更长的时间，采用尽可能多的数据可以部分消除风险溢价随时间的波动，如美国的分析师多半使用 1926 年以来证券市场的数据来计算美国股票市场的平均风险溢价。

在计算风险溢价时，“市场收益率”是学术界至今尚未完全解决的问题。根据 CAPM，市场收益率应该是市场组合的收益率，由市场上所有资产以其价值为权重组成。但是实际研究中，这样的市场组合往往难以得到，因此更多地采用大样本数据（如美国的标准普尔 500 指数）。也有一些学者认为，真正的市场组合应该与市场上其他任何一种资产组合保持最高的相关性。从我国的实际情况来看，上证综合指数和深证综合指数在证券市场建立之初就发布了，并且包含两个市场交易的所有股票，因此可以将这两个指数的平均值作为市场收益率。但以这两个指数作为标的物的缺陷是该指数以全部上市公司为编制对象，只要有新股上市，就纳入指数的计算范围，由于不断有新股上市，就不断有股票纳入指数的计算范围，这样就影响了指数前后的可比性和指数内部结构的稳定性。

第三步，估计 β 值。

β 值描述了不可分散风险，它是公式中唯一与企业本身有关的参数，不管无风险利率与风险溢价如何确定，每个企业都有自己的风险参数β值。一般来说，企业的β值由三个因素决定：企业所处的行业、企业的经营杠杆比率及企业的财务杠杆水平。

β值是衡量企业相对于市场风险程度的指标，因此企业所处行业对市场的变化越敏感，其β值越高。在其他条件相同时，周期性企业比非周期性企业的β值高；如果一家企业在多个领域从事经营活动，那么它的β值是企业不同行业产品产值的加权平均值，权重是各行业产品线的市场价值。

企业的经营杠杆比率通常定义为固定成本占总成本的比例。企业的经营杠杆比率越高，即固定成本占总成本的比例越大，与生产同种产品但经营杠杆比率较低的企业相比，EBIT的波动性越大。在其他条件相同的情况下，对于一个经营杠杆较高的企业，营业收入较大的可变性会导致一个较高的β值。

当企业其他情况相同，财务杠杆比率较高时，β值也较大。直观上看，债务利息支出的增加将导致净收益波动性的增大，即在经济繁荣时期收益增长幅度较大，而在经济萧条时期收益下降幅度也较大。企业无负债的β值由企业所处的行业和企业的经营杠杆决定。

估计β值的一般方法是对这个公司的股票收益率（R_i）与整个市场收益率（R_m）进行回归分析：

$$R_i = a + \beta R_m \tag{3-13}$$

在回归中，首先要考虑回归期限的问题。回归期限越长，可使用的数据就越多，越能满足统计上的大样本要求，但是有些公司本身的风险特征可能随时间的推移发生了改变。从我国的实践情况来看，应结合资本市场的特点和企业的具体情况来选择回归期限。因为我国资本市场发展比较晚，市场变化比较大，所以期限不宜过长，一般选择2～5年为宜，具体的时间视公司而不同。其次，要考虑回归分析时的数据时间间隔问题。时间间隔可以为年、月、周、天，甚至是一天中的某一个时段。选择的时间间隔短，可以增加观测值的数量，但是由于在短时间单位（如以天为时间间隔）内企业股票的交易量可能为零，β值估计会出现严重的误差。这种误差是由于在非交易期间收益率为0造成的，在回归中使用这些非交易收益率将会降低股票收益率与市场收益率之间的相关性，也会降低该股票的β值。而使用周或月将减少这种由于无交易量而导致的误差。再次，在回归时还要考虑如何确定市场收益率。正如前面所指出的，选择合适的股票指数是对市场收益率的一个很好的反映。而对于某一特定股票而言，计算其β值时应该选择该股票所在交易市场的收益率。对于我国只发行A股的上市公司而言，目前选择沪深A股指数是较合适的，对于国际或跨国投资者来说，则应该使用国际市场指数来估计β值。最后，需要考虑回归分析得到的β值是否应该加以调整，以反映回归分析中可能的误差和β值偏离平均值（行业或整个市场）的程度。许多公布的β值都使用了一种根据回归分析中β估计值的标准差将β值朝1的方向调整的统计方法——标准差越大，调整幅度越大，这些方法在使用每天收益率估计β值时效果最显著，收益率时间单位越长，效果越不明显。

回归估计β值的方法需要了解公司的历史资料，但是对于非上市公司或上市时间很短的公司而言，这些资料无法取得，市场价值也很难确定。此时，我们只能采用其他方法来估算公司的 β 值。例如，对于非上市公司，估计 β 值的一种方法是，以业务风险和经营杠杆为基准，与上市公司的 β 值相比较，然后确定标的公司的 β 值。而标的公司和可比公司间的财务杠杆差异可以用 β 值与杠杆作用的关系来进行修正。

（3）套利定价模型。资本资产定价模型无法用 β 值解释不同资产的收益不同及其限制性假设和对市场投资组合的依赖，为此受到学术界和业界的质疑。1976 年，罗斯（Ross）提出了一种新的资本资产均衡理论——套利定价模型（arbitrage pricing model，APM）。套利定价模型的逻辑基础与 CAPM 有很多相通的地方，即投资者只有在承担不可分散风险时才能获得补偿；与 CAPM 不同的是，套利定价模型认为风险可由多个因素产生，而不像 CAPM 只有一个风险因素，这些因素的个数及其确认是由历史收益决定的。其基本表达式如下：

$$R=R_f+\sum_{i=1}^{k}\beta_i[E(R_i)-R_f] \tag{3-14}$$

式中，R 为股权成本；R_f 为无风险利率；$E(R_i)-R_f$ 为 i 风险因素的风险补偿率；β_i 为 i 风险因素的 β 值；k 为风险因素的数量。

使用套利定价模型的最大障碍在于找出影响预期收益率的各个风险要素，尽管这些要素可以保持模型的灵活性，并且减少测试中的统计问题，却使人难以理解一个企业的 APM 系统究竟意味着什么，当企业有所变化（或重组）时它们又将如何变化。1986 年罗斯和其他两位学者提出用宏观经济变量替代 CAPM 中的不确定风险因素，使模型更容易理解。他们选择的宏观经济变量有：工业产值、违约风险要求补偿的变化、利率期限结构的变化、意外的通货膨胀和实际利率的变化。当然在模型中使用错误的因素或者遗漏重要的因素都会导致低劣的权益成本的估计。①

美国等发达国家的实践证明，CAPM 在资本市场中获得了成功，逐渐成为衡量其他风险-收益模型的标准。虽然历史上有许多对 CAPM 的争议，但该模型在实践中的巨大成功使其得到广泛应用。因此，可以认为 CAPM 是企业价值评估中计算股权资本成本最合理的方法。

2. 债务资本成本

债务资本成本是企业在为投资项目融资时所借债务的成本。需要注意的是，这里所说的债务资本即资产负债表上的长期负债。因为只有长期负债才能作为企业的融资资本，而短期负债需要随时偿付，一般由流动资产来偿付。

一般来说，债务资本成本是由下列变量决定的：

（1）当前的利率水平。市场利率上升，企业的债务成本也会随之上升。

（2）企业的信用等级。企业信用等级低，违约风险就较高，从而债务成本就高。如果没有债券等级，可以用企业最近支付的债务利率来衡量违约风险。

---

① Chen Nai-Fu，Roll Richard and Ross Stephen A. Economic forces and the stock market. Journal of Business，1986（3）：383-404.

（3）债务的税收抵减。利息可以抵减税款，所以要通过税率来计算债务的税后成本。债务在税收抵减上的好处使得债务的税后成本低于税前成本，随着税率的提高，这个好处会增大。

$$税后债务成本=税前成本\times(1-税率) \tag{3-15}$$

债务成本不是企业发行在外的债券的利率，也不是企业的历史债务融资成本。虽然这些是将来企业偿还债务时所需支付的利息成本的决定因素，但它们并不能决定企业目前的债务税后成本。所以，企业以前借入的利率较低的债务只是账面上的债务，当利率整体水平提高，或者企业违约风险提高时，不能因此认为企业的债务成本低。

3. 加权平均资本成本

加权平均资本成本（weighted average cost of capital，WACC）是企业为筹集资金而发行的全部有价证券的成本的加权平均值，包括股权资本成本和长期负债资本成本。

在计算出公司的股权资本成本和债务资本成本后，如果公司没有优先股资本成本①，我们就可以计算加权平均资本成本。用公式表示如下：

$$WACC=\sum_{i=1}^{n}R_iW_i \tag{3-16}$$

式中，R_i 为第 i 种个别资本成本；W_i 为第 i 种个别资本成本占全部资本的比重（权数）。

值得注意的是，在计算加权平均资本成本时，普通股和债务的比重应以市场价值而不是账面价值为基础。这是因为衡量资本成本是为了确定融资时的证券成本，即股票或债券的成本，而它们都是按照市场价值而不是账面价值发行的。

计算加权平均资本成本的步骤可概括如下：

第一步，明确被评估公司的资本结构。明确被评估公司的资本结构可以为加权平均资本成本的计算提供市值权数。这里的资本结构是目标资本结构，而不是现行资本结构。确定目标资本结构的方法有三种：（1）估算以现行市值为基础的公司资本结构；（2）考察可比公司的资本结构；（3）考察管理层明确的和不明确的筹资方法及其对目标资本结构的影响。

第二步，估算各种筹资方式的筹资成本。

第三步，按照式（3-16）计算加权平均资本成本。

3.3.4 自由现金流量估值的稳定增长模型

稳定增长模型假设企业的增长率以一个固定的比率表现出来，也就是说，在长期内，企业以某一稳定的增长率保持增长（见图3-1）。

在这种情况下，我们只需要预测出一期的自由现金流量以及企业的增长率便可以了，此时价值的表达式如下：

---

① 优先股资本成本=优先股每股股息/优先股股票的市场价格。这里不再详细阐述。

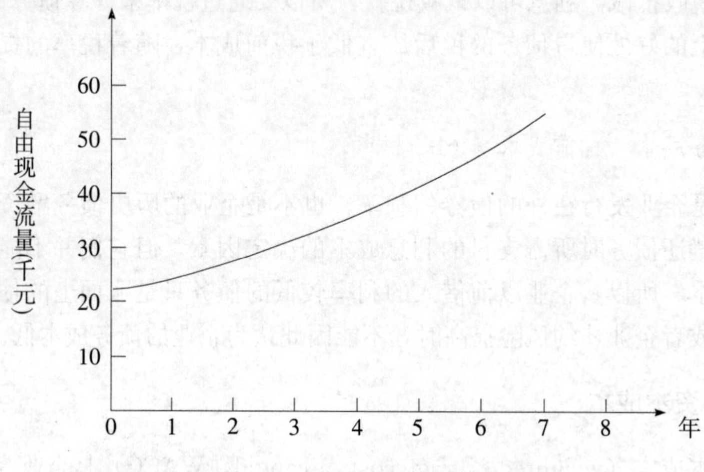

图 3-1　稳定增长模型的增长率

$$V=FCF_0\times\frac{1+g}{r-g}=\frac{FCF_1}{r-g} \tag{3-17}$$

式中，V 为价值①；g 为增长率；FCF_0 为当前的自由现金流量；FCF_1 为预期下一期的自由现金流量；r 为与自由现金流量对应的贴现率。

公式推导过程为：

设当年现金流量为 FCF_0，每年现金流量的增长率为 g，则

$$V=\frac{FCF_0(1+g)}{(1+r)}+\frac{FCF_0(1+g)^2}{(1+r)^2}+\cdots+\frac{FCF_0(1+g)^n}{(1+r)^n} \tag{3-18}$$

假设 $r>g$，在式（3-18）两边同乘以$\frac{1+r}{1+g}$再减去式（3-18），得

$$\frac{V(1+r)}{1+g}-V=FCF_0-\frac{FCF_0(1+g)^n}{(1+r)^n} \tag{3-19}$$

由于 $r>g$，当 $n\to\infty$时，有

$$\frac{FCF_0(1+g)^n}{(1+r)^n}\to 0$$

$$\frac{V(1+r)}{1+g}-V=FCF_0 \tag{3-20}$$

$$\frac{V(r-g)}{1+g}=FCF_0$$

$$V=\frac{FCF_0(1+g)}{r-g}=\frac{FCF_1}{r-g} \tag{3-21}$$

在稳定增长模型中，公司股权的价值取决于预期下一期的自由现金流量、稳定增长

① 此处的价值可以是股权价值，也可以是公司总价值。

率和对应的资本成本这三个变量。

这种模型只适用于自由现金流量处于稳定增长阶段的公司。但事实上，很难满足这样的条件，尤其当公司利润经常变化时。因此一般来说，当一家公司的平均增长率接近稳定增长率时，该模型的使用便被认为是合理的。当然，从上面的公式中我们可以清楚地看到，当增长率趋近贴现率时，公司的价值趋于无穷大，因此稳定增长模型最适用于增长速度小于贴现率的公司。

需要指出的是，由于股权价值和公司整体价值的计算原理完全相同，在介绍价值评估的模型时并不区分，为了方便起见，此处及以下的公式中统一以 FCF 表示自由现金流量，g 表示增长率，r 表示与自由现金流量对应的贴现率。当评估股权价值时，模型中的自由现金流量采用股权自由现金流量，增长率采用股权自由现金流量的增长率，贴现率采用股权资本成本。而评估公司整体价值时，应分别在公式中代入公司自由现金流量及其增长率、公司加权平均资本成本。

3.3.5 自由现金流量估值的二阶段模型

二阶段模型适用于增长率呈现两个阶段的公司，即初始阶段增长率很高，后续阶段增长率相对稳定，且维持时间长久。通常的做法是首先预测超常增长率（每年的增长率设为 g）的时间段为 n 年，之后公司以一个相对稳定的增长率（每年的增长率设为 g_n）发展，价值就等于超常增长阶段的现值加上终点现金流量的现值，计算公式为：

$$V=\sum_{t=1}^{n}\frac{FCF_t}{(1+r)^t}+\frac{FCF_{n+1}}{(r-g_n)(1+r)^n} \tag{3-22}$$

式中，FCF_t 为第 t 年的自由现金流量；FCF_{n+1} 为第 $n+1$ 年的自由现金流量。

式（3-22）由两部分构成，第一部分是超常增长期内逐年对现金流量贴现求和，第二部分是稳定增长后的贴现值，是在式（3-21）的基础上求复利现值得到的。

运用二阶段模型的关键是确定超常增长阶段的预测期。尽管从理论上讲，可以根据产品的生命周期和项目机会等来确定这一时间段的长度，但事实上，很难把这些定性标准转化为具体的时间。运用这一模型的另一个问题是，公司从超常增长阶段到平稳增长阶段似乎是在一夜之间完成的，但这种突然转换在现实中并不普遍存在。因此，建立在传统二阶段模型基础上的 H 模型似乎更接近现实。

H 模型也是增长的二阶段模型，与传统的二阶段模型不同，该模型的初始增长阶段的增长率不是恒定的，而是随时间的推移逐渐线性减少，最终达到稳定阶段的增长率（如图 3-2 所示）。

H 模型由福勒和夏于 1984 年创立（Fuller and Hsia，1984）。该模型假设公司的初始增长率为 g_a，随后在整个超常增长阶段（假定为 $2H$ 年）线性减少，最终达到平稳增长率 g_n。价值计算公式为：

$$V=\frac{FCF_0\times(1+g_n)}{r-g_n}+\frac{FCF_0\times H\times(g_a-g_n)}{r-g_n} \tag{3-23}$$

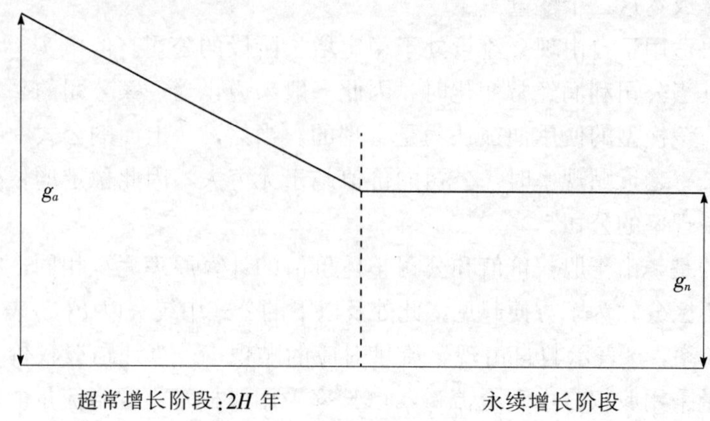

图3-2　H模型中公司的增长率

H模型避免了超常增长率向稳定增长率的突然转换。但当实际的增长率不符合模型的结构设计且存在较大的偏差时，价值的预测就会发生严重偏离。所以，运用H模型时，关键是预测超常增长阶段的时长。

【例3-3】 大华公司是一家生物工程公司，2010年每股营业收入为12.4元，每股净收益为3.1元，每股资本性支出为1元，每股折旧为0.6元。预期该公司在今后5年内将高速增长，每股收益的增长率为30%，资本性支出、折旧和营运资本以相同比例增长，收益留存比率为100%，β值为1.3，国库券利率为5%。2010年营运资本为收入的20%，负债比率保持为60%。5年后公司进入稳定增长期，预期增长率为6%，即每股收益和营运资本按6%的速度增长，资本性支出可以由折旧来补偿，β值为1。该公司发行在外的普通股共3000万股。市场平均风险报酬率为5%。估计该公司的股权价值。

第一步，估计公司高速成长期的每股股权自由现金流量。

$$FCF=\text{净收益}-(\text{资本性支出}-\text{折旧})\times(1-\text{负债比率})$$
$$-\text{营运资本增量}\times(1-\text{负债比率})$$

$$FCF_{2011}=3.1\times(1+30\%)-(1-0.6)\times(1+30\%)\times(1-60\%)$$
$$-[12.4\times20\%\times(1+30\%)-12.4\times20\%]\times(1-60\%)$$
$$=4.03-0.21-0.3=3.52(\text{元})$$

$$FCF_{2012}=4.03\times(1+30\%)-0.21\times(1+30\%)-0.3\times(1+30\%)$$
$$=5.24-0.27-0.39=4.58(\text{元})$$

$$FCF_{2013}=6.81-0.35-0.5=5.96(\text{元})$$

$$FCF_{2014}=8.85-0.46-0.65=7.74(\text{元})$$

$$FCF_{2015}=11.51-0.6-0.85=10.06(\text{元})$$

第二步，估计公司高速成长期的股权资本成本。

$$r=5\%+1.3\times5\%=11.5\%$$

第三步，计算公司高速成长期每股股权自由现金流量的现值。

$$高速成长期每股\ FCF\ 的现值=3.16+3.69+4.3+5.01+5.84=22(元)$$

第四步，估计第6年的每股股权自由现金流量。

$$FCF_{2016}=12.2-0.22=11.98(元)$$

第五步，计算公司稳定增长期的股权资本成本。

$$r_n=5\%+1\times5\%=10\%$$

第六步，计算公司稳定增长期每股股权自由现金流量的现值。

$$稳定增长期每股\ FCF\ 的现值=\frac{11.98}{(10\%-6\%)\times(1+11.5\%)^5}=173.79(元)$$

第七步，计算公司股权自由现金流量的现值。

$$V=(22+173.79)\times3\,000=587\,370(万元)$$

【例3-4】 某百货公司2010年的息税前净收益为5.32亿元，资本性支出为3.1亿元，折旧为2.07亿元，销售收入为72.3亿元，营运资本占销售收入的比重为20%，所得税税率为40%，国库券利率为7.5%。预期今后5年内公司将以8%的速度高速增长，β值为1.25，税前债务成本为9.5%，负债比率为50%。5年后公司进入稳定增长期，增长率为5%，β值为1，税前债务成本为8.5%，负债比率为25%，资本性支出和折旧互相抵销。市场平均风险报酬率为5%。请估计该公司的价值。

第一步，计算公司高速成长期的公司自由现金流量。

$$FCF=息税前净收益\times(1-税率)+折旧-资本性支出-追加营运资本$$

$$FCF_{2011}=5.32\times(1+8\%)\times(1-40\%)+2.07\times(1+8\%)-3.10\times(1+8\%)-72.3\times8\%\times20\%=1.18(亿元)$$

$$FCF_{2012}=3.72+2.41-3.62-1.25=1.26(亿元)$$

$$FCF_{2013}=4.02+2.6-3.91-1.35=1.36(亿元)$$

$$FCF_{2014}=4.34+2.81-4.22-1.46=1.47(亿元)$$

$$FCF_{2015}=4.69+3.03-4.56-1.58=1.58(亿元)$$

第二步，估计公司高速成长期的加权平均资本成本。

$$高速成长期的股权资本成本=7.5\%+1.25\times5\%=13.75\%$$

$$高速成长期的\ WACC=13.75\%\times50\%+9.5\%\times(1-40\%)\times50\%=9.725\%$$

第三步，计算公司高速成长期公司自由现金流量的现值。

$$高速成长期\ FCF\ 的现值=\frac{1.18}{1+9.725\%}+\frac{1.26}{(1+9.725\%)^2}$$

$$+\frac{1.36}{(1+9.725\%)^3}+\frac{1.47}{(1+9.725\%)^4}$$

$$+\frac{1.58}{(1+9.725\%)^5}=5.15(亿元)$$

第四步，估计第 6 年的公司自由现金流量。

$$FCF_{2016}=4.69\times(1+5\%)-72.3\times(1+8\%)^5\times5\%\times20\%$$
$$=3.86(亿元)$$

第五步，计算公司稳定增长期的加权平均资本成本。

稳定增长期的股权资本成本＝7.5%＋1×5%＝12.5%

稳定增长期的 $WACC=12.5\%\times75\%+8.5\%\times(1-40\%)\times25\%$
$=10.65\%$

第六步，计算公司稳定增长期公司自由现金流量的现值。

$$稳定增长期\ FCF\ 的现值=\frac{3.86}{(10.65\%-5\%)\times(1+9.725\%)^5}$$
$$=42.96(亿元)$$

第七步，计算公司的价值。

$V=5.15+42.96=48.11(亿元)$

3.3.6 自由现金流量估值的三阶段模型

三阶段模型集合了二阶段模型和 H 模型的特点，分三个阶段表现公司的增长，即高增长阶段、增长率下滑的转换阶段和稳定增长阶段（如图 3-3 所示）。

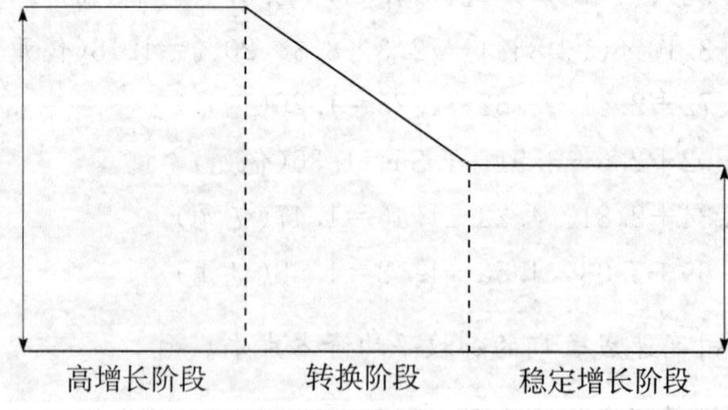

图 3-3　三阶段模型中公司的增长率

三阶段模型特别适用于增长率随时间变化的公司，因此使用这种模型，需要确定高增长期和转换期这两个预测期的值。它的价值模型表示如下：

$$V=\sum_{t=1}^{n_1}\frac{FCF_0(1+g_a)^t}{(1+r)^t}+\sum_{t=n_1+1}^{n}\frac{FCF_t}{(1+r)^t}+\frac{FCF_{n+1}}{(r-g_n)(1+r)^n}\qquad(3-24)$$

式中，n_1 为高增长阶段的期末；n 为转换阶段的期末。

三阶段模型的最佳适用对象是当前超常增长并维持一段时间，然后随着产业化优势的减少，增长率逐渐降低，直至达到稳定增长阶段的公司。

事实上，无论上述哪一种模型，对于预测期来说，无非分成两个部分，一部分称为明确的预测期期间，一部分称为明确的预测期之后，这与科普兰（Copeland）使用连续价值估算模型的假定是一样的。当然，对于稳定增长模型来说，其明确的预测期为零。而对于三阶段模型来说，其明确的预测期分为高增长阶段和转换阶段两部分。这种方法的好处在于，当无法准确预测公司长期自由现金流量时，我们可以根据上述假设，在短期预测结果的基础上乘以相应的增长率，估算出长期的未来自由现金流量。科普兰将后一阶段自由现金流量的贴现值称为“连续价值”。两阶段的自由现金流量的贴现值可以用下述公式表达：

$$\begin{matrix}\text{全部自由现金} \\ \text{流量的贴现值}\end{matrix} = \begin{matrix}\text{明确的预测期期间的} \\ \text{现金流量现值}\end{matrix} + \begin{matrix}\text{明确的预测期之后的} \\ \text{现金流量现值}\end{matrix} \tag{3-25}$$

式（3-25）中得到的全部自由现金流量的贴现值就是公司最终的价值评估值。接下来的问题便是，公司所选择的明确的预测期的长度会不会影响公司的价值。对这一问题，科普兰用数据证明，明确的预测期的长度不会影响公司的价值，只会影响公司价值在明确的预测期期间和之后的分布，如图 3-4 所示。

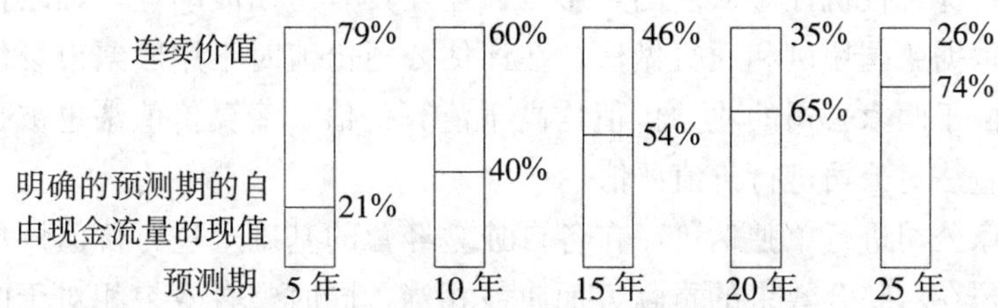

图 3-4　不同预测期下连续价值的比重

图 3-4 说明，公司总的评估价值不会随着明确的预测期的不同而发生变化。但是，随着明确的预测期的延长，连续价值占公司总价值的比重将下降。之所以产生这种现象，是因为在明确的预测期内，预测者假设新资本的收益率超过资本成本，而在明确的预测期之后，假设新资本的收益率低于资本成本。这样，明确的预测期的延长就等于新资本收益率超过资本成本的时期的延长，导致连续价值的比重下降。

3.4　案例研究与分析：戴姆勒-奔驰与克莱斯勒合并的价值评估

3.4.1　案例背景

德国的戴姆勒-奔驰公司和美国的克莱斯勒公司均为世界著名的汽车制造公司，戴姆勒-奔驰的主打产品为优质高价的豪华车，主要市场在欧洲和北美洲；美国克莱斯勒公司的产品则主要集中于大众车，主要市场在美洲。

20世纪90年代后期，全球汽车市场竞争日趋激烈，形成规模经济成为汽车公司战胜竞争对手的可行方法。戴姆勒-奔驰与克莱斯勒两家公司在产品和市场范围上正好互补，出于对长远竞争优势的战略性考虑，公司合并被提上议事日程。通过合并，双方可以实现规模经济，合并后材料的采购以及产品的制造、销售、研发等都会产生整合效应，提高设备利用率、管理效率，分销渠道的整合有利于扩大销售收入，此外，服务与管理等部门也可以获得不同程度的益处。

当时估计短期内合并带来的成本降低和收入增加会产生25亿德国马克的合并收益，而长期来看，采购优化及研究整合将会带来超过50亿德国马克的收益。

但两家公司的规模以及地理位置使合并的复杂程度和评估难度大大提高。为此双方各自聘请了两家投资银行作为财务顾问，希望能够合理地确定各自的价值以及换股比例。

3.4.2 价值评估

对于连续经营的公司而言，净资产账面价值不能决定持续经营公司的内在价值，所以财务顾问首先否定了账面价值法。虽然戴姆勒-奔驰公司以美国存托凭证（American Depository Receipt，ADR）方式在美国上市，但财务顾问认为，股票市场价格受股票数量、市场交易情况、投机性等众多因素影响，往往具有短期波动性，难以合理反映公司的内在价值，根据德国惯例和通行做法，在评估公司价值时不用股票市场价格作为换股比较基准。又由于两家公司的收益价值均高于清算价值，清算价值法也被否定。最终选择贴现现金流量法对公司进行价值评估。

首先对两家公司进行单独估价，在各自独立经营的基础上进行价值评估，这主要是考虑到两家公司在对整合效果的贡献方面旗鼓相当，同时整合效果相对于两家公司的企业价值来说非常小。其次，构建二阶段估价模型，第一阶段是1998—2000年，第二阶段是2001年及以后的年份。

具体的工作可以分为以下三步：

第一步：确定贴现收益。（1）根据两家公司经审计的公开披露的财务报表，财务顾问对1995—1997年的收入和费用项目进行了详细分析，调整了预期未来不会重复发生的一次性费用和收入项目，分别计算出戴姆勒-奔驰公司和克莱斯勒公司在1998—2000年各自所属部门的息税前净收益及其总和。

（2）自2001年开始，假设两家公司的息税前净收益保持不变，其数额等于最后一个预测年份（2000年）息税前净收益扣减不会重复发生的收入和费用项目。

（3）在息税前净收益的基础上，进一步扣除根据两家公司1998年1月1日资本结构计算得出的净利息费用、其他财务收入和费用、公司所得税，得到两家公司未来各年份的净收益。在公司净收益的基础上，减去按35%的假设税率计算的股东所得税，得到最终用于贴现的税后净收益。①

① 按照德国注册会计师协会企业价值评估委员会的有关规定，公司估价时必须考虑股权投资者的纳税情况。

第二步：确定贴现率。确定贴现率主要考虑三个因素：基础利率、风险溢价（报酬率）和增长率扣减（修正值）。

从基础利率来看，两家公司合并正值市场处于低利率时期，市场收益率水平较低，不足以代表未来长期的利率水平，综合考虑 1980—1987 年德国最高信用等级证券的平均收益率 7.0%，最终确定评估的基础利率为 6.5%。

风险溢价取决于公司自身及所处行业的风险，根据有关实证研究资料，平均风险报酬率在 4%～6%，因为两家公司的效益较好，所以统一采用 3.5%作为风险报酬率。因为不同评估机构提供的 β 值差异甚大，所以没有采用 CAPM。

修正值：理论上资本市场利率包括通货膨胀所造成的风险补偿，但由于公司可以通过提高销售收入部分补偿由于通货膨胀造成的成本上升，公司的名义收益将按通货膨胀的一定比例增长，名义贴现率包括数值上等于未来通货膨胀率一定比例的可扣减利率，即所谓增长率扣减。假定通过提高销售价格，两家公司的名义收益将以 1%的速度增长，则 2001 年及以后年份恒定收益的贴现率应减去 1%的修正值，而 1998—2000 年的各项收入和费用是按实际金额估算的，所以这 3 年的贴现率无须扣减修正值。

在扣除 35%的股东所得税后，可以计算出两个阶段的贴现率：

第一阶段为：

$$(6.5\%+3.5\%)\times(1-35\%)=6.5\%$$

第二阶段为：

$$(6.5\%+3.5\%)\times(1-35\%)-1\%=5.5\%$$

第三步：非经营资产的评估。完整的企业价值包括经营性资产和非经营性资产的价值两部分。运用收益法贴现的价值仅仅反映了企业经营性资产持续经营的价值，要得到企业完整的价值还需要考虑非经营性资产。这些可单独出售的非经营性资产并不影响企业的持续经营价值，应单独评估，评估的方法是计算资产在市场上出售后扣除费用的净收益。

通过以上步骤，计算出戴姆勒-奔驰的收益现值为 1 020.71 亿马克，克莱斯勒的收益现值为 803.79 亿马克。再加上非经营性资产的价值，得出两家公司的实际价值分别为：戴姆勒-奔驰公司 1 100.10 亿马克，克莱斯勒公司 804.39 亿马克（不出售库存股票）或 822.72 亿马克（出售库存股票）。

3.4.3 换股合并

1. 确定总股本数

在公司价值已确定的情况下，再进一步确定各公司的总股本数，才能计算每股价值并确定合并的换股比例。

戴姆勒-奔驰公司在合并前发行了附认股权证的 7 年期债券、强制可转换债券并实施了股票期权计划。克莱斯勒公司在合并前也向各级管理人员提供了股票期权、业绩奖励股票和其他与股票相关的权利，另外还有3 000万股库存股票。公司的股本数量将受到这些认股权和转换权执行情况的影响。

从估价的角度出发，财务顾问假定股票期权、认股权证和可转换债券在合并日之前全部执行，并按照1998年6月30日的股票市价全部转换为各自的普通股股票。为了采用联营法处理合并，克莱斯勒公司可能还需要出售3 000万股库存股票。按照1998年6月30日克莱斯勒公司的股票市价，剔除2.5%的股票手续费以及股票价格潜在的下跌和股东所得税等因素，按照同日美元对马克比价计算，克莱斯勒公司库存股票价值为18.33亿马克。如果出售，克莱斯勒公司价值增加18.33亿马克，同时股本数额增加3 000万股；如果不出售，其价值和发行在外的股票总数都不会发生变化。

经以上调整，戴姆勒-奔驰公司总股本为5.834 65亿股，克莱斯勒公司总股本为6.595亿股（不出售库存股票）或6.895亿股（出售库存股票）。两家公司的每股现值为：

戴姆勒-奔驰公司：

1 100.10÷5.834 65=188.55(马克)

克莱斯勒不出售库存股票时：

804.39÷6.595=121.97(马克)

出售库存股票时：

822.72÷6.895=119.32(马克)

2. 确定换股比例

合并时采用联营法可以避免合并后公司商誉摊销对净利润的影响，增强公司股票的吸引力。根据一般公认会计原则（GAAP），此次合并要想采用联营法进行会计处理，以避免账面价值增加、确认商誉等，必须要求戴姆勒-奔驰公司至少有90%的股东愿意接受换股。在戴姆勒-奔驰公司愿意接受换股的股东比例无法确定的情况下，为鼓励更多的股东接受换股，提高换股比例的吸引力，经过双方讨价还价，确定了不同接受换股股东比例下相应的换股比例。

如果戴姆勒-奔驰公司换股股东不足90%，则每1股戴姆勒-奔驰公司的股票换1股戴姆勒克莱斯勒公司（合并后的新公司）的股票；每1股克莱斯勒公司的股票换0.623 5股戴姆勒克莱斯勒公司的股票。

如果戴姆勒-奔驰公司申请换股的股东达到90%，则每1股戴姆勒-奔驰公司的股票换1.005股戴姆勒克莱斯勒公司的股票；每1股克莱斯勒公司的股票换0.623 5股戴姆勒克莱斯勒公司的股票。

结合每股价值来看，换股比例在一定程度上对戴姆勒-奔驰公司更有利。如果能以此吸引至少90%的戴姆勒-奔驰公司股东接受换股，合并后的公司就可以采用联营法进行会计处理，以避免合并后企业资产增值、合并商誉的摊销对净利润的影响，增强合并后公司股票的吸引力，也可使原克莱斯勒公司的股东受益。

3.4.4 案例启示

虽然后来的事实证明两大汽车巨头的合并没有产生预期的效果，但两家公司在合并时所采用的换股合并法仍然不失为一个经典财务案例。从中我们至少可以得到以下两点启示。

1. 熟悉换股并购的操作流程

换股并购是国际上兼并收购时常用的一种支付方式，无论是新设合并还是吸收合并都可以采用这种方法。与现金支付方式相比，通过换股进行并购避开了筹集大量并购资金的难题，核心问题在于如何确定换股比例。通过该案例，我们可以较为清晰地看到换股并购的操作流程。

换股并购的本质在于通过股票的交换来实现兼并的目的，而股票交换的基本条件就是股票价值相当，所以换股比例就转换为股票价值的确定。如果不打算采用股票市场价格法，确定目标公司的价值就成为换股并购要解决的第一个问题。明确了公司价值之后，第二步工作就是要确定目标公司的股份数，这一股份数的确定要充分考虑附认股权证的债券、股票期权等相关问题，判断它们在合并时是否转为股票。第三步工作是计算每股股票的价值，这个价值就是换股的基本依据之一。综合主并公司的每股价值或新设合并公司的预期每股价值就可以对换股比例做出初步判断，但在实践中换股比例的确定还要考虑其他因素，所以通常是以前面计算出的换股比例作为参照值加以调整，最终往往是通过谈判确定双方可接受的换股比例。

2. 了解并购中如何确定公司价值

由于股票市场价格具有短期波动性，受多种因素的影响，在评估公司价值时较少直接应用。此外，公司价值还有内在价值、账面价值和清算价值之分。账面价值不能反映连续经营公司的内在价值，清算价值则是公司将各项资产单独出售所实现的净收益之和，所以这两种方法一般情况下不适合对公司进行估价。相比而言，内在价值是公司资产未来预期现金流的现值，是一个动态变化的价值，能够客观地反映公司的真实价值。

贴现现金流量法是确定公司内在价值的核心方法，它首先估算出公司未来的收益，再考虑风险因素确定一个贴现率，然后按未来收益的增长态势将其划分为两阶段或三阶段，分别进行贴现、求和计算就可以获得公司的内在价值。

无论采取哪种支付方式，确定公司价值都是必不可少的重要环节，目标公司的内在价值往往是并购决策的依据。

资料来源：

①朱武祥，邓海峰. 公司合并中的价值评估与换股比例估算——戴姆勒-奔驰/克莱斯勒合并换股计算方法与清华同方/山东鲁颖电子合并换股比例计算方法比较. 管理世界，1999（4）.

②王丹蕊，许敏敏. 一位财务经理眼中的企业兴衰：集团与并购篇. 北京：中国经济出版社，2004：184-191.

本章小结

● 并购目标公司的选择要经历发现、审查、评价三个阶段。

● 通过成本法确定并购目标公司的价值简明实用。

● 贴现现金流量法是最重要的一种价值评估方法，但在对股权价值和公司整体价值进行评估时要注意使用不同的现金流量和贴现率。

● 根据公司未来的增长率，自由现金流量估值包括稳定增长模型、二阶段模型和三阶段模型。

案例讨论

平安银行的权益价值评估

2009年深圳发展银行（简称深发展）与平安银行开始酝酿重大资产重组计划，受深发展的委托，中联资产评估有限公司对平安银行以2010年6月30日为基准日的权益价值进行了评估。

2012年1月19日，深发展（000001）和中国平安（601318）同时公告，深发展董事会审议通过深发展吸收合并平安银行方案并同意两行签署吸收合并协议。完成吸收合并后，平安银行注销法人资格，深发展作为合并完成后的存续公司将依法承继平安银行的所有资产、负债、证照、许可、业务、人员及其他一切权利与义务。深圳发展银行有限公司将更名为平安银行股份有限公司。

按照公告，深发展向持有平安银行股份的少数股东支付每股3.37元的对价，少数股东有权在股票合并对价申报期内选择股票合并对价，即按照每股最终定价与深发展每股价格（以董事会决议公告日为定价基准日计算的深发展于定价基准日前20个交易日的股票交易均价，即人民币15.45元/股）的比值将其持有的平安银行股份交换为自二级市场购入的深发展股票（小数点后的尾数均折算为1股）。

深发展与平安银行的整合是中国金融业具有标志性的资产重组案例，吸收合并的交易对价是否体现了平安银行的真正价值？平安银行的估值是如何实现的？

贴现的现金流可以考量企业作为一个整体单元在未来能够获取的利益，更能体现企业价值度量的基本原理。在货币时间价值的匹配下，股权自由现金流能够合理真实地反映企业未来的成长能力，平安银行的价值评估就采用了此种方法。

一、权益资本成本估算

按照资本资产定价理论，同时考虑银行特有的风险，平安银行的权益资本成本估算模型如下：

资本成本＝无风险报酬率＋风险报酬率＋平安银行特有风险

1. 无风险报酬率 R_f

参照国家近5年发行的中长期国债利率的平均水平，将10年期以上国债利率平均水平确定为无风险报酬率 R_f，近似为3.83%。

2. 风险报酬率

取沪深同类10家可比上市公司股票，以2007年1月至2010年6月的市场价格测算，得到评估对象权益资本预期风险系数的估计值$\beta=1.0236$。

根据海通证券对中国海外上市公司的研究分析报告，瑞士第一波士顿贷款银行（CS-FB）估计的MSCI中国自由指数（中国概念股股票指数）自1998年以来的隐含股权风险溢价平均为7.6%，高盛估计的10年以来MSCI中国自由指数相对美国10年期国债收益率的隐含股权风险溢价平均为7.5%。结合深发展吸收合并平安银行整合项目资产评估报告的有关数据，确定本次评估的市场风险溢价为$R=7.5\%$。

$$风险报酬率=\beta\times R=1.0236\times7.5\%=7.68\%$$

3. 平安银行特有风险e

平安银行的特有风险主要包括流动性风险和规模风险，即

平安银行的特有风险＝流动性风险＋规模风险

流动性风险＝风险报酬率×平均流动性折扣系数

由于评估对象是非上市公司，对比参考5家银行上市公司相关信息，据此确定平安银行的流动性风险，如表3-1所示。

表3-1　流动性折扣对价表

证券代码	证券简称	折算成送股的对价（WIND计算值）
000001.SZ	深发展A	0.257
600000.SH	浦发银行	3
600015.SH	华夏银行	3
600016.SH	民生银行	3
600036.SH	招商银行	2.4207
平均值		2.3355

资料来源：中联评报字〔2010〕第697号、深圳发展银行股份有限公司拟与平安银行股份有限公司整合项目资产评估报告.

$$平均流动性折扣系数=1-10\div(10+2.3355)=18.93\%$$

$$\begin{aligned}平安银行的流动性风险&=风险报酬率\times平均流动性折扣系数\\&=\beta\times R\times18.93\%\\&=1.0236\times7.5\%\times18.93\%\\&=1.45\%\end{aligned}$$

考虑到平安银行与沪深同类上市银行相比规模较小，取规模风险调整系数为0.55%。

$$\begin{aligned}平安银行的特有风险&=流动性风险+规模风险\\&=1.45\%+0.55\%\\&=2\%\end{aligned}$$

4. 权益资本成本 r

资本成本＝无风险报酬率＋风险报酬率＋平安银行的特有风险

＝0.038 3＋1.023 6×7.5%＋0.02

＝13.51%

二、股权自由现金流量的估算

在现金流预测中，将未来现金流期间分为高速增长阶段、固定增长阶段和稳定阶段。

1. 高速增长阶段

高速增长阶段包括从预测基点的2010年6月30日到2017年年末，共7.5年。未来营业收入带来的现金流量主要包括贷款利息收入、存放中央银行和同业利息收入、债券投资收入、手续费及佣金收入等。其中，贷款利息收入根据贷款增长速度和贷款综合利率来计算；存放中央银行和同业利息收入根据法定存款准备金平均收益率和存放及拆放同业的平均收益率来计算；债券投资收入根据全年债券收益率计算；手续费及佣金收入主要是结算和清算手续费收入、代理业务手续费收入、银行卡手续费收入、托管和其他受托业务收入及其他业务收入，根据每项收入的增长速度来计算。营业支出带来的现金流出量主要包括税金及附加、业务及管理费等。平安银行高速增长阶段的现金流量估算如表3-2所示。

表3-2 平安银行高速增长阶段净现金流量预测 单位：百万元

项目	2010年下半年	2011年	2012年	2013年	2014年	2015年	2016年	2017年
营业收入	3 157	7 824	9 603	11 936	14 269	16 870	19 758	22 987
利息净收入	2 855	6 837	7 928	9 340	10 739	12 215	13 624	14 949
利息收入	4 793	10 987	12 787	14 995	17 218	19 548	21 796	23 931
利息支出	1 938	4 150	4 859	5 655	6 479	7 333	8 172	8 982
手续费与佣金净收入	261	922	1 639	2 596	3 530	4 655	6 134	8 038
手续费与佣金收入	318	1 100	1 878	2 919	3 961	5 222	6 843	8 869
手续费与佣金支出	57	178	239	323	431	567	709	831
投资收益	23	13	36					
公允价值变动收益	5	6						
汇兑收益	10	37						
其他业务净收入	3	9						
营业支出	2 098	4 806	5 851	7 202	8 235	9 223	10 207	11 385
税金及附加	188	491	537	630	723	821	915	1 005
业务及管理费	1 628	3 916	4 557	5 648	6 480	7 283	8 282	9 358
资产减值损失	282	399	757	924	1 032	1 119	1 010	1 022
营业利润	1 059	3 018	3 752	4 734	6 034	7 647	9 551	11 602
加：营业外收入	16	9						
减：营业外支出								

续表

项目	2010年下半年	2011年	2012年	2013年	2014年	2015年	2016年	2017年
利润总额	1 075	3 027	3 752	4 734	6 034	7 647	9 551	11 602
减：所得税费用	237	727	892	1 137	1 449	1 837	2 294	2 786
净利润	838	2 300	2 860	3 597	4 585	5 810	7 257	8 816
加：折旧	70	140	164	200	218	229	230	230
摊销	29	64	61	58	56	53	50	48
计提减值准备	287	397	757	924	1 032	1 119	1 010	1 022
递延所得税增加额	63	87	167	203	227	246	222	225
加：现金净流入	−383	−6 118	−103	−4 059	−5 049	−5 012	−5 063	−5 059
其中：现金流入								
有息负债追加	29 725	49 101	11 296	40 047	48 023	51 057	51 575	51 008
其他负债追加	149	494	373	431	500	519	516	498
现金流出								
固定资产	188	282	166	135	74	61	107	123
无形资产	50	60	49	47	45	42	40	38
有息资产追加投资	29 847	51 978	11 354	41 831	50 487	53 508	54 033	53 428
其他投资追加净值	172	393	203	524	466	477	474	476
留存收益	0	3 000	0	2 000	2 500	2 500	2 500	2 500
自由权益现金值	904	−3 130	3 906	923	1 069	2 445	3 706	5 282
贴现期	0.5	1.5	2.5	3.5	4.5	5.5	6.5	7.5
贴现系数	0.938 6	0.826 9	0.728 5	0.641 8	0.565 4	0.498 1	0.438 8	0.386 6
贴现值	848	−2 588	2 845	592	604	1 218	1 626	2 042
权益价值	848	−2 588	2 845	592	604	1 218	1 626	2 042

资料来源：中联评报字〔2010〕第697号. 深圳发展银行股份有限公司拟与平安银行股份有限公司整合项目资产评估报告.

2. 固定增长阶段和稳定阶段

评估师将2018—2022年确定为固定增长阶段，考虑到中国的经济增长速度在2020年之前不会低于7%，银行业的增长速度略高于总体经济增长速度，预测公司收益现金流以略高于经济增速的速度增长，确定为9.6%。2022年以后公司收益保持稳定。具体的权益现金流量如表3-3所示。

表3-3 固定增长阶段和稳定阶段净现金流量预测 单位：百万元

项目	固定增长阶段					稳定阶段
	2018年	2019年	2020年	2021年	2022年	2023年以后
权益现金流量	5 789	6 345	6 954	7 622	8 353	8 353

资料来源：中联评报字〔2010〕第697号. 深圳发展银行股份有限公司拟与平安银行股份有限公司整合项目资产评估报告.

三、权益价值估算

对平安银行权益价值的评估就是分别计算三阶段的现金流量现值并加总。

1. 高速增长阶段现值

$$高速增长阶段现值=848-2\,588+2\,845+592+604+1\,218+1\,626+2\,042$$
$$=7\,187(百万元)$$

2. 固定增长阶段和稳定阶段现值

将固定增长阶段和稳定阶段的现金流量贴现，可得到现金流量现值。固定增长阶段现值计算如表 3-4 所示。

表 3-4 固定增长阶段现值计算 单位：百万元

项目	2018 年	2019 年	2020 年	2021 年	2022 年
权益现金流量	5 789	6 345	6 954	7 622	8 353
贴现期	8.5	9.5	10.5	11.5	12.5
贴现系数	0.340 6	0.300 1	0.264 3	0.232 9	0.205 2
权益价值	1 972	1 904	1 838	1 775	1 714

$$固定增长阶段现值=1\,972+1\,904+1\,838+1\,775+1\,714$$
$$=9\,203(百万元)$$

$$稳定阶段现值=\frac{8\,353}{13.51\%}\times\frac{1}{(1+13.51\%)^{12.5}}$$
$$=12\,684(百万元)$$

$$平安银行权益估值=7\,187+9\,203+12\,684$$
$$=29\,074(百万元)$$

深发展吸收合并平安银行的支付对价为 291 亿元，与平安银行的权益估值基本一致。

资料来源：

①钱霞波．现金流折现法在我国银行并购股权价值评估中的应用研究——基于深发展吸收合并平安银行的案例分析．成都：西南财经大学，2013.

②腾讯财经．深发展将更名为平安银行 吸收合并方案公布．[2012-01-19]．https://finance.qq.com/a/20120119/003700.htm.

③中联资产评估集团．深圳发展银行股份有限公司拟与平安银行股份有限公司整合项目资产评估报告．2010-09-15.

要求：

讨论应用自由现金流量估值法进行价值评估的关键步骤。该案例中影响平安银行估值的主要因素有哪些？

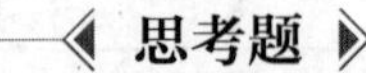

思考题

1. 并购目标公司的选择中要注意什么问题？

2. 试举例说明不同价值评估方法的适用条件。
3. 什么是股权自由现金流量？如何计算？
4. 什么是公司自由现金流量？如何计算？
5. 自由现金流量估值的二阶段模型和三阶段模型是如何推导出来的？

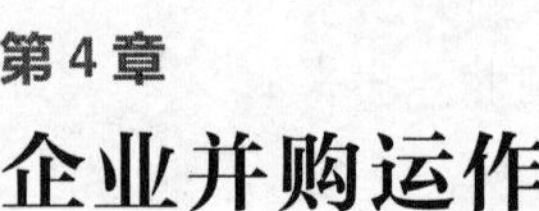

第4章 企业并购运作

本章导读

物美科技集团有限公司（简称物美集团）于1994年创立，总部设立在北京，经营和管理零售连锁店超过1 000个，包括大卖场、超市、便利店、百货店和家居改善店等各种业态，年销售额约为500亿元。麦德龙是欧洲在华的三大卖场巨头之一，与沃尔玛、家乐福等竞争对手以租赁门店为主不同，其在中国市场有大量自持物业。据有关数据显示，截至2018年9月的财年，麦德龙中国的销售额为27亿欧元（约合209亿元人民币）。

2019年10月11日，麦德龙、物美集团和多点Dmall联合宣布，物美集团就收购麦德龙中国控股权已与麦德龙签订最终协议。根据协议，物美集团将在双方设立的合资公司中持有80%的股份，麦德龙持有20%的股份。多点Dmall将成为麦德龙中国的技术合作伙伴。此次交易对麦德龙中国的总估值为19亿欧元（约合149亿元人民币），交易完成后，麦德龙预计将获得超过10亿欧元的净收入。根据规划，麦德龙中国与物美集团和多点Dmall合作后，新合资公司将继续履行麦德龙与批发业务合作伙伴、供应商及其他服务提供商的现有商业协议关系。物美集团还将通过多点Dmall专有的运营系统，帮助麦德龙中国提升数字化能力并加快在中国零售市场的发展。

通过并购进行扩张是物美集团的重要发展战略，2014年物美集团以14亿元收购中国百安居70%的股权；2018年以15亿元的价格接手了乐天集团位于华北地区的22家乐天玛特门店，同年还接管了邻家便利店；2019年以27亿元代价获得了重庆百货45%的股权。根据中国连锁经营协会发布的2019年中国连锁百强榜单，物美集团以498亿元的销售额位列第12名。

企业应该如何选择并购支付方式？并购之后如何进行整合才能实现预期的目标？这是本章重点讨论的问题。

资料来源：凤凰网. 19 亿欧元估值贵不贵？麦德龙中国卖了. [2019-10-11]. https://finance.ifeng.com/c/7qh6MGNgFdF.

学习目标

- 掌握各种并购支付方式的特点及适用条件
- 掌握并购所需资金量的预测方法及筹资方式
- 理解杠杆并购的概念及特点
- 理解管理层收购的概念及其在我国的实践
- 熟悉几种并购防御战略
- 掌握并购整合的类型与内容

4.1　企业并购筹资

并购筹资是实现并购战略的关键一步，主要内容包括预测并购资金需要量、确定并购支付方式以及选择适当的渠道筹集资金。

4.1.1　并购上市公司的方式

按照《上市公司收购管理办法》的规定，收购人可以通过取得股份的方式成为一家上市公司的控股股东，也可以通过投资关系、协议、其他途径成为一家上市公司的实际控制人，还可以同时采取上述方式取得上市公司的控制权。

1. 要约收购

要约收购是指收购人按照同等价格和同一比例的相同要约条件，向上市公司股东公开发出收购其持有的公司股份的邀请的行为。与协议收购相比，要约收购是对非特定对象进行公开收购的一种方式。①

通过证券交易所的证券交易，并购方持有一家上市公司的股份达到该公司已发行股份的 30%时，继续增持股份的，应当采取要约方式进行。以要约方式收购上市公司股份时，可以向目标公司的所有股东发出收购其持有的全部股份的要约，也可以向所有股东发出收购其持有的部分股份的要约。

并购方应编制要约收购报告书，聘请财务顾问向证监会、证券交易所提交书面报告，

① 中国证券监督管理委员会上市公司监管部. 上市公司高级管理人员培训教材. 北京：中国金融出版社，2007：137.

抄报派出机构，并通知被收购公司，对要约收购报告书摘要做出提示性公告。在要约收购报告书中，应列明的主要事项包括：（1）收购人的姓名、住所、注册地及法定代表人，与其控股股东、实际控制人之间的股权控制关系结构图；（2）上市公司的名称、收购股份种类、报送收购报告书时持有被收购公司的股份数量和比例；（3）收购的目的，以及是否在未来12个月内继续增持，预计收购股份的数量和比例；（4）收购的价格，所需资金额、资金来源及保证；（5）收购要约约定的条件、收购的期限，收购对上市公司的影响分析；（6）前24个月内收购方及关联公司与被收购公司之间的重大交易。

要约收购的价格不得低于要约收购提示性公告前6个月内收购人取得该种股票所支付的最高价格。

对于目标公司而言，要约收购完成以前，未经股东大会批准，目标公司董事会不得通过处置公司资产、对外投资、调整公司主要业务、担保、贷款等方式，对公司的资产、负债、权益或者经营成果造成重大影响。要约收购期间，目标公司的董事不得辞职。

【例4-1】 内蒙古伊利实业集团股份有限公司（简称伊利股份）2020年9月27日召开第十届董事会临时会议，审议通过了《内蒙古伊利实业集团股份有限公司关于境外子公司以要约收购方式收购中国中地乳业控股有限公司股份的请示》。伊利股份拟通过新设立的控股子公司 Wholesome Harvest Limited（简称 Wholesome）以要约收购方式收购中国中地乳业控股有限公司（简称中地乳业）股份。

2021年1月18日，控股子公司 Wholesome 的财务顾问中信里昂证券有限公司代表 Wholesome 发布了包含要约时间、要约条款等内容的要约综合文件。截至2021年2月8日下午4时，接受要约的中地乳业股份累计已达1 443 788 000股，占所有被要约方持有中地乳业股份的98.47%。鉴于本次收购符合《开曼群岛公司法》第22章第88条及并购守则规定的强制收购条件，伊利股份将通过强制收购方式完成对中地乳业全部剩余股份的收购，并计划在收购完成后将中地乳业从港交所私有化退市。

2. 协议收购

协议收购是指投资者在证券交易所集中交易系统之外与被收购公司的股东（控股股东或持股比例较高的股东）就股票的交易价格、数量等方面进行私下协商，购买被收购公司的股票，以期获得或巩固对被收购公司的控制权。①

股权分置改革前，我国上市公司的收购主要是通过协议转让国有股和法人股来实现的，主要原因在于特殊的非流通股股权高度集中的结构导致的流通性和价格差异。有关资料显示，2003—2005年，95%的上市公司收购是通过协议收购方式完成的，只有5%是通过要约收购进行的。

【例4-2】 1994年4月，上海建筑材料集团公司将其所持有的上海棱光实业股份有限公司1 200万股股份转让给珠海经济特区恒通置业股份有限公司，是我国上市公司国家股以协议方式进行转让的第一笔交易。

---

① 中国证券监督管理委员会上市公司监管部．上市公司高级管理人员培训教材．北京：中国金融出版社，2007：139.

协议收购的对象并非仅仅是非流通股和未到上市期的限售流通股，流通股也可以进行协议收购。为适应全流通体制下新的市场环境，2006年8月，上交所、深交所和中国证券登记结算有限责任公司联合发布《上市公司流通股协议转让业务办理暂行规则》，明确上市公司流通股股份在满足以下情形时，可以在证券交易所进行协议转让：（1）与上市公司收购及股东权益变动相关的股份转让；（2）转让双方存在实际控制关系，或均受同一控制人控制的；（3）外国投资者战略投资上市公司所涉及的股份转让；（4）证监会认定的其他情形。

根据修订后的《上市公司收购管理办法》，并购方通过协议方式在一个上市公司中拥有权益的股份达到或超过该公司已发行股份的5%时，应当在3日内编制权益变动报告书，向证监会、证券交易所提交书面报告，抄报派出机构，通知该上市公司，并进行公告。该并购方拥有权益的股份达到该上市公司已发行股份的30%时，继续进行收购的，应依法向该公司股东发出全面要约或部分要约。如满足豁免申请，可免于发出要约。

以协议方式进行上市公司收购的，自签订收购协议起至相关股份完成过户的期间为上市公司收购过渡期，在过渡期内，收购人不得通过控股股东提议改选上市公司董事会，确实有充分理由改选董事会的，来自收购方的董事不得超过董事会成员的1/3。被收购公司的义务主要有：不得为收购人及其关联方提供担保；不得公开发行股票募集资金；不得实施重大购买、出售资产及重大投资行为或者与收购人及其关联方进行其他关联交易，只有在收购人为挽救陷入危机或面临严重财务困难的上市公司时除外。

与要约收购相比，协议收购的特点主要有：（1）有明确的交易对象。一般选择股权集中的公司作为收购目标。双方在证券交易所竞价系统之外进行沟通和协商。对于并购方来说，沟通时间相对较短，不会对公司股票价格造成直接影响。（2）交易程序相对简单，交易成本较低。相比要约收购必须采取公开方式，协议收购在双方达成一致的情况下，可以迅速实现公司控制权转移。（3）多数是善意收购。通常是并购方与目标公司的控股股东在协商一致的条件下达成股份收购协议，公司董事会主要成员和主要管理层知情，收购协议通常会对公司的业务、资产、人员做出妥善安排，不会受到管理层的抵制。

3. 间接收购

间接收购是指收购人虽不是上市公司的股东，但通过投资关系、协议或其他安排取得上市公司的控制权。

相比其他两种收购方式，由于未导致直接持有上市公司股份的股东发生变化，间接收购具有一定的隐蔽性，必须对其进行规范并加强监管，以防止通过间接收购侵害上市公司和股东的权益。我国的法律监管主要是通过强化实际控制人和上市公司董事会的责任对间接收购进行规范。

上市公司实际控制人及受其支配的股东，负有配合上市公司真实、准确、完整披露有关实际控制人发生变化的信息的义务。上市公司董事会应当拒绝接受未履行法定义务的收购人提出的议案。

收购方通过间接收购方式拥有权益的股份超过被收购公司已发行股份的30%时，收购方有以下选择：（1）不具备豁免条件的，向被收购公司所有股东发出收购其全部股份的全面要约。(2) 申请豁免的，在达成有关协议之日起 3 日内编制上市公司收购报告书，提交豁免申请，委托财务顾问向证监会、证券交易所提交书面报告，同时提交派出机构，通知被收购公司，并公告上市公司收购报告书摘要。在取得豁免的 3 日内收购方需公告其收购报告书、财务顾问专业意见和律师出具的法律意见书。(3) 在 30 日内，促使其控股股东将所持有的上市公司股份减持至 30%或 30%以下，并在减持之日起第 2 个工作日内予以公告，其后收购方或控股股东拟继续增持的，应当采取要约方式。

4.1.2 并购资金需要量

一般来说，预测并购资金需要量时主要考虑以下四个因素。

1. 并购支付的对价

并购支付的对价是指并购企业为收购目标企业所付出的代价，即支付的现金或现金等价物的金额或者并购日并购企业为取得对其他企业净资产的控制权而放弃的其他有关资产项目或有价证券的公允价值。

支付的对价与目标企业权益价值大小、控股比率和支付溢价率相关，可以通过下面的公式计算①：

$$MAC=E_A\rho(1+\gamma)$$

式中，MAC 为并购支付的对价；E_A 为目标企业权益价值；ρ 为控股比率；γ 为支付溢价率。

被并购企业的权益价值是并购成本的核心，可以按照第 3 章介绍的方法进行估价。支付溢价率是指支付的对价高于被并购企业权益价值的比率，一般来说，公开收购、竞标收购或敌意收购往往要支付较高的溢价率。从西方国家的经验来看，溢价率在 30%～80%之间。

2. 承担目标企业表外负债和或有负债的支出

表外负债是指目标企业的资产负债表上没有体现但实际上要承担的义务，包括职工的退休费、离职费、安置费等。

或有负债是指由过去的交易或事项形成的潜在义务，其存在需要通过未来不确定事项的发生或不发生予以证实。或有负债是并购企业潜在的并购支付成本。并购企业应详尽了解并购目标企业的未决诉讼和争议、债务担保、纳税责任以及产品责任等项目，对或有负债做出判断。

3. 并购交易费用

并购交易费用包括并购直接费用和并购管理费用。并购直接费用主要指为并购融资

---

① 张泽来，胡玄能，宋林峰. 并购融资. 北京：中国财政经济出版社，2004：28-29.

注册和发行权益证券的费用，支付给会计师、律师的咨询费用，以及其他各项评估费用等。并购直接费用与并购支付的对价密切相关，一般为支付对价的1‰～5‰，当然也可以根据审计费、资产评估费、律师咨询费以及证券发行费用来确定。并购管理费用主要包括并购管理部门的费用，以及不能直接计入并购事项的费用。

4. 整合与运营成本

为了保证并购后企业健康持续发展，必须支付长期的运营成本。一般来说，上述成本包括两项：一是整合改制成本，是指在对人事机构、经营方式、经营战略、产业结构等进行调整时发生的管理、培训等费用；二是注入资金的成本。并购时必须深入分析并购双方企业管理资源的互补性，合理估计并购方在现有基础上对目标公司的管理投入、资金投入。整合与运营成本具有长期性、动态性和难以预见性，在并购决策中应力求使其保持最低。

4.1.3　并购支付方式

任何实施并购的企业必须充分考虑采取何种方式完成并购，充分认识不同支付方式的差异，依据具体情况做出决策。实践中，企业并购的支付方式主要有三种，即现金支付、股票支付和混合证券支付。

1. 现金支付

现金支付是由主并企业向目标企业支付一定数量的现金，从而取得目标企业的所有权，一旦目标企业的股东收到对其拥有股权的现金支付，就失去了任何选举权或所有权。现金支付是企业并购中最先采用的支付方式，也是在企业并购中使用频率最高的支付方式。对目标企业的股东而言，现金支付可以使他们即时得到确定的收益，而其他非现金支付方式给股东带来的收益受到市场状况、市场深度、主并企业的业绩及交易成本等因素的影响，不确定性较大。现金支付对目标企业的股东来说，不足之处是即时形成的纳税义务。世界上大多数国家（不包括我国）规定，公司股票的出售变化是一个潜在的应税事件，在已实现资本收益的情况下，应缴纳资本利得税。目标企业股东在得到现金支付的同时，也意味着纳税义务的实现，没有其他递延或滞后纳税的可能。对主并企业而言，现金支付最大的好处是现有的股权结构不会受到影响，现有股东控制权不会被稀释，同时可迅速完成并购。若使用股票，主并企业必须到证券管理部门进行登记，审批需花费较长的时间，时间越长，目标企业的管理人员越有可能采取反并购防御措施，而且会有更多的企业参与并购竞价，导致主并企业的并购成本上升，并购时间延长，并购难度加大。但是，现金支付也会给主并企业造成沉重的现金负担。主并企业必须决定是动用企业现有的现金，还是专门筹集额外的资金来支付收购费用。

上市公司除了使用自有资金外，还可以选择非公开发行股份募集资金来筹集交易所需的现金，或偿还交易相关的借款。现金类的非公开发行需要取得证监会核准，且申请非公开发行股票的数量不得超过发行前总股本的20%。2018年10月，证监会向券商下发《再融资审核财务知识问答》与《再融资审核非财务知识问答》，对上市公司募集的资金投向做出指导性规定，明确上市公司募资不得用于投向落后产能，应当围绕主营业务，原则上不得跨界投资影视或游戏，且如果再融资用于收购标的，其估值的可靠性应予以重点关注等重要原则。对于境外投资，应重点关注上市公司是否已根据《企业境外投资管理办法》取得国家发展改革委的核准或备案文件，是否完成商务部核准或备案并取得其颁发的企业境外投资证书。

采用现金支付方式时，需要考虑以下影响因素：

(1) 主并企业的短期流动性。现金支付要求主并企业在确定的日期支付一定数量的货币，立即付现可能会导致企业现金紧张，因此有无足够的即时付现能力是主并企业首先要考虑的因素。

(2) 主并企业中长期的流动性。有些企业可能在很长时间里难以从大量的现金流出中恢复过来，因此主并企业必须认真考虑现金回收率以及回收年限。

(3) 货币的流动性。在跨国并购中，主并企业还必须考虑自己拥有的现金是否为可直接支付的货币或可自由兑换的货币，从目标企业收回的是否为可自由兑换的货币等问题。

(4) 目标企业所在地涉及股票销售收益的所得税法。不同地方资本收益税负水平的规定不一样，如荷属安的列斯群岛，目标企业的股东不会面临课征资本收益税的问题，而美国的资本收益税税率高达20%（2019年）。目标企业所在地的资本收益税水平将影响主并企业的出价。

(5) 目标企业股份的平均股本成本，因为只有超出的部分才支付资本收益税。如果目标企业股东得到的价格不高于平均股本成本（每股净资产值），即使是现金支付，也不会产生任何税收负担。如果主并企业确认现金支付会导致目标企业承担资本收益税，则必须考虑可能减轻这种税收负担的特殊安排。否则，目标企业只能以自己实际得到的净收益为标准，做出是否接受出价的决定，而不是以主并企业所支付的现金数额为依据。通常情况下，一个不会引起税收负担的中等水平的出价，要比一个可能导致较高税收负担的高出价更有吸引力。

(6) 资金投向的规定。证监会对上市公司募集的资金投向进行了明确，要求上市公司募资不得用于投向落后产能，应当围绕主营业务，原则上不得跨界投资影视或游戏，且如果再融资用于收购标的，其估值的可靠性应予以重点关注等。

【例4-3】 2010年12月7日，经青岛啤酒股份有限公司第六届董事会临时会议批准，青岛啤酒股份有限公司及其全资子公司青岛啤酒香港贸易有限公司与新银麦啤酒（香港）有限公司和华祺有限公司签订股权转让合同，以总对价18.73亿元的价格受让新银麦啤酒（香港）有限公司和华祺有限公司持有的山东新银麦啤酒有限公司100%的股权。其中，青岛啤酒股份有限公司收购新银麦公司75%的股权，支付对价14.04亿元；香港公司收购新银麦公司25%的股权，支付对价等值于4.69亿元人民币的港元。青岛啤酒股份有限公司拟以自有资金支付本次转让的对价。

2. 股票支付

股票支付是指主并企业通过增加发行本企业的股票，以新发行的股票替换目标企业的股票，从而达到并购目的的一种支付方式。

不同于现金支付方式，采用股票支付方式，主并企业不需要支付大量现金，因而不会影响主并企业的现金状况。同时，并购完成后，目标企业的股东并不失去他们的所有权，而是成为并购完成后企业的新股东，但一般来说，主并企业的股东在经营控制权上占主导地位。由于目标企业的股东保留自己的所有者地位，因此，股票支付会使主并企业的股本结构发生变化，主并企业股权稀释的极端结果是目标企业的股东通过主并企业增加发行的股票取得了对并购完成后企业的主导控制权。股票支付的另一个不足之处是手续较多，耗时耗力，不像现金支付那样简捷迅速。

股票支付常见于善意并购，当并购双方的规模、实力相当时，采用这种方式的可能性较大。1992年，美国纽约化学银行（Chemical Banking）发售15.7亿美元新股并购汉诺威信托公司（Manufacturer's Hanover Trust Company）就是一例。我国最早成功的一个换股并购案例是1999年清华同方并购鲁颖电子。

在我国，只要涉及新发股份的上市公司都需要报证监会审核。2018年10月，证监会出台《关于并购重组"小额快速"审核适用情形的相关问题与解答》，这一小额快速审核机制给未达到重大资产重组标准的交易开辟了一条更为快捷的换股之路。小额快速中的"小额"是指并购交易不构成重大资产重组，且上市公司最近12个月内为购买资产而发行的股份金额累计不超过5亿元，或最近12个月内为购买资产累计发行的股份不超过交易前总股本的5%且金额不超过10亿元。但要注意，有两类交易不适用"小额快速"：募集配套资金用于支付交易现金对价或配套资金超过5 000万元的交易；按照"分道制"分类结果属于审慎审核类别的交易。对于满足"小额"条件的交易，证监会在受理后将直接提交并购重组委审议，取消了发行股份购买资产中的"预审—反馈—沟通"环节，大大加快了审批速度，小额快速审批为未构成重大资产重组的换股收购带来了极大的便利。

【例4-4】 清华同方是以清华大学企业集团为主要发起人，以社会募集方式设立的股份制公司，1997年6月27日在上交所挂牌交易。它的主营业务集中在三个领域，即信息产业领域，人工环境领域和民用核技术、生物制药领域。鲁颖电子是一家在山东省企业产权交易所上市的股份有限公司，属于电子元件行业。1998年11月30日，清华同方和鲁颖电子的临时股东大会审议并通过了《关于公司吸收合并鲁颖电子股份有限公司的预案》。12月1日，双方正式签订协议。1999年6月8日，证监会批复双方的协议，合并协议正式生效。根据双方协议，清华同方向鲁颖电子定向发行普通股，按照1∶1.8的换股比例（即1股清华同方换取1.8股鲁颖电子）换取鲁颖电子股东所持有的全部股份，鲁颖电子的法人地位消失。合并后，清华同方将以鲁颖电子经评估后的净资产出资，在山东省沂南县设立新的有限责任公司，新公司成为清华同方的控股子公司。

在决定是否采用股票支付方式时，一般要考虑以下因素：

（1）主并企业的股权结构。由于股票支付方式的一个突出特点是它对主并企业的原有股权结构会有重大影响，因而主并企业必须事先确定主要大股东能在多大程度上接受股权的稀释。

（2）每股收益率的变化。增发新股会对每股收益产生不利的影响，如果目标企业的盈利状况较差，或者是支付的价格较高，则会导致每股收益减少。虽然在许多情况下，每股收益的减少只是短期的，长期来看还是有利的，但每股收益的减少仍可能给股价带来不利的影响，导致股价下跌。所以，主并企业在采用股票支付方式前，要确定是否会产生这种不利情况，如果发生这种情况，在多大程度上是可以接受的。

（3）每股净资产的变动。每股净资产是衡量股东权益的一项重要标准。在某种情况下，新股的发行可能会减少每股净资产，这会对股价造成不利影响。如果采用股票支付方式会导致每股净资产下降，主并企业需要确定这种下降是否被企业原有的股东接受。

（4）财务杠杆比率。发行新股可能会影响企业的财务杠杆比率。主并企业应考虑是否会出现财务杠杆比率升高的情况，以及资产负债的合理水平。

（5）当前股价水平。当前股价水平是主并企业决定采用现金支付还是股票支付的一个主要影响因素。一般来说，在股票市场处于上升过程时，股票的相对价格较高，这时以股票作为支付方式可能更有利于主并企业，增发的新股对目标企业也会有较强的吸引力。否则，目标企业可能不愿持有，即刻抛空套现，导致股价进一步下跌。因此，主并企业应考虑本企业股价所处的水平，同时还应预测增发新股会对股价带来多大影响。

（6）当前股息收益率。新股发行往往与主并企业原有的股息政策有一定的联系。一般而言，股东都希望得到较高的股息收益率。在股息收益率较高的情况下，发行固定利率较低的债券可能更为有利；反之，如果股息收益率较低，增发新股就比各种形式的借贷更为有利。因此，主并企业在决定采用股票支付还是通过借贷筹集现金来支付时，应先比较股息收益率和借贷利率的高低。

3. 混合证券支付

混合证券支付是指主并企业的支付方式为现金、股票、认股权证、可转换债券等多种形式的组合。单一的支付工具总是有不可避免的局限性，通过把各种支付工具组合在一起，能集中各种支付工具的长处而避免它们的短处。由于这种优势，近年来混合证券支付在各种出资方式中的比例呈现逐年上升的趋势。

与普通股相比，公司债券的资本成本较低，而且向它的持有者支付的利息可以免税。

认股权证是一种由上市公司发出的证明文件，赋予它的持有人一种权利，即持有人有权在指定的时间内，用指定的价格认购由该公司发行的一定数量（按换股比例）的新股。对主并企业而言，发行认股权证的好处是，可以延期支付股利，为公司提供额外的股本基础。由于认股权的行使涉及主并企业控股权的改变，因此，主并企业在发行认股权证时要考虑认股权的行使对企业股权结构的影响。目标企业的股东获得认股权证后，可以行使优先以低价认购公司新股的权利，也可以在市场上将认股权证出售。

可转换债券向其持有者提供一种选择权，在某一给定时间内可按某一特定价格将债券换为股票。

从主并企业的角度看，采用可转换债券这种支付方式的好处是：（1）通过发行可转换债券，企业能以比普通债券更低的利率和较宽松的契约条件出售债券；（2）提供了一种以比现行价格更高的价格出售股票的方式；（3）当企业开发一种新产品或新业务时，可转换债券也是特别有用的，因为预期从这种新产品或新业务中所获得的额外利润可能正好与转换期一致。

对目标企业股东而言，采用可转换债券的好处是：（1）具有债券的安全性，同时，作为股票可使本金增值；（2）在股票价格较低时，可以将它的转换期延迟到预期股票价格上升的时期。

2014年，国务院发布《关于进一步优化企业兼并重组市场环境的意见》，明确企业可以发行优先股、定向发行可转换债券作为兼并重组支付方式。然而，将可转换债券作为并购重组的支付方式在市场上一直未有先例。直到2018年11月，证监会提出“试点定向可转债并购支持上市公司发展”，进一步促进了可转换债券在并购中的应用。

【例4-5】 2018年11月9日，赛腾股份公布《发行可转换债券、股份及支付现金购买资产并募集配套资金预案》，并于2019年3月2日公布证监会的核准批文。这是资本市场第一例以定向可转换债券作为并购支付手段的案例。赛腾股份发行的是可转换为公司A股股票的可转换债券，票面金额为100元，债券年利率仅为0.01%，发行方式为非公开定向，可转换债券的初始转股价格为19.30元/股，同时设置了转股价格的向下修正、向上修正的条款，以及强制转股、提前回收的条款，在债券持有人和上市公司股东之间进行合理的权益分配。

4.1.4 并购筹资方式

在并购过程中，并购筹资方式的选择往往取决于并购支付方式。按照上述三种支付方式，下面分别介绍与之相对应的筹资方式。

1. 现金支付的筹资方式

现金收购往往会给主并企业造成沉重的现金负担。如果主并企业有充分的甚至比例过高的流动资产，那么它首先可以考虑将自己的流动资产（变现后）支付给目标企业。但通常情况下，并购一家企业需要的资金数量相当庞大，在采用现金支付方式时，主并企业通常都要从本企业外部寻求必要的资金。常见的筹资方式有增资扩股、向金融机构贷款、发行公司债券、发行认股权证或上述几项的综合运用。

（1）增资扩股。主并企业在选择通过增资扩股来取得现金时，最为重要的是考虑增资扩股对主并企业股权结构的影响。大多数情况下，股东更愿意增加借款而不愿扩股筹资。

（2）向金融机构贷款。向金融机构贷款无论是在国外还是国内，都是普遍采用的筹资方式。向银行提出贷款申请时，首先要考虑的是贷款的安全性，即要考虑用什么资金来偿还贷款。一般情况下，至少有一部分贷款的偿还需要使用目标企业未来的现金流入。这种现金流入有两种来源，即目标企业以后的生产经营所产生的收益和变卖目标企业一部分资产所获得的现金。

（3）发行公司债券。公司债券是指公司按照法定程序发行的、约定在一定期限内还本付息的有价证券。公司债券是公司债的表现形式，基于公司债券的发行，在债券持有人与发行人之间形成了以还本付息为内容的债权债务法律关系。因此，公司债券是发行人公司向债券持有人出具的债务凭证。2007年，我国第一只公司债券由长江电力发行，规模为40亿元。2015年1月，证监会修订发布《公司债券发行与交易管理办法》，将公司债券发行主体范围扩大至所有公司制法人，同时简化公开发行审核流程，全面建立非公开发行制度，丰富了企业直接融资渠道，提高了支持公司债券市场、服务实体经济发展的能力。

根据《公司法》的规定，符合《证券法》规定的发行条件的公司可以发行公司债券，此外，上市公司经股东大会决议可以发行可转换为股票的公司债券，并在公司债券募集办法中规定具体的转换办法。这些规定为主并企业通过发行债券筹集并购所需资金提供了可能。

【例4-6】 中国海洋石油有限公司（简称中海油）是中国最大的海上油气生产商。为了解决广东省能源供应不足的问题，2003年，中国政府和相关企业启动了广东LNG项目，确定由澳大利亚提供液化天然气，并由中海油与澳大利亚西北大陆架天然气项目即NWS项目合资成立CLNG JV公司，其中，中海油拥有CLNG JV 25%的股权，为最大股东，NWS原六大股东各持股12.5%，为此，中海油需支付3.48亿美元。2003年5月15日，中海油宣布与NWS项目签订收购协议，同日，发行5亿美元全球债券为收购提供融资支持。

5亿美元债券分为10年期及30年期两部分，是中国公司第一次发行30年期的美元长期债券。二者分别集资2亿美元和3亿美元，定价分别为票面价值的98.638%及97.393%，票面利率分别为4.125%及5.5%，最终收益率分别为4.294%及5.682%，分别高于美国国库券77点及118点。国际知名信贷评级机构穆迪投资者服务公司和标准普尔公司分别给予本次债券BAA1和BBB的评级。

中海油之所以在美国发行债券，主要原因在于：（1）2003年美国利率处于历史低位，降低了融资成本，在2003年亚洲公司发行的10年期债券中，中海油10年期债券利率是最低的。（2）作为一家在美上市公司，中海油以美元为货币单位编制财务报表，能被海外投资者认同。中海油具有较低的债务比率和较高的现金比率，发债前的债务股本比例为24%，2002年年末净现金额达到7.34亿美元，保证了较好的偿债能力。（3）在当时的国际市场上，与中国公司有关的投资产品相对缺乏，但存在大量的投资需求。

此次并购中，中海油的收购代价相当于2.5～2.7美元/桶，而高盛对NWS项目大陆架的估值是3.3美元/桶，中海油自身的勘探和开发成本大约为4美元/桶。以这个代价购买一个低风险已投产的油气田——已探明储量很大，是澳大利亚最大的天然气资源项目——中海油节省了建立新的核心勘探与生产区域所需投资，收购价格具有吸引力，既为股东创造了价值，也为国家能源安全提供了保障。

（4）发行认股权证。认股权证通常和企业的长期债券一起发行，以吸引投资者来购买利率低于正常水平的长期债券。由于认股权证代表长期选择权，附有认股权证的债券或股票往往对投资者有较大的吸引力。从实践看，认股权证能在下列情况下推动公司有价证券的发行销售：当公司濒临信用危机时，利用认股权证可诱使投资者购买公司债券，否则公司债券可能难以出售；在金融紧缩时期，一些财务基础较好的公司可用认股权证吸引投资者购买公司债券。

【例 4-7】 Norway 公司为筹集 4 000 万美元资金，面临三种方案：(1) 发行可转换公司债券；(2) 发行附有认股权证的一般公司债券；(3) 发行普通股股票。公司筹资前的财务状况见表 4-1，其他相关财务资料如下：可转换公司债券利率为 6%，转换价格为 50 美元；一般公司债券利率为 7%，且每 1 000 美元公司债券可获 3 份每股 60 美元的认股权证；普通股现行市价为每股 40 美元。

表 4-1 表明各种筹资方案对公司资本状态的影响：在所有可转换公司债券转换后，普通股增加 80 万股达到 380 万股，而公司资本总额仍为 1 200 万美元；认股权证持有人行使权利时，以每股 60 美元购买了 12 万股普通股，总计 720 万美元，而此时公司债券仍然没有改变，故资本总额增加 720 万美元达到 12 720 万美元。可转换公司债券的转换（80 万新股）较之认股权证的行使（12 万股新股）对普通股有更大的稀释作用。

表 4-1　各种筹资方案对公司资本状态的影响　　单位：百万美元

项目	吸收资金前	普通股	可转换公司债券		附认股权证的公司债券	
			转换前	转换后	行使前	行使后
公司债券			40		40	40
普通股(面值 10 美元)	30	40	30	38	30	31.2
资本公积		30		32		6.0
留存收益	50	50	50	50	50	50
所有者权益	80	120	80	120	80	87.2
资本总额	80	120	120	120	120	127.2
普通股发行数（百万股）	3	4	3	3.8	3	3.12

表 4-2 表明了三种不同的筹资方案对 Norway 公司每股收益的影响。假定：(1) 本期税前收益总额为 2 200 万美元（含利息）；(2) 筹集的 4 000 万美元能使税前收益增加到 3 000 万美元（含利息）。与直接销售普通股相比，采用可转换公司债券或附有认股权证的公司债券的每股收益均比前者高；而后两者之间每股收益的差别并不明显，这是因为每股收益取决于认股权证（或公司债券）是否购买了（或已转换为）普通股。若股票市价上升足够高，以诱使权证持有者行权，那么相比之下，第二种方案较好。

表 4-2　各种筹资方案对每股收益的影响　　单位：百万美元

项目	吸收资金前	普通股	可转换公司债券		附认股权证的公司债券	
			转换前	转换后	行使前	行使后
税前收益（含利息）	22	30	30	30	30	31.44*
公司债券利息			2.4		2.8	2.8
税前净收益	22	30	27.6	30	27.2	28.64
公司所得税（50%）	11	15	13.8	15	13.6	14.32
税后净收益	11	15	13.8	15	13.6	14.32
普通股发行数（百万股）	3	4	3	3.8	3	3.12
每股收益（美元）	3.67	3.75	4.60	3.95	4.52	4.60

*行使股权后公司资本总额增加了 720 万美元，而投资报酬率为 20%（800/4 000）的税前收益增加了 144 万美元。

2. 股票和混合证券支付的筹资方式

在并购中，主并企业用股票或混合证券支付时，发行的证券要求是已经或者将要上市的。因为只有这样，证券才有流动性，并有一定的市场价格作为换股参考。

（1）发行普通股。主并企业可以通过将以前的库存股重新发售或者增发新股给目标企业的股东，换取目标企业的股权。普通股支付有两种方式：一是由主并企业出资收购目标企业的全部股权或部分股权，目标企业取得资金后认购主并企业的增资股，并购双方不需再另筹资金即可完成并购交易；另一种方式是由主并企业收购目标企业的全部资产或部分资产，目标企业认购主并企业的增资股，这样也达到了股权置换的目的。新发行给目标企业股东的股票应该与主并企业原来的股票同股同权同利。

（2）发行优先股。有时向目标企业发行优先股可能是主并企业更好的选择。比如，如果目标企业原来的股利政策是发放较高的股息，为了保证目标企业股东的收益不会因并购而减少，目标企业可能会提出保持原来的股利支付率的要求。对于主并企业而言，如果其原来的股利支付率低于目标企业的股利支付率，则提高股利支付率意味着新老股东的股利都要增加，这会给主并企业带来很大的财务压力。这时，发行优先股可以避免这种情况。

（3）发行公司债券。有时主并企业会向目标企业股东发行债券，以保证企业清算解体时，债权人可先于股东得到偿还。债券的利息一般会高于普通股股票的股息，这样对目标企业的股东就有吸引力。而对主并企业而言，收购了一部分资产，股本额仍保持原来的水平，增加的只是负债，从长期来看，股东权益未被稀释。因此，发行债券对并购双方都是有利的。

【例4-8】 2009年10月，在大众公司与保时捷公司共同组建综合汽车集团的过程中，双方终于迈出了实质性的一步，根据保时捷公司计算出的企业价值，大众公司预计将耗资大约39亿欧元获得保时捷公司49.9%的股份。为支持参股而进行再融资并保持大众公司良好的信用等级，大众公司计划在2010年上半年增加优先股资本金。

2010年4月14日，大众公司以每股65欧元的价格出售了6 490万股优先股，扣除手续费筹得41亿欧元，从而可以完成对保时捷公司旗下汽车制造部门的并购。

同时大众公司计划重新发售公司债券，这是其在2008年金融危机爆发后首次发行债券，通过此次债券出售，大众公司希望筹得6.862 5亿欧元的资金。

大众公司金融部门发言人表示这些债券包括：标普评级AAA的债券6.225亿欧元，期限为1.65年；标普评级A-6的债券6 375万欧元。

4.2 企业杠杆并购

4.2.1 杠杆并购的概念与特点

杠杆并购是指并购企业以目标企业的资产作为抵押，向银行或投资者融资借款来对目标企业进行收购，收购成功后再以目标企业的收益或者出售其资产来偿本付息。杠杆并购是并购企业通过负债筹集现金完成并购交易的一种特殊情况，杠杆并购的实质是以现金支付并购对价的一种特殊的融资方式。

杠杆并购的特点主要是：首先，杠杆并购的负债规模（相对于总的并购资金）较一般负债筹资额要大，其用于并购的自有资金远远少于完成并购所需要的全部资金，前者的金额一般为后者的10%～20%。其次，杠杆并购不是以并购企业的资产作为负债融资的担保，而是以目标企业的资产或未来或有收益为融资基础，并购企业用来偿还贷款的款项来自目标企业的资产或现金流量，也就是说，目标企业将支付它自己的售价。最后，杠杆并购的过程中通常存在一个由交易双方之外第三方担任的经纪人，这个经纪人在并购交易的双方之间起促进和推动作用。

从融资方式来看，杠杆并购的融资结构类似倒金字塔形，与普通收购显著不同。收购资金的60%通常是由银行提供的以企业资产为抵押的贷款；30%通常是夹层债务（过桥资本），一般由优先股、次级债券、可转换债券构成；剩余的10%是并购企业以自有资金对目标企业的投入。

在杠杆并购的实际操作中，并购企业通常以目标企业做担保。常见的一种流程是：第一步，并购企业先成立一家专门用于收购的“纸上公司”；第二步，由投资银行等向并购企业提供一笔“过渡性贷款”（也称过桥贷款）用于购买目标企业的股权；第三步，“纸上公司”举债、发行债券；第四步，“纸上公司”与目标企业合并；第五步，将“纸上公司”的负债转移至目标企业名下；第六步，通过经营目标企业偿债、获利。

在这个过程中，发行的债券由于企业负债比率较高、以未来收入或资产为担保，所以信用等级不高，常被称为“垃圾债券”。在国外成熟的资本市场中，通常是由投资银行安排自有资金作为过渡性贷款，并为并购企业设计和承销具有高风险性质的垃圾债券作为偿还过渡性贷款的来源，所以，过渡性贷款和垃圾债券是杠杆并购的重要元素。

尽管如此，杠杆并购并不一定与垃圾债券画等号，从杠杆并购的融资结构可以看出，垃圾债券的主要功能是偿还过桥资本，其比例只占到30%左右，其余的资金中有60%属于优先债务。在我国，缺乏垃圾债券生存的环境，私募股权基金（PE）可以成为过桥资本的资金来源。此外，发行信托也可以募集过桥资本，即并购企业与信托公司合作，由信托公司发行信托计划，筹集收购资金，其中，并购企业作为次级受益人，购买10%～20%的信托单位，并承担市场风险，在并购盈利时晚于优先受益人获得剩余收益，在亏损时不参与信托财产分配，并垫资承担损失。

4.2.2　杠杆并购成功的条件

选择何种企业作为并购的目标是保证杠杆并购成功的重要条件。一般来说，具有以下特点的企业宜作为杠杆并购的目标企业：

（1）具有稳定连续的现金流。由于杠杆并购中巨额利息及本金的支付和偿还需要目标企业的收益和现金流来支持，因此目标企业收益及现金流的稳定性和可预测性是非常重要的。目标企业收益及现金流的质量是债权人关注的重点，在他们看来，现金流的稳定性、连续性在某种程度上比利润规模还重要。

（2）拥有稳定性高、责任感强的管理者。考虑到贷款的安全性，债权人往往对目标企业的管理人员要求很高。只有管理人员勤勉尽职，才能保证贷款本息如期偿还。管理人员的稳定性通常根据管理人员任职时间的长短来判断，时间越长，债权人倾向于认为其在并购完成后留任的可能性越大。

（3）被并购前的资产负债率较低。由于杠杆并购是以增加大量负债为根本特征的，并购完成后，企业的资产负债率必将大大提高。如果并购完成前目标企业的资产负债率较低，一方面，增加负债的空间相对较大，另一方面，在增加相同数量负债的情况下，与并购前资产负债率就已经比较高的企业相比，有较多的资产可用于抵押，能够增强债权人的安全感。

（4）拥有易于出售的非核心资产。杠杆并购中巨额负债的偿还途径一是目标企业的收益以及由此形成的现金流，二是变卖目标企业的部分资产。如果企业拥有易于出售的非核心资产，就可以在必要的时候出售这些资产来偿还债务，从而增加对债权人的吸引力。

一般而言，以技术为基础的知识、智力密集型企业，进行杠杆并购比较困难，因为企业只拥有无形资产和智力财富，未来收益和现金流量难以预测，并且难以变卖获得现金。但这不是绝对的，如果债权人认为这些企业的管理水平高、无形资产能够变卖、企业现金流量稳健，同样能给予贷款。

【例4-9】 美国KKR公司是世界有名的专门做杠杆收购的公司。该公司向外大量举债，专找营运业绩欠佳但很有发展潜力的公司。对于拥有众多资产而又经营不善的公司，KKR公司一旦介入，通常将其部分资产出售，整顿后再以高价卖出。

1988年，KKR公司以250亿美元成功收购RJR公司。当时，RJR公司股价一直偏低，主要是因为该公司的主力产业烟草业过去有多家公司被吸烟人要求进行损害赔偿，导致投资者对该产业没有信心。该公司首席执行官（CEO）打算以管理层收购加上杠杆并购的方式，通过协议银行以每股75美元要约（当时市价为55美元）进行收购，其资金以银行贷款及发行垃圾债券偿付。CEO打算收购后出售一些资产来偿债，且已接洽过潜在买主。此消息传出后，KKR公司立即出价90美元参与收购竞争，于是RJR公司的股东及董事宣布重新择期竞标。之后KKR公司将要约升至94美元，RJR公司CEO接着提出100美元竞价，KKR公司又将出价升至106美元，并且承诺原公司大部分事业部不出售，并为员工提供更多福利与保障。最后KKR公司以109美元中标，成交金额为251亿美元。此收购案例中，KKR公司自己仅出资15亿美元，其他约50%～70%的收购资金由两家投资银行及银行集团贷款，其余通过发行垃圾债券筹集。

1997年，KKR公司策划收购了世界著名的接插件制造商美国安费诺公司（Amphenol）。此次收购总额作价约13.31亿美元，其中KKR公司投入3.41亿美元，剩余资金通过发行2.4亿美元优先次级债券以及获得7.5亿美元银行贷款方式筹集。2001年，重组后的安费诺公司在雷曼兄弟公司的安排下通过IPO上市。至2004年，KKR公司成功全身而退，获利约为当初投入资金的3倍。

4.3　管理层收购

4.3.1　管理层收购的概念与成因

管理层收购是目标企业的管理层利用外部融资购买本企业的股份，从而改变本企业所有者结构、控制权结构和资产结构，进而达到重组本企业的目的并获得预期收益的一种收购行为。管理层收购是杠杆并购的一种特殊形式，当杠杆并购中的主并方是目标企业内部管理人员时，杠杆并购也就是管理层收购。

从理论上说，管理层收购有助于降低代理成本，有效激励和约束管理层，提高资源配置效率。

与所有权和经营权分离不同的是，管理层收购追求的恰恰是所有权与经营权合一，从而实现管理层对企业决策控制权、剩余控制权和剩余索取权的接管，降低成本。管理层收购后，管理者拥有企业的股权，企业的经营绩效与管理者的个人报酬直接相关，管理者有动力挖掘企业潜力，降低管理者与股东之间的代理成本。此外，管理层收购常常需要借助于高负债的杠杆作用得以完成，高负债可以进一步约束管理者的经营行为，有利于企业现金流的及时回收。

从激励的角度来讲，管理层收购有利于企业家充分发挥管理才能。控制权和报酬是企业家的两大激励因素。控制权可以满足其施展才能、自我实现的心理需求，也能满足其权力需求。报酬则满足其物质需求和价值实现的心理需求。

管理层收购有利于优化企业内部结构，进行产业转换，实现资源优化配置。20世纪80年代以来，管理层收购作为一种产权变革的新模式在西方企业广为应用。通过管理层收购，企业可以较为方便地转移经营重点或进行产业调整，集中资源开展核心业务。

【例4-10】 四通集团以2万元借款起家，发展成为拥有10亿元资产、25家联营企业的大型跨国企业。随着公司逐步扩大，产权不清带来的问题日益尖锐，严重影响了企业的增长，成为企业向现代化、国际化企业跃升的严重阻碍。产权改革成为四通集团最为紧迫的任务。经过内部研讨和外部专家咨询，四通集团最后决定采用管理层收购方式进行此次产权改革，管理层通过贷款买下公司股权，达到对公司的绝对控制，并且四通集团的所有职工共同参与了此次管理层收购。

1999年，四通集团首先成立了职工持股会，接着，集团公司经理、员工共同出资组建四通投资有限公司，即新四通。新四通由四通集团投资49%、四通集团职工持股会投资51%共同组成。职工持股会由四通集团616名职工注资5 100万元形成，在认购总额中，总裁段永基和董事长沈国钧各占7%，14个核心成员共占50%左右。这样，管理层通过控股职工持股会对新四通实现绝对控股。新四通将分期分批私募扩股，逐步购买四通集团原有资产，从而完成产权重组、产业重组和机制重组的目标。

4.3.2 管理层收购的方式与程序

国外管理层收购的方式主要有三种：收购上市公司、收购集团的子公司或分支机构、公营部门的私有化。①

1. 收购上市公司

在完成管理层收购后，原来的上市公司转变为非上市公司。这种类型的收购动机主要有四种：基层管理人员的创业尝试；防御敌意收购；机构投资者或大股东转让大额股份；摆脱上市公司制度的约束。

2. 收购集团的子公司或分支机构

大型企业在发展过程中为了重点发展核心业务或者转换经营重心进入新领域，通常需要出售一部分资产和业务，或者是在被收购的子公司经营价值得以提升以后将其再次出售，这些情况下，往往会以管理层收购方式进行资产的剥离和重组。管理层收购的优点在于管理人员往往具有信息优势，作为内部人员，容易满足保密要求，被收购单位与原来集团的业务联系会继续保持，从而有利于平稳持续的经营。

3. 公营部门的私有化

管理层收购是实现公营部门私有化的主要方式之一，其优势主要体现为两方面：一是可以引入资本市场的监督机制；二是可以激励管理层提升企业经营效益。

无论是哪种类型的管理层收购方式，成功地进行管理层收购应综合考虑以下三个因素：首先，目标企业的产业成熟度。一般来说，当企业所处的产业比较成熟时，其收益和现金流比较稳定，能满足收购后企业巨额的利息支付和分期偿还贷款需求。其次，目标企业的资本结构。一般要求目标企业有形资产达到一定的质量和比重，资本结构具有一定的负债空间。最后，经营管理的状态。经营管理越好的企业，可以挖掘的潜在价值就越大，管理层收购后通过业务重组，获得较高现金流和超额收益回报的可能性就越大。

管理层收购一般需要经过前期准备、实施收购、后续整合、重新上市四个步骤。

第一步，前期准备。主要内容是筹集收购所需资金、设计管理层激励体系。在国外，一般由管理层领导的收购集团提供10%的资金，作为新企业的权益基础，余下的90%由外部投资者提供。其中约50%～60%的资金可以通过银团抵押贷款获得，其余30%～40%的资金可以通过对机构投资者进行私募或发行垃圾债券的方式筹集。一般以股票期权或认股权证的形式向管理层提供基于股票价格的薪酬，这样，管理层的股份将不断增加，最终超过30%。

第二步，实施收购。收购可以采取收购目标企业的股票或资产两种形式。收购方法

① 张泽来，胡玄能，宋林峰．并购融资．北京：中国财政经济出版社，2004：275.

与一般的收购并无本质区别。

第三步，后续整合。收购完成以后，管理者的身份发生了变化，成为企业新的所有者。为了增加利润和现金流量，他们会通过削减成本或改变市场战略进行整合，同时调整生产设备，加强库存管理、应收账款管理，调整员工结构。为了偿还并购中的银行贷款，减少负债，可能会进一步降低投资、出售资产甚至裁员。

第四步，重新上市。后续整合之后，如果企业实力增强，达到投资者预期的目标，为了向现有股东提供更大的流动性，投资者可能会选择使企业重新上市。

4.3.3 管理层收购在中国的实践与发展

1. 管理层收购的制度规范

我国管理层收购的理论和实践与市场经济体制改革及产生的问题紧密相连。改革过程中出现的产权结构不合理、所有者缺位、内部人控制等现象，使得管理层收购成为解决问题的现实途径之一。从1999年第一家实施管理层收购的四通集团开始，短短几年时间，国内出现了管理层收购的热潮。2000年粤美管理层收购的成功实施更是进一步促进了我国管理层收购的迅速发展。然而，有关管理层收购的政策在2003年出现了波折。考虑到大规模推行管理层收购可能导致高风险，2003年4月管理层收购被紧急叫停，财政部暂停受理和审批上市和非上市公司的管理层收购。2003年12月，国务院办公厅又重新对管理层收购实行有限制的允许，转发了国资委《关于规范国有企业改制工作的意见》，对企业国有产权转让行为进行规范。随后，国资委、财政部又公布了产权变革的一份标志性文件《企业国有产权转让管理暂行办法》，对企业国有产权向管理层转让做出更为明确的规定。在管理层收购解禁之后，学术界、企业界开展了一次关于管理层收购的大讨论，有学者认为管理层收购是导致国有资产流失的主要途径，并不适合中国。2004年12月，国资委明确规定国有大型企业不准实行管理层收购。2005年4月，国资委和财政部公布《企业国有产权向管理层转让暂行规定》（简称《暂行规定》），对企业国有产权向管理层转让提出规范性要求，对管理层出资受让企业国有产权的条件、范围等进行界定，并明确相关各方的责任，明确提出中小型国有及国有控股企业的国有产权可向管理层转让，而大型国企的国有产权不得向管理层转让。

《暂行规定》明确，中小型国有及国有控股企业的国有产权向管理层转让可以探索，但必须符合五个条件：一是国有产权持有单位应当严格按照国家规定，委托中介机构对转让标的企业进行审计，其中标的企业或者标的企业国有产权持有单位的法定代表人参与受让企业国有产权的，应当对其进行经济责任审计。二是国有产权转让方案的制定以及与此相关的清产核资、财务审计、资产评估、底价确定、中介机构委托等重大事项应当由有管理职权的国有产权持有单位依照国家有关规定统一组织进行，管理层不得参与。三是管理层应当与其他拟受让方平等竞买。企业国有产权向管理层转让必须在国有资产监督管理机构选定的产权交易机构公开进行，并在公开国有产权转让信息时详尽披露以下事项：目前管理层持有标的企业的产权情况、拟参与受让国有产权的管理层名单、拟受让比例、受让国有产权的目的及相关后续计划、是否改变标的企业的主营业务、是否对标的企业进行重大重组等。产权转让公告中的受让条件不得含有为管理层设定的排他性条款，以及其他有利于管理层的安排。四是企业国有产权持有单位不得将职工安置费等有关费用从净资产中抵扣（国家另有规定除外）；不得以各种名义压低国有产权转让价格。五是管理层受让企业国有产权时，应当提供其受让资金来源的相关证明，不得向包括标的企业在内的国有及国有控股企业融资，不得以这些企业的国有产权或资产为管理层融资提供保证、抵押、质押、贴现等。

同时，《暂行规定》明确，如果管理层存在以下五种情形之一，不得受让标的企业的国有产权：一是经审计认定对企业经营业绩下降负有直接责任的；二是故意转移、隐匿资产，或者在转让过程中通过关联交易影响标的企业净资产的；三是向中介机构提供虚假资料，导致审计、评估结果失真，或者与有关方面串通，压低资产评估结果以及国有产权转让价格的；四是违反有关规定，参与国有产权转让方案的制定以及与此相关的清产核资、财务审计、资产评估、底价确定、中介机构委托等重大事项的；五是无法提供受让资金来源相关证明的。此外，《暂行规定》还明确规定管理层不得采取信托或委托方式间接受让企业国有产权。

《暂行规定》还明确，国有资产监督管理机构已经建立或政府已经明确国有资产保值增值的行为主体和责任主体的地区，可以探索中小型国有及国有控股企业的国有产权向管理层转让，国家法律、行政法规和规章制度另有规定的除外。同时规定，大型国有及国有控股企业的国有产权不向管理层转让，大型国有及国有控股企业所属从事该大型企业主营业务的重要全资或控股企业的国有产权也不向管理层转让。

2. 我国上市公司管理层收购的主要方式

我国上市公司管理层收购的主要方式有以下五类。①

（1）管理层个人直接持股。在一些高新技术类上市公司，如隆平高科、精伦电子、士兰微等公司，管理层个人作为发起人直接持股或在二级市场买入上市公司流通股份。

（2）管理层设立公司持股。参与上市公司收购的管理层以自有资金或借款组建投资型有限责任公司，并以该公司为收购主体完成收购。这种做法便于融资和资本运作，股权相对集中，便于一致行动，也可以规避管理层收购前后的个人所得税问题。

（3）管理层收购上市公司的控股公司。管理层通过对上市公司的控股公司进行股份制改造，收购上市公司的控股公司，从而间接控制上市公司。上市公司的控股公司往往承担了上市公司改造时的各项费用和社会负担，导致其净资产低于上市公司，所以，在以净资产为收购定价基准时，可以降低管理层操作的成本。

（4）管理层收购上市公司的子公司。管理层可以通过收购上市公司子公司的方式实现间接收购，通常来说，管理层控制的子公司具有较强的盈利能力或现金流量表现突出，是上市公司主营业务收入和盈利的重要组成部分。

---

① 杨华. 上市公司并购重组和价值创造. 2 版. 北京：中国金融出版社，2009：109-111.

（5）其他间接收购模式。通过信托机构实施管理层收购。信托机构依照《中华人民共和国信托法》设立并从事投资业务，可以解决收购主体、资金来源问题，并规避国有资产管理部门和证券监管部门对信息披露的要求。典型的案例包括宇通客车、恒瑞制药等。

4.4　并购防御战略

并购防御（又称反并购）是针对并购而言的，指目标公司的管理层为了维护自身或公司的利益，保全对公司的控制权，采取一定的措施，防止并购的发生或挫败已经发生的并购行为。通常只有在敌意并购中，才会出现对并购的防御或抵制。并购防御的战略主要可分为两大类：一是经济手段；二是法律措施。本部分主要介绍并购防御的经济手段。

4.4.1　提高并购成本

1. 资产重估

通过资产重估，使资产的账面价值与实际价值更加接近，提高净资产的账面价值，从而抬高收购价格，抑制收购。

2. 股份回购

公司一方面可以用现金回购股票，另一方面可以发行公司债券以回收股票，达到减少流通在外股份数的目的，从而抬高公司股价，迫使收购方提高每股收购价。

3. 寻找“白衣骑士”

目标公司为免遭敌意并购而自己寻找的善意收购者通常称为“白衣骑士”。当公司面临收购威胁时，为不使本公司落入敌意收购者手中，可选择与其关系密切的有实力的公司，以更优惠的条件达成善意收购。一般来讲，如果收购者出价较低，目标公司被“白衣骑士”拯救的希望就大，而如果买方公司提供了很高的收购价格，则“白衣骑士”的成本提高，目标公司获救的可能性会相应减少。“白衣骑士”的介入常常会引发一场并购战，目标公司的股价会因此明显上升，导致收购成本增加，也可能会使敌意收购公司知难而退。

4. “降落伞”计划

“降落伞”反收购计划主要是通过事先约定并购发生后管理层更换和员工裁减时对管理层或员工的补偿标准，达到提高并购成本的目的。其中，“金色降落伞”是指目标公司董事会通过决议，由公司董事及高层管理人员与目标公司签订合同，一旦目标公司被并购，其董事及高层管理人员被解雇，则公司必须一次性支付巨额的退休金（解职费）、期权收入或额外津贴。与之类似的是，“灰色降落伞”主要是向中级管理人员提供类似的保证，目标公司承诺，如果该公司被并购，中级管理人员可以根据工龄长短领取数周至数月的工资。而“锡降落伞”指目标公司的普通员工如果在公司被并购后一段时间内被解雇，可领取员工遣散费。

4.4.2 降低并购收益

1. 出售“皇冠上的珍珠”

从资产价值、盈利能力和发展前景等方面来看，公司内经营最好的企业或子公司称为“皇冠上的珍珠”，往往成为其他公司并购的目标。为保全其他子公司，目标公司可将“皇冠上的珍珠”这类经营好的子公司卖掉，降低主并公司的预期收益，从而达到反收购的目的。作为替代方法，也可把“皇冠上的珍珠”抵押出去。

2. “毒丸计划”

“毒丸计划”主要有“负债毒丸计划”和“人员毒丸计划”两种。前者是指目标公司在收购威胁下大量增加自身负债，以降低公司被收购的吸引力。例如，发行债券并约定在公司股权发生大规模转移时，债券持有人可要求立刻兑付，从而使收购公司在收购后立即面临巨额现金支出，降低其收购兴趣。“人员毒丸计划”则是指公司的绝大部分高级管理人员共同签署协议，在公司以不公平价格被收购，并且这些人中有一人在收购后被降职或革职时，全部管理人员将集体辞职。这一策略会使收购方慎重考虑收购后更换管理层给公司带来的巨大影响。当公司拥有精锐的管理层时，该策略的效果将会十分明显。

3. “焦土战术”

当公司遇到敌意并购而无力反击时，迫不得已可能会采取两败俱伤的做法。例如，将公司中引起收购者兴趣的资产出售，使收购者的意图难以实现，或是提高公司的负债比例，使收购者考虑收购后严重的负债问题而放弃收购。

【例4-11】 2005年2月18日，盛大互动娱乐有限公司（纳斯达克代码：SNDA）及其某些关联方向美国证监会提交了13-D表备案，披露其拥有新浪已发行普通股19.5%的股权。由此互联网业惊天收购大案正式拉开序幕。新浪方则启动了“毒丸”——购股权计划，以保障股东的利益。按照这一计划，股权确认日（预计为2005年3月7日）当日记录在册的每位股东，将按其所持的每股普通股获得一份购股权。

在购股权计划实施的初期，购股权由普通股股票代表，不能于普通股之外单独交易，股东也不能行使该权利。只有在某个人或团体获得10%或以上的新浪普通股或是达成对新浪的收购协议时，该购股权才可以行使，即股东可以按其拥有的每份购股权购买等量的额外普通股。一旦新浪10%或以上的普通股被收购（就盛大及其某些关联方而言，再收购新浪0.5%或以上的股权），购股权的持有人（收购人除外）将有权以半价购买新浪公司的普通股。盛大已经持有19.5%的新浪股份，如果再购买0.5%的新浪股份，“毒丸计划”将使新浪股东有权以半价购买股票，收购方的股权和股票含金量都会被稀释，收购方持股比例会下降。对盛大来说收购成本将是原来的3倍，分析师表明盛大收购新浪的股份可能要付出每股93美元的代价。“毒丸计划”启动后，2月22日新浪股价立刻大涨至28.42美元，“毒丸计划”起到了明显的反收购效果。

4.4.3　收购并购者

收购并购者又称帕克曼防御策略，即目标公司通过反向收购，达到保护自己的目的。主要方法是当获悉收购方有意并购时，目标公司反守为攻，抢先向收购公司股东发出公开收购要约，使收购公司被迫转入防御。

实施帕克曼防御策略使目标公司处于可进可退的主动位置，进可使收购方反过来被防御方进攻，退可使本公司拥有收购公司部分股权，即使后者收购成功，防御方也可分享部分利益。

但是，帕克曼防御策略要求目标公司本身具有较强的资金实力和外部融资能力。同时，收购公司应具备被收购的条件，一般为上市公司，否则目标公司股东不会同意发出公开收购要约。

4.4.4　建立合理的持股结构

1. 交叉持股计划

关联公司或关系友好的公司相互持有对方股权，在其中一方受到收购威胁时，另一方伸出援手。比如甲公司持有乙公司10%的股份，乙公司又购买甲公司10%的股份，双方之间达成默契，彼此忠诚、相互保护，在甲公司成为收购目标时，乙公司则锁住其持有的甲公司股权，加大收购者收购股份的难度，同时乙公司在表态和有关投票表决时也支持甲公司的反收购，从而达到防御收购的目的。同理，乙公司受到收购威胁时，甲公司也会同样予以支持。

2. 员工持股计划

国外许多公司还通过员工持股增加敌意并购时股份收购的难度，其原理与交叉持股相同。在我国由于员工持股比例非常低，还不足以形成有效的反并购计划。

4.4.5　修改公司章程

1. 董事会轮选制

公司章程可以对董事的更换比例做出规定，如规定董事每年只能改选1/4或1/3等。

这样，收购者即使收购了“足量”的股权，也难以通过董事会达到控制公司的目的。公司未更换的董事可以采取增资扩股或其他办法来稀释收购者的股票份额，也可以采取其他办法来达到反并购的目的，如吞下“毒丸”或售卖“皇冠上的珍珠”，使收购者的初衷不能实现或使公司股票贬值，造成收购者的损失。

2. 绝对多数条款

我国《公司法》第一百零四条规定，股东大会做出修改公司章程、增加或者减少注册资本的决议，以及公司合并、分立、解散或者变更公司形式的决议，必须经出席会议的股东所持表决权的2/3以上通过。可以说，当前的《公司法》对公司特殊事项做出了绝对多数表决权的规定，绝对多数的比例高于2/3是合法的。

在并购防御中，目标公司可以在章程中对公司合并时需要获得的出席股东大会绝对多数投赞成票的比例做出规定，如80%，同时，还可以规定对这一反收购条款的修改需要绝对多数股东同意才能生效。这样大大增加了敌意收购者的收购成本和难度。

【例4-12】 百度在上市前就建立了一种双重股票结构，按照这种结构，包括管理层、董事、员工和早期投资者在内的股东，其所持股票的投票权10倍于在美国IPO时发行的股票。这使IPO前的股东拥有百度98.5%的投票权，而通过公开市场购买股份的股东总计只拥有1.5%的投票权。

4.5 并购整合

对公司来说，并购不仅意味着机遇，也会带来一些困难，导致并购以失败告终。波士顿咨询公司曾指出，在并购之前，只有不到20%的公司考虑到并购后如何将公司整合到一起以及并购所能产生的成本节约。并购专家瓦瑟斯坦（Bruce Wasserstein，1998）指出，并购成功与否不仅依靠被并购公司创造价值的能力，在更大程度上还依靠并购整合。

4.5.1 并购整合的概念与作用

并购整合是指将两个或多个企业合为一体，由共同所有者拥有的具有理论和实践意义的一门艺术。具体来讲，就是指在完成产权结构调整以后，企业通过各种内部资源和外部关系的整合，维护和保持企业的核心能力，进一步增强整体竞争优势，最终实现企业价值最大化的目标。

并购完成后，主并企业面临一系列管理上的挑战，如文化冲突、人才流失甚至经营方式的改变和进入全新的领域等，这就决定了并购整合是不可或缺的重要程序之一。许多学者通过研究发现，并购整合是并购创造价值的源泉所在，并购整合使得并购最终实现了“1+1>2”的效果。表4-3是一些学者和咨询公司对有关并购整合失败的研究总结。

表 4-3　有关并购整合失败的研究总结

时间	研究者	样本数	失败定义	失败率	失败原因
1987 年	麦肯锡公司	116	3 年内没有收回投资	77%	主营业务能力不强，并购规模过大，对市场潜力的评估过于乐观，高估协同效应，收购价过高，并购整合进程缓慢。
1995 年	美世管理咨询公司	150	并购 3 年后股东回报率低	50%	并购双方缺乏合理评价，存在文化冲突，并购整合进程缓慢。
1988—1996 年	Mitchell/EIV	150	自我评估	70%	计划不善，并购公司之间缺乏沟通，整合速度缓慢，缺乏实际推进措施。
1996 年	库帕斯-莱布兰会计咨询公司	125	缓慢的年收入现金流量和利润	66%	整合进程缓慢。

资料来源：干春晖. 并购经济学. 北京：清华大学出版社，2004：141.

4.5.2　并购整合的类型与内容

1. 并购整合的类型

根据并购企业与目标企业战略依赖性关系和组织独立性特征，并购整合可以分为完全整合、共存型整合、保护型整合和控制型整合四种类型，如表 4-4 所示。

表 4-4　并购整合的类型

整合策略	适用对象	特点
完全整合	并购双方在战略上互相依赖，但目标企业的组织独立性需求较低。	共享经营资源，消除重复活动，重整业务活动和管理技巧。
共存型整合	并购双方的战略依赖性较强，组织独立性需求也较强。	战略上互相依赖，不分享经营资源，存在管理技巧的转移。
保护型整合	并购双方的战略依赖性不强，目标企业的组织独立性需求较高。	并购企业只能有限干预目标企业，允许目标企业全面开发和利用自己潜在的资源和优势。
控制型整合	并购双方的战略依赖性不强，目标企业的组织独立性需求较低。	并购企业注重对目标企业资产和营业部门的管理，实现最大限度的利用。

资料来源：郑磊. 企业并购财务管理. 北京：清华大学出版社，2004：143-144.

2. 并购整合的内容

（1）战略整合。恰当选择并购目标企业只是一个良好的开端，并购协同效应的最终实现，在很大程度上取决于并购完成后对企业整体经营战略的调整和组合。并购的完成只是实现了资产规模的扩张，而单纯资产规模的扩张并不能改善业务单元之间的内在联系和必要的相互支撑。所以并购完成后，并购企业应该在把握产业结构变动趋势的基础之上，以长期的战略发展视角对被并购企业的经营战略进行调整，使其纳入并购后企业整体的发展战略框架。具体来说，可能会涉及某些部门、生产线的归并、裁减、新设等。

只有通过经营战略的有效整合，并购双方的核心能力才能同时拓展，从而形成更强大的综合竞争力。

从财务角度来看，通过整合实现各种信息数据的共享和有效利用，包括产、供、销、劳资、物资、设备等信息。具体操作时应该从最高层面的财务经营理念的整合入手，以并购双方的核心能力为基础，优化资源配置，实现一体化协同效应。

（2）产业整合。产业整合有助于进一步培育和强化企业的核心能力，并将其转化为市场竞争优势。从国内外并购成功案例的经验来看，相关、创新、特色、优势是产业整合应该坚持的原则。实践中，产业整合要充分考虑并购企业和目标企业所具有的产业优势和在同业中的竞争能力。一般来说，如果一个企业的主导产品缺乏市场优势，在同业中的竞争能力比较弱，那么并购后的企业在这个产业继续发展就可能会受到一些限制。更进一步，产业整合时常常需要考虑双方原有的供销渠道和市场策略，可将目标企业的部分中间产品交由并购企业生产，从而增加并购企业的利润，这就是并购企业获得的“控制权价值”。

（3）存量资产整合。并购后对存量资产进行整合的主要目的就是通过处置不必要、低效率或者获利能力差的资产，降低运营成本，提高资产的总体效率。同时，存量资产的整合也有利于缓解并购带来的财务压力。具体做法可以是精简机构和人员，将一部分有形资产出售或改为他用等。实际上，国外许多并购案例就是在并购后立即将被并购企业的资产分拆出售，从而获得可观的利润。

（4）管理整合。除了以上三个方面的整合，管理整合也是所有并购成功案例的内容之一。并购完成后，由并购企业对目标企业及时输入先进的管理模式、管理思想，有助于在较短的时间内实现两者的有机融合，也有利于战略整合、产业整合、存量资产整合的贯彻实施。所以并购后要注重从管理组织机构一体化角度对双方原有的管理体制进行调整，使其能够正常、有效地引导企业的生产经营活动。内部管理整合包括管理制度、经营方式、企业文化的融合和协调。从外部财务关系来看，应处理好四个方面的关系：一是同当地政府的关系；二是同目标企业原有供应商、客户的关系；三是同银行的关系；四是同工商、税务等职能部门的关系。

【例4-13】 李善民、刘永新两位学者按照“整合过程──→整合业绩──→财务业绩”的因果链对并购整合进行了实证研究，证明并购后公司资源的整合对并购绩效有非常重要的影响。①

其中，整合过程主要考察了整合程度和整合速度。整合程度是指并购整合后两家公司在市场运作中系统、结构、活动程序的相似程度，并购整合程度的影响因素主要有三个：任务特征、公司的组织文化特征、行政因素。整合速度是指达到预期整合目标所需的时间，整合速度是由整合策略及整合的复杂性决定的。

整合业绩可以从两个方面来测量，即并购后成本的减少和市场的变化情况。成本减少是指并购整合所实现的成本降低情况，整合后的公司成本越低于整合前两家公司

---

① 李善民，刘永新．并购整合对并购公司绩效的影响——基于中国液化气行业的研究．南开管理评论．2010，13（4）：154-160.

的总成本，则整合业绩越好。除成本降低外，整合业绩还与并购后市场绩效的变化相关。并购后的市场绩效定义为合并后公司营销及运作活动的结果，如销售量增加、市场份额扩大、客户资源共享等。通常，市场绩效的改善主要来自并购后营业收入的增加，而营业收入的增加主要来自并购后公司议价和客户管理能力的提高。市场绩效的改善包括客户资源共享对销售的促进、产品和服务的选择增多、提高与客户谈判的地位等。

财务绩效是并购成败的一个重要衡量指标，也是并购后价值创造和价值毁损最直接的测量指标。财务绩效可以通过并购前后盈利能力的比较进行评价。

按照以上研究思路，作者通过问卷调查的方法，对2000—2006年我国液化气行业的并购事件进行了研究，共获得43份有效问卷。通过因子分析和回归方程对并购后整合对并购绩效的影响进行了实证研究。研究证实：并购整合中必须重视市场整合和生产运作整合，市场整合和生产运作整合的程度越高、速度越快，越有利于并购目标的实现；同时，并购整合的程度越高，越能体现出成本的协同效应所带来的成本降低。此外，并购后市场业绩实现带来的规模经济有利于公司节约运营成本。最后，并购后如果能够实现公司市场业绩的提高，则有利于公司财务绩效的改善。

4.6　案例研究与分析：赛腾股份并购菱欧科技

4.6.1　案例背景

赛腾股份和菱欧科技均为从事机械机电与自动化的高新技术企业。赛腾股份于2017年12月25日在上交所上市，股票代码为603283，注册资本为16 276.39万元，实际控制人孙丰、曾慧夫妇持股比例为68.56%。菱欧科技于2004年在苏州成立，早于赛腾股份的成立时间，由于其规模较小、股权结构较为简单，从个人股东持股比例看，未实现单一股东绝对控股，但是其前三名股东张玺、陈雪兴、邵聪之间签订了一致行动协议，因此，总体来说公司的控制权处于绝对集中状态。2016年，菱欧科技正式在全国中小企业股份转让系统挂牌并公开转让。

2018年11月1日，证监会提出“试点定向可转债并购支持上市公司发展”，2018年11月2日，即试点政策发布后的第2天，赛腾股份便发布公告称拟并购菱欧科技，赛腾股份就此成了我国A股首例发行定向可转换债券作为并购支付工具的上市公司。

4.6.2　并购过程

本次交易分为发行可转换债券、股份及支付现金购买资产与募集配套资金两个部分。

1. 发行可转换债券、股份及支付现金购买资产

2018年11月8日，赛腾股份发布拟并购菱欧科技的公告。根据公告披露的信息，赛

腾股份将通过发行可转换债券、股份及支付现金的方式，购买菱欧科技 100%的股权（见表 4-5）。标的资产的交易金额为 21 000 万元。其中，以发行可转换债券的方式支付交易对价的 60%，即 12 600 万元；以发行股份的方式支付交易对价的 10%，即 2 100 万元；以现金方式支付交易对价的 30%，即 6 300 万元。

表 4-5 赛腾股份支付对价的具体方式及金额

交易对方	所持菱欧科技股权比例	现金支付对价（万元）	发行可转换债券支付对价（万元）	发行可转换债券数量（万张）	可转换债券按初始转股价格可转股数量（股）	股权支付对价（万元）	总对价（万元）
张玺	41.0%	2 583.0	5 166.0	51.66	2 676 683	861.0	8 610.0
陈雪兴	37.5%	2 362.5	4 725.0	47.25	2 448 186	787.5	7 875.0
邵聪	21.5%	1 354.5	2 709.0	27.09	1 403 626	451.5	4 515.0
合计	100.0%	6 300.0	12 600.0	126.00	6 528 495	2 100.0	21 000.0

资料来源：根据赛腾股份 2018 年 11 月购买菱欧科技股份报告书整理所得。

交易对方张玺、陈雪兴、邵聪在此次交易中直接获得的上市公司定向可转换债券以 12 个月为限制期，在限制期内不得转股，限制期后按照协议规定的业绩条件以 30%，30%，40%的比例分三期解锁（见表 4-6），如果对应期间目标公司业绩未达标，并购方有权以每股 1 元的价格回购所有股份。经审计，赛腾股份 2018 年、2019 年已经完成业绩指标。

表 4-6 定向可转换债券解锁期限安排

期数	解锁条件	累计可解锁可转换债券
1	目标公司 2018 年的实际净利润达到 2018 年承诺业绩	本次向交易对方发行的可转换债券总数的 30%－当年已经补偿的可转换债券
2	目标公司 2018—2019 年实际净利润之和达到承诺业绩	本次向交易对方发行的可转换债券总数的 60%－累计已补偿的可转换债券（如有）
3	目标公司 2018—2020 年实际净利润之和达到承诺业绩	本次向交易对方发行的可转换债券总数－累计已补偿的可转换债券（如有）

资料来源：赛腾股份与菱欧科技的并购交易协议书。

2. 发行股份募集配套资金

在本次交易中，赛腾股份拟通过询价方式向其他 5 名特定投资者发行股份募集配套资金，发行 7 272 724 股，预计募集资金总额为 14 000 万元。所募集的配套资金拟用于支付本次交易中的现金对价和重组相关费用，并用于补充赛腾股份的流动资金及偿还银行贷款。

3. 完成资产过户及交割

2019 年 2 月 28 日，赛腾股份并购菱欧科技的交易获得证监会核准。同年 3 月 21 日，交易对方张玺、陈雪兴及邵聪履行了工商变更登记手续，菱欧科技由原公司名“苏州菱欧自动化科技股份有限公司”更改为“苏州赛腾菱欧智能科技有限公司”，并取得换名后的营业执照。变更完成后，赛腾股份正式持有菱欧科技100%的股权。2019年5月20日，赛腾股份发出交割通知，明确2019年5月31日为本次交易的资产交割日。此后，菱欧科技便向赛腾股份移交了标的公司证照、资质、会计账簿、全部印章等文件和物品，参与双方已在交割清单上签字签章并予以确认。至此，赛腾股份合法享有菱欧科技资产的所有权。

4.6.3　案例启示

1. 定向可转换债券设计范本

在定向可转换债券处于试点阶段，监管部门尚未出台具体实施细则和相关管理办法及发行条件的背景下，作为国内市场首例定向可转换债券案例，本交易方案的设计考虑了目标公司的行业特点、交易双方差异化的诉求，交易条款的设定、特殊条款的安排对后续定向可转换债券的发行具有较好的借鉴效应。

2. 平衡交易各方利益

创造性地设计了强制转股、向上修正等创新条款，对提前回售和向下修正条款进行限制，丰富了并购重组融资渠道，实现了定向可转换债券的理想价值和制度目的。本次交易方案的设计综合平衡了双方利益，建立了一套随着业绩承诺、股价表现动态平衡的调整机制，不仅增加了并购交易谈判的弹性，而且有效缓解了赛腾股份的现金压力及减少了大股东股权稀释的风险。

3. 创新并购重组支付工具

支付工具的选择是并购交易中的关键一环。现金支付会给主并公司带来巨大的现金流压力且缺乏对目标公司股东的激励性；股份支付会稀释原有股东的控制权，摊薄原股东的即期收益。定向可转换债券则可以较好地规避上述问题，有利于促进交易的快速达成，实现更为良好的并购效果。

资料来源：中小企业之家. 深交所2019年并购重组典型案例汇编. [2020-04-18]. https://mp.weixin.qq.com/s/BV0UOgW7rZB77nG8vnxgoQ.

《 本章小结 》

● 预测并购资金需要量时要考虑四项因素：并购支付的对价、承担目标企业表外负债和或有负债的支出、并购交易费用、整合与运营成本。

● 现金支付、股票支付和混合证券支付是企业并购中常见的三种支付方式。不同的支付方式也是决定并购筹资方式的重要因素。

● 杠杆并购是指并购企业以目标企业的资产作为抵押，向银行或投资者融资借款来对目标企业进行收购，收购成功后再以目标企业的收益或是出售其资产来偿本付息。杠杆并购并不一定与垃圾债券相关。

● 管理层收购是指目标企业的管理层利用外部融资购买本企业的股份，改变本企业所有者结构、控制权结构和资产结构，进而达到重组本企业的目的并获得预期收益的一种收购行为。管理层收购实质上是杠杆并购的一种特殊形式。

● 提高并购成本、降低并购收益、收购并购者、建立合理的持股结构、修改公司章程等都是常用的并购防御战略。

● 并购整合的内容主要包括战略整合、产业整合、存量资产整合以及管理整合等。

案例讨论

阿里巴巴并购雅虎中国

一、公司背景

2005年8月11日，阿里巴巴和雅虎同时在北京宣布，阿里巴巴收购雅虎中国全部资产，同时得到雅虎10亿美元投资，以打造中国最大的互联网搜索平台，这缔造了中国互联网历史上最大的一起并购案。

当时，阿里巴巴的主要业务模式是企业间电子商务（B2B），这是其收入的主要来源，其他业务包括子公司浙江淘宝网络有限公司（简称淘宝网）的用户间电子商务（C2C），以及浙江支付宝网络科技有限公司（简称支付宝）的电子支付业务。阿里巴巴是全球B2B的著名品牌，连续5次被美国《福布斯》评为全球最佳B2B站点之一。

1. 并购前阿里巴巴的基本情况

阿里巴巴网站于1998年正式推出。到2005年并购前阿里巴巴的发展历程如表4-7所示。

表4-7 阿里巴巴的发展历程

时间	事件
1998年年末	阿里巴巴网站推出
1999年7月	阿里巴巴中国控股有限公司在中国香港成立
1999年9月	阿里巴巴中国网络技术有限公司在杭州成立，香港和杭州分别作为阿里巴巴公司总部和中国区总部所在地
1999年10月	由高盛牵头，美国、亚洲、欧洲一流的基金公司参与，阿里巴巴引入500万美元风险投资
2000年1月	软银注入第二笔投资2 000万美元
2002年2月	日本亚洲投资公司向阿里巴巴投资
2003年7月	阿里巴巴宣布投资淘宝网
2004年2月	阿里巴巴再获8 200万美元融资
2004年7月	阿里巴巴对淘宝网追加投资3.5亿元

从市场情况来看，并购前阿里巴巴拥有注册用户720余万，淘宝网拥有注册会员900万、登录商品800万件，2005年第二季度的成交量达10亿元；同时，支付宝有上千家购

物平台加盟，并且与招商银行、中国工商银行、中国农业银行和国际信用卡组织VISA等建立了战略合作关系。

从营业收益来看，淘宝网和支付宝采取免费经营策略，阿里巴巴的营业收入主要来自阿里巴巴“中国供应商（涉外B2B业务）”和“诚信通”会员费。公司通过向8.5万名用户收取250～10 000美元年费的形式赚钱，而这些企业与阿里巴巴的续签率为75%～78%。阿里巴巴基本上实现每天利润达100万元的目标。2004年阿里巴巴总收入大约为6亿元，同行业新浪的年收入约为1.14亿美元，搜狐为1.03亿美元，网易为1.09亿美元。

可以说，在中国当时的B2B电子商务市场中，阿里巴巴处于绝对领先的地位，在约10亿元的总市场规模中，阿里巴巴独占六成。在C2C市场中，eBay占据的份额为53%，淘宝网占41%，一拍网为6%，但淘宝网的增长速度很快，对eBay的挑战越来越大。

从当时电子商务的发展来看，2004年年底全球电子商务交易总额已达2.7万亿美元，中国电子商务市场规模为3 239亿元。2004年的B2B交易额为3 160亿元，较2003年增长128.2%。当时预测，2007年中国电子商务市场总体规模将达17 373亿元人民币，这一预测数据在后来基本得到证实，2007年我国电子商务的总体交易规模达到16 087亿元，2008年在此基础上又增加20%，达到19 510亿元。

2. 并购前雅虎中国的基本情况

雅虎曾是全球第一门户搜索网站。1999年雅虎进入中国市场，但由于中国市场对外资介入互联网增值业务的政策限制，雅虎中国表现平平，鲜有作为。直到2005年被并购前，雅虎的发展历程如表4-8所示。

表4-8 雅虎的发展历程

时间	事件
1994年1月	创始人杨致远和David Filo创立网络指南信息库
1995年3月	雅虎成立
1995年9月	获得路透和软银投资
1996年4月	在纳斯达克成功上市
2000年3月	推出B2B业务
2005年8月	中国区业务卖给阿里巴巴，两公司结成战略合作关系

到2005年，雅虎中国通过推出一搜网、创立“电邮联盟”、抢入竞拍排名，搭建起一个像样的目标直指门户及搜索网站的框架结构。从获利情况来看，雅虎中国的收入主体仍然是3721，2004年的收入约为1.5亿～2亿元，占总收入的2/3左右，此外，网络广告收入大概为5 000万元。从市场情况来看，根据艾瑞调查公司的统计，在搜索市场上，整个雅虎系的占有率为22.27%，排名仅次于百度，领先于谷歌；而在付费市场上，雅虎中国的占有率为40%，居市场第一。

然而，由于雅虎一直游弋在门户与搜索之间，并没有真正充分利用全球信息资源的优势，在门户业务上没有什么建树。其前总裁曾经在接受媒体记者采访时坦言，雅虎中国最大的一个失误就是花了6个月时间争论是否在中国开发独立的搜索引擎。

二、并购交易方式

根据双方签署的股票收购和业务转让协议（SPCA），雅虎以2.5亿美元的现金和转让淘宝网股票的代价收购201 617 750股阿里巴巴的股票，并将中国的业务转让给阿里巴巴。在相关交易完成后，雅虎将拥有阿里巴巴40%的流通股，而阿里巴巴则将100%拥有淘宝网。但是，SPCA和预期的交易是有条件的，其中包括获政府监管机构的批准，以及其他一些补充协议的执行，包括但不局限于淘宝网股票收购协议、二次股票收购协议、股东协议等。

淘宝网股票收购协议：根据SPCA的条款，在SPCA中的交易完成后，雅虎将与软银及其全资拥有的SB TB Holding Limited签订淘宝网股票收购协议，以3.6亿美元的现金向SB TB Holding Limited收购淘宝网的股票。雅虎收购的淘宝网股票将被转让给阿里巴巴。

二次股票收购协议：根据SPCA的条款，在SPCA中的交易完成后，雅虎将与软银、阿里巴巴的一些投资者、高级管理人员签订二次股票收购协议，以3.9亿美元收购他们持有的阿里巴巴股票。

股东协议：作为SPCA和相关交易执行完毕的一个条件，阿里巴巴、雅虎、软银、阿里巴巴的一些管理人员和股东将签署股东协议，向股东授予并限制他们的权利，其中包括但不局限于董事会代表权、投票权、优先购股权、转让限制。所有相关交易完成后，阿里巴巴董事会将有四名成员：雅虎、软银各指定一名，阿里巴巴管理层指定两名。

此次并购交易中，阿里巴巴以40%的股份、35%的投票权及董事会中的一席为代价，获得了雅虎10亿美元的注资、雅虎中国的全线业务，以及无限期使用雅虎品牌的权利。而雅虎中国的业务主要包括雅虎中国门户业务、搜索技术、通信和广告业务、3721网络实名以及C2C网站一拍网。并购完成后的联合体将囊括B2B、C2C、搜索、即时通信、电子邮箱、门户业务等互联网业务。在新的联合体中，雅虎成为阿里巴巴单一最大股东，但如果将阿里巴巴创业团队的持股合并计算，只能算第二大股东，同时，在董事会中，阿里巴巴拥有四席中的两席，雅虎仍然没有主导权。

但在并购协议中有一个条款：自2010年10月起，雅虎可委任的董事总数将为于该日期可委任的董事人数及阿里巴巴集团管理股东于该日期可委任的董事人数两者之间较高之数目。条款同时规定：马云只要持有一股，就有权在董事会指派一个董事。

三、并购的动因

从阿里巴巴方面来看，2005年1月，eBay宣布将对其中国公司易趣增加1亿美元投资，以巩固中国市场。这无疑对采取免费模式、收入尚不敷出的淘宝网形成很大压力。同时，早期投资者、第二大股东软银已有套现的意愿，而且当时已有传闻说软银与eBay接触谈判出售手中阿里巴巴股份事宜，最坏的结果是阿里巴巴可能被eBay收购。当时，刚刚崭露头角的淘宝网还不是阿里巴巴的子公司，其最大的股东恰是软银。面对资金和控制权的双重压力，阿里巴巴迫切需要找到一举两得的解决办法。而在此次并购交易中，软银手中的淘宝网股权在出售给雅虎后，又被雅虎作价一起拿去换了阿里巴巴股份，从而稳定了淘宝的控制权。此外，雅虎全球领先的搜索技术平台支持以及强大的产品研发保障是非常有吸引力的。马云曾经表示：搜索技术的运用将在未来电子商务的发展中起到关键性的作用，阿里巴巴将用雅虎全球领先的搜索技术，进一步丰富和扩大电子商务的内涵，在B2B、C2C领域继续巩固和扩大自己的领先优势，为中国网民提供更具优势、更加有效的服务，让中国企业获得更多的国际发展渠道。

从雅虎方面来看，主要是希望通过并入阿里巴巴，激活其自收购3721之后尚未来得及全面整合的多条业务线，从而把电子商务引入雅虎门户业务中，打通消费者和企业级业务之间的屏障，产生最大的协同效应。此外，雅虎也希望尽快切入中国的C2C市场。并入阿里巴巴之后，雅虎中国将直接成为这家本地网络企业资产的一部分，彻底实现本地化，也将突破其在发展门户网站等业务上的政策限制。

四、并购的效果

单纯从并购交易来看，并购之后，阿里巴巴拥有对淘宝网100%的控制权，还争取到2.5亿美元的长期发展资金。交易后不久，淘宝网便宣布继续免费3年的市场扩张计划。并购后5年，淘宝网已是阿里系中最有价值的资产，2009年全年交易额达到2 083亿元，毛利率为43%，是亚洲最大的网络零售商圈。2014年9月阿里巴巴在纽约证券交易所完成了IPO，开盘价为92.7美元，较发行价上涨36%；收盘价更是达到93.89美元，较发行价上涨38%。以当日收盘价93.89美元计算，阿里巴巴市值达到2 314亿美元，成为仅次于谷歌的全球第二大市值互联网公司。根据之前的协议，雅虎在此次上市中将抛售阿里巴巴4.9%的股票，将持股比例保持在16.3%。

目前，软银持有阿里巴巴34.4%的股权，雅虎以22.6%成为阿里巴巴第二大股东，马云拥有8.9%的股权，鉴于与软银的协议，马云等创始人在主导阿里巴巴上仍旧握有绝对话语权。

资料来源：

①网易科技．阿里巴巴，十月围城．http://tech.163.com/special/alioct/aliyhoo.html.

②环球企业家．雅虎阿里巴巴五年之痒．[2010-11-25]．http://techweb.com.cn/column/2010-11-25/721856.shtml.

要求：

请结合阿里巴巴并购雅虎中国及其在美国上市的相关资料，对公司控制权问题进行讨论。并购会给公司控制权带来什么影响？公司创始人可以通过什么方式保障自己的控制权？

思考题

1. 企业常见的并购方式有哪几种？
2. 现金支付的主要特点是什么？有哪些优缺点？
3. 混合证券支付有什么优势？
4. 什么是杠杆并购？成功的杠杆并购需具备哪些条件？
5. 什么是管理层收购？主要有哪些方式？
6. 你如何看待管理层收购在中国的实践？
7. 如何选择并购防御战略？
8. 如何理解并购整合？

第5章

企业集团财务管理概述

本章导读

海航集团成立于1993年，早期主要以航空公司经营为主。2015—2017年，海航集团开始了一系列投资并购活动，成为多元化扩张最激进的中国企业，2017年7月以约530亿美元的营业收入跻身《财富》世界500强，名列第170位。在2019年中国民营企业500强排名中，海航以6 183亿元的营业收入位居第二。但全球扩张的“买买买”模式，也为海航集团埋下了诸多隐患，终于在2021年彻底爆发，2021年1月29日，海航集团正式发布破产重整公告。海航集团将近30年近似于抛物线式的发展历程给大型企业集团的财务管理带来很多值得反思的经验教训。

(1) 高杠杆并购。海航集团从航空经营起家，通过全球资产并购，如60亿美元收购美国科技公司英迈，65亿美元收购希尔顿集团约25%的股份，近8亿美元收购嘉能可石油储存和物流业务51%的股份等，资产规模急速扩张，成为覆盖航空、物流、实业、金融、旅游等多元化业务布局的海南省龙头企业。

(2) 流动性危机。海航集团在2015—2017年3年内，累计新增带息债务约3 668亿元；截至2017年年末，负债总额高达7 365亿元，同比增长22%，其中有息负债5 701亿元，短期借款1 261亿元。随着金融去杠杆导致的宏观环境剧变，海航集团以高杠杆支撑的大规模并购难以维系，2017年年底开始陷入财务困境。2018年，海航集团开始实施去地产化、去杠杆、聚焦航空主业的战略，出售近3 000亿元资产，但资金缺口仍高达908.5亿元。直至2019年，海航集团仍面临巨额亏损，流动性危机没有得到实质性缓解。2020年新冠肺炎疫情重创民航业，海航集团的流动性风险加剧。

(3) 多元化扩张。2008年海航集团确立了八大业务板块——航空、旅业、商业、物流、实业、机场、置业、酒店，2012年8月优化为航空、物流、资本、实业、旅业等五大板块。2009年海航集团旗下公司就已经发展到200家，2011年更是发展到700家。过度多元化扩张离不开大规模扩张和并购，从而引致集团的财务危机。

企业集团的财务管理有什么特点？如何规避企业集团财务管理风险？这是本章要讨论的问题。

资料来源：

①雪球网. 上半年海航集团净亏损超10亿元 负债压力加重. [2019-09-09]. https://xueqiu.com/8032522061/132529148.

②搜狐网. 中国破产史第一大案：海航负债9 800亿破产重整!. [2021-02-01]. https://m.sohu.com/a/448007903_120215112/.

③搜狐网. 海航高杠杆之殇. [2020-03-02]. https://www.sohu.com/a/377198560_323328.

④凤凰网. 海航究竟欠了多少钱？总负债超7 000亿，短期借款951亿. [2020-02-29]. https://finance.ifeng.com/c/7uSgxoS1csS.

学习目标

- 掌握企业集团的概念
- 理解企业集团的形成和作用
- 了解企业集团各层次关系和企业集团的特征
- 掌握企业集团的组建方式
- 掌握企业集团财务管理的特点

5.1 企业集团财务管理的特点

5.1.1 企业集团的概念

“企业集团”（business group）一词源于第二次世界大战之后的日本，指的是以资本为主要纽带，通过持股、控股等方式紧密联系、协调行动的企业群体。

钱德勒（1987）认为，企业集团是企业发展的高级形式，呈现出两个主要特点：(1) 包含许多不同的营业单位；(2) 内部管理由各层级支薪的行政人员进行。

在我国，尽管企业集团的概念引进十多年了，却一直没有一个明确统一的定义。关于企业集团的定义有许多争议，有的学者认为企业集团专指日本式的以金融机构参加核心层同时核心层互相持股为特征的企业组织形式；有的学者则认为企业集团指具有相对稳定核心层的经营联合体，从而引出了集团公司、集团企业等不同的概念。按照我国《公司法》的规定，公司是依照该法在中国境内设立的有限责任公司和股份有限公司，有限责任公司和股份有限公司是企业法人。而企业法人是指具有民事权利能力和民事行为能力，依法独立享有民事权利和承担民事义务的组织。因此，集团公司、集团企业等概念容易与《公司法》中公司的概念混淆，而企业集团这一概念比集团公司更明确。

总结国内外的经验，本书将企业集团定义为：企业集团是现代企业发展的高级组织形式之一，是以一个或少数几个大型企业为核心，通过资本、契约、产品、技术等不同的利益关系，将一定数量的受核心企业不同程度控制和影响的法人企业联合起来，组成的一个具有共同经营战略和发展目标的多级法人结构经济联合体。

5.1.2 企业集团的组建

企业集团的组建是企业集团形成的过程，是指一个单体企业通过各种方式，最终发展成为拥有若干子公司、孙公司和联营企业的集团群体。企业集团的组建是一个动态的过程，包括从酝酿成立、确定原则和目标，到选择组建模式、进行可行性研究以及履行法律程序，直至最终正式成立并且不断调整的全过程。企业集团的组建可以按两个标准进行分类：第一是按照产权制度，可以分为以股份制为基础的企业集团的组建和以非股份制为基础的企业集团的组建；第二是按照组建集团的推动力量，可以分为市场力量推动的企业集团的组建和行政力量推动的企业集团的组建，或者两者的结合。在此我们以规范型的企业集团的组建为例来展开对企业集团组建模式的探讨，即在市场力量（或结合行政力量）的推动下，以股份制为基础的企业集团的组建问题。

从集团整体扩张的角度，企业集团的组建可以分为三种方式。

1. 纵向并购形成企业集团

单体企业通过直接投资或并购主营业务的上游和下游企业，以及运输、服务等相关行业的企业，组建成企业集团，并以此方式不断扩张。这主要是核心企业采用相关多元化战略的结果。

【例5-1】 2015年6月8日，华西能源公告非公开发行预案：拟以18.38元/股发行1.61亿股，募集资金29.5亿元，其中16.8亿元用于收购天河环境60%的股权。

据分析，华西能源此次纵向并购天河环境，主要有以下几方面的考虑：(1) 开拓催化剂业务。未来几年脱硝催化剂将维持20%的高速增长，更新需求推动行业增长。天河环境作为脱硝催化剂龙头，布局全产业链，盈利能力强，是目前国内催化剂产能第一的企业。(2) 完善节能环保拼图。收购天河环境将提供能源产业链整体解决方案。华西能源基于设备制造传统主业，逐渐向工程总包、垃圾焚烧、生物发电、脱硝催化剂拓展，整体思路清晰。(3) 23亿元海外大单确认公司拿单实力。借助"一带一路"暖风，公司设备和工程输出有望实现跨越式增长。

2. 横向并购形成企业集团

单体企业通过直接投资或并购那些生产销售同类产品的其他企业而形成集团。这主要是企业采用专业化扩张战略的结果。在我国的啤酒业中如青岛啤酒和燕京啤酒，彩电业中如海信和 TCL 等企业集团，都是依靠横向一体化联合兼并大批同行业企业而形成并不断扩张的。

【例 5－2】 2014 年 12 月 30 日，世界最大的两家轨道交通装备制造商——中国北车和中国南车联合发布公告，宣布双方遵循“对等合并、着眼未来、规范操作”的原则，拟采用中国南车换股吸收合并中国北车的操作方式进行合并，以打造一家以轨道交通装备为核心，跨国经营、全球领先的大型综合性产业集团，推动中国高端装备制造进一步走向世界。2015 年 6 月 1 日，中国中车股份有限公司正式挂牌成立。2015 年 6 月 8 日在沪港两地同步上市，9 月 28 日，中国中车集团公司正式宣告成立，这标志着历时近一年的南北车重组工程圆满结束。

3. 多元化战略形成企业集团

大企业采用无关联多元化战略，依靠综合兼并的方法向无关的行业扩张，形成企业集团。需要注意的是，企业集团的形成在很多情况下是以上三种模式中的几种混合采用的结果，具体模式是根据核心企业的经营性质、市场需求和竞争者状况等因素做出的选择。

【例 5－3】 辽宁成大集团有限公司是 1995 年 9 月经辽宁省计委批准设立的国有独资公司，其控股子公司——辽宁成大股份有限公司（简称辽宁成大）是集团公司的骨干企业，主营针棉毛织品及服装的进出口及代理业务，承包境外工程和境内国际招标工程及劳务输出等，是东北地区贸易额最大的流通企业。经过多年的发展，辽宁成大通过设立多个控股子公司，参股广发证券和国际商业零售巨头法国家乐福超市，由一个名不见经传的小型国有外贸专业公司，发展成为集商贸流通、生物制药、能源开发、金融服务等多业并举、协调发展的多元化大型上市公司。

回顾辽宁成大多元化的脚步，其每进军一个领域都是精心策划的。1999 年 4 月，辽宁成大参股广发证券并成为其第一大股东，在全国上市公司中率先实现了商业资本与金融资本的结合。2002 年风险投资生物制药，2004 年增持广发证券股份，2007 年涉足能源投资，平均每三年做一次大投资，在前期投资基本稳定回流的情况下，再进行下一次的多元化战略调整，有序投资，稳健经营。进行业务结构调整后，辽宁成大从传统进出口贸易商成功转型为现代流通商，并建立起现代流通、生物制药、金融投资三大模块的业务格局。在流通主业地位突出的前提下，三块业务相互支持、相互补充、资源共享，形成协同效应。

通过建立各业互为依托、相互促进的经营体系，辽宁成大成为集国内外贸易、生物制药、医药连锁、能源投资、金融投资、商业投资多业并举且协调发展的综合大型上市公司。

5.1.3 企业集团的基本特征

企业集团的具体特征与其所在国家、产业特性、所有制结构、内部组织结构等密切相关，但从最基本的层面来看，企业集团有以下特征。

1. 企业集团由多个企业法人组成

企业集团作为一个企业联合体，自身不是法人实体，而是许多单一法人组成的联合体。组成企业集团的成员可以多种多样，包括工商企业、科研单位、金融组织等，一般集团成员都是具有法人地位（企业法人或事业法人）、在法律上独立核算的单位，但作为整体的企业集团不具有法人地位。

由于企业集团由具有共同利益的各个法人企业以各种关系为纽带联合形成，因此集团内部存在特性与共性、个体与整体的权衡和矛盾。本书在论及企业集团时，更多地考虑其作为一个整体的发展状况。

2. 企业集团的组织结构具有多样性与开放性

企业集团的开放性和多样性是由以下几个方面决定的：

（1）集团内部的联结纽带是各种经济利益，包括资本、契约、产品、技术等，联结关系的多样化决定了集团内部组织的复杂性和多层次性。

（2）企业集团的组建有合并、兼并、收购、分立、相互持股乃至直接新建等方式，多种组建形式最终必然形成多样化的组织结构。

（3）由于企业集团如上所述不是独立的法人，集团内部不存在行政隶属关系，下属事业部或子公司是在集团共同的发展目标和规划下独立经营的，因此对于企业集团的管理也就不可能采用固定的方式和强制的手段，这更加促成了集团组织结构的多样化。

（4）根据企业集团的具体经营情况、承接项目的要求和安排生产的情况，企业集团内部协作的形式也是多样化的，由此可能形成多种形式的纵横交错的组织结构并不断调整变动。

（5）组成企业集团的各种经济利益在不断变化，旧的经济利益会调整或消亡，新的经济利益会产生，经济利益的大小和重要性各不相同，因此企业集团的组织结构与单体企业相比更加多变，其边缘部分存在模糊性（如某个法人企业有可能同时是两个企业集团的成员）。

3. 企业集团的规模巨大

这里既指整个集团的规模，也指集团中核心企业的规模。企业集团产生的原因就在于通过联合产生多方面的规模经济和聚合力，具有更好的稳定性与风险分散性，可以更好地参与激烈的市场竞争。企业集团具有规模大、业务链条多、股权架构层级复杂等特征。例如，中国最大的肉、蛋、奶综合供应商新希望集团，业务链条涉足农牧食品、乳品快消、智慧城乡、地产文旅、化工资源、生态环保、医疗健康、金融投资等相关产业，在全球拥有超过600家子公司，员工超13.5万人。截至2021年6月30日，集团资产规模超3 000亿元。[①] 而大型中央企业华润集团下设七大战略业务单元、19家一级利润中心，

① 刘永好．大企业要拥抱百花齐放的时代．中国企业家，2021（7）：14-18.

实体企业约2 000家，员工42万人，截至2021年第一季度末，集团总资产1.9万亿元，拥有13家上市公司，总市值达9 438亿港元。①

4. 企业集团的生产经营具有连锁性和多元性

企业集团内部的生产经营联合既有纵向联合，又有横向联合。集团关系既可能是多家生产同类产品的企业的联合，也可能是原料供应、生产加工、销售等企业的连锁，还可能是多家企业共同处于一家控股公司控制之下，业务间几乎没有联系，当然也有不少企业集团是几者皆备。集团形成以后，在外界环境压力下可能有实力向相关领域不断扩展，也可能有动力向其他不相关行业进军。

5.1.4　企业集团财务管理的特点

企业集团的财务管理并没有改变企业财务管理的本质和企业价值最大化的目标，因为从长远来看，企业集团的价值最大化与集团成员的价值最大化是内在一致的。但是，从企业集团的基本特征中我们可以看到，企业集团既可以看作企业组织的高级形式，也可以看作企业外部组织的一种形式（在这里，企业集团是企业外部组织的一种较紧密的形式，其他形式有连锁经营、品牌授让、战略联盟甚至价格联盟等）。所以，企业集团的财务管理与单体企业的财务管理相比又有不同的特点。

1. 集团财务管理的主体复杂化

与多级法人治理结构相对应，在财务管理的主体上，企业集团呈现出一元中心下的多层级复合结构特征。

单体企业的财务管理与企业集团的财务管理相比，变成了微观层次上的管理。子公司是独立法人，应具有独立的经营自主权和理财自主权，但是，子公司应遵循总部统一的财务战略、财务政策与基本财务制度。

企业集团财务管理既包括企业集团的成员企业内部的管理，也包括企业集团的核心企业或总部（根据集团组织形式的不同）针对不同类型的成员所进行的不同性质的管理。一方面，由于企业集团组建模式和组织形式不同，财务管理的主体可以是集团公司、控股公司、集团总部、事业部、超事业部、子公司等，这使得管理更加复杂；另一方面，构成企业集团的成员可能在所有制、产权形式、行业、规模甚至国别上都不一样，这种较大的差距使得财务管理的对象更具有复杂性。相应地，企业集团的财务活动也更加复杂。

2. 集团财务管理的基础是控制

管理的核心是控制、协调与发展，而协调从某种意义上也是一种控制方式。企业集团是企业的联合体，是一个通过以资金为主的多种联结纽带形成的多法人的集合，核心

---

① 东方财富Choice数据库.

层对集团其他层次的控制成为管理的基础。只有集团内部实现有效的控制与协调，企业联合或者自我发展为集团的初衷才能实现。由于集团的主要联结纽带是资本，集团成员各自独立的法人地位决定了只有从财务角度对企业集团实施一体化的管理与控制，才可能使企业集团真正成为一个经济利益的整体。

控制，就是凭借某种特定的条件使特定的对象依照自己的意识运行的机制。国际会计准则对控制的解释是：控制，指统驭一个企业的财务和经营政策，借此从该企业的活动中获取利益的权力。就我们讨论的企业集团来说，控制有两个层面：一是对集团中成员企业的经济控制；二是对企业集团经营业务的实际控制。这两个层面，前者其实是组织架构和权力分配的问题，后者为控制的实际操作以及确定标准、衡量业绩、纠正偏差的过程。二者都反映在目标控制、过程控制与结果控制之中。因此，企业集团财务控制可以理解为一个基本层面（即控制的框架，包括集权与分权的安排、组织结构的设计与财务人员的职能）与三个环节（目标控制、实施过程控制与监督评价）。

企业集团的财务控制是集团控制的基本手段，企业集团财务控制的核心是企业集团得以形成的联结纽带，即资本控制，这主要是通过权限控制、组织控制和人员控制来实现的，这是集团财务控制的基本层面。

企业集团是一种较为紧密的企业外部组织形式，具有相对稳定性，因此企业集团比其他企业联合形式更易于控制。从另一个层面上看，财务控制是企业集团内的母公司或核心企业对众多处于不同层次的子公司或非核心企业进行实质性控制的重要方面，企业集团的财务控制在难度上显著增加了。这既体现于上述集团财务管理在管理对象、管理层次、管理职能和管理方法上的复杂性，也体现于企业集团的财务控制体制，即财务实行分权管理和集权管理的两难选择，以及集团组织结构和财务人员的职能设置。

3. 企业集团母子公司之间往往以资本为纽带

企业集团可能由母公司和很多子公司、孙公司组成，母公司与子公司、孙公司的联系往往都是以资本为纽带。根据母公司在子公司资本中的投入比例不同，子公司可以分为四种类型。

（1）全资子公司。即子公司的资产 100%来源于集团，这类子公司实际上是集团从事具体经营活动的部门，它们必须完全贯彻集团的意图。所以，这种类型的母子公司关系具有高度的集权性，集团的权限很大，不仅具有《公司法》规定的股东权限，而且掌握子公司的人事、财务和经营管理方面的控制权和监督权，子公司实际上是集团经营的延伸。但是，过度的集权控制会使子公司经营者失去积极性，因此，即便是在全资子公司的体制下也应该处理好集权与分权的关系。否则，面对竞争激烈和变化多端的外部环境，子公司的适应性和灵活性就显得不够。

（2）控股子公司。即集团持股 50%以上的子公司，它是集团经营的主要承担者，体现集团的主要业务方向，与全资子公司一起承担企业的主营业务。由于控股公司是由两个以上的利益主体投资形成的，因此，在处理集团与控股子公司的关系时，还必须兼顾其他股东的利益。一般来说，集团对这种子公司的控制体现在重大投资决策、资产收益分配、资产重大变动、总经理的任免和企业改制等方面。

（3）参股子公司。即集团持股20％～50％的子公司，这是集团进行多元化经营经常采取的形式，主要体现集团纵向的产业一体化经营和横向的多元化扩张思路，这种类型的子公司同上述子公司相比具有更大的经营自主权。同时要注意的是，在股权结构较分散的情况下，少量的股权比例就可以实现控股或重大影响。如果是这种情况，企业集团以掌握众多股东中最大股份的方式实现控股，参股子公司的作用类似于控股子公司。

（4）关联子公司。即集团持股20％以下的企业，它是集团内松散型的企业群体，体现集团对外延伸的范围，同其他关联企业一起组成集团多元化经营的一部分。关联子公司与集团的关系不是那么严密，主要按照《公司法》、公司章程和双方的意愿进行合法的协作经营，关键是集团应派股东代表出任子公司的董事、监事和其他管理人员，履行法定的权利和应尽的义务，同时注意处理好与关联子公司控股股东的关系，争取己方的最大利益。

一般而言，母公司可根据各子公司的产品特点、经营领域，以及对母公司或集团的重要程度来决定其投入各子公司的股本比例。显然，那些对母公司或集团有重要影响的子公司可考虑全资控制或控股；而关联程度相对低一些的子公司可考虑相对控股和参股。此外，母公司还需要根据自己的实力来通盘考虑其投入下属公司的整个投资额以及投资的分散程度。虽然还没有从理论上证明母公司只有将投资额集中于几家子公司实施控股时，效果才能达到最佳，但可以想象如果投资过于分散，面对大量的子公司，实施绝对控股会增加资本的投入量，实施相对控股则可能由于参股身份而丧失对子公司的许多约束力，使企业集团资产一体化运营效率下降。

在集团第一层母子公司关系的基础上，子公司同样可以投资于其他企业，从而形成下一个层次的母子公司关系，以此类推。从集团整体来看就形成了母公司、子公司、孙公司乃至曾孙公司等一个以资本为纽带的整体。

4. 集团财务管理更加突出战略性

战略一般指重大的、关系事物全局的、涉及时间相对较长的，同时又决定或严重影响事物发展前途和命运的重大谋划。战略与企业集团的生存发展息息相关。首先，企业集团的形成本身就是战略选择的结果。母公司选择组成集团的成员，考虑的是自身实力、发展方向、双方的优劣势等情况；而集团成员的联结方式，如互相持股、控股、参股、协议等，是战略的实施和体现。其次，企业集团的日常经营和竞争也离不开集团战略。企业集团成员众多，职能地位不一，为了协调一致，真正发挥企业联合的规模效应和范围效应，取得与单体企业和其他企业集团相比在竞争中的优势，必须从整体与局部、短期与长期等多个角度出发来考虑集团的生产经营。最后，企业集团的成长必须有战略指导。集团的规模大小、专业化与多元化的发展方向、自我发展或者以兼并或协议的方式成长，都属于集团战略的范畴。

财务战略是为谋求企业资金均衡有效地流动和实现企业整体战略，在分析企业内外环境因素对资金流动的影响的基础上，对企业资金流动进行全局性、长期性和创造性的谋划，并确保其执行的过程。财务管理的实际效果是在企业的生产和经营中实现的，故财务战略不但是企业战略的主体之一，而且渗透到企业战略的其他部分如营销战略、人力资源战略中。所以，企业集团财务管理的一个重要特点是宏观性、战略性的增强。

5.2 企业集团的组织结构

组织结构，是组织中各种劳动分工与协调方式的总和。如果说企业的组织结构是把企业的人与企业的资源相结合的平台，那么企业集团的组织结构则是把各企业自身，企业集团的人、财、物与企业集团的其他资源相结合的平台。企业集团的组织结构，是根据企业集团的战略目标，指定企业和人在集团中的位置、明确责任、沟通信息、协调经营，以实现战略目标的有机结合体。

企业集团经营的目的在于实现其整体目标，在多法人结构的集团中，组织结构是控制活动的框架（包括规划、执行和监督活动）。集团组织结构建设的好坏直接影响到企业集团的控制效果和经营成果。构建组织结构的一个重要方面在于界定关键区域（企业集团的核心层和紧密层）的权利和责任以及建立适当的沟通渠道。良好的企业集团组织结构必须以执行工作计划为使命，并具有清晰的职位层次顺序、流畅的意见沟通渠道、有效的协调与合作体系。企业集团大体有五种基本的组织结构形式。

5.2.1 直线制

直线制（又称垂直式）组织结构，是在上下层企业之间的权责安排上呈直线分布的组织结构形式，上级企业全权领导下级企业，权力集中在集团的最高层，各种经营指令层层下达。直线制组织结构的特点是，上下级关系明确，内部结构简单，统一领导和指挥。其优点在于权力集中、责任明确、信息传递方式简单、命令统一以及利于监督等；其缺点主要是缺乏合理分工和横向协调、管理幅度和深度过大、容易产生武断决策等。

严格地说，直线制组织结构是单体企业内部组织结构在企业集团中几乎不加变革的应用，一般只适用于新组建的内部成员少、业务经营范围窄、规模不是很大的企业集团以及集团成员强烈依赖于核心企业的集团。

5.2.2 直线职能制

直线职能制组织结构（U型结构，unitary structure）是指企业集团中各级领导直接指挥与各级职能人员（如财务、人力资源、技术人员）的业务指导相结合的一种企业集团组织结构形式。U型结构有一个大的总部，包括总裁指导下的执行委员会和一些职能部门。在直线职能制中，按职能划分组织单位，由最高经营者直接指挥各职能部门，集团的下级成员企业既接受上级管理人员的直接指挥，又接受上级职能人员的业务指导。最高决策层对职能部门和生产经营单位集中进行评价和监督。

这种组织形式既保证了统一的指挥和管理，又能更好地发挥各职能部门的作用，适用于经营领域比较单一的企业集团。直线职能制的缺点在于没有从根本上改变直线制高度集权的不足之处，适应性与灵活性较差，表现在：(1) 在职能结构中，分清责任或判断业绩更困难。(2) 高层管理者在协调各部门成员时可能发生问题。因为各部门成员都有可能感到与其他部门毫不相干，或比其他部门优越，所以很难团结一致，共同完成组织目标。(3) 当企业集团规模很大，产品和部门很多，尤其是在集团实行多元化战略时，直线职能制下高层领导的负担过重。

直线职能制组织结构如图5-1所示。在这种组织结构中，职能部门主要对成员企业进行业务指导。

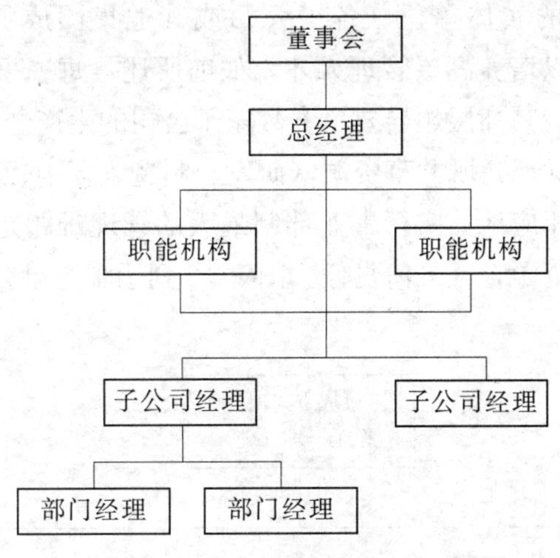

图5-1 直线职能制组织结构

5.2.3 事业部制

事业部制组织结构（M型结构，multidivisional structure）在集团母公司下面设立若干个自主运营的业务部门——事业部。这些事业部可以按产品、地区、服务甚至生产程序来划分，每一事业部包含相关的若干子公司或其他集团成员。在事业部制组织结构下，企业的决策分两个层次，即战略决策层和运作决策层。总部负责战略层次，事业部主要负责运作层次。

1. 事业部与事业部制

事业部是一种经营职能相对封闭、对最终成果负责的相对独立的经营部门，一般是利润中心，在某些企业集团中也可能是投资中心。其特点是：(1) 它是一个分权单位，具有足够的经营决策权，即集团一般对其实行目标和政策控制而不干预其经营管理过程；(2) 具有相对独立的市场区域和产品系列；(3) 直接对外销售产品；(4) 可以实行独立核算；(5) 对某种形式的利润负责；(6) 与集团主体或其他事业部共享资源。

有效的事业部制组织结构使总经理办公室介入以下一系列活动：一是确定企业内部

可单独进行的经济行为；二是把准自主权（一般是作为利润中心的权力）授予每个事业部；三是监督每个事业部的业绩；四是运用激励手段；五是把资金分配给收益高的事业部；六是制定其他方面的战略规划（多元化经营、兼并收购等）。由此，M型结构就成为把事业部概念与内部控制和战略决策功能结合在一起的一种结构。①

当然，事业部并不是彻底分权化的完全独立经营部门。一般来说，事业部的优点在于：(1) 使高层管理者摆脱日常的行政和管理事务，更多地考虑整个企业集团的战略问题；(2) 有利于每个事业部集中资源在特定范围（如某一产品、某一区域等）内生产经营，对环境变化做出迅速正确的反应；(3) 这种组织结构安排本身就具有灵活性，在外界环境或集团自身战略变化的情况下，可以按需要改变事业部的管辖范围或者增减事业部数量，而无须对集团的实体单位（各子公司或其他集团成员企业）做出较大变动；(4) 这种组织结构还可以培养高层管理人才，如前所述，每一事业部本身就是一个相对独立、面向市场的组织，其高层领导要负责数家子公司的生产经营。

总之，事业部制的优点是既共享资源（研发、制造、营销、分配、采购），又独立经营，对最终成果负责。相应地，实行事业部制最大的管理难题是建立一套经营型的责任会计体系，以便既共享资源，又分清责任。图5-2列示了苹果公司按区域划分的事业部制组织结构的基本形式。

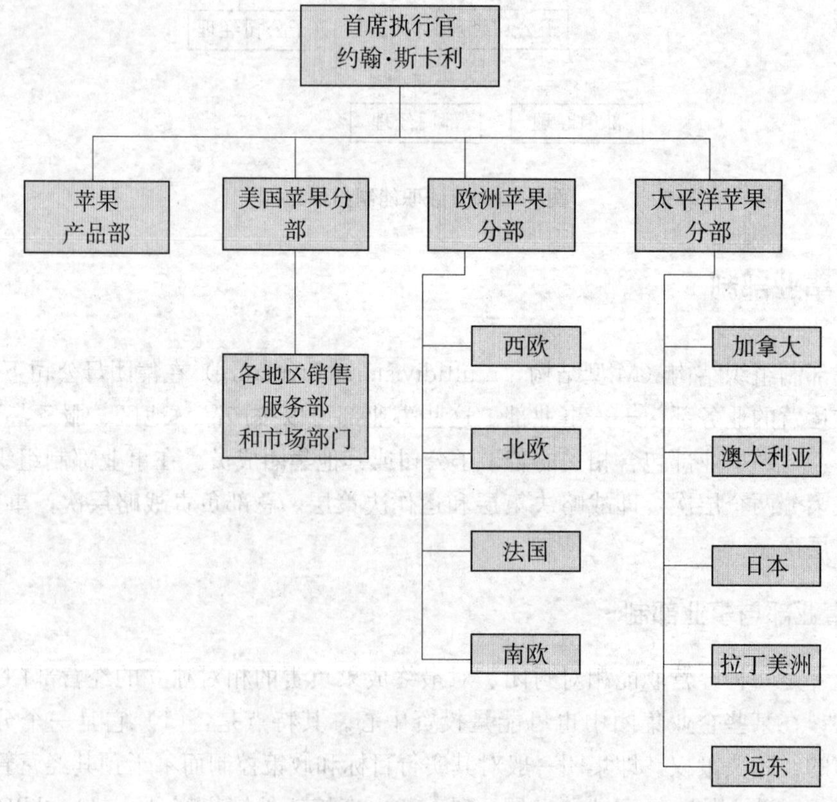

图5-2 苹果公司按区域划分的事业部制

① 威廉姆森. 资本主义经济制度. 段毅才，王伟，译. 北京：商务印书馆，2002：394.

事业部制已经成为当今大多数大中型企业集团的组织结构形式，当然它也不是没有缺陷。事业部制下母公司与事业部职能部门的重叠可能会造成管理费用的浪费，同时事业部的职能部门容易不断膨胀而过于庞大。在不同的情况下采用不同的组织结构模式是必然的，在市场稳定和生产技术较长时间不变，或者集团处于成长初期、规模较小的情况下，直线职能制反而是企业集团较理想的选择；而在灵活多变的市场上，事业部制是大多数大中型企业集团的首选。

值得注意的是，事业部是分权管理的典型产物，事业部领导可以全权处理几乎一切事务，母公司不加干预。各职能部门只为该事业部或公司服务，不实行上下对口管理。但是，在这种情况下，财务部门属于例外，财务成为联结事业部与母公司最重要的纽带之一（另一条纽带是人事任免），财务对事业部内外的管理和监督协调发挥了重要的作用。

2. 超事业部制

在一般情况下，集团母公司只设若干个事业部。但是，有的集团针对业务范围广泛、事业部设置过多的问题，在母公司与事业部之间设立执行部或事业本部，每一个此类部门领导若干个相关的事业部。这种通过事业本部领导事业部的组织形式，称为超事业部制。超事业部制相应地形成了多级利润中心。当然，这种形式是在事业部基础上根据实际情况所做的变革，通常和一般的事业部制混合使用。有些事业部的性质要求直接由母公司领导，就不会在其上设立事业本部了。

3. 事业部制体现了组织结构变革的要求

U型结构与M型结构的本质差异不在于组织机构的多少和组织规模的大小。从层次的角度考虑，U型结构比M型结构更加简洁，但是从管理的角度看，组织结构的变革已成为不可阻挡的趋势。

首先，每个企业集团高层领导者的管理都受到管理内容、业务性质、成员企业分布和个人素质等各方面因素的影响，因此存在一个可能的管理幅度。如果单独依靠母子公司的产权所有关系来调节生产和经营关系，显然，二者的内在不一致导致其可能的管理幅度和真正有效的管理幅度不一致。现代企业集团的业务范围和管理幅度呈现出不断扩大的趋势，通常的情况是子公司数量过多，面临的经济环境各不相同，生产和经营程序日趋复杂。因此，采用事业部制这一组织形式，将集权与分权相结合，有助于促使可能的管理幅度和有效的管理幅度趋向一致，解决企业联合为集团后管理成本（内部交易成本）加大的问题。

其次，反过来看，在U型结构下，由二级经营机构的负责人组成的议事机构往往充当许多企业集团总部的战略决策部门，高层决策班子实际上只是二级机构最高领导的联席会议。在决策时会议成员容易从自我出发考虑问题，最终使决策成为各方争夺资源和利益权衡的结果，而不是整体资源的优化组合，同时还会使业绩评价与监督成为难题。M型结构拥有掌握权力的最高领导与一批摆脱日常经营活动束缚的参谋，这样的最高领导层可以专心致力于制定整体战略计划、有效分配资源与监督激励的工作。

再次，集团的规模扩大使得管理幅度过大，或者层次过多，从基层到中心决策者的信息传递速度就会变慢，甚至信号失真，致使企业效率降低，出现规模不经济。组织管理形式的变动，如实行事业部制，能够改变信息传递的速度和信息质量，改善决策水平，从而拉大规模经济存在的时间跨度。

最后，事业部制的建立主要是为了解决直线职能制组织结构不能解决的集团经营分散化和多样化问题。事业部制是一种解决多元化企业规模效益递减的有效的组织体制，也是发展企业战略事业的有效体制。M型结构的兴起更多与企业集团实行多元化战略和竞争扩张相关。实行多元化战略的企业集团产品种类繁多，分支结构星罗棋布，利用U型结构已难以控制；同时企业集团不断向新市场、新地域的扩张也要求较大的分权组织。通用汽车公司、杜邦公司都是因此成为最早实行M型结构的大型企业集团，并取得了较好的效果。目前M型结构已经成为大企业集团的主导组织结构形式。图5－3列示了Info-Tech公司从直线职能制组织结构到事业部制组织结构的再造过程。

直线职能制组织结构

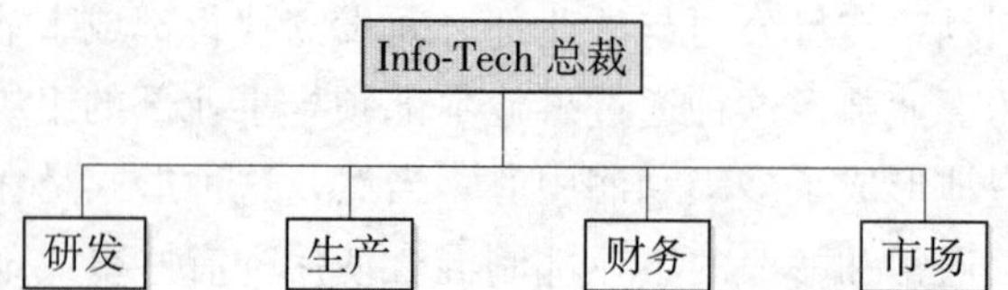

事业部制组织结构

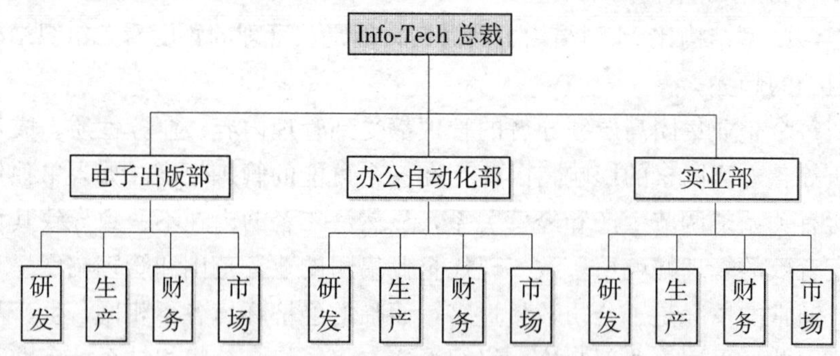

图5－3 Info-Tech公司从直线职能制组织结构到事业部制组织结构的再造

5.2.4 控股制

控股制组织结构（H型结构，holding company）是一种几乎没有集中控制、相对松散扁平的组织结构类型。在H型结构中，一般设立一个小型的总办事处，负责指导整个企业集团的生产与销售活动，但基本上不对成员企业的生产和技术开发活动进行协调和评估。每个成员企业都是独立的法人，有很大的决策空间，是投资中心。

控股制组织结构中的事业部由具有独立法人资格的子公司替代，监督和控制处于间接状态，主要是某些纯粹控股型的母公司以投资产业为目的设立的。控股制下很多母公司对子公司投资的直接目的就是获取股利收入或通过出让股权获取资本收益，在这一点上与基金、保险公司等资本市场上的其他机构投资者有相似之处。

许多混合控股型企业集团的组织结构是控股制和事业部制相结合。母公司一方面对少量子公司实行控制，基本不干预其生产经营活动（这些子公司所从事的往往是母公司主营业务以外的其他业务）；另一方面，以事业部制组织结构控制那些与母公司有相同业务的子公司。

5.2.5 矩阵制

现代企业集团都在进行矩阵结构的改组，如深圳华为等。矩阵制组织结构是指在企业集团中既有按职能设置的纵向组织系统，又有按项目划分的横向组织系统，二者相结合形成了交叉式的组织结构。矩阵制组织结构最初是为解决专业产品生产与综合产品生产的矛盾而产生的。由于客户的要求向个性化发展，传统的专业化生产越来越难以满足需要，企业集团内部各子公司横向联系和协作的要求增强。矩阵制组织结构在各子公司或事业部的某些部门之间横向形成专门的项目小组，以满足单个子公司或事业部难以满足的对特殊项目和特殊产品的需求。

在矩阵制组织结构中，直线职能制所面临的协调问题迎刃而解，因为完成项目的所有关键人物一起工作；同时，与事业部制相比，矩阵制没有多余的人，所以在最大程度上避免了人员重复或浪费。

矩阵制组织结构中的项目小组可以不断地接受新任务，富有灵活性，对专业人员的使用富有弹性。矩阵制由于实行项目经理制，可以将智能专业化和对象专业化很好地结合起来，是一种可以不断适应战略和环境变化，最大限度地实现企业集团联合目标的组织形式。

但是，矩阵制组织结构存在的两条权力线形成了双重指挥，违反了统一指挥原则。再者，项目经理承担项目责任，但不能完全控制相应的资源（人员、设备等），结果导致责权的不对称，矩阵结构的运作效率受到影响。因此，在矩阵结构下统一指挥和责权对等的原则遇到了挑战。《华为公司基本法》对此提出了五条措施：（1）建立有效的高层组织；（2）树立综合计划的权威；（3）完善考核体系；（4）培育团结合作的团队精神；（5）实行项目的"日落管理法"（每到年终就假设项目部门已经终止，经论证和批准后决定哪些项目需要跨年度实施）。总体而言，矩阵制组织结构实施的关键在于项目经理与职能经理之间的权限划分和有效合作。

上述各种企业集团的组织结构形式都体现出层次性的特征，这正是与卡特尔、辛迪加等其他一些经济联合体的重要区别。企业集团的主要联结纽带是股份化的资本，而后两者的主要联结纽带是关于价格、购销或者某些业务的契约、合同、协定等。企业集团多样性的联结纽带和多层次的股份化投资形成了多层次组织结构，具有核心企业、紧密层、半紧密层、松散层、关联企业等层次，而其他联合体的结构多是简单平面化的。

最后，要注意的是，U 型结构、M 型结构和 H 型结构都是对企业集团典型结构的一种归纳和分类，由于现实情况的复杂性，可以说没有一家企业集团是完全属于某一种结构的。这意味着 M 型结构的下层可能存在 U 型和 H 型结构。现代企业集团经营的多元化尤其是相关多元化的发展，业务流程的关联性和复杂性的出现，导致集团组织结构在不同物流链和信息链上的交叉。例如，某企业集团可以在生产环节将东北三省划为一个大区（事业部），而在销售环节要求每个省的子公司分别经营，各省子公司的技术部门在每年的某一时段又划归某生产项目（可以想象还有很多更复杂的情况）。这种更深层次的组织结构交叉已经超越超事业部制和矩阵制组织结构的平面范畴，而上升到更立体的组织结构层次。面对未来客户个性化的加强和大规模定制的兴起，组织结构的变化趋势是大型化、规模化与小型化、简单化和弹性化并存。

5.3 企业集团财务管理体制

财务管理体制是指企业处理财务活动的组织框架和管理机制，主要包括组织框架的安排、财务管理权限的划分和财务管理机构的设立等内容。企业集团财务管理体制的核心是决策权和控制权的划分。母公司对子公司的控制方法，如预算管理和业绩评价，将集中在第 7 章进行说明。

5.3.1 企业集团财权划分体制

企业集团财务体制从总体上要解决的是集权与分权的问题。

1. 财务权利

从管理的角度来看，企业集团管理与单体企业管理的不同之处主要在于以产权为基础的管理，主要反映在重大项目的投资决策权、重大项目的筹资决策权、资产收益分配权和主要领导干部的任免权等方面。可以看出，这些权利都与财务领域密不可分。在经济学中，一切权利都是围绕配置与利用资源的目标而产生的。具体到财务领域，财务目标决定了财务资源的配置和利用，资源配置的好坏直接影响到企业当前和未来的经济利益。围绕财务目标的不同层次和角度，财务权利大致可以分为财务决策权、财务资源调配权、财务资源使用权和财务监控权。

（1）财务决策权是宏观上经营者财务权利的最高层次，广义上看，它包括其他财务权利。财务决策权还可以分解为财务战略决策权和财务运作决策权，其主要内容包括投资决策权、筹资决策权、财务收益分配权、会计政策决定权、财务领导任免权等。

（2）财务资源调配权是依据具体项目和生产情况调动财务资源的权利，是财务决策权分化出来的权利，如预算审批权、流动资金调配权等。这种权利在分布上依据生产特点和项目性质而异，在分配上依据职务等级而异。

（3）财务资源使用权是最低一级的财务权利，是财务资源调配权行使的体现，也是保证财务资源真正发挥作用的权利，如购买办公用品、支付工资等。

(4) 财务监控权是对其他几个层次的财务权利的分配过程和行使过程进行监督和控制的权利。在较低层次上，财务监控权是财务决策权派生出来的监督财务资源调配和使用情况的权利；在更高的层次上，它是企业所有者监督企业经营者的财务权利。

2. 集权管理

集权管理就是把经营权限（包括财务权）特别是决策权集中在集团最高领导层，下属企业只有日常业务决策权和具体的执行权。集团领导层控制严格，下属企业基本上按集团的决定从事生产经营活动。

集权管理的优点在于：(1) 有利于在重大事项上迅速果断地做出决策；(2) 企业的信息在纵向上能够得到较充分的沟通；(3) 管理者具有权威性，易于指挥。

集权管理的缺点在于：(1) 压抑了下级的积极主动性；(2) 在横向上不利于企业信息的沟通；(3) 管理权限集中在最高层，管理者距离生产和经营一线较远，不熟悉情况，容易做出武断的决策。

3. 分权管理

分权管理就是把经营管理权限和决策权分配给下属单位，集团最高层只拥有少数关系全局利益和发展的重大问题决策权。因而在分权体制下集团领导层对下属的控制较为松散，下级单位有较充分的权利。

分权管理的优点在于：(1) 分权单位在授权范围内可以直接做出决策，节约信息纵向传递的时间；(2) 分权单位直接面对生产经营，决策针对性强；(3) 有利于信息的横向沟通，可以激励下级的积极性。

分权管理的缺点在于：(1) 虽然一般事项的决策较快，但重大事项的决策速度减缓；(2) 上下级沟通速度慢，信息分散化和不对称的现象较常见；(3) 分权单位容易各自为政，缺乏整体考虑，忽视整体利益。

集权与分权是关于企业权利分配的两种对立的措施，这二者对权利分配的方向恰恰相反。集权是为了形成规模和整体效益，避免资源重复配置和浪费；分权是为了靠近市场，降低沟通成本，加快反应速度，提高专业化水平。企业集团的本质决定了集团既是一个协调、互动、高效的组织，又是一个在法律上具有相对独立性、直接面对市场和竞争、具有宽松氛围以利于创新的组织。所以，企业集团的集权和分权不是绝对的，典型的集权和分权都是不存在的，不同的类型、不同的时期、不同的领域和不同的人力资源条件（分权越大，要求管理者素质越高，控制能力越强），要求企业集团对集权和分权各有侧重。

5.3.2 企业集团的财务机构

1. 一般财务机构

企业集团的财务机构是直接从事财务工作的职能部门，是企业集团组织形式在财务上的体现。财务机构是财务控制的载体，完善的财务机构是做好财务工作，充分发挥集团财务职能的重要基础。因此，集团财务机构的科学设置、职能岗位的合理划分是集团财务管理的内容之一。一般而言，企业集团内部财务机构设置主要包括两方面内容。

（1）集团母公司的财务机构设置。集团母公司是企业集团的核心部分，在财务上统领整个企业集团的筹资、投资、资本营运与收益分配。较为完善的集团母公司的财务机构一般应设置融资部、投资部、资金营运部与审计部等。

融资部与投资部负责整个集团的资金筹集和投向。融资部在集团融资时合理安排融资主体（包括母公司与子公司）、融资方式、融资渠道等；投资部负责集团的投资战略，如产业投资方向、具体投资项目和投资业绩评价等；资金营运部负责集团实体业务的日常资金流动安排，统筹下属公司的收入、成本、费用和利益分配等；审计部负责监督集团总部和集团其他成员对集团财会制度的遵循情况和会计资料的真实有效性。当然，在这些部门之上还要设置财务副总经理（或称财务副总裁、首席财务官（CFO）等），全权负责集团的财务事宜。

（2）子公司的财务机构设置。在企业集团的财务控制体系中，子公司是被控制的一方，应该服从整个企业集团的财务战略安排。但是，企业集团的子公司在法律上是独立经营、自负盈亏的法人实体。因此，子公司的财务机构既要有独立性，又要符合上一级财务部门有效控制的要求。由于集权与分权形式的不同，子公司的财务机构设置可能有很大差别。一般来说，如果子公司与母公司设有同样的财务部门，那么这个部门应归属母公司的相应部门进行对口管理。在子公司行使财务职能的同时，其决策权由上级部门授予，子公司要向上级汇总报告本公司的预算并提交财务报告。

总之，企业集团财务机构的设置比组织机构的设置灵活性更大，关键是要把握好财权集中与分散、管理有效与机构精简的关系。

2. 财务中心

如前所述，企业集团是不同于一般企业的企业外部组织形式，财务控制的重要性和难度同时增强，客观上要求在集团整体和成员企业之间有一个可以统筹全局、协调分部的财务机构。企业集团的财务中心是在集团内部设置的，由集团母公司负责运作，管理和协调集团内部各成员企业资金业务的职能部门。财务中心是企业集团财务控制的重要部门，由于业务的特殊性质，财务中心在集团内部必须相对独立，这样才能保证其权威性。

财务中心的设置和企业集团的集权与分权安排密切相关，根据各企业集团对财务权限的分配与实施财务管理条件的不同，财务中心可以分为财务结算中心和财务控制中心两类。

（1）财务结算中心。企业集团的财务结算中心是企业集团内部设立的、主要负责集团内部各成员（主要是指集团核心层成员，下同）之间和对外的现金收付及往来结算的专门机构，通常设置于财务部门内部。其主要职能是：

1）集中管理集团各成员的现金收入。各成员企业收到现金时，必须存入结算中心在银行开立的账户，不得随意挪用，并核定日常留用现金余额。

2）统一拨付集团成员因业务开展所需的货币资金，监控货币资金的使用方向。

3）统一对外筹资，降低集团整体筹资成本，确保资金需求。

4）办理集团各成员企业之间的往来结算。

5）办理统一纳税业务。

财务结算中心的建立有助于解决企业集团资金沉淀问题，对于加快集团整体资金周转、降低资金占用量、提高资金运行效率、发挥集团资金联合的优势，起到关键作用。

(2) 财务控制中心。企业集团的财务控制中心是比集团财务结算中心更高级的财务组织形式，它是一种借助集成化、网络化管理软件的支持，与企业其他资源的整合相契合的财务管理机构。财务控制中心的产生是现代企业集团财务中心发展的需要，有两大促进因素：

1）随着企业集团事业部制、矩阵制的形成和发展，集团组织结构扁平化成为一种趋势。由此，集团财务的集权和分权有不同程度的发展。集权要求集团母公司更多、更快捷、更真实地掌握集团成员的财务信息，及时给予财务决策和管理上的支持，在组织结构的层次减少使得每一层次的成员相对增加的情况下更是如此；分权要求集团组织结构适应市场日益灵活多变的需求，给予集团成员更多的财务权利，以使财务决策更有针对性和适用性。

2）信息技术的发展为企业集团在分权基础上实现财务信息的集权化提供了条件。集团组织结构层次和成员的多样化一度是财务管理最大的障碍，而如今大量企业管理软件的出现使集团距真正的网络会计和网络财务越来越近。

随着信息处理技术的发展，各种管理信息系统中辅助项目核算模块功能日益完善和强大，集团财务专门化的趋势更加明显。例如，制定责任会计制度的主要问题是单轨制与双轨制的选择。单轨制就是将内部责任会计核算与对外财务会计核算融合在一起进行的会计核算体制，即将按国家统一的会计准则或会计制度的要求设置的会计科目与按企业内部责任会计的要求设置的核算科目有机地结合在一起，根据会计准则和会计制度编制对外报告的财务报表，根据内部责任会计要求编制对内报告的业绩报告。双轨制就是将内部责任会计核算与对外财务会计核算区分开来分别进行，各自根据不同的管理要求、不同的方法来进行会计资料的归集和数据计算。因此需要设置两套凭证、账簿、报表及核算程序。集团财务软件则使双轨制转为单轨制成为可能。

鉴于此，企业集团的财务控制中心是比财务结算中心更高层次的财务中心形式，除执行财务结算中心的全部职能，集团财务控制中心的职能主要是：

1）及时掌握集团事业部或子公司的资金预算和运作，并根据集团整体情况立即进行协调。

2）掌握集团各分部的采购费用、生产成本和销售费用情况，实行即时决策和监控。

3）对企业集团内部物流和人力资源与财务资源的不协调之处进行整合，实现统一管理。

由于企业集团成员的层次分布和地域分布的复杂性，在工业经济时代，集团财务控制无法或很难做到。在网络技术日益普及和各种集团财务软件出现的背景下，实施上述职能成为企业集团财务控制中心的发展趋势。

3. 财务公司

（1）企业集团财务公司的产生。随着企业集团的规模越来越庞大以及集团经营的业务呈多元化发展，企业集团经营过程中生产、运输、销售及售后服务所需的资金量急剧膨胀，整个集团或其某一成员企业与供应商和客户之间、集团内部各企业之间资金的纵向流动和横向流动都日益频繁。同时，从集团整体来看，一方面，随着集团业务的不断发展，会有大量的暂时闲置资金存入银行；另一方面，由于生产、销售乃至科技投入资金需求的增加，对银行临时性和长期性资金融通的依赖性越来越大。为了挖掘集团内部资金潜力，调剂内部资金余缺，加快集团资金的周转，提高整个集团的资金运作效率，在集团内部成立统一的资金运作机构和咨询类机构十分必要。同时，为了更好地开拓产品市场和顾客群体，有效利用集团外部潜在资金来源，由企业集团自己成立信贷类的非银行金融机构被众多大型企业集团提上日程。上述集团内外资金运作的新需求，使得一种隶属于企业集团并为集团内外企业或个人服务的非银行金融机构浮出水面，它就是企业集团的财务公司。财务公司是企业集团特有的一种财务组织形式，它在功能上已经超越财务中心，成为一种金融机构。

与银行相比，财务公司必须有较高的自有资金比率。财务公司所经营业务的利润率一般来说比银行要高一些，所以各国对财务公司自有资金的要求通常都比较高。财务公司与银行的另一个不同在于财务公司的专业化和面向广大的客户群。财务公司一般都是大企业集团的成员或相关企业，它非常专业地从事某一领域内的业务，经常涉及的是某类或几类产品的融资。在美国，大型财务公司一般都集中在汽车和机械行业。财务公司有能力针对个别行业的特性更加深入地开展常规和创新的金融业务，同时尽量避免金融业的高风险，这样可以放款给更多的单位和个人。而银行面向各种各样的行业，无法将贷款业务做得非常深入，财务公司恰恰在这方面弥补了它的不足。

企业集团的财务公司最早出现于西方资本主义国家。美国第一家财务公司成立于1878年，但真正法制化和规范化的美国财务公司源于1916年起草颁布然后逐渐推广到全国各州的《统一销售贷款法》。目前在美国有1 200多家财务公司。① 财务公司在美国的金融体系中扮演着非常重要的角色。通用电气财务公司曾是美国规模最大的财务公司，1980—2005年，通用电气财务公司从年盈利6 700万美元、资产仅有50亿美元的小公司发展成为年盈利61亿美元、资产达5 200亿美元的全球最大财务公司，同时实现营业利润两位数高效增长的奇迹，为集团每年贡献40%以上的利润。在全世界所有金融机构中，通用电气财务公司的利润仅次于花旗银行集团。② 可以看出，财务公司在美国金融体系中的分量很重。

在中国，“财务公司”这一概念是指依据《公司法》和《企业集团财务公司管理办法》设立，为企业集团成员单位技术改造、新产品开发及产品销售提供金融服务，以中长期金融业务为主的非银行金融机构。财务公司的业务主管机关是银保监会，它依法对

① 数据截至2021年年底。

② 杜胜利. 国际财务公司的发展趋势与海尔财务公司的发展模式. 会计研究，2005（5）.

财务公司实施监督管理。

1987年，中国第一家集团财务公司即东风汽车工业财务公司成立。1991年12月，国务院批准了55家大型企业集团试点，试点的一个重要内容就是解决集团内部成员之间的融资和投资问题。2000年，《企业集团财务公司管理办法》的实施使财务公司获得了强大的直接融资能力；2004年，银监会（此时银监会和保监会尚未合并）新颁布的《企业集团财务公司管理办法》（简称《办法》）对财务公司在我国金融体系中的地位和作用进行了重新界定；2006年年末，银监会对2004年颁布的《办法》进行修订，对机构投资者的定义做了修改，进一步规范企业集团财务公司的行为，以防范金融风险，促进财务公司的稳健经营和健康发展；2007年，银监会颁布《申请设立企业集团财务公司操作规程》，规范企业集团财务公司的申请设立工作，确保财务公司市场准入工作健康、有序进行；2018年3月12日，银监会对企业集团财务公司管理办法做进一步修订，对合格机构投资者的定义进行修改（由持股5年改为3年）。根据中国财务公司协会发布的统计数据①，截至2018年年末，我国集团财务公司法人机构数量共253家，表内外资产总额9.50万亿元，其中，表内资产总额6.33万亿元，表外资产总额3.17万亿元。全行业实现营业净收入1 413亿元，净利润790.34亿元，行业平均资本充足率20.48%，核心一级资本充足率19.49%，拨备覆盖率292.85%，行业平均资金集中度达到49.48%，2018年全年累计发生额1 318亿元，服务国内200多家大中型企业集团及20多个重要产业。

（2）我国企业集团财务公司的作用。财务公司是经银保监会批准，办理集团内部成员企业资金融通业务的非银行金融机构。根据《办法》的规定，财务公司的业务范围可分为负债、资产、中介服务、外汇等四大类。与其他金融机构相比，财务公司具有两个显著的经营特点：一是服务对象的确定性，专为集团其他成员单位提供服务（在提供消费信贷等为集团外成员服务的同时，主要为集团内某一成员的销售业务服务）；二是经营服务的多样性，业务范围广，品种丰富。根据《办法》，财务公司可从事下列部分或全部业务：

1）为成员单位办理财务和融资顾问、信用鉴证及相关咨询、代理业务；

2）协助成员单位实现交易款项的收付；

3）经批准的保险代理业务；

4）为成员单位提供担保；

5）办理成员单位之间的委托贷款及委托投资；

6）为成员单位办理票据承兑与贴现；

7）办理成员单位之间的内部转账结算及相应的结算、清算方案设计；

8）吸收成员单位的存款；

9）为成员单位办理贷款及融资租赁；

10）从事同业拆借；

11）银保监会批准的其他业务。

符合条件的财务公司可以向银保监会申请从事下列业务：

---

① 中国企业集团财务公司行业发展报告（2019）.

1）经批准发行财务公司债券；

2）承销成员单位的企业债券；

3）对金融机构的股权投资；

4）有价证券投资；

5）成员单位产品的消费信贷、买方信贷及融资租赁。

从直接消费者和其他产品需求者的角度来看，财务公司可以办理集团单位成员产品的消费信贷、买方信贷业务。这就意味着消费者在购买住房、汽车或其他耐用消费品，或者生产者在购买半成品时，不仅可以到商业银行去贷款，还可以到生产企业或销售公司所属企业集团下的财务公司筹集资金。这样一来，消费者不仅多了一条贷款渠道，而且会因为可以从企业直接获得贷款免除烦琐的手续。从企业集团的角度来看，这必然会直接刺激消费需求，极大地促进集团的销售，从而带动生产，树立集团形象。

在债务融资方面，财务公司可以发行中长期债券，逐步改变企业集团的负债结构，并有能力开展中长期的金融业务。同时，财务公司还可以开办财务顾问等中介业务，真正成为为企业集团服务的中介机构和理财专家。

财务公司的出现预示着企业集团的一种新型筹资、投资和资金运营方式的产生，它可以使企业集团的财务行为和财务运作效果发生明显的变化。结合前述财务公司的业务范围，它的主要作用有：

1）在资金管理和使用上，促使企业集团从粗放型向集约型转变，降低财务费用，提高资金使用效率，加快企业集团资产一体化经营的进程。

2）财务公司以资金为纽带，以服务为手段，增强企业集团的凝聚力。一方面，财务公司将成员单位吸收为自己的股东，用股本金的纽带将它们联结在一起；另一方面，财务公司吸纳的资金又成了成员单位信贷资金的一个重要来源，从而将成员单位进一步紧密地联结起来，形成一种相互支持、相互促进、共同发展的局面。

3）及时解决企业集团急需的资金，保证企业集团生产经营正常进行。财务公司比银行更了解企业的生产特点，能及时为企业提供救急资金，保证生产经营活动的正常进行。

4）增强企业集团的融资功能，促进企业集团发展壮大。财务公司不仅可以办理一般的存款、贷款、结算业务，还可以根据企业集团的发展战略和生产经营特点，积极开展票据、买方信贷等新业务，为企业扩大销售、减少库存等发挥了很好的作用。

5）有利于打破现有银行体制资金规模按行政区域分割的局面，促进企业集团跨地区、跨行业发展。

6）促进金融业的竞争，有利于金融机构提高服务质量和效益，推动金融体制改革的深化。

5.4 案例研究与分析：从工具到平台——中石油财务公司的转型升级

中国石油天然气集团有限公司（简称中石油）是全球性的综合能源公司之一，其业务具有多元化、复杂化的特点，分支机构地域分布广泛、组织机构复杂，对国际油气领域的影响逐渐增大。随着集团业务发展，集团的资金流向宽、流动量大，对资金的管控也越来越难，对资金管理的透明度、准确性和自动化程度提出了更高的要求。在这样的背景下，催生了中石油司库体系的建设。在运用国际先进信息系统技术的基础上，借鉴先进的资金集中管理经验，中石油首次对大司库系统做出了总体规划和设计，这在中国企业"产融结合"及资金管理实践中具有重要的突破性意义。1995年12月，中石油为满足财务发展战略，创立了中油财务有限责任公司（简称中油财务公司），以充分发挥集团内部银行、资金池和大司库管理平台功能。

中油财务公司总部与境内外分支机构是中石油的"内部银行"，履行全球司库服务平台职能，按照集团统一的资金管理政策要求，提供全球资金池服务，包括内部结算、对外收支、信贷、发债融资、外汇交易等金融业务。中石油司库实质上采取了内部银行型司库运行平台，具体由财务公司作为统一提供司库金融服务的载体，集团则担任管理角色，二者共同构成了中石油司库运行平台。财务公司通过统一的"资金池"，实现了在整个集团内的资金配置，为资金余缺单位提供贷款，保障其业务需求；同时，利用富余资金进行投资，有效增加集团的收益。

5.4.1　一个全面，三个集中

"一个全面，三个集中"具体指：资金全面预算管理、资金集中管理、债务集中管理、会计集中核算管理。

资金全面预算管理：中石油是一个多元化的跨国大型企业集团，一套卓有成效的资金集中管理体系是必不可少的。预算体系的内容主要包括：预算利润指标的确定、预算的编制、预算管理组织体系、预算执行控制和预算考核。

优化资金约束机制，抓好资金结构管理。中油财务公司实行资金集中、债务集中和会计核算集中三个资金约束机制。

资金集中管理：以收支两条线为具体运行机制，从2000年就开始推行，目标是建成一套卓有成效的资金集中管理体系。2002年中石油开始实行收支两条线管理，公司所有的收入上缴集团总部，所有的支出（包括生产支出和资本支出）都由集团总部来计划拨付，利用账户分设、零余额管理、网银、有偿存贷和资金封闭运算来进行管理。

债务集中管理：中石油债务规模庞大，借债主题众多，债务回笼的成本高昂，为了降低债务的规模和减少债务的回收成本，对债务实行集中管理。首先，中石油所有的地区公司都采用"统借统还，集中管理"的债务管理模式。集团总部通过转移和内部置换的方式对集中前地区公司的债务进行集中管理。集团总部与贷款银行达成协议，把原来地区公司与银行的贷款关系转变为集团总部与银行总部之间的贷款协议，集团总部管理转移后的债务，地区公司原来的贷款关系消失，转化为对集团总部的长期付息资金。其次，集团总部统一融资，统一授信，统一银行关系管理，筹集低成本资金。最后，未上市公司利用财务公司进行内部资金有偿调剂和借贷。

会计集中核算管理：中石油的业务量巨大，会计实体众多，数据分散，报表层次多且传送流程长，信息很难共享，财务风险难以监控。为了摆脱这种局面，中石油分步实行会计的集中核算：2000年中石油实现了初步的会计集中核算，即会计的二级集中核算，将众多会计实体整合为1 800个，112个业务单元，4个专业公司。2006年中石油一级会计集中核算项目启动，对90多家分、子公司的业务以及财务报告进行梳理、分析，于2007年8月完成了《财务报告流程手册》《关键业务规则》以及新的《标准化手册》，制定了45 000多条标准化编码，整理了20多万字的客户信息编码，编制了261万字的《用户手册》等。至此，中石油完成了会计制度、报告流程、信息系统、编码体系、报表体系统一的会计集中核算，实现了会计的一级集中核算，整个集团只设一个账套（母公司及纳入合并范围的子公司在一个账套中核算），达到内部交易流程统一，直接抵销内部交易，合并报表一次性自动生成。

5.4.2 全方位、多层次的资金管理业务架构

中油财务公司资金集中管理业务由三部分构成：一是油款封闭结算业务；二是代理结算中心业务；三是境外资金集中管理业务。

1. 油款封闭结算业务

油款封闭结算是指管道企业、炼油化工企业和大区销售企业之间所有原油、成品油及化工产品的货款结算，都要通过财务公司及其分支机构的账户进行。由于油品的流向是油田—管道—炼厂—销售公司，而货款的流向与之相反，通过财务公司结算平台，各企业只需在财务公司开立专用结算账户，支付结算通过双方（或多方）各自的结算账户进行相应的账务处理即可，不需要产生真正的资金流，从而使资金集中在这一“封闭圈”内，因而称为油款封闭结算。

委托收款结算是财务公司和商品购销双方建立的一种新型契约关系。依据协议，收款方凭商品交易的原始单据向就近的财务公司分支机构提出委托收款申请，财务公司负责审核原始单据是否与委托收款申请相符。财务公司的审核只能是“要式”上的审核。对于审核正确无误的委托收款申请，财务公司做正式受理处理，于协议规定的期限内自动将交易款项由付款方账户划入收款方账户。在结算过程中，财务公司所起的作用：一是为交易双方提供资金划转的渠道；二是作为第三方监督交易双方对协议的执行，维持结算过程的公正性。

财务公司受中国石油天然气股份有限公司（简称股份公司）委托，对其下属企业封闭结算户实行零余额管理。每日日终结账之前，财务公司根据封闭结算户余额情况自动上划或下拨资金以实现余额归零。封闭结算户和股份公司资金归集总户之间的资金往来有三种形式，分别是资金上收、上存资金调回和发放负息资金。

2. 代理结算中心业务

除油款封闭结算业务外，股份公司还接受集团企业的委托，开展代理结算中心业务。目前，财务公司代理结算中心业务主要面对自身尚未建立结算中心制度但又有资金集中

管理需求的集团企业，其方案如下：集团企业纳入集中管理的成员单位统一在财务公司开立结算账户，企业集团在财务公司开立中心结算户，成员单位的自有资金以备用金的形式集中在中心结算户中。财务公司依托工商银行、建设银行和中信银行为企业办理对外收付业务，在依托行开立财务公司的结算账户，企业在财务公司的结算户和中心结算户作为财务公司在银行的结算账户的子户。依据财务公司和依托行的协议，财务公司向依托行提供其子户的账户号码，其子户的对外收付业务从财务公司的结算账户办理，依托行根据财务公司提供的子户账号区别实际的收付单位。成员单位之间的收付业务直接通过财务公司资金结算系统的内部转账完成，成员单位对外的支付业务统一从中心结算户办理。

3. 境外资金集中管理业务

为配合集团企业海外业务拓展及实行境外资金集中管理的需要，中油财务公司通过其海外的合作银行对企业集团海外分公司境外账户和外汇资金进行集中管理，代理其资金汇划及外汇兑换。按照企业集团的规定，财务公司在海外的合作银行以企业集团名义开立总账户，各子公司在财务公司总账户下开立子账户，同时在企业集团指定的合作银行开立日常结算户。在每日日终规定的时点，利用银行提供的现金余额集中管理服务，将各子公司的结算户剩余的超限额的资金通过银行网络集中上划到财务公司总账户下的子账户中。

财务公司负责对各子账户实行零余额管理，每日剩余的资金自动上划到企业集团的总账户中形成外汇资金池，企业集团根据其总账户中的外汇资金情况统一对外进行融资以满足其下属子账户的资金需要。财务公司可通过其境外合作银行的网银系统代理各子公司的外汇支付及资金调度业务，各公司可通过在财务公司的子账户对外集中支付，也可将资金调拨到其在当地银行的结算户对外支付。目前，企业集团境外资金集中管理方案正在分阶段实施过程中，财务公司仅能提供相对松散的资金集中管理方案。

5.4.3 资金管理机制

1. 账户的管理

当前，司库平台支持总分联动账户模式和收支两条线账户模式，其中企业集团中未上市的公司主要使用前者，股份公司则采用后者进行账户管理。总分联动账户管理模式是企业集团司库体系的核心内容之一。地区公司依托中油财务公司，借助银企互联系统搭建的资金收付通道以总分账户的方式，实现对资金收付的统一管理，分账户实时将收取的款项上划至财务公司开设的总账户，付款时先由总账户将资金划入分账户，待分账户收到资金后再对外支付。

2. 资金计划的管理

资金计划管理是整个资金管理链条的前段，实时归集对外资金收入，由财务公司在内部逐级归集，成员单位享有资金所有权和使用权，集团、股份公司享有资金调度权和管理权。财务公司对外统一支付，所有支付信息全面归集。中石油目前执行年、月、周、日资金支出计划和按月滚动收入计划。成员单位定期将资金使用情况上报资金管理部门，财务公司统筹监测各成员单位的资金使用情况。

严格的资金计划制度加强了总部对资金的统筹监测，提升了资金的周转效率，目前，各成员单位普遍存在生产压力大、业务范围广、面对的市场变化快等特点，存在收入支出不稳定的情况，预测的难度增加，对财务人员的能力提出了更高的要求，即需要财务人员熟悉企业的经营状况，对经营现金流的规律进行准确预判，以提高收支计划的准确度。

3. 内部交易封闭结算

内部交易封闭结算是指企业内部产品、劳务互供双方，通过中油财务公司的内部封闭结算网络转账结算，完成资金收付的行为。由收款方发起收款，付款方确认付款，财务公司以付款方封闭结算账户内的资金向收款方支付，进行结算。所有结算单位按照集团内部规定的统一流程在内部结算平台上进行结算，减少了一般结算的繁复手续，有效规避了资金风险。结算数据在财务信息系统中实时传递，成员单位之间充分共享，可以随时了解自身的结算情况，清楚每一笔交易的当下状态，并及时进行处理和反馈。

通过规范操作、精简运行环节，提高结算效率，保证内部结算资金在企业范围内循环，实现全面的资金集中管理，提高资金运行效益。对于收款方，可以及时收回资金，提高管理效益；对于付款方，可以及时付出资金，规范债权债务管理，理顺交易双方关系。通过内部结算，简化关联企业结算流程，加快资金流转，减少大量在途资金。

4. 票据和外币的集中管理

中石油的票据管理实施票据实物分散管理、票据信息总部集中管理制度。这一制度是指各成员单位自行保管票据实物并担责，票据的相关信息则通过财务管理信息系统一层一层上传到总部，由总部对票据的电子信息进行统一控制管理。各成员单位取得集团内部贷款的方式有两个：一是通过内部抵押票据取得贷款；二是通过票据贴现取得贷款。由于商业汇票的风险很大，成员单位在经营过程中只能接受银行承兑汇票，也仅可用银行承兑汇票进行贴现。在境外，中石油与国际银行签约合作，开展外币资金的集中管理。与境内相似，中石油在国外仍然采用总分联动账户模式开展资金集中管理，财务公司在签约的国际银行开立集团总账户，同时，开展海外业务的各成员单位在海外相应的财务公司设立子账户，进行资金的收入归集，并在签约的合作银行开立结算子账户，用于资金的支出。中油财务公司每天在固定时间，通过银行的结算体系，将各成员单位的账户内超过规定额度的资金上划到集团总账户。

5. 融资的集中管理

中石油目前实施的是融资集中和授信集中的信贷制度，不允许各成员单位单独对外担保、借款，只能由集团总部统一对外借款。各成员单位的内部融资主要分为两种方式：一种是对于集团的全资子公司和分公司，集团总部直接发放计息贷款；另一种是对于集团的控股公司，集团总部采用财务资助的方式，如委托贷款、提供担保等，为其提供资金。通过这一信贷制度的实施，中石油实现了资金来源的统一规划分配，在集团内优化了资金的配置，有效降低了财务费用。同时，中石油整体作为一个融资机构对外开展融资信贷活动，提高了集团整体信用水平，避免部分经营状况不佳或者参与政策性政府工程的成员单位由于报表数据不符合金融机构的贷款审批标准，而出现贷款困难的情况，影响企业的资金周转和日常运营。

6. 打造供应链金融生态圈

从供应链金融生态圈的角度看，单靠财务公司或商业银行等某一方单独开展供应链金融容易使效果大打折扣，未来供应链金融需要发挥财务公司的集团“内部银行”优势，通过财务公司协调核心成员单位并调动产业链上的各种资源，在此基础上与商业银行等机构开展深度合作，探索出一条能够发挥各自优势的供应链金融合作模式。从财务公司的角度看，财务公司扎根实体经济，依托行业核心企业，连接产业链上下游，是距离实体经济最近的金融机构，是金融资源对接实体经济最快捷的通道。财务公司以产融结合为关键点，积极开展内外部产业链金融业务，就能串联起整个产业链，由点到线、由线及面，服务好整个实体经济。若考虑允许所属企业集团产业链间存在上下游关系的财务公司开展“财—财”合作，可进一步将产业链扩容至整个生态圈，为整个生态圈赋能。

5.4.4 案例启示

以业务为核心，为业务服务，简化流程，控制风险，始终是中石油资金管理的重心，通过进一步梳理中石油资金管理发展历程可以清晰地看到集团资金管控的脉络。

1. 资金集中管理始于公司治理体系的不断完善

第一阶段（1995—1997年）。20世纪90年代，中石油推进资金管理体制改革，1995年12月18日成立中油财务公司，并由集团总经理担任首任董事长。建成拥有“三会一层”的现代化企业公司治理体系；聚焦集团资金管理难点痛点和金融需求，着力打造公司业务链和产品线，积极发挥结算中心功能，协助集团实现“拨改贷”转换，推进存贷款商业化管理，集团结算平台和内部资金池初见成效。

2. 问题导向推动资金集中管理目标更加明晰

第二阶段（1998—2003年）。抓住两大石油集团（中石油和中国石油化工集团公司）和集团内部重组契机，财务公司适时进行股权结构和注册资本调整，经营管理和风险抵御能力持续增强；在成员单位密集地区，先后建立西安、沈阳、吉林和大庆四个办事处，并探索设立受理处，服务网络基本成型，业务覆盖面大幅提升。

1999年，为解决货款结算回款不畅、供产销三角债等问题，首创具有中石油特色的货款封闭运行体系，原油、成品油货款全部通过企业内部封闭结算网络支付结算，流程短、速度快、资金动用量少，资金运行效率效益大幅提高；面对成员单位资金难题，积极丰富信贷产品，提供金融解决方案；进入全国银行间债券市场和同业拆借市场，试水离岸业务，不断提高服务水平。

3. 与时俱进助力资金集中管理上台阶

第三阶段（2004—2007年）。为解决集团内外部银行账户林立、存贷双高等问题，与银行共同创造二级户虚拟资金池，依托财务公司统一上收下拨资金，实施收支两条线管理。2007年，收支两条线在全集团范围内实现推广，人民币资金集中管控质效进一步增强，资金余缺调度更加灵活、流向更加清晰。

伴随集团“走出去”进程加快，财务公司抓住2004年集团获批外汇改革首批试点单位的契机，于2005年获批境外外汇资金集中管理资质，全力协助集团分步实施、全面推行外汇资金集中管理，助力实现账户集中、资金集中和融资集中。2007年再次获批境内外汇资金集中管理、结售汇资质，并成为中国外汇交易中心会员，助力集团实现跨境外汇资金集中和外汇交易集中。

4. 服务集团战略资金集中管理树行业标杆

第四阶段（2008—2013年）。2009年，集团在国内率先提出以财务公司为平台建设大司库体系，将财务公司明确定位于集团统一资金池、结算平台和对外收支通道，2011年顺利建成司库结算子系统，2012年实现司库一期在集团未上市公司中全面推广上线。司库一期建成后，集团实现了资金由日终归集向实时归集、结算由多渠道结算向集中结算、业务由事后管理向全程管控等三个转变，标志着财务公司助力集团资金管理实现质的飞越。

为配合集团国际化发展，财务公司2008年获批设立香港子公司，随后又设立迪拜子公司和新加坡子公司，标志着财务公司国际业务发展步入快车道。财务公司依托北京总部和境外机构，为集团搭建全球司库平台，助力集团开展境内外、本外币一体化的全球资金集中管理和风险集中管控。同时，香港子公司积极发挥仅次于国家主权级高等级信用评级优势，在国际资本市场率先发行境外债券、美国商票、欧洲中票，建成多渠道、多币种、离岸在岸联动的低成本融资平台，积极助力集团国际化发展。

5. 资金集中管理助力综合金融服务提升

第五阶段（2014—2020年）。2014年起，中石油步入高质量创建世界一流综合性国际能源企业的新阶段。作为内部银行，财务公司积极提升“四个平台”履职能力，充分发挥服务实体经济和油气产业平台的功能。强化资金归集，2018年年底全面完成中油股份司库二期上线运行，实现集团上市、未上市资金一体化管理；优化资金结算，极大提升全球资金结算安全和结算效率；加强资金监控，安全高效管理本外币结算账户近4 000个；提升综合金融服务，全力支持“一带一路”建设和京津冀协同发展，积极布局绿色金融；全面推广中油财票业务，集团支付结算和融资工具进一步丰富。坚持资金“取之集团，用之集团”，2016—2020年平均存贷比超95%，每年支持企业降本增效数十亿元，为集团压降有息负债、提高资金整体效益做出积极贡献。特别是2020年以来，面对疫情和低油价冲击，财务公司聚焦集团主业，主动下沉服务，充分利用境内外平台，通过调整贷款价格、推广票据支付等措施贡献卓越服务，全面助力企业复工达产、提质增效，内部银行金融服务价值充分体现。

中油财务公司正在致力于实现从提供金融产品向提供综合性服务方案、满足资金需求向满足全方位服务需求、创造财务价值向创造多元化服务价值的三个根本性转变，以期创建高质量国际化一流财务公司。

资料来源：

①中企云链．中油财务公司：打造供应链金融生态圈．https://mp.weixin.qq.com/s/t-7KNO9-WrLr9amFbRZZpQ.

②搜狐网．“内部银行”让资金运转更高效．http://roll.sohu.com/20160411/n443821436.shtml.

③中国金融新闻网．https://www.financialnews.com.cn/jigou/cwgs/202012/t20201218_207927.html.

④王增业，王文忠．打造供应链金融生态圈．中国金融，2020（23）：90-91.

⑤廖筱燕．中国石油与跨国企业的全球司库管理比较．国际石油经济，2019，27（12）：78－83.

⑥王钰婷．中石油集团公司资金集中管理案例研究．北京：中国财政科学研究院，2017.

⑦张丽．中石油集团公司资金集中管理模式优化研究．长春：吉林大学，2013.

⑧赵常利．中油财务公司在大司库项目下的资金管理研究．西安：西安石油大学，2013.

本章小结

- 企业集团的组建可以采用纵向并购、横向并购和多元化战略等方式，企业集团由多个企业法人组成，组织结构具有多样性与开放性，规模巨大，生产经营具有连锁性和多元性。
- 与单体企业财务管理相比较，集团财务管理的主体更加复杂，所依赖的基础是母公司对子公司实施的控制，集团财务管理更加突出战略性。
- 企业集团的组织结构可以分为直线制、直线职能制、事业部制、控股制和矩阵制。
- 企业集团财务管理体制从总体上要解决的是集权与分权的关系问题。财务权利可以分为财务决策权、财务资源调配权、财务资源使用权和财务监控权。
- 企业集团财务机构包括一般财务机构、财务中心和财务公司；财务中心分为财务结算中心和财务控制中心；财务公司是企业集团财务机构的特殊形式，是为企业集团服务的非银行金融机构。

案例讨论

西门子财务公司的资金管理

一、西门子财务公司概况

西门子财务公司的正式称谓是“西门子金融服务公司”（Siemens Financial Services Ltd.，SFS），是整个西门子集团的金融服务中心、金融营运中心和利润中心。最初，西门子集团的金融业务全部集中在集团财务部（又称中央财务部，CF）。1997年，西门子将除集团财务政策制定和指导职能以外的全部金融业务职能完全从集团财务部分离出来，成立了SFS作为负责集团具体金融业务运作的全职部门。2000年4月，SFS从职能部门进一步发展成为集团100%控股的独立法人，以适应金融市场及自身发展的需要。

从集团管理架构上看，西门子集团的CFO（集团公司董事会成员）主要负责两块业务：CF和SFS。其中，CF负责整个集团的金融战略与政策制定，SFS则负责政策执行和具体运作，不仅作为西门子集团的内部银行，履行集团流动性管理、现金流集中、资产负债结构优化、资金风险管理等职能，还为西门子所有成员企业提供专业化、全方位的金融咨询服务以及金融财务支持，如资金管理、项目和贸易融资、内部结算、信贷、应收账款管理、票据清算、外汇买卖、年金管理等。由于SFS完全服务于集团内部成员企业，按照德国的相关法律，其业务开展不需要申领相关的金融牌照，也不必接受德国中央银行的监管或其他政府机构的管制（企业年金管理及其咨询业务的开展需要相关管理部门的认可）。

据介绍，目前SFS总部及其全球分支机构共有1 672名员工，其中，欧洲总部超过1 300人，北美地区有200多人，中国、日本、澳大利亚等亚太地区以及巴西等南美国家有超过100人的队伍。从经营效果看，SFS获得了稳定发展，净资产收益率超过32%（2005年数据），其资产状况如表5-1所示。

表5-1 SFS的资产状况表

年份	2002	2003	2004	2005
净资产收益率（税前）	23.2%	24.9%	24.6%	32.4%
总资产（亿欧元）	87	84	94	101

二、SFS的职能定位及业务分类

SFS有着明确的市场定位。为满足职能需要和业务发展，SFSR的业务可分为两大类别、六大领域，如图5-4所示。

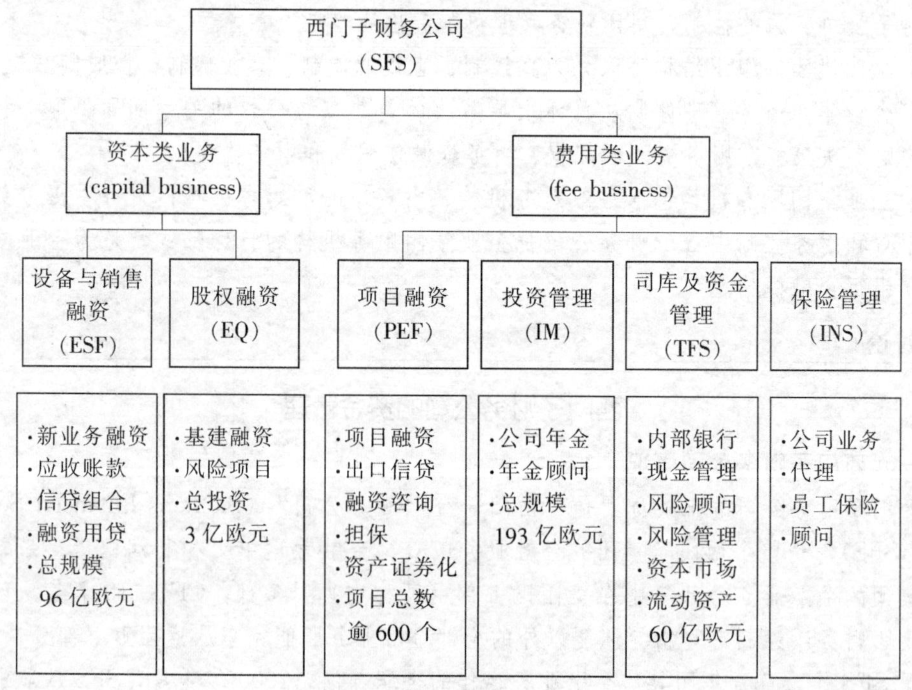

图5-4 SFS的业务类型

SFS通过这种业务设置与职责分工，实现其作为西门子集团内部具有专业化优势和技能、能够提供全方位金融服务的机构和法人的职能，并通过与CF的人员交流，降低金融财务风险和成本，满足集团战略需求，提高金融服务竞争优势。

三、TFS：四大业务板块实施管理职能

作为SFS内部银行职能的具体执行者，司库及资金管理部门（TFS）不仅对内部提供诸如头寸管理、资金集中、内部结算及对外支付、风险管理与外汇交易等功能，还参与资本市场交易，向集团和成员企业提供决策支持。另外，向外部（第三方）提供咨询、技术培训、顾问等服务。TFS部门是联结西门子集团业务部门和外部金融市场（如银行等）的唯一中介，部门内部又分四个业务板块，共有员工110人。

第一个板块为现金管理与支付业务。员工队伍30人。其总体目标是通过建立集中化的账户架构、提供内部结算服务和标准化的全球执行系统，全面实现支付、交易和现金管理的高度集中，履行内部银行的职能。西门子集团规定，所有成员企业之间的交易必须通过SFS支付和结算；成员企业的所有交易应尽最大可能通过内部账户进行（在新兴市场的可除外）；成员企业必须按照集团要求，实现资金集中，降低资金风险，节约成本。为此，TFS改善了应收账款和应付账款的管理和流程，通过增加透支便利、提高支付效率、实施成本控制和账户集中等管理措施，保障企业目标的实现。

但是，西门子集团的上述规定和目标执行起来还存在一些困难，比如在某些禁运的国家、某些货币不可自由兑换的国家、禁止外国人在当地开设本币账户的国家，以及对利息征税的国家。这些实际存在的问题影响了SFS资金集中管理的全面推行。

据了解，西门子集团共有下属企业1 900家，银行账户5 900多个。目前已经有1 100多家企业的3 900多个账户受TFS直接管理。成员企业新账户的开立须由TFS审批，并要求一种货币必须汇集在一个资金池，自下而上地进行资金归集。在欧盟区域，为便于成员企业的业务开展，设有多个资金池，这些欧元资金池会集中到一个中心账户中。TFS的内部结算和对外部第三方的支付每年都超过1 000万笔。

第二个板块为风险顾问与融资业务。员工25人。主要业务内容是风险管理、贷款保函或担保、内部融资等。有7个目标，分别是：资金流动性管理，集中额外流动性，降低信贷风险，减少外部贷款，避免额外成本，提高集团公司财务报表透明度，提高或改善集团公司的外部评级等。

针对内部融资，SFS规定了TFS的职责：吸收成员企业不超过3个月期的存款，并向成员企业提供不超过1年期的贷款。更长期的贷款业务由SFS内部的其他部门负责。有关成员企业存贷款的其他例外事项（包括期限、方式、用途或金额等），必须由本部门批准。TFS提供的内部贷款实行优惠利率，与银行相比，贷款利率可下降15%～55%。

在风险管理方面，本业务板块是集团外汇风险管理的专门机构。通过深入分析集团资产负债表、尚未完成的交易合同和未决交易，以及未来3个月的销售或交易计划等，计算外汇净头寸，取得货币敞口。然后，据此与相关企业签订合同，进行市场交易的匡算。集团规定，原则上由成员企业自行计算风险敞口并自主决定是否进行避险，以及避险的规模。西门子集团规定成员企业风险敞口的75%必须得到避险管理，敞口不得超过

25%。作为西门子集团内部唯一可进行外部避险业务的机构，TFS 是有保值需求成员企业的唯一交易伙伴，可以在 24 小时之内随时交易，成员企业只要电话通知即可。据了解，经常有避险需求并与 TFS 进行对冲交易的账户有 500～600 个。

第三个板块为资本市场业务。员工 20 人左右。根据风险顾问与融资部门（集团成员）提出的要求，负责与外部银行及市场相关的具体操作。具体内容包括：

(1) 外汇管理。包括宏观管理和微观管理，目的是通过管理全球 13 种主要货币的外汇资金，实现外汇收益的最大化，并提供外汇顾问及咨询服务。通过分析集团的债务结构、期限结构等，进行远期控制和利率结构优化，并提供内部咨询。主要运用的金融工具包括：货币即期、远期、掉期和较简单的大众型期权等。

(2) 利率管理。主要运用的工具和产品包括：利率掉期、利率期货、远期利率协议、利率上限/下限以及掉期期权等。

(3) 流动性管理。主要功能是，在充分保障公司正常支付的情况下，努力提高具有流动性的收入。主要产品包括：短期贷款或投资、第三方回购、发行商业票据、货币互换等。

(4) 资本市场。主要功能是：发行股票或其他证券、通过资本市场的其他融资来优化债务成本、联系评级机构（与发行活动有关）、公关等。目前 TFS 已发行的短期融资(CP) 高达 90 亿美元，中长期融资则包括 50 亿欧元的长期票据、在欧洲债券市场上发行的 20 亿欧元长期债券、25 亿欧元的附股权认购证债券和在美国市场上发行的 50 亿美元债券。已有 35 家国际银行为 SFS 提供超过 100 亿美元的授信额度。

SFS 在资本市场上的交易遵循严格的风险控制程序和管理规定，不仅实行严格的交易/避险分离原则，还要根据风险状况配置资本或资源，以保证全球风险均可得到规避，在严格限定交易条件、交易对手和交易品种的情况下，还必须取得最低 15%的风险资本收益率。

第四个板块（部门）为 IT 部门。它为实现 TFS 的现金管理、账户管理、财务咨询和风险管理职能提供解决方案，是 TFS 相当重要的部门，员工有 25 人。该部门的主要任务是构建一套联结集团成员企业和外部金融/银行系统的平台和界面，实现多种功能，以适应 TFS 流动性管理、资金集中、内部结算、外汇交易和全球支付中心的要求，同时实现全球业务本地处理的效果。

该部门开发的 Finavigate 系统运用于集团的各成员企业，既满足了西门子全球流动性管理的要求，也发挥了全球支付中心的作用，更是整个西门子集团的全球数据中心。Finavigate 系统每年处理超过 1 000 万笔第三方支付，同时实现内部超过 1 000 万笔全球成员的内部结算，并动态管理超过 9 万个账户。该系统是由 SFS 独立开发的，利用微软数据库系统和网络银行的信息平台，实现与银行结算系统的对接。该系统功能的实现，使得 SFS 的客户不仅包括内部成员单位，还包括集团已经出售的一些成员企业和其他国际化的第三方公司。该系统基于银行网络，不是与银行竞争，而是充分利用内部专业化的优势提供银行所不能提供的服务。

Finavigate 系统为西门子财务（中国）公司开发设计新的流程，使之成为西门子集团在中国所有业务的资金管理和支付流程的中心平台，满足中国业务的特殊需要。

四、SFS的资金集中和资金池管理

西门子集团对其成员企业的资金集中是强制性的，集团要求每个成员企业必须按照规定进行资金集中。SFS基于成员企业的支付指令统一对外支付。对于具有外汇管制或者税收限制国家的成员企业而言，原则上集团会选择在“避税天堂”等地进行纳税筹划，如果实在绕不过去，可以由成员企业通过当地银行自行支付，但是资金必须在当地集中管理。

西门子集团只对控股公司（持股在50%以上）进行资金集中。SFS由于提供了比银行更优惠的服务，对所有的股东更为有利，因此，并没有小股东借口关联交易问题对SFS垄断西门子集团的内部金融服务提出反对意见或者限制要求。尽管西门子集团也在德国、法国和英国等多个国家交叉上市，但是并没有碰到类似中国财务公司与上市公司或者集团内部非上市公司之间关联交易一直受到限制的情况。

SFS目前共有60个资金池，与之合作的银行有60家。西门子总部（Siemens AG）名义的相关银行账户共有100个，其余以各成员企业的名义开户，但必须是SFS认可的银行。开户权集中在SFS。SFS的资金池进行分层次管理，不同合作银行的分工不同，最终合并到欧元、美元、英镑等几个主要的中心资金池。在同一银行内部，资金池之间可以直接流动，但在不同银行之间，现金流动需要经过更高一层的资金池。

资料来源：王增业. 西门子财务公司的资金管理特点与启示. 会计师，2007（1）.

要求：

西门子财务公司的资金管理有哪些特点？从中可以获得什么启示？

思考题

1. 怎样理解企业集团财务管理的特点？

2. 集权与分权控制孰优孰劣？在企业集团中如何掌握好集权与分权的关系？

3. 当今大多数大中型企业集团为什么选择事业部制组织结构？从U型结构到M型结构的变革是基于什么产生的？

4. 现实的企业集团组织结构与组织结构理论中的简单分类相比有哪些不同？试设想一个大型企业集团的具体组织结构。

5. 试述企业集团的组织结构与企业集团财务控制的关系。

第6章

企业集团的资金运筹

本章导读

中鼎集团创建于1980年，以机械基础件和汽车零部件产品为主导。2007年，中鼎集团借壳飞彩股份，注入中鼎密封件等优质资产，成立中鼎股份，成功上市。

上市后，为占领高端密封件市场，公司急需资金更新生产线以扩大产能。经过反复论证，中鼎股份董事会一致决定以发行可转换债券的方式进行再融资。2011年3月1日，中鼎股份的3亿元可转换债券在深交所挂牌交易，实际募得资金282 988 789.24元。

2011年年初，公司实施2010年度分红派息方案，根据转股条款，中鼎转债的初始转股价格调整到18.04元/股，对应的回售条款触发点为12.63元/股。然而，受当年中央银行治理通货膨胀、收紧货币供应、提高存款准备金率等宏观调控政策的影响，中鼎股份的股价从7月下旬开始，连续多个交易日低于12.63元/股，公司面临触发回售条款的危险。若选择回吐募资，中鼎股份需要为此付出3亿元，而2011年上半年期末公司的库存资金仅有2.92亿元。为化解回售压力，公司利用可转换债券发行条款作为保护，下调转股价格。中鼎转债的转股价格自10月17日起，由原来的18.04元/股调整为12.66元/股，相对应的回售条款触发价格顺利下调到8.86元/股，回售危机暂时解除。

从2012年六七月份开始，公司股价连续多个交易日低于8.86元，可转换债券回售阴影再度浮现。7月底，中鼎股份通过管理层增持股份的方式提振公司股价，暂时避免了回售危机。然而这次集体排险的功效并不明显，几天之后公司股价又滑到8.86元/股以下，回售危机再次爆发。8月

31 日，公司发布股权转让信息，公司股价迅速攀升，中鼎转债又一次暂时摆脱了回售危机。

好景不长，2012 年年底，中鼎股份的股价一路跌破 8 元大关。为稳定股价，中鼎股份采用增持（中鼎集团以均价 8.77 元/股首次增持中鼎股份 330 万股，占总股本的 0.55%）、送股派息（10 股送 8 股派 1.6 元）等手段稳定股价，再次挺过窘境，保证公司转债的顺利运行。

中鼎股份 2013 年年度报告显示，公司营业收入同比增长 23.53%，归属于上市公司股东的扣除非经常性损益的净利润同比增长 8.55%。公司先后 3 次使用闲置募集资金补充流动资金，节省总计约 680 万元的财务费用。2013 年 5 月 31 日，公司可转换债券募资项目均已完成，节余的募集资金及其利息 7 200 万元将永久补充流动资金。

中鼎股份的案例反映出集团资金运筹的重要性，本章将对企业集团的资金运筹进行系统全面的介绍。

学习目标

- 掌握企业集团筹资管理
- 掌握企业集团投资管理
- 掌握企业集团分配管理
- 掌握企业集团资本运营

6.1　企业集团筹资管理

6.1.1　企业集团筹资管理的重点

筹资是企业集团生存和发展的前提。一般企业的筹资管理包括筹资总量的确定、资本结构的安排、筹资方式和渠道的选择等。从企业集团的整体来看，筹资管理的重点主要有以下几个方面。

1. 关注集团整体与集团成员资本结构之间的关系

资本结构是企业各项资本运用（包括各种权益资本和债务资本的运用）之间的关系。良好的资本结构为企业的筹资提供导向，有利于降低筹资成本与筹资风险，是企业顺利发展的基础。

在以资本为主要联结纽带的现代企业集团中，集团整体的资本结构与集团成员的资本结构形成互动的关系。首先，层层控股关系使得企业集团可以利用资本的杠杆作用——集团母公司以少量自有权益资本可以对更多的资本形成控制，在现代企业股权日益分散使得通过少量资本比率便可实施相对控股的情况下更是如此。这也使集团整体的综合负债率可能大大高于单体企业。其次，这种杠杆作用使得在集团金字塔形的组织结构中，处于塔尖的母公司的收益率比处于塔底的子公司的收益率有更大的弹性，即一旦子公司的收益率有所变动，就会在母公司层面产生若干倍的放大效应，这无疑是考虑集团资本结构时必须注意的。母公司一般要对子公司的负债比率做出限定，企业集团对下属子公司的具体负债比率的限定视各子公司生产经营的特点而定，没有一个固定的标准，一般控制在该子公司自有资本的50%～70%，或者更低。

2. 实行筹资权的集中化管理

筹资权的集中化是指大额筹资的决策权集中在集团总部。企业集团筹资权集中化的优点主要有：（1）可以减少债权人的部分风险，增大筹资的数额，增加筹资渠道，筹资方案容易被接受；（2）符合规模经济，可以节约成本；（3）有利于集团掌握各子公司的筹资情况，便于预算的编制。

筹资权的集中化并不等于筹资的集中化，更不等于所有筹资都通过企业集团或集团母公司来进行。在使用权益筹资时，基于集团整体利益可以将母公司或某一子公司包装上市；在使用债务筹资时，某个具体筹资项目由独立的子公司来进行，可以锁定该项筹资的财务风险，母公司只是以在该子公司中拥有的股权投资为限承担损失。这是企业集团分散财务风险的重要形式，反映出集团战略制定的灵活性。

3. 利用与集团模式改造相结合的方式筹集资金

企业集团筹资常常是既为了投资又为了改制。比如子公司上市，一方面获得了大量资金，另一方面改变了与核心企业的关系，子公司的上市往往使企业集团在获得大量资金的同时仍能保持对其资本的控制。又比如在企业集团的半紧密层或松散层需要筹资时，核心层借机增大持股比例，改变集团的组织结构状况。

【例6-1】 2001年，经广西壮族自治区人民政府批准，广西桂人堂金花茶产业集团股份有限公司正式成立，该集团是专业从事金花茶育苗、种植、加工、研发、销售、旅游及服务的高新技术企业。2015年6月16日，广西桂人堂金花茶产业集团股份有限公司旗下三家子公司——桂人堂（股份代码：206150）、国宝茶业（股份代码：206162）、金花茶（股份代码：206151）在上海股权托管交易中心同时挂牌上市，标志着该集团与资本市场成功对接。这一举措加强了该公司的发展势头，提升了桂人堂集团的品牌价值和市场竞争力。

4. 发挥企业集团筹资的各种优势

企业集团的筹资既可以是整个集团的筹资活动，又可以是集团成员的筹资活动。因此，企业集团筹资的方式和渠道更加丰富，如集团成员相互筹资（我国法律规定，非金融企业法人之间不准相互借贷，这里指集团非财务公司与其他非金融集团成员之间的资金拆借，或者非金融集团成员之间应收付款项等集团内部筹资）、相互抵押或担保、相互租赁，以及利用债务重组的方式进行债务转移等，甚至集团母公司出让子公司部分股权而不改变其控股地位，这些都是企业集团独有的筹资管理中需要考虑的问题。

6.1.2　企业集团母子公司债务筹资安排分析

在实践中，某一企业集团中的数个公司同时与银行发生贷款业务的情况越来越多。从表面上看，这些贷款都是对该企业集团的贷款，贷款主体的选择，即是母公司申请贷款还是子公司申请贷款，并没有对集团整体的负债水平产生影响。但是，不同贷款对象的选择最终导致集团的责任承担程度不一样。

1. 理想模型

假设有一家母公司为纯粹控股公司，即除控股一家子公司外其他经营性资产可忽略不计。该子公司还有一个债权人。因此，这家母公司的全部资产为对该子公司的长期股权投资，其现金流完全是从该子公司分得的股利。如果这个简化的企业集团要向银行筹资或发行债券，由母公司贷款或发行债券与由子公司贷款或发行债券对整个集团的影响有什么不同?（这里有两个条件：首先，筹资为生产经营所需，并不改变投资结构；其次，筹资为无担保型。）分析如下：

（1）无论是由母公司还是由子公司贷款或发行债券，最终真正的资金使用方都是子公司。

（2）无论是由母公司还是由子公司贷款或发行债券，最终真正的还款来源都是子公司。

假如由子公司贷款或发行债券，银行（或债券持有人）作为债权人的地位和子公司原先的债权人的地位是相同的。这样的结果是，如果该子公司经营不善而破产，银行债权人（或债券持有人）与子公司的另一个债权人的清偿顺序相同，按债权比例获得清偿。

假如由母公司进行贷款，由于母公司本身没有业务，其还款来源完全是子公司，如果该子公司经营不善而破产，母公司也将进行清算。母公司作为所有者，其清偿顺序在子公司的债权人之后，母公司只拥有子公司在清算后可能剩下的财产。因此，在这里母公司的债权人其实从属于子公司的债权人，由母公司进行贷款或发行债券，银行（债券持有人）的风险更大，其要求的利率也会更高（而不像某些读者想象的，由母公司贷款，利率会低一些）。

还有一种情况，如果母公司因不能按时清偿到期债务而申请破产，银行或债券持有人将与其他债权人一起按比例获得母公司的唯一财产——子公司股权，银行或债券持有人的地位由母公司的债权人变成了子公司的投资人，但是如果子公司破产，其清偿顺序在子公司原先的债权人之后。

2. 一般模型

以上的理想模型在现实生活中当然是不存在的。将这一模型的假设条件一一放宽，我们分析如下。

（1）母公司有两家或两家以上子公司。假设 A 公司为母公司，控股 B 公司和 C 公司，其中B公司经营状况良好，资金充裕；C公司经营状况较差，并有筹资需求。在这种情况下，A公司和B公司的信用等级比C公司高，因此集团应该由母公司或经营状况较好的子公司向银行申请贷款或发行债券，然后通过各种方式（如应收款项、商业信用、投资等）向经营状况较差的子公司提供资金。

（2）母公司自身也有经济业务。根据《公司法》的规定，公司可以向其他企业投资，但是，除法律另有规定外，不得成为对所投资企业的债务承担连带责任的出资人。因此，大部分企业集团并不是纯粹控股型，而是以处于生产和经营主导地位的集团公司为核心。在这种情况下，母公司申请贷款或发行债券更容易为银行所接受。当然，也不乏由实力雄厚的子公司申请贷款或发行债券的情况。

（3）向银行申请的贷款或者发行的债券有担保（这里指广义的担保，包括保证、抵押、质押等）。从信用等级来看，国际上通行的做法是子公司的信用等级不能超过母公司，因为母公司还可以将其拥有的对其他子公司的权益和自身的资产作为担保。因此，子公司为母公司担保的可能性较小（实际上，子公司用作偿债来源的资产都已经反映在母公司的资产负债表里）。但是，当出现接近前述理想模型的情况时，母公司的优质资产已经注入子公司，可能出现子公司为母公司担保的情况，银行也会接受，因为在子公司破产的情况下，可以预期违约（预先行使追索权）为由参加子公司的清偿，① 这提升了原先债权的优先级别。企业集团可利用的另一种担保方式是，由一家实力雄厚的子公司为另一家子公司担保，银行通常也乐于接受这种方式。②

正如一位财务学家所述，有担保的债券不合常理——实力雄厚的发行者不需要某种保证来推销其债券，而若发行者实力有限，即使增加承诺也不会让它的债券更保险，因为在这种情况下，这种设计安排传递出的是财务风险的信号，而非财务安全的信号。在这里，它显然是以控股性质的企业集团为背景的。

【例6-2】 科尔伯特公司1989年通过将RJR公司分设为四个等级，筹集了250亿美元的资金用于收购RJR公司。科尔伯特公司的经营收入都来自金字塔底层的公司，而大部分筹资活动却是由其上级公司进行的。第一级控股公司——母公司C，在发行200多亿美元的债券时抬高了大部分债券的购买价格。这些债券中有一部分是由母公司B（它拥有C公司）和母公司A（它拥有B公司）提供担保的公开发行的债券，这部分债券处于阶梯的顶端。这部分债券是否有很高的内在风险？的确如此。母公司C表示1988年预计亏损超过5亿美元（还不包括商誉的摊销）。这样的担保可以说根本没有增加保险系数，因为母公司A没有任何来源于C公司所获利润之外的收益，并且它还

① 根据破产法及担保法的规定，保证责任不因保证人宣告破产而免除。债权人在知道保证人破产以后，享有是否将担保债权作为破产债权申报受偿的权利。破产企业在向债权人承担保证责任做出清偿后，在其清偿数额范围内享有对被保证人的代位求偿权。

② 这里只是纯粹理论上的探讨，中国上市公司因为其他应收款、债务担保等被掏空，或者假借债务重组粉饰上市公司业绩等问题时有发生。2000年6月，证监会发布《关于上市公司为他人提供担保有关问题的通知》，规定上市公司不得以资产为本公司的股东、股东的控股公司、股东的附属企业或者个人债务提供担保。但是在企业集团内部的非上市公司之间仍可考虑此类融资战略。而《企业会计准则第12号——债务重组》中明确规定了债务重组收益应记入“资本公积”账户，不再确认为利润，这基本堵死了利用债务重组粉饰业绩的渠道。这与我们讨论的以此作为筹资渠道无关。

直接或通过B公司间接承担相当数额的债务（见图6-1）。“发行者和债券持有人之间签订的合同是一场无穷无尽的‘猫和老鼠’游戏，并且发行者扮演了猫的角色……如果债券持有人被所谓的不动产抵押债券、有担保债券或其他的精心设计愚弄，法庭是很少进行干预的。”因此，能够在契约条款中找到漏洞的公司通常可以不付任何代价地利用这些漏洞。

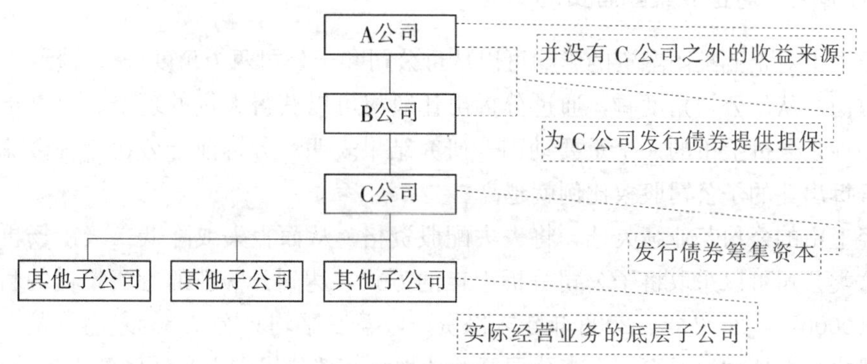

图6-1　科尔伯特公司融资结构图

实际上，企业集团向银行借款和发行债券时，情况是多变的。银行可能没有对集团贷款的特殊性进行如此周全的考虑，而直接按贷款企业的情况、抵押担保物的价值发放贷款。银行也可能会考虑资金使用效益、银企合作关系等，并对贷款用途加以种种限制。这就需要企业集团在选择筹资方式和渠道时进行综合考虑。

6.1.3　分拆上市

1. 分拆上市的概念界定

分拆上市是公司所有权重组的一种形式，既不同于资产剥离，也不同于公司分立。

资产剥离通常是母公司把一部分资产出售给其他企业，并丧失对这部分资产的所有权和控制权。资产剥离并不能形成有股权联系的两家公司。

公司分立是指母公司通过将其在子公司中所拥有的股份按比例分配给现有母公司的股东，从而在法律上和组织上将子公司的经营从母公司的经营中分离出去，这时便有两家独立的（最初的）、股份比例相同的公司存在，而在此之前只有一家公司。在公司分立时，分立公司的股票不向原股东之外的投资者出售。此时，不存在股权变动和筹集资本问题。

分拆上市是指一家公司（母公司）以其所控制权益的一部分注册成立一个独立的子公司，再将该子公司在本地或境外资本市场上市。广义的分拆上市包括已上市公司或者尚未上市的企业集团将部分业务从母公司独立出来单独上市；狭义的分拆指的是已上市公司将其部分业务或者某个子公司独立出来，另行招股上市。本书主要讨论狭义的分拆上市。

分拆上市基本上与国外资本市场的权益切离（equity carve-out）的概念一致。在国外，权益切离是指一家被母公司全资拥有的分部或子公司从母公司中独立出去，并将子公司的部分普通股首次公开发售，也称为“分立的IPO”。如果母公司本身也是上市公司，分拆上市相当于母公司股权的第二次发售，分拆出去的子公司能够从两种市场中获得资金。

2. 分拆上市对企业集团融资的影响

分拆上市对企业集团融资的影响可以从母公司和子公司两个角度进行分析。

一方面，从母公司角度看，通过分拆出让股权可以获得大量的现金。改善母公司的资产流动性是分拆上市的一个重要动因。研究结果表明，分拆前母公司的现金流量越紧张，其分拆出让的子公司股权比例就越高。

已经上市的公司若业绩欠佳，将失去配股资格，从而丧失或降低二级市场再融资的能力，这类公司可以采取将子公司分拆上市的方式，达到开辟新的融资渠道的目的。海王生物（000078）2002年、2003年年末净资产收益率平均只有2.5%左右，基本丧失A股配股资格。在这种情况下，上市公司开始计划将其部分优质资产到境外实施分拆上市。2004年11月17日，海王生物发布公告称，公司将控股子公司海王英特龙生物技术股份有限公司分拆，到港交所创业板上市，该议案在临时股东大会获全票通过。海王生物在公告中明确宣称，其分拆的目的是“提高公司资产的增值能力，拓展融资渠道，形成有效经营激励机制和资本优势，分散经营风险”。

将子公司分拆上市还会显著地提升母公司的短期业绩。例如，一家A股上市公司成功地将一家高科技子公司分拆上市，原始投资额为3 000万元，分拆上市的首日交易平均价为15元。假设母公司当日全部套现，可获得投资收益4.2亿元，母公司业绩将出现激增，这使母公司更容易获得潜在的配股和增发机会。

另一方面，从分拆子公司的角度看，分拆上市为子公司打开了从资本市场直接融资的渠道，更好地满足了其项目投资需求。分拆出去的子公司可以从外部筹集资本，资本来源将不再仅限于母公司这一渠道，即不再完全依赖母公司其他业务收益所产生的现金流。

3. 分拆上市时应该注意的问题

分拆上市并非一“拆”就灵。只有当一家上市公司市值达到一定规模，业务基础扎实，且具有一流的管理水平时，分拆上市才是一种明智的选择。如果企业没有充分认识到这一点，最终可能适得其反。广东粤海企业集团的兴衰就是一个深刻教训。该集团通过分拆旗下的制革、啤酒等业务上市，一度成为拥有数家上市公司的中资“旗舰”，但由于管理、决策及业务发展方面的失误，最后债台高筑，只能进行重整。

以下几点建议在分拆上市时需要重点关注：

（1）不可视分拆上市为“圈钱”工具。上市公司固然可以通过分拆达到以少量资产控制大量资产的目的，但这一方式对债务同样具有放大效应，即使母公司的名义负债很低，如果分拆出去的子公司负债较高，母公司的实际债务也可能放大到惊人的地步。如果公司只希望通过分拆上市“圈钱”，而不注重负债的控制和分拆上市后的经营发展，最终可能作茧自缚。

(2) 分拆业务的市盈率不可低于母公司。除基于剥离或逐步退出非核心业务的战略考虑之外，分拆上市的一个重要前提就是确保在可预见的一段时期内分拆业务的市盈率高于母公司。如果低于母公司的市盈率，分拆上市不仅无法获得特殊收益，而且势必成为亏本买卖。20世纪90年代中期，长江实业分拆长江基建时，地产股市盈率在10～14倍，而长江实业旗下发展中国业务的长江基建分拆上市后的市盈率则达到20多倍。这样，分拆就为股东及公司带来了丰厚的特殊收益。

(3) 不可动摇母公司的独立上市地位。对母公司而言，分拆上市在本质上属于资产收缩范畴，势必会影响母公司的业绩，对于原本业绩一般的公司来说，分拆优质资产后对母公司业绩的影响更大。为了加强对母公司中小股东利益的保护，证监会在2004年12月发布的《关于加强社会公众股股东权益保护的若干规定》明确要求，在股权分置情形下，对上市公司有重大影响的附属企业到境外上市，需要经参加表决的社会公众股股东所持表决权的半数以上通过方可实施或提出申请。

同仁堂在分拆同仁堂科技时以其雄厚的自身实力将优良资产注入同仁堂科技，赋予同仁堂科技充分的发展潜力；同时因为同仁堂拥有800多个产品种类，注入同仁堂科技的只是其中的一小部分，所以也为自己保留了足够的获利产品。

(4) 不可忽视母公司与子公司现金流量的平衡。从分拆上市的实践来看，“母贫子贵”或“母贵子贫”等母公司与子公司现金流量不平衡的情况十分普遍。一部分公司视分拆为“圈钱”工具，使分拆子公司得不到正常发展；而另一部分公司分拆处于发展期的业务单位后，为避免控制权易手而被迫不断投入大量现金和资产，结果导致“母贫子贵”。

我国许多企业在海外分拆上市的实践中都或多或少受到这些问题的困扰，个别企业甚至陷入现金流量不平衡的泥潭中无法自拔。因此，上市公司分拆资产上市时，应注意确保母公司与子公司现金流量的平衡。

(5) 不可忽视股权稀释带来的外来威胁。分拆上市几乎不可避免会造成一定程度的股权稀释，这些本来可由母公司完全控制的业务单位在分拆成为公众公司后将导致控制权的分散，其被收购的可能性大为增加。如果公司分拆这些业务单位不是基于退出投资的考虑，而是视其为公司未来赖以发展的基石，就应当为避免被收购早做准备。

(6) 不可沿用旧的管理模式和经营机制。分拆上市作为一种金融创新，需要有相应的管理创新与之配合。分拆上市使公司的股权结构和组织结构更为复杂，再加上新的合作伙伴的加入，往往会对公司的管理效率、管理水平和经营机制提出更高的要求，尤其是当国内上市公司分拆业务到海外上市时，往往还存在与国际规范接轨的问题。如果公司不及时做出调整，切实进行管理创新和经营机制转换，最终可能由于管理和机制失效分拆失败。①

---

① 关于上市公司分拆上市要注意的问题请参考：季爱华. 上市公司分拆上市的深层次分析. 经济研究参考，2005（88）：44-46.

6.2 企业集团投资管理

6.2.1 企业集团投资管理的重点

投资是企业集团财务管理的另一个重要问题，关系到集团的经营内容和发展方向，企业集团的某些投资更是关系到集团这个企业群体中的单体企业规模、成员企业数量、集团成长方向等问题。企业集团投资管理的重点包括以下几个方面。

1. 以投资带动企业集团发展

企业集团的投资可分为集团内的生产性投资和集团发展的战略性投资两种，前者是单体企业或中小型投资考虑的重点，后者在企业集团中的重要性则大大增强。企业集团的投资方向包括开辟新的经营领域或扩大现有的生产能力。与单体企业相比，在开辟新经营领域时，由于企业集团资金、技术实力雄厚，可以考虑的投资范围更为广阔；在单体企业或中小型企业选择扩大现有生产能力时，企业集团的生产可能已经达到一定的规模，因而将投资放在为现有生产能力服务的其他项目中，如投资于与原先产品生产相关的原料供应或产品销售领域。这就是企业集团发展多元化与专业化财务战略的问题。在战略性投资当中，企业集团核心企业对内投资，即向其他成员企业投资，是增强企业集团凝聚力的有力手段；核心企业对外投资，即进行企业兼并和收购，是企业集团扩张的重要手段。企业集团，尤其是大型企业集团，主要是通过联合与兼并形成的，很少自我发展积累形成，所以投资在集团中的战略地位更体现在对集团成长的作用上。

2. 从母子公司角度分别评价投资项目

在大型企业集团尤其是跨国企业集团中，投资决策首先面临的是评价主体问题，也就是以国外的子公司或者投资项目本身为主体进行评价，还是以母公司为主体进行评价。评价的主体不一样，评价的结果就可能不一样。这是因为：（1）许可证费、专利权使用费等，对母公司来说是收益，但对投资项目的子公司来说是费用；（2）进行投资的子公司与集团母公司考虑的范围不一样，母公司要从企业集团全局对投资项目进行评价；（3）母子公司所在地的税率可能不一样；（4）如果是跨国投资，则要考虑汇率在不断变化，各国的通货膨胀率不完全一样，投资项目所在国的政府往往都会对税后利润汇回母公司进行限制，各国税率存在差异等。

关于如何确定投资项目的评价主体，理论界和实务界存在不同观点。从理论上看，主要有以下三种观点：（1）以母公司为评价主体。这种观点认为，对投资报酬和风险的考虑，归根结底是为了母公司股东的利益。这符合财富最大化的财务管理目标，因为母公司的现金流量最终是为了支付股利或实现集团的其他目标。（2）以子公司或者投资项目本身为评价主体。这种观点认为，母公司的投资者越来越分散，投资目标应该比以前更多地反映这一点。许多国际性的企业集团都制定了长期投资目标，子公司创造的利润趋向用于本地投资，而不是汇回母公司。基于这种考虑，从子公司或投资项目本身的角度来进行评价是适当的。强调当地项目的报酬符合使整个集团合并的收益最大的目标。(3) 分别以子公司为主体和以母公司为主体进行评价。这种观点认为，企业集团财务管理的目标是多元的、复杂的，这取决于构成公司和公司环境的投资集团和非投资集团的不同意愿。在母公司所在地以外的地区或国家投资时，当地政府是其中的集团之一。为了保证企业集团的整体利益和子公司的利益，应从两个方面进行评价：一是以子公司为评价主体；二是以母公司为评价主体。

3. 结合具体情况选择投资评价标准

企业集团是多元法人结构，并且具有多层次的组织结构。具有法人资格的集团成员在集团中的地位和作用各不相同，集团内部利益的矛盾比单体企业内部利益的矛盾要复杂得多。这些矛盾反映到集团的投资上，使得无论是成员企业自身采用的投资评价标准还是集团母公司用于评价子公司投资业绩的标准，都不可能完全统一。在某些领域，为了保证企业集团的总体利益，集团总部要确定统一的投资评价标准；在另一些领域，集团总部可根据事业部和分公司所处的行业等来决定不同的投资评价标准。

一个突出的例子是，当使用一个固定的投资报酬率作为企业集团子公司的投资报酬率标准时，如果某个投资项目的投资报酬率高于这个子公司的投资报酬率而低于整个企业集团的投资报酬率，或低于这个子公司的投资报酬率而高于整个企业集团的投资报酬率，都容易导致该子公司只顾自身利益而忽视集团的整体利益。在前一种情况下，该子公司可能会投资该项目以提高自身的投资报酬率，却降低了整个集团的投资报酬率；反之，子公司可能放弃这个可以使集团投资报酬率提高的项目。在这种情况下，只有引入其他投资指标，如剩余收益，才能保证集团利益的整体性。

4. 从集团全局的角度对投资项目进行功能定位

与单体企业相比，企业集团为投资的配套条件和实施的可能性拓宽了空间。同一个项目在企业集团这个群体中可能会有不同的功能定位。在不同的功能要求下，同一项目建设的内容和要求是不一样的，如投资建造一个工厂，其产品是对外销售还是对集团内部销售，对投资方式、选址、设备选择等方面的影响会有很大差异。子公司投资时确立的功能定位可能与母公司的规划不一致，这是集团成员在投资时要深入考虑的问题，当发生矛盾时，必须从集团全局的角度对投资项目进行功能定位。

6.2.2　企业集团投资的现金流量计算

1. 关于初始现金流量

一个投资项目的初始投资额，通常是按投资在厂房、机器设备等项目上花费的实际支出加需要垫支的营运资金来确定的，国内投资项目和国际投资项目都是如此。但对国际投资项目而言，在确定初始现金流量时，有时会遇到一些特殊问题。比如，A国X公司准备在B国建一投资项目Y，需投资100万元，但X公司原在B国的50万元资金被冻结，不能换成自由外汇汇回母公司，现在因为投资于Y项目，使被冻结的资金可以利用，则这50万元应作为原始投资额的减项予以扣除，这样会使现金流出量减少。

2. 关于营业现金流量

在确定国外投资项目的营业现金流量时，要充分考虑东道国的政治、经济政策对企业营业现金流量的影响。比如，在东道国放松银根、通货膨胀率将要上升的情况下，就要充分考虑可能产生的通货膨胀对现金流量的影响。

3. 关于终结现金流量

从理论上讲，国外投资项目都会有一定的终结现金流量。确定终结现金流量的方法主要有两个：

（1）清算价值法。主要适用于投资项目的寿命终了，不能再继续营业的项目。把有关的固定资产清理变卖，垫支的营运资金收回，就能确定终结现金流量。

（2）收益现值法。主要适用于经营期限终了，但项目还能继续使用的投资项目。在采用这种方法时，应根据尚可使用的年限、每年产生的净现金流量和适当的贴现率，把投资项目继续使用的收益转化为项目终了时的现值，以此现值作为终结现金流量。但在国际投资中，有的投资项目所在国的政策可能规定，投资项目经过一定年限即转为所在国所有，则项目的终结现金流量为零。

4. 关于汇回母公司的现金流量

如果以母公司作为评价主体，所采用的现金流量必须是汇回母公司的现金流量。关于汇回母公司的现金流量，有如下一些问题需要说明：

（1）投资项目现金流量中可汇回额的确定问题。国际投资项目在生产经营中形成的净现金流量（税后利润加折旧）能不能全部成为母公司的现金流量，要看投资项目所在国政府有没有限制性条款。有些国家的法律对汇回母公司的现金流量有各种限制，国际投资项目产生的现金流量不能全部视为母公司的现金流量，只能按可汇回的数额进行计算。

（2）现金流量换算中的汇率选择问题。投资项目的现金流量是不断产生的，一般来说也是不断汇回母公司的。国际投资项目产生的现金流量按投资项目所在国的货币进行计量，汇回母公司时，必须按照母公司所在国的货币进行计量，这就有一个选择汇率进行折算的问题。一般而言，选用汇回现金流量时的汇率进行折算。

（3）关于纳税调整问题。一般而言，国际投资项目汇回的现金流量中，有一部分已经纳税（指以股利形式汇回的税后利润），为了避免企业出现双重纳税的情况，一般在国外已纳税的现金流量汇回母公司时可享受一定的纳税减免，当然具体减免的数额会因各国税法的不同而不同。即使在一国内部，不同地区的税率也是有差异的，如在经济特区或者高新技术开发区建立的子公司，享受的优惠税率往往与母公司的税率不一致。在确定母公司现金流量时，必须考虑这一问题。

(4) 关于母公司原出口额丧失的调整问题。如果母公司在对某国进行投资之前，对该国有一定的出口，可以赚取一定的利润，在该国设立新的投资项目后，原来母公司的出口就为新项目所取代。在这种情况下，要以投资项目汇回的现金流量扣除因丧失出口而减少的利润额后的净额作为母公司的现金流入。

6.2.3　企业集团投资的决策实例

为了说明国际企业集团投资决策中的一些具体问题，我们以某跨国企业集团为例进行分析。

【例6-3】 一家总部设在A国的跨国公司将在B国进行一项投资。项目分析小组收集到如下资料。

(1) A国一家跨国公司准备在B国建立一家独资子公司，生产和销售B国市场上急需的电子设备。该项目的固定资产需投资12 000万B元，另需垫支营运资金3 000万B元。采用直线法计提折旧，项目使用寿命为5年，5年后固定资产残值预计为2 000万B元。5年中每年的销售收入为8 000万B元，付现成本第1年为3 000万B元，以后随着设备陈旧，将逐年增加修理费400万B元。

(2) B国企业所得税税率为30%，A国企业所得税税率为34%。如果B国子公司把税后利润汇回A国，则在B国缴纳的所得税可以抵减A国的所得税。

(3) B国投资项目产生的税后净利可全部汇回A国，但折旧不能汇回，只能留在B国补充有关的资金需求。A国母公司每年可从B国子公司获得1 500万B元的特许费及原材料销售利润。

(4) A国母公司和B国子公司的资本成本均为10%。

(5) 投资项目在第5年年底出售给当地投资者继续经营，估计售价为9 000万B元。

(6) 在投资项目开始时，汇率为800B元∶1A元。预计B元相对A元将以3%的速度贬值。各年年末的预计汇率详见表6-1。

表6-1　各年年末的预计汇率

年份	计算过程	汇率（B元/A元）
0	—	800.00
1	$800\times(1+3\%)$	824.00
2	$800\times(1+3\%)^2$	848.72
3	$800\times(1+3\%)^3$	874.18
4	$800\times(1+3\%)^4$	900.41
5	$800\times(1+3\%)^5$	927.42

要求：根据以上资料分别以B国子公司和A国母公司为主体评价投资方案是否可行。

(1) 以B国子公司为主体进行评价。

第一，计算该投资项目的营业现金流量，详见表6-2。

表6-2 投资项目的营业现金流量 单位：万B元

年份	1	2	3	4	5
销售收入（1）	8 000	8 000	8 000	8 000	8 000
付现成本（2）	3 000	3 400	3 800	4 200	4 600
折旧（3）	2 000	2 000	2 000	2 000	2 000
税前净利润（4）=（1）-（2）-（3）	3 000	2 600	2 200	1 800	1 400
所得税（5）=（4）×30%	900	780	660	540	420
税后净利润（6）=（4）-（5）	2 100	1 820	1 540	1 260	980
营业现金流量（7）=（1）-（2）-（5）=（3）+（6）	4 100	3 820	3 540	3 260	2 980

第二，计算该项目的全部现金流量，详见表6-3。

表6-3 投资项目现金流量计算表 单位：万B元

年份	0	1	2	3	4	5
固定资产投资	-12 000					
营运资金垫支	-3 000					
营业现金流量		4 100	3 820	3 540	3 260	2 980
终结现金流量						9 000
现金流量合计	-15 000	4 100	3 820	3 540	3 260	11 980

第三，计算该项目的净现值，详见表6-4。

表6-4 投资项目净现值计算表 单位：万B元

年份	各年的净值 (1)	现值系数（$PVIF_{10\%,n}$） (2)	现值 (3)=(1)×(2)
1	4 100	0.909	3 727
2	3 820	0.826	3 155
3	3 540	0.751	2 659
4	3 260	0.683	2 227
5	11 980	0.621	7 440
未来报酬的总现值			19 208
减：初始投资			15 000
净现值			4 208

第四，以子公司为主体做出评价。该投资项目净现值为4 208万B元，说明是一个比较好的投资项目，可以进行投资。

(2) 以A国母公司为主体进行评价。

第一，计算收到子公司汇回股利的现金流量。子公司汇回的股利可视为母公司的投资收益，应按A国税法纳税，但已在B国纳税的部分可以抵减A国所得税。因此，要在考虑两国所得税的情况下对股利产生的现金流量进行调整，详见表6－5。

表6－5　股利现金流量所得税调整表

年份	1	2	3	4	5
汇回股利（1）	2 100	1 820	1 540	1 260	980
汇回股利折算成税前利润（2）	3 000	2 600	2 200	1 800	1 400
B国所得税（3）	900	780	660	540	420
（以上单位为万B元）					
汇率（4）	824	848.72	874.18	900.40	927.42
（以下单位为万A元）					
汇回股利(5)＝(1)/(4)	2.55	2.14	1.76	1.40	1.06
汇回股利折算成税前利润(6)＝(2)/(4)	3.64	3.06	2.52	2.00	1.51
A国所得税(7)＝(6)×34%	1.24	1.04	0.86	0.68	0.51
B国所得税(8)＝(3)/(4)	1.09	0.92	0.76	0.60	0.45
向A国实际缴纳所得税(9)＝(7)－(8)	0.15	0.12	0.10	0.08	0.06
税后股利(10)＝(5)－(9)	2.40	2.02	1.66	1.32	1.00

第二，计算因增加特许费及原材料销售利润所产生的现金流量，详见表6－6。

表6－6　特许费及原材料销售所产生的现金流量

年份	1	2	3	4	5
特许费收入及原材料销售利润（万B元）	1 500	1 500	1 500	1 500	1 500
汇率	824	848.72	874.18	900.40	927.42
特许费收入及原材料销售利润（万A元）	1.82	1.77	1.72	1.67	1.62
所得税（34%）（万A元）	0.62	0.60	0.58	0.57	0.55
税后现金流量（万A元）	1.20	1.17	1.14	1.10	1.07

第三，计算A国母公司的现金流量。为此，要先把初始现金流量和终结现金流量折算为A元。初始现金流量为15 000万B元，折算为A元为18.75万A元（15 000/800）。终结现金流量为9 000万B元，折算成A元为9.7万A元。下面通过表6－7计算A国母公司的现金流量。

表6－7　项目现金流量表　　单位：万A元

年份	0	1	2	3	4	5
初始现金流量	－18.75					
营业现金流量						
税后股利		2.40	2.02	1.66	1.32	1.00
特许费收入及原材料销售利润（税后）		1.20	1.17	1.14	1.10	1.07
终结现金流量						9.70
现金流量合计	－18.75	3.60	3.19	2.80	2.42	11.77

第四，计算该项目的净现值，详见表6－8。

表6-8 项目净现值计算表

单位：万A元

年份	各年的净值 (1)	现值系数：$PVIF_{10\%,n}$ (2)	现值 (3)=(1)×(2)
1	3.60	0.909	3.27
2	3.19	0.826	2.64
3	2.80	0.751	2.10
4	2.42	0.683	1.65
5	11.77	0.621	7.31
未来报酬的总现值			16.97
减：初始投资			18.75
净现值			−1.78

第五，以母公司为主体做出评价。从母公司的角度来看，该投资方案的净现值为1.78万A元，说明投资项目效益不好，故不能进行投资。

这一示例说明，采用的评价主体不一样，得出的结论也可能不一样。究竟是否应该进行投资，取决于财务经理对待评价主体的态度。如果财务经理认为应以国外进行投资的子公司为评价主体，则此项目可行；反之，如果财务经理认为应以A国母公司为评价主体，则此项目不可行。

6.2.4 企业集团投资多元化

1. 多元化经营概述

投资多元化，也称多元化经营，是指一个企业在两个或更多的行业从事经营活动，主要是同时向不同的行业市场提供产品或服务。按照多元化程度的差异，可以把实行多元化经营的企业分为四种类型：

（1）单项业务型，指企业一项产品销售收入占企业销售收入总额的95%以上。这种战略的风险性是显而易见的，目前世界上的大中型企业大多数已不采用这种战略，但相当数量的中小企业由于条件所限，仍然采用这种战略。

（2）主导产品型，指企业一项产品的销售收入占其销售收入总额的70%～95%，即企业集中大部分力量生产一种主导产品，同时生产部分其他产品，在有限的市场上集中精力竞争。这是大多数企业采取的战略。

（3）相关联多元化型，指多元化扩展到相关的领域，没有一个单项产品能占销售总额的70%。

（4）无关联多元化型，指企业进入与原来业务无关的领域。

前两种战略其实不是多元化经营，充其量只是有多元化的一小部分业务；后两种战略都是多元化经营，即企业生产多种产品，进入多个市场竞争，这是目前大多数大型企业在发展过程中实行的战略，也是企业集团发展的战略重点之一。

【例6-4】 美国参议员布莱尔在一次参议院听证会上谈到国际电话电报公司（ITT）的消费品生产和劳务的多元化时提到“每个家庭都可以从ITT公司获取所有的日用消费品，可以买到房屋，进行房屋保险，外出旅游可以住进该公司开的旅馆，乘坐它出租的汽车，吃到它生产的面包，看到它制造的彩色电视，从该公司生产的自动售货机里买到香烟和咖啡，还可以从该公司的金融机构取得贷款。”经济发达国家大型企业集团的多元化经营状况可见一斑。

2. 企业集团多元化经营的动机和内外部影响因素

多元化经营的动机可以分为两类：

（1）进攻型动机促成的多元化经营。在某一领域获得成功的企业受到社会的广泛关注，会有很多其他领域的机会摆在它们面前，同时，它们往往认为运用相同的模式可以在其他领域取得成功。在多元化竞争战略中失败的企业往往是在资源配置能力较低、核心竞争力还未形成的情况下就仓促进入多元化经营阶段。

（2）防御型动机促成的多元化经营。一般认为多元化经营可以分散经营风险，这成为实施多元化经营的一个主要动机。但是，这一看似常识性的看法在一些研究中被证明是不成立的——这些研究表明多元化经营与风险的降低没有直接关系。把鸡蛋放在多个篮子里造成的安全感所引起的心理疏忽，照样会使鸡蛋全部被打破，有时还不如全部放在一只篮子里再全力以赴看护篮子的效果好。

以上两大类动机的产生是企业集团内外部影响因素发生作用的结果。

外部环境的影响主要包括四个方面：

（1）市场需求饱和。这时，再投资生产或扩大产量，必然导致供给过剩，产品积压，价格下降。尤其是在现代信息社会和科技高度发达的条件下，任何社会需求的信息都会造成一批企业或生产线上马，达到供求平衡的时间差越来越短。另外，产品都有寿命周期，现代科技的飞速发展使得这一周期越来越短。当企业利润开始下降甚至亏本时，就不得不转向新的市场领域，形成多元之势。

（2）成本提高或销售价格降低到难以承受的程度。在这种情况下，产品市场并未饱和，但竞争过于激烈，庞大的广告费用支出以及愈演愈烈的降价促销风潮迫使企业开发新的产品或者寻求新的竞争相对缓和的领域。

（3）政府的反垄断措施遏制了大企业在某一领域的大规模发展，使其不得不进行多元化经营。

（4）社会需求的多样化是现代生活水平提高的标志，优秀的企业善于迎合这一趋势，主动开发相关的市场，引导需求的形成。

内部条件的影响也有四个方面：

（1）企业潜在的剩余资源需要发挥作用。假如其他条件不变，则投资收益率、研究开发费用对销售额的比率以及广告宣传费用对销售额的比率越高，企业越能积极从事多元化经营。①

（2）管理者力图分散企业的经营风险。

（3）在某些情况下，企业业绩与原先的战略目标有较大的差距，也是迫使企业进行多元化经营的原因之一。

---

① 王北辰，李士瀛，张霁野．现代企业经营与发展战略．北京：经济管理出版社，1987：336.

（4）企业集团在技术、资金、科研方面的联合作用和集团成员的独立法人地位，以及疏密有致的多层次组织结构，也使多元化易于实现。企业实行多元化而形成企业集团与企业集团自身实行多元化战略是统一的。

3. 多元化战略的一般分类

按照多元化与企业集团原有的技术和市场的关系，可以把多元化战略分为四类。

（1）技术相关型。即某一主导产品销售额低于企业销售总额的 70%，但其技术上相关的产品群的销售额大于企业销售总额的 70%，虽然这些产品群的用途各不相同。例如，日本川崎重工业公司以造船和飞机制造技术为中心，把船舶、车辆、飞机、机械、钢铁、发动机联系起来；日本中央玻璃公司以化工技术把玻璃化学产品和化肥联系起来。

（2）市场相关型。即某一主导产品销售额低于企业销售总额的 70%，但其市场上相关的产品群的销售额大于企业销售总额的 70%。例如，同时生产胶片、摄像机、影印机的企业集团；同时生产牙刷、牙膏、清洁剂、化妆品的企业集团等。

（3）市场技术相关型。即某一主导产品销售额低于企业销售总额的 70%，但其技术和市场上相关的产品群的销售额大于企业销售总额的 70%。日本的松下、索尼等许多大型企业集团实行的都是这一战略。

（4）非相关型。即无关联多元化。例如，美国的杜邦公司除了经营化学工业产品，还进入制药、食品、化妆品、纺织、冶金、电子、运输、饭店等行业。

从战略的角度看，市场、技术与多元化的关系如图 6-2 所示。

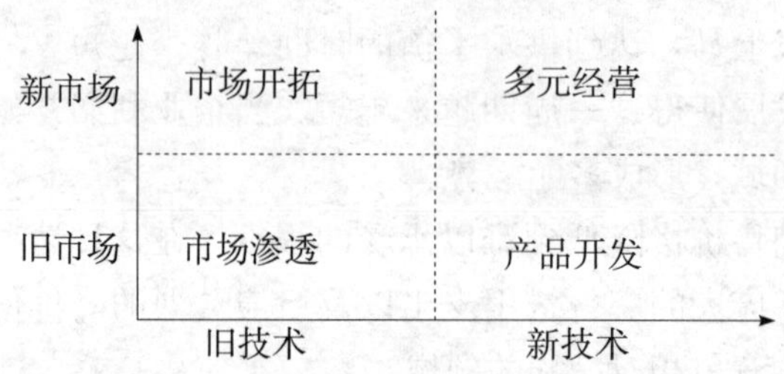

图 6-2 市场、技术与多元化关系图

4. 多元化经营的风险与障碍

虽然随着企业和企业集团的规模越来越大，多元化经营似乎是必然的趋势，但在国内外众多因实行错误的多元化战略而倒闭的大企业、大企业集团的影响下，多元化经营的风险越来越引起关注。多元化经营的风险与障碍主要包括以下几个方面。

（1）资源配置过于分散。如前所述，任何一个企业或企业集团的资源都是有限的，经营资源的剩余是发展多元化的条件。多元化发展必然导致将有限的资源分散于每一个发展的产业领域。进入陌生的产业领域恰恰需要超常的运作费用（企业内部的学习和磨合费用、投资于顾客认知的费用和使顾客偏好转向本企业产品的费用等）。资源不足可能会使企业发展的多元领域得不到足够的支持，甚至无法满足在某一产业领域的最低投资规模要求和最低水平竞争要求，结果在与相应的一元化经营的竞争对手较量中失去优势。从这种意义上说，多元化经营不仅没能规避风险，反而加大了企业经营的风险。

(2) 产业选择误导。采用多元化战略的企业往往是受到某投资领域收益率比较高的诱惑而进入该领域的。实际上，选择投资领域更多要考虑自身的实力与优势，看能否在这一领域形成自己的核心能力。

以上两个风险集中表现在盲目和过分多元化上。多元化经营的企业必须具备三个条件——资金、技术和管理，三者缺一不可。而失败的企业均是在这三个条件不具备或不完全具备的情况下走上了多元化扩张之路，将原来健康的产业拖垮。

【例 6-5】 娃哈哈集团是一家集产品研发、生产、销售为一体的大型食品饮料企业集团，也是中国最大的饮料生产企业。尽管在饮料市场上取得了领先地位，但考虑到公司的长远发展和分散风险的需要，娃哈哈集团开始谋求多元化发展。为了寻找新的增长点，从2010年起，娃哈哈集团就开始了持续的多元化探索。当年5月，娃哈哈集团高调宣布与荷兰皇家乳品公司合作，为其代工生产“爱迪生奶粉”，决心进入奶粉品牌前列，但其市场占有率不足1%。2012年，集团试水零售业，进军城市商业综合体，并开设娃欧商场。作为娃哈哈集团在零售业的首家也是唯一一家商场，娃欧在2014年因持续亏损而难以维系，被迫转型。2013年11月，集团宣布斥资150亿元进入白酒行业，与金酱酒业共同成立酒业销售公司，却业绩低迷。娃哈哈集团在主营业务增长乏力的情况下进行如此大跨步的非关联多元化，不仅没有为主业分忧，反而成为集团的拖累。2014年，集团年度目标是实现销售额1 023亿元，结果只完成约728亿元，同比业绩罕见下滑7%，被宗庆后称为“娃哈哈业绩最差的一年”。

(3) 技术壁垒和人才壁垒。现有企业持有的专利和专有技术可以保护其免受新进入者的威胁，即新进入者无法取得或掌握关键技术，这种壁垒多存在于高新技术、医药等产业。同时，企业的技术竞争和管理竞争最终都要落实到人才的竞争上。然而每个人才都有自己的专长，所以企业在进行多元化经营时，往往资金是现成的，技术和设备是可采购的，却一时找不全所需的人才。没有所投资领域的专业和管理方面人才的支撑，多元化就很可能受阻。

(4) 成本壁垒和顾客忠诚度壁垒。已存在的企业在原材料、能源、零部件供应商等方面使新加入者处于不利地位。已存在的企业在商标、服务、综合信誉上的前期投入必然产生相当程度的消费者偏好，因而具有超过新进入者的优势。据统计，美国顾客对电池、罐装蔬菜具有品牌忠诚度的在30%以下，而对牙膏、蛋黄酱和香烟的品牌忠诚度分别达到61%，65%和71%。要消除顾客的品牌忠诚度，新进入者必须实施三种战略：细分市场的差异化战略、密集广告的压迫型战略和低价促销的让利型战略。在财务上，第一种战略依赖很高的研发费用和市场调研费用，第二种战略依赖大额投入的广告费，第三种战略则依赖售价开辟市场，具有很高的边际敏感性。这三种战略常常混合使用，可以预见的是，新进入者通常会面临初始阶段的亏损，并且这种亏损会延续一段时间。如果不能渡过这个难关，新进入者血本无归的可能性极大。

(5) 抵制性壁垒和政策性壁垒。大规模进入某一产业，原有企业会做出强烈反应，它们往往利用在该领域经营的优势发起竞争，有时甚至不惜代价地遏制新加入者。同时，国家法规禁止私人企业进入某些行业，或颁布各种产品标准、污染防治标准等提高进入的难度，地方保护主义政策损害市场统一的情况也时有发生。

5. 多元化战略与经营业绩

在多元化战略与经营业绩的关系中争议最大的是无关联多元化，国外研究表明，无关联多元化使企业集团所有者与高层管理者进入不熟悉的经营领域，决策的延误和失误概率大大增加。在兼并中，无关联的兼并与同行业兼并相比成功率要低，往往是在兼并后又重新剥离资产，出售那些达不到规模经济要求与高质量管理要求的部分（这也促成了新一轮的并购）。韩国学者对韩国 1989 年 49 家大集团、20 世纪 70 年代日本的 118 家大企业和其他国家的 100 家大企业进行多元化类型比较后发现，韩国企业集团的非关联型行业占行业总数的 57%，而日本是 6.8%，美国是 19%，英国是 6%，德国是 18%，法国是 10%。可见，欧美国家的企业集团和大公司的发展方向是专业化和相关行业的多元化。难怪后来 1994 年韩国政府相关部门根据金泳三政府的新经济政策，要求各集团确定重点发展的行业和骨干企业名单，弱化无关联多元化，以集中优势提高国际竞争力。当然，无关联多元化并不是绝对不行，在企业的主业风险太大、资金充裕、行业前景不佳、准备主业转型或面临重大投资机遇等情况下，无关联多元化不仅要考虑，有时还是必需的。在企业集团纵向一体化的情况下，无关联多元化发生的可能性更大。因为在核心企业涉足原料采购、产品包装、市场营销等领域的纵向一体化中，投资的不相关性本来就很强。

国内外学者对多元化战略与经营业绩做了很多研究。鲁梅尔特（Rumelt，1974）在其著作《战略、结构与绩效》中指出，实行相关多元化发展战略的企业绩效会优于实施非相关多元化发展战略的企业，其原因是相关多元化带来的业务一体化、范围经济及核心技能的潜在可转移性形成的经济性等相关利益会超过非相关多元化的利益，非相关多元化的利益主要表现在外部资本市场和低破产概率所带来的经济性上。格兰特（Grant，1988）等人指出，多元化经营可以帮助上市公司提高抵御外部风险的能力，化解竞争威胁并实现资源共享，同时利用内部资本市场优化资源配置，突破外部资本市场融资约束的瓶颈，创造更多的价值，因此公司业绩与经营业务的多少呈正向关系。同时，他们还认为，这种关系只是在一定的相关范围内有效，在相关范围之外，随着经营业务越来越多，公司业绩呈下降趋势。福弗（Fauver，2004）的研究则认为，多元化作为一种经营战略和管理方式，本身没有优劣之分，如果上市公司具有成熟的内部条件和外部环境，多元化经营就能成功，否则就会失败。虽然多元化经营下的企业价值一直是学术界和实务界关注的热点，但是现有研究并未得出一致的结论。①

财务管理方面的分析针对的是多元化经营带来的经营风险、融资便利和税收利益等问题，并研究这些因素对股东利益的最终影响。阿米特和李纳特（Amit and Livnat，1980）的研究考察了多元化发展战略对企业风险的影响。研究结果表明，尽管实施多元化发展战略的企业具有较低的获利能力，但是高水平的多元化发展战略存在低风险的特征，即纯财务目的的多元化经营会减少现金流的波动，降低经营风险。② 伯格和奥弗克

---

① 姚立杰，李刚，程小可，等. 多元化经营、公司价值和投资效率. 科学决策，2010 (12).

② Raphael Amit，Joshua Livnat. Diversification strategies，business cycles，and economic performance. Strategic Management Journal，1980，9 (2)：99-110.

(Berger and Ofek，1995) 揭示出多元化企业存在过度投资和交叉补贴问题，但是多元化经营带来的税收利益减少了损失。与单一经营企业相比，多元化企业内部的部门盈利能力较低，过度投资倾向更大。[①] 王峰娟等人（2009）运用基于分部数据的多案例研究方法，研究了中国上市公司多元化对内部资本市场效率的影响。研究发现，多元化程度对内部资本配置效率有直接影响。从专业化到多元化发展的初期，内部资本配置效率会得到提高；超过一定程度后，多元化程度上升会降低内部资本市场效率。[②]

需要指出的是，企业的长期发展取决于是否拥有核心竞争力，而核心竞争力的形成需要付出极大的努力和长期的积累。一般来说，企业核心竞争力的形成同企业所从事的经营领域有密切的关系，所以，实行专业化经营，将主要精力集中于最熟悉、最具实力的经营领域，是增强企业竞争力的最有效途径。如果一个企业缺乏长期积累和培育核心竞争力的毅力，而被短期的利润诱惑，盲目从事多元化经营，失败的可能性非常大。当然，专业化并不排斥多元化，国内外许多成功的大型企业集团都经历了由成功的专业化起家，然后多元化发展，最终在多个领域实现专业化的历程。可见，在专业化经营的基础上实行多元化，在多元化的基础上进一步增强专业化，争取在多个领域形成专业化经营的优势，并利用多领域发展的条件降低风险、形成更强的核心竞争力，是企业实施多元化战略的正确选择，也是企业集团成长的正确选择。

6.3　企业集团分配管理

分配是企业集团财务管理中又一个重要问题，科学的分配制度能够合理调节各方面利益关系，保证企业集团顺利发展。

6.3.1　企业集团分配管理的重点

由于企业集团组织结构的复杂性，对企业集团财务分配的研究不得不从单纯的成果分配层次拓宽到利益分配层次，管理的重点并不是单体企业范围内的企业对所有者、债权人乃至经营者与职工的具体分配，而是一种“反向”的分配，即母公司（或集团核心企业）站在集团成员企业外部，对各事业部和子公司利益的协调。这是为什么呢？在单体企业中，财务分配的方向是从企业法人到企业所有者。在企业集团中，子公司的所有者是母公司，它是实际控制或施以重大影响的一方。在单体企业推行现代企业制度、经营者与所有者分离的情况下，在企业集团尤其是产业型企业集团中要求母公司这个所有者更好地控制子公司，才能发挥企业集团的功能，符合企业集团形成的初衷。因此，在企业集团中，全资子公司和控股子公司对所有者分配管理的实际意义大大降低，因为此项分配几乎完全是由母公司决定的。于是，企业集团分配管理的重心也就发生了上述变

---

① Berger, P. G., E. Ofek. Diversification's effect on firm value. Journal of Financial Economics, 1995 (37): 39-65.

② 王峰娟，邹存良. 多元化程度与内部资本市场效率——基于分部数据的多案例研究. 管理世界，2009 (4).

化，即从经营成果的分配问题转化为集团中利益协调与激励机制问题。

从另一个角度考虑，企业集团的形成引起了分配关系的相应变化，部分否定了按生产资料分配经济收益的形式，导致出现新的利润分配格局。这主要是由于集团内部不同的所有制成员企业之间进行了资金、人力资源、技术和经营管理的联合。于是，便产生了按资本、生产技术、经营管理等要素投入的状况参与利润分配的新格局。分配的这种变化反过来成为企业集团内部所有制结构和组织形式变化的催化剂。总之，企业集团的收益分配又是对集团股东和成员企业的资本投资、专业协作的评价与报答，是企业集团资金和其他联结纽带的必然延伸。

在这样的管理思想指导下，企业集团的分配内容是集团母公司对集团内部发生的合作和交易事项中，影响各成员最终利益的因素进行的控制和规划，如内部转移价格的确定、总部管理费用的分摊、子公司利润的"上缴"与母公司盈余的"发放"（具体方式不同于总公司与分公司的直接上缴与发放）等。

企业集团的收益分配涉及比单体企业更多的利益主体和更复杂的利益关系，因此需要一套由全体集团成员遵照法律、规章和相关协议制定并共同实施的科学系统、公平合理的分配制度。企业集团分配管理的基本原则是，既要平等互利、协调发展，又要打破"大锅饭"，真正起到激励作用。

6.3.2 内部转移价格

1. 内部转移价格的概念与形式

企业集团内部有一个任何单一法人企业都不具备的特殊场所——内部市场。内部市场是一个集团成员企业之间资金、技术、产品等交换和衔接的场所。在现代经济社会中，最终产品的生产过程往往包括多个生产工序，企业间的交易金额和数量远远超过企业最终与消费者之间的交易量。集团内部市场既有协作的关系，可以节约一次又一次搜索交易对象和决定交易条件的费用，又有外部市场经济主体间的竞争效应。为了将市场竞争机制引入企业集团内部，合理考核企业集团内部生产经营部门的业绩，有必要对集团成员企业之间产品和劳务的交易制定内部转移价格。

与单体企业相比，企业集团内部转移价格涉及范围更广，包括集团内部投资中心或利润中心的不同原材料、产品和品牌等无形资产；作用范围也更大，不但影响企业内部的生产费用计量，还影响企业的外部交易费用（如采购费用、销售费用、税收、管理费用等）。因此，只有合理确定内部转移价格，才能克服本位主义，保证企业集团合理的资金结构和整体利益的实现。

内部转移价格主要有下面几种形式：

（1）以实际成本为基础确定的内部转移价格。可以按内部产品的实际生产成本，也可以以此为基础加上一定的利润比例来确定内部转移价格。这种形式的内部转移价格具有客观性，而且资料容易取得，主要弊端在于不可避免地会把产品提供方在成本控制上的业绩和不足转移给产品的接受方。这样既不便于业绩考评，也不利于促进集团成员企业对生产成本的控制。

（2）以标准成本为基础确定的内部转移价格。以标准价格为基础确定内部转移价格，避免了下游子公司的采购成本随上游子公司生产效率变动的不科学性，消除了成绩相互共享或不足相互转嫁的可能性，具有稳定、使用方便的特点。但这种方法对标准成本制定的科学性要求较高。在此基础上同样可以加上一定的利润比例，以调动产品提供方的积极性。

（3）以市场价格为基础确定的内部转移价格。前述两种内部转移价格的形式都没有考虑产品市场本身的波动。如果还采用了利润加成，加成比例的确定也是一个容易引起产品提供方和接受方利益矛盾的问题。以市场价格为基础确定内部转移价格就比较公允，并且可以促使产品提供方积极加强成本管理，参与市场竞争，提高生产效率。采用这种形式的内部转移价格要注意的是：第一，必须有公开有效的产品市场存在，否则无法取得或者无法确定合理的市场价格；第二，在市场价格的基础上必须考虑内部产品与外部产品在运输、包装等方面的不同，制定内部转移价格时要消除这些因素的影响。在以分权体制为组织结构基础的企业集团中，以市场价格为基础制定内部转移价格与其权利配置格局相符。

以上各种内部转移价格的制定都有优缺点，需要根据企业集团的具体特点做出选择。

2. 内部转移价格与企业集团的组织层次

制定企业集团内部转移价格应当考虑交易双方在企业集团组织层次中的具体位置。以母子公司体制为主体，企业集团核心层与成员企业分别建立控股、参股、协作关系，形成三个层次，第一层次为企业集团的核心层，以下依次为紧密层、半紧密层和松散层，最终组建成为企业集团。

企业集团的核心层负责整个集团的投资方向、重要人事任免、分配制度制定等重大决策，并对各成员企业实施监督，是集团的决策中心。企业集团整体与核心企业的关系有两种情况：（1）集团总部与核心企业实际上是资产一体的经济关系，核心企业就是集团的母公司，既行使母公司的职能，又行使企业集团的职能。即核心企业（母公司）对内行使管理职能，对外代表企业集团整体。我国企业集团基本上都是在原有核心企业的基础上兴建的，往往是一套机构、两块牌子。（2）集团总部与核心企业实现资产的分离，集团就是母公司，核心企业是集团的一个子公司，基本上完成了公司的改制，这种情况下集团与核心企业就是母子公司的关系，集团实行资产经营，子公司实行生产经营，二者实际上是股东和企业的关系。

紧密层由集团内的专业子集团或专业总公司构成，是经营主体，一般是集团的利润中心，集团总部与各行业子集团或专业总公司具有控股关系；专业子集团或总公司下属的企业主要负责生产，以提高产品质量、增加产品品种、降低成本为主要目标，可归为集团的成本中心。企业集团的各层次依照与核心层的资本联结紧密关系和职能分配关系来分管业务、分担风险、分享收益。

企业集团的紧密层与非紧密层和松散层之间的中间产品价格的制定及执行情况，直接影响集团成员企业间利益分配的合理性。若内部转移价格高于正常情况，则转出中间产品的成员企业将获得较高的利润；反之，则遭受损失或丧失机会收益。在制定内部转移价格时，如果需要针对产品提供方和接受方在集团内所处地位不同而有所差异，还可以考虑以下三点①：

（1）核心企业向非紧密层企业出售产品时，若有市场价格可以市场价格为内部转移价格，无市场价格则以高于或等于企业目标成本的实际成本为基础，用实际成本加成法来制定内部转移价格。

（2）核心企业向紧密层企业出售产品时，对有市场价格的产品应以略低于市场价格的协议价格为内部转移价格，对无市场价格的产品则采用标准成本加成法制定内部转移价格。

（3）核心企业从非紧密层和紧密层企业购入产品时，应采用市场价格和不高于市场价格的协议价格，无市场价格时应以核心企业制定的目标成本为基础，采用标准成本加成法制定内部转移价格。

以上几个方面侧重于对紧密层和非紧密层企业采用不同的计算基础，目的在于给紧密层以适当照顾，鼓励企业生产经营的积极性，增强集团的凝聚力，在有控制权的情况下可以在利润分配时再进行利益调节。

3. 内部转移价格与企业集团的税收筹划

为减轻税负而设计的内部转移价格可以实现成员企业之间的利润转移，降低企业集团整体税负。

成员企业之间往往通过以下业务制定内部转移价格，影响各成员企业的成本和利润：

（1）通过零部件、产成品的销售价格影响产品成本和利润；

（2）在关联企业之间收取较高或较低的运输费、保险费、佣金等以转移利润；

（3）通过关联企业之间的固定资产购置价格和使用期限影响产品成本和利润水平；

（4）通过咨询费、特许权使用费、贷款的利息费用以及租金等影响关联公司的产品和利润。

例如，企业集团有一个全资子公司为福利企业，暂免征收企业所得税，则企业集团的其他成员企业可以将产品以较低的价格出售给这个福利企业，让其以较高价格出售以获取利润。

企业集团利用内部转移价格进行税收筹划一般有以下优势：

（1）集团内部各纳税企业的税率可能存在差异，比如集团有两个全资子公司甲和乙，甲适用高税率，乙适用低税率或处于免税期，甲企业销售产品给乙企业时，应采用低价；相反，乙企业销售产品给甲企业时，应当尽量采用高价。

（2）企业集团内部各纳税企业盈亏存在差异，比如集团有A，B两个企业，A企业处于高利润期，B企业处于亏损期，则A企业可以通过内部转移价格向B企业转移利润，减轻企业集团的整体税负。

---

① 阎达五，阎金锷．我国企业集团利益分配探讨//阎达五．阎金锷．改革中的会计与审计论文集——阎达五、阎金锷教授论文汇编（1991—1998）．北京：中国人民大学出版社，1998：236．

值得注意的是，采用内部转移价格转移利润必须有度。税法明确规定，关联企业间的交易应当按照独立企业间的交易进行，否则税务机关将进行调整。因此，采用内部转移价格转移利润应当在商品价格波动的合理范围内进行，并且有充足的理由。

6.3.3 企业集团内部的利益分配方法

如前所述，企业集团分配管理的重心从经营成果的分配问题转化为集团中利益协调与激励机制问题。

从经营成果分配的角度来看，以母子公司体制为基础的股份制企业集团内部，以及企业集团中以股份联合的核心层、紧密层和半紧密层之间，应该按照相应的股份比例对经营成果进行股息形式的分配和红利形式的分成，即母公司按照在子公司股本中的比例享有子公司分配的现金股利和股票股利。这是现代企业集团利润分配的主要发展方向。需要注意的是：（1）中间层级的公司收到的下级子公司的股利正是对子公司投资的回报，属于其经营成果的一部分，相应地要向上一层级的母公司进行分配。（2）很多情况下，子公司的利润都以资本公积、未分配利润等形式留在公司中，作为以后发展的资金来源，但这往往是控股母公司在子公司董事会上的决策。这种情况下，母公司仍可将这部分子公司的经营成果视为自己获得的投资收益，这与合并会计报表中对控股子公司采用权益法是一致的。

根据企业集团的规模与层次、成员企业的性质和地位，集团内部分配还可以有多种方法。

1. 完全内部价格法

完全以内部价格进行集团内部交易，盈亏自负，不进行各企业间的利润分割。通常适用于集团核心层或紧密层与其他层次间的利益分配，或是某些需要按市场方式交易以激励成员企业降低成本、提高生产效率的领域。一般情况下，这种内部价格直接以市场价格为基础制定。

2. 一次分配法

企业集团以体现平均先进的劳动耗费的标准成本为基础，加上分解的目标利润，确定各成员企业配套零部件的内部协作价格。由于这种内部协作价格包括分解的目标利润，因而利润是在成员企业出售零部件时一次实现的。

3. 二次分配法

首先，企业集团内部各成员企业共同协商确定主要产品的目标成本，并以此为基础确定零部件和半成品的目标成本，作为集团内部各成员企业之间的内部转移价格。各成员企业的实际成本与内部结算价格形成的盈亏差额由各成员企业自己承担，由此激励成员企业提高生产效率，降低生产成本。

其次，以最终产品的销售收入减去产品目标成本的余额或者盈利作为分配基金，按一定的标准在各成员企业之间进行二次分配。集团成员通过二次分配来获得集团整体盈利中自身相应的部分。

二次分配的标准是考虑集团成员差异化的关键之处，这一标准可以是：(1) 各成员企业的目标成本占最终产品目标成本的比例。(2) 各成员企业产品目标成本中劳动力成本占最终产品目标成本中劳动力成本的比例。(3) 先按一定利率补偿各成员企业投入的资本（即 (1) 中所指的成本），然后按 (2) 的标准进行分配等。在集团内部，应根据生产流程、资金占用和人工投入等因素的不同，本着公平和互利的原则确定标准。

二次分配法可以在不同的紧密层与非紧密层企业中灵活使用，将内部价格与事后的利润分配较好地结合起来，是企业集团进行企业间利益分配的一种较好的选择。

4. 级差效益分配法

级差效益分配的基础是，将产品生产的技术难度、劳动强度、原材料和劳动力价格方面形成的差异归为级差效益Ⅰ，将经营管理水平、技术更新改造等方面形成的收入差异归为级差效益Ⅱ。

级差效益Ⅰ按内部转移价格进行调整，弥补短期内这些不可以人为改变的因素在集团内部成员企业间产生的收入差距，缓和物化劳动利润率和活劳动利润率的矛盾，真正发挥集团内联合互助的效应；级差效益Ⅱ形成的利润则全部归各企业所有，激励成员企业改善经营管理，提高生产效率，降低消耗，提高产品质量。

一种较好的选择是，在紧密层企业建立以利润分割为中心，以内部转移价格和承担核心层部分费用为补充的利益分配体系；在非紧密层企业则建立以内部结算价格和承担核心层部分费用为中心，以利润分割为补充的利益分配体系。

以纯粹的控股公司模式运作的资产经营公司可以考虑将下属企业按照股本结构上缴的利润大部分留在下属企业，但这并不是说资产经营公司可以放松对利润分配的调控。在具体操作上需把握两点：第一，要行使审查批准下属企业的利润分配方案的法定权力；第二，按照利润上缴与以资本效益为核心的激励和约束机制要结合起来，以形成下属企业尽力向资产经营公司缴纳利润的机制。

为加强股利分配中的财务控制，需按照以下程序进行操作：(1) 确认利润分享者。企业的职工作为人力资源的提供者，他们的积极性、创造性、管理才能的发挥对企业的健康发展至关重要，在激烈的竞争环境中，来自人力资源的创新能力尤为重要，他们应当成为利润分享者。如果是全资子公司，则子公司的税后利润除公积金外，全部收归母公司，母公司可通过再投入留利给子公司。(2) 确定利润分配的金额和方式。公司留利和应付利润应当与公司发展规划相协调，对母、子公司分别做出资金规划，综合考虑市场风险和集团抵御风险的能力，确定税后留存收益水平和应付利润额。集团总部作为子公司的股东，为实现集团产业调整、战略调整等目标，可以将某些子公司的利润全部抽回，注入需要的产业或另一些子公司，增加对它们的投资力度，为其注入活力、动力，鼓励其发展。(3) 对于掌握企业集团命运的重要管理人员，为避免其行为的短期效应，使其收入与企业命运相联系，可以在业绩评级的基础上实行年薪制，或给予股票期权。

6.4　企业集团资本经营

资本经营是指可以独立于生产经营存在，以价值化、证券化的资本或可以进行价值化、证券化操作的物化资本为基础，通过收购、兼并、分立、剥离、拍卖、改制、上市、托管、清算等手段及其组合，对企业的股权、实物产权或无形资产的知识产权等进行优化配置提高资本运营效率、谋求竞争优势的经济行为。

资本经营的核心是资本控制权的问题，即对出资者的控制权或产权的经营，典型的形式就是通过参股、控股等运用较少的资本实现对更大规模、更优资产的控制。资本经营的过程实际上就是一个不断获得或放弃控制权的过程，也就是所控制的资产不断优化的过程，通过这一过程，企业实现资本收益的最大化。

6.4.1　企业集团资本经营的作用

1. 突破规模不经济的临界点

规模经济不是无限地扩大规模。规模经济的基本含义是指在技术水平不变的情况下，X 倍的投入产生大于 X 倍的产出。这种由生产规模的扩大导致的收益递增现象不是无限度的。当生产规模扩大到一定程度，如达到生产能力、管理成本（又可视为企业内部的交易成本）、技术进步的限度时，如果继续扩大生产规模，就会出现收益递减的情况，即从规模经济转化为规模不经济。

单体企业发展到临近规模不经济时，如果要扩张，另建一个企业形成企业集团而不是继续扩大生产规模是一种较好的选择。企业集团不同于大型企业的一个特点，就是突破了单体企业的结构性约束，在体制上为规模经济开辟了新的道路——当出现单体企业不能克服的边际收益递减问题时，企业集团可以靠组织和体制的变革克服。组织管理形式的变动，如实行事业部制等，能够改变信息传递的速度和信息的质量，改善决策的效率和针对性，从而拉长规模经济存在的时间跨度和空间跨度。另外，如前所述，企业集团的边界是模糊和动态的，因此其规模经济的弹性更大。企业集团的资本经营就是要充分利用集团规模经济的优势，在对外投资和权益融资上产生更好的效益。在兼并产生新的子公司，或者将母公司某一部分包装上市形成子公司时，不仅要注意该子公司本身的资产状况和资本结构，还要注意该子公司在集团中所处的层次和位置，最大限度发挥资本的作用。

2. 适应经济、技术发展的新要求

随着科技的发展、知识经济的到来和消费观念的进步，建立在大批量生产方式基础上的粗放型规模经济将逐渐为满足个性化需求、小批量、多品种甚至顾客定制的集约型规模经济所替代。建立在细之又细的彻底专业化分工基础上的规模效益不应该是企业集

团主要追逐的目标。企业集团内部企业联合的形式为实施差异化战略与大规模定制战略提供了很好的平台。集团生产、科研、财务资源的共享性和个体成员的相对独立性为产品差异和大规模定制提供了最好的组织体制。

新经济的兴起正在迅速地改变企业竞争的环境和方式，企业的某一种产品凭借单一或少数几种式样、型号、功能与服务取得持续稳定的利润已经非常困难。大规模定制以及更广泛的定制生产模式正在逐步取代大规模的生产模式，引起众多企业的关注。由于定制生产集成了大规模生产和手工作坊的双重优点，能够为解决客户需求的多重矛盾做出贡献，有望满足客户对产品和服务低成本、高质量、个性化、快速交货等多方面需求。面对客户的定制需求，企业往往采取联盟来实现快速响应，企业集团则天生具有这种联盟的优势。对成员企业的生产经营实行合理的分工和资源配置，可以在实行规模经济、专业化生产与成本领先战略的前提下，以产品差异化打开、维持并不断深入同一种产品的市场，从而在日益细分的市场中占有更大的优势。这对于企业集团资本经营时（如在并购、剥离和分拆时）的对象选择无疑有很强的指导意义。

6.4.2 企业集团资本经营的原则

资本经营可以使企业集团进行快速的资本扩张和资本收缩。但资本经营是把双刃剑，不当的资本经营将使企业集团的效益加速滑坡。企业集团在资本经营时应当把握以下原则。

1. 企业集团资本经营必须与生产经营相结合

由于企业集团是企业的联合体，利用资本经营扩张时不但要看速度，还要看目的，不能为追求资本经营而置生产经营于不顾、为扩张而扩张。资本经营最终要达到与生产经营相互协调、相互促进的目标。从总体上说，企业集团的扩张目标不外乎生产目标、原材料目标、市场目标等，利用资本经营进行扩张时要注意与这些目标的有效配合。

【例 6-6】 山东菱花集团在3年之内兼并8家中型国有企业，一跃成为国家级大型集团。菱花集团利用资本经营进行扩张的目的非常明显：租赁鄄城味精厂——使生产能力提高一倍；控股静海味精厂——利用其靠近京津唐三大城市的地利，大大降低运输成本，供货时间从原来的十几天缩短到24小时以内；购买济宁第二化肥厂——形成年产15 000吨合成氨的生产能力，缓解液氨供应不足的矛盾；控股长春味精厂和呼和浩特市糖厂——除占领东北和山西的市场外，长春和内蒙古的玉米价格低，电价、水费、煤价均较菱花集团所在地济宁要低，仅此一项就可使每吨味精的生产成本降低1 200元；控股镇江味精厂——利用镇江地处长江口岸的市场优势，使味精既可打入上海市场，又可沿江而上，占领长江腹地的广大市场。

2. 企业集团资本经营要充分考虑剩余资源

资源剩余是企业利用资本经营进行扩张的前提，从企业集团成长可利用的资源来看，可以分为内部资源和外部资源。内部资源包括企业现有的生产能力、资金、技术、管理等；外部资源包括银企关系、股票市场、债券市场、与其他企业的合同协议等。由于资源的不可分割性，集团总会存在未利用和未完全利用的资源，未利用资源还可分为可用于现有产业的和可用于其他产业的资源，这些都为集团的扩张提供了可能。同时，资源剩余也是企业进行规模扩张的约束边界。由于企业集团具有多个法人主体和多重组织结构，这要求集团在利用并购等资本经营方式实现扩张时，应充分了解自身的冗余资源。

3. 企业集团资本经营要充分考虑企业联合的特点

多企业联合特征使得集团的扩张可以调整企业数量的形式进行，这是单体企业无法实现的，也是资本经营的一种主要形式。企业集团的组建和发展包括资本集聚式扩张、资本集中式扩张以及与高层次经营相对应的借助外力式扩张（如技术、契约、合同）。一般来说，企业集团的核心层与紧密层、半紧密层需要通过股份制扩张来形成与约束，松散层和一般关联企业则依靠契约与合同方式扩张，这样形成一个内紧外松、互相配合又相对稳定的企业群体组织。这有助于我们界定企业集团以资本经营方式进行扩张的范围。

4. 企业集团资本经营要考虑核心企业的承受能力

核心企业的规模和资本实力直接制约着企业集团的状况。如果不注重核心企业的能力，盲目利用资本经营进行扩张，就会造成小马拉大车的情况，最终必然导致整个集团瘫痪。

【例 6－7】 马胜利是我国第一个将承包引入国有企业的人。在成功承包石家庄造纸厂之后，他推出了一个在短期内兼并省内外 100 家企业，组建中国马胜利造纸企业集团的宏伟计划，开始的 3 个月内就兼并了省内外 36 家企业。由于石家庄造纸厂还无法在如此大的企业集团中起核心企业的作用，再加上要处理被兼并企业的种种难题，马胜利力不从心。最终 36 家企业一一陷入经营惨淡的困境，马胜利当初的创业地石家庄造纸厂也因资不抵债而申请破产。

5. 企业集团资本经营应当注意资本控制的层次限制

从资本层次体系的角度来说，母公司与各类子公司、孙公司的体系是由母公司对子公司的投资控股和子公司对孙公司的投资控股形成的。在这样一个层次体系中，子公司采用各种方式的投入获得孙公司的股权后，可以通过进入孙公司董事会对孙公司进行控制，但这一层次的控制对于企业集团的母公司而言是间接的，控制力度必然大大减小。以此类推，母公司无法对各孙公司的总体股本结构加以考虑，也无法直接下达指令让孙公司董事会接受母公司要求的资本利润率和负债比率等控制指标。因此，母公司应对其投资的资本层次进行控制，以避免管理的失控和资本的流失。

母公司应当对下属子公司发展各自的子公司进行限制。从资本控制的角度讲，限制的方式是规定子公司的投资额上限、投资最高比例等。这种限制的出发点是控制子公司过度发展所属孙公司的行为，以免失去有效控制，或者说资本失去约束力。母公司的资本层次控制好了，可以有效地减少管理幅度，提高控制效率。为了进行资本层次控制，可以对某一层级以下的子公司的股本结构进行调整，使其变为同级或高一级的子公司，如将孙公司以下级别的公司都变为孙公司甚至子公司。国家经贸委发布的研究报告指出，我国相当多的企业集团各业务之间缺乏有机联系，不利于核心竞争力的形成。企业集团内部重组，要把突出主业与抓住市场机会有机结合起来，通过专业化分工和社会化协作，综合运用多种方式加快核心竞争力的形成和发展，要优化组织结构，使集团管理层次控制在三层以内。

6.4.3 企业集团资本经营的内容

企业集团资本经营的内容可以从资本经营的目的，即资本扩张和资本收缩两个方面来阐述。其中，资本扩张包括并购、股份制改制与上市；资本收缩包括资产剥离与分立等。

1. 以资本扩张为目标的资本经营

并购是企业实现资本扩张的主要方式，美国经济学家乔治·斯蒂格利茨曾说过，没有一个美国的大公司不是通过某种程度、某种方式的兼并而成长起来的。由于并购在前面几章已有详细说明，本节不展开讨论。

股份制改制是将原有企业经过分立、合并等方式，对股权、资产和组织合理划分、重新组合与设置，改组为股份有限公司或有限责任公司。股份制改制是资本经营的重要方式，控股方只要取得了控制权，实际上就取得了对所有参股资本的支配权，从而在事实上以自己的控股资本占有了其他的参股资本，使自己的资本得到了扩张。股份制改制已经成为我国国有企业改革的重要内容。2006 年 12 月，国资委发布的《关于推进国有资本调整和国有企业重组的指导意见》明确指出，加快国有企业的股份制改革，除了涉及国家安全的企业、必须由国家垄断经营的企业和专门从事国有资产经营管理的公司外，国有大型企业都要逐步改制成为多元股东的公司。大力推进改制上市，提高上市公司质量。积极支持资产或主营业务资产优良的企业实现整体上市，鼓励已经上市的国有控股公司通过增资扩股、收购资产等方式，把主营业务资产全部注入上市公司。2015 年 9 月，国务院印发的《关于国有企业发展混合所有制经济的意见》明确指出，发展混合所有制经济，是深化国有企业改革的重要举措。一批国有企业通过改制发展成为混合所有制企业，但治理机制和监管体制还需要进一步完善；还有许多国有企业为转换经营机制、提高运行效率，正在积极探索混合所有制改革。分类、分层推进国有企业混合所有制改革，鼓励各类资本参与国有企业混合所有制改革，提高国有资本配置和运行效率，促进国有企业转换经营机制。2019 年 10 月，国资委出台的《中央企业混合所有制改革操作指引》中也明确指出，鼓励中央企业所属各级子企业通过产权转让、增资扩股、IPO、上市公司资产重组等方式，引入非公有资本、集体资本实施混合所有制改革。

股份制改制有利于企业增加筹资渠道，通过发行股票能够在短期内迅速为企业提供大量的长期资金，有利于改善企业资本结构，降低企业财务风险；同时，股份制改制还有利于减少内部管理层次，优化内部劳动组合，提高运营效率。积极发展混合所有制经济，一方面有利于国有资本放大功能、保值增值、提高竞争力；另一方面有利于各种所有制资本取长补短、相互促进、共同发展。混合所有制经济兼有国有资本与民营资本的特点，通过国有资本与民营资本的交叉持股、相互融合，可以实现国有资本与民营资本优势互补，能够更好地适应现代市场经济的发展要求。深化混合所有制改革，有助于中央企业发挥在市场体系中的重要参与主体作用，完善中央企业治理结构调整优化、国资国企监管制度以及国资委出资人制度，从而促进完善市场经济制度。

国有企业改制上市的模式是指按照企业改组的具体形式，有关被改组企业的改组内容、程序设计的大体框架，主要有六种典型模式：（1）原整体续存改组模式。指将被改组企业的全部资产投入股份有限公司，以之为股本，再增资扩股，发行股票和上市。（2）并列分解改组模式。指将被改组企业专业生产的经营管理系统与原企业的其他部门（如社会负担部分）分离，分别以它们为基础成立两个（或多个）独立的法人，直属于原企业的所有者，原企业的法人地位不复存在，再将专业生产的经营管理系统改组为股份有限公司。（3）串联分解改组模式。指将被改组企业纵向一分为二，构造出一对母子公司，实践中往往将主要行政管理力量、辅助工厂、社会负担等放在母公司，而将生产主体部分放入子公司。（4）合并整体改组模式。拟改组企业以全部资产投资，并吸收其他权益作为共同发起人而设立股份有限公司，以此为股本，再增资扩股，发行股票和上市。这种模式与第一种模式相比，只是在股份有限公司的发起人方面增加了其他权益人。（5）买壳上市改组模式。指非上市企业通过购买上市公司的股权实现控股后，达到间接上市乃至直接上市的目的。（6）资产注入、资产置换改组模式。资产注入是指政府部门、行业协会、集团母公司将其所属企业的资产或权益注入拟上市公司或已上市公司，使其资产质量、股本水平、收益能力等符合上市要求。资产置换是指两个企业为调整资产结构、突出各自的主营业务，或出于特定的目的而相互置换资产。在上述六种改制上市模式中，第二种和第三种模式一般会涉及复杂的关联交易设计，外部股东的利益往往无法得到保证；相比之下，其他四种模式更容易得到市场的认同。

国有企业混合所有制改革的路径主要有以下六种：（1）整体或核心子公司上市。整体或核心子公司资产重整、估值并上市之后可以引入大量自然人资本和机构投资者，丰富股权结构，达到混合所有制改革的目的。（2）原股东产权转让。通过原股东产权转让的路径实施混合所有制改革，本质上属于“存量混改”，即在不改变混合所有制改革企业注册资本或股本的基础上，通过原股东对外转让股权的方式实现混合所有制改革的目的。根据《企业国有资产交易监督管理办法》的规定，产权转让原则上不得对受让方设定资格条件，主要遵循价高者得这一根本原则。（3）增资引入新股东。通过设定投资者资格条件并开展综合评议或竞争性谈判的方式遴选最切合自身发展需求的投资者，也能解决混合所有制改革企业的资金需求问题，有效解决部分国有企业存在的资产负债率偏高问题。因此，增资扩股系目前国有企业混合所有制改革的主流模式。（4）引进战略投资者。战略投资者一般是指国内外具有资金、技术、产业的投资机构，通过认购国有企业股权参与国有企业经营，获得回报。国有企业改革最艰难的部分在于混合所有制改革，而混合所有制改革最重要的部分是国有企业股权的让渡，并引入新的战略投资者，进而对企业进行一系列现代化企业制度改革，包括职业经理人制度、员工持股、高管股权激励等，核心是要消除公司制度的代理问题，激发企业活力，提升效率。（5）开展员工持股。开展员工持股是国有企业进行混合所有制改革的重要路径之一，一方面，可以通过员工持股丰富国有企业持股结构，提升经营效率；另一方面，可作为股权激励，调动员工工作积极性，减少人才流失。实践中员工持股常常与增资扩股相配套，即混合所有制改革与混合所有制企业员工持股可同时开展。目前，在增资扩股的混合所有制改革路径下，业已形成“增资扩股＋员工持股”的典型模式。（6）管理层股权激励。国有企业混合所有制改革和实行管理层股权激励后，国有企业权益方基于对混合所有制改革国有企业的基本面、品牌和商誉价值的外溢效应长期看好，可能会降低对最低年度收益率的要求，使得股本成本降低；有利于发挥企业管理层的人力资本积极性，留住核心的骨干人才，有效提升国有企业人力资本的积极性，提升企业经营性应收项目增加额，提升流动资产，以上因素叠加将使得国有企业的加权平均成本降低，增加企业自由现金流量，提升企业内在价值。①

中央企业所属各级子企业实施混合所有制改革，一般应履行以下基本操作流程：可行性研究、制定混合所有制改革方案、履行决策审批程序、开展审计评估、引进非公有资本投资者、推进企业运营机制改革。以新设企业、对外投资并购、投资入股等方式实施混合所有制改革的，履行中央企业投资管理有关程序。

2. 以资本收缩为目标的资本经营

资本收缩是指将所控制的资产转移给可以对其进行更有利管理的所有者，是收缩对原有资产的控制权，而不是资本规模的缩减。资本收缩一般包括资产剥离、公司分立、股权出售、股份回购四种形式。

资本收缩并非企业失败的标志；相反，与企业资本扩张战略一样，它也是一项重要的公司战略选择。一个公司通过剥离或分立不适合公司长期战略、没有成长潜力或影响公司整体业务发展的子公司、部门或产品生产线，可以使自己更关注某些经营重点，从而更具竞争力。与此同时，收缩还可以使公司更有效地配置所拥有的资产，提高资产质量和资本的市场价值。

【例6-8】 美国电话电报公司（AT&T）的分拆（分立）行动是上市公司运用收缩战略的典型案例。AT&T是美国第五大企业，也是美国最大的电信企业，按照股票市值计算的资产总值超过1 010亿美元，在全球20多个国家设有分公司。1995年9月，该公司推出战略性重组计划，将公司分解成三家相互独立的全球性公司，公司业务也做出了相应的调整：现有的AT&T主营长途电话、移动电话及信用卡业务，年营业额达490亿美元；电信设备公司主营电信网络交换机、光纤电缆和公用电话系统等通信设备，年营业额达到200亿美元；环球资讯公司的业务调整方向是停产个人电脑，改为专门负责电脑运算业务，重点是开发金融、零售和通信行业的科技产品。AT&T的分拆行动收到了三重效果：一是达到了公司“消肿”的目的，强化和协调了各部门、子公司之间的协作分工关系，提高了工作效率；二是实现了资产重组；三是有利于适应全球电话业联合作

---

① 并购达人．国企混合所有制改革3.0实务手册．[2020-06-06]．https://xueqiu.com/5427469317/150956538.

战的趋势，加强与其他公司的合作。由于投资者对主业突出的上市公司的偏好，公司分拆一般会得到市场的普遍认同。AT&T 宣布一分为三的消息后，其股价迅速上涨 11%。

6.5　案例研究与分析：永煤控股失信谁之过？——基于企业集团资金管理风险的探析

6.5.1　案例背景

永城煤电控股集团有限公司（简称永煤控股）成立于 2007 年 6 月，总部位于河南省永城市，控股股东为河南能源化工集团有限公司（简称河南能化），持股比例为 96.01%，2018 年兴业国际信托有限公司（简称兴业信托）通过债转股成为公司股东，持股比例为 3.99%。永煤控股主营业务为煤炭生产、销售，以商品贸易及化工、装备、有色等非煤业务为辅，是全国三大精品无烟煤基地之一。从公司利润来源看，主要来自煤炭生产，虽然受行业竞争的影响煤炭价格有所下降，但煤炭业务依然保持较强的盈利能力。受固定资产维护和在建项目建设投资的影响，永煤控股短期债务规模近年快速增长，资产负债率高于行业平均水平。

2020 年 11 月 10 日，永煤控股发布公告，因流动资金紧张，旗下“20 永煤 SCP003”未能按期足额偿付本息，构成实质性违约，仅在 10 天后，又宣布“20 永煤 SCPA004”和“20 永煤 SCP007”也构成违约，三批次债券本息和超过 30 亿元。永煤控股的违约给债市带来了连锁冲击，全国煤炭类债券以及河北、陕西、云南等地的国企债券都受到了不同程度的影响。

债券违约事件发生后，证监会介入调查。中国银行间市场交易商协会于 2021 年 1 月 4 日对永煤控股进行了公开谴责，暂停其债务融资工具相关业务 1 年，责令其进行整改。2021 年 6 月 17 日，证监会公布了对永煤控股及其 7 名责任主体的行政处罚决定，认定永煤控股存在虚假和违规信息披露。永煤控股再次被推上风口浪尖。至此，永煤控股的资金管理问题逐渐浮出水面。

6.5.2　永煤控股债券违约

“20 永煤 SCP003”的本息合计 10.439 亿元。截至违约前一日的 2020 年 11 月 9 日，永煤控股存续债券 24 只，债券余额 244.1 亿元。其中，短期融资券和中期票据各 8 只，定向工具 5 只，私募债 3 只。此外，16 只债券具有交叉保护条款，涉及 160 亿元。

据财务报表显示，2020 年前三季度，永煤控股实现营业收入 445.1 亿元，同比增长近 24%；实现净利润 4.76 亿元，同比增长近 26%。经营状况的改善也带动了经营性现金流量的大幅增加，经营性现金净流量为 73.8 亿元，同比增加 38 亿元，比 2019 年全年多出 15.5 亿元。与此同时，永煤控股的融资渠道也较为畅通。2020 年第一季度，永煤控股融资获得现金 264.1 亿元，其中借款 161 亿元，到了第三季度，融资所得现金达到

672亿元，比半年前净增加近408亿元。2020年9月底，永煤控股账上现金余额为470亿元。

从盈利能力和偿债能力看，永煤控股并未到违约的境况，为何会出现流动性危机？特别是永煤控股账面现金有470亿元，为什么难以支付10亿多元的到期债务？

直接的原因是永煤控股母公司层面债务压力极大。从债券募集资金用途看，2020年发行的短期融资券主要用于偿还到期债券，例如，10月22日发行“20永煤MTN006”的募集资金用途为偿还10月24日到期的“19永煤CP002”，因资金到账前“19永煤CP002”已偿还，26日公告将用途临时变更为偿还10月30日到期的“17永煤MTN001”。截至2020年10月末，永煤控股实现债券净融资－73亿元，若加上当年发行且到期的短期融资券，净融资为－143亿元，其中11月和12月到期债券60亿元。而2019年全年实现债券净融资69.8亿元。债券集中偿付压力叠加再融资期限较短，使得兑付压力没有明显下降，借新还旧的模式难以为继。

据不完全统计，永煤控股纳入合并报表的子公司有48家。表6-9列示了债券违约前一年公司的资产和营收状况。

表6-9　2019年永煤控股合并报表与母公司报表项目　　单位：亿元

项目	合并报表	母公司报表	项目	合并报表	母公司报表
货币资金	469.68	66.69	营业收入	445.10	5.74
其他应收款	269.42	289.81	财务费用	24.91	6.85
长期应收款	69.90	65.96	营业利润	10.52	－5.42
长期股权投资	16.50	151.95	利润总额	11.00	－5.17
固定资产	441.36	2.31	短期有息债务	665.11	283.75
资产	1 726.50	632.78	现金/短期有息债务	49%	10%
流动负债	979.49	426.64	资产负债率	78%	99%
负债	1 343.95	624.62	集中偿付能力	70%	59%
经营活动现金流入小计	515.43	7.35			
经营活动现金流出小计	441.60	6.99			
投资活动现金流入小计	50.70	14.38			
投资活动现金流出小计	109.83	39.92			
筹资活动现金流入小计	672.37	471.58			
筹资活动现金流出小计	704.57	477.29			
现金及现金等价物余额	328.81	27.59			

注：集中偿付压力＝(短期借款＋应付票据＋一年内到期的非流动负债)/(短期借款＋应付票据＋一年内到期非流动负债＋长期借款＋应付债券＋债转股贷款)

资料来源：中证鹏元评级微信公众号.

深层次的原因是永煤控股与子公司的结构关系。从表6-9中可以看出，永煤控股具有较为典型的“子强母弱”特征。第一，资产与负债不匹配。资产主要集中在子公司，母公司以其他应收款、长期应收款和长期股权投资等不易变现的资产为主。负债主要集中在母公司，尤其是流动负债的43.5%在母公司；债务结构呈现明显短期化，截至2020年9月，流动负债占比74%。第二，现金流入与流出不匹配。公司架构决定了营业收入和现金流量的分配，收入基本都在子公司层面，母公司层面以融资活动为主，体现为经营活动现金流量规模很小，而筹资活动现金流入流出量很大，汇集了集团层面 70%的融资活动。第三，利润微薄，持续经营能力较弱。经营和投融资活动的特征进一步决定了母公司的收入微薄，同时融资规模巨大，引起财务费用高企，侵蚀利润。第四，高杠杆、高偿债压力。子强母弱的特征下，母公司融资属性必然带来高杠杆和高偿债压力。2019 年，母公司资产负债率为 99%，现金/短期有息债务比为 10%，偿债压力大。

额外叠加的原因是永煤控股的控股股东未能提供有效支持。作为集团型企业，河南能化具有与永煤控股相似的问题：第一，煤炭业务为利润主要来源，非煤业务收入占比较高，但利润贡献度有限，尤其是化工业务 2019 年毛利率转负；第二，收入、货币资金集中在子公司层面，母公司投融资规模却相对较大，利润依赖于投资收益，资产负债率长期维持在 80%左右。第三，短期债务规模大，面临集中兑付压力。截至 2019 年年末，短期债务余 1 000 亿元，母公司层面为 344 亿元，其中，2020 年到期债券 120 亿元。截至 2020 年 9 月末，母公司期末现金及现金等价物为 13.55 亿元，待偿还债券为 255 亿元，于 2021 年及以后到期，需要注意的是，有 115 亿元的债券附有交叉保护条款。此外，截至 2020 年 6 月末，河南能化及子公司未使用授信额度为 972 亿元。2020 年河南能化通过发行债券“20 豫能化 MTN002”用于偿还子公司到期债券“20 永煤 SCP001”。短期看，河南能化可以支持永煤控股 10 亿元的债券偿还资金，但随着大量的债券到期，河南能化的支持空间相对有限。

6.5.3　永煤控股虚假信息披露

根据证监会的调查通报，永煤控股存在三种虚假信息披露行为。

第一，虚增货币资金。永煤控股于 2007 年成立，根据控股股东河南能化的要求进行资金归集，永煤控股资金被自动归集至其在河南能源化工集团财务有限公司（系河南能化控股子公司，以下简称财务公司）开立的账户。不同于永煤控股自身的库存现金、银行存款等可以被随时支取的货币资金，被归集的资金由河南能化资金管理中心负责调度，永煤控股需经审批后方可使用。因被归集的资金由河南能化资金管理中心调度，上述资金事实上已由河南能化统筹用于其他项目。

根据《企业会计准则——基本准则》第十二条、《企业会计准则第 30 号——财务报表列报》第九条的规定，性质或功能不同的项目应当在财务报表中单独列报，因此，被河南能化资金管理中心调度的资金属于永煤控股债权性质的往来款，但永煤控股仍将上述资金计入货币资金项目并在财务报表中予以披露。2018 年 1 月至 2020 年 10 月，永煤控股累计发行银行间债务融资工具 21 期（以下简称 21 期债务融资工具），非公开发行公司债 3 期（以下简称私募债）。在相关债务融资工具和私募债募集说明书、定期报告等文件中，永煤控股将应收河南能化的往来款作为货币资金列报，导致其合并报表层面虚增货币资金，其中，2017 年至 2020 年 9 月 30 日财务报表分别虚增 112.74 亿元、235.64 亿元、241.07 亿元、271.74 亿元，分别占其当期披露货币资金总额的 54.03%、62.56%、57.28%、57.86%，分别占其当期披露资产总额的 7.94%、14.52%、14.68%、15.74%。

第二，受限货币资金的虚假陈述。永煤控股在2018年1月至2020年6月发行的债务融资工具募集说明书中，将承兑汇票保证金、信用保证金等受限货币资金纳入受限资产披露范围，但披露的受限资金金额与实际不符。

2018年1—3月，永煤控股以2017年9月30日的财务数据为基准，累计发行3期债务融资工具，相应募集说明书中披露受限货币资金金额为10.68亿元。经调查，永煤控股2017年9月30日受限货币资金实际为17.32亿元，少披露的金额占当期披露货币资金的2.84%，占其当期披露资产总额的0.44%。2020年6—10月，永煤控股分别以2020年3月31日、2020年6月30日的财务数据为基准，累计发行6期债务融资工具，相应募集说明书中披露受限货币资金金额为3.60亿元。经调查，2020年3月31日、6月30日，永煤控股受限货币资金实际分别为102.18亿元、147.22亿元，少披露的金额占当期披露货币资金的比例分别为20.28%、28.74%，占当期披露资产总额的比例分别为5.73%、8.26%。

第三，未按规定披露股权质押事项。2017年9月，永煤控股为获取30亿元贷款，将所持永煤集团股份有限公司93 516万股股权质押给交银国际信托有限公司。相应股权按上一年度期末净资产折算的价值约为50亿元，占其上一年度披露总资产的3.61%。根据《非金融企业债务融资工具公开发行注册文件表格体系》（2020版）的要求，企业应当披露受限资产情况，包括近一期的资产抵押、质押、留置和其他限制用途安排，以及其他具有可对抗第三人的优先偿付负债的情况。经调查，永煤控股未在21期债务融资工具募集说明书中披露前述股权质押事项。

6.5.4 案例启示

永煤控股的债券违约和违规信息披露之间存在关联性。为了获得外部融资，永煤控股在信息披露上进行了伪装，在遭遇偿债危机之时，账面价值与偿付能力的巨大差异揭开了虚假信息的冰山一角。永煤控股案例从一个侧面反映出企业集团资金管理的风险。

1. 财务集中管理可能成为控股股东资金占用的通道

河南能化是一个控股型平台，其营业收入在全部营业收入中的占比仅不到1%。作为控股公司，河南能化对集团资金归集力度比较大，以2020年第一季度财务数据为例，河南能化合并的其他应收款只有83.3亿元，但母公司对应金额则高达550亿元。包括永煤控股在内，河南能化全部子公司使用的资金只占整个集团的一半左右，过半资金仍留在集团内部。

河南能化旗下的财务公司也是集团的控股子公司，永煤控股的资金被自动归集至其在财务公司开立的账户中，被归集的资金由集团资金管理中心调度，被河南能化统筹用于其他项目，而永煤控股还将其纳入货币资金在财务报表中披露，从而造成货币资金充盈但实际使用受限。

2. 上有控股公司，下有子公司的“夹层公司”风险具有一定的隐蔽性

永煤控股是一家典型的“上有老，下有小”的集团“夹层公司”。对上，永煤控股更

像是一个融资平台，资金被全部归集，缺乏资金使用的自主权；对下，永煤控股是控股平台，但对子公司的控制力度有限，在遭遇偿债压力时也难以从子公司获得有效支撑。但从外部来看，永煤控股作为一家国有企业控股公司，本身也是集团企业，账面财务数据光鲜亮丽，风险被大大隐藏。

资料来源：

①杨佼. 半年内巨额应收款频繁变更，永煤控股母子公司的账本冲突.［2020-11-30］. https://www.yicai.com/news/100858315.html.

②史晓姗. AAA级地方国企，永煤控股缘何违约?.［2020-11-17］. https://xueqiu.com/9000736206/163486091.

③中国证券监督管理委员会. 中国证监会行政处罚决定书（永城煤电控股集团有限公司、强岱民等7名责任主体）. http://www.csrc.gov.cn/pub/zjhpublic/G00306212/202107/t20210729_402464.htm.

本章小结

● 企业集团筹资管理要关注集团整体与集团成员资本结构之间的关系，实行筹资权的集中化管理，利用与集团模式改造相结合的方式筹集资金，并发挥企业集团筹资的各种优势。

● 本章给出了企业集团母子公司债务筹资安排分析的理想模型和一般模型。

● 投资多元化是现代企业集团面临的主要战略选择问题。

● 企业集团分配管理的重心从经营成果的分配问题演化为集团中利益协调与激励机制问题。内部转移价格有多种形式且各有优缺点。

● 企业集团资本经营需要企业根据资本经营的原则，适当地实施资本扩张和资本收缩战略。

案例讨论

同仁堂分拆上市

2000年10月31日，由北京同仁堂股份有限公司（股票代码：600085，简称同仁堂）分拆并控股的同仁堂科技发展股份有限公司（简称同仁堂科技）在香港创业板闪亮登场。中国资本市场1 000多家上市公司中的分拆上市第一股产生了。同仁堂科技的香港创业板之路是如何铺就的？成功的关键是什么？决定性的几步是如何走出的？

一、同仁堂简介

1997年5月，北京同仁堂集团公司所属六家绩优单位组建成立北京同仁堂股份有限公司；6月25日，同仁堂股票获准在上交所挂牌交易。

同仁堂上市以后，面对国家医疗制度改革不断深入、国内外医药市场竞争日趋激烈的局面，坚持实施同仁堂名牌战略，确立以市场为主导、以科技创新为前提的中药发展战略，在市场开发、营销网络建设、新产品开发等方面均取得了较好的业绩。如今同仁堂已成为国有大型一类企业，在国务院确定的全国120家企业集团试点单位中，同仁堂是唯一的中药企业。

二、决定海外上市

（一）思路

近年来，海外上市是许多企业的梦想和追逐的目标。对于有300余年历史的中药第一品牌同仁堂来说，更有其独特的优势和意义。在海外许多地区，同仁堂就是中药，中药就是同仁堂。只以这三个字，同仁堂在海外就拥有了多家大型药店的股份。然而，传统的中药亟须走现代化、国际化道路。目前，我国中药的国际市场占有率不足5%，被日本、韩国的“汉方药”挤得难以立足。要改变这种被动的处境，利用海外的资本和科技优势，以现代化中药进军国际医药主流市场是一条被广泛认同的道路，而香港从历史上就是中药海外流通的集散地。

1999年年初，同仁堂抽调精兵强将成立了四个项目小组，分别负责海外上市、中药现代化、生物制药和中药电子商务，接触了多家国内外享有很高声誉的投资银行，主要考虑了三家公司的意见并进行了长达半年的反复比较和论证：法国里昂证券提出在同仁堂A股基础上增发H股方案，即先在内地发A股，再到香港发H股；中银国际提出的方案是在同仁堂A股公司之上构建一家控股公司去香港上市，类似于在香港上市的长城科技控股深科技、长城电脑的模式；中证万融公司提出的方案是，同仁堂A股公司分拆部分高科技资产和业务，设立同仁堂科技发展股份有限公司上香港创业板。

（二）原则确定

同仁堂经过反复研究比较，最终选择了中证万融公司提出的同仁堂A股公司分拆部分高科技资产和业务，设立同仁堂科技发展股份有限公司上香港创业板的方案，并确立了创业板上市公司的定位原则和分拆重组原则。

1. 定位原则

(1) 以科技为先导，实现中药现代化和国际化的目标，在保持天然药物特色、保持中药特色的基础上，积极利用国内外先进技术和科技成果，不断开发出科技含量高、疗效作用强、预期效益好、有自主知识产权、符合国际标准的新产品，并积极介入生物工程药品等健康产业新领域。

(2) 利用高新技术改进传统产品，提高质量水平、生产水平及经济效益。

(3) 进行现代化的市场运作拓展营销网络，持续发展相关的电子商务，使同仁堂的产品及销售更具国际竞争力。

2. 分拆重组原则

符合法律规定和创业板上市规则的要求；保障A股股东根本利益；对境外投资者有吸引力；有利于增加募集资金量及提高再融资能力；有利于同仁堂科技的有效管理。

（三）操作标准

根据上述公司定位和分拆重组原则，同仁堂确定了一些具体的操作标准。

1. 分拆时应遵循的标准

重组后，同仁堂科技的预计税后利润不应高于原A股公司同期净利润的1/3，不应低于原A股公司同期净利润的1/5；以科技含量（科技贡献率）为标准，对A股公司及集团的所有产品或业务进行划分，将科技含量高的业务或产品纳入同仁堂科技；同仁堂科技从科研、生产到销售尽可能自成体系。

上述三项标准缺一不可，利润标准是第一位的。为满足利润标准，可以将产品或业务的科技含量标准人为地调高或调低，确定产品或业务后，尽可能使科研、生产及销售自成体系。

2. 解决好同仁堂和同仁堂科技的关系

既要保证A股股东的根本利益，又要对境外投资者有吸引力，分拆重组还要使A股收益大幅提升，确保同仁堂科技的成长性和企业管理的规范化，这些都是有据可依的。

在成长性上，首先，同仁堂的企业经营管理一直较传统，与现代化企业要求差距较大，有成长空间。其次，中药属于天然药，天然药在国际上是一个高成长的领域。中国的天然药有自己的理论体系和几千年的临床经验，在全球备受重视，同仁堂则是中药第一品牌。最后，中药现代化需要先进的科技做武器，而传统处方是现代化研发的必要基础。同仁堂拥有2 000多种传统处方储备，现在生产的品种只是其300多年来积累的一小部分。分拆时，同仁堂科技将获得有数十年用药实践、疗效确切、质量稳定、副作用小、具有发展价值的275个品种，这是世界上任何中药企业都没有的巨大财富和资源。在此基础上开展中药现代化必将领先一大步。多年来，中药现代化的阻碍主要在于没能进入国际医药的发展主流。同仁堂科技登陆香港，技术条件、开发思路、策略都将进入国际主流。正是这些方案设计使同仁堂科技具有高成长预期。

在企业管理上，科研、生产、销售自成体系可以有效避免同仁堂科技与A股公司的同业竞争，尽量减少关联交易。自成体系的业务使同仁堂科技的收益具有独立性和稳定性，减少大股东进行价格操纵的嫌疑。这样的业务结构对投资者有吸引力，对同仁堂科技日后的管理协调也有利。

此外，由于香港再融资渠道广泛、灵活，上市后公司再融资能力会很强，为避免以后增发时持股比例被稀释过多，在上市方案中特意把同仁堂A股的持股比例做大。

三、分拆上市大事记

2000年2月22日，同仁堂2000年第一次股东大会通过议案，同意投资1亿元与其他发起人共同发起设立同仁堂科技。注册资本1.1亿元，同仁堂以制药二厂、中药提炼厂等实物资产及部分现金投入，折股1亿股，占总股本的90.9%；大会明确表示新公司争取在香港创业板上市。同仁堂以其雄厚的自身实力将优良资产注入同仁堂科技，但不影响同仁堂A股产品的利润，因为同仁堂拥有800多个产品种类，注入科技公司的只是其中一小部分。

2000年10月10日，和记黄埔与即将在香港创业板上市的同仁堂科技签订入股协议，斥资约5 000万元认购其发行的近10%的股份，成为最大的战略投资者。和记黄埔是李嘉诚旗下著名的国际企业，总资产超过3 700亿港元，业务遍及24个国家和地区，是港交所最大的上市公司之一。它的入股无论是对同仁堂科技的股票发行、后市表现，还是对同仁堂自身的发展都将产生重大影响。

2000年10月31日，同仁堂科技在港交所创业板挂牌交易，代号8069，共发行7 280万股（不含超额认购部分），每股定价为3.28港元，集资约2.38亿港元（不含超额认购部分）。同仁堂科技上市后，同仁堂占有54.7%的股份，为第一大股东。

按照国际惯例，同仁堂科技在股权设置上安排了高层管理人员持股，董事长殷顺海，副董事长田大方、王兆奇，总经理梅群分别出资 50 余万元持股 50 万股。另外，同仁堂分拆上市财务顾问、中证万融董事长、知名投资人赵炳贤个人出资 500 余万元持股 500 万股，成为公司的大股东之一。这些也是公司香港上市的重要卖点之一，充分体现了高层管理人员和具有丰富经验的专业投资者对公司未来的信心。此举也得到了北京市政府的支持。

四、分拆上市后的情况

分拆上市后，同仁堂和同仁堂科技都得到了很好的发展。根据同仁堂 2000 年年报，其主要财务数据如表 6－10 所示。

表 6－10　同仁堂 2000 年与 1999 年主要财务数据对比　　单位：元

指标	2000 年	1999 年	变动情况（%）
总资产	1 675 707 367.50	1 193 041 261.90	＋40.46
长期负债	0	9 826 973.96	—
股东权益	953 581 981.79	758 760 675.99	＋25.68
主营业务利润	464 078 596.26	369 786 781.12	＋25.50
净利润	146 648 474.92	139 279 514.37	＋5.29

注：长期负债减少系住房周转金转入资本公积金所致。总资产、股东权益增加系本年度净利润增加及所属子公司同仁堂科技在香港创业板发行股票所致。主营业务利润、净利润增长系本公司 2000 年度主营业务收入比 1999 年度增长所致。

根据同仁堂 2001 年中期报告，2001 年 1—6 月同仁堂实现利润居北京市工业企业第 17 位，公司主要控股子公司——同仁堂科技居北京市工业企业第 33 位。

资料来源：王化成，佟岩，胡国柳. 财务管理案例点评. 杭州：浙江人民出版社，2003.

要求：

指出同仁堂选择分拆上市战略的动因是什么。分析同仁堂分拆上市如何规避风险。

《思考题》

1. 随着知识经济的到来，顾客需求日益个性化，市场越来越细分，企业集团的规模效应有什么样的变化？

2. 企业集团筹资管理的重点有哪些？

3. 企业集团投资管理有什么要点？

4. 企业集团的财务分配在分配对象和分配层次上有哪些变化？为什么会产生这种变化？

5. 企业集团利用资本经营成长和扩张要考虑哪些因素？

6. 什么是多元化经营？如何按照多元化程度的差异划分多元化经营的企业？企业集团哪些内外部因素影响其多元化经营的动机？

第7章

企业集团财务控制

本章导读

A公司是某集团下属的一级企业，是以生产手机电池、碱性电池为主的高新技术企业，创建于2016年。在创立初期，公司从国外引进一流的专家、技术人员，连续两年盈利，但在2018年陷入严重亏损状态。

集团对A公司的经营层实行关键业绩指标（KPI）与中期述职制度相结合的考核模式，年初的考核指标主要是四个财务指标：销售额、利润、应收账款周转天数和净资产收益率。年初由集团总裁与A公司经营层签订业绩合同，年终根据业绩完成情况进行考核，考核成绩分为五个档次（优秀、良好、合格、不合格、差），每一考核等级对应不同的奖励系数，总经理的年终奖等于年薪基数乘以奖励系数。

在集团2017年的考核中，A公司被评为集团优秀管理企业，在2018年A公司却亏损3 000万元。这样一个从财务指标上看业绩优良的企业为何在第二年出现巨额亏损？

集团高层聘请专家在对A公司进行分析时发现，2017年A公司的各项财务指标都很理想，但其经济增加值在后半年开始出现负数。在这种情况下，公司还盲目上马已处于市场饱和态势的液态电芯生产线，并从国外进口大量设备，使经营成本急剧上升，导致2018年年末公司巨亏。

原有的评价模式是否恰当地反映了企业的业绩？如何正确地评价企业的业绩？这些正是本章要讨论的问题。

学习目标

- 理解企业集团财务控制的意义和内容

- 理解企业集团全面预算管理的程序
- 掌握企业集团全面预算管理的模式
- 理解企业集团业绩评价的概念与作用
- 掌握企业集团责任中心的业绩评价方法
- 掌握企业集团综合业绩评价的财务模式和平衡模式

7.1 企业集团财务控制概述

7.1.1 企业集团财务控制的意义

为保障企业集团战略的有效实施，企业集团的母公司有必要适度干预子公司的财务决策，实施集团的财务控制，主要原因包括以下两个方面。

1. 控制子公司经营者的道德风险和逆向选择

在现代企业制度下，所有权与经营权相分离，所有者拥有企业的财产所有权，企业作为独立的法人拥有法人财产权，由所有者雇用的经营者负责日常经营管理。这种两权分离客观上形成了所有者与经营者之间的委托代理关系，即企业集团的母公司并不直接管理子公司的日常财务，而是授权委托下属子公司的经营者进行日常管理，这就容易造成母子公司之间的信息不对称。由于企业集团是一个多层次、产权网络化的法人联合体，在本质上是一组多重契约关系，具有多层委托代理关系，其委托代理的信息更加不对称。

一般而言，事前的信息不对称容易引发逆向选择问题，即子公司在设定年度经营目标时隐瞒其真实经营能力，目的往往是低报预算，以期获得超额奖金；事后的信息不对称则往往引发道德风险问题，即子公司经营者采取偷懒或者浪费公司财产的方式追求自身效用最大化。

母公司控制信息不对称的方法主要有：(1) 派驻财务总监和财务人员，统一配置和管理财务人员；(2) 完善子公司财务决策的程序，使子公司的财务决策目标与母公司的利益目标相一致；(3) 对子公司经营者进行业绩评价，即通过事后的监督减少经营者的机会主义行为。

2. 有助于企业集团实施战略管理，实现战略目标

企业集团的目标具有整体性、系统性、战略性，为了实现企业集团的战略发展目标，必须将集团的发展目标以预算等形式分解到企业集团的每个子公司，使企业集团的经营目标与子公司的经营目标高度一致。

企业集团的财务控制包括根据战略目标编制企业集团的财务预算，并分解到每个子公司；对子公司执行预算的情况进行评价，根据预算执行情况调整经营策略，并调整不合格部门和子公司的经理人员。这些财务控制手段对企业集团实施战略管理具有良好的促进作用。

企业集团战略目标的实现还有赖于高素质、勤奋的高层管理团队。企业集团的财务控制机制，尤其是对高层管理人员适当的业绩评价，有助于企业集团建立良好的对子公司经理的评价与激励机制，推动优秀管理团队的建设。

7.1.2 企业集团财务控制的内容

单体企业的财务控制包括两个方面：企业所有者的财务控制与企业经营管理者的财务控制。由于企业集团的特殊性，母公司在企业集团中同时具有受资者和投资者的双重身份，母公司对子公司投资的目的在于控制或影响，这与单体企业不同，而母公司股东对母公司的财务控制与单体企业的财务控制是一样的。本章主要讨论母公司对子公司的财务控制。

企业集团财务控制是指企业集团的母公司根据集团内部规章、预算对实际运行结果加以衡量比较，然后采取纠正措施，以取得更接近目标的结果。企业集团控制从不同的视角有不同的分类方法。

1. 按照财务活动分类

按照财务活动种类，企业集团财务控制包括投资控制、融资控制、资产控制、利润分配控制等。投资控制方面，企业集团母公司应当充分考虑产业政策、目标行业增长率、市场需求总量、竞争环境、资金需要量、筹资难度、集团的经营能力及管理水平等因素，明确规定企业集团中投资战略保护、发展、鼓励或限制的投资领域。融资控制的核心是控制整个企业集团的资产负债率，使其与企业盈利水平和资产周转率相协调。企业集团的融资控制还包括企业集团对融资主体、融资渠道和融资方式的选择。利润分配控制则是指母公司根据企业集团的资金需要规划，综合考虑市场风险和集团抗风险能力，确定应当分配的利润和方式。

2. 按照控制循环分类

企业集团财务控制按照其与企业集团财务活动的顺序关系，可以分为事前控制、事中控制和事后控制。其中，事前控制包括预算编制控制、组织结构控制、授权控制；事中控制包括内部结算中心控制、预算执行控制；事后控制包括内部审计控制、业绩评价控制等。

预算控制包括预算编制控制和预算执行控制，是企业未来一定期间经营决策、目标规划、财务数量说明和责任约束的依据。全面预算管理可以具体落实每个员工的责、权、利关系，明晰各自的权限空间和责任区域，使企业集团内部财务目标和决策得以细化和落实。组织结构控制包括财务组织机构、组织分工和责任制度方面的财务控制，在企业集团控制中，常见的有财务总监和财务人员委派制，企业集团母公司的财务组织往往对各子公司财务组织实施垂直领导和控制。授权控制是指在某项财务活动发生之前，按照既定程序，对其正确性、合理性、合法性加以审核并确定是否让其发生。企业集团授权控制的内容与授权尺度集中体现在企业集团是实施分权控制体制还是集权控制体制。

内部结算中心是企业集团一种重要的事中控制方式，通过在集团内成立财务管理结算中心，集中办理集团内部子公司现金收付和往来结算业务，控制子公司货币资金使用方向，统一调度，以满足整个集团公司的资金需要。

内部审计控制可同时用于事中控制和事后控制，它是指企业集团母公司成立独立的内部审计机构，通过定期或不定期的财务制度审计和业绩审计，落实各项财务会计制度及其他制度在子公司的执行情况，评价各子公司的经营绩效，以维护母公司作为出资者的合法权益。业绩评价控制是企业集团对各子公司一定经营期间内的生产经营状况、资本运营效益、经营者业绩等进行定量与定性的考核、分析，做出客观公正的综合评价。根据按照业绩付酬的原则，业绩评价是企业集团母公司确定对子公司经理激励水平的基础和前提。①

7.1.3 企业集团财务控制的重点

从现代企业集团财务控制来看，预算控制和业绩评价控制在企业集团财务控制中的地位日益重要。这两种财务控制方法在一定程度上解决了对子公司实施过程控制及对子公司经营者进行约束和激励的问题，在企业集团母子公司管理中得到普遍应用。

预算控制采用事先预算、事中监督、事后分析的方法，既是一种控制机制和制度化的程序，又是经营活动有序进行的重要保证。预算的制定要以企业集团战略目标为依据，根据企业的发展规划，系统反映企业为达到生产经营目标所必须拥有的经济资源和配置情况。企业集团要依照各单位的经营职能范围、资产规模、任务大小及各项目的技术含量、市场前景和风险等不同情况，分项目、分单位，按月、季、年编制资金收支和费用计划，并将各项资金、费用预算目标合理分解，按月严格考核，使各单位责任明确，企业资源得到合理有效的利用，形成企业经营活动的良性“造血”机能。预算控制已经成为企业集团全过程财务控制的最重要手段之一。

在企业集团财务控制体系中，预算控制和业绩评价相互对应，构成了一个财务管理循环。一方面，在财务活动、预算执行过程中，通过业绩评价信息的反馈及相应的调控，可以随时发现和纠正实际业绩与预算的偏差，从而实现对财务经营活动过程的控制；另一方面，预算编制、执行、评价作为一个完整的系统，相互作用，周而复始地循环，以实现对整个企业经营活动的最终控制，而业绩评价既是本次财务管理循环的总结，又是下一次财务管理循环的开始。业绩评价既然是对预算完成情况的考核评价，其内容必须与预算编制的内容相适应，以预算执行主体为考评主体，以预算目标为核心，通过比较预算执行结果与预算目标，确定其差异，分析差异产生的原因，据以评价各责任主体的工作业绩，按照奖惩制度将其与各责任人的利益挂钩，从而影响未来的行为决策，并在

① 企业集团财务控制的内容部分参考：张坤堂．企业集团财务控制机制探讨．商业经济与管理，2003（3）：35-37.

此基础上调整下期预算。①

由于预算控制和业绩评价在企业集团财务控制方法体系中的特殊地位，本章将通过理论叙述和案例分析的方式，着重介绍企业集团预算控制和业绩评价。

7.2 企业集团预算控制

7.2.1 全面预算概述

1. 预算的概念与内容

预算是在预测的基础上，为了实现特定目标，以一定的方式对企业未来的生产经营活动所做的数量说明。根据预算的概念，企业预算一般有四个显著特点：(1) 预算是包括财务预算在内的全面预算；(2) 预算可以用价值形式反映，也可以用其他数量形式反映；(3) 预算应该有明确的目标；(4) 预算以预测为前提。

完整的企业全面预算包括经营预算、财务预算和资本支出预算三大部分。其中，经营预算是指与企业日常业务直接相关的基本生产经营活动的预算，通常是指在销售预测的基础上，首先对企业的产品销售进行预算，然后按照以销定产的方法，逐步对生产、材料采购、存货和费用等方面进行预算。经营预算由销售预算、生产预算、直接材料预算、直接人工预算、制造费用预算、期末产成品存货预算和销售与管理费用预算构成。财务预算是指与企业现金收支、经营成果和财务状况有关的各项预算，由现金预算、预计利润表和预计资产负债表等构成。资本支出预算主要是涉及长期投资的预算，指企业不经常发生的、一次性业务的预算，如固定资产的购置、扩建、改建、更新等都必须在投资项目可行性研究的基础上编制预算，具体反映投资的时间、规模、收益及资金的筹措方式。

企业全面预算管理的各部分内容前后衔接，相互钩稽，形成了一个完整的预算管理体系，如图7-1所示。

2. 企业集团全面预算管理程序

企业集团的全面预算管理是企业集团围绕预算展开的一系列管理活动，是实现企业集团整合的最基本、最有效的手段之一。其程序包括预算的编制、执行、控制、考评、激励等多个方面。

(1) 预算的编制。预算的编制是整个预算管理体系的基础和起点，没有经过精心准备的合理明确的预算文件，预算管理工作也就无从开展。

通常，预算编制可以采用自上而下、自下而上或上下结合的主动参与式编制方法。整个过程为：1）先由高层管理者提出企业总目标和部门分目标；2）各级责任单位和个

---

① 汤谷良，王化成. 企业财务管理学. 北京：经济科学出版社，2000：429.

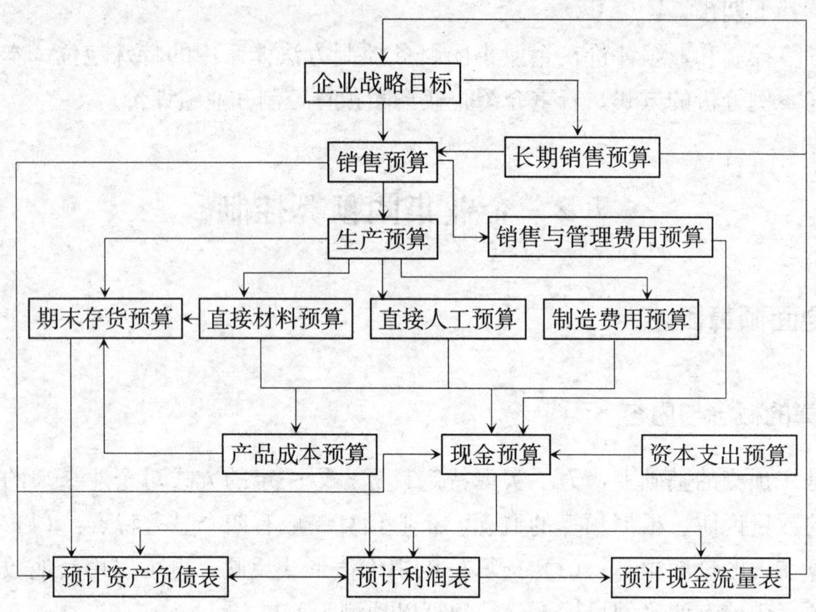

图7-1 企业全面预算管理体系

人根据一级管理一级的原则，制定本单位的预算方案，呈报分部门；3）分部门再根据各下属单位的预算方案，制定本部门的预算草案，呈报预算委员会；4）预算委员会审查各分部预算草案，进行沟通和综合平衡，拟定整个组织的预算方案；5）预算方案再反馈回各部门征求意见。经过自上而下、自下而上的多次反复，形成最终预算，经企业最高决策层审批成为正式预算，逐级下达各部门执行。

（2）预算的执行与控制。预算编制完成以后，在执行之前，还需要经过预算的分解、下达和具体讲解等步骤来保证预算的有效执行，保证预算体系运转良好。

预算开始执行之后，必须以预算为标准进行严格的控制，如支出项目必须严格控制在预算之内，收入项目必须符合预算，现金流动必须满足企业日常和长期发展的需要，等等。预算控制的内容就是预算编制产生的各级各类预算，即经营预算、资本支出预算和财务预算。预算的执行与控制是整个预算管理工作的核心环节，需要企业集团上下各部门和全体人员的通力合作。

在预算执行与控制过程中以及预算完成后，一个尤为重要的环节便是预算差异的分析，它是指对预算执行中产生的各种预算与预测、实际与预算以及有利与不利等差异的分析（实践中，预算差异的分析主要是针对实际和预算的差异），确定差异、分析原因、总结经验教训。在分析实际和预算的差异时，一般按照以下几个步骤进行：1）对比实际业绩和预算目标找出差异；2）分析出现差异的原因；3）提出恰当的处理措施。其中，预算执行过程中的差异分析可以根据周围环境和相关条件的变化帮助调控预算，保证其合理顺利地执行；预算完成后的差异分析则可以总结预算完成情况，帮助评价预算期间工作的好坏，为企业评价激励制度是否公平有效提供数据依据。因此，预算差异分析贯穿预算管理的全过程，既为预算的执行与控制明确了工作重点，也为下期进行预测、编制预算提供了可以借鉴的丰富经验。

（3）预算的考评与激励。西方有句谚语：在管理活动中，如果没有监督与考核，再美丽的天使都会变成可怕的魔鬼。用此来形容预算考评工作的重要性是十分恰当的。没有预算考评，企业预算只能是停留在笔端的海市蜃楼，因失去控制力而流于形式，预算管理将变得毫无意义。

预算考评是对企业集团内部各级责任单位和个人预算执行情况的考核与评价。对预算的执行情况进行考评，监督预算的执行、落实，可以加强和完善企业的内部控制。在企业全面预算管理体系中，预算考评起着检查、督促各级责任单位和个人积极落实预算任务，及时提供预算执行情况的相关信息以便纠正实际与预算的偏差，有助于企业管理当局了解企业生产经营情况，实现企业总体目标的重要作用。同时，从整个企业生产经营循环来看，预算考评作为一个预算管理循环的总结，为下一次科学准确地编制企业全面预算积累了丰富资料和实际经验，是以后编制企业全面预算的基础。

由于预算提供了在一定期间要求达到的明确的经营目标，是企业计划的数量化和货币化表现，为业绩评价提供了考评标准，是业绩评价的重要依据，便于对各部门实施量化的业绩考核和奖惩制度，企业有效激励相关部门和人员有了合理可靠的依据。确立"考评与奖惩是预算管理工作生命线"的理念可以确保预算管理落实到位。严格考评不仅是为了将预算指标值与预算的实际执行结果进行比较，肯定成绩，找出问题，分析原因，改进以后的工作，也是为了对员工实施公正的奖惩，奖勤罚懒，调动员工的积极性，激励员工共同努力，确保企业战略目标的最终实现。

7.2.2　企业集团全面预算管理模式

企业集团全面预算管理按照其控制重点不同可以分为四种模式：以利润为核心的全面预算管理模式；以成本为核心的全面预算管理模式；以现金流量为核心的全面预算管理模式；以销售为核心的全面预算管理模式。其中前两种模式为企业集团所常用，利润核心模式主要适用于企业集团利润中心管理，成本核心模式则适用于企业集团成本中心管理。

1. 以利润为核心的全面预算管理模式

（1）预算管理体系的构成。以利润为核心的全面预算管理模式的特点是，企业以利润最大化作为预算编制的核心，预算编制的起点和考核的主要指标都是利润。因此，在利润核心模式下，利润预算的确定是关键。

利润预算是通过将企业整体利润预算分解落实到各二级单位编制而成的，它有助于通过各二级单位完成自身具体的利润预算目标实现企业整体利润预算目标。它是以利润为核心的预算管理模式下预算体系的起点，具体包括企业整体和各二级单位为实现利润预算而编制的生产预算、销售预算、供应预算以及成本费用预算等经营预算。

编制利润预算的一个重点也是难点，就是合理确定预算利润数。一般来说，预算利润要以企业的历史成本资料为基础，根据对未来发展的预测，充分考虑产品结构、成本、技术、供求关系以及价格等因素的相互关系及其对利润指标的综合影响，在反复研讨、充分论证的基础上加以确定。在编制利润预算、确定预算利润时必须遵循的原则为：

1）预算利润应当有战略性。企业在确定预算利润时，要充分考虑企业发展的长远规划，而不能只顾眼前利益。企业编制预算不仅是为了使企业在短期内保持活力和竞争优势，更是为了使企业在持久的竞争中立于不败之地。

2）预算利润应当有可行性。预算利润不能定得太高，如果很难实现，不仅不能提高运作效率，相反还很可能挫伤管理人员的积极性，起负面作用；同时，预算利润也不能定得过低，如果轻轻松松就能达到，预算就失去了意义。总之，企业确定的预算利润应当具有先进性，但并非高不可攀，管理人员只要加强管理、厉行节约，该目标利润一般能够实现。

3）预算利润应当有科学性。目标利润的制定不是凭借主观臆断，而是通过大量的资料收集和整理，并以其为依据，采用科学方法制定的。

4）预算利润应当有统一性。指预算利润必须与企业总体的财务管理目标协调一致。由于利润指标的片面性，即单纯的利润指标没有考虑货币的时间价值和风险与报酬的关系，在确定预算利润时，有必要考虑其他财务管理目标，以保证最终实现企业价值的最大化。

（2）编制预算的程序。由于母公司与子公司之间的关系主要由资本纽带来维系，所以母公司对子公司的考评只能依靠利润指标或投资报酬率指标。因此，以利润为核心的全面预算管理模式非常适合集团公司采用。以集团公司为例，该种模式预算的编制程序为：

第一步，母公司确定各子公司的利润预算数并下达给子公司。母公司确定各子公司利润预算数通常有两种方法。第一种是根据对子公司的投入资本总额以及投资者要求的必要报酬率确定预算利润数。用公式表示为：

$$\text{预算利润数}=\text{对子公司的投入资本总额}\times\text{投资者要求的必要报酬率} \tag{7-1}$$

第二种是根据子公司上年的利润数结合预算年度实际经营情况的变化做一定的调整，确定预算利润数。用公式表示为：

$$\text{预算利润数}=\text{子公司上年利润实际数}\times(1+\text{利润调整系数}) \tag{7-2}$$

在确定各子公司的利润预算数之后，可以根据下列公式计算求得母公司的汇总收益：

$$\text{母公司汇总收益}=\sum\text{各子公司目标利润总额}-\text{母公司管理费用} \tag{7-3}$$

第二步，子公司与母公司就母公司初拟的目标利润进行协商。由于母子公司之间信息的不对称，母公司初拟的目标利润未必反映子公司的经营潜力，如果母公司下达的目标利润过高，肯定会受到子公司的抵制；反之，如果母公司下达的目标利润过低，则可能削弱甚至失去激励的作用。此外，母子公司之间利益的非完全同步性，会使得子公司与母公司之间就目标利润进行讨价还价。

第三步，子公司根据母公司正式下达的各子公司的年度利润指标编制预算。子公司以其与母公司协商后确定的目标利润为起点，编制财务预算及其他重要的业务预算，将目标利润层层分解、层层落实，并将预算情况上报母公司备案。

第四步，母公司汇总各子公司的预算编制集团公司预算。母公司根据各子公司上报的预算汇总编制集团公司预算，并以此为依据对集团公司总体的利润目标实现情况进行监控，确保利润目标顺利实现。

(3) 简要评价。以利润为核心的全面预算管理模式有助于企业集团管理方式由直接管理转向间接管理；有利于明确工作目标，激发员工工作的积极性；有利于增强企业集团的综合盈利能力。

这种预算管理模式的缺陷是：可能引发短期行为，使企业只顾预算年度利润，忽略长远发展；可能引发冒险行为，只顾追求高额利润，增加企业财务和经营风险；可能引发虚假行为，使企业通过一系列手段虚降成本，虚增利润。

2. 以成本为核心的全面预算管理模式

(1) 以成本为核心的全面预算管理模式的含义。以成本为核心的全面预算管理模式是以成本目标的控制为预算编制和管理的核心内容，预算编制以成本预算为起点，预算控制以成本控制为主轴，预算考评以成本为主要考评指标的预算管理模式。它在明确企业目前实际情况的前提下，通过市场调查，结合企业潜力和预期利润，倒挤出企业目标成本，加以适当的量化和分类整理，形成一套系统完善的预算指标，进而将之分解落实到各级责任单位和个人，直至规划出达到每个目标的大致过程，并明确相应的以成本指标完成情况为考评依据的奖惩制度，使相关责任单位和个人责、权、利紧密结合。这种模式在企业生产经营过程中跟踪成本流程，按照预算指标进行全过程控制和管理。

按照价值工程理论：

$$V=\frac{F}{C} \tag{7-4}$$

式中，V 表示某种产品的价值；F 表示某种产品的功能；C 表示某种产品的成本。

由式 (7-4) 不难看出，某种产品的价值取决于其相应的功能与成本的对比。显然，产品的价值与其功能成正比，功能越高，价值越大，反之则越小；与成本成反比，成本越高，价值越小，反之则越大。因此，提高产品价值以增加企业净收益、提高经济效益的途径，不外乎以下几种：1) 在产品成本不变的情况下，提升产品的功能；2) 在产品成本提高的情况下，提升产品功能，其幅度大于成本提高的幅度；3) 在产品功能降低的情况下，降低产品成本，其幅度大于产品功能降低的幅度；4) 在产品功能提升的情况下，降低产品成本；5) 在产品功能不变的情况下，降低产品成本。

可见，几乎每种方式都涉及成本管理工作的好坏，后三种方式更是直接依赖于成本管理工作的力度。由此，我们不难看出，加强企业成本预算管理、强化成本控制对于提高企业整体经济效益具有重要意义。

虽然预算控制的对象和范围较为广泛，包括整个企业和各级责任单位与个人应该负责的成本、收入、利润以及资金等方方面面，其中最为关键的是成本控制，这是预算控制的基础，也是企业成本管理工作的核心环节。由于成本是一项综合性极强的经济指标，为了保证预算指标和各级责任单位预算的顺利完成，需要企业各级责任单位和个人共同参与和努力，充分调动企业全体员工的工作积极性，不断降低成本，按质、按量、按时地完成预算指标，提高企业经济效益。

（2）预算编制的一般程序。以成本为核心的全面预算管理模式下，预算编制主要包括三个基本环节：设定目标成本、分解落实目标成本、实现目标成本。

1）设定目标成本。目标成本的设定是以成本为核心的全面预算管理模式的起点。设定一般有两种方式：

第一，修正方式。修正方式是在企业过去达到的成本管理水平上，结合未来成本挖掘的潜力及相关环境的变化，对历史成本指标进行适当修正，得到当期目标成本。采用此方式设定企业目标成本时，首先，必须搞清楚可能对企业成本产生影响的一切内外部因素；其次，要明确这些因素对成本降低或升高的不同影响；最后，根据对预算期间这些因素变化趋势的预测来调整历史成本指标以求得目标成本。在具体设定目标成本的过程中有两个问题需要注意：一是在分析预算期间可能对目标成本产生影响的因素时，既要看到企业内部的相关因素影响，更要充分重视企业外部因素的影响，如原材料价格的涨落、同行企业的竞争，乃至国际贸易发展趋势和国际政治经济状况等，并在企业目标成本的设定中有所体现。二是结合企业的战略目标、实际技术水平以及管理工作基础对目标成本进行修正，切忌好高骛远。

第二，倒挤方式。倒挤方式是企业在充分进行市场调查，初步明确产品售价以及市场占有份额的基础上，确定企业的预期收益，结合企业预期利润，倒挤企业目标成本。用公式表达为：

$$目标成本=预期收益-预期利润 \tag{7-5}$$

或

$$目标单位产品成本=预期单位产品售价-预期单位产品利润 \tag{7-6}$$

式中，预期单位产品售价可以通过与同行业同类产品的横比，或与本企业历史水平的纵比，结合预算期间企业的相关状况确定。

2）分解落实目标成本。目标成本确定之后要做的工作就是将各成本预算指标按照一定的要求，细化为各责任单位和个人的具体目标，通过对这些细化后落实到各责任单位和个人的指标的考评、控制和奖惩确保目标成本的实现。在目标成本的分解过程中要坚持以下原则：

第一，因地制宜原则。结合企业产品生产、技术和经营管理的特点，科学地选择目标成本分解的具体依据和方法。无论采用哪种目标成本分解方法，都应该结合企业自身特点，因地制宜，考虑到目标分解后的落实、控制、分析和考评的要求，既要便于责任划分，使分解后的具体目标都能得到落实，又要有利于落实、控制、分析和考评，使分解后的具体目标能真正成为企业上下努力的方向。

第二，彻底分解原则。要根据成本的具体内容，尽量把目标成本细化到最小单元，分解到不能再细分的层次。这样有利于全面具体地落实目标成本，进行更好的控制、分析和考评。如果目标分解得不彻底、不细致，就不便于落实、控制、分析和考评，达不到预期的效果。当然也要具体情况具体分析，并非所有的指标都是越细越好。我国成本核算中讲的“主要从细，次要从简，细而有用，简而有理”的工作经验值得借鉴学习。

第三，一致性原则。一方面，要保证分解后的各子目标之和与被分解的目标值相等，即目标总成本等于各子目标成本之和，使各责任单位和个人都完成自身目标成本的同时企业整体目标成本也得以实现；另一方面，要按照目标成本的特性要求，使分解后的子目标具体化、数量化，各子目标之间协调一致，形成一个有机的目标成本体系。

目标成本的分解方法主要有以下三种：

第一，将目标成本按成本控制的对象，即物的要素进行分解。具体如表 7－1 所示。

表 7－1　按物的要素分解目标成本

要素	说明
按产品结构分解	在装配式、组合式的生产企业，应按产品的结构分解各构件、部件的目标成本，进而分解零配件的目标成本。
按产品功能分解	借助价值工程方法，通过功能系统图确定产品功能区域划分，然后将产品的目标成本依次按照大功能区域、中功能区域和小功能区域进行分解。
按产品的加工过程分解	将产品的目标成本按产品设计、物资采购、加工制造、产品销售等过程分解。
按产品的经济内容分解	将产品目标成本按照固定成本和变动成本进行分解。
按产品的成本项目分解	按照料、工、费等成本项目对目标成本进行分解，分解之前必须预先确定成本项目要素，至于成本项目要素应当细化到何种程度，应视具体情况而定。

第二，将目标成本按成本控制的主体，即人的要素进行分解，按企业组织管理系统，如子公司、车间、班组、个人，或按经济责任制系统，即各级责任单位和个人进行分解，分解后形成一个由责任单位和个人组成的子目标控制体系。如果企业能够按人分解目标成本，无疑可以将目标成本归属于“人”这一能动的行为主体，从而激励企业各层次、各环节和各方面人力资源的能动性与创造性、责任感与成本意识，保障目标成本的顺利实现。

第三，将目标成本按成本控制的时间序列，即预算期间进行分解，如年、季、月、周、日等，分解后形成一个用时间段表示的子目标体系，其中包括年度成本目标、季度成本目标、月度成本目标等。

3）实现目标成本。目标成本的实现过程实质上就是一个成本控制的过程，即企业内部对成本目标负有经营管理责任的各级责任单位和个人，在成本的形成过程中，根据事先制定的目标成本，按照一定的原则，对各级责任单位和个人日常发生的各项成本和费用进行严格的控制、分析、调整和考评，以保证目标成本的实现。主要有以下几方面的工作：

第一，建立责任会计制度，为每个对成本负有经营管理责任的责任中心编制责任预算，作为日常成本控制的依据；定期编制责任中心业绩报告，与企业预算对比，发现差异，分析原因，并及时采取应对措施；根据各责任中心的考评结果进行奖惩，使责、权、利紧密结合。

第二，建立信息反馈系统，及时反映目标成本控制的偏差。在目标成本实现的过程中，企业要建立一个成本信息反馈中心，及时反映实际成本与目标成本的差异，揭示差异产生的原因，以便采取有效措施纠正偏差，保障目标成本的实现。全面预算和责任预算已经把企业生产经营活动的全过程和环节，以及完成这些预算的责任目标都规定得比较明确。为了能够适时地掌握和控制整个企业预算执行的情况与各级责任单位和个人预算的履行情况，需要建立及时、高效的信息反馈系统，以便企业管理当局和各方管理者及时了解预算执行的进展情况，并根据反馈信息做出相应的决策，控制经济活动的实际状况，保证企业全面预算管理目标的实现。

第三，健全岗位责任制度。为确保目标成本的实现，在企业管理中要健全岗位责任制度，做到因岗设人，竞争上岗，定期培训，明确各岗位职责，规范操作流程，鼓励人才竞争，提高工作效率。

第四，建立与目标成本实现业绩挂钩的奖惩制度。为了使利益激励与风险约束机制同时发挥作用，确保目标成本的实现，企业首先要建立健全科学合理的责任奖惩制度，与成本预算考评结果挂钩，促使各级责任单位和个人自觉主动地执行成本预算，促进目标成本的实现。

第五，严格企业内部控制制度，明确企业内部质量控制标准、财务规章制度以及经营管理制度等，约束并协调企业内部各层次、各环节和各方面在预算执行过程中的行为，确保目标成本的顺利实现。

（3）简要评价。以成本为核心的全面预算管理模式有利于企业集团采取先进的成本管理办法，不断降低成本，提高盈利水平；有利于企业集团采取低成本扩张战略，提高市场占有率，加快企业集团成长速度。

该模式的缺陷是可能导致企业集团只顾降低成本，忽略新产品开发；也可能导致企业集团只顾降低成本，忽略产品质量。

【例7-1】 邯郸钢铁有限责任公司在实践中总结并实施了一套符合市场经济要求的科学管理方法：模拟市场核算，实行成本否决，创造良好的经济效益。其基本思路是模拟市场价格，根据市场上产品售价和采购原料的市场价来计算目标成本和利润，通过倒推的方式，将成本指标层层落实到全员，实行成本一票否决制。

“倒推”是将过去从前向后逐道工序核定成本的传统做法，改为从产品在市场上能够被接受的价格开始，逐个工序剖析潜在效益，从后向前核定，直到原材料采购。用公式表示为：

目标成本＝该产品的市场价－目标利润－总厂应分摊的管理费

在计划经济体制下，价格是成本的函数，产品成本加一定的利润就等于售价，成本对企业压力不大。在市场经济条件下，成本是价格的函数，成本随价格变化而变化。

“否决”指完不成成本指标，其他工作干得再好，也要否决全部奖金，连续完不成，否决内部升级，即分配的准则和考评干部业绩的标准是成本和效益。“全员”指降低成本是企业上至厂长下至每一个职工的行为，每个人都要分担成本指标或费用指标，实行全员全过程的成本管理。

7.3　企业集团业绩评价

7.3.1　业绩评价概述

1. 业绩评价的概念

业绩评价是指根据企业所处社会经济环境的变化，依据业绩评价的原则，按照企业目标设计相应的评价指标体系，根据特定的评价标准，采用特定的评价方法，对企业一定经营期间的价值实现程度做出客观、公正和准确的综合判断并出具评价报告。业绩评价的概念包括社会经济环境、评价原则、评价指标、评价标准、评价方法和评价报告等内容。

（1）社会经济环境。社会经济环境是企业业绩评价系统赖以存在的社会政治、经济、文化等背景，它对企业业绩评价系统起着不可估量的作用，这一点从企业业绩评价产生、发展的过程中就可以看出。早在150多年前，企业业绩评价的雏形（资信评价）就已经产生，但是直到20世纪60年代资本主义国有化高峰阶段才得到蓬勃发展，我国在20世纪90年代进行市场经济改革时才广泛使用，其原因在于社会经济环境没有发展到相应的水平，进行企业业绩评价的具体需求不足，相邻学科的配合和它赖以形成的理论与实践的基础条件也不完备。另外，不同的环境决定了不同的业绩评价主客体和评价目标，对评价原则也有重大影响。

（2）评价原则。评价原则是设计系统时必须遵守的规则，它是人们从长期的经济活动中总结出来的，具有普遍的适用性，集中体现了企业业绩评价活动的共性。因此，要想使评价工作取得良好效果，评价过程必须严格遵守评价原则。随着社会经济的发展和基础理论研究的不断深入，评价原则的内容越来越全面。目前，国内各界公认的原则包括四项：客观公正性、全面完整性、科学合理性、简便实用性（又称可操作性）。

（3）评价指标。评价指标要根据评价客体的特性和目标按相关的评价原则进行选择。评价指标有财务方面的，如投资报酬率、销售利润率、每股收益等；也有非财务方面的，如售后服务水平、产品质量、创新速度和能力等。在进行评价指标研究时，应注意区分对企业的评价和对管理者的评价，对评价客体的评价目的不同，应设计不同的指标体系。同时，评价指标的选择要尽量避免重复或相互涵盖，在不影响评价结果的情况下，数量越少越好，这样才能符合简便性的要求。

（4）评价标准。评价标准是对评价客体进行分析评判的标准。某项指标的具体评价标准是在一定前提条件下产生的，具有相对性。由于评价的目标、范围和出发点不同，必然要有相应的评价标准与之相适应。随着社会不断进步、经济不断发展以及外部条件变化，作为评判尺度的评价标准也就不可能一成不变，因此评价标准是相对的、发展的、变化的。目前常见的业绩评价标准有：年度预算标准、资本预算标准、历史水平标准及竞争对手标准。为了全面发挥企业业绩评价系统的功能，在实际工作中应综合运用各种不同的标准。在具体选用标准时，应与评价客体密切联系。一般来讲，评价客体为经营管理者时，采用年度预算标准较为恰当；评价客体为企业时，通常采用历史水平标准和竞争对手标准。

（5）评价方法。评价方法是企业业绩评价的具体手段。有了评价指标和评价标准，还要采用一定的评价方法来对评价指标和评价标准进行实际运用，以取得公正的评价结果。没有科学合理的评价方法，评价指标和评价标准就成了孤立的评价要素，也就失去了存在的意义。目前的评价方法都是与财务管理理论相结合的。与定量分析方法相对应，定性分析方法主要是对不可计量指标进行分析，大多采用主成分分析法、聚类分析法、因子分析法等传统方法。

（6）评价报告。企业业绩评价分析报告是业绩评价系统的输出信息，也是系统的结论性文件。评价报告应集中体现评价的原则和目标，形式力求规范。目前我国国有资产管理部门出台的各套评价系统都对评价报告的格式做出了明确规定。通过总结各种具体格式并结合常见评价需求，可知评价报告一般包括评价主体、客体、评价执行机构、采用的评价系统、数据资料来源、评价指标体系和方法、采用的评价标准、评价责任等；还应包括企业基本情况、评价结果和结论、企业主要财务指标对比分析、影响企业经营的环境、对企业未来发展状况的预测以及企业经营中存在的问题和改进建议等内容。

此外，评价报告还要根据实际需要包括许多特殊信息，对某一特定内容的揭示要考虑企业和社会经济环境的各种限制。对评价报告的使用范围等事项有时要明确规定。

2. 业绩评价的作用

建立和规范现代企业制度，迫切需要一套科学完善的企业业绩评价体系，它能在企业效益评价、企业经营者业绩评价、企业人事考核、金融信贷管理、企业管理诊断等方面发挥积极作用。从企业内部管理的角度看，企业业绩评价的作用主要体现在三方面。

（1）在战略规划中量化企业目标。业绩评价中的指标体系及关键业绩指标必须与战略规划过程紧密结合。也就是说，在战略规划过程中，必须将企业的战略目标量化为一套可以计量的业绩评价指标。一个企业选择的业绩评价系统必须能够支持和增强企业的战略，帮助实现企业的目标。同时，业绩评价对战略规划提出了要求——量化战略目标。总之，在战略规划阶段，管理者要将战略目标转化为业绩评价指标。

（2）在战略实施中把握企业战略。业绩评价是战略实施过程中的重要环节。不全面或不恰当的业绩评价体系常常会妨碍企业战略的实施，甚至与之相抵触，可能导致以下三个问题：没有关注关键成功因素；没有针对新战略做组织结构方面的协调；对竞争环境缺乏深入了解。科学的业绩评价体系是战略成功实施的关键，它将结果与预先确定的评价标准进行对比来判断战略实施状况的好坏。根据业绩评价反馈的信息，可以适时地修正和调整企业的战略。

（3）构建与战略相适应的激励机制。在企业集团多层次的委托代理关系中，委托人和代理人具有不同的利益。其中最典型的就是所有者和经营者之间的委托代理关系，由于所有者和经营者之间的信息不对称，经营者往往为了追求自身利益而牺牲股东利益。因此，有必要建立一种有效的激励机制，促使经营者去选择和实施可以增加股东价值的活动，降低代理成本。无效的激励机制将造成企业的低效率，甚至造成无休止的冲突并使经营者失去控制。

激励机制包括以业绩为基础的奖金、工资调整、职位晋升以及解雇决定等。在激励机制中，必须考虑如下几个问题：1）对于经营者的工作，衡量哪些业绩指标；2）经营者的行为如何影响这些业绩指标；3）业绩指标如何转化为个人报酬。①

显然，这几个问题实质上就是如何选择业绩评价指标、设计业绩评价系统、分析结果和报告结果。当经营者（或员工）追求这些业绩评价指标时，必然会推动企业目标的实现。因而，业绩评价系统的设计必须全面，否则业绩评价系统忽略的业绩指标，也将为经营者（或员工）所忽略或轻视。全面、明晰的业绩评价系统是建立激励机制的前提。

7.3.2 责任中心业绩评价

责任中心是指企业内部的成本、利润、投资发生单位，这些内部单位要完成特定的职责，其责任人被赋予一定的权力对该责任区域进行有效的控制。责任中心可能是一个人、一个班组、一个车间、一个部门，也可能是分公司、事业部，甚至是整个企业。根据不同责任中心的控制范围和责任对象的特点，可将责任中心分为三种：成本中心、利润中心和投资中心。由于不同责任中心的职权范围不同，责任预算的内容、考核的具体指标和方法也有所不同。

1. 成本中心的业绩评价

成本中心分为标准成本中心和费用中心，对两种成本中心的评价方法是不同的。

一般来说，标准成本中心的考核指标是既定产品质量和数量条件下的标准成本。标准成本中心不需要做出价格决策、产量决策或产品结构决策，这些决策由上级管理部门做出，或授权给销货单位做出。标准成本中心的设备和技术决策通常由职能管理部门做出，而不是由成本中心的管理人员自己制定。因此，标准成本中心不对生产能力的利用程度负责，只对既定产量的投入量承担责任。

值得强调的是，如果标准成本中心的产品没有达到规定的质量，或没有按计划生产，则会对其他单位产生不利的影响。因此，标准成本中心必须按规定的质量、时间标准和计划产量进行生产。这个要求是硬性的，很少有伸缩余地。完不成上述要求，成本中心就要受到批评甚至惩罚。过高的产量提前产出造成积压，超产以后销售不出去，同样会给企业带来损失，也应视为未按计划进行生产。

确定费用中心的考核指标是一件困难的工作。由于缺少度量其产出的标准，并且投入和产出之间的关系不密切，运用传统的财务技术来评估这些中心的业绩非常困难。费

---

① 罗伯特·S. 卡普兰，安东尼·A. 阿特金森. 高级管理会计. 吕长江，等译. 大连：东北财经大学出版社，1999：692.

用中心的业绩涉及预算、工作质量和服务水平。工作质量和服务水平的量化很困难，并且与费用支出关系密切。这正是费用中心与标准成本中心的主要差别。标准成本中心的产品质量和数量有良好的量化方法，如果能以低于预算水平的实际成本生产相同的产品，则说明该中心业绩良好。费用中心则不然，一个费用中心的支出没有超过预算，但可能该中心的工作质量和服务水平低于计划的要求。

通常使用费用预算来评价费用中心的业绩。由于很难依据费用中心的工作质量和服务水平来确定预算数额，一个解决办法是考察同行业类似职能的支出水平。例如，有的企业根据销售收入的一定百分比编制研究开发费用预算。尽管很难解释为什么研究开发费用与销售额具有某种因果关系，但百分比法还是使人们能够在同行业之间进行比较。另一个解决办法是零基预算法，即详尽分析支出的必要性及其取得的效果，确定预算标准。还有许多企业依据历史经验编制费用预算，这种方法虽然简单，但缺点也十分明显。管理人员为在将来获得较多的预算，倾向于把能花的钱全部花掉。越是勤俭度日的管理人员，越容易面临严峻的预算压力。预算的有利差异只能说明比过去少花钱，既不表明达到了应有的节约程度，也不说明成本控制取得了应有的效果。因此，依据历史实际费用编制预算并不是个好办法。从根本上说，费用中心预算水平有赖于了解情况的专业人员的判断。上级主管人员应信任费用中心的经理，并与他们密切配合，通过协商确定适当的预算水平。在考核预算完成情况时，要让有经验的专业人员对费用中心的工作质量和服务水平做出有根据的判断，才能对费用中心的业绩做出客观评价。

2. 利润中心的业绩评价

对利润中心进行考核的指标主要是利润。但是应当看到，任何一个单独的业绩衡量指标都不能反映某个组织单位的所有经济效果，利润指标也是如此。因此，尽管利润指标具有综合性，利润计算具有强制性和较好的规范化程度，仍然需要一些非货币的衡量方法作为补充，包括生产率、市场地位、产品质量、职工态度、社会责任、短期目标和长期目标的平衡等。

在计量一个利润中心的利润时，我们需要解决两个问题：（1）选择一个利润指标，包括如何分配成本到该中心；（2）为在利润中心之间转移的商品确定价格。

我们在这里先讨论第一个问题，后一个问题作为本节的另一个题目讨论。

利润不是一个十分具体的概念，在这个名词前边加上不同的定语，可以得到不同的概念。在评价利润中心业绩时，至少有四种选择：贡献毛益、可控贡献毛益、部门贡献毛益和税前部门利润。

【例7-2】 某公司某部门的数据如下（单位：元）：

部门销售收入	150 000
已销商品变动成本和变动销售费用	100 000
部门可控固定间接费用	8 000
部门不可控固定间接费用	12 000
分配的公司管理费用	10 000

假设该部门的利润表如下：

收入	150 000
变动成本	100 000
贡献毛益	50 000
可控固定成本	8 000
可控贡献毛益	42 000
不可控固定成本	12 000
部门贡献毛益	30 000
公司管理费用	10 000
税前部门利润	20 000

以贡献毛益50 000元作为业绩评价依据不够全面。部门经理至少可以控制某些固定成本，并且在固定成本和变动成本的划分上有一定选择余地。以贡献毛益为评价依据，可能导致部门经理尽可能多支出固定成本以减少变动成本支出，但是这样做并不能降低总成本。因此，业绩评价时至少应包括可控固定成本。

以可控贡献毛益42 000元作为业绩评价依据可能是最好的，它反映了部门经理在其权限和控制范围内有效使用资源的能力。部门经理可控制收入、变动成本和部分固定成本，因而对可控贡献毛益承担责任。这一衡量标准的主要问题是可控固定成本和不可控固定成本的区分比较困难。例如，折旧、保险等，如果部门经理有权处理这些资产，那么它们就是可控的；反之，则是不可控的。又如，员工的工资水平通常是由企业集中决定的，如果部门经理有权决定本部门雇用多少员工，那么工资成本就是他的可控成本；如果部门经理既不能决定工资水平又不能决定员工人数，则工资成本是不可控成本。

以部门贡献毛益30 000元作为业绩评价依据，可能更适合评价该部门对企业利润和管理费用的贡献，而不适合对部门经理的评价。如果要决定部门的取舍，部门贡献毛益是有重要意义的信息。如果要评价部门经理的业绩，那么部门贡献毛益就不太适合，因为有一部分固定成本是过去最高管理层投资决策的结果，现在的部门经理很难改变。

以税前部门利润20 000元作为业绩评价的依据通常是不合适的。企业总部的管理费用是部门经理无法控制的成本，由分配企业管理费用引起的部门利润的不利变化，不能由部门经理负责。不仅如此，分配给各部门的管理费用的计算方法常常是任意的，部门本身的活动和分配的管理费用高低并无因果关系。普遍采用销售百分比、资产百分比、工资百分数来确定管理费用。许多企业把所有的总部管理费用分配给下属部门，其目的是提醒部门经理注意各部门提供的贡献毛益必须抵补总部的管理费用，否则企业作为一个整体就不会盈利。其实，通过给每个部门建立一个期望达到的可控贡献毛益标准，可以更好地达到上述目的。这样，部门经理可集中精力增加收入并降低可控成本，而不必在分析那些不可控的管理费用上花费精力。

3. 投资中心的业绩评价

评价投资中心业绩的指标通常有以下四种。

（1）投资报酬率。这是最常见的考核投资中心业绩的指标。这里的投资报酬率是用部门的税前利润除以该部门所拥有的资产额。

假设某个部门的资产额为20 000元，税前利润为4 000元，那么

$$投资报酬率=\frac{4\ 000}{20\ 000}\times100\%=20\%$$

用投资报酬率来评价投资中心业绩有许多优点。它是根据现有的会计资料计算的，比较客观，可用于部门之间以及不同行业之间的比较。投资者非常关心这个指标，企业总经理也十分关心这个指标。用它来评价每个部门的业绩，有助于提高该部门及整个企业的投资报酬率。投资报酬率可以分解为投资周转率和销售利润率两者的乘积，并可进一步分解为资产的明细项目和收支的明细项目，这有利于对整个部门的经营状况做出评价。

投资报酬率指标的不足也是十分明显的。部门经理会放弃高于资本成本而低于目前部门投资报酬率的机会，或者减少现有的投资报酬率较低但高于资本成本的某些资产，这虽然使部门的业绩获得较好评价，却损害了企业整体的利益。

假设前面提到的企业资本成本为15%。部门经理面临一个投资报酬率为17%的投资机会，投资额为10 000元，每年获利1 700元。尽管对整个企业来说，投资报酬率高于资本成本，应当利用这个投资机会，但它使这个部门的投资报酬率由过去的20%下降到了19%：

$$投资报酬率=\frac{4\ 000+1\ 700}{20\ 000+10\ 000}\times100\%=19\%$$

同样的道理，若情况与此相反，假设该部门现有资产中有一项资产价值5 000元，每年获利850元，投资报酬率为17%，超过了资本成本。部门经理可能放弃该项资产，以提高部门的投资报酬率：

$$投资报酬率=\frac{4\ 000-850}{20\ 000-5\ 000}\times100\%=21\%$$

当使用投资报酬率作为业绩评价标准时，部门经理可以通过加大公式的分子或减少公式的分母来提高这个比率。实际上，减少分母更容易实现。这样做会失去不是最有利但可以扩大企业总净利润的项目。从引导部门经理采取与企业总体利益一致的决策来看，投资报酬率并不是一个很好的指标。

(2) 剩余收益。为了克服使用比率衡量部门业绩带来的次优化问题，许多企业采用绝对数指标来实现利润与投资之间的联系，这就是剩余收益指标。

$$剩余收益=部门利润-部门资产应计报酬 \tag{7-7}$$

$$=部门利润-部门资产\times资本成本 \tag{7-8}$$

剩余收益的主要优点是可以使业绩评价与企业的目标协调一致，引导部门经理采纳高于企业资本成本的决策。

根据前面的资料计算：

$$目前部门剩余收益 = 4\ 000 - 20\ 000 \times 15\% = 1\ 000(元)$$

$$采纳增资方案后剩余收益 = (4\ 000 + 1\ 700) - (20\ 000 + 10\ 000) \times 15\% = 1\ 200(元)$$

$$采纳减资方案后剩余收益 = (4\ 000 - 850) - (20\ 000 - 5\ 000) \times 15\% = 900(元)$$

部门经理会采纳增资的方案而放弃减资的方案，这正与企业总目标相一致。

采用剩余收益指标还有一个好处，就是允许根据不同的风险调整资本成本。从现代财务理论来看，不同的投资有不同的风险，要求按风险程度调整其资本成本。不同行业部门的风险不同，甚至同一部门的资产也属于不同的风险类型，如现金、短期应收款和长期资本投资的风险有很大区别，要求有不同的资本成本。在使用剩余收益指标时，可以对不同部门或者不同资产规定不同的资本成本，使剩余收益这个指标更加灵活。而投资报酬率评价方法并不区分不同资产，无法分别处理风险不同的资产。

当然，剩余收益是绝对数指标，不便于不同部门之间的比较。规模大的部门容易获得较大的剩余收益，但它们的投资报酬率并不一定很高。在这里，我们再次体会到引导决策与评价业绩之间的矛盾。许多企业在使用这一方法时，事先建立与每个部门资产结构相适应的剩余收益预算，然后通过实际与预算的对比来评价部门业绩。

（3）现金回收率。现金回收率是以现金流量为基础的业绩评价指标。

$$现金回收率 = \frac{营业现金流量}{总资产} \times 100\% \tag{7-9}$$

式中，分子是年现金收入与现金支出的差额，分母是部门资产的历史成本平均值。假设某部门的营业现金流量为5 000元，资产的历史成本平均值为20 000元，则

$$现金回收率 = \frac{5\ 000}{20\ 000} \times 100\% = 25\%$$

如果各年的现金流量相同，则现金回收率为回收期的倒数。对于长期资产来说，如果寿命在15年以上，则现金回收率近似于内含报酬率，即接近实际的投资报酬率。因此，这个指标可以检验投资评估指标的实际执行结果，减少为争取投资而夸大项目获利水平的现象。

尽管在计算现金回收率时未遵循权责发生制，但经验表明，企业的现金回收率是稳定的，并且从长期来看净现值与现金净流入总量相等，因而可以作为业绩评价的标准。

（4）剩余现金流量。现金回收率是一个比率指标，也会引起部门经理投资决策的次优化现象，其情况与投资报酬率类似，即当现金回收率高于资本成本而低于部门现在的现金回收率时，他会拒绝该项投资。为了克服这个缺点，可以使用剩余现金流量指标来评价部门业绩。

$$剩余现金流量 = 营业现金流量 - 部门资产 \times 资本成本 \tag{7-10}$$

假设前述企业的资本成本为15%，则

$$剩余现金流量=5\ 000-20\ 000\times15\%=2\ 000(元)$$

使用剩余现金流量评价部门业绩，可以使部门经理在决策时与企业目标保持一致。

7.3.3 综合业绩评价体系

综合业绩评价体系是指设计一套全面完整的指标体系用于企业业绩评价。从理论研究和实践看，现有的综合业绩评价体系主要有财务模式、价值模式和平衡模式。

业绩评价的财务模式主要是从企业的财务报表中提取有关数据，根据评价的需要计算有意义的指标，从而反映企业的经营活动成果。会计数据易于获取，可比性强，使得业绩评价具有良好的可操作性。用于业绩评价的财务指标可以分为以下几类：偿债能力指标、盈利能力指标、营运能力指标、现金流量指标和发展趋势指标。

价值模式主要使用以经济增加值为核心的指标体系。平衡模式则主要使用平衡计分卡工具。

1. 业绩评价的财务模式

（1）综合评分法。综合评分法是按照各项评价指标符合评价标准的程度，计算各项指标的评价分数，然后计算评价总分，据以综合评价的方法。其具体步骤为：选择具有代表性的评价指标；确定各项评价指标的标准值与标准评分值；计算单项评价指标的得分；综合计算评价总分；得出评价结论。下面重点介绍第三个步骤和第四个步骤所涉及的评分方法。

1）单项指标的评分方法。单项指标的评分方法包括以下三种：

第一，分等评分。将各项评价指标的实际数值同评价标准数值相比较，按其实现程度划分等级，根据每个等级规定的分数评定各项评价指标的分数。例如，根据实际数值比标准数值优劣的情况，划分为进步、持平和退步三个等级。评价指标实际数值好于评价标准为进步，评10分；评价指标实际数值与评价标准持平，评5分；评价指标实际数值劣于评价标准为退步，评0分。

第二，分等系数评分。按各项评价指标实际数值的程度分等后，依据实现各等级标准程度的系数评定各项评价指标的分数。

为了公平合理地对企业经营业绩进行评价，除了按照各项评价指标实际数值的程度分等级评分外，还应考虑实现各等级标准程度的大小，如改善多的应比改善少的评分多，退步的也应进行相应处理。因此，要对各等级评分规定一个变动的幅度，即规定上限和下限数值，按实际数值达到的程度计算系数，据以评分。例如，规定达到或超过标准数值的评为100分或100分以上；等于或低于不允许数值的评为60分或60分以下；低于标准数值，高于不允许数值的评为60～100分之间。据以评分的系数按下列公式计算：

$$评分系数=\frac{实际数值-不允许数值}{标准数值-不允许数值} \tag{7-11}$$

$$\text{某项评价指标分数}=\frac{\text{实际数值}-\text{不允许数值}}{\text{标准数值}-\text{不允许数值}}\times 40+60 \tag{7-12}$$
$$=\text{评分系数}\times 40+60$$

式中，标准数值与不允许数值之差为正数。如果实际数值与标准数值相等，评分系数为1，评价指标分数为100；如果实际数值超过标准数值，评价指标分数超过100，超过程度取决于评价系数的大小；如果实际数值未超过标准数值，但大于不允许数值，评分系数为正，其得分大于60小于100；如果实际数值低于不允许数值，则评分系数为负数，其得分小于60。

目前财政部对国有企业实行的业绩评价就采用了该方法。

第三，比率评分。按各项评价指标分别规定标准分数，根据评价指标实际数值达到标准数值的程度计算实现比率，评定各项评价指标应得的分数。其计算公式如下：

$$\text{某项评价指标分数}=\text{某项评价指标标准分数}\times\frac{\text{某项评价指标实际数值}}{\text{某项评价指标标准数值}} \tag{7-13}$$

也可按评价指标实际数值与标准数值的差距大小依一定比率扣分。比如，规定差距在10%以内，给标准分数60%～90%的分数；差距大于10%的，给标准分数60%以下的分数。或采用比标准数值降低1个百分点扣1分的评分方法。

2）评价总分的计算。在计算出各项评价指标得分的基础之上，对各项指标得分进行综合，得到评价总分。评价总分越高，评价结果越好。评价总分的计算方法主要有以下几种：

第一，加法评分法。它是将各项评价指标所得分数相加，根据总分的大小给予综合评价。其计算公式如下：

$$S=\sum_{i=1}^{n} S_i \tag{7-14}$$

式中，S 表示评价总分；S_i 表示某项指标的评价分数；n 表示评价指标项目数。

第二，连乘评分法。它是将各项评价指标所得分数相乘，根据乘积的大小给予综合评价。其计算公式如下：

$$S=\prod_{i=1}^{n} S_i \tag{7-15}$$

第三，简单平均评分法。它是将各项评价指标所得分数应用简单算术平均法计算平均分数，根据平均分数的大小给予综合评价。其计算公式如下：

$$S=\frac{1}{n}\sum_{i=1}^{n} S_i \tag{7-16}$$

第四，加权平均评分法。它是按照各项评价指标在评价总体中的重要程度赋予权数，应用加权算术平均法计算平均分数，根据加权平均分数的大小给予综合评价。其计算公式如下：

$$S=\frac{\sum_{i=1}^{n}S_iW_i}{\sum_{i=1}^{n}W_i} \tag{7-17}$$

式中，W_i 表示某项评价指标的权数。

加权平均评分法突出评价重点，考虑各项评价指标对评价总体优劣的影响程度，有利于对企业经营业绩进行评价，应用较为广泛。

（2）综合指数法。综合指数法是根据指数分析的基本原理，计算各项经济指标的单项评价指数和加权评价指数，据以进行综合评价的方法。应用综合指数法进行企业业绩评价的具体步骤是：

1）确定标准数值。根据评价目的的要求不同，选择各项经济效益指标对比的标准数值。可选用各目标数、计划数、上期数或同行业先进值作为评价标准数值。

2）计算指数。将各项经济指标的实际数值与标准数值进行对比，计算各项指标的评价指数。在计算指数时，要区分评价指标的类型。评价指标可以分为正指标、逆指标和适度指标。正指标是越大越好，如资产报酬率；逆指标是越小越好，如存货周转天数；适度指标是适度最好，过大或过小都不好，如资产负债率。对于正指标和逆指标，可分别按下列公式计算：

$$\begin{matrix}\text{正指标}\\\text{评价指数}\end{matrix}=\frac{\text{某项评价指标实际数值}}{\text{某项评价指标标准数值}}\times 100\% \tag{7-18}$$

$$\begin{matrix}\text{逆指标}\\\text{评价指数}\end{matrix}=\frac{\text{某项评价指标标准数值}}{\text{某项评价指标实际数值}}\times 100\% \tag{7-19}$$

3）确定权数。根据各项评价指标在企业业绩评价中的重要程度确定相应的权数。各项指标的权数不是固定不变的，可以根据不同时期的评价目的适当调整。

4）计算综合评价指数。用加权算术平均数指数公式计算综合评价指数，依据数值大小综合评价企业经营业绩的高低。其计算公式如下：

$$S=\frac{\sum_{i=1}^{n}S_iW_i}{\sum_{i=1}^{n}W_i} \tag{7-20}$$

式中，S 表示综合评价指数；S_i 表示某项评价指标的指数；W_i 表示某项评价指标的权数；n 表示评价指标项目数。

当 $\sum_{i=1}^{n}W_i=1$ 时，有

$$S=\sum_{i=1}^{n}S_iW_i$$

（3）杜邦分析系统。杜邦分析系统是由美国杜邦公司（DuPont）在 1919 年前后率先采用的一种方法，故得此名。该方法在考虑各财务比率内在联系的条件下，通过制定

多种比率的综合财务分析体系考察企业财务状况。杜邦分析系统的结构如图 7－2 所示。

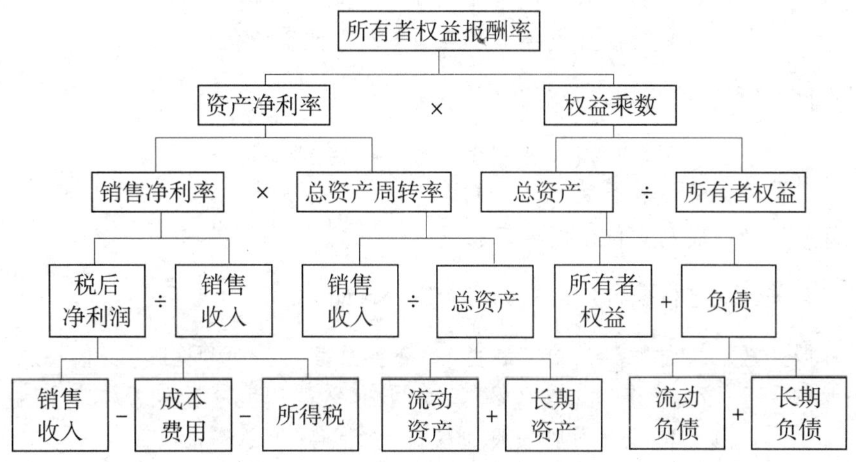

图 7－2　杜邦系统图

由图 7－2 可以看出，杜邦分析系统把有关财务比率和财务指标以系统分析图的形式联系在一起。通过对这一系统图的深入分析可以看出：第一，所有者权益报酬率是指标体系分析的核心，该指标具有很强的综合性，由企业的销售净利率、总资产周转率和权益乘数决定，说明它是与企业财务管理目标相关性最大的一个指标。第二，企业的税后净利润，是由销售收入扣除成本费用总额再扣除所得税得到的，而成本费用又由一些具体项目构成，通过对这些项目的分析，能了解企业净利润增减变动的原因。第三，企业的总资产是由流动资产和长期资产构成的，它们各自又有明细项目，通过对总资产构成和周转情况的分析，能发现企业资产管理中存在的问题与不足。第四，企业的总资产由所有者权益和负债两部分构成，通过对总资产结构的分析能了解企业的资产结构是否合理和财务风险的大小，及时发现企业筹资中存在的问题，采取有效措施加以改进。

杜邦分析系统的核心在于对公式的分解，其基本原理为：

1）与所有者权益报酬率有关的公式分解。

$$所有者权益报酬率=\frac{净利润}{所有者权益}$$

$$=\frac{净利润}{资产总额}\times\frac{资产总额}{所有者权益}\times100\%$$

$$所有者权益报酬率=资产净利率\times权益乘数 \tag{7-21}$$

2）与资产净利率有关的公式分解。

$$资产净利率=\frac{净利润}{资产总额}=\frac{净利润}{销售收入}\times\frac{销售收入}{资产总额}$$

$$资产净利率=销售净利率\times总资产周转率 \tag{7-22}$$

3）与每股盈余有关的公式分解。

$$每股盈余=\frac{净利润}{普通股股数}=\frac{净利润}{所有者权益}\times\frac{所有者权益}{普通股股数}$$

$$每股盈余=所有者权益报酬率\times普通股每股账面价值 \tag{7-23}$$

4）与每股股利有关的公式分解。

$$每股股利=\frac{股利支付额}{普通股股数}=\frac{股利支付额}{净利润}\times\frac{净利润}{普通股股数}$$

$$每股股利=股利支付比例\times每股盈余 \tag{7-24}$$

将以上有关公式进行综合，得出综合分析公式如下：

$$\begin{aligned}每股股利&=\frac{股利支付额}{净利润}\times\frac{所有者权益}{普通股股数}\times\frac{资产总额}{所有者权益}\times\frac{净利润}{销售收入}\times\frac{销售收入}{资产总额}\\&=股利支付比例\times普通股每股账面价值\times权益乘数\times销售净利率\times总资产周转率\\&=股利支付比例\times普通股每股账面价值\times权益乘数\times资产净利率\\&=股利支付比例\times普通股每股账面价值\times所有者权益报酬率\\&=股利支付比例\times每股盈余\end{aligned} \tag{7-25}$$

2. 业绩评价的价值模式

20世纪80年代以来，股东价值观念在美国掀起了第二次高潮，价值基础管理和股东价值分析这些观念更加深入人心。企业管理思想的这种改变同时促使传统企业业绩评价方法发生改变。在这种背景下，美国先后出现了几种新的企业业绩评价方法，其中最引人注目和应用最为广泛的就是经济增加值（economic value added，EVA）方法。

（1）EVA的提出。EVA这一指标是由美国斯特恩·斯图尔特公司（Stern-Stewart）于1982年正式提出的。EVA指标之所以出现，主要原因在于传统的会计基础指标存在内在缺陷：第一，会计收益的计算未考虑所有资本的成本，仅仅解释了债务资本的成本，忽略了对权益资本成本的补偿。第二，会计方法的可选择性以及财务报表的编制具有很大的弹性，使得会计收益存在某种程度的失真，往往不能准确反映企业经营业绩。第三，传统会计指标评价体系的最大问题是它们偏离了企业的根本目标——价值最大化。不论是利润、资产收益率还是净资产收益率，指标的增长都并不一定代表企业价值的增长，以它们为评价指标会造成企业非价值最大化的经营导向。第四，综合的业绩评价体系的问题在于“多指标和多目标”，斯特恩·斯图尔特公司引用詹森（Michael C. Jensen）的话，认为“多重目标即是无目标”，“在没有一个整体目标时，决策者无法做出合理的选择。面对十几个、二十几个指标，不知道如何在其间进行权衡，一个典型的管理者将无法有目标地行动，其结果也将是混乱的”。

EVA指标最重要的特点是从股东角度重新定义了企业的利润，考虑了企业投入的所有资本的成本。这种利润的实质是属于投资者所有的真实利润，也就是经济学家所说的经济利润。EVA 指标由于在计算上考虑了企业的权益资本成本，并且在利用会计信息时尽量进行调整以消除会计失真，因此能够更加真实地反映一个企业的业绩。更为重要的是，EVA 指标的设计着眼于企业的长期发展，而不是像利润那样仅仅是一种短视指标，因此应用该指标能够鼓励管理者做出会给企业带来长远利益的决策，如新产品的研究和开发等，减少企业管理者短期行为的发生。

EVA 指标另一个重要特点是它提供了一个单一的、协调的目标，使得所有决策都模式化且可以监测，可以用同样的尺度来评价一个项目使股东的财富增加了还是减少了。斯特恩·斯图尔特公司所谓的同一尺度即是否增加了 EVA，在 EVA 评价体系下，它是所有决策的标准。

此外，应用 EVA 指标能够建立有效的激励报酬系统，这种系统通过将管理者的报酬与从增加股东财富的角度衡量企业业绩的 EVA 指标相挂钩，正确引导管理者的努力方向，促使管理者充分关注企业的资本增值和长期经济效益。

自 EVA 方法产生以来，不少著名的跨国公司采用该方法评价本企业以及企业内部各业务部门的经营业绩，如 AT&T、可口可乐、克莱斯勒、通用电气等，由此进一步推动了 EVA 的应用。

（2）基于 EVA 的指标体系。

1）经济增加值 EVA。EVA 指标衡量的是企业资本收益与资本成本之间的差额。简单地说，EVA 是经过调整的税后经营利润（NOPAT）减去企业现有资产经济价值的机会成本后的余额，可以表述为：

$$\begin{aligned}EVA &= \text{税后经营利润}-\text{资本投入额}\times\text{加权平均资本成本}\\ &= NOPAT - NA \times K_W\end{aligned}$$

运用 EVA 衡量企业业绩的基本思路是：企业的投资者可以通过股票市场自由地将其投资于企业的资本变现，进而转作其他投资。因此，投资者至少应从企业获得投资的机会成本，即企业的加权平均资本成本。

2）市场增加值 MVA。EVA 是一种从基本面来评价企业的指标，可以衡量企业为股东创造财富的状况，全面反映企业当期的盈利表现，适用于任何企业。对于上市公司来说，市场是通过股票价格对其进行评价的。基于这个原因，斯特恩·斯图尔特公司设计了另一个指标，即企业的市场增加值（market value added，MVA）。MVA 说明股东财富获得增加的方式是使企业的总市场价值与投资者提供给企业的资本总量之间的差额最大化。其计算公式为：

$$MVA = \text{企业总市值} - \text{企业总资本}$$

总市值是债务的账面价值与权益的市场价值之和，总资本是债务与权益的账面价值之和。市场增加值 MVA 与经济增加值 EVA 指标的关系可以表示为：

$$MVA = \text{未来 } EVA \text{ 的现值}$$

MVA 是一个非常关键的业绩衡量指标，它表明了股东投入资本的增值部分，直接与股东财富的创造相关。MVA 体现了企业合理运用稀缺资源的能力。EVA 起作用的原因在于它扣除了资本成本，减去了投资者期望的最低投资回报。所以，当市场认为企业的经济增加值为 0 时，从经济增加值的角度看，企业只是做到了收支平衡，投资者也只是获得了最低回报，企业的市场增加值也将为 0。此时，企业的市值与资金的账面价值相等。

3）未来增长价值 FGV。当市场预测企业业绩将增长时，该企业市场价值将高于当前营运价值（COV），两者之差即为未来增长价值，其中

$$COV=\frac{\text{当前 }EVA}{\text{资本成本率}}+\text{投入资本总额}$$

假设企业有 30 亿元资本，能够持续实现每年 1 亿元的经济增加值，而资本成本为 10%，那么企业价值可以评估为 40 亿元（1/10%+30），即 COV 为 40 亿元。如果其市值为 90 亿元，那么其 FGV 就是 50 亿元，它代表了市场预期公司 EVA 未来增长部分的折现。

4）修正的经济增加值 REVA。由于 EVA 关注的仅仅是企业当期的经营情况，没有反映出市场对企业未来经营业绩预测的修正，因此经济学家对 EVA 进行修正，提出了 REVA。REVA 由巴斯多尔（Bacidore）和杰弗瑞（Jeffrey）等人在 1997 年提出，其计算公式为：

$$REVA_t=NOPAT_t-K_W\times MV_{t-1}$$

式中，$NOPAT_t$ 表示 t 期末企业调整后的税后净利润；MV_{t-1} 表示（$t-1$）期末企业资产的市场价值，等于企业所有者权益的市场价值加上经过调整的企业负债价值（总负债减去无息的流动负债）。

由上述计算公式可以看到，REVA 与 EVA 的区别在于资产价值的确定方法不同。在 REVA 的理念下，认为企业用于创造利润的资产价值总额既不是企业资产的账面价值，也不是企业资产的市场价值。

在将 EVA 用于企业业绩评价的同时，斯特恩·斯图尔特公司进一步提出了基于 EVA 的管理体系，这就是建立起以 EVA 为核心的管理理念、激励机制和绩效评价标准。为了提高企业的整体 EVA 水平，部门管理者还必须找出影响 EVA 的关键因素，并了解哪些因素是他们可以通过自己的管理行为直接影响的，从而建立一套评价指标用以测评、报告并改善本部门的业绩表现。

由于 EVA 评价系统所选择的评价指标是唯一的，评价主体只关心管理者决策的结果，无法了解驱动决策结果的过程因素，EVA 评价系统只能为战略制定提供支持性信息，而为战略实施提供控制性信息这一目标不易达到。EVA 评价系统的另一局限性在于 EVA 指标的计算。EVA 的计算本身是个复杂的问题，其难点反映在两个方面：其一，EVA 的会计调整；其二，资本成本的计算。这两个问题增加了 EVA 计算的复杂程度，对 EVA 的应用有一定影响。

3. 业绩评价的平衡模式

（1）平衡模式：全面引进非财务指标。用财务指标作为业绩评价指标由来已久，但

是20世纪90年代以来对单一财务指标评价批评的声音越来越高，无论从理论还是实践方面，都倾向于将二者结合起来。

与财务指标相比，非财务指标具有以下优点：

1）适时跟踪评价。非财务评价体系的运用是以管理系统信息化和信息系统网络化为基础的。在这种条件下，管理人员及时、连续地对所要控制的项目进行跟踪监视，使这些问题及时解决。而在传统方法下，业绩报告通常是定期编制的，其时效性受到一定限制。

2）从企业整体角度进行评价。信息时代的集成管理使得一些非财务性的业绩评价方法立足于企业整体角度而不是各个分部角度进行评价，产生了前所未有的整体组合效应。

3）注重未来预期评价。非财务评价体系比传统财务评价体系更有预期性，更加注重未来趋势。

4）直接而非间接评价。非财务指标直接计量一个企业在创造股东财富活动中的业绩，像制造和提供优质货物和劳务以及为消费者提供服务这类活动中的业绩，非财务指标能更好地完成业绩诊断（经营审计）职能。

5）便于预测未来现金流量。因为非财务指标直接计量生产活动，所以，它可以更好地预测未来现金流量的方向。

6）易于分清责任，使控制更为有效。由于非财务评价体系的责任易于设置，因而可以更有效地发挥控制功能。

7）与企业发展战略密切相关。非财务计量所要反映的正是那些关系到企业长远发展的关键因素。因而，非财务计量与企业的战略规划密切相关，该计量指标的进步可以直接导致企业战略的成功。

尽管非财务指标具有诸多优点，但是它并不能替代财务指标用于业绩评价，财务指标与非财务指标在业绩评价体系中是相互补充的关系。其主要原因有两个方面：一是财务指标与非财务指标在很多方面存在质的差别；二是非财务指标用于业绩评价时存在固有缺陷。

财务指标与非财务指标的区别如表7-2所示。

表7-2　财务指标与非财务指标的区别

财务指标	非财务指标
短期性	长期性
反映经营结果	反映经营过程
内部数据	外部数据
数据来源单一	数据来源多方面
容易操纵	不易操纵
目的	手段

一般来说，企业的高层注重财务指标，基层注重非财务指标。从图7-3的逻辑关系中可以看出，组织的不同层次关注的重点不同，评价它们的业绩指标也各有侧重。股东、管理者更关注企业整体的投资报酬率、权益报酬率等财务指标；生产车间除关注产品成

本，还关注产品质量、生产周期、废品率等非财务指标；研发部门除关注研发投资，还关注研发周期、新产品推出的数量等非财务指标；销售部门除关注销售收入，还关注市场占有率、客户满意度等非财务指标。

高层管理者	⟶	操作者
计划	⟶	执行
综合指标	⟶	具体指标
财务指标	⟶	非财务指标

图7-3 管理层次与评价指标

尽管非财务指标在企业业绩评价领域得到越来越广泛的重视，但它存在以下固有缺陷：

1）非财务指标的改进难以用货币衡量，这使非财务指标的改进与利润之间的相关性较难把握。管理者在非财务因素方面的努力很难立刻显示出成果，不易贯彻实施。

2）非财务指标之间的钩稽关系较弱，有些指标之间甚至是互斥的，容易引起部门之间的冲突，管理者很难权衡决策。

3）过分注重非财务业绩，企业很可能因为财务上缺乏弹性而导致财务失败。

要用非财务指标来评价企业经营业绩，首先需要量化这些非财务因素。其中一条很重要的原则就是：所选择的计量指标能够准确地反映该因素的内在特性。如果有的非财务因素是多层面的，就需要用多个计量指标对其进行综合反映。

（2）平衡计分卡。我们知道，一个组织的测评指标体系会对经理和员工的行为产生强烈的影响。由于对传统的绩效测评体系的不足之处感到灰心，一些经理已经放弃权益报酬率、每股盈余之类的财务测评指标。传统的财务绩效测评方法在工业化时代是有效的，但对于企业今天力图掌握的技术和能力而言，它们已不适用。对于这种情况，理论界和实务界一直在努力纠正当前绩效测评指标体系的不足之处，有两种典型的做法：一种是专注于使财务指标更准确；另一种认为通过改善循环周期、次品率等业务指标，财务结果自然就有了，所以应忘掉财务指标。但是经理不一定非要在财务指标和业务指标之间做出选择。因为没有哪一种单一的测评方法能提供一个清楚的绩效目标，或者能让人们把注意力集中到经营的某个关键领域。企业经理希望财务指标和业务指标能完美地结合起来。

罗伯特·卡普兰和戴维·诺顿通过对12家在绩效测评方面处于领先地位的公司进行为期一年的项目研究，设计出了平衡计分卡。1992年他们在《哈佛商业评论》发表《平衡计分卡：良好绩效的测评体系》一文，首次提出平衡计分卡。

1）平衡计分卡是一种综合业绩评价体系。今天，管理一个组织的复杂性要求经理同时从几个方面考察绩效。平衡计分卡是一套能使高层经理快速全面地考察企业绩效的测评指标。平衡计分卡包含财务衡量指标，说明已采取的行动所产生的结果；同时，平衡计分卡通过对顾客满意度、内部业务及组织的创新和提高活动进行测评的业务指标，来补充财务衡量指标。业务指标是未来财务绩效的推进器。平衡计分卡并不是取代财务指标，而是对其加以补充。如图7-4所示，平衡计分卡能从四个方面观察企业，为四个基本问题提供答案。

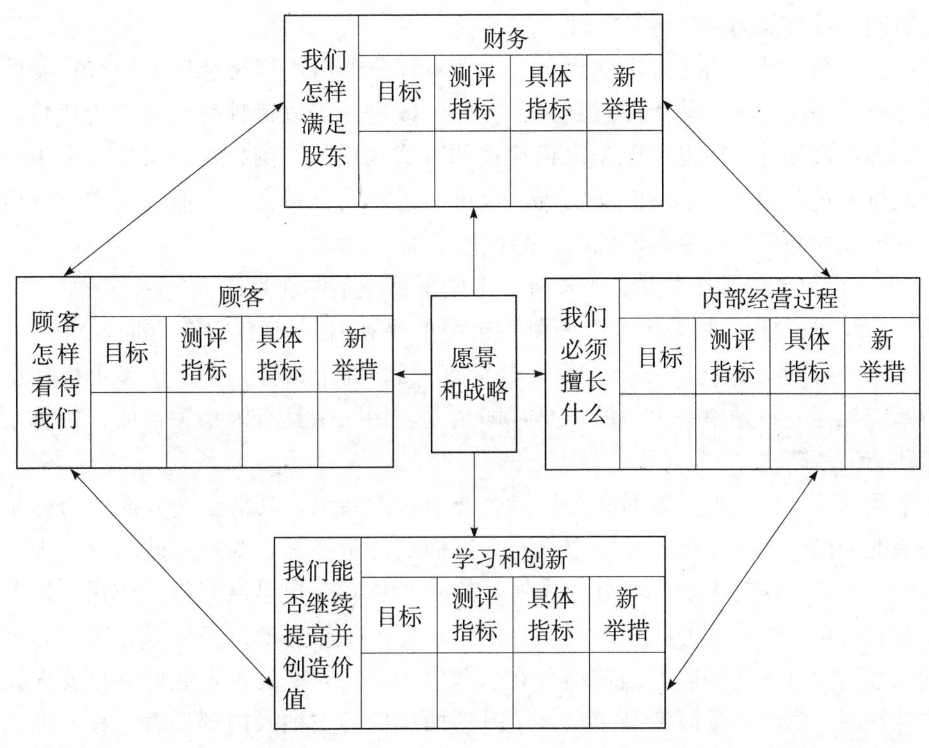

图7-4　平衡计分卡示意图

第一，财务角度。我们给股东一个什么样的形象才能在财务上获得成功？财务绩效测评指标显示了企业的战略及其执行是否有助于利润的增加。典型的财务指标有营业收入增长率、资本报酬率、现金流量和经济增加值等。

第二，顾客角度。我们给顾客一个什么样的形象才能实现我们的目标？顾客所关心的事情有四类：时间、质量、性能和服务、成本。平衡计分卡要求经理把自己为顾客服务的声明转化为具体的测评指标，这些指标应真正反映与顾客有关的因素。典型的指标包括顾客满意程度、顾客保持程度、新顾客的获得、顾客盈利能力、市场份额、重要顾客的购买份额等。

第三，内部经营角度。我们必须擅长哪些业务才能使股东和顾客满意？战略管理以顾客为导向，优异的顾客绩效与组织的研发、生产、售后服务密不可分。经理必须从内部价值链分析入手，对企业内部进行考察。典型的指标包括影响新产品引入、周转期、质量、雇员技能和生产率的各种因素。

第四，学习和创新角度。我们应该具有怎样的学习和创新能力才能实现我们的目标？企业创新、改进和学习的能力是与企业的价值直接相连的。也就是说，只有通过持续不断地开发新产品，为顾客提供更多价值并提高经营效率，企业才能打入新市场，增加收入和利润，企业才能发展壮大，从而增加股东价值。典型的指标有开发新产品所需时间、产品成熟所需时间、销售比重较大的产品百分比、新产品上市时间等。

平衡计分卡能满足管理的若干需要，其作用表现在：

第一，平衡计分卡使企业增强竞争力的不同举措同时出现在一份管理报告中，这些举措包括：以顾客为导向、缩短反应时间、提高质量、重视团队合作、缩短新产品投放市场的时间，以及面向未来进行管理。

第二，平衡计分卡防止了次优化行为。平衡计分卡迫使高级经理把所有重要的绩效测评指标放在一起考虑，从而注意到某一方面的改进是否以牺牲另一方面为代价，如果是这样，即使最好的目标也可能是以很糟糕的方式实现的。例如，公司为减少生产准备支出，既可通过缩短生产准备时间实现，也可通过增大批量实现。但批量增大背后隐藏的是，标准化、易生产但毛利较低的产品产量增加了。

2）平衡计分卡的平衡关系。平衡计分卡的平衡关系体现为：

第一，结果指标与动因指标的平衡。典型的平衡计分卡有四个方面，每个方面有4～7个单独的指标。因此，一个平衡计分卡有大约 25 个指标。一个由多个指标组成的指标体系应视为一种做单一决策的工具，即企业要用一个具有因果关系的指标体系来阐述和传达它的战略。

在平衡计分卡中，财务方面的指标是企业追求的结果，其他三个方面的指标是取得这种结果的动因。比如，投资报酬率是财务方面的计量指标，客户忠诚对投资报酬率有极大的影响。如何保持客户呢？分析表明，按时交货对客户忠诚有很大作用。因此，改善按时交货可以产生较高的客户忠诚度，同时也将产生较好的财务结果，客户忠诚和按时交货在平衡计分卡的顾客方面被结合在一起。为了按时交货，企业可能会要求在经营过程中缩短周转时间并提高产品质量，于是这两项内容被纳入内部经营过程。那么企业如何改善质量并缩短内部经营的周转时间呢？答案是培训员工以提高他们的技术水平，这就成为学习和创新方面的一项内容。通过上述分析，平衡计分卡的四个方面形成了一条清晰的因果关系链，如图 7－5 所示。

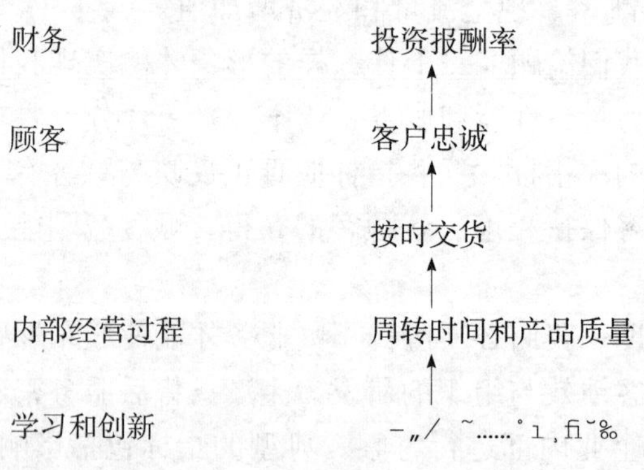

图 7－5　因果关系链

第二，日常指标和战略指标的平衡。美国著名管理学家切斯特·巴纳德（Chester I. Barnard）在目的与环境的关系方面认为，有了目的，才能识别环境中限制或促进目的实现的因素和中立的因素。另一方面，只有认识了环境，才能确定目的。如果对环境的认识很模糊，那就只能确定较为笼统的目的。有了一般的目的，再对环境做较具体的分析。如果对环境的认识比较具体，就能确定较为具体的目的，然后从具体目的出发，对环境进行更具体的分析。最后，详细的具体目的就可转化为实现目的的行动。目的的具体化是通过依次渐进的决策使目的和环境相互反映的过程，如图 7－6 所示。

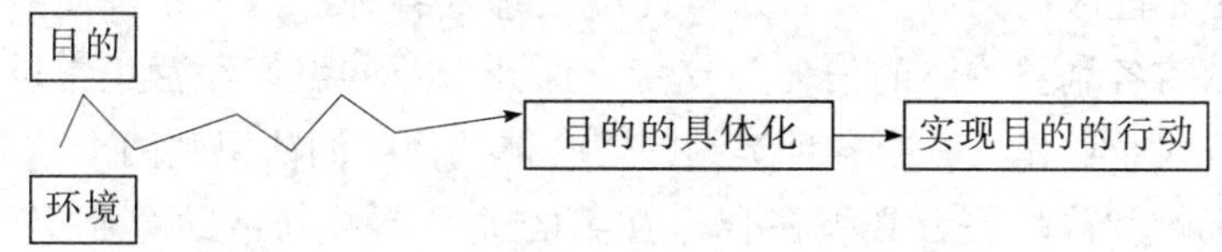

图7-6　依次渐进的决策使目的和环境相互反映的过程

巴纳德以决策的客观性为依据，提出了战略因素的概念。所谓战略因素，就是实现某种目的所必需而当时不存在的制约因素。例如，汽车在行驶中由于汽油用完而抛锚，汽油就成为战略因素；如果是汽车轮胎坏了，轮胎就成为战略因素，而其他因素（汽油、合格的司机）则成为补充因素。所以，战略因素（制约因素）和补充因素是会变化的。制约因素若被控制，就变成补充因素，而其他因素可能成为战略因素。战略因素决定了为实现目的需要采取什么样的行动。

巴纳德在《经理人员的职能》一书中指出，经理人员的任务就是从企业内部和外部环境中探索战略要素，以便做出恰当的决策。所谓战略要素，就是当时当地情况下起决定作用的要素。在适当的时间、地点，以适当的方式控制可变的战略要素，就可以做出有效率的决策。

能够用于业绩评价的指标各种各样，但哪些指标能够纳入基于战略管理的业绩评价系统？根据企业战略管理的需要，评价指标可分为常规指标和战略指标两类。常规指标是用来监督经营是否保持在控制范围内，并且当例外事件发生时能及时进行反映的指标，它是一种诊断指标。战略指标是为使竞争力增强和未来获得成功而制定的指标。常规指标不是企业竞争力增强和战略成功的关键指标。当然，常规指标如果达不到正常标准，将会妨碍企业达到目标，甚至不得不修改目标，因此必须对这类指标进行监督和诊断。战略指标不是对常规指标的取代，它是在对企业所处环境和自身条件综合分析的基础之上，通过选择那些管理者和员工等利益相关者直接关注的因素制定的指标。这些指标的良好表现将直接导致企业竞争力的突破和战略的成功。

不同的企业、同一企业的不同时期，常规指标和战略指标是不同的，并且两者可以相互转化。例如，20世纪80年代，许多西方国家公司的产品质量无法与日本竞争对手相比，这些公司不得不把提高质量作为优先发展的目标。从这一点来看，产品质量是决定战略成功的关键，必须作为公司的战略指标。经过多年奋斗，这些西方国家公司产品的质量完全可与其竞争对手相媲美。公司必须继续保持现有的产品质量并不断提高，但质量可能不再是制定未来决策的最重要的因素。在这种情况下，质量指标被作为常规指标，公司需要找到其他能使竞争力得到突破的因素，比如公司对客户需求的快速反应能力，进而将周转次数（周转期）作为其战略指标。

战略管理强调根据不同的发展战略确定不同的关键业绩指标及其延伸指标。因而，评价指标是否具有战略性主要体现在该指标是否能够对该企业的关键成功因素进行计量、指标体系的结构如何、每一指标的评价标准和权重如何等方面。

第三，利益相关者之间的平衡。市场经济条件下，各利益主体间是合作伙伴关系，强调的是双赢。无论制定何种财务政策，都必须兼顾企业所有者与其他主体的利益，不能厚此薄彼，更不能顾此失彼。只有这样才能处理好各种经济关系，使财务分配政策保持动态平衡，获得各利益主体的信任与支持，保证企业的生产经营正常进行，并实现持续稳定发展。现代企业作为一个各种契约的集合体，使我们认识到两个重要的现实问题：第一，不同目标的利益相关者必须在合作互惠的关系下共同帮助企业实现目标；第二，目标的实现是一个投入和获取的过程，每个利益相关者愿意为企业做出贡献反映了它期望在与企业的合作中获得回报。

明确的契约清晰地界定了每个群体应贡献什么。不讲明的契约是建立在长期合作形成的信任基础之上的未成文的或口头的约定。无论契约是明确的还是不讲明的，企业必须建立业绩计量系统去评价这种契约关系。一般情况下，当产品或服务能被清楚地定义或容易计量时，如企业的优等品率，明确的契约是有用的。当产品或服务是无形的并且源于特殊技能或知识的发展和应用时，如一个供应商同意利用其专长去设计和提供一种复杂的零部件，不讲明的契约是有用的。

企业的利益相关者在投入和获取的过程中，从不同方面影响企业主要目标和次要目标的实现。表7-3描述了这种投入和获取行为。

表7-3 利益相关者的投入和获取

利益相关者	投入	获取
股东	资本	与风险相适应的投资回报
客户	忠诚度	服务、质量和价值
公众	允许企业运作或不反对企业的经营活动	遵守法律，良好的企业形象，恰当地履行社会责任
员工	努力工作、技能、愿望、承担义务	有竞争力的工资和福利，良好的工作环境，收入稳定，待遇公平
供应商	服务质量	与其投入的时间和技能相对应的收益，合乎道德的对待

从表7-3中可以看出，利益相关者的需要是至关重要的，因为他们为企业做出了贡献，所以他们需要一定的回报。如果某个利益相关者感到他从企业得到的回报不足以弥补他对企业的贡献，他将收回他对企业的贡献。比如，如果股东不满，他将转移或撤出投资；如果客户不满，他将不再购买企业的产品；如果公众不满，他将诉诸法律或抵制企业的产品；如果员工不满，他要么辞职，要么消极怠工；如果供应商不满，他将停止服务或降低对企业的承诺水准。

为了保持与利益相关者的关系，企业必须清楚地知道它期望从每个利益相关者那里获得什么以实现其基本目标，以及每个利益相关者期望的回报是什么，这是达成契约的前提。企业与每个利益相关者的契约产生了付出与回报。要想实现目标，企业必须监控契约双方。

企业业绩计量系统的一个最基本和最重要的作用就是监控契约双方的交易，这使企业可以确定契约双方的期望是否得到了满足，找出问题所在及改进的方法。业绩计量指标反映了企业的次要目标，恰当的业绩计量指标能够预测或带动企业在基本目标方面的业绩。这为企业管理其基本目标方面的业绩提供了一种方式。

利用基本目标业绩指标和次要目标业绩指标进行管理是有差异的。为了说明这种差异，假设你是一位高层管理者，在管理中你会选择下列两种报告中的哪一种?

第一个报告只有基本业绩指标。它包括一张比较利润表，这张比较利润表通过收入和成本的变化说明企业的利润下降了。

第二个报告包括基本和次要业绩指标。它在指出利润下降的同时指出了其他问题。具体包括：产品质量差导致客户满意度下降；管理模式造成员工满意度下降；企业在开发新产品时与供应商所签契约没有长期激励措施，造成供应商不满；企业没有为洪灾捐款，公众认为企业没有同情心；企业的许多业务流程，如物流和制造系统在成本和周转期方面达不到预期的标准。

很明显，第二个报告为评价、解释和改进第一个报告中利润下降的问题提供了依据。这个例子说明了适当地选择次要业绩指标的作用。

传统管理理论认为，只要对组织内部的情况进行分析就够了。巴纳德独创性地提出了一个组织必须包括内部平衡和外部适应的思想。他反对那种认为组织是一个由有限的成员组成的有界限的孤立系统的传统看法。他认为组织的概念应包含投资者、供应商、客户和其他虽然没有包括在公司成员之中但对公司做出贡献的人。

除上述三种平衡关系，指标体系还要体现出现实与未来的平衡、内部与外部的平衡等诸多平衡关系。至于哪些指标能够进入指标体系，取决于战略管理的需要。

3）平衡计分卡对战略的支撑作用。信息时代的到来淘汰了许多工业时代竞争的基本假设，企业不能仅仅通过把快速发展的新技术转化为实物资产及表现良好的资产、负债等财务指标来获取持续的竞争优势，不论是制造业还是服务业，企业开发和利用无形资产的能力都变得比投资和管理实物、有形资产的能力更重要。基于此，一些企业超越了将平衡计分卡视为绩效测评指标体系的最初看法，认为它可以作为新的战略管理体系的支柱。众所周知，大多数企业的经营和管理控制系统都是在财务指标的基础上建立起来的，这些指标与企业在实现长期战略目标中取得的进展毫无联系。因此，大多数企业只重视短期财务指标。这种情况致使战略开发与实施之间产生了差距。平衡计分卡引入四个新的管理程序，如图7－7所示。这四个程序既可单独也可共同把长期战略目标与短期行动联系起来发挥作用。

第一个程序是说明愿景，它有助于经理就组织的使命和战略达成共识，即将企业的愿景和战略转化为一套完整的目标测评指标，得到所有高级经理的认可，并能描述推动成功的长期因素。第二个程序是沟通与联系，它使经理在组织中上下沟通，并把他与各部门及个人的目标联系起来。传统上，部门是根据各自的财务绩效进行测评的，个人激励因素与短期财务目标相联系。平衡计分卡能够确保组织中的各个层次理解长期战略，而且使部门及个人目标与之保持一致。第三个程序是业务规划，它使企业实现业务计划与财务计划的一体化。今天，几乎所有的企业都在实施种种改革方案，每个方案都包含多种改革措施。经理发现很难把这些不同的方案组织在一起，实现战略目标。当平衡计分卡制定的目标作为分配资源和确定优先顺序的依据时，经理会采取那些能推动自己实现长期战略目标的新措施，并注意加以协调。第四个程序是反馈与学习，它赋予企业一项我们称之为战略性学习的能力。现有的反馈和考察都注重企业及其各部门、员工是否

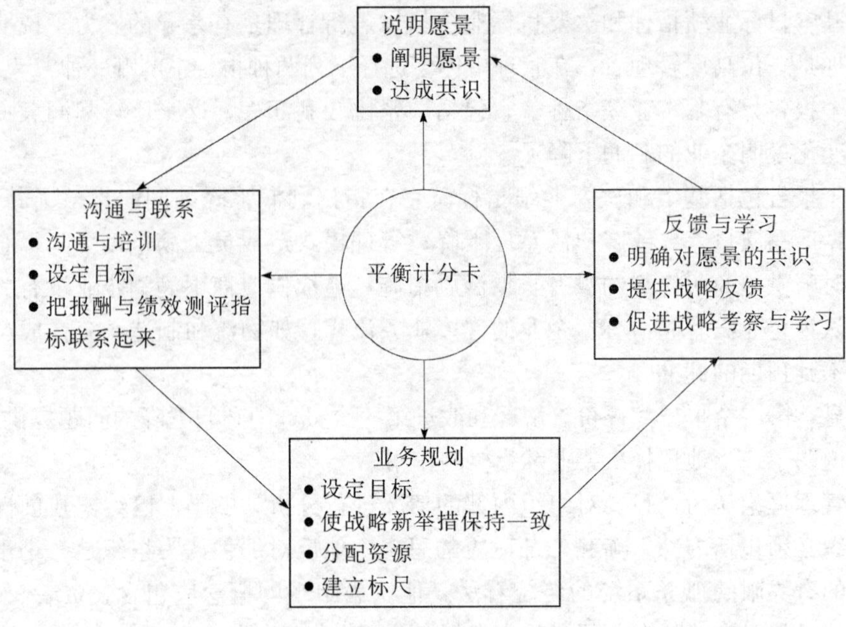

图 7－7　管理战略：四个程序

达到了预算中的财务目标。当管理体系以平衡计分卡为核心时，企业就能从非财务角度来监督短期结果，并根据最近的业绩评价战略。因此，平衡计分卡使企业能修改战略，以随时反映学习心得。

7.4　案例研究与分析：中外运敦豪实施平衡计分卡

7.4.1　案例背景

2002 年被中外运敦豪设定为“服务年”，这本来是加强内部服务意识的一个项目，但是让全国 39 个地区 2 800 名员工对客户的服务意识和态度都得到提升是一个极其艰巨的任务。中外运敦豪认识到平衡计分卡能够配合内部的组织结构发挥作用，为了制定一个管理目标和奖励系统相结合的模式，它决定实行平衡计分卡。中外运敦豪的平衡计分卡如表 7－4 所示。

表 7－4　中外运敦豪的平衡计分卡

项目	比重	目标业绩水平
财务	40%	
1. 收入与预算比较		在预算过程中，规定每家分站的业绩水平
2. 营业利润与预算比较		
3. 应收账款回收天数		
4. 超过 90 天的应收账款		
效率	30%	

续表

项目	比重	目标业绩水平
5. 收入/FTE/日		规定每家分站的业绩水平
6. 件数/FTE/日		
7. 重量/FTE/日		
8. 客户保有率		
9. 新增客户		
10. 员工流动率		
服务质量	30%	
11. 客户服务水平		
12. 操作业绩		
13. 客户满意度		

1. 化战略为行动

中外运敦豪在总部成立了平衡计分卡小组，负责公司的战略制定、实施、评价和完善。中外运敦豪首先制定了公司的战略目标，即“市场领导者”，在国际快递行业中给客户提供最高等级的服务。

中外运敦豪以前主要用财务指标评价分公司，即看收入的增长是否达到标准，考察盈利和收款等硬性财务指标。但是，它觉得这样评价公司的经营是远远不够的。在实施平衡计分卡中，它不但重新设计了财务指标，如超过90天的应收账款、收入与预算的完成情况比较、利润与预算的完成情况比较等指标，还涵盖了很多与客户相关的指标，如客户保有率、新增客户、客户满意度等指标。

这些指标称为关键业绩指标（KPI）。运用KPI能够起到通过指标控制流程的作用。中外运敦豪明确了给客户提供最好的服务重在过程，而不是结果。

2. 沟通与交流

推行平衡计分卡有两个关键：一是“一把手”重视；二是沟通。对于这两点，中外运敦豪有切身的体会。

在推行平衡计分卡之初，公司总经理谢耀依亲自挂帅，华北、华东、华南区域负责人和部分优秀地区经理组成一个特别行动小组。一年多过后，回忆起当时的情形，谢耀依认为推行这个计划的关键在于高层的沟通和对指标体系的共识。要使分布于不同城市的39个分公司服从一个指标体系并不是一件容易的事。财务、客户、作业指标的占比是多少，如何看待客户保有率，快件必须从快递中心到达客户手中的要求是不是适用于所有分公司，这些问题必须经常沟通协调。

“差不多每两三个月我们就有一个大会，邀请不同的区域负责人、总部职能部门的有关人员和某些分公司的负责人把不同的指标定下来。”谢耀依笑着说，“前期的沟通花了六七个月，指标体系出来了。不过最重要的是在沟通过程中，大家对企业目标更清楚了，也更明白如何达到这个目标。”

评价标准的制定非常复杂，经常是总部和大城市确定一个，分公司要看当地的情况再确定一个。“相同的指标，不同的标准”，这样灵活运用平衡计分卡才能使各个分公司都可以接受。中外运敦豪曾经要求每个快件在4个小时内完成派送，这在兰州和深圳完全不一样，深圳公司也许3个小时就可以完成，而兰州公司如果接到一个来自敦煌的业务，可能需要36个小时才能完成。僵化的评价标准是没有意义的。

中外运敦豪有39家分公司，它把这39家分公司分成三个区域：华北、华东和华南区域。这39家分公司的总经理一起沟通公司用什么评价标准衡量指标。“我们觉得在第一年刚刚推行时，在内部沟通上花的工夫最多。”中外运敦豪市场部黄经理说，“如果发年终奖时才告诉员工标准，肯定会造成他们的抵触情绪。”因此，2002年中外运敦豪每三个月就要举行一次大型沟通会，将39家分公司的关键成员集中到总部，探讨每一项任务的执行情况，或者对每一项没有完成的任务进行分析解释。一旦他们提出不同的意见，总部就要考虑是否更改指标。

如果员工不认同这些指标和标准，平衡计分卡再好也无法推行。这是一个在沟通中循环往复、逐渐改进的过程。中外运敦豪还邀请一家咨询公司设计了一整套培训课程，然后培训39家分公司的内部培训师，内部培训师再培训内部员工。这样的措施非常有效。

3. 与激励挂钩

“人们掏出平衡计分卡，就应该能计算出挣多少钱。如果平衡计分卡没有与收入挂钩，人们就不会对它如此关注。”谢耀依说，“如果不采用激励机制，就很难让员工接受像平衡计分卡这样完全不同的衡量工具。”

中外运敦豪建立了以平衡计分卡为基础的薪资制度以激励分公司和个人，主要有三个方面：(1) 以绩效奖励制度支持公司战略；(2) 由公司业绩决定公司薪酬级别，包括工资和奖金；(3) 由个人业绩决定个人的薪酬级别，包括工资和奖金。中外运敦豪建立了一张非常详细的奖金方案表，员工看着这张表格，就可以根据自己完成工作的情况得到评价的结果，计算出自己的工资和奖金。激励机制最重要的就是透明，让员工知道哪方面做得好，收获是什么，公平、透明才能使员工发挥最大的创造力。而且总经理的奖金也是与他的业绩挂钩。

7.4.2 案例启示

通过中外运敦豪平衡计分卡的案例，我们可以得到下列启示。

1. 清晰的战略目标是成功的前提

中外运敦豪明晰了它的长期战略目标——要成为全球市场的领导者，并维持这个地位。通过沟通和交流，中外运敦豪的管理层意识到，要达到这样的目标，必须在客户、流程及人员三个方面设定具体的业绩评价指标。然后，把公司的战略目标细化为财务、效率和服务质量三个方面的评价指标。目前，国内一些企业在运用平衡计分卡设计业绩评价指标体系时，因为没有形成清晰的企业目标而大大削弱了平衡计分卡的效力。

2. 最高领导层的推动

平衡计分卡是一个战略执行工具，决定如何执行在于公司的高层领导。他们的推动力是无法替代的。只有高层领导重视，才能做好各个职能部门的沟通。中外运敦豪由总经理亲自挂帅推动平衡计分卡的实施，取得了显著的效果。目前一些企业在实施平衡计分卡时，往往由个别职能部门来推动，尤其是将平衡计分卡简单地理解为一个业绩评价工具由人力资源部门推动，以致在推行中产生了部门之间、层级之间的矛盾。

3. 结合公司实际情况灵活调整指标体系

中外运敦豪将总部的指标根据我国的具体国情进行调整，然后再根据华北、华东和华南三个区域的地理、人文和经济发展水平的特点调整各地指标标准值。在这三个区域总部，指标化的战略再次调整，然后向下级共 39 家分公司传达。经过这些调整，中外运敦豪的 39 家分公司保持相同的评价指标体系，增加了透明度，管理上更加便捷有效。39 家分公司可能存在地区差异，但评价指标是一样的，因而它们就多了一个共同语言：无论是在服务质量还是在服务效率上，这些量化的指标可以让它们清楚地知道自己在全国所有分公司中所处的位置。同时，从激励角度看，中外运敦豪根据不同地区的差异并结合预算的编制分别设置了评价标准值，充分调动了员工的积极性，使管理更有效率。

4. 将业绩评价结果与激励机制挂钩

中外运敦豪把平衡计分卡和浮动薪资联系起来，这样员工会更多地关注公司与部门的业绩，在平时工作中逐步朝着正确目标前进，明白自己的努力将会帮助公司达到目标。

从 1992 年在《哈佛商业评论》上发表第一篇关于平衡计分卡的文章到 2000 年的《战略中心型组织》，卡普兰和诺顿把平衡计分卡的概念从业绩评价工具发展为一种战略管理工具。相对于传统的财务评价模式，平衡计分卡在业绩评价方面带来的最大突破在于引入了非财务评价指标。20 世纪初，杜邦公司开始使用投资报酬率指标来评价分部业绩，这意味着财务评价模式有了将近一个世纪的历史。从企业管理流程来看，财务评价与企业目标制定、预算、会计信息系统、激励机制等管理环节形成了一个密切联系的管理体系。平衡计分卡引入非财务指标并不是对财务指标进行否定，而是从多种角度对财务指标进行补充。但是，非财务指标的引入为现有的与财务评价密切联系的各种管理方式带来了巨大的挑战，可谓“牵一发而动全身”。

资料来源：刘俊勇，孙永玲. 中外运敦豪的平衡之旅. 新理财，2003（5）.

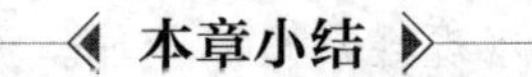

本章小结

- 预算控制和业绩评价是企业集团财务控制的重要手段。
- 以利润为核心的全面预算管理模式的特点是企业以利润最大化作为预算编制的核

心，预算编制的起点和考核的主要指标都是利润。以成本为核心的全面预算管理模式以成本目标的控制为预算编制和管理的核心内容，预算编制以成本预算为起点，预算控制以成本控制为主轴，预算考评以成本为主要考评指标。

● 根据不同责任中心的控制范围和责任对象的特点，可将责任中心分为三种：成本中心、利润中心和投资中心。由于不同责任中心的职权范围不同，责任预算的内容、考核的具体指标和方法也有所不同。

● 综合业绩评价体系是指设计一套全面完整的指标体系用于企业业绩评价。从理论研究和实践看，现有的综合业绩评价体系主要有财务模式、价值模式和平衡模式。

● 平衡计分卡是一种综合业绩评价体系，它通过对顾客满意度、内部业务及组织的创新和提高活动进行测评的业务指标，补充财务衡量指标。平衡计分卡实现了结果指标与动因指标的平衡、日常指标与战略指标的平衡、利益相关者之间的平衡。平衡计分卡对战略具有支撑作用。

案例讨论

中原油田的预算管理模式

1. 中原油田及其预算管理的背景

中原油田是一家集勘探、油气油田开发、建筑工程、炼油化工、机械制造、多元开发于一体的综合型国有控股集团公司。1998 年，中原油田业务范围横跨 13 个行业，在册员工 8.7 万人，局直属二级单位 346 个，销售收入 56.15 亿元，资产总额 170 亿元，净资产 90 亿元。

中原油田的预算管理体系是在推行经营承包责任制的过程中逐渐创造和完善起来的。由于经营承包责任制将业绩指标与报酬分配结合起来，本质上是一种激励制度，其动力在于个人对物质利益的追求：(1) 在单位或个人利益的驱动下，很多二级单位利用各种机会特别是结算环节隐匿和拖欠油田管理局和其他二级单位的资金，抢占财务资源，并利用本单位的资金从事有损整体利益甚至非法的活动；(2) 有些配套改革没有跟上，特别是银行结算账户仍然分散在各二级单位，数量多达 1 261 个，这不仅增加了资金占用，而且成为二级单位违法违纪或违规操作的工具；(3) 虚假信息泛滥。面对这种情况，1994 年 12 月中原油田决定撤销各二级单位在银行开设的所有账户，同时成立财务结算中心，二级单位在财务结算中心重新开设账户，由财务结算中心集中办理二级单位对内对外的全部结算业务。财务结算中心于 1995 年 1 月 1 日正式运行。

为保证财务结算中心的有效运行，必须解决三个问题：(1) 如何避免影响二级单位的自主权；(2) 中原油田如此庞杂（1994 年所属二级单位 160 多个），财务部门的负责人是否有足够的时间和精力对每项财务收支业务进行审批；(3) 审批标准是什么。

为解决这些问题，中原油田决定成立以勘探局局长为主任的资金预算委员会，配合财务结算中心的运行，实行资金（现金）预算管理。资金预算以二级单位为基础，是将已定的经营承包指标细化的结果，一个二级单位一份资金预算，由此形成中原油田总资金预算。各二级单位资金预算经中原油田勘探局计财处批准后执行。二级预算单位按照资金预算组织自己的业务收支活动，并在财务结算中心办理结算业务；财务结算中心按照资金预算办理二级预算单位的结算业务，拒绝办理没有预算或有预算而无存款余额的收支业务。这是中原油田预算管理的第一个步骤。

中原油田预算管理的第二个步骤是1996年成立会计核算中心，集中处理记账业务，同时各二级单位不再设置专门会计机构、配备专职会计人员。设置会计核算中心的动因是油田内部会计信息失真。

企业内部会计信息失真的来源是：(1) 票据虚假；(2) 真实票据所反映的经济业务虚假；(3) 依据真实票据登记的账簿虚假（倒账）；(4) 有账外经济业务。中原油田会计核算中心的成立几乎完全消除了 (1) 和 (3) 两个来源所造成的会计信息失真。至于 (2) 和 (4) 两个来源所造成的会计信息失真的消除则是内部审计的重要职责之一。内部审计是中原油田预算管理运行体系的另一个显著特点。

设置会计核算中心遇到的另一个问题是，由于二级单位会计和财务原先混合在同一部门（通常为财务科或组），如果会计核算（算账）集中，财权是否也要集中？如果不集中，应该怎样处理？中原油田没有集中财权，而是将会计与财务分开，“一个搞事先，一个搞事后”，各司其职。各单位继续保留财务科或组，按照资金预算行使财务收支审批权；会计核算中心则按照资金预算报账、算账、记账。

中原油田预算管理的第三个步骤是成立投资中心。中原油田建立投资中心，实行“谋断分开”的体制。所谓“断”，是指计划外投资决策由二级单位负责；所谓“谋”，是指计划外投资项目的论证、审批、贷款发放以及贷款本息的回收等由投资中心负责。投资中心正本清源，使计划外投资管理规范化、秩序化，既保证了投资效果，又保证了投资的回收。

2. 中原油田预算管理运行体系的模式

集团公司资金预算整合模式的基本功能是控制或监督各二级单位资金的流量和流向，其要点包括资金预算编制、对预算执行的监督（即账户集中；“三个中心”——财务结算中心、会计核算中心、投资中心；反馈报告）、内部审计和激励制度。具体的资金预算编制、执行和资金的控制过程见图7-8、图7-9和图7-10。

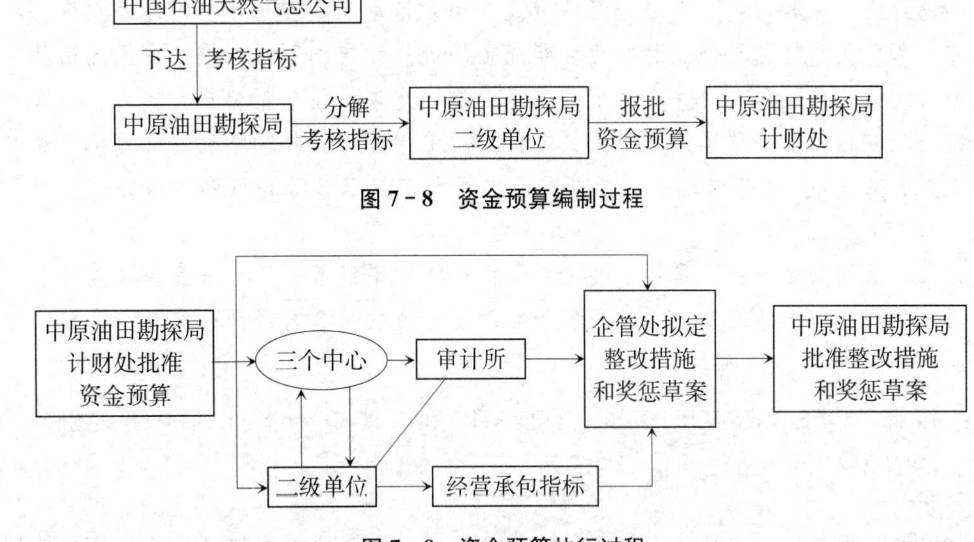

图7-8　资金预算编制过程

图7-9　资金预算执行过程

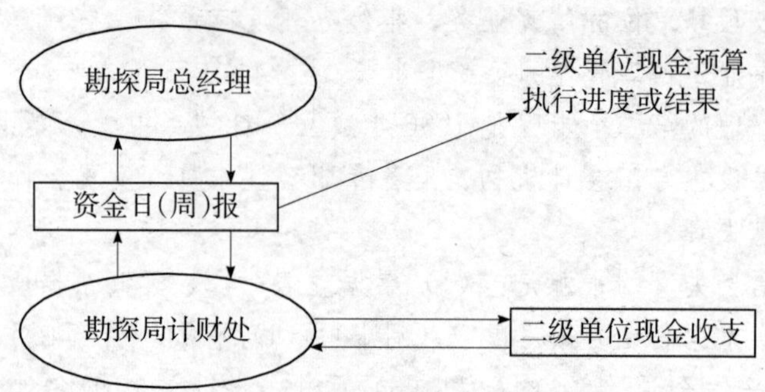

图7-10 勘探局总经理对资金的控制过程

在图7-9中：(1) 计财处将批准的二级单位预算分别下达到三个中心（作为结算和核算的依据）、二级单位（作为资金收支活动的依据）和企管处（作为考评业绩的依据）。(2) 三个中心在计算机上集中处理二级单位的经济业务，其处理结果一份报送审计所，一份反馈给二级单位。(3) 审计所根据三个中心的报告和二级单位经营承包指标完成情况的报告对二级单位进行审计。(4) 审计所将三个中心和二级单位的报告及其审计意见一并报送企管处。(5) 企管处汇总考核结果，拟定整改措施和奖惩方案，报送中原石油勘探局审批后实施奖惩制度。

从图7-9中还可以看出，资金整合模式的监督功能主要是在资金预算基础上通过三个中心集中核算和结算、内部审计、奖惩制度来实现的。这是中原油田预算管理的精华所在。三个中心正如飞机场的安检设备，监督各二级单位是否按照预算运作。但必须注意，集中监督并不意味着财务乃至整个管理权限的集中。在一定意义上，企业管理权可分为事权、财权、监督权和对监督结果的处置权。事权和财权完全可以下放，但监督权和处置权必须集中。此外，内部审计保证了反馈信息真实和完整，奖惩制度则是二级单位执行预算以及整个系统中各当事人履行自己职责的原动力。

图7-10表示勘探局总经理与资金控制模式的关系。一般来说，预算（包括资金预算）是总经理计划和控制二级单位经营（或资金）活动的重要手段。问题是在资金控制模式中，如何将总经理与企业财务活动即资金的流量和流向联系起来。中原油田的做法就是在计财处与总经理之间建立固定的信息渠道，定期提供包括资产负债表、利润表和现金流量表在内的资金预算执行情况反馈信息。中原油田结算和核算的计算机系统功能强大，3分钟刷新一次数据记录，可以保证总经理仅仅以3分钟的滞后来跟踪资金运行情况，近乎实时控制。

总之，集团公司资金预算整合模式在实行过程中不仅节省了大量资金（接近各二级单位日平均现金占用量的2/3），而且使资金流量和流向符合总经理的意图和公司的整体利益。

资料来源：于增彪．我国集团公司预算管理运行体系的新模式——中原石油勘探局案例研究．会计研究，2001 (8)：32-42.

要求：

请分析中原油田勘探局预算管理的动因是什么？中原油田勘探局的预算管理发挥了

哪些重要作用？中原油田勘探局的预算管理制度还有哪些地方需要改进？

思考题

1. 如何从控制角度理解业绩评价？
2. 如何从激励机制角度理解业绩评价？
3. 业绩评价系统应包括哪些要素？
4. 为何要实现财务指标与非财务指标的平衡？
5. 简述不同责任中心的特点。
6. 如何评价不同的责任中心？
7. 平衡计分卡包括哪几个方面的内容？
8. 如何在企业集团中运用平衡计分卡？

第8章

国际财务管理

本章导读

对沪深两市4 571家上市公司2020年年报的统计发现，2 691家公司披露了2020年度的汇兑损益情况，占比为58.9%。这2 691家公司2020年全年汇兑净损益额为75.20亿元。在人民币汇率波动较大的时期，很多进出口企业都面临外汇风险。汇率的变动会使企业以外币计价的资产或负债价值发生不确定的改变，有可能使企业蒙受经济损失，削弱企业的竞争力。统计数据显示，为了规避汇率风险，92%的世界500强企业开展了套期保值业务，美国企业的参与度高达94%。但在国内，包括上市公司和几百家中央企业在内，只有10%做过套期保值，国内企业参与套期保值的深度和成熟度都处于初级阶段。

随着我国企业国际化进程的加快，企业从最初的商品出口逐步发展到绿地投资、设立研发中心、跨国并购等。与此同时，国际政治经济环境的复杂性给企业的国际化经营带来了新的挑战。在国际筹资、投资等环节，如何在积极利用国际环境的同时有效避险，是企业面临全球化市场必须重点解决的问题。本章将对此进行介绍。

学习目标

- 掌握国际财务管理的基本概念和特点
- 掌握外汇风险的种类、管理程序与避险方式
- 熟悉国际企业的资金来源与筹资方式
- 掌握国际企业资本结构的优化方法

- 熟悉国际投资的方式及风险的防范
- 掌握国际营运资金的存量管理与流量管理
- 了解国际税收管理体制及其差异
- 掌握国际企业合理避税的方法

8.1　国际财务管理的基本理论

世界经济形势一直在快速变化，从2007年美国次贷危机带来的全球金融危机到2010年希腊主权债务危机引发的欧元区多米诺骨牌效应，从英国脱欧到新冠肺炎疫情全球蔓延，都直接引起了国际金融市场波动和金融政策的变化，为跨国公司带来了更多挑战，如何通过有效的财务管理帮助企业巩固竞争优势，凸显了国际财务管理的重要性与必要性。

8.1.1　国际财务管理的概念

作为一门新的学科，国际财务管理的目标、内容、方法体系尚不十分成熟，国内外财务学者对国际财务管理概念的表述存在不同的看法。概括起来，主要有以下三种观点：

第一种观点，把国际财务管理理解为世界财务管理。认为国际财务管理应当研究各国企业普遍适用的原理与方法，使世界各国的财务管理逐渐走向统一。这种设想作为国际财务管理的最终目标是可以的，但实现这一目标需要长期的艰苦努力。

第二种观点，把国际财务管理理解为比较财务管理。认为各国的政治、经济、社会、法律、文化、教育等理财环境存在很大差异，各国财务管理的目标、内容、方法也不尽相同，国际财务管理应在如实描述各国财务管理基本特征的同时，比较不同国家在组织财务收支、处理财务关系方面的差异，以便在解决国际财务问题时不把本国的原则和方法强加给对方，而是求同存异、互惠互利。

第三种观点，把国际财务管理理解为跨国公司财务管理。认为国际财务管理主要是研究跨国公司在组织财务活动、处理财务关系时所遇到的特殊问题。根据联合国跨国公司行动准则政府间工作组提出的定义，跨国公司是一个由经济实体构成的工商企业，它的主要内容是：（1）该实体由在两个或两个以上国家经营的一组企业组成；（2）这些企业是在根据资本所有权、合同或其他安排建立的共同控制体制下运营的；（3）各实体推行全球战略时，彼此分享各种资源和分担责任。①

上述三种观点都有一定道理，但没能全面反映国际财务管理的确切含义。第一种概念距现实太遥远，只能作为努力的方向。第二种概念仅仅是对各国财务管理的特点进行汇总和比较，缺乏实质性内容。第三种概念把国际财务管理限制在跨国公司的范围内，

---

① 陈彪如．国际金融概论．上海：华东师范大学出版社，1988：346.

没能完全概括国际财务管理丰富的内容。跨国公司财务管理是国际财务管理研究的重点内容，但仅仅局限于此是不够的。

国际财务管理应研究国际企业在组织财务活动、处理财务关系时所遇到的特殊问题。国际企业是相对国内企业而言的，它泛指一切超越国境从事生产经营活动的企业，包括跨国公司、外贸公司、合资企业以及其他多种形式的处于不同国际化演进阶段的企业。可以说，国际企业是从事国际经营活动的经济实体的统称。一个国际企业可能不是跨国公司，但任何跨国公司都属于国际企业。跨国公司是国际企业发展的较高阶段，是企业国际化程度较高的组织形式。①

综上所述，可以把国际财务管理的定义表述为：国际财务管理是财务管理的一个新领域，它是基于国际环境，按照国际惯例和国际经济法的有关条款，根据国际企业财务收支的特点，组织国际企业的财务活动、处理国际企业财务关系的一项经济管理工作。

8.1.2 国际财务管理的发展

国际财务管理的形成和发展主要取决于以下几项因素。

1. 国际企业的迅猛发展是国际财务管理形成和发展的现实基础

第二次世界大战以来，随着生产的发展和科学技术的不断进步，国际企业得到了前所未有的发展。大型垄断企业通过对外直接投资，在国外设立分支机构或子公司，形成了一个从国内到国外，从生产到销售，按照自己的全球战略在世界范围内追逐高额利润的独特的企业体系，这就是现代意义上的跨国公司。以跨国公司为主的国际企业的全球经营战略，必然要求在财务管理上与之相适应。比如，要求在全球范围内以最低的成本筹措资金，把资金投放于最有利的国家和地区，在全球范围内进行盈余的分配，合理管好用好外汇资金等。这些都极大地促进了国际财务管理的形成和发展。

2. 财务管理的基本原理在国际上广泛传播，是国际财务管理形成和发展的历史因素

财务管理的历史是一部国际化的历史。通常，人们认为财务管理于 19 世纪末产生于美国，并迅速传入欧洲。英国把财务管理的原理传入印度及其他英联邦国家。第二次世界大战以后，亚洲的日本、韩国、中国台湾和中国香港由于吸收了欧美财务管理的方法，极大地促进了本国和地区的财务管理的发展。与此同时，苏联在吸收欧美财务管理基本原理的基础上，结合社会主义国家财务活动的特点，建立了社会主义国家的财务管理体系，并将其迅速传入东欧和中国等社会主义国家，推动了社会主义国家财务管理的形成和发展。受上述传播的影响，到目前为止，财务管理的一些基本原理在各国大致相同，

① 孔伟成，陈水芬．国际经营学．杭州：浙江教育出版社，1990：10.

如财务分析中的比率分析原理、财务计划中的平衡原理、财务控制中的分权原理、财务决策中的风险原理和时间价值原理在各国普遍使用。可以说，财务管理的基本原理和方法是国际性遗产，属于全人类。当然，在不同时期和不同国家，由于社会制度、政治、经济等多种因素的影响，财务管理在发展过程中还留有特定国家的政治、经济和民族的色彩。国际财务管理的发展有助于协调这种差异，并将促进各国财务管理不断交流和融合，走向国际化。

3. 金融市场的不断完善和向国际化方面的拓展，是国际财务管理形成和发展的推动力量

第二次世界大战以来，受科技革命的影响，生产国际化发展到一个新的阶段，生产国际化又推动了资本国际化，国际资金借贷日益频繁，国际资本流动达到空前规模，极大地促进了国际金融市场的发展。近二三十年来，国际金融交易出现了一个重大变化，这就是试图摆脱任何一国的管辖和影响，产生新兴的国际金融市场即境外金融市场，如欧洲美元市场、亚洲美元市场。这种市场不受所在国金融、外汇政策的限制，可以自由筹措资金，进行外汇交易，实行自由利率，无须缴纳存款准备金。这种金融市场最早出现在伦敦，之后在新加坡、中国香港等地相继开设。IBM、索尼等大型国际公司纷纷选择在国外的证券交易所发行股票，从而使它们的股票可以进行国际交易，同时获得海外资本的注入。国际金融市场的新发展，为国际企业迅速筹集资金和合理运用资金提供了方便，同时对国际企业的财务管理提出了新的要求。因为无论在国际金融市场上筹资还是投资，都必须认真预测汇率的变动趋势，选用合理的避险方式减少或消除外汇风险。总之，金融市场的国际化和汇率的不断波动，极大地促进了国际财务管理的形成和发展。

4. 国际资本经营和全球价值链是国际财务管理的实现路径

一方面，跨国公司按照最优化原则进行资源配置和成本控制的全球化战略推动了资本经营的发展，以境外融资、跨国并购、国际战略联盟等为代表的国际资本经营活动日益频繁。另一方面，许多发展中国家的企业尽管以国内投资为主，但通过代工加工、代工设计、原始品牌设计等方式参与全球价值链，成为全球化分工和利益分配链条中的一员。在全球价值链作用以及世界经济形势变化的影响下，直接投资的流入国和流出国的结构发生了改变，2012 年，发展中国家吸收的直接外资首次超过发达国家，占全球直接外资量的 52%。可以说，全球价值链是推动发展中国家企业国际化进程的重要因素。

但在全球经济放缓的背景下，全球化进程也受到了影响。尽管贸易加速增长，2016 年以来，由于跨国并购大幅减少，全球海外直接投资呈下降趋势。2017 年全球海外直接投资为 1.43 万亿美元，比 2016 年减少 23%。特别是近年来，出于对国家安全及外国人拥有土地和自然资源所有权的担忧而加强了对外资收购的审查，一些国家正在考虑收紧投资审查程序。与此同时，人工智能的迅速发展、人口结构的变化、新技术的迭代等，引发企业国际化的一些传统动因逐渐式微，海外投资回报率从 2012 年的 8.1%下

降到2017年的6.7%，企业的国际化面临更大挑战，国际财务管理的风险与难度也相应增加。

8.1.3 国际财务管理的特点

国际财务管理是国内财务管理向国际经营的扩展，因此，一国企业财务管理的基本原理和方法也适用于国际企业，但由于国际企业的业务散布在多国，财务管理常涉及外汇的兑换和多国政府的法律制度。所以，国际财务管理比国内财务管理更复杂。与国内财务管理相比，国际财务管理具有如下特点。

1. 国际企业的理财环境更加复杂

国际企业的理财活动涉及多国，而各国的政治、经济、法律和文化环境有很多差异。国际企业在进行财务管理时，不仅要考虑本国各方面环境因素，而且要密切注意国际形势和其他国家的具体情况，特别要注意如下问题：(1) 汇率的变化；(2) 外汇管制程度；(3) 通货膨胀和利率的高低；(4) 税负的轻重；(5) 资本抽回的限制程度；(6) 资金市场的完善程度；(7) 政治稳定程度。

从以上分析可以看出，影响国际财务管理的环境因素相当复杂，国际财务管理人员在进行财务决策之前，必须对理财环境进行认真的调查、预测、比较和分析，以便提高财务决策的正确性和及时性。

2. 国际企业的资金筹集具有更多的选择

无论是国际企业的资金来源还是筹资方式，都呈现多样化的特点，这使得国际企业在筹资时有更多的选择。国际企业既可以利用母公司本国的资金，也可以利用子公司东道国的资金，还可以向国际金融机构和国际金融市场筹资。国际企业可以利用这种多方融资的有利条件，选择最有利的资金来源，降低企业的资本成本。

3. 国际企业的资金投入具有较高的风险

从某种意义上说，从事国际投资活动就是预测风险、避免风险的过程。国际企业除面临国内企业所具有的风险，还面临国际政治、经济环境中的各种风险，这些风险可以概括为两大类十个方面。

经济和经营方面的风险：(1) 汇率变动风险；(2) 利率变动风险；(3) 通货膨胀风险；(4) 经营管理风险；(5) 其他风险。

上层建筑和政治方面的风险：(1) 政府变动的风险；(2) 政策变动的风险；(3) 战争因素的风险；(4) 法律方面的风险；(5) 其他风险。

一般而言，上层建筑和政治方面的风险属于企业无法控制的风险，而经济和经营方面的风险可以通过企业有效经营加以避免和克服。这是因为汇率、利率、通货膨胀对国际企业来说，既是遭受损失的原因，又是获得收益的条件。所以，企业财务人员应合理预测这部分风险，以避免不利影响，获取有利条件，取得最大收益。

8.2 外汇风险管理

外汇管理是国际财务管理的一项重要内容，国际财务管理中的资金筹集、投资管理、营运资金管理都涉及外汇问题，而汇率的变化常给交易带来一定的不确定性，这就产生了外汇风险。

8.2.1 外汇的概念

外汇是一国持有的以外币表示的用以进行国际结算的支付手段。国际货币基金组织对外汇的说明为：外汇是货币行政当局（中央银行、货币管理机构、外汇平准基金组织及财政部）以银行存款、财政部国库券、长短期政府证券等形式确保在国际收支逆差时可以使用的债权。所以，外汇不仅指外国的钞票和硬币，以外币标示的债权债务证明也可以称为外汇。

根据现行的《中华人民共和国外汇管理条例》，外汇是指下列以外币表示的可以用于国际清偿的支付手段和资产：（1）外币现钞，包括纸币、铸币；（2）外币支付凭证或者支付工具，包括票据、银行存款凭证、银行卡等；（3）外币有价证券，包括债券、股票等；（4）特别提款权；（5）其他外汇资产。

国际上发生的债权债务问题必须按约定的条件解决。从国外进口货物，必须支付货款给外国商人；反之，向外国出口货物，必须向外国商人收取货款。由于不同国家的货币制度不同，一国货币不能在另一国流通使用，外汇的主要功能就是作为国际结算的支付手段。此外，外汇还能成为其他形式的外币资产和支付手段。

8.2.2 外汇汇率

外汇汇率又称汇率、外汇行市、汇价，是指一国货币单位兑换另一国货币单位的比率或比价，是外汇买卖的折算标准。它是一种价格，是一种货币用另一种货币表示的价格。折算两个国家的货币，要先确定以哪一个国家的货币为标准，由于标准不同，外汇汇率有两种标价方法。

1. 直接标价法

直接标价法又称应付标价法，是以一定单位（一、百、万等）的外国货币为标准，折算为一定数额的本国货币的方法。当前世界上除英美少数国家外，都采用直接标价法。我国人民币的汇率也采用这种方法。在直接标价法下，外国货币的数额固定不变，本国货币的数额随外国货币或本国货币币值的变化而变化。如果一定数额的外国货币比以前换得较多的本国货币，则说明外汇汇率升高，本国货币币值下降；反之，如果一定数额外币比以前兑换较少的本国货币，说明外汇汇率下降，本国货币币值上升。所以，在直接标价法下，外汇汇率升降与本国货币币值的升降呈相反方向。

2. 间接标价法

间接标价法也称收进报价法，是以一定数额的本国货币为标准，折算成若干单位的外国货币的标价方法。在间接标价法下，本国货币的数额固定不变，外国货币的数额随本国货币和外国货币币值的变动而变动。当一定单位的本国货币可以兑换较多的外国货币时，说明汇率上升，本国货币升值；反之，当一定数额的本国货币只能兑换较少的外国货币时，说明汇率下降，本国货币贬值。因此，在间接标价法下，外汇汇率与本国货币币值成正比例变化。在国外的外汇市场上，一般都采用直接标价法，但伦敦外汇市场一直采用间接标价法。美国纽约外汇市场过去采用直接标价法，从1978年9月1日起改为间接标价法，以便与国际上美元交易的做法一致，但美元对英镑的汇率仍沿用直接标价法。

8.2.3 外汇风险的种类

国际交易必然使用外汇，而汇率的变化常给交易带来一定的不确定性，这就产生了外汇风险。外汇风险的根源在于汇率的变动，由此引起国际企业资产的价值、现金流量等发生变化。外汇风险一般可以分为三类：交易风险、折算风险、经济风险。

1. 交易风险

交易风险是指企业因进行跨国交易而取得外币债权或承担外币债务时，由于交易发生日的汇率与结算日的汇率不一致，收入或支出发生变动的风险。交易风险主要表现在以下几个方面：（1）以外币表示的借款或贷款；（2）以外币表示的商品及劳务的赊销业务；（3）尚未履行的期货外汇合约；（4）以其他方式取得的外币债权或应承担的外币债务。

【例8-1】 一家美国公司将产品出售给一家英国公司，发票金额为100万英镑，赊销期为3个月。美国公司3个月后如期收到100万英镑时，它需要按照到期日当天的汇率将英镑折算为美元。但到期日当天的汇率是无法预料的，如果英镑对美元升值（贬值），美元的收入就会增加（减少）。如果这家美国公司不对风险做任何防范，它就面临汇率波动可能带来的收入变化的风险。

2. 折算风险

折算风险又称会计风险、会计翻译风险或转换风险，是指企业把不同的外币余额按一定的汇率折算为本国货币的过程中，由于交易发生日的汇率与折算日的汇率不一致，会计账簿上的有关项目发生变动的风险。国际企业的外币资产和负债项目，在最初发生时是按发生日的汇率入账的，但在编制财务报表时，要对其中的某些项目用编表日的汇率进行换算。当某个资产或负债项目发生日的汇率与编表日的汇率不一致时，经过换算后会给企业带来会计账表上的损益，它并不影响企业当期的现金流量，但在进行财务分析时，却会使各种财务比率发生变动。

3. 经济风险

经济风险是指由于汇率变动对企业的产销数量、价格、成本等产生影响，企业的收入或支出发生变动的风险。经济风险是相当复杂的，涉及企业财务、销售、供应、生产等各个方面。一般来说，交易风险与折算风险的管理都由财务人员负责，而管理经济风险是整个企业的责任。企业的经济风险主要取决于以下两个因素：企业原材料和劳动力的来源市场及产品销售市场的结构；企业通过调整市场结构、产品结构和资源减小汇率变化的影响的能力。

【例 8-2】 假设通用汽车公司在墨西哥的子公司从美国母公司进口汽车，在墨西哥市场上销售。如果美元对墨西哥比索升值，则通用汽车（墨西哥）公司以比索计价的成本会提高，而是否会给公司带来经济风险则取决于墨西哥的汽车市场结构。如果通用汽车（墨西哥）公司主要面对的竞争对手是墨西哥当地的公司，则由于它们以比索计量的成本不变，美元升值会使通用（墨西哥）公司的利润减少，母公司将因此面临经济风险。如果通用汽车（墨西哥）公司在墨西哥的竞争对手全部来自其他美国厂商，如克莱斯勒等，通用汽车（墨西哥）公司的竞争地位没有发生变化，美元升值则会使公司利润增加。

8.2.4　外汇风险的管理程序

外汇风险管理是一项十分复杂的工作，必须按科学的程序进行。这一程序包括如下几个方面。

1. 确定恰当的计划期

确定计划期的目的是为预测汇率变动、估计受险额规定一个时间范围。一般而言，计划期应在一年以内，并按季度来划分，如果汇率变动幅度较大，则要适当缩短计划期。

2. 预测汇率变化情况

外汇风险产生的根本原因是汇率的变动，所以，预测汇率的变动情况是外汇风险管理工作中十分重要的步骤。汇率变化的预测包括相互联系的三个方面：变动的方向、变动的时间和变动的幅度。汇率变化情况的预测是一项非常复杂的工作，需要在考虑以下因素的基础上进行综合分析，才能得出合理的预测结果。这些因素是：(1) 国际货币储备的变化；(2) 国际收支的变化；(3) 贸易差额的变化；(4) 通货膨胀程度；(5) 金融与财政政策；(6) 贸易政策；(7) 其他影响汇率的因素。

3. 计算外汇风险的受险额

计算外汇风险受险额的目的是从数量上确定企业面临多大的外汇风险。以交易风险为例说明如下：交易风险的受险额等于结算期限相同的外币债权与外币债务之间的差额，应分别按不同的币种、不同的结算期来计算企业所有交易风险的受险额。在计算过程中，若外币债权大于外币债务，其差额为正受险额；反之，则称为负受险额。

4. 确定是否对外汇风险受险额采取行动

一般而言，在以下几种情况下，企业可不采取任何行动：（1）受险额是正值，而该种外币预计会升值，汇率变动后，企业将获得收益；（2）受险额是负值，而该种外币预计会贬值，汇率变动后，企业会获得收益；（3）受险额为零，不管汇率如何变动，也不存在外汇风险。

在以下几种情况下，一般要采用适当的方式避险：（1）受险额是正值，而该种外币预计会贬值；（2）受险额是负值，而该种外币预计会升值；（3）受险额可能是正值也可能是负值，外币是升值还是贬值很难估计。

5. 选择适当的避险方法

20世纪70年代以来，汇率和利率变动频繁，外汇风险增大，为了有效地避免外汇风险，各种避险方法应运而生。国际企业的财务人员要认真分析各种避险方法的优缺点，选择最适当的避险方法。

8.2.5 避免外汇风险的方式

目前，国际上避免外汇风险的方法较多，这里按不同的外汇风险介绍几种最常见的方法。

1. 交易风险的避险方式

（1）远期外汇交易保值。远期外汇又称期汇、期货外汇，是指按期汇合同买卖的外汇。在交易时，双方签订合同，规定买卖外汇的币种、数额、汇率和将来交割的时间。到交割日期，按合同的规定，买方付款后，由卖方向买方交付外汇。通过货币的远期合约对交易风险进行套期保值，当企业拥有外汇债权时，可以通过出售远期外汇保证将来的本币流入金额；当企业拥有外汇债务时，则可以通过购买远期外汇锁定支付的本币。由于在签订合同时就已经规定了买卖货币的汇率，因此，企业可以明确地预知将来收到或支付的货币价值，从而避免了未来现金流量不稳定的风险。

【例8-3】 波音公司向英国公司出售一架价值1 000万英镑的波音747客机，1年后才能收回货款，即期市场汇率为1英镑=1.50美元，远期汇率为1英镑=1.46美元。为了保值，波音公司可以与银行签订一份1年期远期外汇合约，1年以后以1英镑=1.46美元的汇率卖出1 000万英镑，这样，无论1年以后即期汇率如何变化，波音公司都可以收到1 460万美元。

（2）货币市场套期。主要指通过在国内或国外货币市场上借入和贷出资金套期保值，通过借（贷）外币对外币应收（应付）进行套期保值，使资产与负债用同种货币表示，从而避免交易风险。对应例8-3，波音公司预期1年后收到1 000万英镑，所以它可以先借入英镑，将其兑换成美元进行投资，1年后收到英国公司的货款1 000万英镑可以用来偿还借款，这样，汇率波动的风险就被控制了。需要注意的是，波音公司需要恰当决定英镑的借入量，原则是英镑借款在还款日的金额正好等于将从英国公司收回的英镑金额。

（3）外汇期权交易保值。期权是在一定时期内按一定汇价买进或卖出一定数量外国货币的权利。这是一种全新的外汇避险形式。它买入的是购买或卖出某项货币的权利，但不承担相应的义务。外汇期权可分为买进期权和卖出期权。买进期权是指购买外汇期权的一方有权在合同期满时或在此以前按规定的汇率购进一定数量的外币。卖出期权是指购买外汇期权的一方有权在合同期满时或在此以前按规定的汇率卖出一定数额的外币。外汇期权是一种很好的避险形式，有如下几个优点：1）对期权合同的购入方来说，外汇期权类似于保险。因为期权合同购入的是权利而不必承担义务。如果期权交易无利可图，则可放弃这种权利。例如，一国际企业在购入买进期权后，外币汇率一直下跌，即市场价格低于协定价格，则该企业可放弃此项合同。2）对期权合同的购买方来说，使用外币期权可以使保值成本成为确定因素。不管汇率发生多大变动，期权持有者的保值成本都不会超过期权的购买价格即期权费。

【例8-4】 华汇公司根据销售计划预测6个月后将有2 000万美元的外汇净流出，为了保值，该公司买入6个月的美元买进期权，执行价格为1美元=6.775元人民币，期权费为1美元0.03元人民币。6个月后到期时，如果美元贬值，即期汇率为1美元=6.478元人民币，低于期权的执行价格，则华汇公司放弃行权，在即期市场上购买所需的美元，支付人民币13 016万元（6.478×2 000+0.03×2 000）。但如果6个月后美元升值，即期汇率为1美元=6.843元人民币，则该公司应该行权，按执行价格购买美元，支付人民币13 610万元（6.775×2 000+0.03×2 000）。

2. 折算风险的避险方式

因为汇率的变动会同时影响资产和负债，而资产和负债对损益的影响方向相反，所以对折算风险的规避需要首先计算受险资产和受险负债的差额，即净受险资产。

净受险资产=受险资产-受险负债

（1）调整外汇净受险资产。国际企业可采用适当的方法来调整外汇的净受险资产，以达到避免外汇风险的目的。国际企业的总公司与国外分公司之间以及国外的各分公司之间通常有很多资金往来。例如，在材料采购、产品销售、管理服务、资金筹措等方面都会产生资金调度问题，可以通过提前或延缓支付的方式来调整外汇受险额。提前或延缓支付的基本原则是，当预计某种外币即将贬值时，应加速收款而延缓付款；当预计某种外币即将升值时，应推迟收款而加速付款。

（2）平衡资产与负债数额。平衡资产与负债数额是指采用特定的方法使企业资产负债表上受汇率变动影响的资产与负债数额相等，使汇率变动的影响同时出现在资产、负债两个方面，数额相等而方向相反，这样它们能自动相互抵消，汇率变动的风险可以降到最低程度。

3. 经济风险的避险方式

经济风险是一种十分复杂的风险，汇率变化可能会长期影响现金流量。经济风险管理不是一个短期的决策问题，而是涉及企业的长期战略，需要综合考虑生产、销售、财务等相互联系、相互影响的各个领域。从总体上说，通过多元化经营使各方面产生的不利影响相互抵消，是规避经济风险最有效的方式。具体来讲，有以下几种多元化经营策略。

(1) 多元化的生产。在生产安排上，产品的品种、规格、质量尽可能做到多样化，使之能更好地适应不同国家、不同类型、不同层次的消费者的需求。

(2) 多元化的销售。在销售上，力争使所生产的产品尽快打入不同国家的市场，尽量采用多种外币进行结算。

(3) 多元化的采购。在原材料、零配件的采购方面，尽可能到多个国家和地区进行采购，力争使用多种货币结算。

(4) 多元化的融资。企业融资时，要尽量到多个资本市场上筹集资金，用多种货币计算还本付息金额，如果有的外币贬值，有的升值，就可以使外汇风险相互抵消。

(5) 多元化的投资。尽可能向多个国家投资，创造多种外汇收入，这样可以避免单一投资带来的风险。

此外，企业还可以通过灵活的资源政策和市场分散化策略规避经济风险。如在日元走强的情况下，日本航空公司大量雇用外国员工以保持自己在国际航线上的竞争力。

8.3 国际企业筹资管理

8.3.1 国际企业的资金来源

与单一的国内企业相比，国际企业有更多的资金来源，最主要的资金来源可概括为以下四个方面。

1. 公司集团内部的资金来源

国际企业的经营规模大、业务多，常常在其内部形成国际性的资金融通体系。一些世界著名的跨国公司有几十个子公司，有的甚至有上百个分支机构。这样，国际企业内部的各经营实体在日常经营活动中可能产生或获得大量的资金，从而构成了内部资金的广泛来源。这些来源主要包括：(1) 母公司或子公司本身的未分配利润和折旧基金；(2) 公司集团内部相互提供的资金。

2. 母公司本国的资金来源

国际企业的母公司可以利用它与本国经济发展的密切联系，从本国的金融机构和有关政府组织获取资金。

3. 子公司东道国的资金

国际企业也可以在子公司的东道国筹集资金。一般来说，多数子公司都在当地借款，在很多国家，金融机构对当地企业贷款的方式同样适用于外资企业。在当地借款既可弥补投资不足，又是预防和减少风险的有力措施。

4. 国际资金来源

国际企业除集团内部、母公司本国、子公司东道国以外的任何第三国或第三方提供的资金都可称为国际资金。国际资金主要包括以下三方面：(1) 向第三国银行借款或在第三国资本市场上出售证券；(2) 在国际金融市场上出售证券；(3) 从国际金融机构获取贷款。

8.3.2 国际企业的筹资方式

筹资方式是指企业筹集资本所采取的具体形式和工具，体现资本的属性和期限。相比国内企业，国际企业的筹资方式具有更多的选择，以下介绍几种具有国际特色的筹资方式。

1. 发行国际股票

股票是股份公司为筹集自有资金发行的有价证券，是投资入股和取得收益的凭证。国际股票是指一国企业在国际金融市场或国外金融市场上发行的股票，通常也称境外上市。比如，中国的股份有限公司在纽约金融市场上发行的股票、日本企业在香港金融市场上发行的股票、美国企业在伦敦金融市场上发行的股票都属于国际股票。随着经济的全球化，股票的发行也已超越国界的限制，出现国际化趋势，许多大企业特别是大型跨国公司都到国际金融市场上发行股票。

国际企业在国际金融市场上发行股票有以下有利条件：(1) 国际企业规模大，信誉好，有利于股票发行；(2) 国际企业业务散布在多国，对国际金融市场的情况比较了解；(3) 国际企业通过国外的分支机构在当地发行股票，能节约发行费用。

境外上市给企业带来的优势包括以下几个方面：(1) 企业通过扩展潜在的投资群，促使股价提升和资本成本下降；(2) 境外上市为企业股票创造了第二市场，有利于国外市场的筹资；(3) 境外上市能增加企业股票的流动性；(4) 境外上市有利于提高企业与其产品在国际市场上的知名度；(5) 境外上市有利于企业进行跨国并购。

企业发行国际股票能迅速筹集外汇资金，提高企业信誉，有利于企业以更快的速度国际化发展。但是到国外发行股票，必须遵守国际惯例，遵守有关国家的金融法规，因此，发行程序比较复杂，发行费用也比较高。

【例 8-5】 Novo Industri A/S 是丹麦的一家跨国公司，控制了世界上大约 50% 的工业酶市场。20 世纪 70 年代末，丹麦的股票市场还很小，流动性也不高，Novo 公司难以在国内资本市场筹集到所需的资金。由于丹麦股票市场的分割化，与其他竞争对手相比，Novo 公司的资本成本更高。为此，公司管理层意识到只有通过国际化获取其他渠道的资金，降低资本成本，才能使公司得到更好的发展。经过一系列的筹备，1981 年 7 月 8 日，Novo 公司在纽交所挂牌上市，成为第一家直接在美国筹集权益资本的北欧公司。上市后，国际化定价的优势立即显现，Novo 公司的股价急剧上涨，验证了在小规模的分割化的国内资本市场运营的企业通过在大规模的流动性高的资本市场上市，可以获得新的资本渠道，降低资本成本。①

2. 发行国际债券

一国政府、金融机构、工商企业为筹措资金而在国外市场发行的以外国货币为面值的债券，即为国际债券。国际债券可分为外国债券和欧洲债券两类。外国债券是指国际借款人（债券发行人）在某一国家债券市场上发行的，以发行所在国货币为面值的债券。例如，新加坡企业在日本发行的日元债券、日本企业在美国发行的美元债券都属于外国债券。欧洲债券是指国际借款人在本国以外的债券市场上发行的不是以发行所在国的货币为面值的债券。例如，日本企业在法国债券市场上发行的美元债券便属于欧洲债券。欧洲债券的特点是，发行人在一个国家，发行在另一个国家，债券面值使用的是第三个国家的货币或综合货币单位（如特别提款权）。目前，欧洲债券选用最多的货币是美元。

3. 利用国际银行信贷

国际银行信贷是一国借款人向外国银行借入资金的信贷行为。国际银行信贷按其借款期限可分为短期信贷和中长期信贷两类。短期信贷的借款期限一般不超过 1 年，国际企业借入短期资金，一般是为了满足流动资产需求。中长期信贷的贷款期限一般在 1 年以上，10 年以内。中长期信贷金额大、时间长，银行风险较大，因而，借贷双方要签订贷款协议，对贷款的有关事项加以详细规定。另外，中长期信贷一般要提供财产担保。国际银行信贷按其贷款方式有独家银行信贷与银团贷款两种。独家银行信贷又称双边中期贷款，是一国贷款银行对另一国的银行、政府及企业提供的贷款。银团贷款又称辛迪加贷款，是由一家贷款银行牵头，该国或几国的多家贷款银行联合起来组成贷款银行集团，按同一条件为另一国的政府、银行及企业提供的长期巨额贷款。银团贷款期限一般为 5～10 年，贷款金额为 1 亿～5 亿美元，甚至高达 10 亿美元。目前，国际的中长期巨额贷款一般都采用银团贷款方式，以便分散风险，共享利润。

4. 利用国际贸易信贷

国际贸易信贷是指由供应商、金融机构或其他官方机构为国际贸易提供资金的一种信用行为。当前，国际上巨额对外贸易合同的签订、大型成套设备的出口，几乎都与国际贸易信贷结合在一起。因此，国际贸易信贷是国际企业筹集资金的一种重要方式。国际贸易信贷按贷款期限分为短期信贷和中长期信贷。短期信贷是指期限在 1 年以内的信贷；中长期信贷是指期限在 1 年以上的信贷。由于国际贸易中的中长期信贷的目的是扩

① 切奥尔·S. 尤恩，布鲁斯·G. 雷斯尼克. 国际财务管理. 苟小菊，奚卫华，等译. 北京：机械工业出版社，2005：303-304.

大出口，故称出口信贷。出口信贷是发达国家为扩大本国产品出口，责成本国银行设立的一种利率优惠的贷款，其目的是向国外推销产品和吸引那些资金不足的进口商进口所需产品。出口信贷主要包括以下两种：（1）卖方信贷。是指在大型机械或成套设备贸易中，为便于出口商以分期付款方式出售设备而由出口商所在地银行向出口商（卖方）提供信贷。这实际上是出口商从出口商银行取得中长期贷款后，再向进口商提供延期付款的商业信用，以便扩大产品出口。出口商付给银行的利息和其他费用，有的包括在货价内，有的在货价外另加，转嫁给进口商。（2）买方信贷。是指在大型机械设备或成套设备贸易中，由出口商所在国的银行贷款给外国进口商或进口商所在地的银行。这种信贷有利于进口商迅速筹集资金，出口商扩大出口。

5. 利用国际租赁

国际租赁是指一国从事经济活动的某单位，以支付租金为条件，在一定时期内向外国某单位租借物品使用。国际租赁是一种新型融资方式，以出租实物的形式代替对承租人直接发放贷款。通过国际租赁，国际企业可以直接获得国外资产，较快地形成生产能力，充分利用外资。

8.3.3　国际企业资本结构管理与优化

国际企业资本结构管理的目标是降低资本成本，建立最优资本结构。在完善的市场中，企业从国内和国外筹资是没有差别的，但在市场不完善时，国际筹资能够降低企业的筹资成本，实现资本结构的优化。

1. 降低资本成本

国际企业的筹资成本直接增加或降低其国际经营成本，影响整个国际企业的收益和资本结构，进而影响国际企业的风险级别、竞争力和总体筹资能力。所以寻求低成本资金是国际企业筹资的重要战略目标之一。

资本市场的不完全有效性和分割性为国际企业进入国际金融市场寻求较低成本的资金创造了良好的机会，国际企业可以在保持资本结构不变的情况下，以较低的资本成本和财务风险筹集到更多的资金。同时，国际企业独有的全球资金调度网络系统有利于其把握和利用机会。一般而言，国际企业可通过选择合适的筹资方式、筹资币种和筹资地点来尽量避免和减少纳税等，从而降低筹资成本。

（1）选择合适的筹资方式。国际企业的各种资金来源中，有的可以得到各类补贴，有的需要缴纳各种税收，有的则可能受到种种限制。国际企业可以通过选择合适的筹资方式来尽量减轻税负，避免受到各种限制。

一方面，适度利用债务筹资。目前，国际企业支付给国外的债务本金及利息，无论是支付给母公司还是国外的其他金融机构，大多都享有税收减免。但股息支付不能享受税收抵免，往往会被东道国课征很重的预扣税。虽然国家之间的双边协议可能会降低或取消预扣税，但股息支付往往是有代价的。所以选择债务筹资方式具有减税效应，可减轻税收负担。当然债务筹资会增大公司的财务风险，所以这里强调债务筹资规模要适度。

另一方面，争取优惠补贴贷款及当地信贷配额。目前世界上大多数国家与地区的政府为了鼓励对外投资或吸引外资，一般会向本国或外国的企业提供补贴贷款或税收优惠。国际企业应尽量充分利用这些优惠措施，降低筹资成本。例如，有些国家为了促进本国产品出口，改善国际收支状况，设置专门机构，对国外进口商进口本国产品提供出口信贷，这种信贷往往利率低、期限长，并由国家补贴和担保，是国际企业重要的贸易资金来源。韩国政府为了促进本国综合商社的国际化经营，为综合商社提供金融支持，贷款利率只有 7%～8%，同期市场利率则达 15%。国际企业除了应充分利用本国和东道国的补贴贷款，还应充分利用世界银行等国际金融机构提供的期限长、利率低的项目贷款等优惠贷款。

另外，有些国家的政府为了限制或引导资本流向，稳定本国利率或汇率，限制信贷资金膨胀，有时会采取严厉的干预措施。例如，一国政府为了限制外资过多流入，可能规定，任何借入国外资金的一部分必须存放在政府指定的机构，且按规定使用，这就使得资金的流动性降低，国际筹资成本上升。为了抑制资本外流，限制当地资金，政府会采取信贷配额管理等办法。为此，国际企业一方面要与有关当局协调好关系，争取较多的信贷配额；另一方面利用其筹资渠道多样化、内部资金调度灵活的筹资优势，绕过信贷管制。

（2）选择合适的筹资地点。国际企业还可以通过选择不同的筹资地点减税或绕过各种管制，从而达到降低资本成本的目的。这是国际企业与国内企业相比独有的优势。前面所述转移价格的利用一般要与筹资地点的选择相结合，才能发挥其优势。

有些国家或地区的税率很低，甚至根本不征收所得税和预扣税，法律管制较松，企业资金调拨和利润分配有相当的自由。这些国家或地区就成为国际企业的避税港。

虽然征收预扣税等表面上由境外投资者负担，但是为了吸引投资者，筹资者往往要给予投资者较高的税前收益率作为补偿，这部分税收成本最终还要由筹资者负担，所以借款公司为保证投资者有相同的净收益，必须支付更高的利息。为了降低资本成本，国际企业应选择那些不征或少征所得税及预扣税的避税港作为筹资中心。

国际企业可以通过在避税港设立所属机构来降低资本成本，此类机构的股权资本通常全部来自母公司。国际企业内部的资本转移，包括股息与股权筹资都可以通过它们进行。由于母国政府对于国际企业来自海外的收入一般延期到避税港子公司向母公司支付股息时才征收所得税，所以国际企业可以通过避税港子公司向在海外不断成长的公司提供筹资，而延缓向母国的纳税。

（3）选择合适的筹资币种。在进行长期筹资决策时，国际企业必须根据所需资金数量、证券销售价格预测其拟发行证券的票面货币汇率的变化，综合确定证券筹资的有效成本。

国际企业在进行外币筹资时有三种选择：一是选择强币筹资；二是选择弱币筹资；三是多种货币组合筹资。在实际筹资时，除了综合考虑汇率与利率变化，还应做到以下几点：1）筹资货币与用款及还款货币尽量一致，如发行债券的面值货币应尽量与其使用的货币及外汇收入的币种相一致，避免汇兑风险。2）选择流通性较强的可兑换货币筹资，以便进行资金调拨与转移。3）尽量使用软货币进行筹资，以便因债务货币汇率下浮而减少债务成本和负债额。但不是绝对如此，因为货币软硬并非一成不变，货币选择也非一厢情愿，筹资者应根据市场情况灵活应变。4）筹资货币多样化，以分散风险。多种外币组合筹资可以使有效筹资成本降低并且抵补风险。这是因为单一外币筹资的有效成本是浮动的，多种外币组合后，风险互相抵补，筹资成本较稳定。

2. 优化资本结构

建立总体的最优资本结构是国际企业筹资最重要的战略目标。然而，国际企业的资本结构决策比国内企业更复杂，该如何处理国际企业总体资本结构与国外子公司资本结构的关系呢？国际企业通常采用先建立公司总体最优资本结构，然后调整国外子公司的资本结构的方法，以充分利用当地筹资机会，使国际企业的总体筹资成本最低，总体价值最大。

（1）国际企业的总体资本结构。国际企业的总体资本结构是由国际企业的母公司与全部子公司的资本结构合并而成的，也就是合并资本结构，它反映了国际企业的全部资金来源构成。目前大多数国际企业尚未实现所有权的国际化，母公司及子公司的股权资本主要来源于母国，少数资本国际化的大公司的股份多数为母国居民持有，外国股民持有股份仅占少数，其债务资金也以母国来源为主，国外借款与以母国为基地的国际银行有密切关系，所以国际企业总体资本结构与财务风险评价基本上可采用母国惯例。但是，要建立国际企业的最优资本结构并非易事。

国际企业的最优资本结构建立在全球范围所有子公司及母公司资本结构的基础上，国际企业必须统筹兼顾，全盘考虑。国际企业的投资者及债权人最关心的是与国际企业全球范围的资本结构相联系的违约与破产风险，国际企业任何一个海外子公司的破产与其他财务困难都会不同程度地影响公司总体的经营能力与偿债能力，降低公司的总体价值和后续筹资能力，损害投资者的利益。所以，经常监测与调整国际企业全球范围的资本结构组合，是国际企业全球筹资战略的内在要求，是建立最优资本结构、实现筹资能力最大化的基础工作。

国际企业的总体资本结构与纯国内企业的资本结构有无原则性差别？也就是说，相对国内企业，国际企业是采取债务密集型的资本结构，还是采取股权密集型的资本结构？对此并没有一致结论。

1）债务密集型（debt-intensive）资本结构。债务密集型资本结构是指债务资金的比例较大的资本结构。采取这种类型资本结构的国际企业往往倾向于采用债务筹资的方法，所以该结构也可以称为债务倾向型资本结构。

这种类型的资本结构适合具有稳定现金流量的企业，现金流量稳定便于及时偿还债务。一种观点认为国际企业具有比纯国内企业更稳定的现金流量，理由为：国际企业地理分布与经营业务的多样化，减轻了单个不利事件对现金流量的影响；国际企业的现金流量以多种货币表示，可以有效地分散汇率风险。所以，尽管国际企业依赖国外子公司的收益来支付其债务，但它可以比纯国内企业负担更高比例的债务。

2）股权密集型（equity-intensive）资本结构。这种类型的资本结构中债务比例较低，股权比例较高。采取这种资本结构的企业倾向于股权筹资，所以也称为股权倾向型资本结构。

这种资本结构适合现金流量较少或不稳定的企业。有人认为，国际企业的现金流量比国内企业更变化无常，应采用股权密集型资本结构。理由为：第一，海外子公司的收益必须遵循东道国的税法规定，这些规定可能随时改变，另外，东道国可能迫使子公司将所有收益留在当地，这样汇往母公司的资金就会减少；第二，尽管可以采取保值等方法避免汇率变化风险，但只要存在汇率变化，就可能会造成汇兑损失。如 1981—1984 年，尽管各种货币对美元不按同一幅度变化，但美元对大多数主要货币升值（坚挺），结果美国国际企业的海外子公司汇至母公司的收益由于美元坚挺而大幅减少（以美元表示），尽管美国国际企业的经营是多样化分布的。可以认为，总体采取股权密集型资本结构的国际企业，在允许子公司收益暂时滞留于海外以回避风险而又不影响向债权人定期支付利息方面，具有更大的灵活性。

国际企业究竟采取何种资本结构并无一定之规。国际企业应综合考虑影响其债务支付能力的所有因素，使资本结构决策符合自身战略。

不同国家及不同行业的国际企业，其总体资本结构有较大差别。一项由国外学者进行的调查发现，国际企业的资本结构倾向于按照公司总部所处的国家而变化。英联邦国家及美国的国际企业的债务比例比总部设在其他工业发达国家的国际企业低。

实际上在有些国家，虽然企业的财务杠杆水平高，但不能简单认为其财务风险就大。例如，日本企业的债务比例大大高于美国企业，但日本企业的财务风险不一定比美国企业大，因为日本政府会为遇到财务困难的本国企业提供帮助，由于企业在供求上相互依赖或互相拥有股权，其他企业会向遇到困难的企业提供宽松的信用或价格优惠。另外，日本银行不仅是债权人，有的还与企业互相持股，一些大型综合商社与银行等金融机构有着更为密切的关系，日本银行会千方百计救助困难企业，避免企业破产。但是由于部分日本企业过度依赖银行等国内金融机构，日本金融机构呆账过多。最近几年，日本受泡沫经济的影响，经济持续低迷，中小银行开始倒闭，银行等金融机构互相兼并，企业处境艰难。这些新情况引起人们对日本企业债务密集型资本结构的重新认识。

从实际情况看，国际企业总体资本结构中的债务比例高于母国的国内企业，因为国际企业总体收益稳定且规模巨大，投资者易接受其较高的债务比例，所以国际企业可以在不影响其筹资能力的情况下利用更多的债务资金。另外，国际企业最优资本结构是一个区间范围，这为国际企业选择筹资方式与规模提供了灵活性。

（2）子公司的资本结构。前面已提到，国际企业要确定总体资本结构，必须监督和调整海外子公司（包括投资项目）的资本结构，使子公司的资本结构有利于国际企业总体经营战略的实现。

子公司的资本结构不同于母公司或国际企业总体的资本结构，更不同于纯国内企业的资本结构。正是子公司资本结构的复杂多样性决定了国际企业总体资本结构的复杂性和重要性。实际上，国际企业海外子公司的资本结构不是完全独立的，因为子公司的资本结构受母公司的操纵，具有较大的随意性。但是国际企业海外子公司的资本结构不外乎三种：一是与母公司总体资本结构一致；二是与当地公司的资本结构一致；三是根据情况灵活确定，使筹资成本较低。

1）与母公司总体资本结构一致。坚持以国际企业总体资本结构为标准来规划子公司的资本结构，能够保证母子公司合并资本结构的稳定性，投资者对国际企业的风险评价不会改变，也较简单。但是教条地坚持各子公司的资本结构必须与母公司总体资本结构保持一致，就会忽视子公司经营环境的特殊性，不能发挥国际企业的全球优势，使子公司无法利用低成本资金来源，坐失良机，在当地市场失去竞争力。比如，海外子公司在编制每一个新项目的预算时，如果简单地套用公司总体的加权平均资本成本，而忽视新项目特有的风险水平，就可能失去利用各种低成本资金的机会，不敢利用当地贷款来预防政治风险和外汇风险。

2）与当地公司的资本结构一致。国际企业以海外子公司当地的资本结构为标准来规划子公司的资本结构，有时是由于东道国政府有法律规定，子公司必须执行；有时并无法律规定，而是由国际企业自行决定。这种做法有正反两方面效应。其好处主要在于：一方面，坚持以当地资本结构为标准，可避免东道国对国际企业子公司过高债务比例的批评，改善国际企业子公司在东道国的形象；另一方面，有利于投资者或债权人及当地政府评价子公司收益状况，并与当地竞争者进行同行业比较。其不足之处是：第一，放弃了国际企业资金来源多样化、风险分散的跨国优势，为了遵守当地标准而使子公司资本结构当地化，由子公司自己管理资产的流动性和清偿能力，独立应对各种风险；第二，如果国际企业的所有子公司都采用当地的资本结构，那么整个公司的合并资本结构会偏离母国标准且不反映任何国家的标准。

总的来说，国际企业海外子公司的资本结构当地化是弊大于利，国际企业会因此丧失所有能动地协调公司内部资本结构、调动内部资金的优势。另外，各国的资本结构有很大的差异，简单地要求美国在日本的子公司采取当地化的高债务比例的资本结构，大量从银行借款，显然是不现实的。

3）灵活确定，使筹资成本较低。国际企业以总体资本结构为目标，根据每个子公司的具体筹资成本和风险状况，灵活确定其资本结构，尽量使筹资成本较低，风险较小。其中一个重要原则就是允许债务成本低的国家的子公司保持较高的债务比例，而债务成本高的国家的子公司保持较低的债务比例。这样就可使加权平均资本成本最低，公司总体资本结构最优。

（3）母公司的担保与债务合并。国际企业在进行总体资本结构设计时，要考虑母公司对子公司的担保与债务合并对公司总体筹资能力的影响。

1）母公司的担保与筹资能力。子公司的债务比例实际上是一个装饰，债权人一般不会将子公司的收益作为付款来源，最终还是指望母公司和它的全球现金流量，因为大多数国际企业不会让子公司拖欠债务，更不会轻易让子公司破产清算，否则会严重损害公司总体的风险级别和筹资能力，所以在许多情况下子公司的债务是由母公司担保的，虽然有时为不正式担保，但存在隐含担保。

从理论上看，母公司提供担保与不提供担保的法律责任是不同的，只有母公司担保的债务才会影响母公司的筹资能力，因为对于担保的子公司债务，当子公司无力偿还时，母公司负有偿还的法律责任，所以子公司的担保债务应并入总体资本结构；而对于不担保的子公司债务，母公司没有代替偿还的义务，不应并入总体资本结构。事实上，国际企业一般会同等对待这两种债务。美国学者曾对 20 家大中型国际企业进行调查，无一家表示允许子公司拖欠或拒绝偿还未经母公司担保的债务。调查的 7 家较小型的国际企业中，只有一家表示在某些特定环境下允许子公司不履行债务契约。所以，子公司的未担保债务中隐含着担保。国际企业之所以会对两种债务一视同仁，是为了避免子公司违约所导致的与各类债权人，尤其是一些国际金融机构关系的恶化，如果与金融机构的关系恶化，国际企业的经营活动将会遇到困难，筹资能力将大大下降。

国际企业一般会为子公司提供债务担保，这有利于简化子公司的借款程序，降低子公司的筹资成本，避免由于过多限制性条款而使子公司的财务与经营活动丧失灵活性。然而提供担保也存在弊端：第一，使子公司债务失去防范东道国征收风险的功能；第二，使子公司对母公司产生依赖性；第三，母公司提供担保表明对某些经营活动有明显的支持，这可能会诱使债权人提出额外要求；第四，由于母公司提供担保，银行等债权人可能不再监督子公司的经营活动，因为无论子公司的经营业绩如何，银行不必为其贷款的安全性担忧，这可能导致代理成本上升。

2）债务合并与筹资能力。子公司的资本结构并非完全独立，投资者与债权人观察子公司的财务风险，并不完全根据子公司的资本结构，主要是看母、子公司合并报表后的总体资本结构，仅仅根据子公司资本结构来估计整个公司的风险是不合理的，有时还会得出相反结论，做出错误的投资决策。因为国际企业为了实现其全球筹资战略，会灵活调整子公司的资本结构，所以子公司的资本结构显得不太重要。理论上一般认为，如果不合并子公司的财务报表，则未合并的子公司债务不会影响国际企业总体资本结构和筹资能力。然而，如果国际企业企图利用这点来掩饰海外子公司的不良状况，则是徒劳的，一方面，当今世界有发达的通信网络，投资者和债权人可以方便快捷地取得国际企业各海外机构的信息；另一方面，穆迪公司和标准普尔公司等信用评级机构会严格审查国际企业的各种资料，所有债务都将纳入国际企业的资信评估及筹资能力的评价中。

8.3.4 降低国际企业的筹资风险

由于国际筹资环境的复杂性，国际企业的海外筹资面临多种风险。由于任何一笔海外筹资都可能影响国际企业的风险级别及后续筹资能力，国际企业必须加强其筹资风险管理。

1. 防范国家风险

国家风险也称政治风险，是指东道国或投资所在国国内政治环境或东道国与其他国家之间政治关系改变给外国企业或投资者带来经济损失的可能性，诸如东道国没收跨国子公司的资产等。尤其是在一些发展中国家，这种风险更大。国际企业在进行国际投资时要评估和防范国家风险。由于国际筹资与国际投资等国际经营活动紧密相关，国际企业为了降低最终的国际筹资成本，应将国际筹资与相应的国际投资等经营活动的国家风险一起考虑。国际企业在制定国际筹资战略时必须认真评估有关的国家风险并制定防范措施。

（1）尽可能在政治稳定的国家投资。政治稳定、法制健全的国家一般都会非常注重国家信誉，不会轻易采取没收或冻结外国公司资产、严厉的外汇管制等极端措施，外国公司在当地的投资利益较有保障，不会因资产损失而面临破产风险。为了确保资金使用的安全性，国际企业一般向本国或国际金融机构寻求投资保险或担保。

（2）尽量利用负债筹资。在一些风险较大的国家，可尽量利用公司外部资金，减少股权筹资。当这些国家要求国际企业必须提供一定比例的内部资金时，母公司应尽量以贷款形式向子公司提供资金，避免股权投资可能造成的损失。同时尽可能向国际大型金融机构谋求贷款，这样一旦东道国采取不利于国际企业的过激行动，影响到这些金融机构的利益，它们便会利用自己的地位向东道国政府施加压力，迫使其放弃某些做法。东道国一般不会得罪这些大型金融机构。

（3）坚持以国外投资项目或子公司的盈利归还贷款，减轻对母公司的依赖程度。这就使得各类债权人，不论是来自东道国还是东道国之外，都关心项目或子公司的经营活动，关注东道国履行合约的状况，使东道国处于各类利益相关者的监督之下。国外投资项目与子公司被纳入一个由银行、政府机构及客户组成的全球利害关系网中，东道国的任何过激行动都会遭到国际社会的谴责，这对东道国起到遏制作用。从这个角度讲，国际企业应使其项目或子公司的债务结构多元化，尽可能利用当地筹资，强化东道国政府与子公司或投资项目有关的利益。

2. 避免外汇风险和利率风险

如前所述，外汇风险是指在涉外经济活动中由于外汇汇率的变动，一个经济实体或个人以外币计价的资产或负债价值涨跌而使其蒙受损失的可能性。利率风险主要是指在实行浮动利率的情况下，利率上升使企业的利息支出增加、借款成本提高的可能性。国际企业在进行国际筹资时必须注意避免外汇风险和利率风险，加强风险管理。

（1）国际筹资的外汇风险和利率风险管理原则。在国际筹资过程中控制与防范外汇与利率等风险，最重要的原则是均衡：1）筹资货币结构要均衡，币种组合要合理，如软硬货币搭配得当，筹资货币与使用货币、偿还货币的币种尽量一致；2）筹资货币的期限结构要均衡，长期与短期负债搭配得当；3）总体利率结构要均衡，尽量以优惠利率为主，固定利率与浮动利率搭配得当；4）筹资市场结构要均衡，避免过于集中；5）筹资总体成本结构要均衡，即前面所说的考虑利率、汇率、费用等成本因素。

外汇风险和利率风险管理要以保值而非盈利为目的，避免利用各种金融工具进行过度投机；要充分认识金融市场，科学预测各种风险因素，把握好实施保值的时机。

（2）国际筹资过程中的外汇风险管理策略。在管理外汇风险时，企业必须确定计划期内的外汇风险头寸净量，并采取一定的防范措施。按照筹资者对筹资风险的态度，可以分为根本不保留外汇风险头寸、保留一定比例的外汇风险头寸及保留100%外汇风险头寸等三种策略。第一种办法把风险控制在最小限度内，不承担任何筹资风险，将利率与外汇风险完全确定下来，不留任何风险头寸。这种方法虽然安全，但有时成本过高，也很难做到。第三种方法是过度投机方法，由于金融市场变化莫测，这种方法的风险很大，不应提倡。最合适的就是按一定比例保留外汇风险头寸，根据借款成本制定一段时期的保值计划。如果市场朝不利方向变化，筹资者寻找机会平掉风险头寸部分；如果市场朝有利条件变化，则保留风险头寸，甚至扩大风险头寸。这种方法既安全又具有灵活性，尤其适用于金额大、期限长的债务筹资，但实行这种方法往往需要一定的准备金。

3. 保持和扩大现有筹资渠道

国际企业应放眼长远，着眼全球，在追求低成本、低风险资金的同时，从企业的长远战略出发，不计一时一地的得失，在全球范围内拓展筹资渠道，分散风险，保证资金来源的稳定性和筹资方式的灵活性，增强后续筹资能力。主要策略有：

（1）资金来源要多样化。国际企业面临发达的国际金融市场，有众多资金来源和筹资方式可供选择，这是国际企业的巨大优势。国际企业在选择资金来源时，不应过度依赖单一或少数的资金渠道与筹资方式，应努力使资金来源多样化，从而分散风险。要主动出击各金融市场，与众多的金融机构及投资者建立良好的合作关系，这有助于提高企业在国际金融市场上的知名度，显示其良好的信誉和经营实力，扩大影响，为后续筹资打下良好的基础。

（2）超量借款以保持现有信用额度。许多国家的银行都为其客户确定信用额度。银行提供的信用额度为满足企业短期资金需要提供了一种非常灵活的筹资渠道。大多数国际企业的子公司都在银行拥有信用额度，国际企业可以在信用额度内随时取得贷款，其利率要低于普通贷款，对于未充分利用的信用限额，则要支付给银行一定的承诺费。银行会定期检查国际企业信用额度的使用情况，如果银行确认客户的借款水平经常低于信用额度，便会削减客户的信用额度，避免银行资金闲置。国际企业有时为了使其信用额度不被削减，即便不需要资金也坚持向银行大量借款，以保持现有的资金来源，从而在资金紧缩时仍能获得所需贷款。

8.4 国际企业投资管理

国际投资是指投资者跨越国界投入一定数量的资金或其他生产要素，以期获得比国内更高的利润。按投资的主体，可把国际投资分成政府进行的国际投资和企业进行的国际投资。政府进行的国际投资一般带有一定的援助性质，不属于国际财务管理所要研究的内容。本节所述的国际投资均指企业进行的国际投资。

8.4.1 国际投资的种类

按不同的标准可对国际投资做不同分类，现根据国际上常见的分类标准说明如下。

1. 按投资方式，可分成国际直接投资和国际间接投资

国际直接投资又称对外直接投资，是指投资者在其所投资的企业中拥有足够的所有权或控制权。最初意义上的国际直接投资是指在国外建立工厂直接生产或设立商店直接销售。现代意义上的国际投资则是指在国外取得经营权的投资。直接投资一般指在国外开设独资企业，兴办合资企业、合作企业。如果股票投资达到对某企业进行控制的程度，也属于直接投资。

国际间接投资又称对外间接投资，是指投资者不直接掌握投资对象的动产或不动产的所有权，或对投资对象没有足够的控制权。间接投资一般指各种证券投资。

总之，区分直接投资和间接投资的标志是投资者能否控制作为投资对象的外国企业。根据国际货币基金组织的规定，拥有外国企业股票超过25%为直接投资。另外，各国政府都根据具体情况确定了直接投资与间接投资的划分标准。例如，美国有关机构曾规定，如果外国投资者实际上能控制美国企业的管理权，那么，即使投资者只掌握该企业10%的表决股，也可以认为这是外国直接投资。日本外资法及其施行细则规定，凡外国投资者直接或间接拥有日本企业全部股份或持有50%以上的股份，或者实际上控制日本企业的董事会，即外国投资者能占半数以上董事会席位，都称为外国直接投资。其他国家，如英国、法国、德国和意大利也有类似的规定。

2. 按资金来源，可分成公共投资和私人投资

公共投资一般是指政府或国际组织所进行的投资，如由政府出资兴建公共设施、由国际金融机构出资改善投资环境等都属于公共投资。

私人投资是指私人（包括法人和自然人）筹集资金，为谋求利润所进行的投资。国际财务管理中的投资主要是指企业（法人）筹集资金到国外去投资，以谋求利润的行为，因此属于私人投资。

3. 按投资时间长短，可分成长期投资和短期投资

长期投资一般是指一年以上的投资。在国外兴办合资企业、合作企业、独资企业或持有国外企业发行的证券一年以上，都属于长期投资。长期投资一般所需资金多，投资时间长，投资风险大，必须认真分析投资环境和投资效益，做出科学决策。

短期投资一般是指一年以内的投资。短期投资通常是指证券投资，如果进行合作经营时间不超过一年，也属于短期投资。

8.4.2 国际投资的程序

国际投资比国内投资风险更大，必须按科学的程序进行管理。

1. 根据生产经营情况，做出国际投资的决策

企业根据自身经营特点和国际市场状况，提出进行国际投资的设想。企业进行国际投资的原因很多，主要包括：

（1）进行国际投资有利于获得更多的利润。例如，20世纪70年代后期，美国国内制造业平均利润率为13%，而1979年在发达国家直接投资的利润率达19%，在发展中国家则高达32%。①

(2) 进行国际投资有利于占领国际市场。随着国际竞争的加剧和贸易保护主义的抬头，企业占领国际市场越来越困难，但通过国际投资，在国外直接设厂生产或设店销售为尽快占领国际市场提供了方便。

(3) 进行国际投资有利于保证原材料的供应。原材料的供应对任何国家的企业来说都是非常重要的，尤其是对国内自然资源贫乏的国家而言。许多主要依靠进口原材料的企业，不得不对外进行投资，控制原材料生产以保证原材料供应。

(4) 进行国际投资有利于取得所在国的先进技术和管理经验。进行国际投资，就要雇用当地的技术人员和管理人员，通过他们可以迅速获得国外的先进技术和管理经验。

2. 认真研究和分析，选择合适的国际投资方式

目前，国际投资方式一般有合资经营、合作经营、独资经营、证券投资等。每种投资方式有不同的特点，这就需要认真分析和研究，选择最适合本企业的投资方式。

3. 选用适当的方法，对国际投资环境进行评价

投资环境又称投资气候，是指在国外投资时所面临的特定生产经营条件。各国的政治、经济、社会、文化条件不一样，对投资效益会产生不同的影响，为此，就需要用特定的方法对投资环境进行研究，选择投资环境比较好的国家进行投资，减少投资风险，提高投资效益。

4. 利用国际上常用的投资决策指标，对投资项目的经济效益进行评价

对国际性投资项目进行评价时，可采用净现值、内部报酬率、现值指数等指标，这些指标的含义和评价方法与国内投资基本相同。进行国际投资必须采用双重评价法，即先用子公司东道国的货币对子公司的投资项目进行评价，然后按一定汇率折算成母公司所在国的货币，再从母公司的角度对投资项目的效益进行评价。因此，在对国际性投资项目进行可行性分析时，其过程要比单一的国内投资复杂得多。

8.4.3 国际投资方式

国际投资方式是企业进行国际投资时所采用的具体形式，目前主要有国际合资投资、国际合作投资、国际独资投资、国际证券投资等。现根据国际惯例介绍各种投资方式的特点。

1. 国际合资投资

国际合资投资是指某国投资者与另一国投资者通过组建合资经营企业的形式进行的投资。这里的合资经营企业通常是指两个或两个以上的不同国家或地区的投资者按照共

① 叶刚. 遍及全球的跨国公司. 上海：复旦大学出版社，1989：45.

同投资、共同经营、共负盈亏、共担风险的原则所建立的企业。

国际合资投资是国际投资的一种主要方式，其主要优点是：(1) 进行国际合资投资可减少企业的投资风险。由于东道国投资者对自己国家的经济情况了解比较多，因而进行合资经营能减少经营风险。(2) 由于与东道国投资者合资经营、共负盈亏，外国投资者除可享受特别优惠，还可获得东道国对本国企业的优惠政策。(3) 进行合资投资，能迅速了解东道国的政治、社会、经济、文化等情况，学习当地投资者的先进管理经验，有利于加强企业管理，提高经济效益。

进行国际合资投资的缺点主要有：(1) 所需时间比较长。一般来说，进行合资投资必须寻找合适的投资伙伴，但这比较困难，需要较长时间。另外，在国外设立合资企业，审批手续比较复杂，需要的时间也比较长。(2) 很多国家都规定，外资持有的股权不能超过50%，所以，外国投资者往往不能对合资企业进行完全控制。

2. 国际合作投资

国际合作投资是指通过组建合作经营企业的形式进行的投资。这里的合作经营企业又称契约式合营企业，是指外国投资者与东道国投资者通过签订合同、协议等形式规定各方的责任、权利、义务而组建的企业。

进行国际合作投资的优点是：(1) 所需时间比较短。兴办合作企业的申请、审批程序比较简便，合作经营的内容与方式没有固定要求，便于双方协商，达成协议。(2) 比较灵活。合作企业的合作条件、管理形式、收益分配方法以及合作各方的责任、权利、义务都比较灵活，均可根据不同情况，在合作各方协商的合同中加以规定。

进行国际合作投资的缺点在于：这种企业组织形式不像合资企业那样规范，合作者在合作过程中容易对合同中的条款发生争议，这会影响合作企业的正常发展。

3. 国际独资投资

国际独资投资是指通过在国外设立独资企业的形式进行的投资。这里的独资企业是根据某国的法律，经过该国政府批准，在其境内兴办的全部为外国资本的企业。

进行国际独资投资的优点是：(1) 投资者提供全部资本，独立经营管理，因而在资金的筹集、运用和分配上拥有自主权，不会受到其他干涉。(2) 有利于学习所在国的先进技术和管理经验。(3) 投资者可以利用各国税率的不同，通过内部转移价格进行合理避税。

进行国际独资投资的缺点是：(1) 对东道国的投资环境调查起来比较困难，不太容易获得详细的资料，投资者承担的风险较大。(2) 在很多国家，独资企业设立的条件比合资企业严格，这也是独资企业的不利之处。

4. 国际证券投资

国际证券投资是指一国投资者将其资金投资于其他国家的企业或经济组织发行的证券，以期在未来获得收益。国际证券投资是企业从事国际经营活动的起点之一。

进行国际证券投资的优点是：(1) 比较灵活方便。证券投资不像合资经营那样要经过谈判、协商和复杂的审批手续，只要有合适的证券，几乎可以立即进行投资。(2) 可以降低风险。国际证券在发行时一般要由国际公认的资信评级机构确认发行人的资信等级，有的还需要发行人所在国家的政府担保，因而风险比合资、合作、独资投资的风险低。(3) 可增加企业资金的流动性和变现能力。企业持有国际证券，随时可转让出售变现，因而投资于证券比投资于实物资产更具有流动性。

进行国际证券投资的缺点是：证券投资只能作为一种获得股利或利息的手段，而不能达到学习国外先进的科学技术和管理经验的目的，也无法控制有关的资源和市场。

8.4.4 国际投资政治风险的防范

除了与国内企业一样面临投资风险，国际直接投资还要面临东道国可能存在的政治风险。对政治风险有不同的解释，此处主要是指投资所在国政策变化可能给国际企业带来的损失，例如，没收国外资产、税法的变化、对贸易和货币的控制等。

【例 8-6】 2014 年 8 月 15 日，墨西哥交通部对全长 210 公里的首都墨西哥城至第三大城市克雷塔罗高铁项目进行国际公开招标。2014 年 11 月 3 日，墨西哥交通部宣布，中国铁建与中国南车及四家墨西哥本土公司组成的联合体中标上述高铁项目。该铁路是中国企业在海外承建的首条时速 300 公里的高铁，也是墨西哥当时最大的基础设施项目，项目总标的额约合 270.16 亿元人民币，其中，中国铁建合同金额约合 178.53 亿元人民币，中国南车合同金额约合 24.97 亿元人民币。此事被称为中国高铁“一个里程碑式的跨越”。

然而，就在 3 天后，由于外界对投标被操纵的质疑和国内压力，墨西哥交通部突然宣布取消该项目中标结果，中国铁建当天股价下跌 4.94%。又 3 天后的 11 月 9 日，中国铁建和中国南车分别对该消息予以证实。墨西哥高铁项目得而复失后，考虑到墨西哥方面将二度招标，中国铁建联合中铁十一局、中铁十二局、铁四院和中国南车组成的编标组全力投入二轮竞标的准备工作。2015 年 1 月 29 日，墨西哥公布二次招标文件，正式重启该项目招标程序。但是就在五家国际企业准备展开角逐时，墨西哥称因政府削减 2015 年预算，决定无限期暂停高速铁路项目，中国企业之前为竞标所做的一切努力付诸东流。2015 年 2 月 2 日晚，中国铁建发布公告确认此事，并表示公司正就该项目的索赔问题与墨西哥方面交涉。自墨西哥方面确认暂停高铁项目以后，中国铁建在消息公布后的第一个交易日股价下跌 9.91%，其后出现震荡。

随后，由中国铁建牵头的财团向墨西哥交通部提供了竞标过程的成本清单。墨西哥交通部长表示，针对中国铁建之前要求墨西哥交通部赔偿其在竞标过程中产生的一系列费用，该部已向中国铁建发出官方通知书，表明将向中国铁建支付 2 000 万墨西哥比索（约合 130 万美元）作为赔偿。根据墨西哥公共工程法的相关规定，墨西哥方只能赔偿中国铁建在竞标过程中产生的“不可回收”费用。这个案例说明，企业在进行海外投资时，应高度重视政治风险。

按照影响的范围不同，政治风险可以分为宏观风险和微观风险。宏观风险是指影响所有外国公司的政治风险，如东道国政局的稳定性、对跨国公司的态度等。微观风险是指仅对国际业务的一部分或个别公司有影响的政治风险。

按照公司受影响的方式不同，政治风险可以分为转移风险、经营风险和控制风险。转移风险是指由资本、利润和专有技术等跨国转移的不确定性引起的政治风险，如对跨国公司将利润转回本国的限制等。经营风险是指东道国政策的不确定性可能影响跨国公司在当地的运作，如突然的政策变化、最低工资法的实施等。控制风险是指东道国对当地经营的控制权或所有权的政策的不确定性引起的政治风险，如对外国企业控股权的限定等。

政治风险的度量并不容易，评价政治风险时通常首先要考察东道国的政治稳定性以及不同政党之间的实力对比，如果一个国家有多个政党，那么频繁的换届极有可能导致政策的非连续性，而且不同的政党其政治纲领会有差别，管理经济的方法也不尽相同。其次，要关注东道国的一体化程度。如果一个国家的政治和经济与其他国家的关系紧密或者该国是几个主要世界组织的成员，如世界贸易组织、欧盟等，那么该国的政治风险相对较小，因为它更有可能在经济事务中遵守规则。最后，要注意政治风险可能由经济情况引发，如持续的贸易逆差可能导致东道国建立贸易壁垒，严重时可能导致政治混乱。

国际企业可以通过以下几种方法防范政治风险：

（1）资本预算时充分考虑政治风险。国际企业在编制投资预算时应当考虑政治风险这一因素，并据此调整项目的净现值。一般来说，可以通过保守估计预期现金流量和提高资本成本来进行，只有当调整后的净现值为正时，投资计划才是可行的。

（2）购买保险。对于一些规模较小的公司来说，购买保险是一种简便易行的方法。例如，美国政府的海外私人投资公司（OPIC）为了促进美国公司在发展中国家的投资，对以下四种政治风险提供保险：外国货币不可兑换；海外资产被征用；东道国的战争、政治暴乱引起的财产损失；政治风波给收入带来的损失。如果面临的政治风险能够全部投保，国际企业在计算投资项目的净现值时应将保险费从预期现金流量中扣除，贴现率可以采用国内投资正常的资本成本。

（3）利用当地资源避免政治风险。国际企业可以通过与当地企业建立一些关系来规避政治风险，如与当地企业合资，这样东道国政府就不太可能会没收该投资，因为这种行为也会损害当地企业的利益。当跨国公司从东道国银行获得贷款时，可以适当提高资产负债率，这种情况下，东道国政府的政策变化会考虑银行资金的回收。

【例8-7】 20世纪70年代末在严格限制和审查外国直接投资时，秘鲁政府采取了对外开放政策，通过放宽对外商的限制吸引投资。为促进石油勘探和开采领域的投资，1980年秘鲁政府专门通过了一部石油法，该法的亮点是为石油企业利润再投资提供税收优惠。在这一法律背景下，包括美国Belco石油公司在内的三家外国石油公司积极响应，宣布将增加6亿美元投资用于秘鲁的石油勘探和开发，并得到了相应的税收优惠。

然而，1985年秘鲁新任总统加西亚上台后，单方面终止了税收优惠政策，并声称外国石油公司滥用前任政府给予的税收优惠政策，现任政府要求享受该政策的外国石油公司补缴减免的税款，同时将税率由原来的41%提高到68%；还要求外国石油公司增加在石油勘探领域的投资，取消与三家最大外国石油公司（包括Belco石油公司）签订的产品分成合同，并就合同内容进行为期90天的重新谈判。这三家石油公司在秘鲁的总投资额超过 19 亿美元，原油产能占秘鲁原油总产能的 2/3。经过谈判，有两家公司与秘鲁政府达成新的协议，而 Belco 石油公司却拒绝按照秘鲁政府要求增加投资，拒绝补缴税款，并拒绝接受新的税率。1985 年 12 月，该公司在秘鲁的全部资产被征收，由秘鲁国家石油公司接管。

Belco 石油公司曾就政治风险向美国国际集团（AIG）投保，在资产被征收后，该公司向 AIG 提出 2.3 亿美元的索赔，这是当时金额最大的一起政治风险索赔案件。在对 Belco 石油公司进行赔偿后，AIG 开始了长达 8 年对秘鲁政府索赔金的追偿。1993 年 8 月 28 日，秘鲁政府与 AIG 最终签订了总额为 1.847 亿美元的赔偿协议。一个月后，AIG 获得了秘鲁政府 3 000 万美元的第一笔赔偿款。

8.5 国际企业营运资金管理

国际企业营运资金管理是国际企业财务管理中非常重要的一个环节，由于国际企业理财环境的复杂性和特殊性，国际企业营运资金管理更多地受到汇率波动、外汇管制、税收等因素的影响。与单纯的国内企业相比，国际企业的财务人员在营运资金管理方面必须具备更高的风险意识和更强的应变能力。

8.5.1 国际营运资金管理的内容与环境因素

1. 国际营运资金管理的内容

营运资金的定义有两种：一是毛营运资金，指企业的流动资产总额，包括现金、短期证券、应收账款、存货等项目；二是净营运资金，指流动资产减去流动负债后的净额。本节以第一种定义为主，针对营运资金各项目，研究具有国际企业特点的各种管理方法和技巧。

国际营运资金管理包括两方面内容：营运资金的存量管理和营运资金的流量管理。

营运资金的存量管理着眼于各种类型的资金处置，目的是使现金余额、应收账款和存货处于最佳水平。国内企业存量管理的一般原则是：以最少量的营运资金，从营业活动中获得最大的边际收益率。国际企业的管理原则与之类似，但国际商业环境的复杂性决定了国际企业必须立足于全球制定其发展战略，即必须将其资源在全球范围内进行最有效的配置，以实现全球经济效益的最大化。因此，从这个意义上说，国际企业对营运资金存量的管理与国内企业的立足点是不同的。

营运资金的流量管理着眼于资金从一地向另一地的转移，其目的是使资金得到合理的安置，确定最佳的安置地点和最佳的持有币种，以避免各种可预见的风险和损失。

一般来说，在统一、开放的国内市场中，企业营运资金管理的重点是存量管理，因为单一的国内市场中不存在汇率、通货膨胀率、市场收益率以及税率等诸多因素的差别，企业的营运资金基本上不存在安置地点和持有币种的问题，所以对营运资金的流量管理处于相对次要的地位。国际企业则不同，营运资金的流量管理是降低风险的必要手段和有效途径，这是由国际理财环境和国际企业的特点决定的。

2. 国际营运资金管理必须考虑的环境因素

由于国际理财环境与国内理财环境的差别，国际营运资金管理必须考虑以下环境因素：

（1）外汇暴露风险。自 1971 年 8 月汇率波动以来，国际企业营运资金管理开辟了新的范围，即对货币头寸的管理。如果一个企业的外汇账户留有开放的头寸，就存在外汇暴露风险。

从理论上说，通过在远期外汇市场上的买卖操作可以覆盖开放的头寸，但需要一定的成本，如果管理者认为成本太高或存在投机心理，往往会留有一定的开放头寸。这样，外汇暴露的确切风险就无法确定。

国际企业营运资金管理必须充分考虑外汇暴露风险因素，努力避免有重大风险的头寸，降低风险程度。

（2）资金转移的时滞。国际企业的资金转移是跨国界、跨币种的，所以资金转移延迟问题要比国内企业严重得多。国际商业实践证明，资金转移延迟现象普遍存在，有的延迟几天，有的长达几星期，在最后付款和转换币种过程中常常发生时滞。因此，国际企业必须考虑建立多种支付渠道，以应对不同类型的资金转移延迟。

（3）政府政策限制。国际企业在经营过程中必然与多国政府打交道，因此必须对相关国家的经济及政治情况和有关政策给予高度重视，认真分析研究，及时做出决策。其中对营运资金有直接影响的政策包括：

1）外汇管制。外汇管制会直接影响资金转移的及时性，从而影响营运资金管理的有效性。由于外汇管制限制了资金的自由流动，即使跨国企业判断出弱币地区或高利润区，资金转移也是困难的。更为严重的是，如果国际企业内各实体之间已形成资金信贷的完善的连环系统，那么外汇管制会使这一连环系统的正常运转受阻，破坏性较大。

2）税收政策。各国的税收政策在调节经济方面具有不可忽视的作用，它与外汇管制相比弹性更大。如果该国政府想限制资本流出，可以采用课以重税的方式。另外，税制结构的复杂性和各国税法的日趋严密，促使国际企业充分考虑各国税收政策的影响。

3）其他政策。政府的其他政策包括对股利汇付的限制、对跨国公司内部付款提前或延迟的限制、对转移价格的限制、对债务比例的限制等。国际企业必须了解这些政策规定，在营运资金管理中加以考虑，以避免政策限制带来的风险。

8.5.2　国际营运资金存量管理

国际企业营运资金存量的管理和国内企业基本相似，但在具体实务中，前者要复杂得多，这是由国际理财环境与国内理财环境的差异决定的。本节主要研究在国际理财环境下，现金管理、应收账款管理和存货管理的特殊方法和技巧。

1. 现金管理

在国际企业的理财活动中，对现金账户应给予高度重视。这里的现金是指包含备用金、银行存款、各种存单及有价证券等在内的营运资金项目。其特点是流动性较强，但盈利性较差。

国际企业在现金管理方面应考虑以下几个问题：

（1）现金持有方面的问题。

1）持有形式。是指现金余额在现钞、银行存款、存单及有价证券等持有形式之间如何分配。

2）持有时间。是指各种形式的现金持有多久，应视子公司的环境和具体情况而定。

3）持有币种。是指国际企业现金管理中持有何种货币。国际企业分支机构遍布全球，必须管理多种货币，而各种货币币值高低起伏，汇率波动很大，所以国际企业面临很大的风险。

（2）现金转移方面的问题。从国内企业的角度看，现金转移过程仅涉及转移成本和利息损失，但从国际企业的角度看，资金在转移过程中还面临汇率风险。因此，国际企业必须设计符合全球业务活动需要的现金转移网络，从企业整体利益出发，统一调度现金，使风险减至最小。

（3）现金管理的方法。国际企业现金管理的方法主要有：现金集中管理、多边净额结算、短期现金预算、多国性现金调度系统等。

1）现金集中管理。国际企业在主要货币中心或避税地设立现金管理中心，要求它的每一个子公司所持有的当地货币现金余额仅以满足日常交易需要为限，超过此最低需要的现金余额都必须汇给现金管理中心，它是国际企业中唯一有权决定现金持有形式和持有币种的现金管理机构。这就是现金的集中管理。

为了使现金的集中管理行之有效，各子公司需要对现金的需求进行预测，如编制短期现金预算，预测未来时点的现金流出（入）量；根据所在国的支付习惯和金融状况预计现金溢余或短缺的时间和数量。同时，各子公司还必须建立系统的收付款制度和现金转移的责任制度，这样才能有效配合现金的集中管理，使之更加可行。

现金集中管理之所以被国际企业广泛应用，是因为它具有以下优点：

第一，规模经济优势。现金集中管理后，可以使整个国际企业的现金持有量达到最低。这是因为现金管理中心集中持有各子公司出于预防动机而保有的现金余额。这样，现金管理中心应对各种情况所需的现金余额，要远远低于各子公司独立控制现金余额时所需金额。腾出来的资金可以进行短期投资，获取利润。

第二，信息优势。由于现金管理中心专门从事现金的调度，有充足的时间进行信息的收集，而且能够提供在各种货币市场竞争中进行操作的经验。

第三，全局性优势。现金管理中心能从全局考虑问题，防止各子公司的次优化观点。当各地子公司发生资金短缺时，现金管理中心可以通过电汇的方式融通资金或经由某一世界银行在子公司所在国的分行给子公司提供紧急现金援助。

2）多边净额结算。由于国际企业对遍及全球的子公司的现金进行集中管理，而母子公司及子公司之间购销商品和劳务的收付款项又很频繁，为了减少外汇暴露风险和资金转移成本，国际企业可以在全球范围内对子公司内部的收付款项进行综合调度，即进行多边净额结算。

多边净额结算是指有业务往来的多家公司参加的交易账款的抵销结算。由于涉及面广，收支渠道复杂，必须建立统一的控制系统。一般要求设立一个控制中心，即中央清算中心，由它统一清算企业内部各实体的收付款。

多边净额结算给国际企业带来许多好处，具体表现在：

第一，从数量上看，实际资金转移数量的减少可以大大减少各种费用的支出。首先，多边净额结算可以减少大量交叉现汇交易引起的外汇成本。其次，在途流动资金的减少，使汇率波动带来的外汇暴露风险降至最低，同时减少了在途资金的利息损失。

第二，多边净额结算一般是以固定的汇率在确定的日期统一进行的，可以充分利用国际企业外汇风险管理和现金集中管理的优势，规避风险。另一方面，它有利于国际企业提高在这些方面的管理水平。

第三，多边净额结算还可以使国际企业建立起规范的支付渠道，使自身的业务进一步规范化、专业化，同时还能与银行建立起更稳定的合作关系。

值得注意的是，国际企业在进行多边净额结算时必须充分了解各子公司所在国的外汇管制条例，因为这种方法的运用在一些国家受到限制。

3）短期现金预算。有效的现金管理建立在完备的报告制度基础上，对于国际营运资金管理来说，这种报告制度的核心是现金预算。

现金预算是预测和报告现金流出和流入状况的制度。现金管理中心必须逐日掌握各分支机构的信息，所以在大规模的跨国企业中，一般要求子公司编制短期现金预算，预算的期间可以是一周、半周甚至每天。子公司在提供的报告中必须采用指定的货币记账，以现金管理中心规定的汇率为基础进行换算。事实上，这类报告一般以电话或电传的方式传送。

值得注意的是，短期现金预算中各子公司的现金溢余或短缺并不代表该公司的效益如何。各子公司之间的营业周期有差别，各国的支付习惯也不尽相同，这些都是影响现金流量的因素。

4）多国性现金调度系统。为了减少资金安置和资金转移的失误，充分发挥国际企业的全球战略优势，在多边净额结算的基础上还必须建立多国性现金调度系统。

多国性现金调度是指现金管理中心根据事先核定的各子公司每日所需现金余额和子公司的现金日报表及短期现金预算，统一调度子公司的现金，调剂余缺，使国际企业的资金得到充分合理的运用。

现金管理中心进行多国性现金调度的程序是：第一，核定各子公司每日所需的最低现金余额。第二，每日终了时，汇总各子公司的现金日报表与短期现金预算。第三，比较各子公司当日现金余额与核定的最低现金余额，确定多余或不足。第四，由现金管理中心发出资金转移指令。现金溢余的，或汇往现金管理中心，或直接汇往现金短缺的子公司，或积储在当地进行短期投放；现金短缺的子公司将获得援助。

多国性现金调度系统通过控制和调度各子公司的现金持有数量，使现金转换造成的失误尽量减少，国际企业的资源得到最佳配置。

2. 应收账款管理

应收账款管理是营运资金管理的重要内容，无论是对于国内企业还是跨国企业来说，应收账款的数量都取决于赊销额和平均收款期两个因素。这两个因素本身又与金融市场的信贷标准、信贷条件及企业本身的信用政策相关。

在国际企业应收账款的管理中，还必须考虑企业的国际信誉、币值变动风险和政治风险。

国际企业的应收账款由两种类型的交易引起：一是向企业外部的独立顾客销售产品；二是企业集团内部交易。这两类应收账款同样面临外汇风险，但在影响因素方面存在很大差别，应分别考察。

（1）独立顾客的应收账款管理。第二次世界大战以后，国际经济行为完全进入信用导向时代，现金交易日趋减少，国际范围的赊销和分期付款被广泛接受。在这种背景下，国际企业对外的应收账款管理成为营运资金管理的一项重要内容。

与国内企业相似，国际企业在确定销售方式之前，必须对客户的资信状况进行全面的调查，只有对资信状况好的企业才提供商业信用。一旦决定采取赊销的方式进行交易，就必须加强对应收账款的管理，将风险降至最低。其管理包括以下内容：

1）交易币种的确定。在国际商业实践中对支付的币种有三种选择：一是选择出口商货币；二是选择进口商货币；三是选择第三国货币。

一般来说，出口商愿意选择最坚挺的货币，进口商则愿意选择最疲软的货币。经过谈判，通常是在支付币种和付款条件之间双方各退一步，达成平衡。如出口商提供较长的付款期，而进口商同意以坚挺货币支付。

2）付款条件的确定。影响付款条件的因素很多，其中最主要的是交易币种的强度。

一般而言，交易币种如果比较坚挺，那么付款条件可能相对宽松；反之，则比较严格。因为以软货币表示的应收账款应尽早收回，以最大限度地减少在销售期和收款期之间的外汇风险。

3）应收账款的让售与贴现。国际企业的子公司遍及全球，国际销售业务很多，为了使应收账款如期变现，一般可以对应收账款办理让售与贴现业务。

应收账款的让售是指企业将应收账款出售给银行或其他有关单位，立即收到现款。虽然企业在让售中要付出一定的代价，但可免去坏账损失的风险，企业也可以采用当地商业上习惯使用的付款期，这有利于竞争的展开，销售时不必对客户提出更多的要求。

应收账款的贴现实质上是一种票据贴现，用应收账款作为抵押品，如果贴现人到期不兑现票据，银行以应收账款的回收额抵充。在国际企业急需资金时可以考虑这一途径。

（2）国际企业内部的应收账款管理。国际企业内部的应收账款与独立顾客的应收账款的差别体现在：第一，国际企业内部应收账款无须考虑资信问题；第二，付款时间不完全取决于商业习惯，而主要取决于国际企业的全球战略。因此，国际企业内部的应收账款的币种、付款条件是国际企业资金配置的政策性问题。

一般来说，国际企业内部应收账款的管理有两种技巧：提前或延迟付款；再开票中心的设置。

1）提前或延迟付款。提前或延迟付款实质上是商业贷款期的改变。运用这种技巧的原因很多，如东道国政治不稳定、外汇管制、货币贬值、利率变动等。最主要的两个经济因素是汇率和利率。

如果跨国企业的一家子公司位于货币可能贬值的国家，那么母公司一般要求这家子公司尽早支付应付其他子公司的货款；反之，则要求延迟付款。假如某跨国企业的子公司 A 向子公司 B 购买设备，而预期 B 国货币近期贬值，即使正常的赊销期限是 90 天，子公司 A 也可能在相当长一段时间内不付款给子公司 B。

在汇率相对稳定的情况下，因利率的差异也可能运用提前或延迟付款的技巧。因为如果应收方资金充裕，收到的账款就可以存入银行，收取存款利息；如果资金短缺，收到的账款可以减少从银行的借款，减少利息费用。如果应付方当时资金短缺，则必须从银行借款来支付货款，增加利息费用；如果当时资金充裕，支付账款就等于减少银行存款，减少利息收入。而银行存款与银行借款的利率是不一致的，前者低，后者高，不同地区之间利率的整体水平也有差别。因此，跨国企业可以利用这些差异，有意识地提前或推迟付款，节约利息费用，增加利息收入。

2）再开票中心的设置。再开票中心是国际企业设立的贸易中介公司。当跨国企业成员从事贸易活动时，商品和劳务直接由子公司提供给购买方，但有关收支的业务都通过此中介机构进行。

再开票中心一般设立在低税管辖区，由于不在当地进行购销业务，因而可以取得非居民资格，不必在当地纳税。再开票中心不仅可以起到避税的作用，而且可以实现更多业务目标和财务目标。

提前或延迟付款虽然可以在一定程度上回避风险，但这种技巧在运用时灵活性较差，因为两家子公司只有发生赊销赊购业务时才可能运用这种技巧。但如果设立了再开票中心，对原来没有业务联系的企业，也可以实现资金的融通。

3. 存货管理

存货在企业流动资产中占有很大的比重，流动性较差，所以，存货管理也是跨国企业营运资金管理的重要组成部分。

与国内企业相似，国际企业存货管理的目标仍是存货水平最优化。但是，国际企业的存货管理要比国内企业复杂得多。因为存货的周转、转移要跨越国界，一方面，不同国家的生产成本和储存成本有差别；另一方面，关税和其他壁垒限制存货的自由流动。

由于国际企业的子公司往往在通货膨胀的条件下经营，因此对公司的管理者来说，需要经常做出存货是超前购置还是需要时才购置的决策。存货购置决策需考虑以下因素：

（1）超前或延迟购置的成本。存货超前购置涉及的业务成本有：投资于存货的资金利息、保险费、储存费和存货损耗等。存货延迟购置涉及的业务成本有：由通货膨胀或货币贬值导致的较高成本、因运输等原因存货供应不及时造成的损失等。因此，存货购置决策首先取决于以上两种成本的对比关系。

（2）存货类型。尽管从理论上说国际企业应使存货水平最优化，但许多在生产过程中依赖进口原材料或半成品的企业仍会经常保持较高的存货水平。主要原因在于担心通货膨胀、原材料短缺、种种国际限制以及战争和冲突的影响等。所以在进行存货购置决策时，必须考虑存货的类型，即是否依赖进口。

1）如果子公司存货主要依赖进口，在预期当地货币贬值的情况下，应提前购置存货并且尽可能多地购置。因为货币贬值后，进口成本会大大增加。

2）如果子公司主要从当地购置存货，在预期货币贬值时，应尽量降低原材料、半成品等的库存量。因为如果本地货币发生贬值，会大大减少以母公司本国货币表示的当地存货的价值。

3）如果子公司既从国外进货，又从东道国进货，在预期当地货币贬值的情况下，应努力减少当地存货的存量，同时超前购置进口存货。如果不能精确地预见货币贬值的幅度和时间，那么子公司应设法保持同量的进口存货和当地存货，以避免外汇风险。

8.5.3 国际营运资金流量管理

企业从事国际经营活动，必然伴随营运资金的跨国转移或流动，这正是跨国经营的优势所在。将资金从一地转移到另一地有各种技巧，包括股利汇付、特许权费和其他费用的支付、转移价格、借贷关系的建立等。

1. 国际资金流动的限制因素

在国内企业中，各单位之间的资金流动一般比较顺畅，限制因素很少。但国际企业的资金是跨国界流动的，国际经济环境中的许多因素限制着资金的转移，这些限制是国际企业合理配置资金所必须考虑的环境因素。

(1) 政治限制。当东道国政府缺少外汇，又不能向外借款或通过其他方式吸引外来投资时，往往会公开或变相地阻止资金的转移。如果东道国政府实行外汇管制，使该国货币不可兑换，将资金转移完全封锁，就是公开地阻止资金的国际流动。如果东道国政府采用其他政策，如对子公司价格政策和股利政策实行限制，对偿债率做出规定等，就是变相地阻止资金转移。

(2) 税收限制。税收是一国政府调节经济的重要杠杆，税收政策的制定同样可以起到限制资金流动的作用。一方面，东道国政府可以对资金流出课以重税；另一方面，税制结构的复杂性和相互作用的关系，使资金流出十分困难。

(3) 外汇限制。当资金从一种货币形态转化成另一种货币形态时，必然涉及外汇交易成本，这些成本包括交易费和外汇卖出价与买进价之间的差额。尽管在通常情况下，这种成本只占交易数额的一小部分，但如果资金转移数额很大或转移频繁，国际企业必须予以重视。

(4) 流动性限制。营运资金各项目的流动性是有差异的。有些存货往往不能及时变现，当面临风险需要转移时，会因流动性差而无法妥善安置。

2. 国际资金转移计划

资金转移计划是资金转移政策的具体化。国际资金转移计划包括母公司对子公司的资金转移计划和子公司对母公司的汇款计划。前者在跨国公司初创或扩大规模的过程中显得比较重要，因为这一时期资金大量从母公司流向子公司。而在跨国公司的正常经营过程中，大量存在的是子公司向母公司汇款，而且这种资金移动比较容易受到各种因素的影响和限制，因此，制定子公司对母公司的汇款计划是国际企业营运资金流量管理的重要环节。子公司汇款计划的制定程序如下：

(1) 分析汇款的目的。子公司向母公司汇款一般出于两个目的：一是偿付所利用的母公司的资源，包括母公司投入资本、技术所应获得的报酬以及贷款的利息等；二是使跨国企业的资金在全球范围内更好地配置，如在金融市场上的运作更加灵活，或获得更高的收益率，避免外汇风险等。

(2) 确定汇款的数量。一般来说，子公司对母公司的汇款比例在一定时期内是相对稳定的。一定时期内子公司全部收益或现金流量的比例一经确定，除特殊情况，一般应如数汇回。在确定汇款比例时一般考虑以下因素：第一，子公司的资本结构。因为资本结构可能影响到母国和东道国税务机关对子公司资金转移的态度，由此产生预扣税数额的差别。第二，子公司的负债情况，即欠母公司或其他子公司的债务。第三，子公司的预期收益及整个跨国企业其他子公司的预期收益。第四，母公司对风险的态度和对子公司的要求。第五，以往年度的数据。

(3) 确定汇款的形式。子公司向母公司汇款的主要形式有股利汇付、各种费用的支付、转移价格等。在确定汇款形式时一般应考虑以下因素：第一，税收因素。东道国政府对不同形式的汇款在税收上的规定是不一样的，为了避免风险，必须考虑税收因素。第二，东道国政府允许和限制的汇款形式。第三，子公司的其他股东，即持有较大份额股权的股东一般也会限制子公司汇款的形式。第四，汇款数量。汇款金额的大小也决定了采取何种形式进行资金转移。

(4) 综合决策，制定计划。正是因为汇款计划是在综合考虑众多因素的基础上形成的，所以它代表了该子公司在计划期内的汇款政策，如股利政策一般根据国外子公司计划期内的全部收益来规定明确的比例，这个比例一经确定，一般应如数汇回。

3. 国际营运资金转移的方式

国际营运资金转移的方式有很多，不同的方式往往适用于不同的金融和商业环境。国际营运资金转移的一般方式有如下几种。

(1) 股利汇付。股利汇付是跨国企业的子公司向母公司转移资金最普遍的方式。跨国公司的股利汇付政策涉及多个利益主体，包括本国政府、外国政府、母公司、子公司和股东，必须在这些利益主体之间寻求一个平衡点。跨国公司制定股利汇付政策时必须考虑以下因素：

1) 税收因素。东道国和母国的税法都影响跨国公司的股利政策。有些国家对股利汇出的数量规定限额，超出这一限额的股利汇付从重课税。各国对留存收益和分配收益的征税率规定了不同的等级。有些国家对留存收益的征税远远多于对股利再投资的盈利的征税；有些国家对汇付出去的股利征收预扣税，如果规定预扣税由母公司负担，那么为避免重复征税，母公司所在国政府会允许扣除重复征收的部分，但因为税负处理上的差异，当母公司所在国税率高于国外时，仍然会多支付税款，这时一般导致子公司进行股利的再投资。因此，税收因素是跨国公司选择股利分配政策考虑的首要因素。

2）外汇风险因素。如果可以预见汇率变动的趋势，跨国公司就能通过股利政策的调整将资金从弱币区转至强币区。当子公司所在国货币即将贬值时，增加股利汇付可以减少在当地的货币资产；反之，当子公司所在国货币即将升值时，可采用减少股利汇付和推迟股利发放时间的策略。

3）政治因素。一般情况下，为了取得子公司所在国政府的信任，子公司的股利汇付率应该是相对稳定的，这样该国政府才容易衡量公司有无逃汇以至于破坏其外汇储备的行为。但也有特殊情况，如果一国政局变动或发生外汇危机，在高度政治风险下，母公司会要求子公司尽快转移积余资金，这时一般通过增加股利汇付实现资金的转移。

4）资金的可获得性。在子公司急需扩大规模或追加投资时，如果所在国的资金比较容易获得，那么一般不会影响股利汇付的数量，但如果当地很难取得借款或借款受到种种限制，这时一般会减少股利的分配比例，这是获取资金的一种手段。

（2）特许权费、服务费和管理费的支付。特许权费、服务费和管理费的支付也是跨国公司子公司向母公司或子公司之间转移资金的基本方式。从汇出的难易程度看，这种方式要易于股利汇付，子公司所在国一般难以限制。

特许权费是指子公司为获取技术、专利或商标的使用权而付给拥有技术、专利或商标的母公司或子公司的报酬。特许权费可以按每单位产品支付一定的金额，或以全部销售收入的一定百分比计算。

服务费是用于补偿由母公司或其他子公司提供给该子公司的专门服务的支出。一般按服务的时间、服务的类型和等级确定支付费用的标准。

管理费是跨国公司在进行国际业务时所发生的一般行政管理费中应由该子公司分摊的部分。跨国公司的全部管理费包括母公司的管理成本与必须由经营单位补偿的其他子公司的管理费，如现金管理中心、研究开发新产品、公共关系、法律和会计咨询等方面发生的费用。这些费用的发生并不限于某个公司，所以一般采用按子公司销售额的大小进行分摊的方法。

跨国公司的母公司为了维护它向各子公司收取特许权费、服务费和管理费的权利，一般要事先签订许可证合同。

（3）内部转移价格。内部转移价格是国际企业进行内部贸易的一种价格。所谓内部贸易，是指一个公司控制下的、位于不同主权国家的子公司之间或母公司与子公司之间的国际性商品与劳务交易。内部转移价格既不受市场供求关系的直接影响，也不完全取决于产品本身的价值，它是跨国公司进行资金转移以获得最大经济利益的一种工具。

（4）公司内部信贷。对资金抽出限制比较严的地区，一般可以采取公司内部信贷的方式转移资金，即以母公司或其他子公司向该地区贷款的方式供应资金，并按高利率收取利息，以便在短期内将资本调回本国。

通过内部信贷的方式转移资金有一个优点，就是可以利用不同地区间利率的差别，将低利率地区的资金调到高利率地区使用。一般来说，由利率较低地区的子公司在当地借款，然后将这笔资金贷给投资报酬率较高或利率较高地区的子公司使用。需要说明的是，在不存在货币自由汇兑关系的国家之间，这种方法仍然适用。因为跨国公司完全可以通过非兑换的方式将资金转移。例如，如果瑞士的利率低于加拿大的利率，那么驻瑞士的子公司可以向当地银行借款，然后用瑞士法郎在国际市场上采购原材料，再将这些原材料运往加拿大的子公司，供其使用或转卖。这中间并不存在汇兑的问题。

8.6 国际企业税收管理

8.6.1 国际税收概述

国际税收是指涉及两个或两个以上国家的财权利益的税收活动，它反映各个国家政府对从事国际活动的纳税人行使征税权力而形成的税收征纳关系中国家之间的税收分配关系。① 税收管理是国际企业财务管理的重要组成部分。

1. 国际税收的种类

虽然不同国家的税种不尽相同，但按课税对象可以划分为两大类：一类是直接税，通常是按收益额和财产额课征的税种，主要包括所得税、资产利得税、财产税；另一类是间接税，即按流转额课征的税种，主要包括预扣税、周转税、增值税、过境税、财富转让税、消费税等。本书主要介绍几种与国际企业最为密切的税种。

（1）所得税。所得税是由纳税人直接支付的一种税，来源于企业或个人提供的产品或服务的所得，如企业所得税、个人所得税等。企业所得税和个人所得税是许多国家重要的财政收入来源。世界各国的所得税税率有很大差别，表8-1列示了部分国家和地区的企业所得税税率。

表8-1 部分国家和地区的企业所得税税率

国家（地区）	税率（%）	国家（地区）	税率（%）	国家（地区）	税率（%）
阿根廷	25	法国	26.5	巴拿马	25
澳大利亚	30	德国	30	巴拉圭	10
奥地利	18	希腊	24	秘鲁	29.5
巴哈马	0	危地马拉	25	菲律宾	30
巴林	0	中国香港	16.5	波兰	19
巴巴多斯岛	5.5	匈牙利	9	葡萄牙	21
比利时	25	印度	30	卡塔尔	10
百慕大群岛	0	印度尼西亚	22	罗马尼亚	16
玻利维亚	25	伊拉克	35	俄罗斯	20
博茨瓦纳	22	爱尔兰	12.5	沙特阿拉伯	20
巴西	34	以色列	23	新加坡	17

① 王传纶．国际税收．北京：中国人民大学出版社，1992：9.

续表

国家（地区）	税率（%）	国家（地区）	税率（%）	国家（地区）	税率（%）
保加利亚	10	意大利	24	南非	28
加拿大	26.5	牙买加	25	西班牙	25
开曼群岛	0	日本	30.62	韩国	25
智利	27	哈萨克斯坦	20	斯里兰卡	24
中国大陆	25	科威特	15	瑞典	20.6
哥伦比亚	31	拉脱维亚	20	瑞士	14.93
哥斯达黎加	30	尼日利亚	30	中国台湾	20
塞浦路斯	12.5	马来西亚	24	坦桑尼亚	30
捷克共和国	19	马耳他	35	泰国	20
丹麦	22	毛里求斯	15	土耳其	20
多米尼加共和国	28	墨西哥	30	英国	19
厄瓜多尔	25	荷兰	25	美国	27
埃及	22.5	新西兰	28	乌拉圭	25
克罗地亚	18	立陶宛	15	委内瑞拉	34
爱沙尼亚	20	挪威	22	越南	20
斐济	20	阿曼	15	赞比亚	35
芬兰	20	巴基斯坦	29		

注：表中所列为非金融企业的正常标准税率或者最高边际税率。

资料来源：毕马威中国，https://home.kpmg/xx/en/home/services/tax/tax-tools-and-resources/tax-rates-online.html.

20世纪80年代以后，为了增强本国企业在全球的竞争力，为跨国公司创造更具吸引力的投资环境，各国纷纷进行税制改革，大幅降低税率，税率差距逐步缩小。毕马威会计师事务所公布的一项针对144个国家和地区的研究结果显示，2010年全球平均企业所得税税率为24.99%，比2009年下降0.45个百分点，并指出降低企业所得税税率是全球趋势。某些国家或地区为吸引国际企业设立子公司，规定的所得税税率非常低，甚至不征所得税，如中国香港的所得税税率为16.5%，巴哈马不征收所得税；一些发展中国家为吸引投资而给予外国投资者一定的免税期，在免税期内，对外国投资企业免征所得税。

（2）增值税。增值税是以商品生产和流通环节的新增价值或商品附加值为征税对象的一种流转税。它克服了传统流转税对已税销售额重复征税、税上加税的弊端，使同一产品不受生产流通环节多少的影响，始终保持同等税收含量，不致出现应税产品因生产环节的变化，税负时轻时重的问题，同时又保持了流转税征收范围广和收入及时、稳定的特点。增值税是国际公认的透明度比较高的一种中性税收，它不仅有利于增加财政收入，而且有利于鼓励企业按照经济效益原则选择最佳的生产经营组织形式，也有利于按国际惯例对出口产品实行彻底退税，增强本国产品在国际市场上的竞争力。正因为增值税有以上优点，欧洲、拉丁美洲等许多国家都实行了增值税，我国于1993年12月发布《中华人民共和国增值税暂行条例实施细则》，并于2008年和2011年进行了两次修订。从2016年开始，我国全面推行营业税改征增值税。

从增值税实施的范围来看，大致可以分为三种情况。第一，在农业、工业、批发、零售、服务等交易领域普遍征收增值税。该方法涉及的范围比较广，涵盖商品生产、交换和消费各个环节，在消除重复征税方面更具完整性和统一性，可以避免增值税征收抵扣链条的中断或多税并用的复杂性，有利于实施凭增值税发票及海关完税凭证对各环节外购商品与劳务的增值税抵扣制度，从而有利于增值税自我监控机制的形成。采用这种方法征收增值税的主要为欧洲特别是经济合作与发展组织的成员，如法国、丹麦、德国、荷兰、卢森堡、比利时、英国、意大利、新西兰、加拿大等。第二，在整个制造业和批发业征收增值税。增值税的实施范围涉及整个制造业、批发业和进口商品，但不包括零售业。在这种情况下，存在一定程度的重复征税以及较为严重的增值税税款在零售环节损失的问题。由于课税基础范围比较窄小，对综合性企业征税时有较大的区分难度。目前，摩洛哥采用的增值税就属于这种征税范围。第三，在整个制造业征收增值税。征税范围仅仅覆盖全部制造业产品及进口产品，而对批发和零售环节以及农业与劳务不征增值税，目前主要为一些发展中国家所采用，如塞内加尔、科特迪瓦、哥伦比亚和蒙古国等。

（3）其他税种。除所得税和增值税，国际企业还会遇到其他一些税种，主要有：

1）关税。关税是一个国家的中央政府对过境的应税货物所征收的税，主要是对进口货物征收，只在极少数情况下才对出口货物征收。征收关税一是为了筹措财政收入；二是为了保护本国工业。出于前者目的所征收的关税，税率一般比较适中；出于后者目的所征收的关税，税率一般较高。提高关税虽然没有损害外国商品的完整性和质量，但较高的税率必然导致外国商品的价格较高，不利于外国商品的竞争，从而可以保护本国民族工业的发展。

2）预扣税。预扣税是由东道国政府对本国居民或经济法人向外国投资者和债权人支付的股利和利息所征的税。税款通常在对方收到这笔收入以前就已经扣除了。也就是说，这种税实际上是由支付股利或利息的一方预先扣除的。例如，如果一个公司应向外国投资者支付 10 万美元的股利，预扣税税率为 20%，则该公司只向外国投资者支付 8 万美元，另外 2 万美元由该公司代替该国政府以预扣税的形式预先扣除。

3）资本利得税。资本利得税又称资本收益税，是对企业出售资本性资产所得利益所课征的税。资本性资产指那些不准备随时变卖的资产，如持有期间比较长的股票、债券。一般而言，资本利得税的税率要低于企业所得税税率。

2. 国际税收制度

就企业所得税而言，世界上现行的税收制度可以概括为三种：

（1）传统制度。在传统制度下，企业所得税按单一的税率征收，分配给股东的股利则作为股东个人收入按个人所得税税率计征。采用传统税制的国家有意大利、荷兰、西班牙、瑞典、美国，以及多数英联邦国家或地区（英国除外）。

（2）分割税率制度。它根据收益的处理情况采用不同的税率，即对未分配收益和已分配收益采用两种不同的税率。采用这种制度的国家主要有日本、挪威和德国。

（3）税额转嫁或抵免减制度。它对公司收益按同一税率征税，但已纳税款中的一部分可作为股东应纳个人所得税的减项予以扣除。比利时、法国等都采用这种制度。

三种税收制度并不是相互排斥的，同一国家可以将这些制度结合运用。

3. 国家税收管辖权

税收管辖权是国家主权在税收领域的体现。税收管辖权可分为两类：居民税收管辖权和收入来源地税收管辖权。居民税收管辖权是指国家对其居民的所有收入（无论是来自本国还是他国）都有权征收所得税。收入来源地税收管辖权是指国家对来源于本国境内的所得征税，而对来自国外的所得免予征税。

除少数国家和地区放弃对所得税的税收管辖权，大多数国家与地区同时采用居民税收管辖权和收入来源地税收管辖权，既对来源于本国境内的所得拥有征税权，又对本国居民的世界所得拥有征税权。这些国家和地区包括亚洲、欧洲、大洋洲和北美洲的大多数国家和地区。

4. 国外税收抵免

为避免双重征税，大多数国家对已经向东道国缴纳的企业所得税给予一定的税收抵免。各国计算国外抵免的方法各不相同。通常，如果跨国公司向母公司汇回的利息、股利、特许权使用费以及其他收入已经向东道国缴纳预扣税，那么汇回的收入可以获得国外税收抵免。增值税和其他销售税不能获得国外税收抵免，但可以作为费用在税前扣除。

5. 国际税收协定

国际税收协定是指两个或两个以上的主权国家为了协调相互之间的税收分配关系和处理税务方面的问题，通过谈判签订的书面协议。①

按照税收协定涉及的主体，国际税收协定可分为双边税收协定和多边税收协定。双边税收协定是指两个国家为了协调处理跨国纳税人征税事务和其他有关方面的税收关系，经过谈判而签订的一种书面协议。多边税收协定则是指两个以上的国家所缔结的税收协定。

按照税收协定涉及的内容范围，国际税收协定又可分为一般税收协定和特定税收协定。一般税收协定涉及相互间的各种税收关系，如全面避免国际双重征税的协定；特定税收协定是缔约国之间就某一特定税种或税收问题所签订的协定，如对关税、增值税等的协定。

国际税收协定是出于避免国际重复征税、防止国际逃税、避免国际税收歧视等目的而产生的，现已成为调节国家间经济关系的重要工具。

6. 国际税收管理的目标

国际税收管理是国际财务管理的一个十分复杂且极其重要的问题。国际企业在从事跨国经营时，把资本投向不同的国家，就会涉及多个国家的税法。就国际企业的利益而

---

① 王传纶. 国际税收. 北京：中国人民大学出版社，1992：144.

言，税法是最直接影响其利益的法律。为了做出合理的财务决策，国际企业的财务人员应具备一些必要的国际税收方面的知识，科学地进行国际税收管理。总的来说，国际企业税收管理的目标是合理降低总税负。这一目标要通过一系列方法才能实现，税收管理的具体目标可以概括为：

（1）根据有关国家的税法、税收协定避免国际企业面临双重征税的情况。

（2）利用有关国家为吸引外资制定的优惠政策，实现最多的纳税减免。

（3）利用各种“避税港”来减少企业所得税。

（4）利用内部转移价格把利润转移至低税国家和地区，以使总纳税额最少。

（5）利用其他方法减少所得税的支付。

8.6.2　国际双重征税的免除

国际双重征税是指两个国家对同一纳税人的同一所得额，同时按本国税法课征所得税。国际双重征税不利于公平竞争，应采用特定方法予以免除。

1. 国际双重征税产生的原因

国际双重征税的产生同税收管辖权紧密联系，只有在两个国家对同一纳税人都能行使税收管辖权的情况下，才会产生国际双重征税问题。主要有以下三种情况：

（1）两国对同一纳税人的同一征税对象都按收入来源地税收管辖权征税。例如，甲国A公司贷款给乙国B公司，乙国B公司又将此款贷给丙国C公司。C公司把利息汇给B公司时，丙国要按来源地管辖权征税；B公司将利息汇给A公司时，乙国又要按来源地管辖权征税。这样，对同一笔利息收入进行了双重征税。

（2）两国对同一纳税人的同一征税对象都按居民税收管辖权征税。纳税人在两国都具备居民身份时会发生重复征税问题。

（3）一国按居民管辖权，另一国按来源地管辖权对同一纳税人的所得重复征税。这是国际税收关系中经常发生的现象，一般所说的双重征税主要是指这种情况。

2. 国际双重征税的危害

国际双重征税的存在对国际经济的发展、跨国经营的推行都会产生不利影响。

（1）国际双重征税违背了税负公平原则。从国际企业来看，同一笔所得应只承担一次纳税义务。而国际双重征税的存在使有的纳税人缴一次税，有的则要多次纳税，造成地位同等的纳税人在税收上处于不同的竞争状态。这不利于国际企业在公平竞争的环境中发展。

（2）国际双重征税大大加重了纳税人的负担。一笔收入，两国同时对其征税，税后所得必然减少，如果两国均是高税率，则所剩更少。这会极大限制国际企业的生产经营活动，阻碍国际经济和技术合作的发展。

免除国际双重征税，可以减轻国际投资者的税负，消除他们对国际纳税的畏惧心理，有利于国际资本的流动和各国经济的合作，以及世界经济的发展。

3. 避免国际双重征税的方法

国际双重征税的种种危害已为各国所认识。各国政府都期望消除彼此间税收管辖权的冲突，在许多国际条约中列入消除国际双重征税的原则和规定，并采取许多避免国际双重征税的方法。

（1）免税法。免税法是指对本国居民来源于国外的所得和放在国外的财产及已在国外纳税的那部分跨国收益、所得或财产价值予以免税，以避免国际双重征税。实行免税法的主要是欧洲和拉丁美洲的一些国家，如法国、海地、多米尼加、巴拿马、委内瑞拉等。免税法有全额免税和累进免税两种。全额免税是指征税国在确定纳税人总所得的适用税率时，完全不计入免税的国外所得。累进免税是指征税国对境外所得虽给予免税，但在确定纳税人总所得的适用税率时，将免税所得纳入计算。实行累进免税法，征税国往往会取得较多的税款，故目前大多数国家都采用累进免税法。

（2）抵免法。抵免法是指居住国允许本国居民纳税人在本国税法规定的限度内，用已在来源国缴纳的税款抵免应就其世界范围内所得向居住国缴纳税款的一部分，以避免双重征税。我国目前采用这种方法。抵免法有全额抵免和限额抵免两种。全额抵免是指不管纳税人在收入来源国纳税多少，全部给予抵免。限额抵免是指居住国对本国居民（公民）在非居住国缴纳的所得税可以从本国应纳税款中抵免的数额，规定一个最高限额，低于或等于限额的可全数抵免，高于限额的只能按限额抵免。在限额抵免下，由于规定了一个可抵免的最高限额，因此避免了全额抵免下由于外国税率高于居住国税率而损害居住国利益的现象。所以，凡是采用抵免法的国家，通常选择的是限额抵免，对本国居民（公民）在本国应纳税款中可抵免的已纳外国税款都规定了可抵免的限额。

（3）税收协定法。税收协定法是指通过有关国家签订双边税收协定，以避免国际纳税人被重复征税的一种方法。免税法和抵免法仅是一国内部的规定，不能解决在哪些情况下应由收入来源国优先行使征税权，哪些情况下应由纳税人居住国征税的问题，不能完全免除国际双重征税，因此，还必须采用国际税收协定的方法。运用税收协定避免国际双重征税主要有两种方法：一是将征税权完全划归一方，从而完全排除另一方对该征税对象的征税权，使国际双重征税得以免除；二是通过税收协定，缔约国双方可以确定各自税收管辖权的范围，明确哪些所得应由来源国优先行使税收管辖权，哪些所得应限制其税收管辖权的行使等。

8.6.3 国际避税与反避税

国际避税是指国际企业利用税法规定的差别，通过选择合适的地点和经营方式等合法手段，减少或消除其纳税义务的一种行为。

1. 国际企业避税的原因

国际企业的子公司和分支机构遍布世界各国，而各国税法在纳税规定和纳税管理上存在很大差异，这为国际企业采用适当方式避税提供了条件。各国的税收差异主要有如下几个方面：

（1）税率的差别。各国税率的差别是显而易见的，税率不同必然会造成税负的差别。表8-1所示的各国家和地区的所得税税率就存在显著差别。

（2）纳税基数的差别。各国对纳税基数的确认有不同的认识，在税法中有不同的规定。国际上对国际企业国外子公司的收入课税存在两种不同的做法：一种是属地原则，只有在领土内产生的收益才是应税收益，凡是产生于领土之外的收益，无论其得益者是谁，都不予征税；另一种是全球原则，国际企业无论是从国内还是从国外所获得的收益，都在应税范围之内。

（3）税种设置的差别。在税种设置上，各国的差别也很大。有的国家以所得税为主，有的国家以流转税为主；有的国家征收增值税，有的国家不征收增值税。

（4）税收管理效率的差别。各国税法实施管理的有效程度是造成实际税负差异的一个潜在因素。例如，有的国家虽然在税法上规定了很重的纳税义务，但由于征收管理不善，实际课税很少，税负名高实低。

（5）国际避免双重征税方法的差别。双重征税是指对同一征税对象或同一税源重复征税。国际双重征税则是指两个或两个以上国家对同一纳税人就同一征税对象在同一时期内重复征税。在确定应税收入时，如果采用全球原则，必然会产生双重征税的问题。为此，各个国家采取不同的方法避免双重征税，主要有抵免法、免税法和税收协定等多种形式。

2. 国际企业避税的方法

正因为国家间在税收管理和纳税规定上存在上述差异，国际企业便可利用这些差异，采用适当的方法进行避税。避税的主要方法有：利用内部转移价格避税，利用避税地避税，选择有利的组织形式避税，等等。

（1）利用内部转移价格避税。内部转移价格是国际企业内部母公司与子公司之间或子公司与子公司之间转移商品或劳务的价格。内部转移价格避税则是国际企业利用各国间税率和税法的差异通过调节内部转移价格来达到避税目的的一种手段。国际企业与一般的国内企业及自然人不同。国际企业的分公司和子公司遍布世界各地，许多交易都是在国际企业内部进行的，这就为国际企业利用内部转移价格避税提供了可能。国际企业利用内部转移价格避税的主要做法是，对低税国子公司向高税国子公司的出口业务采取高价，而对高税国子公司向低税国子公司的出口业务采取低价。这样就把实现利润的一部分由高税国子公司转入低税国子公司，使整个国际企业的纳税额减少。

【例8-8】 某国际企业的A，B子公司分别设在两个国家，所得税税率分别为60%和10%。A公司为B公司生产组装电视机的零部件。A公司以200万美元的成本生产一批零件，销售给B公司。B公司花费50万美元的成本把电视机组装完毕，并以350万美元的价格投放市场。在确定内部转移价格时，有低价（210万美元）和高价（250万美元）两种方案。由此可分析内部转移价格的变化对企业所得税的影响，详见表8-2。

表 8-2　内部转移价格的变化对企业所得税的影响　　单位：万美元

项目	A 公司（税率为 60%）	B 公司（税率为 10%）	两公司合计
1. 低价策略			
销售收入	210	350	560
销售成本	200	260*	460
销售利润	10	90	100
所得税	6	9	15
税后利润	4	81	85
2. 高价策略			
销售收入	250	350	600
销售成本	200	300**	500
销售利润	50	50	100
所得税	30	5	35
税后利润	20	45	65

*260=210+50。

**300=250+50。

从表 8-2 中可以看出，在其他项目相同的情况下，该国际企业在确定内部转移价格时，采用低价策略比采用高价策略可少缴纳 20 万美元（85—65）的所得税。

利用内部转移价格避税不仅适用于一般的商品供应，还适用于下列情况：

1）内部贷款。国际企业的母公司通常以内部贷款的形式向其子公司提供资金。如果子公司所在国的税率较高，则贷款可采用高利率政策；如果子公司所在国的税率较低，则贷款可采用低利率政策。

2）专利和专有技术等无形资产的转让费。专利和专有技术等无形资产具有独占的特性，其真实价值很难确定，各国的税务机关对此很难审查。国际企业为了减少总税负，在把专利和专有技术进行内部转移时，几乎可以随心所欲地提高或降低其转让价格。

3）管理成本或费用。在国际企业内部，母公司常常为其国外附属企业提供各种管理服务，而这种管理服务的收费标准很难找到可做参考的公平市价。因此，国际企业也可通过抬高或压低管理成本或管理费用的办法来实现避税目的。

4）租赁。租赁是一种新兴的避税方式。国际企业在内部进行租赁活动时，可以通过抬高或降低租金达到避税目的。

（2）利用避税港避税。避税港又称低税乐园或避税地，是指以免征某些税收或压低税率的方法，使外国投资者不纳税或少纳税的国家或地区。避税港避税则是国际企业将其所得与资产转移至避税港，以减轻税负的一种方法。

1）避税港的一般特征。被称为避税港的国家或地区一般有如下特征：第一，与大多数国家和地区相比，税率偏低，或应税收益的范围偏小；第二，有严格的保守银行秘密和商业秘密的传统，即使在国际协定中也不愿打破这一传统；第三，银行和其他金融机构的活动在国民经济中占据较为重要的地位；第四，有较好的现代通信设施；第五，对外国人存取外币不加控制；第六，努力成为国际金融中心。

2）避税港的种类。避税港之所以能够在国际上存在，其主要原因是当地政府希望通过各种税收优惠措施吸引国际游资，推动当地经济的发展。第二次世界大战后，随着国际企业规模不断扩大，除了几个老牌避税港，新兴的避税港不断涌现，大致可分为如下几类：

第一，无税型。这样的避税港完全免除个人所得税、企业所得税、资本所得税和财产税，主要有巴哈马、百慕大群岛、开曼群岛及法属新喀里多尼亚等。

第二，低税型。这样的避税港虽然征税，但是税率很低。列支敦士登、英属维尔京群岛等都属此类。

第三，半避税型。这类避税港只对在当地形成的收益征税，而对来自其他国家或地区的收入不征税。中国香港、利比里亚、巴拿马等均属此类。

第四，有限避税型。这类避税港一般都有一定的税收优惠，它们在某种程度上也有避税港的特征。瑞士、新加坡、荷属安的列斯群岛等均属此类。

3）避税港避税的基本方法。国际企业利用避税港避税的主要方法是在避税港设置各种各样的挂牌公司或信箱公司。这些公司一般都是出于减少纳税支出的目的而在避税港注册的。它们的实际经营活动并不发生在避税港内，但在避税港申报收益，以避免征税。一般有以下几种做法：

第一，以挂牌公司作为虚设的中转销售公司。例如，一个国际企业在甲、乙两国各有一子公司A与B，在某一避税港有一子公司C。甲国子公司A的产品实际上是直接供应给乙国子公司B的，但为了避税，A公司以低价把产品销给设在避税港的C公司，C公司再以高价卖给B公司。这样，收益大多转给了C公司，而C公司所在避税港的税率较低，因此可以少纳税甚至不纳税。这样实际上只是在C公司的账簿上转了一笔账，而货物却直接由A公司发往B公司。

第二，以挂牌公司作为收付代理公司。任何国际企业的母公司都要为子公司提供贷款、技术、劳务、管理咨询等多种服务，这也是母公司一笔很大的收入。为了减少这部分收入的税负，可在避税港设置一个收付代理公司，这样就可以把大部分收入转移给该公司。但实际上，款项的贷出、许可证的发放、劳务的提供均是由母公司安排的。

第三，以挂牌公司作为持股公司。国际企业的母公司一般从子公司获得较多的股息和红利。为了避税，可在避税港设一持股公司，要求下属公司把股息和红利汇到避税港，以减轻纳税负担。

(3) 选择有利的组织形式避税。跨国公司可以选择以海外分公司或子公司的形式设置海外机构，从事投资活动。从法律上讲，海外分公司隶属于母公司，本身不具有独立的法人地位，而海外子公司却是在当地注册、登记并成立的具有独立法人地位的公司。从税收角度看，选择哪种投资组织形式要考虑以下三个方面：

1）该海外机构在开业后几年内是否亏损。分公司的预计亏损可以包括在母公司的利润表里，可以部分抵销母公司的盈利，减少应纳税所得额。而子公司的预计亏损一般不能与母公司的利润合并，不能取得减税的效果。因此，如果该机构在开业后几年内亏损，选择分公司的组织形式较为适宜。

2）支付预扣税与延期纳税之间的权衡。大多数国家对海外子公司向母公司支付的股息征收预扣税。国家之间是否签订双边税收协定影响预扣税率的大小。但是如果分支机构是分公司，就不必缴纳预扣税。同时，许多国家对本国跨国公司海外子公司来源于国外的所得有延期纳税的优惠，但是海外分公司得不到这种好处。因此，跨国公司必须在支付预扣税的不利因素和延期纳税的有利因素之间权衡，选择适当的组织形式。

3）是否为从事自然资源勘探和开发的跨国公司。一些国家允许勘探成本及部分资源开发成本作为经常性费用冲销企业当期利润，而不是在几年之内分摊。因此，从事石油和矿产开发的公司倾向于选择分公司的组织形式。这样可以用分公司的勘探和开发成本冲销母公司的利润，减少应纳税额。

3. 国际反避税

随着国际经济、技术的发展，国际企业避税规模不断扩大，避税方式更是不断翻新，还往往与国际偷漏税结合在一起，导致财富的不正当分配，破坏了国际竞争条件，影响了一些国家（主要是实行高税率的国家）的财政收入。为此，许多国家特别是发达国家纷纷采取对策，完善税收立法，加强征税管理，以防止国际避税的泛滥。在长期实践中，逐渐形成了反避税的方法。

（1）单边制定反避税法。反避税立法是反避税措施中的主要方面。各国反避税立法有以下几种形式：

1）针对一种或多种国际企业避税做法加入特殊税法条款，如美国《国内收入法典》第 482 条、法国《税收总法典》第 57 条、比利时《税法》第 24 条等对国际企业内部转移价格做了具体规定。又如，比利时《所得税法》第 46 条、法国《税收总法典》第 283 条对纳税收入的可抵扣项目做了具体规定。

2）加入具有全面影响力的综合性条款。有些国家制定了在原则上适用于全部税收法规的综合性避税条款，德国《税收通则》第 42 条、荷兰《税收总法典》第 31 条都属此类规定。

3）加入必须获得政府同意的有关条款。在税法中明文规定：某些交易活动必须事先征得税务当局的同意，否则便以违法论处。这是国际反避税领域中最严厉的立法形式。

（2）双边或多边制定反避税措施。双边反避税措施主要是指两国通过签订双边税收协定限制国际企业避税，并要求双方在纳税管理上相互协助、互通信息。多边反避税措施是指多个国家签订多边协定来防止国际企业避税。

（3）加强纳税管理。税法规定的反避税措施还必须在纳税管理实践中加以落实，否则再完善的法律也仅仅是一纸空文。为了有效地同国际避税行为做斗争，各国税务部门必须对国际企业在国外的经济活动有全面的了解，通常采用的方法有以下三种：1）向纳税人或第三方施加压力，要求它们提供详细的纳税资料。2）在税务人员为反避税索要纳税资料时，要求银行给予配合。3）各国之间加强税收情报的交流。

8.7 案例研究与分析：尚德神话：一个民营企业的国际化历程

8.7.1 公司上市背景

2001年1月，在澳大利亚新南威尔士大学获得太阳能科学博士学位的施正荣带着数十项专利技术，以澳籍身份回中国创业，获得了无锡市政府的大力支持。在政府的推动下，江苏小天鹅集团、无锡国联信托投资公司、无锡高新技术投资公司、无锡水星集团、无锡市创业投资公司、无锡山禾集团等6家企业共同出资600万美元，施正荣以40万美元现金和160万美元的技术入股，组建了中澳合资企业——无锡尚德太阳能电力有限公司（简称无锡尚德），主要从事晶体硅太阳能电池、组件以及光伏发电系统的研究、制造和销售。合资企业中，国有股权占75%，施正荣通过个人全资拥有的澳大利亚公司PSS持股25%，2004年无锡增持为31.389%。

无锡尚德开始经营时并不是一帆风顺，厂房狭小，办公条件简陋，也曾在阿里巴巴网站上介绍和推介产品。但是凭借创始人施正荣所掌握的先进技术与他对世界光伏产业发展趋势的敏锐嗅觉，以“为地球、为未来充电，让绿色永绕人间”为己任，以振兴中国光伏产业为目标，无锡尚德走出了一条“超越”之路。2002年，无锡尚德第一条电池生产线在无锡新区投产，10兆瓦的电池产能相当于此前中国太阳能电池产量4年的总和，产品性能达到甚至超过国际先进水平。无锡尚德大幅提高了中国的晶体硅太阳能电池制造水平，通过了所有的国际权威认证，被“世界太阳能之父”马丁·格林称为“世界光伏产业的中国超越者”。此后，无锡尚德产能逐年翻番，在不到3年的时间内，将光伏电池的生产能力增加了12倍。2004年，据国际权威光伏杂志*PHOTON International*的排名，无锡尚德总产量居世界前10位，预测到2005年年底，将进入世界前6位。2005年7月，无锡尚德以其独特的创新能力和盈利能力跻身美国*Red Herring*杂志亚洲高科技领域最具前瞻性的百强企业之列，成为当时中国规模最大、技术水平最高、品种最齐全的晶体硅太阳能电池研发、生产和销售企业，并使无锡这个中国十大经济活力城市从此获得“世界绿色电力之都”的美誉。与此同时，无锡尚德在财务业绩上完成了“三级跳”，经历2002年的亏损，2003年的盈利，2004年的业绩翻了20倍，实现了跨越式的发展。

当时无锡尚德拥有国际上最先进的晶体硅太阳能电池制造工艺和技术、制造设备，当之无愧地成为国内制造水平独一无二的太阳能电力生产基地，也是世界六大太阳能电力生产基地之一。不仅如此，无锡尚德还拥有完全自主知识产权，在日趋激烈的全球市场竞争中，这无疑是帮助无锡尚德脱颖而出的必胜法宝。

经济的快速发展使能源短缺成为全球性的难题，清洁能源太阳能电力产业的迅速崛起不仅能缓解能源供需矛盾，更重要的是它所具有的无限储量的清洁能源特质契合了发展循环经济、建设节约型社会的内在要求，特别是随着我国《可再生能源法》2006年1月正式实施和国内相关配套政策的相继出台，光伏产业在我国具有不可估量的发展潜力。在这种背景之下，上市自然成为无锡尚德下一步的发展目标。

8.7.2 海外上市的步骤

企业上市从大的方面来说有两种选择：国内上市或海外上市。但是从无锡尚德的业绩来看，2002年亏损89.7万美元，2003年利润仅92.5万美元，这样的业绩水平难以满足国内的上市标准。另外，海外资本市场对光伏产业具有很高的认同度，美国SunPower光伏企业在纳斯达克上市时受到的狂热追捧就是一个明显例证。所以，海外上市成为无锡尚德现实可行且前途光明的选择。

作为一个成立仅4年的民营企业，要实现海外上市并非易事，但无锡尚德通过缜密的计划与股权置换，顺利地实现了既定目标。纵观这一过程，可以将其分解为五大步骤。

第一步：利用过桥贷款收购国有股权。

国内企业海外上市通常要先引进海外战略投资机构，这些机构通常希望上市企业能够收购国有股权，从而保持较为合理的管理制度和公司治理结构。

为了筹集收购国有股权所需资金，2005年1月6日，David Zhang与施正荣签订过桥贷款协议，2005年1月11日，双方共同成立尚德BVI公司，法定股本5万美元，分为5万股。其中施正荣持股60%，百万电力持股40%，由招股资料可知，百万电力由David Zhang拥有。

按照过桥贷款协议，施正荣以无锡尚德31.389%的股份做抵押担保，尚德BVI可以获得百万电力提供的6 700万港元贷款作为收购无锡尚德国有股权的保证金。双方约定，这6 700万港元债权可以转换为尚德BVI的股权。转换过程分为两步：第一步，尚德BVI收购无锡尚德全部国有股权共68.611%。此时，百万电力对尚德BVI的债权在会计上调整为百万电力的出资，但股权比例保持不变；第二步，尚德BVI继续收购PSS持有的无锡尚德31.389%的股权，至此，尚德BVI实现对无锡尚德的全部控股，同时，百万电力持股无锡尚德BVI 25%，施正荣持股75%。具体如图8-1所示。

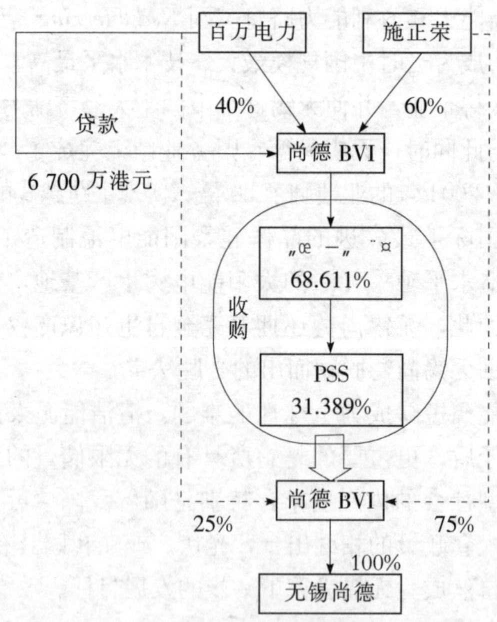

图8-1 利用过桥贷款收购股权示意图

第二步：风险投资实现外资私有化。

2005年5月，尚德BVI与海外风险投资机构签订股份购买协议，以私募的方式向高盛、龙科、英联、法国Natexis、中国台湾Bestmanage和西班牙普凯出售合计34 667 052股A系列优先股，每股2.307 7美元，合计8 000万美元。表8-3列示了尚德BVI的股份发放情况。

表8-3 尚德BVI的股份发放

买方	发行数量	金额（美元）	百分比（%）
高盛	10 790 120股A系列优先股	24 900 000	7.809
龙科	5 460 061股A系列优先股	12 600 000	3.952
英联	5 416 727股A系列优先股	12 600 000	3.920
法国Natexis	4 766 720股A系列优先股	12 500 000	3.450
中国台湾Bestmanage	4 333 381股A系列优先股	10 000 000	3.136
西班牙普凯	3 900 043股A系列优先股	9 000 000	2.823
咨询顾问和贷款提供者	4 699 938股普通股期权	—	—
董事、员工和顾问	6 110 000股普通股期权	—	—

按照股份购买协议，尚德BVI发行A系列优先股所得到的8 000万美元收入主要用于收购国有股权，通过股权转让的方式将无锡尚德的国有控股身份转变为外资公司。图8-2描述了尚德BVI收购无锡尚德股权的过程，图中单箭头表示原有持股比例，双箭头表示收购的股权，经过图示的四个环节之后，尚德BVI拥有无锡尚德100%的股权。

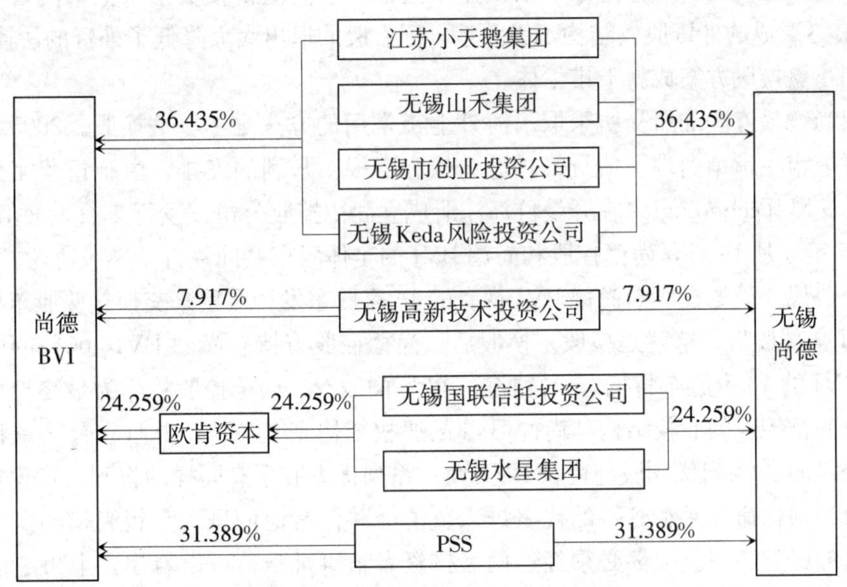

图8-2 尚德BVI股权收购过程

值得注意的是，尚德BVI通过欧肯资本的二次转让完成了对国联信托和无锡水星的股权收购，可能的原因是施正荣无法直接说服这两个国有股东放弃持有无锡尚德的股份。经过一系列交易，2005年5月，尚德BVI收购了无锡尚德的全部国有股权，而从国有股东开始的600万美元投资来看，国有股东在退出的过程中获得了高达10～23倍的投资回报。国有股的退出为无锡尚德海外上市铺平了道路。

第三步："对赌设计"完成股权重构。

尚德BVI成立之初的股权结构为：法定股本和已发行股本都是5万美元，分为5万股面值1美元的股份。为了方便海外风险投资机构的入股，在股份购买协议生效前，尚德BVI首先进行了一次拆股和一次送红股。拆股是现有股本由5万股、面值1美元拆分成500万股、面值0.01美元，送红股是普通股股东每1股获赠17股，这样，已发行股本就达到9 000万股。外资股发行以后，尚德BVI法定股本扩大到500万美元，拆分为面值0.01美元的5亿股，包括普通股465 332 948股和A系列优先股34 667 052股，已发行普通股9 000万股，优先股34 667 052股，其余股份未发行。

尚德BVI还与外资投资机构签订了对赌协议，即A系列优先股转换成普通股的比例将根据尚德BVI的业绩进行调整。双方约定，在尚德BVI截至2005年年末、经"四大"会计师事务所审计的、按照一般公认会计原则（GAAP）进行编制的合并财务报表中，合并税后净利润不得低于4 500万美元。如果低于4 500万美元，则转股比例需要乘以一个分数——公司的"新估值"与"原估值"之比，即"新估值"/2.87亿美元。而"新估值"的数值应当是2005年的实际净利润乘以6，这其中隐含的信息为：外资认为按照6倍市盈率投资无锡尚德是比较合理的。对赌协议对于外资规避风险是非常有利的，但与此同时，也约定无论换股比例如何调整，外资机构的股权比例都不能超过公司股本的40%。

外资投资机构之所以愿意以6倍市盈率这样一个高溢价投资于未上市的公司，与尚德BVI最终形成的外资股权结构不无关系，国有股的退出大大降低了外资的法律风险。

第四步：换股方案成就上市主体。

无锡尚德最终登陆纽交所采取了海外上市常用的方法之一——换股。2005年8月8日，通过上市主承销商瑞士信贷第一波士顿和摩根士丹利的安排，由施正荣完全控股的壳公司D&M Technologies在开曼群岛注册成立尚德控股公司，发行1股，面值0.01美元。2005年8月16日，尚德控股和尚德BVI的全体股东共同签订了换股协议。

按照协议，尚德控股向尚德BVI现有的16家股东发行股票来交换这些股东所持有的尚德BVI全部股份，这就是换股。换股后，尚德控股将持有尚德BVI 100%的股份，同时尚德BVI的16家股东将拥有尚德控股100%的股权。尚德控股将作为最终控股公司择机上市，尚德控股的股权结构与尚德BVI的股权结构完全一致，并且在公司章程里明确了尚德控股的A系列优先股与尚德BVI的A系列优先股享有同样的权利。章程特别规定尚德控股必须任命高盛和龙科的代表进入董事会并任命他们进入无锡尚德的董事会，而公司重大的经营管理事项都必须经这两名投资者董事批准，可以看出，上市之前外资对公司具有非常大的控制权。

但尚德控股也备有第二套公司章程，这套章程在上市成功以后会立即启用，从而外资的控制力将大大减弱，对赌协议也将失效。

第五步：主板上市实现财富增值。

负责公司审计的德勤会计师事务所认为公司在上市前受到外资的强力控制，而且在整个上市的重组过程中没有产生任何新的单个股东或一致行动股东可以控制无锡尚德，可以采取权益结合的会计处理方法，所以，无锡尚德的全部资产和负债都可以按账面价值并入尚德BVI和尚德控股，尚德控股的经营与财务记录与无锡尚德完全一致。

2005年11月28日，公司向美国证券交易委员会递交招股说明书，准备在纽交所上市，发行2 638万份美国存托凭证（ADS），发行区间为11～13美元。其中2 000万份为新股，其余部分为公司现有股东转售。2005年12月14日，尚德控股向公众出售2 000万股新股，老股东向公众出售638万股旧股，在纽交所完成上市。发行价15美元，上市开盘价20.35美元，筹资总额达4亿美元，按发行价计算，外资机构2.307 7美元的购股成本在半年内增值了6.5倍。无锡尚德成为国内第一家在纽交所上市的民营企业。

8.7.3 财务绩效

资本市场为无锡尚德提供了充沛的现金流，有力地支持了公司的研发投入和规模扩张。据2005年年报披露，2005年无锡尚德的研发费用达到335万美元，是2004年研发费用的7倍。公司总资产达到4.81亿美元，同比增长约6倍。在此带动下，太阳能电池制造能力从2004年的120兆瓦增加到2005年年末的150兆瓦。无锡尚德2005年全年销售收入为2.26亿美元，与2004年的销售收入0.85亿美元相比增长了165%；净利润达到3 062万美元，同比增长55%；每股净收益达到0.31美元，同比增长41%。上市后无锡尚德的经营业绩可以通过表8-4所列示的财务指标得以反映。

表8-4 无锡尚德的主要财务指标 单位：百万美元

项目	2005年	2006年	2007年	2008年	2009年
营业收入	226.0	598.9	1 348.3	1 923.5	1 693.35
营业成本	157.4	450.0	1 074.2	1 580.6	1 354.58
毛利润	68.6	148.9	274.1	342.9	338.75
期间费用	24.6	44.2	90.1	160.4	164.78
利润总额	28.2	106.0	171.3	88.2	91.48
毛利率	30.35%	24.86%	20.33%	17.83%	20.00%
利润率	12.48%	17.70%	12.70%	4.59%	5.40%

资料来源：索比光伏网. 尚德电力2009年报分析：中国将成为世界最大的光伏市场.［2010-04-21］. http://www.solarbe.com/201004/21/10127.html.

上市后无锡尚德的营收规模迅速扩大，并在2006—2008年保持较高的增长幅度，这与国际资本的支持以及无锡尚德的国际化经营布局密不可分。无锡尚德全球分支机构遍及13个国家，其中包括3个地区中心，即中国无锡、瑞士沙夫豪森和美国旧金山，2009年无锡尚德在全球太阳能电池厂前10位中由2008年的第三位跃居第二位。由表8-4可以看出，2009年无锡尚德的营业收入下降，其原因主要是产品价格下降，而利润增加主要是由于无锡尚德电力技术创新降低了硅片成本，成本下降幅度大于产品价格下降的幅度。

8.7.4 黯然退市破产重组

海外上市并未确保无锡尚德的发展一路坦途，2008年金融危机爆发后，光伏产业的产能严重过剩，在这样严峻的市场环境下，无锡尚德还在持续进行产能投资，总产能不断上升，导致公司的产能过剩严重，盈利能力不断下降。与此同时，由于金融危机后多晶硅的价格暴跌，从2008年的80美元/千克跌至2011年的35美元/千克，公司的经营状况越来越差，面临巨大的经营风险。

对于上市公司而言，可转换债券被视作一种递延的股权融资工具，所以大多数公司发行可转换债券的最终目的是能够转股成功，来达到低成本融资，但若转股失败就会使公司面临巨大的偿债压力。上市后，无锡尚德继续拓宽融资渠道。2007—2009年公司的融资规模达到历史最大，其后还在不断进行可转换债券融资，但是其股价在2008年达到高峰后就一路下跌，投资者自然不愿意转股。2013年，无锡尚德在美国发行的5.41亿美元可转换债券发生违约，导致公司进入破产程序。

8.7.5 案例启示

从公司成立到成功登陆纽交所，无锡尚德只用了4年的时间，以至于许多人称之为“尚德神话”，公司创始人兼董事长施正荣将成功归于“在一个合适的时机进入一个好行业”，但事实上，施正荣带领的无锡尚德在产业领域和资本领域都创造了奇迹。无锡尚德的飞速发展不仅折射了新技术的巨大推动力和新产业的巨大活力，而且为中国企业国际化经营树立了典范。

1. 发行国际股票一举两得实现多赢

如前所述，企业发行国际股票能迅速筹集外汇资金，提高企业信誉，有利于企业以更快的速度向国际化发展。无锡尚德的案例充分说明了这一点。

里昂证券在一份太阳能行业分析报告中指出，硅料供应紧张是太阳能行业最主要的风险。如果无法获取足够的原料供应，公司将会面临盈利增长波动的风险。按照无锡尚德的计划，IPO之后所募集资金中的最大一笔开销将用于保障硅片的供应，据估计金额会达到1亿美元；此外，公司计划投入4 000万美元用于扩大产能，2 000万美元用于研发。

上市后不到一周，洛阳尚德太阳能电力有限公司生产基地首期30兆瓦工程破土动工，而无锡本部新增120兆瓦太阳能电池生产线的扩建工程也在进行。2006年8月，无锡尚德宣布以3亿美元的价格收购日本最大的专业化太阳能组件厂商MSK；同月，无锡尚德又在上海漕河泾拿下200亩地，投资6 000万美元修建研发中心和生产工厂。

发行国际股票为企业筹集到了丰厚的资金，有了资金基础，企业可以扩大产能，投资新的项目，进一步巩固和扩大市场地位，拉大与竞争对手的差距。在资本市场发达的今天，谁抢得上市的先机，谁就占领了市场的制高点。

无锡尚德的案例也说明，企业发行国际股票可以实现政府、投资机构和企业的多赢。本案例中，政府的前期投入对无锡尚德后期的发展起着至关重要的作用，而适时地退出不仅成就了民营企业的海外上市，而且使其获得了10～23倍的高额投资回报。同样，海外投资机构也在很短的时间内获得数倍于投资额的回报。

2. 精妙设计顺利登陆纽交所

无锡尚德海外上市的一个亮点就在于其环环相扣的重组程序：成立尚德BVI→获得过桥贷款作为保证金→私募8 000万美元收购资金→收购国有股权→换股→上市。公司在不到半年的时间里就通过了纽交所苛刻的审查，水到渠成地实现了海外上市。

为了实现海外上市，2005年1月先是成立了尚德BVI公司，BVI是英属维尔京群岛的缩写，按照当地法律，在英属维尔京群岛注册的公司通常称为BVI。英属维尔京群岛的政治、经济与贸易环境十分稳定，加之有许多优惠政策，BVI公司就成了许多国内企业海外上市的途径之一。无锡尚德通过尚德BVI得以私有化，在这个过程中又利用过桥贷款作为收购保证金，通过私募的方式获得了外资投资机构的8 000万美元投入。除此之外，无锡尚德不仅获得了资金顺利完成对国有股权的收购，而且通过引入战略投资提升了公司整体形象，以高盛为代表的外资机构对公众投资有很好的号召力，可以保证上市时股票的发行价格和融资效果。考虑到开曼群岛的法律环境最符合美国上市的要求，在无锡尚德实质上已成为外资公司以后，2005年8月在上市承销商的安排下，在开曼群岛注册成立了尚德控股公司，然后立即与尚德BVI进行换股，最终实现上市。

3. 产业与资本相得益彰

无锡尚德的上市过程为国内企业特别是民营企业海外上市提供了一个可以效仿的模板，但并非所有的民营企业都可以通过这条路实现海外上市。无锡尚德上市成功的最基本原因在于其依托的产业和自身具有的技术实力为国际资本市场所青睐，而无锡尚德国际化的成功之处就在于它将产业优势与资本运营有机融合，两者相得益彰。

海外上市并不是无锡尚德国际化之路的开端，只是加速了其国际化的进程。上市之前，无锡尚德就以其高科技太阳能光电产品迎合了国外市场的大量需求，2004年，德国开始大力推广的《新能源法》规定，以每千瓦时0.5欧元收购市民利用太阳能发的电，而市民用电的价格仅为每千瓦时0.12欧元，由此推动2004年德国光伏发电市场增长了235%，超过日本成为世界最大的光伏发电市场。正是因为看到了这种商机，无锡尚德请德国人格雷厄姆·阿特斯（Graham Artes）担任首席运营官，负责营销。他为无锡尚德带来了不少订单，加之公司的产品比国外产品便宜5%，可以说质优价廉，因此非常受德国人的欢迎。2004年，无锡尚德在德国的销售收入占到总销售收入的70%，推动整体销售额以300%的超常速度增长。当年还有17%的收入来自欧洲其他国家，只有8%的收入来自中国国内。而2005年1—9月，来自德国的销售收入下降至54%，来自欧洲其他国家的销售收入上升至25%，来自国内的销售收入上升至17%。到2009年，来自德国的销售收入下降至41%，说明无锡尚德对德国单一市场的依赖有所降低，而国内销售收入的增长让投资者看到了更为广阔的前景。

此外，无锡尚德的太阳能转换技术也在世界名列前茅，在光伏产业中太阳能转换技术水平将直接影响公司毛利率的高低，从而决定其市场竞争力，转换率每提高一个百分点，就意味着成本下降 10%左右。无锡尚德在这一指标上所表现的强劲竞争力也是其受到投资者追捧的原因之一。

4. 登陆国际资本市场并非是进了保险箱

无锡尚德登陆纽交所，在国际资本市场打开了新的融资渠道，并非代表公司的发展可以一劳永逸，经济形势的不确定性、行业前景以及管理者的判断失误都可能使公司面临各种风险，公司在发展过程中需要考虑各方面的因素。国际化不是一蹴而就的，更不是一路坦途，管理者的过度自信所导致的决策失误是无锡尚德背负巨额债务而破产的重要原因之一。要从外部监督和内部治理两方面做好把控，避免公司错误地实施过多的融资和投资行为。

资料来源：

①尚德电力官网. http://cn. suntech-power. com.

②新浪网. 无锡尚德用阳光创财富 民企破例闯进纽交所. [2006-02-27]. http://tech. sina. com. cn/it/2006-02-27/1524852458. shtml.

③董育军，陈婷婷. 发行可转债融资案例研究——基于川投能源和尚德电力双案例分析. 湖北经济学院学报（人文社会科学版），2021，18（3）：55-57.

④其他公开资料.

本章小结

● 国际财务管理是财务管理的一个新领域，它是基于国际环境，按照国际惯例和国际经济法的有关条款，根据国际企业财务收支的特点，组织国际企业的财务活动、处理国际企业财务关系的一项经济管理工作。

● 外汇风险的根源在于汇率的变动，由此引起国际企业资产的价值、现金流量等发生变化。外汇风险一般可以分为三类：交易风险、折算风险、经济风险。

● 远期外汇交易保值、货币市场套期和外汇期权交易保值可以用来避免外汇交易风险；调整外汇净受险资产、平衡资产与负债数额可以用来避免外汇折算风险；多元化经营是避免经济风险的主要方式。

● 相比国内企业，国际企业的资金来源与筹资方式更加多样化，国际企业资本结构管理的目标是降低资本成本，建立最优资本结构。由于面临更加复杂的国际环境，国际企业必须加强筹资风险的防范。

● 按投资方式，国际投资可分为国际直接投资和国际间接投资；按资金来源，可分为公共投资和私人投资；按投资时间长短，可分为长期投资和短期投资。除与国内企业同样面临的投资风险，国际直接投资还要面临东道国可能存在的政治风险。

● 国际营运资金的管理包括两方面内容：营运资金的存量管理和营运资金的流量管理。营运资金的存量管理着眼于各种类型的资金处置，目的是使现金余额、应收账款和存货处于最佳水平。营运资金的流量管理着眼于资金从一地向另一地的转移，其目的是使资金得到合理的安置，确定最佳安置地点和最佳持有币种，以避免各种可以预见的风险和损失。

● 国际税收管理是国际企业财务管理的重要组成部分，不同国家税率、税基、税种以及税收管理效率等的差别造成的税收差异是国际避税产生的原因。国际企业可以利用内部转移价格、避税港以及选择有利的组织形式等方法合理避税。

案例讨论

TCL的国际化之路

一、通过并购快速实现国际化

有媒体将2004年称为中国企业国际化的元年，TCL也是在这一年收购法国汤姆逊的彩电业务，这被视为中国企业进军国际市场的重要一步。其实，早在2002年，TCL就以820万欧元全资收购了德国电器公司施耐德，踏上了国际化的征程；2003年上半年，TCL又收购了美国渠道商戈维迪奥公司。

将企业做大、实现国际化是TCL的目标，而促使其“走出去”有两方面的客观动因：一方面，加入WTO以后，中国市场逐渐成为国际市场的一部分，但无论是在彩电市场还是手机市场，TCL都未掌握核心技术，面临国际厂商的巨大竞争压力，TCL只有寻求技术上的快速突破，才能在市场中立于不败之地。另一方面，中国国内的彩电、家电、个人计算机等行业竞争日趋激烈，利益逐渐摊薄，处于边际收益递减的阶段。但通过单纯的产品外销行不通，因为当时美国和欧洲对中国的彩电实施反倾销政策，对家电制造企业的跨国发展造成很大障碍。在这种情况下，选择收购重组汤姆逊对规避反倾销和专利费具有重要作用。2004年1月29日，TCL收购汤姆逊的彩电业务，成立TTE，并于当年8月正式运营。

2004年4月，TCL又收购了法国阿尔卡特移动电话业务，成立合资公司，阿尔卡特注入4 500万欧元现金和600名法方员工，在合资公司中持有45%的股份。2004年9月27日，TCL通讯科技控股有限公司（简称TCL通讯）在港交所主板上市，至此，TCL在市场上树立起国际化企业的形象。

二、国际化后面临的难题

虽然在2004年的两次并购之后，TCL已成为全球第一大彩电生产厂商和第七大手机生产厂商，但其在深圳和香港两地上市公司的股价表现一直低迷。进入2005年，TCL三家上市公司[①]的股价都创下历史新低。一年之内，TCL的股价大幅缩水，从最高时的9.46元跌至2005年2月的3.23元，探至历史谷底，2005年4月14日报收于3.40元，累计跌幅达64%。剔除当时内地股市的整体低迷因素，TCL集团的股价呈现超跌态势。与此同时，TCL在香港股市上的表现也不令人满意，TCL通讯自上市以来股价一直下

① TCL集团（000100.SZ）2004年1月在深交所上市；TCL多媒体（1070.HK）1999年11月26日在港交所上市，2018年6月25日更名为TCL电子；TCL通讯（2618.HK）2004年9月在港交所上市，2016年退市。

滑，在半年的时间内跌幅达60%。

股价的走势反映出投资者对公司的看法，相应地，包括银河证券、瑞银华宝等在内的多家大证券公司也开始调低对TCL的评级。瑞银华宝、花旗美邦将TCL在香港的两家上市公司的投资信用等级由“买入”调低至“中性”，德意志银行给予“减持”评级。

股价下跌的背后隐藏着公司业绩不佳的事实。2004年第三季度业绩报告显示，由于TTE海外业务和手机业务的亏损，TCL多媒体第三季度净亏损达到5 900万港元。从2004年公司的业绩快报来看，由于为公司手机业务提取存货跌价准备合计2.18亿元，2004年度净利润同比下降56.9%；与此同时，公司利润总额、每股收益、净资产收益率分别下降78.63%、73.47%和20.71%。业绩发布后，TCL集团股价一度跌停，收盘报跌7.86%。2004年，TCL虽然主营业务收入上涨44.68%，但利润增长率仅为37.62%。有分析师指出，TCL收购汤姆逊之后，肯定会出现销售收入大幅上升，但利润增长并未跟上，应该归因于第三季度合资公司正式运营后，在欧美市场出现的亏损。

瑞士信贷第一波士顿的一份研究报告指出，尽管TTE的成立使TCL吸引了全球的关注，但由于TCL不得不将其在中国内地市场的电视机利润补贴到收购的汤姆逊的彩电业务中，TCL多媒体的股东回报无疑将在未来两年内被稀释。与此同时，由于TCL将其手机业务从TCL多媒体剥离营业收入下降，汤姆逊彩电业务的亏损以及30%的新收益将归于汤姆逊公司。这种通力合作的优势并未显著表现出来，2004年和2005年的每股利润不可避免地下降21%和53%。

TTE占到了TCL业务量的一半以上，但其欧洲业务处于总体亏损的状态。TTE欧洲业务可以分为两块：一是由TTE欧洲负责，在西欧和东欧销售汤姆逊、SABA等其他品牌的彩电，业务覆盖8个国家，销售团队及运营机构庞大，成本较高，2005年以及2006年上半年亏损约为1.3亿欧元。二是由战略OEM（原始设备制造商，指代工生产）中心负责，产品以汤姆逊和其他品牌为主，大部分销往俄罗斯、东欧国家和土耳其，虽然业务量不大，但由于其供应链简单，成本费用低，处于盈利状态。

从国际经验来看，如果不能在一年之内顺利完成整合，并购成功的可能性会大大降低。并购完成之后，TCL的掌门人李东生的目标是在18个月内实现扭亏。这就意味着在有限的时间里，TTE要整合原来汤姆逊在全球的研发、生产部门和销售渠道，将之和TCL原有的彩电业务部门打通，实现全球范围内统一采购、生产和研发，形成协同运作的平台并发挥效益。但整合不是简单的业务拼接，TCL在亚洲一些新兴市场的经验无法复制到欧洲市场。对此，TCL集团首席运营官、TCL移动总经理袁信成面对员工坦言：“客观来看，TCL这些年尽管成长很快，但在系统管理的改善方面还很欠缺。”

手机业务方面的情况也不容乐观，据估算，2004年度TCL通讯每增加一名员工就增加52万港元的费用，由并购形成的高额人力费用后来成为TCL的大包袱。2005年净亏损高达16.08亿港元。

截至2006年9月，TCL多媒体在欧洲的业务累计亏损1.59亿欧元，成为TCL集团亏损最主要的原因。公司面临如果2007年继续亏损，股票将被ST处理的风险。国际市场的不景气也影响到TCL中国区的业绩。从2006年半年报来看，中国区上半年销售彩电374万台，相比上年同期下降了10%。

三、通过重组渡过危机

2005年5月，TCL通讯收购与阿尔卡特合资的手机公司，使其成为自己的全资子公司。条件之一就是阿尔卡特接收除欧洲区销售人员外的绝大部分法方人员，这使TCL通讯甩掉了人力费用的包袱，并获得了完全的资源调配权。此后，海外销量快速上升，到2005年年底占集团总销量的80%以上。针对国内急剧萎缩的市场销量，TCL采取了压缩渠道、裁减人员等措施，2006年第三季度，TCL通讯在国内市场上开始扭亏为盈。

TTE欧洲业务巨亏是影响TCL多媒体业绩的原因之一。从年报来看，2004年度，欧洲业务的亏损只有几百万元；2005年度，欧洲业务亏损5.5亿元；而到2006年上半年，欧洲业务亏损7亿多元。公司内部人士认为并购汤姆逊彩电业务之初，TCL管理层对欧洲市场的难度估计不足，而将主要力量集中在北美洲扭亏上，但事实上，欧洲的运营成本高，特别是员工工资高，加之彩电业近几年一直处于低利润期。另一个影响TCL业绩的原因是TCL欧洲的业务体系反应过慢，TCL大量生产的普通显像管电视在液晶电视日渐风行的欧洲销售非常困难。

2006年10月31日，TCL宣布对连续两年巨亏的TTE欧洲业务进行重组。TCL集团品牌管理中心新闻总监对于重组是这样定位的："重组计划并不意味着TCL将退出欧洲市场，欧洲仍然是TCL全球战略的重要组成部分，不管是现在还是未来，都不会放弃欧洲。重组只是对目前业务模式进行重新设计。"公司希望通过重组改组欧洲业务减少损失，这被认为是TCL进行的"止血"行动。

重组欧洲业务的核心在于：终止除OEM业务外的所有彩电销售和营销活动；对TTE目前在欧洲从事欧洲业务的大部分员工进行重组；TCL多媒体将以新的业务模式，即扩展其在欧洲的OEM业务为主要目的。TTE欧洲也认为此次重组并非一个简单的扭亏计划，而是要对欧洲业务模式进行彻底调整。主要是改变业务经营方式，使之更加贴近市场，满足零售商和其他客户的需要。

自2006年11月起，TTE欧洲基本无实质性的经营活动，而TCL多媒体已经在欧洲设立新的以OEM业务为主的公司，其中波兰工厂就接到了来自冠捷科技180万台平板电视OEM的订单，新公司的运营与原TTE欧洲的清算没有任何关系。2007年5月24日，TCL多媒体的全资子公司TTE欧洲向法国商业法庭提出清算申请，从而结束了TTE欧洲业务，以帮助TCL多媒体实现扭亏目标。

2005年开始，TCL的国际收入超过国内收入，标志着TCL已初步形成国际企业架构。2007年年底，TCL实施集团产业重组，建立了多媒体、通信、家电、部品四个产业集团，以及房地产投资和物流服务两个第三产业业务群，这种"4+2"的业务架构重组优化了资源配置，使集团业务架构更为清晰。经过3年的国际化整合，TCL彩电（多媒体）在中国、新兴市场、欧洲和北美洲的产业布局与渠道架构基本形成。2007年，TCL彩电全球产量超过1 500万台，市场份额达5.8%，位居全球前五。这种全球化的业务架构使得TCL有能力在彩电领域与全球领先企业展开竞争。

2010年3月10日公布的2009年年报带来了一个好消息：TCL实现了2004年国际化并购以来的首次收入正增长。数据显示，TCL集团2009年实现营业收入442.95亿元，其中销售收入429.19亿元，同比增长14.86%；实现净利润4.70亿元，扣除非经常性损益后的净利润为 2.13 亿元，同比增长 213.39％；实现经营性现金净流入 7.38 亿元，同比增长 46％。海外业务方面，2009 年 TCL 彩电业务实现扭亏为盈，手机业务快速增长。

2004 年 TCL 并购阿尔卡特手机业务时，其手机海外销量仅有 700 万部。2006 年、2007 年，TCL 通讯海外手机销量超过 1 000 万部。2010 年第一季度，TCL 通讯在海外销售了 534 万台手机，占比达到 92％，并与包括沃达丰、Orange 在内的主要电信运营商进行了 ODM（原始设计制造商）手机业务的合作，有望跻身手机一线品牌的阵营。

四、国际化带来的竞争优势

集团积极把握全球产业结构调整的机会，加快发展海外业务，制定了“巩固欧美市场，拓展新兴市场”的海外基本策略，以提升全球竞争力。2015 年，TCL 的营业收入达到 1 046 亿元，海外业务稳定增长并保持盈利，其中，主要产品业务板块 TCL 多媒体电子在北美洲市场的销量突破 100 万台；TCL 通讯科技在北美洲市场和欧洲市场的销量分别达到 1 454 万台和 2 110 万台。TCL 多媒体电子、TCL 通讯科技和 TCL 家电产业集团在新兴市场协同联动，重点开拓印度、巴西市场，建立本地工业能力，规划 TCL 品牌及渠道建设。2015 年报告期内，集团海外业务销售收入达到 471.6 亿元，同比增长 3.73％，海外业务的贡献达到 50％。

经过多年的国际化发展，TCL 已经成长为一家真正的全球化企业，建立了 LCD 电视和智能终端，以及家用电器的全球供应链管理体系，实现了全球范围内的资源优化配置，建立了全球化的竞争优势。

首先，覆盖全球的销售网络是公司的核心竞争力之一。2004 年公司并购汤姆逊的彩电业务和阿尔卡特的移动电话业务，覆盖全球的业务架构初步形成。目前，公司已在美国硅谷、法国巴黎、意大利米兰等地建立了研发中心以及近 20 个制造基地和代加工厂，并在全球 45 个国家和地区设有销售组织，销售 TCL、汤姆逊品牌彩电和 TCL、阿尔卡特品牌移动电话以及其他产品，全球化架构初步形成。

其次，树立了良好的品牌形象。TCL 已经成为少数国际知名的“中国制造”品牌之一，得到国内外市场高度认可。在 2015 年“世界品牌大会暨中国 500 最具价值品牌”评选中，TCL 位居第 59 位，在国内家电行业中排名第三。

最后，行业地位和规模优势不断提升。以核心技术能力、工业能力及产业链优势为后盾，TCL 于 2015 年制定了“全球化再出发”战略，即在全球以多媒体、通信、家电三大产业为基础，形成三军联动、品牌领先、扎根重点市场国家的新突破。2017 年，TCL 完成了对美国 BestBuy，Walmart，Cosctco，Target，Amazon 和 Sam’S Club 六大渠道的全面覆盖，并成立了雷鸟网络科技有限公司，负责 TCL 电子及其控股子公司在全球的智能电视终端的平台运营。2018 年，TCL 海外业务收入占集团营业总收入的 49.7％，其中，在北美洲和欧洲的出货量分别达到 577 万台和 107 万台，同比增长 42％和 118％；与此同时，TCL 2018 年在南美洲这一新兴市场的出货量高达 392 万台，同比增长 27.3％。2019 年，TCL 的品牌价值达到 1 029.25 亿元，在中国品牌 500 强中排名第 42 位，在我国彩电公司中排名第一。2020 年，TCL 海外销售收入占比超过 60％，产品种类涵盖智屏、空调、智能移动及连接设备、冰箱、洗衣机、健康电器、智能语音等各类智能终端产品。其中，TCL 电视机在北美洲市场的销量同比提升 25.4％，全年销量排名位居美国市场第二；TCL智能移动及连接设备业务在北美洲、欧洲、拉丁美洲和澳大利亚等多个重要市场中排名前五；TCL空调2020年出口量高达688万台，同比增长21%，出口量位列行业第三。如今TCL在全球160多个国家和地区开展国际化业务，同时设有研发机构28个，技术研发实验室10个，大型制造基地22个，员工总数近9万名。

资料来源：

①周涛，李志军．TCL直面关键一役 裁员或成重组最大难题．经济观察报，2006-11-06.

②李志军．TCL通讯预期扭亏 CEO评述艰难历程．经济观察报，2007-01-15.

③全球财经观察．TCL遇并购综合征：面对国际化的诱惑与困惑．[2005-04-17]．http://www.sina.com.cn/it/2005-04-17/1448584973.shtml.

④陈军君．TCL如果不并购汤姆逊．中国经济时报，2005-03-09.

⑤孙燕飚．TCL国际化并购后营收首现正增长．第一财经日报，2010-03-11.

⑥TCL集团股份有限公司2015年年报.

要求：

你认为TCL在国际化经营方面有哪些经验可以借鉴？从TCL的国际化战略实施过程可以得到哪些启发？你如何看待TCL对TTE欧洲业务的重组？在这个过程中，TCL应重点解决的问题是什么？

思考题

1. 国际企业财务管理的特点是什么？
2. 国际企业筹资应注意什么问题？
3. 直接投资和间接投资的划分标准是什么？
4. 如何优化国际企业的资本结构？
5. 国际企业营运资金管理的特点是什么？环境影响因素有哪些？
6. 如何理解国际企业合理避税与国际反避税的关系？

第9章

中小企业财务管理

本章导读

截至2018年年末，江苏省中小企业总数达319万家，其中，规模以上中小工业企业4.45万家，占全国总数的12.1%，主营业务收入和利润总额均居全国各省市首位，贡献了全省50%以上的经济总量，60%以上的税收，70%以上的技术创新，80%以上的新增就业，99%的企业数量，成为全省经济发展的主力军。针对这一现状，结合我国科创板的发展，江苏省着力扶持和发展了一批科创板的后备企业，截至2020年11月，江苏省科创板后备企业15家，占科创板后备企业的18.75%。[①]此外，截至2020年10月，自创业板试点注册制以来，江苏省提出创业板IPO申请的企业达63家，占比15.1%。

融资难、融资贵历来是制约中小企业生存发展的主要问题，创业板和科创板为中小企业的发展提供了更广阔的资本平台。创业板定位于深入贯彻创新驱动发展战略，主要服务成长型创新创业企业，并支持传统产业与新技术、新产业、新业态、新模式深度融合。2020年，创业板总市值突破10万亿元，民营企业占比高达88.06%。2019年，科创板正式登陆上交所，这是资本市场助力科技创新服务的又一政策落地。

中小企业是我国经济发展中不可忽视的重要组成部分，充分了解中小企业财务管理的特点，合理利用各种扶持政策实现中小企业的快速发展，是本章内容的主要出发点。

① 新浪财经．科创板后备企业达80家 江浙沪“包邮区”占比超三分之一．[2019-11-20]．https://finance.sina.com.cn/roll/2019-11-20/doc-iihnzhfz0430810.shtml.

学习目标

- 掌握中小企业财务管理的特点
- 熟悉中小企业的融资渠道及风险投资过程
- 熟悉中小企业投资战略的制定及资本运营方法
- 了解中小企业的信用担保体系及相关的政策

9.1　中小企业财务管理概述

9.1.1　中小企业的概念

中小企业是相对于大企业的概念，是指营业收入或资产总额较小、员工人数较少、管理组织简单、职责分工有限的企业。虽然世界各国对中小企业的界定没有统一的标准，但基本上都是基于定性和定量两个方面对其进行划分，定性主要是通过对经济特征和控制方式的描述反映企业的组织结构和经营方式，定量则主要通过规模等数量指标来划分大、中、小型企业。例如，美国 1953 年颁布的《小企业法》规定，凡是独立所有和经营并在某行业领域不占支配地位的企业均属小企业。欧盟规定，从业人数在 250 人以下的企业为中小企业。国际上，一些学者从统计的需要出发，依据企业员工的多少提出了划分大、中、小企业的参考标准：员工在 1～9 人之间为微型企业；员工在 10～99 人之间为小型企业；员工在 100～499 人之间为中型企业；员工在 500 人以上为大型企业。表 9-1 列示了世界主要国家和地区关于中小企业的界定标准。

表 9-1　世界主要国家和地区关于中小企业的界定标准

国家或地区	界定标准
美国	质的规定：独立所有和经营并在某行业领域内不占支配地位的企业 量的规定：制造业：员工少于 500 人 零售业：年销售额在 200 万～800 万美元 批发业：年销售额在 950 万～2 200 万美元 建筑业：年销售额在 100 万～950 万美元 农业：年销售额在 100 万美元 注：量的规定在各产业内又因具体行业的不同而不同，此处数值为上限标准的区间。
德国	质的规定：1. 不能从资本市场直接筹集资本 2. 经营者直接承担风险 3. 经营者独立并与从业人员一起进行生产经营活动 小型企业：制造业、服务业中员工在 49 人以下，年销售收入 100 万马克以下 中型企业：制造业、服务业中员工在 499 人以下，年销售收入 100 万马克以上、1 亿马克以下

续表

国家或地区	界定标准
英国	质的规定：1. 市场份额小 2. 所有者依据个人判断进行经营 3. 所有经营者独立于外部支配 小企业：制造业：从业人员在 200 人以下 建筑业、矿业：从业人员在 20 人以下 零售业：年销售收入在 18.5 万英镑以下 批发业：年销售收入在 73 万英镑以下
欧盟	微型企业：员工 1～9 人 小型企业：员工 10～49 人 中型企业：员工 50～249 人
日本	中小企业：制造业等：从业人员在 300 人以下或资本金在 1 亿日元以下 批发业：从业人员在 100 人以下或资本金在 3 000 万日元以下 零售服务业：从业人员在 50 人以下或资本金在 1 000 万日元以下
新加坡	小型企业：固定资产额在 500 万新加坡元以下 中型企业：固定资产额为 500 万～1 000 万新加坡元
中国台湾	中小企业：制造业、营造业、矿业及土石采取业：实收资本额在 6 000 万元新台币以下或常雇员工在 200 人以下 农林渔牧业、水电燃气业、商业、服务业：年营业额在 8 000 万元新台币以下或常雇员工在 50 人以下
中国香港	小型工业企业：员工在 100 人以下

资料来源：周立群，谢思全，等. 中小企业改革与发展研究. 北京：人民出版社，2001.

新中国成立以来，我国分别在 1962 年、1988 年、1999 年对企业按照规模进行了划分，为了促进中小企业的发展，2003 年 1 月 1 日开始正式实施《中华人民共和国中小企业促进法》。为贯彻实施该法，按照法律规定，国家经贸委、国家计委、财政部、国家统计局于 2003 年 2 月 19 日研究制定了《中小企业标准暂行规定》。

为贯彻落实《中华人民共和国中小企业促进法》和《国务院关于进一步促进中小企业发展的若干意见》（国发〔2009〕36 号），2011 年 6 月，工业和信息化部、国家统计局、发展改革委、财政部研究制定了《中小企业划型标准规定》，2003 年颁布的《中小企业标准暂行规定》同时废止。

新的划型标准涉及 84 个行业大类、362 个行业中类和 859 个行业小类，基本涵盖了国民经济的主要行业。根据新的划型标准，中小企业分为三类：中型、小型和微型，主要参考就业人数、营业额、资产总额指标，在不同的行业使用不同的指标。中型企业标准上限即为大型企业标准的下限。具体的划型标准如表 9－2 所示。

表 9－2　我国中小企业的划型标准

行业	标准
农、林、牧、渔业	营业收入 20 000 万元以下的为中小微型企业。 其中：营业收入 500 万元及以上的为中型企业； 营业收入 50 万元及以上的为小型企业； 营业收入 50 万元以下的为微型企业。

续表

行业	标准
工业	从业人员 1 000 人以下或营业收入 40 000 万元以下的为中小微型企业。 其中：从业人员 300 人及以上，且营业收入 2 000 万元及以上的为中型企业； 从业人员 20 人及以上，且营业收入 300 万元及以上的为小型企业； 从业人员 20 人以下或营业收入 300 万元以下的为微型企业。
建筑业	营业收入 80 000 万元以下或资产总额 80 000 万元以下的为中小微型企业。 其中：营业收入 6 000 万元及以上，且资产总额 5 000 万元及以上的为中型企业； 营业收入 300 万元及以上，且资产总额 300 万元及以上的为小型企业； 营业收入 300 万元以下或资产总额 300 万元以下的为微型企业。
批发业	从业人员 200 人以下或营业收入 40 000 万元以下的为中小微型企业。 其中：从业人员 20 人及以上，且营业收入 5 000 万元及以上的为中型企业； 从业人员 5 人及以上，且营业收入 1 000 万元及以上的为小型企业； 从业人员 5 人以下或营业收入 1 000 万元以下的为微型企业。
零售业	从业人员 300 人以下或营业收入 20 000 万元以下的为中小微型企业。 其中：从业人员 50 人及以上，且营业收入 500 万元及以上的为中型企业； 从业人员 10 人及以上，且营业收入 100 万元及以上的为小型企业； 从业人员 10 人以下或营业收入 100 万元以下的为微型企业。
交通运输业	从业人员 1 000 人以下或营业收入 30 000 万元以下的为中小微型企业。 其中：从业人员 300 人及以上，且营业收入 3 000 万元及以上的为中型企业； 从业人员 20 人及以上，且营业收入 200 万元及以上的为小型企业； 从业人员 20 人以下或营业收入 200 万元以下的为微型企业。
仓储业	从业人员 200 人以下或营业收入 30 000 万元以下的为中小微型企业。 其中：从业人员 100 人及以上，且营业收入 1 000 万元及以上的为中型企业； 从业人员 20 人及以上，且营业收入 100 万元及以上的为小型企业； 从业人员 20 人以下或营业收入 100 万元以下的为微型企业。
邮政业	从业人员 1 000 人以下或营业收入 30 000 万元以下的为中小微型企业。 其中：从业人员 300 人及以上，且营业收入 2 000 万元及以上的为中型企业； 从业人员 20 人及以上，且营业收入 100 万元及以上的为小型企业； 从业人员 20 人以下或营业收入 100 万元以下的为微型企业。
住宿业	从业人员 300 人以下或营业收入 10 000 万元以下的为中小微型企业。 其中：从业人员 100 人及以上，且营业收入 2 000 万元及以上的为中型企业； 从业人员 10 人及以上，且营业收入 100 万元及以上的为小型企业； 从业人员 10 人以下或营业收入 100 万元以下的为微型企业。
餐饮业	从业人员 300 人以下或营业收入 10 000 万元以下的为中小微型企业。 其中：从业人员 100 人及以上，且营业收入 2 000 万元及以上的为中型企业； 从业人员 10 人及以上，且营业收入 100 万元及以上的为小型企业； 从业人员 10 人以下或营业收入 100 万元以下的为微型企业。
信息传输业	从业人员 2 000 人以下或营业收入 100 000 万元以下的为中小微型企业。 其中：从业人员 100 人及以上，且营业收入 1 000 万元及以上的为中型企业； 从业人员 10 人及以上，且营业收入 100 万元及以上的为小型企业； 从业人员 10 人以下或营业收入 100 万元以下的为微型企业。

续表

行业	标准
软件和信息技术服务业	从业人员 300 人以下或营业收入 10 000 万元以下的为中小微型企业。 其中：从业人员 100 人及以上，且营业收入 1 000 万元及以上的为中型企业； 从业人员 10 人及以上，且营业收入 50 万元及以上的为小型企业； 从业人员 10 人以下或营业收入 50 万元以下的为微型企业。
房地产开发经营	营业收入 200 000 万元以下或资产总额 10 000 万元以下的为中小微型企业。 其中：营业收入 1 000 万元及以上，且资产总额 5 000 万元及以上的为中型企业； 营业收入 100 万元及以上，且资产总额 2 000 万元及以上的为小型企业； 营业收入 100 万元以下或资产总额 2 000 万元以下的为微型企业。
物业管理	从业人员 1 000 人以下或营业收入 5 000 万元以下的为中小微型企业。 其中：从业人员 300 人及以上，且营业收入 1 000 万元及以上的为中型企业； 从业人员 100 人及以上，且营业收入 500 万元及以上的为小型企业； 从业人员 100 人以下或营业收入 500 万元以下的为微型企业。
租赁和商务服务业	从业人员 300 人以下或资产总额 120 000 万元以下的为中小微型企业。 其中：从业人员 100 人及以上，且资产总额 8 000 万元及以上的为中型企业； 从业人员 10 人及以上，且资产总额 100 万元及以上的为小型企业； 从业人员 10 人以下或资产总额 100 万元以下的为微型企业。
其他未列明行业	从业人员 300 人以下的为中小微型企业。 其中：从业人员 100 人及以上的为中型企业； 从业人员 10 人及以上的为小型企业； 从业人员 10 人以下的为微型企业。

资料来源：工信部联企业〔2011〕300 号. 关于印发中小企业划型标准规定的通知.

从组织形式来划分，我国的中小企业可分为独资企业、合伙企业、股份合作制企业和有限责任公司四大类。独资企业是由个人出资经营、归个人所有和控制、由个人承担经营风险和享有全部经营收益的企业。它是一种自然人企业，是一种最古老、最简单的企业组织形式，主要盛行于零售业、手工业、农业、林业、渔业和服务业等。在西方，独资企业是最先出现的一种简单企业形式。即使在现代西方经济中，独资企业在数量上也占很大比例，如在美国 1 000 多万家企业中，独资企业占 75%以上。合伙企业是由两个或两个以上的自然人共同出资、共同经营、共担风险、共负盈亏的企业，也是自然人企业。合伙人通常需要签订包括利润分配与亏损弥补方式、各合伙人责任（如出资额、有限责任或无限责任、主要业务分担等）、合伙人变更、企业清算财产分配办法等内容的合伙经营合同。合伙企业是为了克服独资企业的缺陷而在其基础上发展起来的一种企业组织形式。股份合作制企业是一种同时以资本合作和劳动合作为基础的企业组织形式。股份合作制既不同于股份制也不同于合作制，作为一种独立的中小企业组织形式，符合我国产权明晰、权责分明、政企分开、管理科学的企业制度改革方向，具有广阔的发展前景。有限责任公司是两个以上股东共同出资，股东以其出资额为限对公司承担责任，公司以其全部资产对公司债务承担责任的企业法人。有限责任公司按规模分类，有大、中、小三个不同层次，中小企业可以采用有限责任公司形式，但有限责任公司不全是中小企业。

9.1.2　中小企业的经济评价

伴随世界经济的高速前进，中小企业在各国都曾经历从被轻视与否定到被重视与肯定的发展过程。中国改革开放的历程见证了中小企业的蓬勃发展。中小企业在社会经济发展中具有十分重要的地位和作用，它们是国民经济发展的重要增长点，是缓解就业压力、保持社会稳定的主要因素，是经济体制改革的重要依托和促进力量，并在扩大出口、增加财政收入等方面发挥着十分重要的作用。中小企业对经济具有特殊作用，主要表现为以下几点。

1. 提供新的就业机会

联合国专门机构国际劳工组织（ILO）于2019年发布的《中小微企业和自营职业对就业贡献的全球证据》估计，全球每10名工人中就有7名是自营职业者或在中小微企业工作，自营职业和中小微企业在提供就业方面发挥的作用比人们以前想象的要大得多。发展自营职业和中小微企业对提高全球就业率和促进经济发展具有重大意义。根据2018年工商总局公布的《全国小型微型企业发展情况报告》的统计，我国小微企业数量已从2013年3月的1 169.87万户增长到2 800万户。截至2017年年末，小微企业解决了80%左右的人口就业问题，对GDP总量贡献约为60%。

2. 技术创新

科技部于2019年8月印发《关于新时期支持科技型中小企业加快创新发展的若干政策措施》指出，科技型中小企业是培育发展新动能、推动高质量发展的重要力量，并明确提出要培育壮大科技型中小企业主体规模，强化科技创新政策完善与落实，加大对科技型中小企业研发活动的财政支持，引导创新资源向科技型中小企业集聚，扩大面向科技型中小企业的创新服务供给，加强金融资本市场对科技型中小企业的支持，鼓励科技型中小企业开展国际科技合作。目前，我国发明专利的65%以上、企业技术创新的75%以上和新产品开发的80%以上，都是由中小企业完成的。

3. 刺激竞争

经济学家非常强调经济中竞争的价值。当一个行业中只有几个厂家时，垄断者极易设定高价、抑制技术进步并排斥新的竞争者进入该行业，从而损害消费者利益。此时，中小企业的存在十分必要。刺激竞争、降低垄断程度将有利于整个社会的经济进步。中小企业由于进入门槛相对较低，具有较高的出生率，竞争异常激烈，淘汰率也较高。但是高出生率和高淘汰率既保证市场中有大量的竞争者，又使存活下来的中小企业具有继续生存发展的竞争力。这种竞争进一步促进了社会资源配置效率的提高。

4. 成为大企业重要的合作伙伴

中小企业往往可以在社会供应链上担任独到的角色，从而成为大企业重要的合作伙伴，甚至成为大企业重要的生存基础。比如，在销售环节——很少有大厂商愿意自己经营产品的批发零售业务，在很多行业都是由中小企业担此重任，它们将大厂商与顾客联系在一起；在供应环节——中小企业经常充当大企业的零配件供应商，大企业越来越认识到这种长期稳定的合作关系的重要性，常常用“伙伴”“战略同盟”等来形容这种关系；在服务环节——中小企业经常为大企业的客户提供服务，如作为汽车制造厂的修理企业，为大企业提供修理或其他服务。

5. 提高生产和服务的效率

在很多领域，中小企业生产产品、提供服务的效率高于大企业。规模经济常给人一种误解，即规模越大效率越高，其实最经济的规模会根据行业的不同而变化。比如大规模适合汽车制造业，而小规模适合汽车修理业。在竞争如此激烈的市场中，中小企业能始终占有一席之地，这一事实本身就是对其效率的有力证明。

截至 2020 年年底，我国中小企业的数量已经超过 4 500 万家，2020 年微型企业占整体中小企业近八成的份额。① 目前，我国中小企业具有“五六七八九”的典型特征，即贡献了 50%以上的税收，60%以上的 GDP，70%以上的技术创新，80%以上的城镇劳动就业，90%以上的企业数量，是国民经济和社会发展的生力军，是建设现代化经济体系、推动经济实现高质量发展的重要基础，是扩大就业、改善民生的重要支撑，是企业家精神的重要发源地。②

9.1.3 中小企业财务管理特点

无论是大企业还是中小企业，财务管理的内容与职能都大致相同，但由于中小企业的自身特点及其所面对的独特的外部环境，它们的财务管理工作具有自身的特点。

1. 中小企业的内部管理基础普遍较弱

虽然大企业也存在管理效率低下的问题，但这一问题在中小企业更为普遍。一方面，受生产资源和人才资源等方面的限制，中小企业的管理资源普遍短缺，管理机构简单，专业性不强，内部控制制度不健全。很多中小企业不设财务机构，没有专职财务管理人员，财务管理职能由会计或其他部门兼管，或由企业主管人员一手包办，先进、科学的财务决策方法难以得到规范操作，影响了企业财务管理的有效性。另一方面，许多中小企业仍徘徊在盈亏平衡的边缘，无暇全面系统地考虑内部管理的有效性，财务管理作为企业内部管理的一个组成部分，其有效性自然无从谈起。

2. 中小企业的抗风险能力较弱，信用等级较低

中小企业的资本规模有限，这决定了它们的抗风险能力先天不足，从而影响其信用

---

① 电子产品世界.《中小企业生存与发展现状研究报告》助力 TCL 厂商再理解. http://www.eepw.com.cn/article/202104/424943.htm.

② 观研天下. 2021 年中国中小企业市场分析报告——市场运营态势与发展规划趋势. http://baogao.chinabaogao.com/xixinfuwu/384320384320.html.

等级。资本是企业获得利润的根本，同时也是担保企业债务、承担企业亏损的基本物质保证。中小企业资本规模较小，内部管理基础较薄弱，产品比较单一，市场风险很大，而市场风险很容易转变为企业的财务风险和银行的信贷风险。企业因资金周转不灵无力支付的风险极大，经营稍有不慎造成亏损便可能带来致命的后果。统计数字表明，中小企业的倒闭数量远远超过大企业。此外，许多中小企业还需承担无限或无限连带责任，这进一步加大了企业风险。债权人往往对中小企业制定更为严格的借贷条款。

3. 中小企业的融资渠道相对有限

随着金融改革整顿工作的不断深入，曾对中小企业发展产生重要作用的异地拆借、社会集资等不规范融资行为被禁止。而在新的融资网络建成之前，中小企业受自身条件限制以及现行体制、政策的影响，融资环境非常恶劣。首先，在直接融资上，现行的上市额度管理机制意味着中小企业很难争取到发行股票上市的机会；在发行公司债券上，因发行额度小也难以获准。其次，在间接融资上，由于中小企业本身素质不高、人才缺乏、内部组织关系不稳定、规模经济效益差、经营风险高、信用等级低等，往往难以满足银行等金融机构的贷款条件；再加上银行贷款政策倾斜、手续繁杂、收费高，而财产拍卖、信用融资担保、资产评估、信用评估等机制建设滞后，中小企业实际上很难得到银行的贷款，其他融资渠道同样不通畅。由此，中小企业在金融市场上得到的资金与其在国民经济中所占的比重极不相称。一定程度上仅仅依赖于内部资金供给，导致中小企业资金严重不足，制约了企业的进一步发展。

4. 中小企业对管理者的约束较多

在中小企业，特别是处在初创阶段和成长阶段的小企业，管理人员会遇到在一般企业较少见的困难，比如资金紧张、人员缺乏等。中小企业常常支付不起市场研究费用，也可能因现金短缺而雇不起足够多的人员，这些都会给管理者带来困难。另外，中小企业最为缺乏的是在市场开发、财务分析、人力资源管理等方面有丰富经验的专业人员，这就迫使管理者对企业经营活动的方方面面事必躬亲。很多中小企业的管理者财务意识淡薄，只关注企业的生产活动，终因理财不当而走向失败之路。

9.2　中小企业融资管理

9.2.1　中小企业的内源融资

内源融资是指企业不依赖外部资金，而在本单位内部筹集所需资金，它是通过以前的利润留存进行资本纵向积累的一种融资方式。其来源一是企业自身的积累；二是某些暂时闲置的可用来周转的资金，如折旧准备等。与外源融资相比，由于经营规模、资金实力、信誉保证、还款能力等方面的局限，中小企业在内源融资上相对容易一些，且融资成本较低，因而内源融资构成中小企业筹集发展资金的主要渠道和基本方式。可以说，在世界范围内，企业特别是中小企业基本上是靠自身的积累发展壮大的。在美国企业的资金来源中，内源融资一般占50%～60%的比例，甚至高达80%。

银保监会的相关数据显示，截至2018年第一季度末，全国小微企业（含个体户）中，仅有1 545万户小微企业获得贷款，获贷比例不足20%，个体户整体融资环境较为严峻。中国个体劳动者协会连续开展的14次针对14万户小微企业的抽样调查结果显示，全国百县万家新设小微企业亏损占比高达33.9%，不活跃度占比28.9%，其中外源融资难和融资贵是其不活跃的主要原因之一。2018年，建设银行个人经营贷款占总贷款的比例仅为0.27%，部分规模较小、发展有限的个体户仍主要通过民间借贷、亲友借贷等方式获得小额资金。

可以说，内源融资是我国中小企业融资的主要渠道。调查显示，我国中小企业初创时期90%的资金来源于资金持有者、合伙人以及他们的家庭，初创期过后仍主要依赖内源融资，有80%的中小企业认为资金困难严重阻碍了企业的发展。我国中小企业自有资金少、自身积累严重不足成为不争的事实。随着中小企业在国民经济中的地位逐渐提高，这种通过自身资本积聚寻求自我滚动式发展的模式已经不能适应发展的要求，中小企业需要金融服务和制度创新。

9.2.2 中小企业的间接融资

间接融资属于外源融资的一种，主要是指企业向商业银行和其他金融机构申请贷款融得资金。国外的经验证明，商业银行贷款是中小企业最重要的外源融资来源。在美国，金融机构的贷款占中小企业全部资产的比重为26.66%，占全部债务额的53%。英国的银行也是中小企业主要的债务资金提供者。中小企业面临较为激烈的市场竞争，发展机会可能稍纵即逝，导致中小企业对资金的需求一般较为迫切，但金额相对较小。这种时间紧、期限短的特点更适合通过银行贷款融取资金，使得中小企业对银行贷款具有一定的路径依赖。

我国金融体系的特点及中小企业自身的特征，使中小企业获得银行贷款这一融资渠道并不畅通。从银行方面来看，首先，为中小企业提供金融服务不在大银行的功能定位之列。在我国，四大国有商业银行占据市场的大部分份额，但其目的是给国有大中型企业、大型项目服务。虽然中小商业银行在金融体制改革的背景下有所发展，但其资金实力相对较弱，市场份额较小，在市场战略的选择上逐渐与大银行趋同。其次，由于中小企业往往财务信息不够规范和透明，银行为中小企业提供服务有较高的成本和风险，降低了银行贷款的积极性。从中小企业方面来看，首先，中小企业经营风险较高，企业寿命没有保证，据调查，我国5年内中小企业的淘汰率为70%，只有大约30%具有成长潜力，导致获得银行贷款较难。其次，中小企业大多是劳动密集型企业，还有相当一部分企业无形资产占有很大比重，固定资产的数量和品质无法与大企业相比，从而在申请银行贷款时难以提供令银行满意的担保物和抵押物。

要改善中小企业的间接融资渠道，需要从以上两方面着手，充分发挥中小商业银行为中小企业服务的潜在优势，逐步完善中小企业的信用体系，提高中小企业“逃废债”

的违约成本。

【例9-1】 美国于1953年成立了中小企业信用担保机构，其担保业务由小企业管理局负责。在美国，信用担保机构通常采用专项授权保证方式，各地的小企业管理局的分支机构除了为中小企业提供一些免费的管理咨询和辅导之外，还负责对中小企业的信用状况进行调查。

中小企业申请银行贷款时首先向银行提交信贷申请，银行对中小企业进行审查，如果银行认为需要信用担保机构提供担保，它会将信用调查资料转交给当地的小企业管理局。如果小企业管理局同意提供担保，银行将发放贷款，贷款的偿还方式可以按照每个企业的需要灵活安排。美国规定的最高担保倍数是50倍。小企业管理局提供的担保比例根据担保数额的不同而有所调整，15万美元以下的贷款，提供的担保比例为85%；15万～100万美元的贷款，提供的担保比例为75%。美国的中小企业担保机构并不向中小企业收取担保费，而是向贷款者（银行）收取其担保部分的费用。当然，贷款银行一般都会将这部分费用转嫁给最终的借款人。对于1年期及1年期以下的任何规模的贷款，担保机构只向贷款银行收取0.25%的担保费；对1年期以上、担保金额在15万美元以下的贷款，收取的担保费为2%；对1年期以上、担保金额在15万～70万美元之间的贷款，收取的担保费为3%；对70万美元以上的贷款，则收取3.5%的担保费。美国担保机构收取的担保费是总的费用，而不是按年收取的费用，因此，企业实际的负担水平并不高。①

我国各地积极探索创新中小企业的信贷融资渠道与方式。如上海市2010年年末推出“上海市科技型中小企业履约保证保险贷款”试点，以政府引导资金搭建银行贷款平台，由政府、银行和保险公司共担科技型中小企业贷款风险，开创国内银行和保险公司联合参与贷款产品的先例。第一批10家企业的贷款申请已经通过，共计发放金额2 380万元。试点中，单笔贷款额度一般为50万～300万元，最高不超过500万元，贷款期限为1年以内。贷款利率根据各借款企业的风险适当浮动。保险费率为贷款本息合计的2%，如果企业按时还本付息，保费的50%可享受财政专项补贴。一旦出现贷款逾期不还，上海市科委风险补偿金将承担25%，保险公司承担45%，银行承担30%。与此同时，为鼓励融资担保机构大力开展中小企业信贷业务，上海市政府将出台新政，融资担保机构的呆账核销将参照金融机构呆账核销管理办法。对上海重点扶持的融资担保机构，其融资担保代偿损失按项目计，由融资担保专项基金予以补偿。对于市区县中小企业融资担保专项资金代偿的损失补偿，将按照融资担保对象属地化原则实施分担。

云南省财政部门充分发挥政府采购功能，积极搭建中小企业融资新平台。2010年12月，云南省财政厅与合作银行昆明分行签署了《云南省政府采购中标企业模式化融资授信业务合作框架协议》。根据协议，政府采购中标中小企业凭政府采购合同即可获得银行贷款，具体贷款额度根据政府采购合同的金额比例确定。按照这一政策，中小企业可以获得简化贷款程序、降低准入门槛等优惠政策。②

---

① 张蓉. 体制转轨时期中小企业融资. 北京：中共中央党校，2004.

② 中国中小企业信息网. http://www.sme.miit.gov.cn.

2020 年 2 月上海市发布《关于全力支持科技企业抗疫情稳发展的通知》，缩短科技信贷产品审核周期，鼓励银行、担保、保险机构为受疫情影响的企业提供无还本续贷、贷款展期、应急转贷及配套金融服务。针对疫情防控涉及的防疫物资、防疫药品、国计民生重点和其他特殊情况的企业，开通绿色审批通道。对受疫情影响较大的科技型中小微企业，鼓励银行降低贷款利率，鼓励保险公司、担保机构降低保险（担保）费率，降低科技企业融资成本。疫情防控期间，对科技信贷（科技履约贷、微贷通、小巨人信用贷）在贷企业，按照实际支付贷款利息的 20%予以补贴；对从事疫情防控相关研究的企业和医疗机构投保"生物医药人体临床试验责任保险"的，保费补贴额度由 50%提升到 80%。①

云南省从 2017 年开始实施"科创贷"。数据显示，截至 2020 年 12 月底，4 600 万元"风险金池"撬动了 7.89 亿元贷款投向科技型企业，其中六成以上资金投向中小型科技企业，贷款平均年利率为 4.37%，而我国中小微企业综合融资成本普遍为 8%。2018 年以来，云南省财政共安排资金 2 179 万元，带动银行科技贷款 10.9 亿元，科技创业投资 1 亿元，分担分散科技创新创业风险 125 亿元，共计降低全省科技型企业融资经营成本 1 358 万元。2020 年，"科创贷"为省内 38 户科技型企业实现新增科技贷款 1.82 亿元，平均融资利率仅 4.10%左右；同时，为符合条件的 7 家科技型企业办理了"科创贷"贷款展期 3 660 万元。②

9.2.3 中小企业的直接融资

直接融资是不借助于银行等金融机构，直接与资本所有者协商融通资金的一种融资活动。在我国，随着宏观金融体制改革的不断深入，直接融资不断发展。具体来讲，直接融资的方式主要有投入资本、发行股票、发行债券等。

中小企业在创立之初主要通过投入资本募集资金。中小企业开始营运的资金基础就是权益资本，这不仅是企业长期资金的重要来源，也是企业进行间接融资承担债务的基础，还是我国中小企业直接融资的主要方式。严格的股票发行和债券发行制度将大多数中小企业拒之门外。为了鼓励中小企业直接融资，许多国家都设立了二板市场。

二板市场是指主板市场以外的融资市场，也称创业板市场，是为高科技领域运作良好、成长性强的新兴中小企业提供的融资场所。主要特点有：（1）上市对象是中小企业及新兴的高科技企业等；（2）上市公司股本相对较小；（3）上市公司的经营规模比较小，经营年限较短，初期盈利能力较弱；（4）上市公司的发展前景较好；（5）股票发行由指标管理改为标准管理；（6）全流通市场；（7）对投资者来说，投资风险较大，但收益也较高。

二板市场的存在主要是因为主板市场的门槛相对较高，对于那些刚刚步入扩张阶段

---

① 上海市科学技术委员会．关于全力支持科技企业抗疫情稳发展的通知．http://www.shtic.com/wcm.files/upload/CMScyzx/202002/202002121042040.pdf.

② 云南省中小企业公共服务平台．"科创贷"帮中小企业融资省了一半利息．http://www.ynsmes.cn/website/Provincial/Context.aspx?dicid=fb77d04e-b395-4c35-a484-f2820e45a513.

或稳定阶段的中小高新技术企业来说，存在难以逾越的规模障碍；另外，在主板市场严格的指标管理机制下，即使能够进入主板市场通道，也无法满足众多高新技术企业的融资要求。从国际二板市场来看，考虑到新兴公司业务前景的不确定性，其上市条件要低于主板市场。二板市场的主要职能在于：(1) 为创业投资提供“出口”和回报实现机制，促进高科技投资的良性循环，提高风险资本的流动性和使用效率。(2) 高科技企业在达到一定标准后在二板市场发行股票上市，由非上市公司改造成公众公司，这将促使这些企业在经营发展、财务管理等方面全方位接受社会监督，在新的制约机制下不断提高自身素质。

港交所二板市场对发行人的要求为：(1) 公司须专注于一项业务，综合企业及投资公司不符合资格。(2) 两年活跃业务记录，但不设最低盈利规定。(3) 最低公众持股量达已发行股本的20%或3 000万港元（以较高者为准）。(4) 公司可自由决定采用何种招股机制，在首次公开招股时并非必须进行包销。(5) 公司须设立审计委员会，聘任认可的有资格的会计师及至少两名独立董事。(6) 不准出售股份的限制，管理层股东为2年。

港交所二板市场上市的程序分为四步：第一步，上市规划及准备。包括制定上市计划，委任财务顾问及中介机构，组成工作团队；上市结构规划及企业重组；对上市前两年运营记录进行审慎调查；拟定未来两年发展计划；财务审计鉴证。第二步，引进策略投资者或风险投资。由财务顾问制作投资资料备忘录；寻找策略投资者或风险投资；与投资者洽谈入股事宜；引入策略投资者成为公司股东。第三步，申请上市。内地企业向证监会申请审核（审批）；准备招股书；向港交所上市审核委员会递交上市申请，并与其沟通上市文件。第四步，招股挂牌。出具研究分析报告；试探股票需求情况；巡回推介，定价发行；挂牌上市；维持与投资者的联系。

美国的资本市场高度发达，拥有多层次、多方位的证券市场，其二板市场（美国证券交易所（ASE））和柜台交易市场（纳斯达克（NASDAQ））主要面向新兴和成长中的公司，上市标准相对主板市场较低，满足一定条件之后可以转到主板市场，特别是纳斯达克市场，是中小企业进行直接融资的主要场所。表9-3是部分国家和地区二板市场的简单介绍。

表9-3 部分国家或地区二板市场主要特点的比较

项目	美国纳斯达克证券市场（NASDAQ）	英国另类投资市场（AIM）	新加坡自动报价市场（SESDAQ）	马来西亚证券交易及自动报价系统市场（MESDAQ）	中国台湾地区场外证券市场（OTC）	中国香港地区创业板市场
发行人类型	与科技有关的公司，包括小公司	各类小型与新兴公司，包括新成立的本土与外国公司	本土的中小型公司	主要是与科技有关的公司(本土与外国)	本土的中小型公司，包括新成立的公司	较小型公司与新兴公司

续表

项目	美国纳斯达克证券市场（NASDAQ）	英国另类投资市场（AIM）	新加坡自动报价市场（SESDAQ）	马来西亚证券交易及自动报价系统市场（MESDAQ）	中国台湾地区场外证券市场（OTC）	中国香港地区创业板市场
实缴股本	NASDAQ 小型资本市场：有形资产净值 400 万美元 NASDAQ 全国市场：有形资产净值 600 万美元、1 800 万美元、7 500 万美元三种选择	无	无	200 万马来西亚林吉特，上市时的有形资产净值一般不低于面值	5 000 万元新台币	无
盈利要求	NASDAQ 小型资本市场：最近 1 年或最近 3 年中两年的净收入为 75 万美元 NASDAQ 全国市场：最近 1 年或最近 3 年中两年的税前收入为 100 万美元	无	无	无	在上市前两年每年的税前纯利必须为资本总额的 2%；符合资格的科技公司则不受限制	不设最低盈利要求
业务记录	NASDAQ 小型资本市场：1 年业务记录或市值 5 000 万美元 NASDAQ 全国市场：连续两年业务记录	无	3 年	对科技公司并无规定；其他公司为 1 年	0～3 年，视业务性质而定	有两年从事活跃业务活动的记录
股东出售限制	无	有。如果没有两年的主营业务盈利记录，董事和雇员 1 年内不得出售股权	可对主要股东实施 1 年的限制期	有。限制期为 1 年，之后每年最多可出售 20%	有。主要股东在公司上市后两年内不得出售股权，两年后 6 个月最多可出售 20%	上市后控股股东的禁售期为两年

2004 年 5 月 27 日，中小企业板在深圳正式启动，标志着我国二板市场建设完成了第一步。我国建立二板市场既有其必然性也具备可行性，是解决我国中小企业融资难问题、推进经济体制改革的重要举措，也是推进我国多层次资本市场体系建设的重要步骤。二板市场的建立对我国中小企业的发展起到重大示范效应。目前二板上市的企业具有绩优、盘小和高成长性等特点。2006 年重启 IPO 以后，中小企业板的发行呈现出加速态势，仅 11 月份就有 10 多家中小企业完成发行或即将发行新股，超过以往 5 个月发行 26 只新股的速度。IPO 新办法出台以后，中小板企业发行上市的财务条件更加明确，程序更加简化，取消了 1 年辅导期和不能在上市前 12 个月内通过扩股引进新股东的要求，采用更为市场化的发行与定价方式，使中小企业上市的周期大大缩短。中小企业板的发展为中小企业上市提供了更多的机会。

根据普华永道会计师事务所的调查数据，2010 年深圳中小企业板 IPO 共计 204 宗，融资金额高达 2 027 亿元。在行业分布上，主要集中在工业、零售、科技、金融服务等行业，其中信息科技及电信行业企业在深圳创业板的上市企业数量中占 35%。作为我国多层次资本市场体系的重要组成部分，中小企业板在扩大直接融资、服务实体经济、支持中小企业发展等方面发挥了积极作用。2021 年 4 月 6 日，经证监会批准，深交所主板与中小企业板正式合并，中小企业板完成使命退出历史舞台。截至 2021 年 1 月底，深交所主板、中小企业板上市公司合计 1 468 家，占 A 股上市公司总数的 35%，总市值为 23.39 万亿元，占整个市场的 29%。

2009 年 3 月 31 日，证监会颁布第 61 号令《首次公开发行股票并在创业板上市管理暂行办法》，标志着我国创业板市场的大门正式打开，资本市场多层次的金融服务框架基本建立，中小企业的定价和资源配置机制更加完善，以资本市场为纽带的中小企业金融服务体系更加多样化。

创业板的服务对象主要是符合国家战略性新兴产业发展方向的企业，特别是新能源、新材料、信息、生物与新医药、节能环保、航空航天、海洋、先进制造、高技术服务等领域的企业，以及其他领域中具有自主创新能力、成长性强的企业。相对于主板和中小企业板上市的条件，创业板上市的门槛更低，从而为那些具有成长潜力、实施技术创新和商业模式创新的中小企业提供了融资的新平台。通过上市融资，中小企业可以实现快速发展。截至 2020 年 10 月 30 日，创业板公司已达 871 家，占 A 股上市公司总数的 21.42%，总市值为 10.40 万亿元。创业板公司平均营业收入从 2009 年的 4.74 亿元增加到 2019 年的 20.62 亿元，复合年增长率超过 15%。

创业板上市的基本条件为：(1) 依法设立且持续经营 3 年以上的股份有限公司。(2) 最近两年连续盈利，最近两年净利润累计不少于 1 000 万元，且持续增长；或者最近一年盈利，最近一年营业收入不少于 5 000 万元，最近两年营业收入增长率均不低于 30%。净利润以扣除非经常性损益前后孰低者为计算依据。(3) 最近一期期末净资产不少于 2 000 万元，且不存在未弥补亏损。(4) 发行后股本总额不少于 3 000 万元。此外，申请在创业板上市的公司应有明晰的股权结构和公司治理结构，上市前两年的主营业务、董事以及高管没有发生重大变化，实际控制人没有发生变更。创业板上市公司应主营一种业务，证监会对创业板的政策导向是不鼓励其从事多元化经营。

全国中小企业股份转让系统（俗称"新三板"）是经国务院批准设立的全国性证券交易场所，其运营管理机构为全国中小企业股份转让系统有限责任公司，于 2012 年 9 月 20 日正式成立。新三板是加快我国多层次资本市场建设发展的重要举措，对改善中小企业金融环境，大力推动创新、创业，积极推动我国场外市场健康、稳定、持续发展起到促进作用。对于中小企业来说，新三板不仅扩充了企业的融资渠道，还可以为企业引入战略投资者，在带来资金的同时引入规范的公司治理，为企业做大做强奠定资本与治理的基础。2020 年 6 月 4 日，证监会发布《关于全国中小企业股份转让系统挂牌公司转板上市的指导意见》，有助于丰富挂牌公司上市路径，打通中小企业成长壮大的上升通道，加强多层次资本市场的有机联系，增强金融服务实体经济能力。

相比创业板，新三板挂牌的门槛较低，需要满足的条件为：(1) 公司依法设立且存续满两年。有限责任公司按原账面净资产值折股整体变更为股份有限公司的，存续时间可以从有限责任公司成立之日起计算。(2) 业务明确，具有持续经营能力。(3) 公司治理机制健全，合法规范经营。(4) 股权明晰，股票发行和转让行为合法合规。(5) 主办券商推荐并持续督导。(6) 全国中小企业股份转让系统公司要求的其他条件。

2019 年 3 月 1 日，证监会颁布《科创板首次公开发行股票注册管理办法（试行）》。2019 年 7 月 22 日，科创板正式开市，中国资本市场迎来了一个全新板块，在行业分布上，主要集中在新一代信息技术领域、高端装备领域、新材料领域、新能源领域、节能环保领域、生物医药领域六大科技创新领域。设立科创板并试点注册制是提升服务科技创新企业能力、增强市场包容性、强化市场功能的一项资本市场重大改革举措。在上市条件上，科创板企业有了更多选择，市值及财务指标应当至少符合下列标准中的一项：(1) 预计市值不低于人民币 10 亿元，最近两年净利润均为正且累计净利润不低于人民币 5 000 万元，或者预计市值不低于人民币 10 亿元，最近一年净利润为正且营业收入不低于人民币 1 亿元。(2) 预计市值不低于人民币 15 亿元，最近一年营业收入不低于人民币 2 亿元，且最近 3 年累计研发投入占最近 3 年累计营业收入的比例不低于 15%。(3) 预计市值不低于人民币 20 亿元，最近一年营业收入不低于人民币 3 亿元，且最近 3 年经营活动产生的现金流量净额累计不低于人民币 1 亿元。(4) 预计市值不低于人民币 30 亿元，且最近一年营业收入不低于人民币 3 亿元。(5) 预计市值不低于人民币 40 亿元，主要业务或产品需经国家有关部门批准，市场空间大，目前已取得阶段性成果。医药行业企业需至少有一项核心产品获准开展二期临床试验，其他符合科创板定位的企业需具备明显的技术优势并满足相应条件。其中，净利润以扣除非经常性损益前后的孰低者为准，净利润、营业收入、经营活动产生的现金流量净额均指经审计的数值。

至此，我国多层次资本市场体系更加完善，为中小企业的发展和成长提供了更加丰富的融资渠道。

9.2.4 风险投资

大量理论研究和经验资料显示，从长远的角度看，技术进步才是经济可持续发展的关键推动力量。技术进步转化为生产力的关键在于高科技成果市场化、产业化，这是一个较为漫长的市场评价、市场检验过程。根据一般规律，高新技术成果的市场化、产业化总是始于中小企业的创新活动。由于高新技术成果本身蕴涵着技术风险和市场风险，这些中小企业很难取得信贷支持，它们需要一种具有长周期、高风险与高收益相伴特性的股权资本为之服务。这种资本称为风险资本。

风险投资是由风险投资公司进行风险判断、资金投入、经营管理的综合工程，其投资对象一般为具有高新技术项目（产品）、起步不久、急需资金的新型中小企业。在性质上是一种主要向科技型、高成长型创业企业进行股权投资，或为其提供管理和咨询服务，以期在被投资企业发展成熟后，通过股权转让获取收益的投资行为。所谓风险，主要包括高新技术产业化风险、市场认同与扩展风险、投资安全风险和竞争风险等。

风险投资是一种特殊的投融资活动，具有四个基本特征：第一，投资的方式主要是股权投资。第二，投资的周期较长。第三，高风险，高回报。投资的目的不在于不断地获得股息或红利，而在于当投资对象的市场评价达到较高水平时，通过股权转让活动一次性获得尽可能大的市场回报，即取得中长期资本利得。第四，它不只是一种投融资活动，还是一种集资金融通、企业管理、科技和市场开发等诸多因素于一体的综合性经济活动。

【例9-2】 风险投资始于美国一些私人银行对石油、钢铁、铁路等新兴行业的投资获得了丰厚的回报。1957年，美国哈佛大学教授乔治·多威特和一批新英格兰地区的企业家筹建的美国研究开发公司以7万美元投资美国数据公司的普通股，14年后，这7万美元的投资获得了469亿美元的回报。美国研究开发公司的成功被斯坦福大学的机构借鉴和推广，从而造就了闻名全球的美国中小企业的摇篮——硅谷。据统计，1997年美国有675家风险投资公司，在东部的波士顿地区投入了8.7亿美元，在西部的硅谷地区投入了37亿美元。包括英特尔、微软、苹果、网景等在内的美国许多高科技知名企业都是依靠风险投资由小变大、由弱变强，迅速发展起来的。

在投资主体上，风险投资机构包括风险投资公司和风险投资管理公司。风险投资公司为非金融性的投资公司，是直接投资于高新技术产业和其他技术创新产业的风险投资机构。风险投资公司可以从事的业务如下：直接投资高新技术产业和其他技术创新产业；受托管理和经营其他投资公司的风险资本；投资咨询业务；直接投资或参与企业孵化器的建设等。风险投资管理公司是为创业投资公司提供相关管理和咨询服务的投资机构，业务包括受托管理和经营风险投资公司的资本，提供投资咨询服务等。

风险投资的运营过程可分为三个阶段，即资本进入、资本增值、资本退出。资本进入阶段主要涉及资金的来源、构成、投向和风险基金的组织等。资本增值阶段则主要是指风险投资公司与企业在签订合同之后生产经营、共创价值的过程。资本的退出有三种形式：一是公开上市；二是被兼并收购；三是破产清算。

中小企业如何才能获得风险投资呢？应该具备的条件包括：(1) 高科技。风险投资者特别偏爱那些在高技术领域（比如软件、药品、通信技术领域）具有领先优势的公司。如果企业家有一项受保护的先进技术或产品，他的企业就会引起风险投资公司很大的兴趣。这是因为高技术行业本身就有很高的利润，而领先的或受保护的高技术产品（服务）使风险企业很容易进入市场，并在激烈的市场竞争中立于不败之地。(2) 小规模。大多数风险投资者更偏爱小企业，首先，小企业技术创新效率高，有更多的活力，更能适应市场的变化。其次，小企业的规模小，需要的资金量也小，风险投资公司所冒风险有限。(3) 范围。一般的风险投资公司都有一定的投资范围，这里的范围有两个含义：一是指技术范围，风险投资公司通常只对自己所熟悉行业或领域的企业进行投资。二是指地理范围，风险投资公司所资助的企业大多分布在公司所在地的附近，这主要是为了便于沟通和控制。(4) 市场。主要包括产品市场规模、产品市场需求特性、市场进入难易程度和潜在增长；产品差别化程度，企业创造独一无二产品的技术技能及专利保护有效性；产品和技术被替代的可能性；潜在的竞争者数目。(5) 管理。风险投资公司资助的是那些已经组成管理队伍、完成商业调研和市场调研的风险企业。事实上，只有极少数项目在资金投入前就有实际收入，即具备初步经营条件。另外，风险投资公司并不会单给一项技术或产品投资。(6) 经验。现在的风险投资公司越来越不愿意与缺乏经验的企业家合作，尽管其想法或产品非常有吸引力。在一般的投资项目中，投资者都会要求企业家有从事该行业工作的经历或成功经验。

中小企业的创业者在设法获取风险投资时应该从何处着手？首先，需要了解风险投资公司的背景，风险投资公司对你所从事的行业是否了解。如果它们不了解你所从事的行业，一般不会进行投资。其次，它们是否曾经在这一领域中参与投资。最后，必须清楚风险投资公司关注的问题：(1) 在一定的风险下获得投资回报的可能性。(2) 对企业运行机制的直接参与和影响。(3) 保障投入资金一定程度的流动性。(4) 在企业经营绩效不好时对企业管理进行直接干预甚至控制。对此，中小企业必须有充分的心理准备。

在企业和风险投资公司初步接触，风险投资公司产生一定兴趣之后，企业应该向风险投资公司递交比较正式的企业规划书。具体包括以下几个方面：(1) 企业简介。(2) 企业前景分析。针对企业本身情况和行业基本特点进行较为详尽的介绍，以供风险投资公司决策使用。这部分应包括如下内容：行业介绍；企业概况；市场发展趋势；企业前景预测（产品销售预测、收入估计和利润预测等）；生产条件；技术队伍；供应商情况。(3) 管理队伍介绍。这一部分主要展示企业管理层的实力，包括主要管理人员的教育背景和职业经验等，以及他们在公司中的股权分配。(4) 投资情况。这一部分着重介绍有关风险投资的使用计划等。一般内容为：1) 风险投资的使用建议。包括申请的风险投资金额，以何种方式回报，风险投资公司在企业中占有多少股份以及其他风险投资条件。2) 风险投资资金使用计划。3) 风险投资公司未来在企业中的地位。风险投资公司在企业董事会中有多少席位，是否需要风险投资公司来推荐高级主管等。

在谈判阶段，双方要确定一种权益安排，以使双方互惠互利、风险共担、收益共享。风险投资公司一般采用股权投资形式，根据项目特点，可灵活采用优先股、普通股、可转换债券等多种投资方式。普通股的股息来源于企业的税后利润，其多少与企业的盈亏相关，优先股的股息和债券利息一样，由契约规定，但像普通股一样不属于成本费用而是源自税后利润，在一定程度上与企业经营状况相关。企业破产后，变卖资产的所得首先必须偿还债券本金，若有剩余，依次偿付优先股和普通股的持有者。

最终谈判结果，即未来的操作安排及利益分享机制，体现在双方商定并共同签订的合同上，合同条款一般包括：(1) 投资总量。(2) 资金投入方式及组合，包括红利、股息、利息及可转换债券等。(3) 企业商标、专利、租赁等协议。(4) 投资者监督和考察企业权利的确认。(5) 关于企业经营范围、经营计划、资产、兼并、收购等方面的条件确认。(6) 员工招聘及薪酬确定。(7) 最终利润分配方案。

谈判合约签订以后，风险投资公司和企业之间保持紧密的联系，风险投资公司积极参与企业日常经营和管理，以减少损失的概率，最大化资本收益。风险投资公司一般通过管理报告、定期访问、担任企业管理人员或董事会成员等方式对企业实行监督和控制，以便及时发现问题、解决问题。同时，企业一般熟悉产品或服务，但缺少产品商品化及管理运作的知识，因而风险投资公司会让管理、法律、财务等方面的专家给企业提供必要的指导和服务。一般来说，企业的财务计划、发展目标、市场营销战略是在风险投资公司的帮助下制定的。

成功的风险投资运作主要取决于以下几个因素：（1）参与管理。风险投资成功的关键因素是积极参与创业企业的管理。（2）投资方向。投资趋向于具有高增长潜力的产业或企业，理想的模式是启动资金不大，但具有高增长潜力。（3）投资规模较小，因为投资具有高风险。（4）代表风险投资公司参与企业管理的能力，主要包括发现问题及协调解决问题的能力。（5）作为机构投资者，风险投资行为长期化，一般至少是3～7年。（6）存在退出风险资本的自然机制。

9.3 中小企业投资管理

因规模限制，中小企业的组织结构和经营管理方式一般采取高度集中的模式。由此，对于中小企业，投资不仅是财务管理的核心内容，更是关系企业生死存亡的关键因素。中小企业显然不能在投资活动中盲目跟从大型企业的行为模式，而应具有自身的特点。

9.3.1 中小企业的投资战略管理

企业投资战略必须以企业总体发展战略为指导，它是企业进行具体投资活动的依据。根据不同的标准，企业投资战略有不同的分类：按投资战略的性质及发展方向，可分为进取型、保守型和退却型投资战略；按投资战略的投向，可分为专业化和多元化投资战略；按投资领域的产业特征，可分为资金密集型、技术密集型和劳动密集型投资战略。不同类型的投资战略适用于不同类型与阶段的企业。中小企业对投资战略的选择，必须考虑企业内外部各种相关因素，主要包括：市场机会和风险、企业发展目标和阶段、企业现有投资规模和结构、企业内部经营管理状况等。

1. 投资方向的选择

中小企业一般处于孕育期或发展期，在发展方向上应选择较为积极的投资战略，所以进取型投资战略是中小企业发展的首选战略。

处于孕育期、经济实力较弱的企业，对外筹资能力一般较低，主要通过内部积累实现企业扩张，相应选择内涵发展型投资战略。通过在资源（包括原材料、人力、社会关系等资源）、技术、销售等方面有侧重的开发，逐步扩大企业生产，增强企业实力。

处于成长期、综合实力较强的中小企业已经具备一定规模和抗风险能力，在投资方向上具有更大的自由度，除了选择内涵投资，还应根据市场的发展选择时机进行外延投资。结合企业所属行业特征、企业管理能力、企业规模和实力、发展目标及产品结构等一系列因素，适当选择专业化或多元化的投资战略。实际上，由于多元化投资对企业管理能力、规模、实力要求很高，中小企业多元化投资成功的案例很少。中小企业只有在其主业经营非常稳定、管理机制健全成熟的基础上，才可考虑选择适当时机拓展其他产业。

当然，在经济大环境不景气、企业发展空间萎缩的情况下，企业也可选择退却型战略，及时从亏损领域抽回资金和人员，重新寻找有发展前途的领域。当产品市场趋于饱和，企业又无力开辟新市场时，选择保守型投资战略有利于企业的转向。

2. 投资产业方向的选择

投资产业方向的选择是关系企业长远发展的关键问题。中小企业在选择时必须充分考虑市场机会、竞争状况、自身综合实力及产品技术特点等因素。

中小企业，尤其是初创时期的中小企业，在资金匮乏的情况下，应首先考虑劳动密集型投资战略。当然，这要以劳动力成本较低为前提。若企业已具备一定的资金实力，且市场出现较好的投资时机，企业应适时选择资金密集型投资战略。考虑到自身的抗风险能力，中小企业应高度重视投出资金的流动性与安全性，防范财务风险。当企业具备雄厚的技术力量和研究开发能力时，应选择技术密集型投资战略，但这种战略需要强大的市场营销和资金投入作支持。

可以看出，传统意义上的中小企业在投资产业方向上基本遵循劳动密集型→资金密集型→技术密集型的发展路线。伴随知识经济时代的到来，在风险投资机制日益发展的今天，中小企业（尤其是高新技术企业）在投资产业选择上具有更大的空间。在技术密集型产业如IT行业中，众多中小企业迅速崛起给予了企业家更多的启发与激励。

9.3.2 中小企业投资项目决策因素

中小企业投资项目决策以对项目的全面分析为基础，主要考虑以下几个因素：

（1）投资收益。企业投资的根本动机是追求投资收益最大化，投资收益包括投资利润和资本利得。在项目决策中应考虑投资收益要求，以收益大小取舍投资方案，分析投资收益的确定性及影响收益的因素，并寻求提高和稳定投资收益的途径。

（2）投资风险。投资风险主要来自投资者对市场的预期不准确以及经营缺乏效率。企业在投资项目决策中既要充分合理预期投资风险，又要提出有效规避投资风险的策略，最终实现风险与收益的配比。

（3）投资约束。即投资企业对接受投资企业行使制约权的程度。投资约束与投资目的和投资风险密切相关，主要有控制权约束、市场约束、担保约束等。

（4）投资弹性。投资弹性涉及两个方面：一是规模弹性，企业应根据自身资金的可供能力和投资效益或市场供求状况调整投资规模——收缩或者扩张；二是结构弹性，企业应根据市场风险或价格的变动，调整现有投资结构。

综合考虑上述四个因素，对初创期的中小企业而言，稳健投资是关键，切忌盲目扩张。实践中，中小企业在寻求发展过程中常犯两个错误：一是将营运资金用于固定资产投资。中小企业在实现较丰厚的利润积累时，往往忽视营运资金周转，急于扩大固定资产投资，极易导致营运资金周转紧张。此时，企业投资弹性较小，面临严峻的财务风险。实际上，企业可将部分资金投资于固定资产，并进行一些流动性较强的投资，如股票、国债、基金、保险等，以便随时撤出补充营运资金的不足。二是分散投资。中小企业资本总规模较小，分散投资很容易导致原有项目营运资金周转困难，而新的项目又不能形成规模，缺乏必要的经营能力和管理经验，无法建立竞争优势。

9.3.3 中小企业的资本运营

我国的中小企业在改革开放过程中产生了独资、合伙和股份合作制的资本组织形式。它们在创办之初资本投入不够充足，创立之后因积累有限，吸收新的股权与债权困难，资本力量的增长缓慢。尽管如此，众多中小企业仍不乏迅速成长和发展的强烈冲动。尤其在政府“放小”政策的支持下，中小企业得以通过各种资本运营方式更加灵活地选择组织方式、经营形式和领导机制，从而在市场经济中获得更大的生存发展空间。针对自身的特点，中小企业的资本运营可采用以下方法。

1. 零兼并

中小企业在并购过程中，往往会受限于企业规模、资金等不利条件。为了达到并购目的，可采用零兼并方法，即选择与企业资产和债务相抵的目标企业进行兼并。这种方法的主要优点在于：不需动用本金就可以得到企业的战略性资产。在锁定债务的前提下，用目标企业的可抵押权证获得流动资金，为本企业及目标企业的发展赢得宝贵的时间与机遇。

2. 托管

中小企业的托管经营是在不改变企业产权归属的前提下，委托方（即企业产权所有者或其代表）将企业经营管理权以合同形式，在一定条件和期限内让渡给受托方（即具有经营管理能力并承担相应经营风险的法人和自然人）有偿经营，并由受托方承担资产保值增值责任。中小企业在对目标企业的行业、专业缺乏认识或信心时，可以采用托管方式。就性质而言，托管经营是以委托资产一定的增值幅度为指标的资产经营权和处置权的让渡行为；就目标而言，托管经营以鲜明的托管资产整体价值的长期实现和增值为直接目标，较好地形成了企业产权市场化运营的内部利益激励机制，从机制上避免了经营过程中对企业资产的侵蚀和浪费；就内容而言，托管经营是一种长期经济行为，对企业资产经营权和处置权的让渡涵盖了企业产权的系统操作内容和过程；就标的而言，托管经营的对象是企业资产的经营权和处置权，乃至法人的财产权。托管经营的最终行为结果可能有多种形式，如由受托方实现兼并，或由受托方作为中介实现兼并，或在契约完成后由受托方将委托标的归还给委托方，或由受托方策划对委托标的进行改造，引入其他投资方，改造后委托方成为新企业的股东之一。

托管经营的优点是，可以及时满足本企业生产之需，避免行业风险，无须承担目标企业的债务及离退休人员负担。如果后期看好该企业，还可将营业利润转化为股份，逐步控制目标企业。具体而言，托管的优点有：

（1）托管经营只要求受托方承担少量的变革成本，有利于鼓励更多企业参与其他企业的重组活动。在企业并购中，并购方虽然可以获得资产处置权和收益分配权，但必须出资购买目标企业的全部或大部分资产，承接其全部债权、债务，还要承担并购后企业重组失败的风险。企业没有充分的资金准备将无法参与并购活动。而托管经营中的受托方仅仅是在一定时期内拥有资源使用权和管理权，无须为此支付大量的资金，只要受托方拥有较强的管理能力和某些特殊的经营资源（如品牌资源、技术资源），就可以通过经营目标企业创造出可观的经济效益。

（2）在收益分配方面，如果托管经营获得成功，目标企业所有者将是主要受益人，而托管方只收取一定的托管费或者享受部分利润分成。与企业租赁相比，目标企业所有者可能会得到更多的收益，因为在租赁过程中所有者通常只能收取租金，而经营性收益主要归承租方所有。

（3）托管的方式不是单一的、无弹性的，可以根据委托方和受托方的具体条件灵活地做出安排。例如，委托方可以只向受托方转移经营权，也可以委托其代为处理闲置资产，还可以允诺受托方享有优先参与并购的权利，等等。这种灵活性意味着托管可以涉及各种类型的企业。

企业托管在操作上应该注意研究以下问题：

（1）明确委托方的权责。为了保证企业重组不受干扰，委托方有必要放弃原有的决策权，更不能无端干预企业的经营管理活动，应只保留对资产状况的知情权和收益权。

（2）选择合适的受托方。受托方承担实施企业重组的重任，必须具备相应的资质。首先，受托方应该拥有一支高水平的管理人才队伍，有能力完成组织变革；其次，受托方应该具有在相同或相关领域中开展经营的经验和技能；另外，受托方还应掌握一些关键资源，这些资源能够与被托管企业的资源结合在一起，创造出更多的价值。这意味着在选择受托方时，应该根据被托管企业的行业特点，把同一行业或相关行业中的领先企业排在优先位置。

（3）授予受托方充分的权力。企业重组的任务要求受托方拥有对企业进行人事改组的权力，包括重新任命管理干部和淘汰部分冗余人员。考虑到被托管企业和受托方的经营活动有密切联系，在设定托管条件时还应该允许甚至鼓励受托方把托管经营与其他经营方式如特许经营、专利授权等结合起来，同时有权从经营收入中提取合理的知识产权使用费。

（4）设定可行的经营目标和托管条件。在设定托管企业的经营目标时，应该充分估计企业重组所要付出的变革成本，不宜把目标定得过高。至于受托方对企业在托管前和托管中发生的债务承担何种责任，应视具体情况而定。双方在商谈托管条件时，必须仔细分析各种可能出现的情况，以免疏漏。

3. 租赁

租赁，尤其是融资租赁，作为一种金融工具，也是资本运营的一种方法。它使产品生产企业能租赁到所需设备进行生产。该方法的优点是，避免市场急剧变化对企业的冲击，减少企业的现金支出，使企业可以将有限的资金投放到回报率更高、风险更小的领域。

4. 中小企业的策略联盟

（1）策略联盟的特征分析。策略联盟是指两个或两个以上的企业为了达到共同的战略目标、实现相似的策略方针而采取的相互合作、共担风险、共享利益的联合行动。策略联盟的形式多种多样，包括股权安排、合资企业、研究开发伙伴关系、许可证转让等。其中有的涉及股权参与，有的不涉及；有的彼此之间有较高程度的参与，有的参与程度很低。在选择联盟方式时，常有一个从低度参与向高度参与发展的过程，这是因为两个企业参与联盟的深度首先取决于彼此的了解和信任程度。一般在开始时只以较少的投入作为初步了解的手段，然后随着彼此了解的加深、信任关系的发展而逐渐增加投入。策略联盟的最大特点是强调合作而不是合资。策略联盟的主要形式包括：联合研究与技术开发、合作生产与材料供应、联合销售与联合分销等。中小企业通过建立策略联盟，可以在保持各自法律上独立性的同时，既不失去小企业的灵活性，又避免企业间合资、合并难以消除的摩擦，更可在实质上获得与大企业相媲美的竞争优势。由于企业间产品特点、行业性质、竞争程度、企业目标、各自优势等方面的差异，以及抵御风险、谋求收益的共同要求，策略联盟具有广阔的前景。

在企业利用外部力量促进自身发展的方式中，联盟是继企业并购浪潮之后兴起的新的企业经营潮流。尽管并购与联盟都有助于企业借助外部资源弥补不足，促进自身发展，但与企业并购相比，联盟具有显著的特征：1）联盟各方仍具有法人资格，并拥有相应的产权，履行相应的义务。而并购双方在很大程度上不会同时具有法人资格。2）联盟的组织形式较为松散。由于联盟各方不改变法人资格，联盟各方建立的组织仅仅是为了实现联盟的目的，一旦联盟协议终止，这种组织形式就成了虚拟的。在合作中遇到问题时，通过协商加以解决。而在并购中则不存在协商解决问题的情况，需要并购方根据自身的发展情况和目前的经营管理进行详细分析，在全公司范围内进行整合。3）联盟对联盟各方的非联盟领域的影响比较隐蔽，冲击程度较轻。参与联盟的各方依然是独立的企业，只是根据双方协议在合作的目标领域互相配合，对对方的非合作领域不需也无法施加影响；并购的影响则是全方位的。

（2）策略联盟的类型。划分策略联盟类型的方法多种多样。根据母公司对联盟的资源投入和对联盟产出的安排，可以将联盟划分为四种类型：1）业务联合型。如果母公司只投入有限的资源，这些资源具有临时性，彼此都没有股权参与，这些资源最后将完全返回母公司，那么，这种联盟就属于非股权项目合作。比如，两家建筑公司为得到某一工程项目而联合投标。2）伙伴关系型。在这种联盟中，双方愿意投入较多的资源，但不涉及或很少涉及股权参与。联盟创造的成果仍然全部返回母公司。最常见的是两家公司因研究开发而结成联盟。3）股权合作型。在这种联盟中，双方均有股权参与，但双方仅投入最低限度的战略资源。对于联盟创造的资源，除了最终结果（红利、专利费等），一般不返回母公司。为进入某一国家而在该国建立的战略联盟就属于这种类型。这种联盟也包括为更快地扩散技术而同其他公司进行的股权式合作。4）全面合资型。在这种联盟中，双方都投入大量的资源，并允许联盟创造的资源继续留在联盟中（红利、专利费除外），双方的股权参与程度较深。两个公司为创建一项全新的业务而进行股权式长期合作就属于这种类型。这种联盟的特征是建立的组织有或多或少的独立性，有自己的战略生命。

另一种方法是按联盟对企业业务的影响方式划分，主要有垂直式和水平式两种类型。

垂直式联盟是一种类似垂直整合的联盟方式，单个企业分别从事自身擅长的价值活动，通过联盟的方式联结这些不同的价值活动，构成较为完整的产业价值链。通过垂直式联盟，可避免许多市场因素的不确定性，降低单个企业的运营风险，减少运营成本，进而取得较强的竞争力和有利的竞争地位。水平式联盟则是整合类似的价值活动，以扩大营运的规模，降低规定成本投资的比例，发挥规模经济的优势。在水平式联盟中，可以集中不同企业的资源，使之得到更高效率的运用，减少重复与浪费，最终提高联盟企业整体的竞争力。

（3）策略联盟的目标分析。从广义上说，策略联盟使企业达到七个互相交叉的基本目标：减少风险，获得规模经济和生产合理化，获得互补性技术，减少竞争，克服政府的贸易限制或投资障碍，获得市场经验或知识，增强同价值链上的互补性伙伴的联系。概括起来主要有：

1）规模经济。中小企业联盟的潜在利益是改善规模经济。中小企业可以针对共同的需要，分别组成研究开发、人才培训、市场信息、技术信息、市场营销甚至公共关系等各种联盟，共同进行相关产业价值链上的某项活动，既可降低单个企业的成本费用，又可争取时效，从而改善中小企业在规模上的不利地位，提升中小企业的竞争力。联盟企业通过共同采购、共用营销网络，更可发挥作为一个整体的实力优势，取得成功。

2）在细分市场上的分工合作。中小企业在细分市场上的合理分工不仅是企业策略联盟的有效结果，更是各种策略联盟成功运作的前提条件。如果企业在细分市场上缺乏明确分工，难免会产生自相残杀的局面。只有在细分市场上合理分工，联盟的合作效用才会显现。资源有限的中小企业难以自行完成研发、生产、营销等全部活动，策略联盟使其得以扬长避短，在分工合作中发挥自身优势。例如，玩具业的垂直式联盟中，由专业设计公司负责设计，模具公司负责开模，塑胶公司负责生产，贸易公司负责营销。这种上下游产业分工网络显然可以大大提高中小企业的产业竞争力。

3）大小企业规模互补、知识共享。中小企业与大型企业，尤其是跨国公司，由于规模不同、专长互补，因此是很好的策略联盟伙伴。常见的联盟方式是大企业授权当地厂商生产产品或委托其负责营销。中小企业则可借此积累经验与实力，逐步成长壮大。由于市场地位相近的企业很难共享知识，而大小企业发展阶段不同，大企业过去的许多经验正是中小企业目前面临的问题，因此中小企业向大企业学习是很自然的。而大企业为了使联盟更具生命力，也乐于传授经验。知识共享所创造的经济与社会效益是不可估量的。

（4）策略联盟的决策分析。企业为什么要加入策略联盟？一般来说，企业在决定是否要加入某个联盟时，首先考虑的是联盟对其战略可能做出的贡献。它要考虑合作企业的业务对其战略有多么重要，参与联盟有哪些机会成本（机会成本包括战略灵活性可能受到的限制，管理能力不能再用在其他地方等）。在策略联盟的案例中，并不是所有的企业都如愿以偿。事实上，以往建立的策略联盟的成功率只有50%左右。联盟失败可能有多方面的原因，如国家宏观经济政策的调整、行业发展动态、企业微观环境等。其中一个重要原因是对成功联盟的条件缺乏充分认识。一个成功的企业联盟需具备以下基本条件：

1）联盟企业能客观评价自身的优劣势。一个企业是否需要、是否有能力加入联盟？联盟会对企业产生什么影响？企业需要对自身资源和能力的优势和劣势做出客观分析。

2）联盟企业具有共同的利益基础。企业的主要目标是实现股东财富最大化，合作各方具有共同的利益基础，才能对联盟企业形成有效的拉力。很明显，只有合理的利益驱动才能维系联盟。

3）联盟各方具有合作需要的能力或资源。企业是资金、技术、设备、人力等资源的有机组合体。一个企业不可能具备所有这些资源，或者不可能在激烈的市场竞争中都具有优势。企业实施联盟战略的目的无非是分担费用、资源互补、避免无谓竞争、降低风险等，企业希望通过联盟满足自身的需求，取得一定的资源优势。

4）联盟各方以规范的形式确立联盟合作关系。由于联盟各方是完全独立的法人实体，任何一方都无法像单一企业法人那样进行各种资源的自由配置，因而需要以规范的形式来确定合作领域、合作方式及进行联盟的沟通与管理等，需要借助法律以合同、协议等形式规定联盟各方的权利和义务。任何一方背离联盟的初衷，对方都将诉诸法律，使联盟关系得以维系。

9.4 中小企业的政策利用

9.4.1 中小企业的信用担保体系

纵观世界各国，建立信用担保体系是拓宽中小企业融资渠道、扶持中小企业发展的通行做法。世界上第一个国际性中小企业信用担保区域性组织是1994年成立的欧洲投资基金。截至20世纪末，全世界已有48%的国家和地区建立中小企业信用担保体系。

1992年，我国开始中小企业信用担保的实践。1996年6月14日，国家经贸委发布《关于建立中小企业信用担保体系试点的指导意见》（简称《指导意见》），标志着我国建立中小企业信用担保体系正式启动。根据《指导意见》，中小企业信用担保机构可采用企业、事业和社团法人的法律形式，在创办初期不以营利为目的，担保资金和业务经费以政府预算资助和资产划拨为主，同时可吸收社会资金。中小企业信用担保的对象为符合国家产业政策，有产品、有市场、有发展前景，有利于技术进步与创新的技术密集型，以及扩大城乡就业的劳动密集型中小企业。信用担保的种类主要包括中小企业短期银行贷款、中长期银行贷款、融资租赁以及其他经济合同的担保。试点期间的担保重点为中小企业短期银行贷款。为减轻中小企业财务负担，担保收费标准一般控制在同期银行贷款利率的50%以内。

2000年7月6日，国务院办公厅印发《关于鼓励和促进中小企业发展的若干政策意见》（国办发〔2000〕59号），决定加快建立信用担保体系，要求各级政府和有关部门加快建立以中小企业特别是科技型中小企业为主要服务对象的中央、省、地（市）信用担保体系，为中小企业融资创造条件。我国中小企业信用担保体系开始进入制度建设、组建国家信用再担保机构和完善社会化信用体系建设阶段。到2000年年底，全国有30个省、自治区、直辖市组建了200多个城市中小企业信用担保机构，13个省、自治区、直辖市组建了省级中小企业信用再担保机构，募集各类担保资金80亿元，为中小企业提供的担保支持约300亿～500亿元。此外，还出现100多家为中小企业提供担保服务的商业担保公司和互助担保机构。

2006年11月23日，国家发展改革委、财政部、人民银行、税务总局与银监会联合印发《关于加强中小企业信用担保体系建设的意见》（国办发〔2006〕90号），决定建立健全担保机构的风险补偿机制，完善担保机构税收优惠等支持政策，推进担保机构与金融机构的互利合作，切实为担保机构开展业务创造有利条件，加强对担保机构的指导和服务。

2008年，经国务院批准，中央财政新增安排10亿元专项用于对中小企业信用担保的支持。连同已安排的资金，2008年中央财政用于支持中小企业信用担保的资金达到18亿元，比2007年大幅增加。支持中小企业信用担保的资金，主要采取无偿资助方式，用于弥补中小企业信用担保机构代偿损失。同时，根据企业所得税法的有关规定，对符合条件的小型微利企业，减按20%的税率征收企业所得税。对涉及大量中小企业的纺织品、服装的出口退税率由11%提高到14%。加大对各种收费的清理力度，进一步减轻中小企业负担。上述政策措施的实施，将有助于增强中小企业融资能力，减轻中小企业负担，促进中小企业科技创新，进一步推动中小企业的健康发展。

2012年5月25日，财政部与工业和信息化部联合发布《中小企业信用担保资金管理办法》（财企〔2012〕97号），鼓励担保机构和再担保机构为中小企业特别是小型微型企业提供担保（再担保）服务。对符合条件的担保机构开展的中型、小型、微型企业担保业务，分别按照不超过年平均在保余额的1%、2%、3%给予补助。对符合条件的再担保机构开展的中型和小型微型企业再担保业务，分别按照不超过年平均在保余额的0.5%和1%给予补助。

2016年6月，工业和信息化部正式发布《促进中小企业发展规划（2016—2020年）》，提出在十三五规划期间，推进中小企业信用担保体系建设。推动设立国家融资担保基金，鼓励和推动有条件的地方设立政府性担保基金。加快组建省级再担保机构，完善以省级再担保机构（基金）为核心的担保体系建设，推进建立产权纽带关系，发挥其增信、分险作用。推动中小企业信用担保代偿补偿机制建设。推动发展国有及国有控股担保机构，鼓励国有资本参股民营担保机构。探索建立担保机构不良资产处置机制。完善银行与担保机构之间的合作，探索和推动在银行与担保机构间建立合理的贷款风险分担机制。鼓励和支持担保机构加强管理，创新业务，提高担保能力，扩大低收费中小企业担保规模。

信用担保机构的基本模式主要有三种：（1）信用担保机构。它是由地方和中央预算拨款设立的具有法人实体资格的独立担保机构，实行市场化公开运作，接受政府机构的监管，不以营利为主要目的。（2）互助担保机构。这是中小企业为缓解贷款难而自发组建的担保机构。它以自我出资、自我服务、独立法人、自担风险、不以营利为主要目的为基本特征。中小企业如被接纳为会员，只要缴纳一定入会费就可申请得到数倍于入会费的担保贷款额度。（3）商业担保机构。它以企业、个人为主出资组建，具有独立法人、商业化运作、以营利为目的等基本特征。随着经济的发展，商业担保机构将发挥越来越重要的作用。除这三种基本模式，还有商业担保和信用担保相结合、互助担保和信用担保相结合等多种形式。

按照党中央、国务院“加快建立中小企业信用担保体系”的决定精神和国务院办公厅《关于鼓励和促进中小企业发展的若干政策意见》的基本要求，在《指导意见》基础上建立起来的我国中小企业信用担保体系的基本框架如下。①

1. 担保体系的性质

中小企业信用担保机构为政府间接支持中小企业发展的政策性扶持机构，属非金融机构，不得从事金融业务和财政信用，不以营利为主要目的；中小企业互助担保机构为中小企业自愿组成、由会员企业出资为主、以会员企业为服务对象的担保机构，属非金融机构，不得从事金融业务，不以营利为目的；中小企业商业性担保机构为民间投资的、以营利为主要目的的担保机构。中小企业信用担保机构可以设立为国有控股或国有参股的企业法人、事业法人、社团法人，互助担保机构可以设立为社团法人或企业法人，商业担保机构可以设立为企业法人或个人独资、合伙企业。

2. 原则与目标

原则：支持发展与防范风险、政府扶持与市场操作、开展担保与提高信用相结合。

目标：逐步由中小企业信用担保体系发展成为以中小企业为主要服务对象的社会化的信用体系，推动中小企业信用担保机构逐步发展成为信用记录、信用评价、信用担保相结合的社会化的信用中心。

3. 体系构成

中小企业信用担保体系由一体两翼组成。“一体”指城市、省、国家三级中小企业信用担保体系。国家中小企业信用再担保机构以省级中小企业信用担保机构为再担保服务对象；省级中小企业信用担保机构以城市中小企业信用担保机构为再担保服务对象；城市中小企业信用担保机构以社区互助担保机构和商业担保机构为再担保服务对象并从事授信担保业务。“两翼”指在城乡社区中以中小企业为服务对象的互助担保机构与商业担保机构，是中小企业信用担保体系的基础，从事中小企业直接担保业务。商业担保机构和互助担保机构依据国家规定和协议约定，享受中小企业信用担保机构提供的再担保服务和风险分担。

4. 资金来源

中小企业信用担保机构的资金来源有政府预算拨付、国有土地及资产划拨、民间投资和社会募集等资本金以及政府信用担保基金、再担保准备金、会员风险保证金、国内

① 中华人民共和国科学技术部网站. 国内中小企业信用担保体系建设情况. 2004－02－19. http://www.most.gov.cn/index.html.

外捐赠等；中小企业互助担保机构的资金来源有会员入股、其他民间投资等资本金以及会员风险保证金、国内外捐赠等；中小企业商业担保机构的资金来源有民间投资等资本金以及被担保企业缴纳的风险保证金、国内外捐赠等。中小企业信用担保基金由政府预算拨款设立，仅限用于中小企业信用再担保和授信担保业务，按基金预算来源不同分别委托国家、省级、市级中小企业信用担保机构运作，分别由国家、省级、市级中小企业信用担保监督管理委员会（各级经贸委、人民银行、财政部门）进行监管。

5. 机构职能与业务对象

中小企业信用担保机构的职能主要是运作自有资本和政府信用担保基金，开展再担保和授信担保业务，统一负责纳入中小企业信用担保体系服务范围内的中小企业的信用记录征集、信用评价等信用管理工作；中小企业互助担保机构的职能主要是运作由会员企业出资和其他民间投资形成的资本金，以会员企业为服务对象开展直接担保业务，可以提供会员企业的信用记录征集、信用评价、信用调查等信用服务；中小企业商业担保机构的职能主要是运作由股东投资形成的资本金，开展法律和政策允许的直接担保业务，可以提供法律允许的对被担保企业的信用评价、信用调查等信用服务。中小企业授信担保业务对象是符合国家产业政策的各类中小企业的贷款担保、创业投资担保、风险投资回购融资担保等；中小企业信用再担保业务对象是互助担保机构和商业担保机构，为它们提供以分担直接担保风险为主要内容的再担保服务；中小企业直接担保业务对象是法律允许的所有经济活动的担保服务。

6. 协作银行与担保资金

协作银行有两类：一是从事直接担保贷款业务的协作银行。一般由互助担保机构和商业担保机构选择资信度高、有积极性的银行特别是中小金融机构作为协作银行，由担保机构与协作银行以合同方式确定保证责任、责任比例、放大倍数、资信评估等协作事项。担保资金一般专户存入协作银行或购买国库券等。二是从事授信担保业务的协作银行。一般先由银行向中小企业信用担保机构提出申请，信用担保机构报请同级中小企业信用担保监督管理委员会批准后，由信用担保机构与协作银行签订合同确定授权额度、贷款损失率、代偿补偿率、责任比例等协作事项。担保资金按照直接担保业务与授信担保业务分别进行管理，互助担保机构和商业担保机构按照与协作银行确定的担保放大倍数和代偿率的乘积的一定比例（如50%），将担保资金存入协作银行或同级中小企业信用担保监督管理委员会和人民银行指定的银行；中小企业信用担保机构自有担保资金（货币资金）和托管的政府中小企业信用担保基金，按照确定的担保放大倍数和代偿率的乘积的一定比例（如80%），存入承办授信担保业务的协作银行或同级中小企业信用担保监督管理委员会和人民银行指定的银行。

7. 风险控制与责任分担

采取协定放大倍数、资信评估、会员资格、企业和经营者反担保、设定代偿率、实施强制再担保、依法追偿等方式进行风险控制。采取担保人与债权人、担保人与再担保人、担保人与被担保人协定责任比例等方式共担风险。中小企业互助担保机构和商业担保机构按照担保业务收入的一定比例（如20%）建立担保风险准备金。

8. 行业自律与政府监督

成立中小企业担保机构同业公会，从事中小企业担保业务的各类担保机构必须加入一个本地区的同业公会。由经贸委、财政、银行、工商等政府部门组成省市中小企业信用担保监督管理委员会（一般由省市政府中小企业职能部门负责人兼任委员会主任），由财政、审计和其他出资者组成担保机构的监事会（一般由最大股东或财政部门人选担任监事会主席）。所有从事中小企业直接担保业务的各类担保机构必须参加所在城市中小企业信用担保机构的强制再担保，可以在协商的基础上参加自愿再担保。城市中小企业信用担保机构必须参加所在省、自治区、直辖市中小企业信用担保机构的强制再担保，省、自治区、直辖市中小企业信用担保机构必须参加国家中小企业信用再担保机构的强制再担保。

9. 行业准入和政策扶持

设立中小企业互助担保机构和商业担保机构应由地级城市人民政府进行审批并由同级工商管理部门进行工商登记注册；设立省市中小企业信用担保机构应由省级人民政府进行审批并由同级工商管理部门进行工商登记注册。享受国务院办公厅提出的“纳入全国试点范围的非营利性中小企业信用担保、再担保机构，可由地方政府确定，对其从事担保的业务收入，三年内免征营业税”政策，其中全国试点范围是：国家、省、市中小企业信用担保机构以及参加强制再担保的中小企业互助担保机构和商业担保机构。免税担保收入是指：国家、省、市中小企业信用担保机构的担保业务收入；中小企业互助担保机构和商业担保机构直接担保业务收入中转缴再担保部分；中小企业互助担保机构和商业担保机构担保业务收入中按照规定比例建立担保风险准备金的部分。

9.4.2 政府的扶持

中小企业在市场竞争中往往处于劣势，它们的健康发展需要政府的相关支持。从发达国家的经验来看，出于增加就业、增强经济活力、反对大企业垄断等目的，20世纪70年代以后，各国政府都加强了对中小企业的扶持力度。许多国家把中小企业作为国家经济发展体系中的重要组成部分，并在各类发展计划中明确中小企业的扶持计划，如中小企业科技扶持计划、财政援助计划、海外发展资助计划等。法国专门为中小企业开设的资助项目有50多种，资助以贷款形式为主，在企业的创建、发展、提高竞争力、与研究机构的合作、人员培训、研究开发、采用先进技术、应付暂时的困难等企业行为的各个环节，都可以找到相应的资助程序。

政府扶持中小企业的职责定位为：制定有利于中小企业与大企业公平竞争的发展规划与规则；构造和推动有利于中小企业健康发展的社会化促进体系；引导和鼓励社会对中小企业的中介服务；加大政府对中小企业的财税支持力度；健全和完善对中小企业的行政和司法监督。

政府对中小企业的扶持方式应参照国际惯例，以社会公共管理者身份，以立法、财税、金融等方式，扶持符合国家产业政策的中小企业。其中为中小企业创造一个更加有利于其成长的环境是最重要的。而积极鼓励中小企业参与国家公共工程建设和政府采购方案，是各国优化中小企业成长环境的成功经验。即使在崇尚公平竞争的美国，国家也充分利用政府订货政策在财政上给中小企业以支持。又如，日本有《确保中小企业承包政府及公共需求项目法》。

尽管我国目前中小企业的产品质量不高是事实，但也不能全盘否定，仍有部分中小企业自身素质以及产品质量相当优秀。在同等质量的前提下，我国的国家建设项目和政府采购可适当提高中小企业的参与程度。由此，我国政府可在这方面做出努力，规定各项公共工程及政府采购的招标（除特殊情况外）不得排除中小企业参与；项目信息应集中公开，以方便中小企业查阅；建立健全中小企业投标资格审批制度；制定中小企业联合承接公共工程、联合参与政府采购的制度；持续办理中小企业参与公共工程及政府采购所需资金的融通及担保等。

9.4.3 中小企业的发展基金

许多国家和地区都由财政出资，设立中小企业发展基金。为协助中小企业发展，我国部分省、地（市）、县安排财政支出时，按一定比例提取中小企业发展基金，也可由国家财政和银行共同出资组建，还可以通过社会集资、发行债券、发行股票等形式扩充基金。发展基金设中小企业专项贷款，配合金融机构对不能按通常条件融资或担保的中小企业给予帮助。根据中小企业改善经营管理或其他特殊的需要发放各种专项贷款。由于风险较高，各金融机构不愿放贷，发展基金联合中小企业信用担保机构，对提高金融机构放贷意愿很有帮助。目前，我国台湾地区的中小企业发展基金设有六种专项贷款——提高竞争力专项贷款，配合政令迁厂贷款，经济变故、衰退期间产销周转金贷款，重大自然灾害复原贷款，互助合作专案贷款，海外投资贷款。

为支持我国中小企业开拓国际市场，参与国际竞争，降低经营风险，1999年，参照国际通行做法，依据《中华人民共和国中小企业促进法》和《中华人民共和国对外贸易法》，国务院批准设立了中小企业国际市场开拓资金。2000年10月，财政部与外经贸部联合制定下发《中小企业国际市场开拓资金管理（试行）办法》，对市场开拓资金的性质、管理原则、使用对象等做出明确规定。为使资金政策顺利贯彻实施，两部又于2001年6月联合下发《中小企业国际市场开拓资金管理办法实施细则（暂行）》，对市场开拓资金的具体使用条件、申报及审批程序、资金支持内容和比例等做出明确规定。自此，“中小资金”政策正式启动实施。根据《中小企业国际市场开拓资金管理（试行）办法》及其实施细则的规定，按照“公开透明、定向使用、科学管理、加强监督”的原则，中小企业国际市场开拓资金用于支持中小企业参加境外展会、认证、国际市场宣传推介、开拓新兴国际市场等活动。该政策是第一项针对中小企业发展的促进政策，第一项体现政府职能转变、由中介机构承办运作的出口促进政策。

【例9-3】 CMMI是软件能力成熟度的英文缩写，CMMI评估等级是全球通用的评估软件企业开发能力和质量水平的标准，是软件外包行业进入国际市场最重要的通行证，其中CMMI 5是软件企业开发能力和质量水平的最高等级，全球通过CMMI 5认证的企业不足百家。

2005年，成立刚刚两年的北京用友软件工程有限公司成为整体通过CMMI 5认证的第一家中国企业，率先具备了向全球客户提供软件开发和集成服务的能力，赢得了Sun，IBM等高端客户的订单，成为我国高新技术服务外包企业的典范。

公司在成立之初面临资金紧张的问题，正是得益于“中小资金”的大力支持，公司的境外展览、商标注册、海外市场拓展等工作才顺利开展，公司的软件开发能力和市场竞争力也有了大幅提升。在中小企业走向国际市场的背后，“中小资金”发挥着资金支持、政策引导和服务桥梁的作用，成为中小企业参与全球市场竞争的助推器。

2005年2月，国务院下发《国务院关于鼓励支持和引导个体私营等非公有制经济发展的若干意见》(国发〔2005〕3号)。该文件充分考虑到我国非公有制企业的绝大多数为中小企业，中小企业的绝大多数为非公有制企业这样一个现实，针对中小企业提出了相应政策措施。其中包括逐步扩大国家有关促进中小企业发展专项资金规模，加快设立国家中小企业发展基金。中小企业发展基金可开展投资业务，设立中小企业开发公司，提供中小企业咨询顾问服务，指导中小企业提高经营管理能力；或为新公司提供良好的创业环境，协助新技术或研发成果产业化，带动产业升级和经济发展。

2010年，财政部和商务部印发《中小企业国际市场开拓资金管理办法》(财企〔2010〕87号)，申请企业项目的中小企业应符合的条件包括：在我国关境内注册，依法取得进出口经营资格的或依法办理对外贸易经营者备案登记的企业法人，上年度海关统计进出口额在4 500万美元以下；对开拓国际市场有明确的工作安排和计划等。市场开拓资金主要支持内容包括：境外展览会；企业管理体系认证；各类产品认证；境外专利申请；国际市场宣传推介；电子商务；境外广告和商标注册；国际市场考察；境外投(议)标；企业培训；境外收购技术和品牌等。优先支持面向拉美、非洲、中东、东欧、东南亚、中亚等新兴国家和地区市场的拓展；取得质量管理体系认证、环境管理体系认证和产品认证等国际认证。

2015年9月1日，经国务院常务会议决定，中央财政将整合资金出资150亿元，吸引民营和国有企业、金融机构、地方政府等共同参与国家中小企业发展基金。

2016年6月，工业和信息化部正式发布《促进中小企业发展规划(2016—2020年)》，提出在十三五规划期间，发挥国家中小企业发展基金作用。通过国家中小企业发展基金，带动地方、创业投资机构及其他社会资本投资种子期、初创期成长型中小企业。鼓励有条件的省市设立地方中小企业发展基金。

2020年5月，为贯彻落实中办国办《关于促进中小企业健康发展的指导意见》和国务院决策部署，在工业和信息化部与财政部的牵头推动下，中央财政与上海国盛、中国烟草等社会出资人共同发起成立了国家中小企业发展基金有限公司(母基金)，注册资本为357.5亿元，通过投资设立子基金等方式(同时保留部分可投资金用于跟随子基金直接投资相关优质项目)，使基金总规模达到1 000亿元以上，重点解决创新型中小企业的中长期股权融资问题，更好地服务实体经济，更好地促进中小企业创新发展，为培育新业态、新模式、新增量、新动能等方面发挥积极作用。

2021年10月26日，国家中小企业发展基金有限公司与北京证券交易所（简称北交所）、全国股转公司共同签署了战略合作框架协议。三方将共同致力于引导更多社会资源关注优质中小企业，充分发挥多层次资本市场服务实体经济的功能，打造服务创新型中小企业主阵地，引领中小企业群体更好发展。

9.5 创业企业财务管理

按照创新驱动发展战略，纵深推进大众创业、万众创新，对于进一步激发市场活力，促发展、扩就业、惠民生具有重要意义。随着双创的不断推进和深入，催生了大量市场主体，有力支撑了就业，特别是高校毕业生就业，促进了新动能快速成长，增强了经济发展内生动力。

9.5.1 创业企业融资

在中小企业融资方式的基础上，创业企业还可以实行政府扶持基金、知识产权融资等以技术创新为核心的融资模式。

1. 政府扶持基金融资

孵化器是政府扶持创业企业的重要方式之一，通过直接给予资金等支持，为创业企业提供生存保障和发展平台。孵化器是国家创新体系的重要组成部分，是创新创业人才培养基地，是区域创新体系的重要内容。按照《科技企业孵化器认定和管理办法》，科技企业孵化器是以促进科技成果转化、培养高新技术企业和企业家为宗旨的科技创业服务载体。科技部火炬中心于2020年年末发布的数据显示，2019年全国孵化器数量突破5 000个，累计毕业企业达16万个。

各地方政府也出台了创业扶持政策，为创业企业提供融资帮助，如表9-4、表9-5所示。

表9-4 代表性城市2017年创业扶持政策

城市	政策	概要
北京	北京高校大学生就业创业项目管理办法	每个创业企业支持额度不超过20万元的标准补助。
	海淀区全方位创新创业支持	符合条件的“海英人才”给予最高30万元（团队最高50万元）的奖励，连续实施3年。
	东城区文化人才示范区＋文化创客基金	东城区认定的行业领军人才，每人可以获得1万～50万元的奖金奖励，还设立了6 000万元的东城文化创客基金。

续表

城市	政策	概要
上海	上海市大学生创业企业信用担保基金项目	单笔担保贷款范围是50万元以内，期限为一年以内的流动资金贷款。
	科技型中小企业技术创新基金大学生创业项目	创业基金以无偿资助的方式支持立项项目，资助额度为每个项目20万～40万元。
	上海市青年创业小额贷款项目	单笔贷款金额原则上为100万～500万元，贷款期限一般不超过2年，采用当期贷款基准利率。
深圳	创业担保贷款	自主创业人员在本市的初创企业可以申请创业担保贷款，个人最高贷款额度20万元；合伙经营或创办的初创企业，每人不超过20万元，总额不超过200万元。
	初创企业补贴	每名合伙人5 000元，合计不超过5万元。
	创业带动就业补贴	招用3人（含3人）以下的每人2 000元补贴；3人以上的，每增加1人给予3 000元补贴，总额不超过3万元。
杭州	大学生创业无偿贷款资助	资助毕业5年之内，在杭州创业的全日制本科生，或者在杭州高校读书的全日制高校生2万～20万元。
	科技计划项目无偿资助	预算总经费300万元，事前资助，资助金额8万～20万元。
	留学生创业无偿补助	在杭州注册创业的回国留学生，资助金额不超过100万元。
	“青蓝”计划	无偿资助在杭州注册成立的，高校、科研院所教师参与入股的科技类创业项目，资助金额不超过100万元。

表9-5 代表性城市2020年创业扶持政策

城市	政策概要
北京	完善大学生创业服务体系，积极落实大学生创业引领计划。推进高等学校大学生创业园建设，支持各类创业服务机构为大学生创业提供创业导师、创业培训等服务。
	吸引优秀年轻人到农村创业发展，选聘优秀高校毕业生从事支农工作。发挥大学生创业板作用，优质企业可通过本市区域性股权交易市场登陆大学生创业板。
	依托“一街三园多点”大学生创业孵化体系，市财政每年投入6 000万元，给予创新团队2年免费场地支持，同时安排就业创业专项资金，鼓励高校学生创新创业。
上海	深化高校创新创业教育改革，把创新创业教育融入人才培养体系。实施弹性学制，为大学生创新创业提供条件保障。建立创业、创投导师队伍，引导大学生自主创业。
	加大创业融资支持，扩大创业前创业担保贷款的对象范围。进一步发挥上海市大学生科技创业基金作用，放宽天使基金申请条件，扩大覆盖面。
	积极鼓励高校毕业生等群体返乡、下乡创业。对于符合条件的，按规定给予初创期创业组织社会保险费补贴、创业场地房租补贴、首次创业一次性补贴等。
	鼓励留学人员来上海工作和创业。为来沪创办企业依法依规享受优惠政策提供资格认定等相关服务，设立留学人员创业园，提供创业资本支持和融资担保等相关优惠政策，以及为符合条件的人员提供生活、居住、教育、科研等方面的帮助。

续表

城市	政策概要
深圳	鼓励留学人员来上海工作和创业。创办企业享受优惠政策提供资格认定等相关服务，设立留学人员创业园，提供创业资本支持和融资担保等相关优惠政策，以及为符合条件的人员提供生活、居住、教育、科研等方面的帮助。
	本市高校毕业生求职创业补贴标准从每人1 500元提高至2 000元。鼓励高校设立就业创业指导服务站，开展就业创业政策宣传、就业创业指导、技能培训、补贴申领等工作。
	给出国留学人员创业前期费用补贴资金。对留学人员来深创业、留学人员企业创新发展环境建设，提供30万元、50万元、100万元不等资助，特别优秀的给予500万元资助。
杭州	印发《杭州市大学生创业资助资金实施办法》，符合条件的大学生创业项目可申请2万～20万元的无偿资助，以及一次性10万元扶优资助。
	制定《杭州市大学生企业实训实施办法》，促进高校毕业生在杭就业创业，实训对象重心是外地高校毕业生的引进与储备。每批次大学生补贴标准为每月2 000元。
	印发《杭州市大学生杰出创业人才培育计划（2017—2019）》，重点面向初具规模实力、初显良好发展潜力的大学生创业企业，每年选拔20名左右优秀大学生创业人才，重点扶持和跟踪培养。
	向新引进到杭州工作的应届毕业生和归国留学人员发放一次性生活补贴，其中，硕士每人20 000元，博士每人30 000元，经费由市和区县（市）、人才平台两级财政共同承担。

2. 知识产权融资

知识产权融资包括知识产权质押融资、知识产权信托融资、知识产权融资租赁、知识产权证券化融资和知识产权期权融资等，是一种面向高技术企业的融资方式，丰富了科技型创业企业的融资渠道。2019年，国家知识产权局会同银保监会、国家版权局印发《关于进一步加强知识产权质押融资工作的通知》，明确放宽不良率考核、单列信贷计划、实施专项考核激励等原则。2020年，全国专利商标质押融资总额达到2 180亿元，同比增长43.9%，众多中小企业从中受益，特别是科技型中小创业企业。①

（1）知识产权质押融资，是指企业以合法拥有的专利权、商标权、著作权中的财产权经评估作为质押物从银行获得贷款的一种融资方式，能够帮助科技型创业企业解决因缺少不动产担保而带来的资金紧张难题。2019年8月20日，银保监会联合国家知识产权局、国家版权局发布《关于进一步加强知识产权质押融资工作的通知》。2019年上半年，全国专利和商标新增质押融资金额为583.5亿元，同比增长2.5%；质押项目数为3 086项，同比增长21.6%，其中，金额在1 000万元（含1 000万元）以下的小额专利质押融资项目占比为68.6%。

（2）知识产权信托融资，是指知识产权所有者将其所拥有的知识产权委托给信托机构，由信托机构实行经营管理，以实现知识产权价值。2016年，安徽省在全国率先开展

① 国家知识产权局．我国专利商标质押融资实现“十三五”期间最大增幅．https://www.cnipa.gov.cn/art/2021/2/19/art_53_156785.html.

知识产权信托交易试点；2018年10月，安徽省3家企业和高新担保以及国元信托签订合作协议，采取知识产权收益权转让模式进行资金信托，在不改变知识产权权属的前提下，将未来一段时间企业知识产权收益权有偿转让给国元信托，由国元信托为企业募集社会资金，在信托到期后，再由企业回购。本次共募集资金2 000万元，期限2年。这也是我国首次开展的知识产权信托交易试点。

（3）知识产权融资租赁，是以知识产权作为融资租赁的标的物。近年来我国出台了相应的政策措施。国务院于2015年出台《关于加快融资租赁业发展的指导意见》，其中提到加快重点领域融资租赁发展，拓宽文化产业投融资渠道；2016年出台《“十三五”国家知识产权保护和运用规划》，强调促进知识产权高效运用。

【例9-4】 商务部、北京市人民政府于2015年9月13日出台《北京市服务业扩大开放综合试点实施方案》，规定试点著作权、专利权、商标权等无形文化资产的融资租赁。天津市人民政府2016年出台的《天津市融资租赁发展“十三五”规划》指出，研究拓展租赁公司经营范围，探索开展股权投资、无形资产租赁、活体资产租赁、房屋租赁等业务。山西省人民政府2016年出台的《山西省人民政府关于新形势下推进知识产权强省建设的实施意见》提到，推动知识产权金融服务创新；完善知识产权投融资政策，支持银行、证券、保险、信托等机构广泛参与知识产权金融服务，开发知识产权融资服务产品；试点专利权、商标权、著作权等知识产权的融资租赁。深圳市龙岗区人民政府2017年出台的《深圳市龙岗区经济与科技发展专项资金支持文化创意产业发展实施细则》规定，将著作权、专利权、商标权等无形文化资产与有形文化资产一并纳入融资租赁标的物范围，并对区内经认定的文化产业金融机构向重点扶持领域的文化企业开展有形资产和无形资产融资租赁业务进行风险补偿。

（4）知识产权证券化融资，是指发起机构（一般为创新型企业）将其拥有的知识产权或其衍生债权（如授权的权利金），转移给一个特殊目的载体，再由此特殊载体以该资产作担保，经资产重组、信用评级及增级等过程后，在市场上发行可流通证券，进而为发行机构谋求资金的一种融资行为。① 国务院出台的《关于支持自由贸易试验区深化改革创新若干措施的通知》，首次提及了知识产权证券化。

【例9-5】 2020年山东首个知识产权证券化项目落地烟台，通过182件专利质押获得融资3亿元，帮助16家企业解决了融资难题。② 2021年2月，“罗湖区—平安证券—高新投版权资产支持专项计划”在深交所正式成立，标志着我国首个以版权为主的知识产权证券化项目落地。③ 此次发行规模为1亿元，知识产权证券化产品融资成本降至1.788%。自2019年年底创业企业投资开启知识产权证券化先行示范的“深圳模式”以来，深圳高新投已完成合计规模近20亿元的9期知识产权证券化产品发行，惠及全市近140家中小企业。

---

① 王红，苑泽明．科技型企业知识产权证券化的理论框架研究．财会通迅，2016（31）：28-31.

② 齐鲁网．山东首个知识产权证券经项目落地烟台 已解16家企业融资难题．http://news.iqilu.com/shandong/shandonggedi/20210425/4838111.shtml.

③ 深圳政府在线．全国首单！以版权为主的知识产权证券化项目落地罗湖．http://www.sz.gov.cn/cn/xxgk/zfxxgj/gqdt/content/post_8721898.html.

（5）知识产权期权融资，是指基金公司提供投资价值判断，借助担保公司对接银行，以期权方式实现投贷联动为创业企业提供大额度银行贷款，这既是企业融资手段的创新，也是基金发展模式的创新。

【例9-6】 2015年，北京盛世光明软件股份有限公司向宁波银行北京中关村支行申请不超过750万元额度的流动资金贷款，作为反担保将公司16%的股权以及3项软件著作权和1项专利出质给北京中技知识产权融资担保有限公司。以股权和知识产权质押贷出大额款项的模式，是中技知识产权金融服务体系在新三板企业中的首次应用，为新三板企业打开了融资新空间。

9.5.3 创业资本退出机制

1. 首次公开上市

首次公开上市是指创业企业首次将公司股份向公众出售，是风险投资最主要、最理想的退出方式。创业企业在满足一定条件下，可以在主板、创业板和科创板等场内市场公开上市，也可以在新三板、区域股权交易市场等场外市场进行融资，在我国多层次资本市场中，风险投资者可以在创业企业公开上市后转让所持有的股份，安全退出所投资的创业企业。

2. 买壳或借壳上市

买壳上市是非上市公司作为收购方通过协议方式或二级市场收购方式，获得壳公司的控股权，然后对壳公司的人员、资产、债务实行重组，向壳公司注入自己的优质资产与业务，实现自身资产与业务的间接上市。借壳上市则一般是指上市公司的母公司（集团公司）通过将主要资产注入上市的子公司中实现母公司的上市。买壳上市和借壳上市都是一种对上市公司壳资源进行重新配置的活动，都是为了实现间接上市，它们的不同点在于买壳上市的企业首先需要获得对一家上市公司的控制权，而借壳上市的企业已经拥有对上市公司的控制权，这是两者的本质区别。买壳或借壳为不满足公开上市条件而不能直接通过公开上市方式顺利退出投资领域的风险资本提供了一种很好的退出方式。

3. 并购

从事风险企业并购的主体有一般公司和其他风险投资公司，许多风险投资者会采用股权转让的方式退出投资。虽然并购的收益不及首次公开上市，但是风险资本能够很快从所投资的风险企业中退出，进入下一轮投资。因此，并购也是风险资本退出的重要方式。统计表明，在风险资本退出方式中，一般购并占23%、第二期购并占9%、股票回购占38%。一般购并主要是指公司间的收购与兼并；第二期购并是指由另一家风险投资公司收购，接手第二期投资。

4. 回购

创业企业被其他企业并购意味着失去了独立性，因此管理层或员工并不希望创业企业被其他企业并购，因此，风险资本在退出时，选择的出售对象可以是创业企业或创业家本人，此种方式称为股份回购。股份回购既可以让风险资本顺利退出，又能避免风险资本退出给企业运营产生影响。股份回购退出的方式主要有三种：管理层收购、员工收购和买股期权与卖股期权。

5. 清算

清算退出主要有破产清算和解散清算两种方式，是针对投资失败项目的一种退出方式。破产清算是指企业因不能清偿到期债务、依法宣告破产的，由法院依照有关法律规定组织清算组对企业进行清算。解散清算是指启动清算程序来解散风险企业，这种方式不但清算成本高，需要的时间也比较长，因而不是所有的投资失败项目都会采用这种方式。

虽然创业企业成长空间巨大，但风险投资是一种风险很高的投资行为，失败率相当高。对于风险投资家而言，一旦确认风险企业失去了发展的可能性和成长速度太过缓慢不能实现预期的回报，或所投资的风险企业经营失败，就不得不采用此种方式退出。清算退出产生损失是不可避免的，一般只能收回原投资的 64%，但可将收回的资金用于新一轮的投资。因此，清算退出虽然是迫不得已，但实际上是避免深陷泥潭的最佳选择。

【例 9－7】 随着科创板落地，创业企业退出市场的案例数同比上升。2019 年共发生 1 152 起风险投资退出交易的案例，同比上升 17.8%。被投企业首次公开上市是最主要的退出方式，其间共计发生 581 起，占比 50.4%；并购和清算退出排名第二和第三，分别发生 274 起和 167 起。2019 年风险投资市场退出结构发生两大重要变化：一是科创板存量释放，被投企业首次公开上市数量大幅提升，581 起退出案例中科创板有 248 起，贡献率达到 42.7%。截至 2019 年年底，上市的 70 家科创板企业股价平均涨幅为 82.4%，但由于科创板企业股价波动风险较大，投资机构的收益还有待观察。二是投资机构退出策略转变，回购退出数量首次超越并购退出。随着我国股权投资市场发展，基金管理人退出会更加理性与务实，注重现金回流。回购退出作为快速回笼资金的方式之一，受到创业投资机构的青睐，2019 年风险投资市场回购案例数同比上涨 98.8%。

2020 年共发生 1 602 起风险投资退出交易的案例，同比上升 39.1%，被投企业首次公开上市是最主要的退出方式，其间共计发生 951 起，其中科创板企业退出案例为 426 起，在全部被投企业首次公开上市案例数中占比 44.8%；并购和回购退出排名第二和第三，分别发生 318 起和 210 起。

9.6　案例研究与分析：网盛生意宝股份有限公司的成长之路

9.6.1　案例背景

1997 年，大学毕业两年的孙德良刚刚从一家以采集信息为主的网站离职，虽然目睹了一家网络公司的失败，但这并没有影响到孙德良对网络的热情与信心，他决定自己创业。当时正值美国纳斯达克的网络热潮，国内已经有许多模仿雅虎模式的综合搜索引擎，想在这里分得一杯羹的可能性微乎其微。孙德良意识到从行业垂直的角度挖掘、穷尽行业信息的网络模式还存在一个空白点，可能隐藏着巨大的商机。

按照这样一个思路，他开始寻找合适的行业切入点，孙德良所在的江浙一带纺织、机械、化工和电子等行业都处于健康发展的快速道上，到底选择哪个行业是一个重大决策问题。孙德良认为只有那些国际化程度高、完全执行行业统一标准的产业才具备网上交易的可能，而化工行业的这个特点尤为突出。化工行业有2 300多万种产品，庞大的数据量是厂商必须使用互联网的客观条件，该行业标准化程度较高，通过网络进行文字描述完全可以满足信息供需方的需求，不易产生歧义。而化工行业本身的特性决定该行业的企业规模至少都在千万元以上，这为企业发展网上贸易创造了物质条件。其实，美国的绝大多数分析师都认为化工是最适宜开展网上贸易的行业。此外，浙江的化工企业分布较多，为企业间B2B交易创造了良好的市场条件。

孙德良的创业资本只有3万元，其中包括2万元高利贷。他成立了浙江网盛科技股份有限公司（简称网盛科技），创建并运营了中国化工网、全球化工网、中国纺织网、医药网等多个国内外知名的专业电子商务网站，以及国内最大的专业化工搜索引擎（www.chemindex.com），形成了门户网站外的“第二阵线”，被媒体誉为“业界奇迹”。中国化工网不仅是国内第一家专业化工网站，而且是国内客户量最大、数据最丰富、访问量最高的化工网站。中国化工网建有国内最大的化工专业数据库，内含40多个国家和地区的2万多个化工站点，含25 000多家化工企业，20多万条产品记录；包含行业内上百位权威专家的专家数据库；每天新闻资讯更新量上千条，日访问量突破78万人次，是行业人士进行网络贸易、技术研发的首选平台。全球化工网集一流的信息提供、超强专业引擎、新一代B2B交易系统于一体，享有很高的国际声誉。中国纺织网是中国最早的专业纺织网站之一，也是目前国内客户量最大、数据最丰富、访问量最高的纺织商务平台。网站拥有最大的专业纺织引擎和纺织产品数据库，内含全球80 000多个纺织站点和110 000余条产品信息，内容涵盖商业机会、国际求购、纺织配额、新闻中心、政策法规等纺织行业的方方面面，日访问量达35万人次，在同行业内占有50%以上的市场份额。国际纺织网通过新型国际推广模式“纺织e圈”“国际商城”等营造出一流的国际商贸环境，成为美国、欧洲等众多纺织用户信息交流的场所，日访问量突破20万人次。医药网是医药行业的门户网站，占有同行业50%以上的市场份额，具有很高的知名度和影响力。

网盛科技从一家专业从事互联网信息服务、电子商务、专业搜索引擎和企业应用软件开发的高新企业，逐渐发展成为国内最大的垂直专业网站开发商。根据全球网站流量统计网Alexa的数据，截至2006年6月30日，网盛科技所经营的中国化工网在国内专业化工网站中位居第一，中国纺织网也在国内同类网站中位居前列。

2006年12月15日，网盛科技在深交所中小板挂牌上市，发行价14.09元，开盘价却高达68.1元，三次停牌也没能阻止投资者的热情追捧，被称为“内地互联网第一股”。

9.6.2　网盛科技的上市路径

网盛科技始终认为，公司应该在合适的时间、合适的地点、以合适的方式实现上市。2002 年公司就开始进行内部股份制改造。2002 年 9 月，网盛科技与香港新鸿基公司达成协议，启动在港上市程序。然而，一场与中化集团的商标官司因网盛科技赴港上市的计划被迫搁置，因为券商认为有官司在身的企业不适宜继续开展上市工作。这个变故不仅推迟了网盛科技上市的时间，而且改变了上市地点。一年后官司结束，公司重新考虑上市问题，却清醒地看到实力有限的内地企业在 H 股市场的交易量都比较小，受关注程度也不高，同时网盛科技的主要客户和市场都在内地，A 股上市对于企业品牌和形象的提升作用更加明显。上市地点明确以后，公司就开始为 A 股上市进行积极的筹划和准备，包括从证券公司聘请具有 IPO 经验的工作人员，打造“具有标杆意义的国内互联网第一股”的概念，以吸引大券商。2005 年 4 月，网盛科技顺利地向证监会递交了申请材料，然而，6 月由于股改开始，IPO 被暂停。这一次等待使日后上市的网盛科技处于一个更好的市场环境。最终在 2006 年 12 月 15 日上市融资 2.1 亿元。

公司独特的经营模式以及良好的经营业绩，使其上市受到资本市场的热烈追捧。“会员+广告”是网盛的主要经营模式，每发展一个会员就收取入会费，会员、非会员均可在网站上发布网络广告，这构成它主要的收入来源。公司认为丰富的客户资源是网络公司的核心竞争力，在市场战略上选择了与行业类综合网站，如阿里巴巴、慧聪网等错位竞争的战略。截至 2006 年 6 月底，化工网客户和纺织网客户数量分别为 5 709 家和 1 560 家。上市前三年公司取得了不错的经营业绩，如表 9-6 所示。

表 9-6　网盛科技上市前三年的主要业绩

时间	2003 年	2004 年	2005 年	2006 年 1—6 月
主营业务收入（万元）	3 625.77	5 318.08	6 374.36	3 214.44
主营业务成本（万元）	391.25	623.24	477.25	250.31
主营业务利润（万元）	3 037.87	4 429.52	5 550.82	2 785.21
净利润（万元）	1 349.89	2 698.80	2 902.07	1 399.65
货币资金（万元）	4 441.98	6 983.15	9 015.13	9 217.64
流动资产合计（万元）	5 701.28	914.84	10 373.74	10 228.14
化工网新增客户数（家）	953	1 370	1 146	549
纺织网新增客户数（家）	343	525	546	226

资料来源：网盛科技招股说明书.

在上市股权比例的选择上，网盛科技采用了证监会的最低限，即 25%的股权上市，股份数量为 1 500 万份。上市后，孙德良通过杭州中达信息技术有限公司和上海中化科技发展有限公司间接持有公司 34%的股份，是公司的实际控制人，其父亲孙国明持有 9.255%的股份，其他 5 位自然人股东持有 3.495%的股份。公司的股权结构如图 9-1 所示。可以看出，上市后，孙德良仍掌握着公司的控制权。考虑到国内的市场环境，如果股权过于分散，难以形成合力，在公司的蓬勃发展阶段选择了保守安全的股权结构，这有利于以后的资本运营，也反映出公司发展的审慎策略。

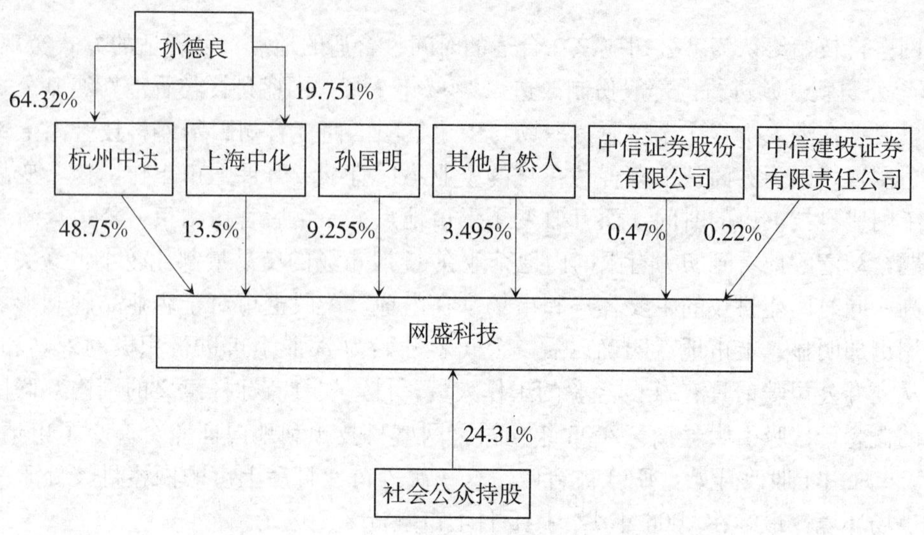

图 9-1 网盛科技股权结构

此外，与其他公司特别是网络公司借助于风险投资发展的理念不同，1999 年，当网盛科技发展到几百万元规模时，美国一家风险投资公司找到孙德良希望对其进行风险投资。此后，陆续有十多家国内外投资公司也找到了网盛科技，但都被婉言谢绝。这从另一个侧面反映出民营小企业对控制权的重视，不愿意股权被稀释。

IPO 募集的资金主要用于产业发展，具体的投资项目如表 9-7 所示。

表 9-7 上市募集资金投资项目

单位：万元

序号	项目名称	固定资产投资	铺底流动资金	合计	批复情况
1	化工专业搜索信息服务平台项目	4 100	700	4 800	浙发改高技〔2005〕56 号
2	化工专业信息平台升级项目	3 300	1 200	4 500	浙发改高技〔2005〕51 号
3	私有交易平台和供应商关系管理项目	4 100	850	4 950	浙发改高技〔2005〕44 号
4	营销及服务网络建设项目	4 500	—	4 500	—
	合计	16 000	2 750	18 750	—

资料来源：网盛科技招股说明书.

随着以上投资项目建设完成，公司的业务领域进一步拓展，综合服务能力和服务水平也有很大提升，带动主营业务收入大幅增加。从市场竞争来看，项目的投入运营将促进“会员+广告”模式持续发展，巩固公司在专业化工综合服务领域的领先地位，强化市场竞争优势。

可以说，上市是中小企业发展到一定阶段的最优选择或者说是中小企业发展的转折点，通过资本市场公司谋求新的发展契机，一方面增加新的融资渠道，另一方面使品牌形象得到宣传和推广。

9.6.3 发展战略的优化调整

因公司业务发展的需要，经2008年公司第一次临时股东大会决议通过，公司将注册名称变更为浙江网盛生意宝股份有限公司，并于2008年2月22日获得浙江省工商行政管理局的变更核准。为使公司名称和公司简称保持一致，经公司申请，并经深交所核准，公司股票简称自2008年2月28日起变更为生意宝，公司股票代码保持不变。

上市之前，“会员＋广告”是网盛科技的主要经营模式，公司在市场战略上选择了与行业类综合网站，如阿里巴巴、慧聪网等错位竞争的战略。

2007—2010年，公司将发展战略定位于“小门户＋联盟”模式。“小门户”主要指专业网站，包括化工网、纺织网、医药网和服装网；“联盟”主要指公司于2007年推出的联盟中心网站“生意宝”。通过融合一纵到底的专业化服务和一横到边的综合化服务，以小门户为基础，通过联盟的方式，将各行业网站的资讯、行情、企业与产品数据库、流量、广告等核心资源进行有效整合。

2011年，公司又转向“B2B电子商务＋数据营销服务＋大宗品交易”模式。B2B的传统信息营销服务为公司提供了绝大多数的企业会员；公司旗下的数据服务商——生意社，对包含能源、化工、塑料、有色、钢铁、纺织、建材、农副八大行业在内的500余个大宗商品进行长期的行情追踪分析；公司发布首个大宗商品供需指数，被工信部、企业和媒体等广泛采集、应用。此外，公司投资设立宁波网盛大宗商品交易有限公司，用于运营大宗品交易网。

2012—2013年，公司将发展战略定位为“电商为基础、金融做突破、数据创未来”模式。其中，电商战略是指向企业提供网站访问及基础服务；金融战略由灵活的支付方式、低价优质的融资和其他创新的金融产品组成，公司的子公司浙江网盛融资担保有限公司已获得融资担保业务许可，全资子公司浙江生意通科技有限公司完成了非金融机构支付业务平台的设计、开发与建设；数据战略指公司通过生意社对平台数据进行商业挖掘，将数据转化为生产力。

在“大数据＋电商＋互联网金融”三大战略下，生意宝致力于供应链金融服务多元化。因此，2014年7月生意宝正式启动小微金融服务业务，通过与不同银行合作为客户提供量身定制的个性化金融方案，满足不同企业转型与发展的融资需求。①

2015年，生意宝谋求战略升级，向B2B在线交易模式转型，形成了三大核心竞争力优势：电子商务行业品牌、资源优势显著；丰富的电子商务信息处理经验；数据优势。随着国家大力推动“互联网＋”的发展，2017年作为国内首家A股“互联网＋”概念股，生意宝与浙江闰土股份有限公司、浙江吉华集团股份有限公司共同打造的中国染化交易市场宣布正式上线。该平台是基于染化产业链的第三方电商交易＋在线供应链金融平台，构建的基于“交易＋金融”的战略生态。中国染化交易市场的上线意味着生意宝

---

① 中国经济网. 巨化股份与生意宝战略合作 共同推动供应链金融. http://finance.ce.cn/rolling/201507/08/t20150708_5875178.shtml.

金融交易战略再下一城。“染化＋互联网”的模式将为染化行业创造全新的营销模式。截至 2017 年 4 月，生意宝已基本打造全球领先的大宗商品供应链综合服务生态圈，形成了全行业、全产业链上下游的闭环服务体系。该生态圈包含的平台有：电商平台（生意宝）、数据平台（生意社）、仓储物流平台（网盛运泽物流网络）、融资平台（网盛融资）、消费金融平台（杭银消费金融）。生态圈的打造加强了公司的竞争力和盈利能力，形成了高门槛的行业壁垒。①

生意宝的业务模式逐渐发生了转变，由合作伙伴成立地方供应链运营公司，由地方担保公司接入地方供应链金融中心，并获得银行担保授信，运营公司负责地方供应链金融中心的具体运营。生意宝与多方银行签约战略合作，以期加快产业互联网与供应链金融的融合，探索解决企业间三角债，中小微企业融资难、融资贵以及金融脱实向虚等问题。

全国各地政府都在积极探索金融服务实体经济的创新路径，而在线供应链金融成为很多地方政府金融创新模式的标配。生意宝作为产业互联网基础设施提供商，为企业提供电商数据、交易金融与物流网络的产业互联网基础设施，并形成了两个中心的发展战略：产业数字化服务中心、地方供应链金融中心。产业数字化服务中心连接产业上下游，为产业链企业提供信息服务、交易服务、物流服务、电商服务、供应链金融服务、供应链服务，助力产业数字化。同时，也为银行、担保公司等金融机构提供基于产业链和供应链的相关解决方案。②

上市之后，生意宝在 2007—2019 年的经营业绩如表 9－8 所示。从表中可以看出，营业收入基本呈上升趋势，但是由于营业成本增加的幅度更大，营业利润的波动较大。另外，公司的货币资金和流动资产也逐年递增，说明公司具有较好的流动性。

表 9－8　生意宝上市后的主要财务指标　　单位：万元

年份	营业收入	营业成本	营业利润	净利润	货币资金	流动资产合计
2007	7 824.25	744.27	4 957.34	4 296.94	31 530.17	32 265.42
2008	10 558.52	1 034.81	3 783.06	3 149.88	33 536.94	34 509.33
2009	13 446.12	1 635.47	4 591.20	4 079.34	34 503.99	35 664.08
2010	17 301.94	4 236.16	5 415.86	5 176.64	38 050.04	38 872.13
2011	14 409.99	1 948.43	3 455.26	3 269.61	40 197.58	41 148.66
2012	16 030.22	3 076.17	4 275.05	3 713.66	43 596.18	44 671.79
2013	19 910.56	6 610.97	3 980.00	3 390.57	46 633.86	47 656.77
2014	15 968.89	3 071.03	3 985.93	3 384.69	45 803.38	47 103.73
2015	17 613.59	6 270.91	2 110.37	1 792.11	35 072.01	42 496.78

① 浙商网. 生意宝金融交易战略再下一城“中国染化交易市场”上线. http://biz.zjol.com.cn/zjjbd/qyxw/201704/t20170413_3455500.shtml.

② 中国证券网. 生意宝与交通银行战略合作 共破中小微企业融资问题. https://news.cnstock.com/news,jg-201903-4354554.htm；网经社. “百城千企”供应链金融行动启动 生意宝与三叶供应链共同赋能中小企业. https://xueqiu.com/4700839113/165223348；医药网. 网盛生意宝启动“全国担保公司数字化转型赋能计划”. http://news.pharmnet.com.cn/news/2021/01/29/550721.html.

续表

年份	营业收入	营业成本	营业利润	净利润	货币资金	流动资产合计
2016	32 349.83	22 845.08	1 095.61	1 201.40	88 640.92	102 078.51
2017	36 113.41	24 252.00	2 729.60	2 066.48	81 980.01	113 676.65
2018	41 964.72	27 567.08	4 893.37	3 767.53	83 593.01	135 272.58
2019	35 712.48	24 051.77	5 006.20	4 106.62	94 712.25	143 323.26

资料来源：国泰安数据库.

9.6.4　案例启示

1. 因地制宜选择直接融资方式

网盛科技似乎是一夜之间声名鹊起，并被冠以中国“内地互联网第一股”的美称。但实际上，网盛科技成功上市并受到追捧有其必然性。它以做实业的精神做网络，经过近10年脚踏实地的积累，最终以良好的财务业绩顺利跻身中国资本市场。

虽然上市是许多中小企业成长发展的阶段性目标，但风险投资无疑是大多数中小企业渴望得到的最有力的资金支持。风险投资的资金支持以及管理咨询服务，会加速中小企业的上市进程。然而，生意宝却将风险投资拒之门外，坚持依靠自身的积累实现上市。从案例来看，主要有两方面的原因：一是对其所创建的“会员＋广告”模式充满信心，这份信心来自对中国市场与经济格局的充分把握；二是在经营管理方面，不希望控制权被分散或者稀释，认为在中国的市场环境中股权分散会影响企业的合力，最终可能会出问题。所以生意宝选择了保守的经营方式，稳扎稳打，一步步得到市场的认可，取得良好的财务业绩，最终实现直接融资的目的。

但是，生意宝的发展历程并非所有中小企业都可以效仿和复制的。从理论上说，风险投资不但可以加快中小企业的发展，而且会带来新的管理理念，成功的风险投资运作对企业的成长起到事半功倍的效果。例如，如家快捷酒店在风险投资者的帮助下仅用4年时间就实现在美国纳斯达克上市，成为中国传统产业海外上市的代表。生意宝案例带给我们的启示在于，因地制宜地选择适合自身发展的融资模式是中小企业要解决的根本问题。

2. 核心优势＋资本＝中小企业持续发展

“起点低，逐步壮大，滚动发展。”孙德良的一句话浓缩了生意宝成长发展的历程，值得其他中小企业借鉴和学习。如果说逐步壮大可以依靠企业自身的积累得以实现，滚动发展则需要技术和资本的有机结合，只有这样中小企业才能真正实现可持续发展。如前所述，由于种种原因，中小企业特别是高科技中小企业难以从银行得到足够的贷款，而凭借良好的发展前景，上市直接融资成为支持中小企业持续发展的主要动力。如何获得有限的上市资源成为中小企业发展到一定阶段必须面对的问题，生意宝的案例在这方面给我们一个启示：通过积累形成自己的核心优势，具有一定的市场认可度，同时在技术和市场上都具有较大的发展空间，就会得到资本市场的青睐，获得资本支持的技术与核心竞争力会更加迅猛地发展。

所以，中小企业的持续发展必须同时具有双翼，即技术市场或服务优势——立足市场之本和必要而充足的资本支持——市场拓展与企业成长的助推器。两者互相促进、协调发展是中小企业发展壮大的推动力量。如果没有核心竞争优势，企业难以获得发展所需资金，没有资本做后盾，中小企业的发展就会受阻。一般来说，先从自身积累开始，逐渐形成自己独特的市场切入点、专有技术等核心竞争力，然后适时募集足够资金，进一步促进核心竞争力的完善和巩固。此后两者形成一个螺旋式相互促进的动态发展过程。

以往一些中小企业在风险投资资金的支持下往往选择到海外上市，主要原因是国内上市程序复杂，需要等待很长时间，但是现在情况发生了很大变化。IPO新办法出台以后，中小板企业发行上市的财务条件更加明确，程序更加简化，取消了一年辅导期和不能在发行上市前12个月内通过扩股引进新股东的要求，实施市场化的发行与定价方式，中小企业上市周期大大缩短。

3. 以市场为导向，适时调整战略

在市场竞争越来越激烈的情况下，只有紧跟市场步伐，才能立于不败之地。网盛科技在获得资本市场的青睐后，结合市场发展的趋势和特征，多次调整公司战略，以从容应对行业竞争。这一方面反映出中小企业灵活的运作机制，另一方面体现出集中控股的决策效率，对其他同类企业具有很好的借鉴意义。

资料来源：

①搜狐网."鼠标＋水泥"真实案例 解析A股首家网络股.[2006-12-15].https://it.sohu.com/20061215/n247073779.shtml.

②新浪网.你所不知道的网盛科技：是神话还是又一泡沫.[2007-01-09].http://tech.sina.com.cn/i/2007-01-09/11061325852.shtml.

③李骐，周涛.深交所各地公关 中小板年内预计过百家.经济观察报，2006-11-27.

④其他公开资料.

《 本章小结 》

● 中小企业是相对于大企业的概念，是指营业收入或资产总额较小、员工人数较少、管理组织简单、职责分工有限的企业。中小企业财务管理具有自身的特点，主要体现为：内部管理基础比较薄弱；抗风险能力较差；融资渠道有限；对管理者的约束较多。

● 内源融资是中小企业发展的主要融资渠道和方式，积极扩展中小企业的间接融资渠道是满足其资金需求的重要举措。具有技术领先优势的中小企业可以通过风险投资获得有力的资本支持。

● 中小企业的投资战略必须服从企业整体发展战略，它是指导具体投资活动的依据。制定投资项目决策时要考虑投资收益、投资风险、投资约束和投资弹性四个影响因素。

● 建立信用担保体系是拓宽中小企业融资渠道、扶持中小企业发展的重要举措。中小企业在市场竞争中往往处于劣势，它的健康发展需要政府的支持。政府对中小企业的扶持方式应参照国际惯例，以社会公共管理者身份，以立法、财税、金融等方式，扶持符合国家产业政策的中小企业。

案例讨论

金蝶软件公司破蛹化蝶的历程

“北用友，南金蝶”是对当今国内财务软件市场最简洁、最贴切的描述。深圳金蝶软件科技有限公司的前身是1991年在深圳成立的深圳爱普电脑技术有限公司，当时的注册资本仅有30万元，创始人徐少春持有90%的股份。1993年与美籍华人赵西燕合资成立深圳金蝶软件科技有限公司，并成功发布金蝶财务软件。1998年接受国际数据集团(IDG) 1 000万美元的风险投资。2001年在港交所创业板挂牌上市。是什么原因让一个本土出生的小企业仅仅经过10年的时间就成为行业的先导企业并顺利进入国际资本市场？金蝶的发展过程可以概括为起跳、腾飞、着陆、远行、蝶变，每一个阶段都离不开资金的支持与运筹。

一、起跳：让出控股权，迎来新机遇

1991年11月，深圳爱普电脑技术有限公司（简称爱普公司）成立，不久就遇到了多数小企业发展中存在的问题：难以留住人才。一方面由于体制原因，小企业无法解决员工的户口等现实问题；另一方面，由于企业规模过小，难以吸引优秀人才长久地为企业效劳。将企业做大做强是爱普公司的愿望和目标，但没有资金如何实现这一点？恰在此时，徐少春结识了深圳蛇口社会保险公司（简称社保公司）总经理赵勇，两人相谈甚欢，萌生了合作之意。徐少春抓住这次机会，果断地“起跳”，放弃了对公司的绝对控股权，同时引入美籍华人赵西燕的投资，于1993年8月8日成立了深圳金蝶软件科技有限公司（简称金蝶）。在新公司中，徐少春持股35%；赵西燕以33 333美元入股，持股25%；社保公司投资48万元人民币，持股40%。虽然新公司的董事长由社保公司派出，但公司运作权仍由徐少春掌控。当时的国内市场竞争对手不少，其中包括占有很大份额的用友、万能、安易等，还有许多其他公司在争夺财务软件市场。

引入新股东不仅为公司融得了发展资金，还带来了许多无形的资产。首先，社保公司是蛇口工业区的全资子公司，所以金蝶成为蛇口工业区的控股子公司，这一身份使得员工的户口、调动、住房等问题迎刃而解。其次，赵西燕的美籍华人背景使金蝶享受到合资企业的待遇，在企业的发展中得到不少优惠政策。最后，大股东赵西燕身处美国，随时向国内传递最新技术动态，使得金蝶的产品开发具有一定的前瞻性。在这个背景之下，作为中国第一代电算化硕士，总裁徐少春提出了“突破传统会计核算，跨进全新财务管理”观念，并且紧紧抓住与国际接轨这一核心，快速开发新产品。1993年金蝶推出V2.0和V3.0 DOS版财务软件；1995年年底，金蝶又先声夺人，在国内还是DOS系统主宰天下的时候，以敏锐的市场判断力率先开发出全新的Windows产品，在同行业中引起极大轰动；1996年4月，金蝶开发的全新Windows产品经过有关部门严格测试，被评为“中国首家Windows版优秀财务软件”，由此奠定了其在国内软件业的地位。

二、腾飞：风险投资，加速发展

从1997年开始，包括投资新浪的华登等风险投资商看到了金蝶的发展潜力，纷纷伸出橄榄枝，但金蝶不为所动，因为当时公司的发展不缺资金。但是随后的一纸公文改变了金蝶的命运。1997年国家发文，不允许保险公司的资金投向高风险行业，这就意味着社保公司必须退出，同时也意味着金蝶身份的转换，成为真正的民营企业，这为其今后的资金筹集带来许多困难。1998年1月，社保公司将其股权作价200万元转让给其他股东，正式退出金蝶，金蝶的身份转为民营企业。

考虑到今后可能需要海外上市，金蝶更倾向于选择一家海外的风险投资公司。最终，IDG的执着与实力赢得了金蝶的"芳心"。经过磋商，双方达成协议，金蝶接受该公司2 000万元人民币的风险投资，用于科研开发和国际市场开拓。这也是中国财务软件行业接受的第一笔国际风险投资。然而作为国际大公司的IDG选择金蝶作为风险投资对象绝非偶然，IDG看中了金蝶的创新能力及其所在信息技术行业的巨大发展潜力，正如IDG董事长在考察金蝶时所说的那样："金蝶在产品和服务方面拥有独占的技术，在营销和组织运作方面具有出色业绩，是中国发展速度最快的财务软件公司。"最终IDG的2 000万元人民币落入金蝶囊中。IDG持有金蝶25%的股权，留出10%多一点的股权分配给员工，其余股东相应增资，实现金蝶全面扩股，但IDG不参与公司的日常管理和运营。

借助风险资金的注入，金蝶的营销与技术服务网络在全国范围内迅速扩大，分支机构由21家增至37家，代理商达到360家，研发和营销方面的员工更是由300人猛增到800人。

风险投资不仅解决了公司融资难的问题，同时还带来了IDG广泛的国际资源和先进的管理文化。IDG参加金蝶的市场活动，扩大了金蝶的影响力，提升了金蝶的发展速度。可以说，风险投资是金蝶发展的助推器，使其驶入发展的快车道。

三、着陆：登陆港交所，开辟新天地

风险资金的注入加速了金蝶上市的进程。在选择是在纳斯达克还是在香港上市时，虽然股东有不同意见，但考虑到香港与内地信息交流更加顺畅，最终选择了港交所创业板市场。

1999年2月，金蝶对公司的资产、股权结构进行调整，并在开曼群岛注册了一家控股国内公司的壳公司，于2000年3月向证监会递交申请材料，7月得到批准。2001年2月15日，金蝶股票在香港创业板成功上市，发行股票5 750万股，占总股本的20%。金蝶股票的发行价为1.03港元，筹集资金8 000万港元。当时网络股神话破灭，美国纳斯达克等国际二板市场持续走低，受其影响金蝶上市的融资额并不理想。与其规模相当的用友软件因为选择了国内主板上市，其融资额是金蝶的10倍之多。

但海外上市是金蝶国际化发展的必经之路，上市的过程是金蝶熟悉国际资本市场运作规则的过程，由此促进了公司在技术、管理、产品方面与国际惯例接轨，使其国际竞争力得以增强。虽然所募集资金总量不多，但对于当时的金蝶来说，完全可以满足其发展需求。从长远来看，作为成熟的国际资本市场，可持续的再融资渠道为公司通过资本市场快速扩张提供了坚实保障。此外，香港的资本市场有较为完善的监管制度，有利于金蝶按国际标准规范公司治理机制，树立良好的国际形象，提高在国际市场上的占有率。

四、远行：且行且珍惜

上市为金蝶注入新的活力，2001年6月金蝶在美国设立硅谷办事处，金蝶国际软件集团（香港）有限公司随后成立；2001年8月与IBM建立软件合作伙伴关系；2001年9月向33名员工发放总数为172万股的股票期权；2001年12月并购中国ERP老牌劲旅北京开思；2002年3月与清华大学国家CIMS工程技术研究中心签订战略合作协议，金蝶投资600万元成立企业信息化技术研究所；2002年4月发放上市以来第二次期权，向集团高级管理人员和技术骨干授予总数为562万股的股票期权；2003年1月被信息产业部、国家发展计划委员会、国家对外贸易经济合作部、国家税务总局认定为国家重点软件企业；2003年2月推出金蝶企业应用套件，发布“产品领先，伙伴至上”发展战略。

2005年7月20日，金蝶成功从香港创业板转为主板上市。按照港交所规定，创业板企业符合以下三项条件时可以申请转到主板：一是连续3年的盈利记录，最近一年的净利润超过2 000万港元，之前两年的累计净利润至少达到3 000万港元；二是发行时市值不能少于1亿港元；三是公众股流通量达到5 000万港元或者占已发行股本的25%。金蝶在创业板上市的第二年（2002年）就已经达到上述要求，具备从创业板公司转为主板公司的条件。由创业板转往主板上市，有助于金蝶改善股东基础，改进公司治理，提升公司品牌形象，吸引人才，提升内地市场竞争优势，开拓亚太地区国际市场。

2005年在香港主板上市后，金蝶采取了并购扩张的战略，2005—2010年先后收购了制造业ERP厂商歌利来、SAAS厂商香港会计网、政府财政行业厂商宏景科技和ERP渠道厂商徐州思必得、零售连锁行业厂商深圳商祺、服装行业厂商广州齐胜、财税一体化厂商南京同盟等，总耗资超过1亿元。金蝶完成了管理架构的调整，调整后，金蝶分成了三个分别面对大型、中小型、电子商务客户的运营平台。

五、蝶变：开辟云转型战略，谱写生态蓝图

ERP系统让金蝶的版图不断扩张，公司员工人数也不断增加。2008—2010年3年间，金蝶的员工人数涨幅超过一倍，总人数达到近1万人。2011年，金蝶已经拥有12 000名员工，当年上半年，金蝶收入增长了58%，净利润同比增长43%，创下了历史之最。但此时，金蝶在管理方面也暴露出一系列问题，出现了窃取商机、伪造公章、私签合同等损害公司利益的行为。2012年，金蝶遭遇了史上最艰难的时刻，上半年金蝶净亏损达到2亿多元，这是金蝶自成立以来首次亏损，不断攀升的人力成本几乎把金蝶逼向了生死存亡的险地。这一年，移动互联网在我国发展得如火如荼。金蝶的重心却还在ERP系统和传统咨询服务业上，金蝶创始人徐少春做出转型决定，未来业务更多地集中于互联网、云计算等领域，围绕用户体验建立“小、美、快”的创新文化。

2014—2015年，金蝶开始聚焦云战略，相继推出了“云之家”等移动办公软件，进行云转型。2014年5月4日，徐少春跳上公司接待前台，砸掉了电脑，宣告进行一场工作方式革命，鼓励移动办公、社交办公、共享办公和弹性办公；8月，徐少春和客户一起抡起大锤砸掉了服务器，宣告成立ERP云服务事业部。软件是过去，云是未来，这一刻标志着金蝶“云转型战略”开始集中发力。2017年，金蝶再次砸掉ERP系统，让“金蝶云”全面代替传统ERP系统。2021年，金蝶呈现出更清晰的战略目标和生态布局，持续推动平台及生态建设，一方面金蝶通过苍穹平台全面提升企业的企业业务能力

(EBC)，用新的信息化服务模式提升企业面对新时期的发展能力，助力独立软件开发商(ISV) 业务合作伙伴将水平产品做宽、行业产品做深；另一方面金蝶已全面构建起 ISV 全生命周期赋能体系，通过政策支持、联合营销、技术赋能全力助推 ISV 业务合作伙伴成长，携手 ISV 业务合作伙伴谱写更广阔的生态蓝图。

至此，金蝶经过起跳、腾飞、着陆、远行、蝶变，由一家小型财务软件公司成长为国际化的数字化转型公司，在时代的潮流中继续前行。

资料来源：

①金蝶的融资上市之路. 财经时报，2000-08-25.

②金蝶国际化险中求胜. 亚太经济时报，2003-12-06.

③周灿. 金蝶三次融资三次飞跃. 国际融资，2001 (9).

④新浪网. 管理软件规模尴尬 用友、金蝶并购扩张. [2010-02-02]. http://finance.sina.com.cn/roll/20100202/03057349674.shtml.

⑤首席商业评论. 徐少春深情讲述创业故事：金蝶 25 年 3 次"蝶变"重生. [2018-10-09]. https://mp.weixin.qq.com/s/TMOlW5AVlzjUAZ0ADBFT1g.

要求：

网盛科技与金蝶的发展历程对你有哪些启示？你如何评价？它们分别有什么值得其他中小企业借鉴之处？

思考题

1. 如何理解中小企业财务管理的特点？
2. 中小企业可以通过哪些方式获得资金？
3. 中小企业投资战略的选择一般要考虑哪些因素？
4. 中小企业信用担保体系的模式有哪几种？

第10章

非营利组织财务管理

本章导读

内蒙古老牛慈善基金会（简称老牛基金会）是2004年年底成立的从事公益慈善活动的基金会，创始金额为200万元。老牛基金会的发展速度惊人，截至2020年年底，已累计与184家机构和组织合作，开展了267个公益慈善项目，遍及中国31个省区市及美国、加拿大、法国、意大利、丹麦、尼泊尔等地，公益支出总额达到15.65亿元。

老牛基金会的主要收入来源包括：牛根生捐赠的股份、股份红利所得及捐赠；吸收特定个人捐赠；基金会财产投资、理财收益；作为信托受益人所获得的收入或其他合法收入。老牛基金会收入的主要用途包括：符合一定范围的公益慈善项目；保值增值的理财投资；固定资产购置、工会福利和行政办公支出；业务调研、评估及其他专业服务购买以及为使基金会长期可持续运营所需的其他用途。

根据老牛基金会2005—2019年的审计报告，总资产呈增长状态，资产规模几乎全部来自净资产，不存在偿债方面的压力。截至2019年，其资产规模是2005年资产规模的176.27倍。

从资金收入状况上看，老牛基金会在2009年和2015年收入增长幅度较大，2009年的总收入约为2008年的9倍，2015年总收入约为2009年的16倍。据了解，2009年的涨幅原因主要是基金会将中国蒙牛企业的股份进行出售，获得约9.55亿港元的现金；2015年的涨幅在于获得自然人捐赠的153 399万元。老牛基金会的收入在急剧增长之后又出现了急剧下降，2010年的总收入为2009年的1/4，而2016年的总收入为2015年的1.6%，甚至截至2019年年末，总收入为7 082 898.13元，仅为2015年的

0.47%，其余年份的总收入也极其不稳定，这令人不禁想去探究其缘由。老牛基金会作为公募基金会，在它的捐赠收入中，牛根生的捐赠占了绝大部分，2006年、2010年以及2015年的总收入主要是牛根生的股份红利捐赠及货币资金捐赠，而2012—2017年6年中有4年没有捐赠收入。老牛基金会的捐赠收入状况非常不稳定，而这对于公益基金会来说是一个非常危险的信号。没有捐赠收入，基金会的利息收入和投资收益也会随之减少，而公益活动支出相对来说会越来越多，长期来看基金会很有可能无法维持其继续发展。老牛基金会目前面临最大的问题就是筹资渠道依赖于特定捐赠者，而近几年捐赠资金较少，筹资渠道过于单一。筹款能力有限，会制约基金会的发展，基金会也无法提供更多的社会服务，满足社会的需求。

从资金使用状况上看，老牛基金会的支出从2009年开始，一路呈增长趋势，虽然2015—2016年以及2018年有所下降，但是2019年达到了53 146.99万元的巅峰，是2005年创立初期的77倍。根据老牛基金会2005—2019年的审计报告，近8年的支出主要可分为公益活动支出、管理费用和筹资费用，除了2019年，其余7年中公益活动支出占比较大。2005—2019年，其公益活动支出占总支出的比重超过了90%，说明老牛基金会公益性较强，符合其所创立的组织使命。从捐赠的资金来看，截至2018年，老牛基金会的捐赠资金最高达到13 000万元，基金会使用捐赠资金开展公益项目，符合其公益使命。

从管理费用来看，老牛基金会的管理费用在2012—2019年整体上处于上涨状态，2019年管理费用达到44 976.45万元，然而从占总支出比例较高的管理费用与公益活动支出分析，可以发现管理费用占管理费用和公益性支出之和的比例总体上呈增长状态，这也表明了老牛基金会近几年的运营效率有所降低，缺乏有效的手段控制管理支出。

非营利组织在不同国家和地区的分布虽然有所不同，但主要集中在三个传统福利领域：教育、卫生保健和社会服务。非营利组织是以非政府性和非营利性为主要特征，以最大限度地增加社会公共利益为宗旨的社会组织形式，其财务管理模式与政府、企业有根本区别。但是，在当今市场经济社会，非营利组织为完成某一具体的社会使命仍然需要足够的资金支持，资金的获得和有效使用与企业的财务管理是否存在共性？这正是本章要讨论的问题。

资料来源：老牛基金会年度审计报告；贺新琪．非营利基金会组织资金运营效率研究．昆明：云南师范大学，2019．

学习目标

- 掌握非营利组织的概念、特征与分类
- 掌握非营利组织预算的概念和内容，以及预算编制的方法
- 掌握非营利组织筹资方式和筹资管理
- 掌握非营利组织项目分析的目标与项目的风险分析

10.1　非营利组织概述

10.1.1　非营利组织的概念与范围

1. 非营利组织的概念

根据社会结构理论，现代社会组织分为政府组织、营利组织和非营利组织三大类型，它们分别是政治领域、经济领域和社会领域的主要组织形式。

美国会计学会在《非营利组织会计实务委员会报告》中指出，通常区分营利与非营利的基础是有无营利的动机。非营利组织就其行为来看：无营利动机；无个人拥有组织的股权或所有权；组织的权益不得任意出售或交换；通常不可直接或按比例地给予资金捐助者或资助人财务利益。在美国，非营利组织既包括税法中列举的所有非营利机构，也包括各类政治组织，如压力集团和政党。非营利组织执行不产生利润的社会职能，这些职能为社会所需，不必接受公众的监督控制。非营利组织既没有利润动机，又与政府的官僚制度无缘，专门提供那些不能由企业及政府充分提供的社会服务。

美国约翰斯·霍普金斯大学非营利组织比较研究中心着眼于组织的基本结构和运作方式，认为符合组织性、民间性、非营利性、自治性和自愿性五个特征的组织可视为非营利组织。

在我国，非营利组织通常是指除营利机构和政府机构以外的一切社会组织，是不以营利为目的提供不能由营利机构和政府机构充分提供的社会服务的组织。非营利组织是依法进行登记，并经法律法规授权或政府组织委托进行公共事务管理的组织。这些组织包括学会、协会、商会、基金会、联合会等各种社会团体，以及学校、科研机构、医院、福利院等各种事业单位和民办非企业单位。

2. 非营利组织范围

在我国，非营利组织可以分为两大类，即公立非营利组织和民间非营利组织。

(1) 公立非营利组织。我国公立非营利组织一般称为事业单位，是指由国家机关领导，一般不具有社会生产职能和国家管理职能，直接或间接地向社会提供公益服务或公共产品的社会服务组织。事业单位按其具体业务性质可分为两类：1) 科学、教育、文艺、广播电视、信息服务、卫生、体育等科学文化事业单位。2) 气象、水利、地质、环保、计划生育、扶贫发展及慈善救济等公益事业单位。

事业单位虽然不直接创造物质财富，但是对于整个社会再生产起着基础、先行作用。目前事业单位在数量上是仅次于企业的第二大社会组织，其所需的资金主要来自财政拨款。1997 年之前，国家根据事业单位的收支情况采取三种资金管理方式，即全额拨款制、差额补助制和自收自支制。全额拨款制是指事业单位所需经费主要来自财政拨款，如学校；差额补助制是指事业单位以其业务收入抵补其业务支出，支大于收的差额由国家财政拨款解决；自收自支制是指事业单位以其业务收入抵补其相应的支出，结余留用。自1997年1月开始施行的《事业单位财务规则》取消了三种资金管理方式的划分，实行统一的资金管理方式，即国家对事业单位核定收支，定额或者定项补助，超支不补，结余留用。

（2）民间非营利组织。2004年8月18日，财政部颁布《民间非营利组织会计制度》，规定：民间非营利组织是依照国家法律、行政法规登记的社会团体、基金会、民办非企业单位和寺院、宫观、清真寺、教堂等。按该制度界定的民间非营利组织具备三个特征：不以营利为目的；资源提供者向该组织投入资源不取得经济回报；资源提供者不享有该组织的所有权。

我国早在1998年10月25日颁布了《民办非企业单位登记管理暂行条例》，此条例所称的民办非企业单位，是指企业事业单位、社会团体和其他社会力量以及公民个人利用非国有资产从事非营利性社会服务活动的社会组织。相对于公立非营利组织，民间非营利组织也可以界定为私立非营利组织。

10.1.2 非营利组织的特征

我国非营利组织是介于政府组织和企业组织之间的一切社会组织，是一个内部差异非常大的部门，各组织之间在目标、运作过程、管理方式方面相差甚远。尽管如此，它们仍然具有共同的特征，具体表现在以下方面。

1. 非营利性

非营利组织不以营利为目的，而是通过为社会提供产品和服务以实现社会效益为目的。这里所说的非营利性不仅仅指不存在利润指标，非营利组织的经营项目往往受到限制，必须符合组织的宗旨。比如《社会团体登记管理条例》规定，社会团体接受捐赠、资助，必须符合章程规定的宗旨和业务范围，必须按照与捐赠人、资助人约定的期限、方式和合法用途使用。另外，非营利组织的盈余和财产不得私分，必须用于符合宗旨的业务活动。国有事业单位如此规定，《民办非企业单位登记管理暂行条例》也是如此规定。尽管2004年颁布的《民办教育促进法》规定民办学校的出资人可从办学结余中取得回报，但对出资人取得的回报做了严格的限制。

这里就非营利组织不存在利润指标做进一步讨论。一个企业的有效性是通过其产出是否达到组织目标来判断的，组织效率的高低则由投入产出比来衡量。在企业中，利润的高低可以同时用来衡量组织的效益和效率，而非营利组织通常缺少这样一个整体指标，这就严重影响了管理的系统性。

（1）非营利组织的目标多元化给决策带来困难。利润指标为企业经营决策提供了单一标准。当企业面临多种替代方案时，决策人员必然会提出这样一个问题：哪个方案可以为企业带来更多的利润？当然，决策分析并非如此简单，还要考虑其他各种要素，但利润确实是企业决策的核心。而非营利组织一般不具备这种整体目标，相反，其目标常常是分散的、多元化的，管理人员经常难以就各种目标的重要性达成共识。

（2）非营利组织的产出很难进行测量。利润指标可以直接衡量企业的产出。但是，非营利组织的投入产出一般难以直接准确地测量，因为很难确定一定的投入能在多大程度上帮助组织实现自己的目标。例如，学校可以聘请知名教授，医院可以聘请名医，但他们究竟能为组织做出多少贡献是难以衡量的。

（3）非营利组织不便于进行分权控制。由于企业目标明确，而且每个管理人员的业绩都可以根据其创造的利润多少加以评价，因此，高层管理人员可以将部分决策权下放给中低层管理人员。而非营利组织的目标通常是多元化的，绩效又难以测量，因此，许多重要的决策不宜下放给中低层管理人员。当组织出现问题时，基层需要花费大量的时间和精力逐级上报，而高层管理人员的决策不一定能及时付诸实施。这就容易形成官僚作风，降低组织的效率。

（4）非营利组织的业绩很难进行比较。当企业都是以利润作为目标时，我们就可以对不同类型的企业进行比较。例如，将百货商店与汽车制造厂进行对比，看哪方的利润增长速度更快。不管企业之间在行业、规模、技术、产品、市场等方面的差别有多大，都可以围绕利润进行比较。对于非营利组织却难以做到这一点，只有当它们具有相同的职能时才可以比较。

2. 税收优惠政策

按照《事业单位、社会团体、民办非企业单位企业所得税征收管理办法》以及其他相关税法规定，在非营利组织的收入总额中，一部分收入项目可以享受免税政策。另外，非营利性科研机构从事技术开发、技术转让业务和与之相关的技术咨询、技术服务所取得的收入，按有关规定免征企业所得税。对于非营利性科研机构从事非主营业务收入用于改善研究开发条件的投资部分，经税务部门审核批准可抵扣其应纳税所得额。

3. 不排斥企业化管理

1998 年国家取消事业单位全额拨款、差额补助、自收自支三种预算管理方式，转而对事业单位实行核定收支，定额或者定项补助，超支不补，结余留用的预算管理办法。2004 年财政部出台《民间非营利组织会计制度》，该制度设置的会计科目和财务报表参照了企业版本。从这些制度的改革可以看出，国家提倡事业单位尽可能做到经费自给，鼓励事业单位面向市场开展业务活动、有偿服务，取得收入来满足业务活动的支出需要，实行企业化管理。

美国经济发展的实践证明，非营利组织有效的经营管理并不排斥营利行为。非营利组织的有效经营管理，恰恰需要引入营利精神和商业行为。这是因为：首先，政府部门和公益组织的服务对象并非不可划分的社会整体。撇开政府的阶级倾向不论，政府对公众政策的微调通常会影响某一社会群体，公益组织的服务对象更加容易明确。因此，在实施任一政策和公益活动时，目标人群的利益应该被突出。由于营利性的管理和某些商业手段对提高服务质量和效率大有裨益，因此，它们完全可用于针对特定人群的服务。

其次，政府的预算拨款和慈善机构的捐赠资金有限，且发放时间不定，完全依靠这些资金建设公益事业的计划往往会因力不从心而流产。自谋财源、开发营利项目以弥补公益支出，已成为非营利组织的普遍趋势。另外，政府部门和公益组织往往缺乏透明度，社会对它们的日常工作缺少有效监督，绩效评价也缺乏客观标准，特别是难以体现在财务数据上。将营利性组织的一些经营管理方法应用于非营利组织，将有利于解决上述问题，提升政府和公益组织的廉洁度和公众信赖感。

4. 业务收入并不一定是主要的资金来源

企业通过销售产品和服务，从顾客那里获取主要的资金来源。如果产品不适销，不能满足市场的需要，那么企业会出现入不敷出的状况，严重的将导致企业破产。

非营利组织不是完全依靠市场来维持生存和发展。有些非营利组织资金的主要来源是销售收入，如地方医院主要通过向病人收取医疗费和药费来维持经营；私立学校的主要收入是学费；研究机构通过与外界进行项目合作来获得经费。这些非营利组织的生存与发展取决于市场，更多地依赖业务收入。但是，其他非营利组织资金的主要来源不是其从事业务活动取得的收入，比如，我国林业部门下属的事业单位依靠财政拨款作为主要的经费来源从事森林保护、防疫、绿化等公共管理事务。

5. 非营利组织的责、权、利难以界定

营利组织一般实行董事会领导下的总经理负责制。管理者的权利是由股东选举产生的董事会所赋予的，总经理要对董事会负责，董事会要对全体股东负责。考核管理层的业绩可以利润等指标作为依据。但是，对非营利组织来说，这种责、权、利却难以界定。这是因为其组织机构的负责人一般由组织任命或者是由于出资而被任命，机构负责人对组织的影响力相对较弱。再者，非营利组织不存在利润指标，组织的效率和有效性难以定量考核。

10.1.3 事业单位与行政单位的区别

我们把事业单位归为非营利组织，而把行政单位排除在非营利组织之外，这里容易引起歧义，因为行政单位与事业单位都具有非营利性的特征，但两者在业务内容、活动方式、对财政拨款的依赖程度、会计核算的要求和财务管理水平等方面差别较大。事业单位与行政单位的区别在于以下几个方面：

1. 性质不同

事业单位执行向社会提供公益服务或公共产品的职能（除非授权，它本身并不具备管理职能）。行政单位执行社会管理职能。

由于行政单位与事业单位都是政府职能部门，都不以营利为目的，资金主要来源于财政拨款，长期以来，行政单位财务与事业单位财务不加区分，统一执行财政部1988年发布的《行政事业单位预算会计制度》。随着经济的发展，人们逐渐认识到两者之间的明显差别。

2. 属于现行预算会计的不同分支

现行预算会计按照行政单位会计、事业单位会计和财政总预算三大分支设立。这是在 1997 年预算会计改革中通过分离行政单位会计与事业单位会计形成的。事业单位和行政单位各设一套会计科目。现行预算会计制度规定，行政单位会计实行收付实现制；事业单位会计核算一般采用收付实现制，但经营性收支业务核算可采用权责发生制。

3. 资金来源渠道与运用方式不同

行政单位的资金来源渠道是单一的，即财政拨款；而事业单位的筹资方式是多渠道的，如财政预算和服务收费等，有的事业单位甚至利用行政权力、垄断权力进行营利性收费。

行政单位应严格按照预算规定使用资金，即支出充分体现合规性目标。而事业单位的资金运用具有较大的自主权。

4. 财务管理要求不同

事业单位可以严格实行核定收支，定额或者定项补助，超支不补，结余留用的预算管理办法，预算一旦确定，一般不予调整。但行政单位不能严格实行事业单位的这种预算管理办法，需要根据行政管理情况的变化，适当增加预算的弹性。

5. 对市场的依赖程度不同

事业单位尤其是有条件走向市场的事业单位，对市场的依赖程度要比行政单位大，即事业单位可能会有一笔数额较大的事业收入。但行政单位没有相应的行政收入，只有财政拨入经费。

10.1.4　国外非营利组织与我国非营利组织的区别

1. 制度规范模式与准则规范模式的不同

在我国，财政部作为主管政府和事业单位会计的政府机构，一直采取制度规范而不是准则规范的模式对预算会计事务进行指导和管理。相比之下，许多国家由权威的（不一定是官方的）会计组织制定和发布关于公共部门的准则规范，用以指导公共部门的会计和报告，改进公共部门财务信息的透明度和可比性。

我国现行预算会计的制度规范按照组织类别分别制定与实施，划分为三个分支：总预算会计制度、行政单位会计制度和事业单位会计制度。与准则规范模式不同，三个分支的模式只是对特定的组织类别具有约束力，对其他分支的组织类别并不具备约束力。与制度规范相比，准则规范具有更好的适应性和灵活性，更能与企业会计和报告的传统做法相一致。在实践中，制度规范很难做出适应性的调整，缺乏灵活性。

2. 资金来源渠道不同

国外市场化运作的非营利组织的资金主要从社会取得，我国非营利组织的资金绝大部分来自政府财政预算，大部分财务资源通过出售商品或提供劳务以外的其他渠道取得。我国事业单位类型多，资金来源渠道也多。

3. 资金管理与资金运用不同

国外非营利组织普遍采用项目管理、代理管理及基金会计核算管理。我国事业单位从 1997 年开始实行核定收支，定额或定向补助，超支不补，结余留用的预算管理办法。

在资金运用方面，国外非营利组织采用项目管理与基金会计核算的方法，保证资金用于特定的公益事业，并严格控制人员经费的支出。我国事业单位的经费既用于公益事业，又用于代替政府执行行政管理职能，还用于营利性经营活动。在支出结构中，人员经费所占的比例较大。

10.2 非营利组织财务管理概述

10.2.1 非营利组织财务活动

非营利组织财务活动是非营利组织以现金收支为主的资金收支活动的总称，主要涉及三个方面。

1. 预算资金收支活动

预算资金收支活动是事业单位的重要财务活动。预算单位通过编制预算、实施预算完成预算资金的收支活动。事业单位的预算规定了预算资金用于什么项目，每个规定项目支出的金额是多少，定员定额的标准是多少。

2. 预算外资金收支活动

1996 年 9 月，国务院发布《关于加强预算外资金管理的决定》，规定预算外资金不是单位的自有资金，必须纳入预算管理；单位的预算外资金必须上缴同级财政专户，支出由同级财政按预算外资金收支计划和单位财务收支计划统筹安排，从财政专户中拨出，实行“收支两条线”管理。预算会计改革将事业单位的预算内资金和预算外资金改为统一核算和综合平衡。因此，预算外资金的取得与使用所产生的资金收支，便构成了非营利组织预算外资金收支活动。

3. 经营活动

事业单位不以营利为目的是相对的，如应用性研究成果可以转化为盈利，有条件的事业单位可以搞“创收”。现行制度将事业单位活动区分为事业活动和经营活动两大类。

民间非营利组织更多涉及经营活动，其成本费用可以采用权责发生制作为核算基础。事业单位会计与企业会计出现某些趋同。比如，某些非营利组织要像企业一样编制利润表和成本费用报表，反映了非营利组织业务领域的拓展和管理方式的变化。

10. 2. 2　非营利组织的财务关系

1. 与政府及其职能部门的财务关系

非营利组织与政府的财务关系主要是指事业单位与政府之间预算资金及预算外资金的上缴、下拨所形成的资金领拨、使用的关系。财政部门追踪拨款与付款的信息来确保政府实施预算的能力。事业单位应服从主管部门和财政部门的管理和监督，确保经费支出的合规性，正确反映预算的执行能力。

非营利组织与政府职能部门的财务关系是指非营利组织按照国家税法规定缴纳各种税款；各类学校、医院等组织的收费要经过物价部门的审批核定等。

2. 与主管部门和下属单位之间的财务关系

非营利组织与主管部门之间存在行政与业务上的领导关系以及资金往来关系，从事业单位的收入构成来看，一部分收入来自“上级补助收入”；从事业单位的支出来看，“上缴上级支出”是构成支出的一项内容。同样，非营利组织与下属单位存在业务和资金往来关系。

3. 与组织内各职能部门和员工的财务关系

非营利组织的各职能部门为完成组织的目标承担着不同的任务与职责，彼此分工协作，各部门之间具有相对独立的资金往来关系和资金结算关系，体现了各部门之间的利益分配关系。

非营利组织与员工之间的财务关系主要体现在人员支出上，诸如工资、福利、奖金、保险、公积金等支出反映了组织与员工的经济关系。

10. 2. 3　非营利组织的财务目标

从财务管理的角度来看，营利性组织的财务目标是股东财富最大化。由于非营利组织没有股东，股东财富最大化无法成为这类组织的目标。非营利组织服务于一些财务关系人，包括所有对这个组织有兴趣（财务或其他方面的兴趣）的团体。例如，一家非营利医疗机构的财务关系人可以包括它的受托管理人委员会、机构的管理人员、员工、执业医生、借贷者、资金提供人、患者甚至潜在的患者（即社会公众）。因为没有明确规定哪一部分财务关系人拥有组织的控制权，很多人认为非营利组织的管理者不必让所有的财务关系人都满意。实际上，非营利组织的管理者在某种程度上必须取悦于所有财务关系人，因为它们对机构的正常运营十分重要。

非营利组织的目标可以通过一些企业使命来表述。这里，我们以美国的一家非营利医疗机构——利智威社区医院为例，其使命表述如下："利智威社区医院及其医疗队伍是公认的具有创新精神，致力于满足公众需要的医疗界的领先者。我们致力于优质服务，力争使自己成为最好的综合性医疗服务提供机构。"虽然这项使命表述为利智威社区医院管理者和员工确定了发展目标，但是并未提及财务管理的目标。为了使利智威社区医院实现其经营目标，医院的管理者制定了五项财务管理目标，列示如下：

(1) 医院必须保持财务活力（即盈利能力）。

(2) 医院必须获取足够利润以便实现与社区发展相适应的扩张，并更换磨损陈旧的设备。

(3) 医院必须获取足够的利润以便在新的医疗技术和服务项目上进行投资。

(4) 虽然医院有一个富于进取性的慈善项目方案，但它不应完全依赖于这个方案，或完全依赖于政府拨款来满足它的经营需要。

(5) 在实现上述各项财务目标的前提下，医院将致力于为社区提供价格低廉的服务。

从上述例子可以看出，非营利组织为了实现组织的目标，必须保持良好的财务状况和合理的盈利能力。从长期来看，财务状况较差的组织无法保持实现它们目标的能力。

10.3 非营利组织的预算管理

非营利组织的日常财务管理活动主要是围绕资金收支活动开展的，而资金的收支活动是通过预算来安排的。任何有国家支出的机构和核心部门都需要了解实际收入、支出、收支进度与用途等重要信息，并将这些信息与预算数据进行比较，了解差异的大小与性质、差异产生的原因、差异发生在何处，以便采取必要的措施，确保预算执行符合初衷，促进预算目标的实现。因此，预算管理是非营利组织财务管理的核心内容。

10.3.1 非营利组织预算的内容

非营利组织预算是非营利组织根据事业发展计划和公共事务的管理任务编制的，经过规定程序批准的年度财务收支计划。

我国的预算由中央财政预算和地方各级财政预算组成，中央和地方各级财政预算由本级各部门预算组成，各部门预算由其所属各单位预算组成。单位预算分为行政单位预算和事业单位预算两种，分别执行不同的预算制度。实行事业单位预算的包括以国家财政拨款为主要资金来源的国有事业单位，以及接受经常性资助的非国有事业单位和社会团体等。这就是说，本节涉及的预算管理主要是针对公立的非营利组织。

非营利组织预算由收入预算和支出预算组成。收入预算包括：财政补助收入、上级补助收入、事业收入、经营收入、附属单位上缴收入、其他收入和拨入专款等内容。支出预算包括：事业支出、经营支出、自筹基本建设支出、对附属单位补助支出和上缴上级支出等内容。

10.3.2 非营利组织预算的编制

非营利组织预算由收入预算和支出预算两部分组成。

1. 收入预算的编制

首先要把各收入项目纳入预算。收入项目可以划分为三类，即财政补助收入、非财政补助收入和基本建设拨款收入。非财政补助收入包括事业收入、经营收入、上级补助收入、附属单位上缴收入、其他收入。在编制收入预算过程中，首先应按收入类会计科目设定各收入项目，再确定预算额度。由于预算收支的依据不同，可以通过一些方法（如比例法、定额法、标准法、比较法、估计法等）进行具体的测算来确定预算金额。

具体编制方法归纳如下：

（1）“财政补助收入”应依据同级财政部门确定的具体补助办法进行编制。

（2）“事业收入”可分为两大类，一类是有收费标准的收入项目，另一类是没有明确收费标准的收入项目。这两类收入项目的预算编制要区别对待。对有收费标准的收入项目，应根据有关业务量按标准计算。比如，学校一般根据在校学生数乘以核定的收费标准确定学费收入。对没有明确收费标准的项目，一般根据上年实际发生数，并结合预算年度的相关因素予以适当调整，来确定预算金额。

（3）“经营收入”根据本单位在预算年度制定的规划并参考上年度经营收入完成情况来确定预算金额。

（4）“上级补助收入”应根据上级有关部门的补助标准和要求进行编制。

（5）“附属单位上缴收入”应按照与附属单位约定的上缴比例或定额进行编制。

（6）“其他收入”主要参考上年度的实际发生数并根据预算年度的收入变化给予适当的调整。

（7）“基本建设拨款收入”的预算金额在保持正常预算收支平衡的基础上统筹安排。

2. 支出预算的编制

支出预算包括事业支出、经营支出、基本建设支出、对附属单位补助支出和上缴上级支出的预算。非营利组织的基本支出按性质可分为人员支出和公用支出。人员支出是指用于个人方面的支出，具体包括基本工资、补助工资、其他工资、职工福利费、社会保障费、助学金等。人员支出的预算根据有关标准和编制人数计算确定。公用支出是指单位支出中用于日常公共事务方面的支出，包括公务费、设备购置费、修缮费、业务费和其他费用等。公用支出可按支出定额计算，如果没有支出定额，可结合实际情况和相关规定计算。

3. 单位预算执行控制

非营利组织的预算综合反映了单位内部不同层级在预算期间应实现的目标和完成的任务，单位内各部门必须相互配合、协调一致，才能保证组织的总体目标和任务的实现。

单位预算是一个具有严格规范程序的运作体系。从编制到审批，一般采用“两上两下”的预算编制与审批程序，即单位自下而上编报年度预算建议数；财政部门和主管部门自上而下下达预算控制数；单位根据上级下达的预算数自下而上编报正式年度预算；财政部门和主管部门自上而下核定并批复单位年度预算。

财政部门和主管部门核定并批复的年度预算的控制与执行，是一个非常重要的工作，关系到非营利组织能否通过为社会提供产品和服务有效地实现社会效益，关系到组织的运转能否保证有效性和效率。另外，财政部门和主管部门核定的年度预算资金最终是以支出的形式消耗的，因此支出的合规性是非营利组织必须重视的问题。

(1) 预算指标的分解。公立非营利组织一旦收到财政部门批复下达的年度预算，该预算就成为执行的依据。各单位要围绕本单位的计划与目标，由财务部门统筹安排，将预算指标分解到各个部门。预算指标的分解是一个极其烦琐、细致而又科学的工作，其内容涉及面广，应在组织上和业务上做好充分准备，单位的领导层、财务部门以及各部门中层干部和有关人员必须给予足够重视。

1) 组织上的准备。在单位主管财务工作的负责人的领导下，成立由财务部门牵头，各部门负责人参与的预算指标分解领导小组。各部门围绕组织目标和本部门应完成的任务，就各部门必须开展的工作所需的资金，提交详细的资金估算。

2) 财务部门的业务操作。对一个单位来说，资源是有限的，单位中的每个部门都尽可能争取预算投入，并尽量在规定的有效期内使用完毕。由此产生的结果是：各部门意欲争取的预算资源之和总是超过单位本身拥有的预算资源。因此，财务部门应该合理分解预算指标，把预算指标落实到各部门，并以此作为监控各部门经费支出的依据。一般来说，人员经费支出是相对固定的，人员经费预算可由财务部门从预算总额中剔除。财务部门根据各部门上报的资金使用计划，参照历史数据和单位的发展需要，会同负责预算指标落实的领导小组成员，最终确定各部门的预算数，并以文件形式下达。

(2) 预算控制。公立非营利组织的财务报告侧重于预算执行情况，因为对于公立非营利组织来说，其资金的流出主要表现为购进商品、支付劳务费、支付薪酬等形式。它不同于企业会计，因为后者有成本费用标准作为参照物来反映成本控制的结果，并以此作为业绩评价的依据。所以，评价公立非营利组织的效益与效率，主要看资金的流出是否实现了决策和预算的意图，资源的投入和使用的结果如何，有多少产出和成果，在多大程度上实现了期望的成果。一般情况下，会计系统将决策和预算的意图转化为管理和控制的信息，使得有效的财务管理和支出控制成为可能。

预算控制的关键是对支出的各阶段进行严密的合规性控制，以防范在预算执行过程中出现财务违规。财务合规性控制可以分为以下几个阶段：

1) 在承诺阶段进行财务控制。在承诺阶段进行财务控制主要确认的内容有：支出资金的建议得到批准；资金按预算意图使用；预算中确定的各个支出类别都能保留充足的资金；支出资金申请是按预算中规定的支出类别提出的。

2) 在取得商品与服务阶段进行核实。需要确认所得到的商品、服务与其凭证（或合同、订单）的内容相一致。

3）付款前的会计控制。付款前的会计控制要确认的事项有：付款发票和其他凭证是正确的；有相关的人员证实商品与服务被交付；有明确的收款方，即商品与服务的供应方。

4）最终付款后的审计。最终付款后审计的目的在于详细审查支出可能发生的任何违规行为。

10.4　非营利组织的筹资管理

10.4.1　非营利组织自有资金的筹集

非营利组织的自有资金按其取得的途径可分为交换交易所形成的收入和非交换交易所形成的收入。交换交易是指按照等价交换原则所从事的交易，即当某一主体取得资产、获得服务或解除债务时，需要向交易对方支付等值或大致等值的现金或者提供等值或大致等值的商品、服务，如民间非营利组织按照等价交换原则销售商品、提供劳务收入，公立非营利组织取得事业收入、经营收入。非交换交易是指除交换交易之外的交易。在非交换交易中，某一主体取得资产、获得服务或者解除债务时，不必向交易对方支付等值或大致等值的现金或者提供等值或大致等值的商品、服务，如捐赠、政府拨款或补助。

（1）政府拨款或补助。公立非营利组织想多争取政府拨款或补助，不是凭单方面的努力就能够实现的，还要由国家的经济实力和政策导向决定。比如，2005 年财政性教育支出占国内生产总值的比重约为 3.12%，2006 年仅占 2.86%。这就说明，国家财政性投入并不能保证逐年递增。非营利组织要尽量争取国家政策的支持和身份的认同。

（2）社会捐赠。随着国家富裕程度的提高，人们对公益事业日益重视，学校、医院、慈善机构等非营利组织接受社会捐赠的机会和受赠资产的数额呈递增趋势。这就要求非营利组织的经营者就捐赠资产的使用和结果与捐赠者进行有效沟通，让捐赠者了解其所捐赠的资产被谨慎地按捐赠意愿使用。

要做到这一点，良好的财务记录和透明的财务报告是必需的，否则有可能引起经济纠纷。例如，1992 年 9 月在武汉正式注册的民间慈善机构“中华绿荫儿童村”，在 2001 年 6 月 20 日被“美国妈妈联谊会”告上法庭，理由是其指定捐赠的款项未完全按捐赠者的要求使用，在财务管理上存在账目不清、弄虚作假、公私混淆等状况。“中华绿荫儿童村”败诉，并于 2002 年 8 月 29 日被判决返还捐赠款 90 多万元。因此，只有按照捐赠者的意愿使用捐赠款，提高资金的利用效用和效率，才能使非营利组织提高知名度，争取更多的外援资金。

（3）事业收入和经营收入。事业收入是非营利组织通过开展专业活动及辅助活动取得的收入。这里所指的专业活动相当于营利性组织的主要业务活动，是指非营利组织根据本单位的特点从事或开展的主要业务活动，如科研院所的科研活动、学校的教学活动、医院的医疗保健活动等。辅助活动是指与专业业务活动相关、直接为专业业务活动服务的活动，如非营利组织的行政管理活动、后勤服务活动及其他有关活动。

事业收入管理的基本要求是：首先，要将社会公共利益放在首位，同时要把社会公共利益与经济效益统一起来。其次，要充分利用现有条件，组织事业收入，促进事业发展。具备条件的非营利组织应当按照市场经济的客观要求和国家规定，根据各自的专业特点，发挥自身优势，充分利用人才、技术、设备等条件，拓宽服务范围，依法组织收入，扩大财源，提高经费自给率，增强自我发展能力，实现更快发展。最后，要保证事业收入的合法性和合理性。必须严格执行国家有关法律法规和规章制度，将收入管理纳入法制化管理轨道。

经营收入是非营利组织在专业业务活动及其辅助活动之外开展独立核算经营活动取得的收入。比如，大专院校的校办企业单独设置财会机构或配备财会人员，单独设置账目，单独计算盈亏，其开展的经营活动取得的收入属于经营收入。经营收入管理要正确处理主营业务与辅营业务的关系，划清经营收入与事业收入的界限。经营收入要纳入非营利组织的预算管理。

10.4.2 非营利组织债务资金的筹集

事业单位按规定是不可以向银行抵押贷款的，但在实务操作过程中，事业单位普遍存在贷款筹资行为。一般的做法有两种：一种是凭信用担保取得贷款，比如高校贷款；另一种则采取变通的办法，在事业单位下成立公司，通过公司取得贷款，比如旧城改造，在相关的管理部门下成立一个公司，以这个公司的名义取得贷款，偿还贷款所需资金则由财政逐年负担。这两种贷款途径都需要国家政策的支持。

负债筹资在一定程度上弥补了国家财政资金的不足，促进了事业单位规模的发展，为社会的公益事业做出了贡献。但是负债筹资的不利因素不可忽视，在高负债条件下机构运作可能导致资本成本升高，带来财务危机和隐性负债。

以我国高校为例，1999 年开始大幅扩大高校招生规模，进入了为期 6 年的扩招期。1999 年 8 月，中国银行与清华大学正式签署合作协议，向清华大学提供 10 亿元授信，迈出了银校合作的第一步。教育部 2001 年 7 月印发的《全国教育事业第十个五年计划》提出，适当运用财政、金融、信贷手段发展教育事业，合理利用银行贷款，继续争取世界银行贷款项目。这为高校贷款提供了政策的支持。

高校扩招提高了大学入学率，推动了素质教育，实现了从精英教育到大众教育的转变，并带动了相关产业的发展，缓解了就业矛盾。但是随着时间的推移，贷款带来的隐含风险开始暴露。一些贷款额度较高的高校，其学费收入只够支付贷款的利息，甚至出现了以贷还贷。从理论上看，仅凭财政拨款和学费收入不可能偿还贷款本金。基于国内绝大多数高校的公办性质，这部分债务势必成为政府的隐性或有负债。造成这种财务困境，除了政策导向，关键的一点是非营利组织的财务管理不同于营利性组织，其财务报表主要反映预算执行、资金运用、收支变动等情况，无法计算各种财务指标，不能通过有关财务指标的分析来评估风险。

随着市场经济的不断深化，非营利组织有关服务成本方面的信息需要合理估算。非营利组织的负债筹资同样要考虑资本成本。

10.4.3　资本成本

资本成本是组织为筹措和使用资金而付出的代价，这里的资本是指所筹措的长期资金。

非营利组织的资本包括债务资本和基金资本，基金资本的来源一般有三个途径：

(1) 获得利润。法律规定，利润必须是非营利组织自身取得的。

(2) 接受政府机构的拨款。

(3) 接受个人或团体的捐赠。

与企业相比，非营利组织的资本成本具有两个显著的特征：一是非营利组织不用纳税，大多数非营利组织都可以通过政府财政机构发行免税债券，所以其举债筹资不会有税务影响。二是与企业权益资本不同，非营利组织的基金资本来自政府拨款和捐赠，没有最低的必要投资报酬率。

对基金资本的计算方法也因此存在几种迥然相异的观点。下面介绍四种具有代表性的观点。

1. 基金资本的成本为零

基本原理阐述如下：

(1) 从捐赠者角度来看，捐赠者并不寄希望于他们的捐赠能带来货币性报酬。

(2) 非营利组织其他的基金资本提供者并不要求从组织的留存资本中得到回报，或者得到明确的报酬。而对于那些为享受该组织的服务而支付超过成本的消费者来说更是如此，因为他们的超额支付同样带有捐赠的色彩。

2. 基金资本的成本为零，但当通货膨胀存在时，基金资本必须能够带来足够的回报以使非营利组织可以更新它们磨损的资产

例如，假设一家非营利组织购置了一栋价值 100 万美元的大楼。随着时间的推移，大楼的成本可以通过折旧收回。所以从理论上讲，至少需要 100 万美元用于大楼陈旧时的更新。然而，由于通货膨胀的影响，新建大楼现在需要 150 万美元。如果这家组织无法利用它的收益来增加基金资本，那么这额外的 50 万美元只能从下列渠道取得：接受政府拨款或捐赠（并不是任何时候都可以得到的），或者增加负债（这样会提高它的负债比率，这可能是大家不愿意接受的）。所以，即便只是为了保持现有资产，非营利组织的基金资本的回报率至少也要与通货膨胀率相等。这样，通货膨胀率必须纳入非营利组织的资本成本测算中。当然，如果为了提供额外服务而增加现有资产，所需留存收益就要大于受通货膨胀影响的现有数额。

3. 基金资本的成本并不高

当一家非营利组织收到捐赠或留存收益时，一般将这些基金投资于有价证券，而不是购置实物资产。所以，基金资本存在机会成本。资本成本大致等于短期、低风险的证

券（如国库券）所提供的报酬。

4. 非营利组织的基金资本成本与营利性组织的留存收益的成本大致相等

这里的理论基础同样涉及机会成本的概念，但这里的机会成本被定义为将基金资本投资于其他具有相似风险的可行性投资项目所带来的回报。

那么这四种观点中的哪一种更合理？我们可以这样考虑，假如利智威社区医院在 1996 年可收到 50 万美元的捐赠和 150 万美元的营业收入，共有 200 万美元新的基金资本可用于投资。这 200 万美元可用于购置开展主要业务所需的资产，如新的医疗设备；也可以投资于有价证券以备医院将来购置新的资产之需；还可以用来偿债；或者用来支付管理人员的奖金；也可以存入银行的无息账户等。如果用这些资本来购置实物资产，那么利智威社区医院就失去了将这些资本用于其他目的的机会，这时就要确认机会成本。

这家医院投资于实物资产所获得的回报至少要与投资具有类似风险的有价证券所获得的回报相等（这里我们并没有暗示非营利组织不能在可能带来损失的项目上投资。非营利组织为了给其利益相关者带来利益，可以投资于某些负利润的项目，但是其管理者必须清楚这样的投资所内含的财务机会成本）。与医院的实物资产有类似风险的证券投资会带来怎样的收益？通常，最佳答案就是投资某家营利性医疗机构的股票所能带来的收益。毕竟，如果不将基金资本用于购置实物资产，利智威社区医院可以将基金投资某家营利性医疗机构的股票，从而获得额外收益以备将来不时之需。所以，非营利组织的基金资本成本可以这样来测算：首先估计与自己相似的某个营利性组织的 β 风险系数，然后运用哈马达公式（Hamada Equation）进行财务杠杆和税收差别的调整。

通常，机会成本原理适用于所有的基金资本，这些资本的成本与某个类似的营利性组织留存收益的成本相等。然而，出于某种特殊目的的捐赠（如建造某家儿童医院的侧楼），实际上机会成本可能为零。因为这笔基金的用途被严格限制于某个特殊的项目，非营利组织没有机会将这笔基金投资于其他方面。即便能够运用机会成本的概念去考虑非营利组织的成本问题，用某家公众持有的营利性组织的权益成本近似地表示某家非营利组织的基金资本成本的做法本身也存在一些问题。原因如下：首先，由于股东可以通过良好的证券组合来大幅降低投资风险，因此权益资本的市场风险要小于基金资本所含的风险。其次，非营利组织的利益相关者无法改变他们与组织相关的行为。最后，从上述案例可以看出，营利性医疗组织倾向于通过分散地区和患者来降低风险；而非营利性医疗组织不得不集中于某一领域，这样只能分散掉极小的风险。

尽管存在上述差异，以机会成本为基础来确定基金资本成本的做法还是比较合理的，最合理的估测基础是与非营利组织类似的某个营利性组织的权益资本成本。

10.4.4 资本结构决策

当非营利组织的管理者进行资本结构决策时，他们必须考虑两个问题：资本结构理论，特别是纳税利益与财务危机成本抉择理论是否适用于非营利组织？非营利组织是否存在某些特性使它们无法遵循上述理论？

对于非营利组织的最优资本结构还没有精确严密的研究，但是人们已经做了许多假设。虽然非营利组织无须纳税，无法利用所得税来降低债务成本，但是由于它们能够进入免税举债市场，非营利组织与营利性组织有相同的债务成本效果。

如前所述，某家非营利组织的基金资本存在机会成本，此机会成本与有类似风险的营利性组织的权益资本的机会成本大致相等。因此，我们可以知道，同营利性组织类似，随着债务筹资的增加，基金资本的机会成本也会增大。非营利组织同样要受到营利性组织所面临的财务危机成本和代理成本的影响，所以也需要考虑这些成本。因此，可以认为抉择理论同样适用于非营利组织，这些组织的最优资本结构至少表面上是由抉择理论来确定的。但是由于这些组织不发行普通股，因此不对称信息理论并不适用于非营利组织。

虽然抉择理论对于非营利组织来讲，从概念上看是完全正确的，但是实际应用时存在一个问题：营利性组织获取权益资本相对容易，而非营利组织却无法进入权益市场，它们的权益资本的唯一来源就是政府拨款、私人捐赠和营业利润。我们可以通过举例说明这个问题，如果某家营利性企业的资本投资所需资金量超过它的留存收益和债务筹资，它通常可以通过发行新股来筹集所需资金。根据不对称信息理论，管理者原本可能不愿发行新股，但由于具备发行能力，而且环境发生变化，迫使他们不得不发行新股筹资。另外，营利性企业调整其资本结构也比较容易。例如，如果某家公司的财务杠杆系数过低，它可以增加负债，并利用所得资金去加购股票；如果负债过多，它可以增发股票，筹集资金去偿付债务。但是，非营利组织的管理者无法像在营利性组织工作的同行那样，在资本投资和资本结构决策方面拥有较大的灵活性。

基于上述原因，非营利组织可能由于资金不足而延期新项目；也可能为了提供社会所需服务，不得不使举债超过理论上的最优规模，因为这是获得足够资金的唯一途径。

1. 负债会增加非营利组织的成本

拖延项目上马使非营利组织无法及时提供社会所需服务，增加负债使其超过最优规模会导致企业无法达到负债务筹资所能带来的最优净利点，从而增加组织成本。所以，如果某家非营利组织不得不使用超过最优规模的负债，这个组织的管理者必须做好计划，在条件允许的情况下尽快降低负债水平。

2. 获得政府拨款、吸收个人捐赠、创造额外收入是非营利组织提高竞争力的关键要素

一家拥有足够基金资本的非营利组织可以在最优资本结构的基础上经营，并使资本成本降至最低。如果没有足够的基金资本，非营利组织就不得不依赖于债务筹资，这样会带来较高的资本成本。同时，较差的财务状况对于非营利组织获取可以提高效率和改进服务的财务工具也有影响，这样必然阻碍组织的正常运转。

假如存在两家非营利组织，这两家组织其他各方面都相同，只不过一家的基金资本较多，可以在最优资本结构的基础上经营；而另一家的基金资本不足，不得不使其负债超过最优规模。财务状况较好的组织无疑会取得明显的竞争优势，因为其可以在成本相同的基础上提供更多的服务，或者在提供相同数量服务的情况下耗费更少的成本。

10.5 非营利组织的资本预算决策

在这一节，我们将从资本预算三要素的视角讨论非营利组织资本预算的特殊问题。这三个要素是：(1) 项目分析的目标；(2) 现金流量估算决策方法；(3) 风险分析。

10.5.1 项目分析的目标

非营利组织的整体目标是向社会提供服务，而不是股东财富最大化。在这种情况下，资本预算决策除了考虑项目的盈利能力，还要考虑其他许多要素，包括某些非经济要素，如社会的正常运行等。这些要素的重要性超过非营利组织财务要素的重要性。

若想保证非营利组织的生命力，就必须做出正确的财务决策，这就要求组织的管理者充分认识每一项资本投资的财务影响。实际上，如果某家非营利组织所承担的非营利性项目的耗费，无法被其承担的营利性项目的收入抵销，那么该组织的财务状况就会逐步恶化。如果这种情况持续下去，就可能导致该组织破产倒闭。很显然，一家倒闭的组织是无法满足社会需求的。

10.5.2 现金流量估算决策方法

通常，营利性组织的项目分析技术同样适用于非营利组织。然而，二者之间还是存在差别。首先，由于非营利组织的某些项目除了单纯的经济价值，还要提供社会价值，因此做项目分析时，既要考虑财务价值或现金流量价值，还要考虑社会价值。在这种情况下，项目的总净现值（total net present value，TNPV）可以表述如下：

$$TNPV = NPV + NPSV$$

式中，NPV 表示项目现金流量的净现值；$NPSV$ 表示项目社会价值的净现值。

很显然，总净现值这一定义使非营利组织的资本预算与营利性组织不同，并且提出了与通过 NPV 来衡量单纯的财务价值相并列的项目社会价值的估价问题。

如果某个项目的 TNPV≥0，那么这个项目是可以接受的，事实上并不是所有的项目都存在社会价值，如果某个项目存在社会价值，那么在决策过程中就要充分予以考虑。为了保持组织的财务活力，计划期内所有投资项目的 NPV，加上企业获得的未附加限制的捐赠的价值，必须大于或等于零。如果未附加强制性限制，那么社会价值随着时间推移可以取代财务价值，但这并不一定是个持续的过程，因为除非某家非营利组织能保持它的财务完整性，否则它就无法持续提供社会价值。

NPSV 可以用如下公式表示：

$$NPSV = \sum_{t=1}^{n} \frac{SV_t}{(1 + K_s)^t}$$

式中，SV_t 为社会价值；K_s 为贴现率。

项目在第 t 年所取得的社会价值，可以根据某种量化方法贴现至第 0 年，然后求和。特别重要的是，非营利组织的基金资本提供者从未从他们的投资中取得现金报酬，他们得到的是社会股利形式的报酬，如慈善护理服务、医疗科研教育以及社会服务等。如果非营利组织为消费者提供服务的价格大于或等于其成本，那么一般认为这种服务没有产生社会价值。与此类似，如果政府主体购置服务是为了某个项目的利益或支持某项研究，那么我们认为这个项目所带来的社会价值的贡献者是政府主体，而不是服务的真正提供者。

若想估算某个项目的 NPSV，就必须先对项目每年提供的服务的社会价值进行定量分析，再确定适用于这些服务的贴现率。

首先，考虑怎样才能确定医疗服务业所提供服务的社会价值。当某个项目向消费者提供服务，而接受服务的消费者愿意并且能够为这些服务付费时，这些服务的价值就可以用消费者支付的实际数额来表示。因此，测算无支付能力的消费者所接受服务价值的一种方法就是使用那些有支付能力的消费者所支付净价的平均值。这种方法使用起来很直观，但是存在一些问题，容易引起争论。下面我们以医疗服务机构有关价值与价格的讨论为例。

（1）消费者对所接受服务的真实价值具有判断能力。只有在这种条件下，价格才能成为价值衡量标准。而许多了解医疗服务业的人认为，医疗服务提供者和消费者之间存在的信息不对称性，降低了消费者对真实价值的判断能力。

（2）由于医疗服务的支付大多通过第三方进行，可能出现价格歪曲的现象。例如，保险商愿意为服务所支付的金额要高于消费者个人愿意支付的金额；相反，在存在买方独家垄断的情况下（如实施医疗照顾方案时），可能会产生这样的结果：消费者实际支付的净价低于他愿意支付的数额。

（3）消费者愿意支付的数额，可能高于或低于捐赠者或其他基金提供者愿意为相同服务所支付的数额。

另外，还有许多关于医疗服务的真实价值的争论。如果可以接受任何医疗服务而无须顾及其他成本，或者我们个人无须为这些服务付款（而是由社会作为一个整体来支付），那么就有可能要求获得一些未必有实际价值的服务。例如，是否应花费 10 万美元去为一位已处于持续昏迷状态的 85 岁老人延续 15 天的生命？如果这种努力的实际价值为零，那么仅仅因为耗费了 10 万美元的成本而将其价值定为 10 万美元是毫无道理的。

其次，估算贴现率。与非营利组织的权益报酬率类似，关于如何对未来社会价值进行合适的贴现也引起很大争论。显然，基金资本的捐赠者可以通过两种途径获得社会价值。首先，可以直接将财物捐赠给非营利组织。其次，捐赠者可以将基金投资于有价证券，然后利用其产生的收入直接购买社会服务。捐赠的收入可以免税，在第二种情况下不会产生税务后果，但是在证券上投资的基金数额不得不纳税。由于存在第二种选择，所以基金资本提供者有权获得社会价值的回报，这种回报与投资于提供相同服务的营利性组织的权益资本所获得的回报大约相等。

净社会价值现值模型使资本预算决策过程适用于非营利组织。虽然很少有非营利组织将它们所有项目的 NPSV 进行量化，但是至少应该客观地考虑其待实行项目的内在社会价值。

营利性组织与非营利组织之间还存在另一个重要区别，涉及可用于投资的资本数量。标准的资本预算过程假设企业可以筹集无限数量的资本满足投资的需要。可以假定，如果某家企业想将基金投资于盈利（正 NPV）项目，那么它必须增加负债或权益去满足项目的基金需求。然而，非营利组织的资本获得是受到限制的，它们的基金资本受限于它们可取得的保留盈余、捐赠和政府拨款；它们的举债资本受限于以其基金资本为基础可以获得的数额。在某些时间里，非营利组织可能面临这样的情况：某个待实行项目的成本高于它们的可筹集资本量。所以，非营利组织有时不得不进行资本配量（capital rationing）。

如果存在资本配量，从财务角度来讲，该企业就应该接受那种既能使 NPV 最大化，又不违反资本限制的资本项目组合。这既包括“将手中的钱尽可能地发挥最大效用”，也包括挑选给企业的财务状况带来最优正面影响的项目。然而，在非营利组织中，有时不得不优先选择利润较低甚至 NPV 为负的项目，当这些项目带来的负面效应可以被经过挑选的 NPV 为正的项目抵消时，这是可以接受的。因为在这种情况下，优先选择低利润的项目不会破坏非营利组织的财务完整性。

10.5.3 风险分析

共有三种彼此独立、差别明显的项目风险。

（1）孤立风险（stand-alone risk）。此种风险不考虑证券组合的效果，只考虑某个项目的风险。

（2）公司风险（corporate risk）。将某个项目的风险作为整个公司项目风险组合的一部分加以考虑。

（3）市场风险（market risk）。从某个持有良好证券组合的股东的角度来考虑项目风险。对于营利性企业来讲，虽然不能忽视公司风险，但市场风险才是最相关风险。

对于非营利组织来讲，如果只有一个项目，那么该项目的孤立风险是最相关风险。在这种条件下，组织和投资者个人的证券组合效应都可忽略不计，项目风险可以用预期回报的变动性来衡量。然而，绝大多数非营利组织提供的产品和服务是大量的、各种各样的，所以可以认为它们拥有大量（数以百计或千计）互相独立的项目。例如，大多数非营利医疗保健组织向多个服务区域的不同雇工团体提供医疗服务。在这种条件下，由于不能孤立地考虑某个项目，某项目的孤立风险对组织来讲就不是最相关风险。这时，最相关风险是公司风险，即该项目对组织整体风险的影响程度，这可以用该项目对组织整体盈利能力变动性的影响来衡量。

为了说明非营利组织的公司风险，假设项目 P 代表某个拥有众多项目的非营利医疗保健组织对某个服务领域的扩张。表 10－1 列示了项目 P 和此组织整体的内含报酬率（IRR）的状况。在实际操作中，想获得某个组织资产总额的 IRR 是不可能的，但是可以用该组织的资产现金流量收益来代表，公式如下：

$$IRR=\frac{\text{收入}+\text{折旧}+\text{利息}}{\text{资产总额}}$$

表 10－1　内含报酬率的状况

经济状态	此状态的盈利能力	每种经济状态下的 IRR	
		项目 P	组织整体
很差	5%	2.5%	1.0%
差	20%	5.0%	6.0%
普通	50%	10.0%	7.0%
好	20%	15.0%	8.0%
很好	5%	17.5%	13.0%
期望收益		10.0%	7.0%
标准离差		4.0%	2.0%
变异系数		0.4	0.3
相关系数		0.8	

该组织的盈利能力与项目 P 的盈利能力都不确定，而是依赖于未来经济事项的变化。该组织的期望 IRR 为 7.0%，标准离差为 2.0%，变异系数为 0.3，所以无论是从标准离差还是变异系数（孤立风险的衡量指标）来考虑，项目 P 的风险从总体上讲都大于组织整体。也就是说，项目 P 比该组织平均项目的风险大。

但是，项目 P 的相关风险并不是它的孤立风险，而是它对企业整体风险的影响，即此项目的公司风险。项目 P 的公司风险不但与标准离差有关，而且同项目 P 的收益（项目 P 的 IRR）与整个组织的平均项目收益（组织整体的 IRR）之间的相关系数有关。如果项目 P 的收益与该企业其他项目的收益呈负相关，那么接受项目 P 就可以降低企业总资产的风险。项目 P 的标准离差越大，风险降低的程度越大（在某种经济状态下会产生下面这种效果：平均项目的低收益可以带来项目 P 的高收益，反之亦然，所以接受该项目可以降低组织的整体风险）。在这种情况下，虽然项目 P 的孤立风险较高，但该项目的风险低于组织平均项目的风险。

在实际情况中，项目 P 的收益与该组织的资产总收益是正相关的。该项目的标准离差是企业的 2 倍，变异系数增加了 33%，所以接受该项目会增加组织整体收益的风险。公司风险的量化指标是项目的公司贝塔系数（corporate beta），或简称公司 β（corporate β）。公司贝塔系数是公司特征曲线（corporate characteristic line）的斜率，公司特征曲线是以项目的收益为纵坐标，以企业全部经营收益为横坐标所做的回归曲线。

项目 P 的公司特征曲线的斜率为 1.62，用代数方法表示如下：

$$\text{corporate } \beta_p=\frac{\delta_p}{\delta_f}r_{pf}$$

式中，δ_p 为项目 P 收益的标准离差；δ_f 为企业收益的标准离差；r_{pf} 为项目 P 的收益与企业收益的相关系数。所以

$$\text{corporate } \beta_P = \frac{4.0\%}{2.0\%} \times 0.8 = 1.6$$

某个项目的公司贝塔系数衡量了该项目收益相对于企业总体收益的波动性（或相对于企业平均项目收益的波动性，企业平均项目收益的公司贝塔系数为1.0）。如果某个项目的公司贝塔系数为2.0，那么表明该项目的收益波动为企业总体收益波动的2倍；如果公司贝塔系数为1.0，那么表明该项目的收益与企业总体收益波动相同；如果公司贝塔系数为0，那么表明该项目的收益与企业总体收益的变化无任何关系，即二者是相互独立的。当某项目的收益与企业的总体收益呈负相关时，该项目的公司贝塔系数为负值，这表明该项目的收益与企业其他大多数项目的收益呈逆周期运动。如果将负贝塔系数的项目纳入企业的项目组合，则有可能降低企业风险。然而，负贝塔系数的项目相当难找，因为大多数项目与企业的核心业务存在关系，所以它们的收益高度正相关。由于项目P的公司贝塔系数为1.6，因此该项目的公司风险大于企业平均项目风险。在对该项目进行评价前，应该提高企业的加权平均资本成本以反映这种风险上的差异。

对于营利性组织来讲，在大多数条件下，建立精确的量化指标来评估项目的公司风险是十分困难的。所以，企业的管理者只能对某个项目的孤立风险进行评估，并且就其与企业其他项目的适合程度做一个主观判断。通常，企业正在考虑的项目与企业的其他项目同属一类业务。在这种条件下，孤立风险与公司风险高度相关，所以某个项目的孤立风险可以作为该项目公司风险很好的衡量指标，这表明非营利组织的管理者可以通过远景模拟和决策树分析来对大多数项目的相关风险有一个较好的了解。

最后，非营利组织的资本预算决策要求综合考虑各种主客观因素，以便对某个项目的风险和社会价值、举债能力的影响、盈利能力等做出综合评价。这个过程并不精确，由于风险评价的模糊性，人们往往倾向于省略这部分内容。然而，实践中必须对项目的风险进行评估，这一行为要贯穿决策过程的始终。

10.6 案例研究与分析：江海大学预算预测方法的应用

10.6.1 预算预测所依据的假设

（1）规划期拟定为14年（2011—2024年）。

（2）宏观经济环境不变。这意味着在预测时不考虑通货膨胀、利率变动等因素，国民生产总值按一定比例逐年增加，这使得预测偏于保守。测算价格基于2010年不变价格，不考虑货币时间价值。

（3）高等教育的宏观环境不变。这意味着在预测期内，国家对教育的有关政策（包括财政拨款和收费的政策）不变，这也使得收入预测偏于保守。

（4）限于篇幅，不对每个规划项目一一计算。例如，公用经费支出项目由许多明细项目组成，本案例为了简化，只模拟计算公用经费一级项目，其他项目可以以此类推。

（5）假设从2013年开始博士生、硕士生全部实行收费，按每年每人9 000元的收费标准测算。

(6) 本案例不考虑科研、基建、附属单位缴款等项目的收支。

10.6.2　江海大学收入规划

1. 财政拨款预测

(1) 经常性拨款（I_f）预测。江海大学经常性拨款是按定额拨款方式计算得到的。按照有关规定：

经常性拨款＝折合后学生人数×生均拨款定额＋离退休人数×定额

学生人数的折合系数：本专科生为 1，高职生为 0.6，硕士生为 2，博士生为 3，博士后为 4。假设生均拨款定额为 7 150 元/人，离退休人员拨款定额为 19 000 元/人。江海大学经常性拨款预测见表 10－2。

表 10－2　江海大学经常性拨款预测值　　单位：万元

年份	2011	2012	2013	2014	2015	2016	2017
折合后学生人数	16 963	19 934	22 540	24 430	26 535	28 870	31 920
离退休人数	1 000	1 150	1 250	1 300	1 400	1 450	1 500
经常性拨款（I_f）	14 028.54	16 437.81	18 491.10	19 937.45	21 632.53	23 397.05	25 672.80
年份	2018	2019	2020	2021	2022	2023	2024
折合后学生人数	33 900	35 550	37 200	38 850	40 500	42 150	42 800
离退休人数	1 500	1 575	1 654	1 736	1 823	1 914	2 010
经常性拨款（I_f）	27 088.50	28 410.75	29 740.60	31 076.15	32 421.20	33 773.85	34 421.00

注：学生人数和离退休人数来自学校规划。

(2) 专项及补助性拨款（I_p）预测。根据历史数据（见表 10－3），采用二次线性回归分析（$y=37.821x^2-140.15x+374.38$）的方法进行预测，其结果见表 10－4。由图 10－1 可知，$R^2=0.879$，数据比较吻合，有良好的解释能力。

表 10－3　江海大学专项及补助性拨款历年情况　　单位：万元

年份	2000	2001	2002	2003	2004	2005	2006	2007	2008	2009	2010
专项及补助性拨款（I_p）	327	418	519	562	447	905	2 246	3 044	2 296	2 534.75	4 667.48

表 10－4　江海大学专项及补助性拨款预测值　　单位：万元

年份	2011	2012	2013	2014	2015	2016	2017
专项及补助性拨款（I_p）	4 944.18	5 825.20	6 781.86	7 814.16	8 922.10	10 105.68	11 364.91
年份	2018	2019	2020	2021	2022	2023	2024
专项及补助性拨款（I_p）	12 699.78	14 110.29	15 596.44	17 158.24	18 795.68	20 508.76	22 297.48

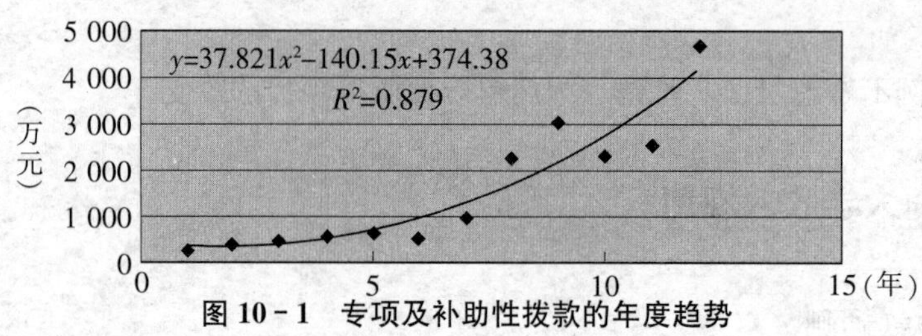

图 10-1 专项及补助性拨款的年度趋势

2. 事业收入预测

(1) 学历教育收入（I_d）预测。学历教育分为研究生教育、本专科生教育和成人教育三部分。

1) 研究生教育收入。根据现行有关收费文件的规定，博士生及计划内招收硕士生不收费，自费和委培的硕士生可按 5 000 元/人标准收费。预计江海大学从 2013 年开始实行全面收费制度。因此，博士生、硕士生学费的计算标准为：2011 年和 2012 年按 5 000 元/人×学生人数/2 计算，2013 年开始按 9 000 元/人×学生人数计算。预测结果见表 10-5。

表 10-5 江海大学研究生教育收入预测值

年份	2011	2012	2013	2014	2015	2016	2017
博士生人数（人）	48	70	80	110	145	190	240
硕士生人数（人）	876	1 200	1 500	2 000	2 600	3 300	4 100
研究生教育收入（万元）	219	300	1 422	1 899	2 470.5	3 141	3 906
年份	2018	2019	2020	2021	2022	2023	2024
博士生人数（人）	300	350	400	450	500	550	600
硕士生人数（人）	5 000	5 250	5 500	5 750	6 000	6 250	6 500
研究生教育收入（万元）	4 770	5 040	5 310	5 580	5 850	6 120	6 390

2) 本专科生教育收入。按现行收费制度，本专科生学费根据不同的专业有不同的标准。为简化计算，将各类收费标准折算成平均学费标准。本专科生教育收入＝全校平均学费标准×学生自然人数，其中，全校平均学费标准＝以前年度本专科学生学费总额/学生自然人数。平均学费标准假设为 5 000 元/人。预测结果见表 10-6。

表 10-6 江海大学本专科生教育收入预测值 单位：万元

年份	2011	2012	2013	2014	2015	2016	2017
本专科生教育收入	7 698.5	8 883	10 250	10 750	11 250	11 750	12 500
年份	2018	2019	2020	2021	2022	2023	2024
本专科生教育收入	12 000	13 000	13 500	14 000	14 500	15 000	15 000

3) 成人教育收入。成人教育收入包括成人教育脱产生、函授生、夜大生的学费收入，计算方法与本专科学生教育收入计算方法一样：成人教育收入＝成人教育平均学费标准×成人教育学生自然人数，其中，成人教育平均学费标准＝以前年度成人教育学生

学费总额/成人教育学生自然人数。扣除校外办学成本，平均学费按1 500元/人计算。预测结果见表10-7。

表10-7　江海大学成人教育收入预测值　　单位：万元

年份	2011	2012	2013	2014	2015	2016	2017
成人教育收入	2 070	2 190	2 265	2 475	2 550	2 550	2 550
年份	2018	2019	2020	2021	2022	2023	2024
成人教育收入	2 550	2 550	2 550	2 550	2 550	2 550	2 550

学历教育收入（I_d）预测结果详见表10-8。

学历教育收入＝研究生教育收入＋本专科生教育收入＋成人教育收入

表10-8　江海大学学历教育收入预测值　　单位：万元

年份	2011	2012	2013	2014	2015	2016	2017
学历教育收入（I_d）	9 987.5	11 373	13 937	15 124	16 270.5	17 441	18 956
年份	2018	2019	2020	2021	2022	2023	2024
学历教育收入（I_d）	19 820	20 590	21 360	22 130	22 900	23 670	23 940

（2）非学历教育收入（I_n）预测。根据非学历教育收入的历史数据（见表10-9），采用二次线性回归分析（$y=20.331x^2-113.42x+158.68$）的方法进行预测，其结果见表10-10。由图10-2可知，$R^2=0.976\,8$，数据比较吻合，有良好的解释能力。

表10-9　江海大学非学历教育收入历年情况　　单位：万元

年份	1999	2000	2001	2002	2003	2004	2005	2006	2007	2008	2009	2010
非学历教育收入（I_n）	11	24	30	109	120	211	265	484	797	1 232	1 196	1 793

表10-10　江海大学非学历教育收入预测值　　单位：万元

年份	2011	2012	2013	2014	2015	2016	2017
非学历教育收入（I_n）	2 120.16	2 555.68	3 031.86	3 548.70	4 106.20	4 704.36	5 343.19
年份	2018	2019	2020	2021	2022	2023	2024
非学历教育收入（I_n）	6 022.68	6 742.83	7 503.64	8 305.12	9 147.26	10 030.06	10 953.52

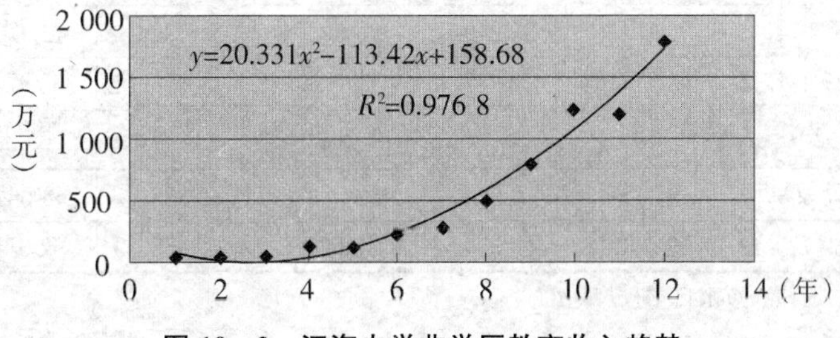

图10-2　江海大学非学历教育收入趋势

3. 高校总收入预测

高校总收入 $I = I_f + I_p + I_d + I_n$

10.6.3 江海大学支出预测

1. 教育事业支出预测

教育事业支出可分为人员支出和公用经费支出。

（1）人员支出（D_p）预测。预测人员支出时，将工资、补助工资、其他工资、职工福利费、社会保障费、学生奖学金、学生困难补助和学生勤工俭学经费等支出的历史数据归并，以师生的合计人数为自变量，人员支出为因变量，采用二次线性回归分析（$y=9\times10^{-6}x^2+0.4726x-2779.3$）的方法进行预测，其结果见表 10－11 和表 10－12。由图 10－3 可知，$R^2=0.992$，数据比较吻合，有良好的解释能力。

表 10－11　江海大学人员支出历年情况　　金额单位：万元

年份	1999	2000	2001	2002	2003	2004
师生人数（人）	6 242	6 840	7 678	8 855	10 098	11 075
人员支出（D_p）	878	1 004	1 396	2 354	2 484	2 979
年份	2005	2006	2007	2008	2009	2010
师生人数（人）	11 562	12 393	14 158	17 521	21 371	25 893
人员支出（D_p）	3 561	4 675	5 843	8 340	12 359	15 132.6

注：这里的师生人数＝折合后学生人数＋在职教师人数＋离退休人数＋折合后成人教育学生人数（学生人数的折合系数为：本专科生 1，高职生 0.6，硕士生 2，博士生 3，成人教育学生 0.5）。

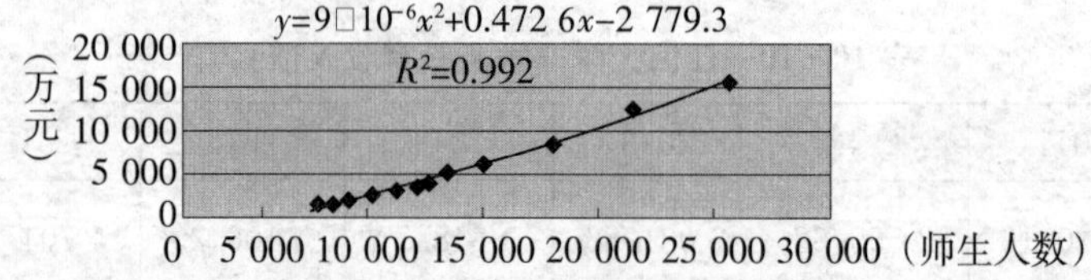

图 10－3　江海大学人员支出年度趋势

表 10－12　江海大学人员支出预测值　　金额单位：万元

年份	2011	2012	2013	2014	2015	2016	2017
师生人数（人）	27 614	31 184	34 240	36 980	39 535	42 020	45 220
人员支出（D_p）	17 137.12	20 713.04	23 957.45	27 008.93	29 976.14	32 974.78	36 999.93
年份	2018	2019	2020	2021	2022	2023	2024
师生人数（人）	47 300	49 125	50 854	52 586	54 323	56 064	56 810
人员支出（D_p）	39 715.12	42 161.58	44 534.30	46 966.41	49 458.55	52 011.43	53 121.49

注：学生人数和离退休人数来自学校规划。

（2）公用经费支出（D_c）预测。公用经费支出与师生人数相关，在预测公用经费支出时，将公用经费支出的历史数据归并（见表 10-13），以师生人数为自变量，以公用经费支出为因变量，采用乘幂回归分析（$y=0.0005x^{1.6684}$）的方法进行预测，其结果见表 10-14。由图 10-4 可知，$R^2=0.9405$，数据比较吻合，有良好的解释能力。

表 10-13　江海大学公用经费支出历年情况　金额单位：万元

年份	1999	2000	2001	2002	2003	2004
师生人数（人）	6 242	6 840	7 678	8 855	10 098	11 075
公用经费支出（D_p）	819	1 213	1 617	1 434	1 940	2 419
年份	2005	2006	2007	2008	2009	2010
师生人数（人）	11 562	12 393	14 158	17 521	21 371	25 893
公用经费支出（D_p）	3 466	4 214	3 381	6 916	6 340	9 705

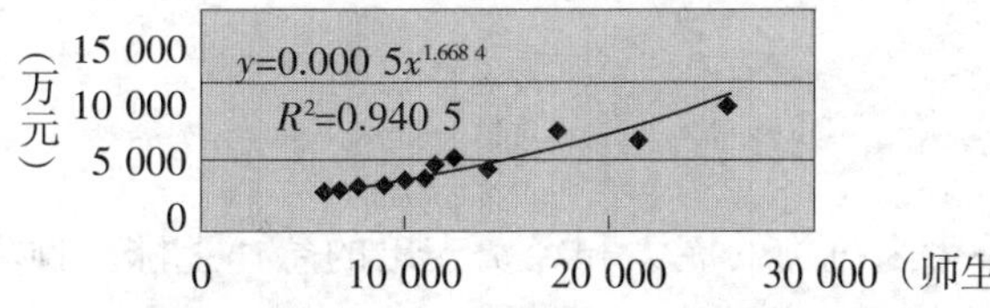

图 10-4　江海大学公用经费支出年度趋势

表 10-14　江海大学公用经费支出预测值　金额单位：万元

年份	2011	2012	2013	2014	2015	2016	2017
师生人数（人）	27 614	31 184	34 240	36 980	39 535	42 020	45 220
公用经费支出（D_c）	12 839.87	15 726.66	18 381.72	20 900.95	23 365.46	25 866.88	29 236.37
年　份	2018	2019	2020	2021	2022	2023	2024
师生人数（人）	47 300	49 125	50 854	52 586	54 323	56 064	56 810
公用经费支出（D_c）	31 514.35	33 569.06	35 563.07	37 607.61	39 702.73	41 848.51	42 781.32

2. 江海大学总支出预测

江海大学总支出预测详见表 10-15。

表 10-15　江海大学总支出预测值　单位：万元

年份	2011	2012	2013	2014	2015	2016	2017
人员支出（D_p）	17 137.12	20 713.04	23 957.45	27 008.93	29 976.14	32 974.78	36 999.93
公用经费支出（D_c）	12 839.87	15 726.66	18 381.72	20 900.95	23 365.46	25 866.88	29 236.37
科研支出（D_s）	5 282.87	6 742.33	8 382.91	10 204.60	12 207.40	14 391.32	16 756.36
基建支出	55 201.40	45 201.40	40 504.40	16 744.40	15 885.40	16 435.40	16 925.40

续表

年份	2011	2012	2013	2014	2015	2016	2017
总支出	90 461.27	88 383.43	91 226.47	74 858.87	81 434.40	89 668.38	99 918.07
年份	2018	2019	2020	2021	2022	2023	2024
人员支出（D_p）	39 715.12	42 161.58	44 534.30	46 966.41	49 458.55	52 011.43	53 121.49
公用经费支出（D_c）	31 514.35	33 569.06	35 563.07	37 607.61	39 702.73	41 848.51	42 781.32
科研支出（D_s）	19 302.52	22 029.79	24 938.17	28 027.67	31 298.29	34 750.03	38 382.88
基建支出	17 355.40	19 665.40	20 825.40	23 611.40	25 005.40	27 116.40	25 224.70
总支出	107 887.38	117 425.83	125 860.95	136 213.10	145 464.97	155 726.36	159 510.38

10.6.4 案例启示

近年来，高校的扩招带来机构的庞大和经费支出的急速上涨。预算是高校开展各项财务活动的基本依据，预算管理是高校通过建立涵盖收支所有环节的全面预算管理系统，实现资源最优配置的一种方法。以上是江海大学预算预测的示例，在如何编制相对科学、准确的预算问题上，它给我们以下启示：

（1）完备的基础数据库是科学预测的基础。这些基础数据包括各院校的教职工人员构成、学科设置、后勤社会化以及学校教学等各项支出的配置标准，如达到教学需求的生均教室、运动场、绿化等。

（2）预算预测应当采用科学的预测方法。每个部门的预算收入和支出都呈现出不同的特点：有的收入、支出与其历史趋势有关，表现出逐年增长的特性，需要以时间作为解释变量预测未来的收支水平；有的则表现为与业务量紧密关联，应当以未来预测的业务量作为解释变量预测未来收支。这就需要我们注意：1）将收支按照其金额变化的特性进行科学分类。2）在每项收支与业务量水平之间或者年度之间构建起定量的对应关系或数量模型，并通过数据拟合等方法对模型的合理性进行鉴定。

（3）预算预测需要由专门的预算管理机构完成。为了保证预算的准确性和权威性。高校可以建立校长直接领导的、由财务和审计等相关专业人员组成的学校预算管理机构。该机构可以实现：1）对学校及下属各学院（部门）提交的预算进行合理性、准确性和科学性的调查论证，使预算指标更加客观、合理、准确和科学。2）对学校及下属各学院（部门）预算收入的完成情况、预算支出的执行情况和进度以及资金使用效益进行分析、考核和评价。3）对学校及下属各学院（部门）预算调整的合理性和必要性进行论证。

《 本章小结 》

- 非营利组织是不以营利为目的，提供不能由营利性机构和政府机构充分提供的社

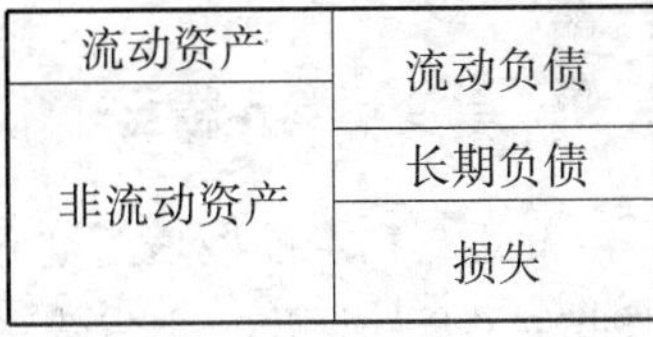

会服务的组织。

● 非营利组织财务活动涉及预算资金收支活动、预算外资金收支活动、经营活动。非营利组织的目标通过组织使命来表述，非营利组织为实现组织目标必须保持良好的财务状况和合理的盈利能力。

● 预算管理是非营利组织财务管理的核心内容。非营利组织的单位预算是由收入预算和支出预算组成的。预算的核定、编制、批复、执行与控制关系到非营利组织的资源投入与使用效果。

● 非营利组织自有资金的筹集包括政府拨款或补助、社会捐赠、事业收入和经营收入。

● 非营利组织的资本预算决策要考虑三个要素：项目分析的目标是向社会提供服务而不是股东财富最大化；现金流量估算决策方法除考虑经济价值，还要考虑社会价值；有三种彼此独立、差别明显的项目风险，即孤立风险、公司风险、市场风险。

案例讨论

湖海大学过度负债问题分析

2006 年，小高从某财经大学毕业，分配到湖海大学财务处做财务分析工作。以下是他了解的湖海大学 2006 年的财务状况：

1. 学校经费总支出 27 400 万元，其中：

(1) 学校事业经费支出 26 029 万元。

1) 人员经费支出 16 809 万元。

2) 公用经费支出 7 038 万元。

3) 固定资产支出 2 182 万元。

(2) 对附属单位补助支出 97 万元。

(3) 经营支出 474 万元。

(4) 自筹基建支出 800 万元。

2. 学校经费总收入 27 600 万元，其中：

(1) 财政补助收入 15 000 万元。

(2) 事业收入 12 000 万元。

(3) 经营收入 600 万元。

3. 2005 年年末学校总资产为 19 亿元，总负债为 12 亿元，其中银行长期贷款 11 亿元，年利率为 6.6%。银行贷款全部用于基建投入，其利息计入建筑安装成本。

尽管就上述财务收支情况而言，湖海大学收支相抵，略有结余，即净收入 200 万元，但是在上述收支表中并没有列示银行贷款的利息费用，事实上，11 亿元的巨额负债其利息支出就需 7 260 万元，这些利息和本金的支出并没有在经费账上体现。如此巨额的利息和贷款本金如何保证按期偿还，又不影响学校的正常业务经费支出？小高就此问题向财务处处长提出自己的疑问。财务处处长也有自己的苦衷，他知道，随着国家宏观政策的调控，利率上调，银行贷款规模收紧，银行将更加谨慎，学校还贷压力越来越大。同时，他也深知这几年高校的迅速发展离不开银行贷款，适度负债可以更大限度地用活资金，优化资源配置。鉴于普通高校的公办性质，学校寄希望于两种办法：其一是通过政府拨款解决问题，但是政府的财政支出压力使这种愿望很难实现；其二是通过土地置换，即通过市区土地和郊区土地的置换获得地价差额收益以弥补投资缺口，已经有这样的先例。

像湖海大学一样高负债经营的高校并非少数，以大力建设高教园区的某省为例，该省采取以政府投入为主、多渠道筹措资金的方式进行高校基本建设。截至 2006 年 12 月 31 日，实际筹资 257.10 亿元，其中银行贷款占 59.42%，高校自有资金占 23.11%，地方政府投入占 12.57%，社会投入占 4.90%。高教园区建设增加了高等教育资源，对解决扩招瓶颈、拓展办学空间起到了积极作用，与此同时，高校高额负债隐含的风险也在逐步显现。

要求：

对湖海大学偿还债务的能力进行评价。从资本结构等相关理论出发，给湖海大学设计一种更好的财务方案。从财务管理的视角讨论高校过度负债问题的利弊。

思考题

1. 简述非营利组织的特征。
2. 为什么非营利组织必须考虑项目的盈利能力？
3. 非营利组织如何保证预算的执行？
4. 非营利组织是否需要债务筹资？为什么？如何考虑筹资成本？
5. 非营利组织的资本预算决策要考虑哪些因素？

第11章

企业破产、重整与清算

本章导读

华晨汽车集团控股有限公司（简称华晨汽车集团）是2002年根据中央决定，经辽宁省政府批准设立的国有独资公司，华晨汽车集团旗下拥有3家上市公司（华晨中国汽车控股有限公司、上海申华控股股份有限公司、金杯汽车股份有限公司），100多家全资、控股和参股公司。在业务板块布局上，华晨汽车集团以汽车整车、发动机、核心零部件的研发、设计、制造、销售和汽车售后市场业务为主体，涉及新能源等其他行业。除拥有华晨宝马合资品牌外，还高起点打造了中华和金杯两大自主品牌。华晨汽车集团曾被中国工业经济研究院评为2010年中国企业制造业500强，排行第72位。

但是，10年后的华晨汽车集团面临破产重组的艰难境地。自2020年7月开始，华晨汽车集团就被曝背负千亿元负债，多笔股权被冻结。2020年8月，大公国际和东方金诚先后将华晨汽车集团及旗下多只债券列入评级观察名单。2020年9月，东方金诚和大公国际均调低了集团的主体信用评级，其中，东方金诚将其调低至AA+，大公国际直接将其调低至AA。2020年10月16日，东方金诚再次将集团的主体信用评级调低至AA−；2020年10月21日，大公国际又将其主体信用评级调低至A+。东方金诚认为，华晨汽车集团的流动性压力进一步上升，未按时兑付信托贷款本金、利息和罚息，面临较大的债务偿付压力。2020年11月13日，华晨汽车集团被格致汽车科技股份有限公司申请破产重整，有16项被执行人信息，被执行总金额近3.9亿元。

华晨汽车集团的自主品牌整车业务中包括华晨中华、华颂、华晨金杯等产品，但自主板块获利能力较弱，利润主要来源于宝马。乘用车市场信息联席会发布的数据显示，2020年上半年华晨中华累计销量3 186辆，平均月销量仅500辆左右；华颂系列产品没有销量，而金杯系列产品2019年销量不足2万辆。受新冠肺炎疫情影响，华晨汽车集团的自主品牌乘用车产销量、业务收入下降，获利能力较弱，长期积累的债务问题爆发。据华晨汽车集团2020年半年报，集团层面负债总额523.76亿元，资产负债率超过110%，失去融资能力。2020年11月20日，沈阳市中级人民法院裁定受理债权人对华晨汽车集团的重整申请，这标志着这家车企正式进入破产重整程序。

华晨汽车集团的案例让我们不禁思考：企业经营过程中如何对财务危机进行识别和防范？破产重整对于陷入危机的企业有什么意义？这正是本章重点讨论的内容。

资料来源：全景财经. 宝驰带不动！刚刚，千亿企业华晨集团正式破产重整. [2020-11-20]. https://mp.weixin.qq.com/s/QsK4F-7XdnIRhw6kPJWNHw.

学习目标

- 了解破产、重整与清算的基本概念及相关法律规定
- 掌握破产危机的辨识、应对与管理
- 熟悉重整计划的制定与执行
- 掌握破产财产、破产债权的范围与计价方法

11.1 企业破产概述

11.1.1 企业破产的概念界定

"破产"一词源于拉丁语"falletux"，意思为"失败"。但从经济学和法学的角度来看，"破产"和"失败"的含义有所不同。经济学意义上的破产，是指由于管理无能、不明智的扩张、激烈的竞争、过高的负债等原因，企业经营状况恶化，效益低下，在市场竞争中被淘汰。破产意味着企业经济实体的解体，它既是企业的终结，又是经济资源重新分配的开始，在财务管理上表现为原有理财主体的消亡或再建恢复。从法学角度来看，破产是债务人不能清偿到期债务时，由法院强制执行，公平清偿全体债权人，或者在法院监督下，由债务人与债权人达成和解协议，整顿复苏企业，清偿债务，避免倒闭清算的法律制度。破产意味着企业法律"人格"的丧失、法律主体的消亡。由此可见，经济学上的破产侧重于破产淘汰；法学上的破产侧重于破产还债。

世界各国法学理论和司法实践中对破产的处理不尽相同，美国等大多数国家出于社会安定、保护债权人利益不受侵蚀等方面的考虑，不主张采取破产清算这种极端形式。企业从申请破产到最终破产清算，破产法尽可能为企业创造避免解体、再建恢复的机会，该程序在法律上称为和解与整顿。破产和解制度与整顿制度，可以使债务人摆脱债务诉

讼或减轻债务负担，能给因疏忽过失而陷入困境的债务人一个“生还”的机会。只有当债务人已具备破产宣告条件，如和解、整顿失败，不执行和解协议，严重损害债权人利益等，才依法宣告破产。因此，破产具有如下法律特征：

（1）破产是清偿债务的法律手段。当债务人不能清偿到期债务时，法院根据债权人或债务人的申请，将债务人的破产财产依法分配给债权人，以了结债权债务关系。

（2）破产以法定事实的存在为前提。虽然各国破产法的规定各不相同，但都以法定事实的存在作为破产的前提。如美国以不能偿债为法定事实，德国以资不抵债为法定事实。

（3）破产必须经法院审理，以实现公平受偿，保护双方当事人的合法权益。通过法院宣告破产，债务人的民事主体资格消亡。

11.1.2　企业破产的法律规定

由 1986 年 12 月 2 日第六届全国人民代表大会常务委员会第十八次会议通过的《中华人民共和国企业破产法（试行）》和 1991 年 4 月 9 日第七届全国人民代表大会第四次会议通过的《中华人民共和国民事诉讼法》中“企业法人破产还债程序”一章及相关法律条文、司法解释建立起来的执法规范一度是我国破产法律体系的主要构成部分。2006 年 8 月 27 日，第十届全国人民代表大会常务委员会第二十三次会议通过了《中华人民共和国企业破产法》（简称《破产法》）并予以公布，自 2007 年 6 月 1 日起施行。《破产法》的实施进一步规范了企业破产程序，公平清理了债权债务，有利于保护债权人和债务人的合法权益，维护社会主义市场经济秩序。下面介绍企业破产涉及的几个基本概念。

1. 破产原因

破产原因是申请债务人破产的事实根据，是对债务人进行破产清算和破产预防的法律事实，也是破产程序启动、变更和终结的法律依据。《破产法》对所有的法人企业适用统一的破产原因，即《破产法》第二条规定，企业法人不能清偿到期债务，并且资产不足以清偿全部债务或者明显缺乏清偿能力的，在这种情况下，债务人可以向人民法院提出重整、和解或者破产清算申请，债权人也可以向人民法院提出对债务人进行重整或破产清算的申请。

以上所说的“不能清偿到期债务”是指债务人由于缺乏清偿能力，对于已到清偿期而受请求的债务无法全部清偿的一种客观经济状态。以上所说的“资产不足以清偿全部债务”，即资不抵债，是指债务人的全部资产不足以偿付其全部债务。以上所说的“明显缺乏清偿能力”，实质上就是不能清偿到期债务。

2. 重整与和解

所谓重整，是指不对无偿付能力的债务人的财产立即进行清算，而是在人民法院的主持下由债务人与债权人达成协议，制定重整计划，规定在一定的期限内，债务人按一定的方式全部或者部分清偿债务，同时债务人可以继续经营其业务。重整适用于所有类型的企业法人，是一个独立的破产预防程序。

按照《破产法》第七十条的规定，债权人和债务人都可以向人民法院申请对债务人进行重整。如果债权人提出破产清算，在人民法院受理破产申请后、宣告债务人破产前，债务人或者出资额占债务人注册资本 1/10 以上的出资人，可以向人民法院申请重整。由人民法院裁定债务人进行重整并予以公告。自人民法院裁定债务人重整之日起 6 个月内，债务人或者管理人应当向人民法院和债权人会议提交重整计划草案，包括以下内容：(1) 债务人的经营方案；(2) 债权分类；(3) 债权调整方案；(4) 债权受偿方案；(5) 重整计划的执行期限；(6) 重整计划执行的监督期限；(7) 有利于债务人重整的其他方案。人民法院将在收到重整计划草案 30 日内召开债权人会议，并按照债权是否有担保，是否为所欠税款等对债权进行分类，分组对重整计划草案进行表决。出席会议的同一表决组的债权人过半数同意重整计划草案，并且其所代表的债权额占该组债权总额的 2/3 以上的，即为该组通过重整计划草案。《破产法》第七十三条规定，在重整期间，经债务人申请，人民法院批准，债务人可以在管理人的监督下自行管理财产和营业事务。第七十八条规定，在重整期间，有下列情形之一的，经管理人或者利害关系人请求，人民法院应当裁定终止重整程序，并宣告债务人破产：(1) 债务人的经营状况和财产状况继续恶化，缺乏挽救的可能性；(2) 债务人有欺诈、恶意减少债务人财产或者其他显著不利于债权人的行为；(3) 由于债务人的行为致使管理人无法执行职务。

和解是破产程序开始后，债务人和债权人之间就债务人延期清偿债务、减少债务数额、进行整顿事项达成协议，以挽救企业、避免破产、中止破产程序的法律行为。债务人可以直接向人民法院申请和解，也可以在人民法院受理破产申请后、宣告债务人破产前，向人民法院申请和解。申请和解时应提交和解协议草案。经人民法院审查认为和解申请符合《破产法》的规定，应裁定和解，予以公告，并召集债权人会议讨论和解协议草案。当出席会议的有表决权的债权人过半数同意，并且其所代表的债权额占无财产担保债权总额的 2/3 以上时，和解协议通过，经人民法院认可后，和解协议对债务人和全体债权人均有约束力。债务人按照和解协议的条款清偿债务。《破产法》第九十九条明确规定，和解协议草案经债权人会议表决未获得通过，或者已经债权人会议通过的和解协议未获得人民法院认可的，人民法院应当裁定终止和解程序，并宣告债务人破产。同时《破产法》第一百零三条和第一百零四条对和解协议的终止也做出了规定，主要是因债务人欺诈或违法行为而成立的和解协议，以及债务人不能或不执行和解协议的，人民法院有权裁定终止和解协议，并宣告债务人破产。

3. 破产清算

《破产法》第一百零七条规定，人民法院依照《破产法》规定宣告债务人破产的，应当自裁定做出之日起五日内送达债务人和管理人，自裁定做出之日起十日内通知已知债权人，并予以公告。债务人被宣告破产后，债务人称为破产人，债务人财产称为破产财产，人民法院受理申请时对债务人享有的债权称为破产债权。进入破产清算阶段后，管理人应当拟定破产财产变价方案，交由债权人会议讨论通过后，适时变价出售破产财产。表 11－1 列示了我国与美国破产清算的有关规定。

表 11-1　中美两国破产清算有关法规的比较

国家	破产债权	破产财产清偿顺序
中国	《破产法》第九十三条：人民法院裁定终止重整计划执行的，债权人在重整计划中做出的债权调整的承诺失去效力。债权人因执行重整计划所受的清偿仍然有效，债权未受清偿的部分作为破产债权。第一百零四条：人民法院裁定终止和解协议执行的，和解债权人在和解协议中做出的债权调整的承诺失去效力。和解债权人因执行和解协议所受的清偿仍然有效，和解债权未受清偿的部分作为破产债权。第一百零七条：债务人被宣告破产后，债务人称为破产人，债务人财产称为破产财产，人民法院受理破产申请时对债务人享有的债权称为破产债权。	《破产法》第一百一十三条：破产财产在优先清偿破产费用和共益债务后，依照下列顺序清偿： (1) 破产人所欠职工的工资和医疗、伤残补助、抚恤费用，所欠的应当划入职工个人账户的基本养老保险、基本医疗保险费用，以及法律、行政法规规定应当支付给职工的补偿金； (2) 破产人欠缴的除前项规定以外的社会保险费用和破产人所欠税款； (3) 普通破产债权。 破产财产不足以清偿同一顺序的清偿要求的，按照比例分配。 破产企业的董事、监事和高级管理人员的工资按照该企业职工的平均工资计算。
美国	《破产法典》第 5 章 501 (a) 规定：破产程序开始时，普通法和衡平法所确定的债务人权益为破产财团财产。即破产财团财产包括不动产和动产、有形的和无形的、债务人占有的以及他人持有的但债务人在该财产上有权益的财产。	(1) 有财产担保的债权人； (2) 破产程序的支出； (3) 欠发工人的工资； (4) 欠税； (5) 无财产担保的债权人。

11.1.3　企业破产财务管理的研究内容

企业一旦进入破产程序，其财务管理也进入非常时期。企业财务必须遵守有关法律的规定，调整或了结与债权人的债务关系，正确处理企业与其他各方的经济利益关系，避免直接破产，保护债权人合法权益，实现公平受偿比例最大化的目标。

由于财务管理目标发生了变化，企业在破产程序实施期间的财务管理与正常期间有所不同，主要表现在以下几个方面：

第一，破产企业的财务管理是一种“例外”性质的管理，即危机管理。企业进入破产程序后，随时有可能被宣告破产。此时财务管理的主要职能是防止财务状况进一步恶化，组织重整与和解计划的实施与完成，采取应急对策，纠错、治错，避免破产清算。

第二，破产企业的财务管理内容具有相对性和变异性。企业破产是在一定的理财环境下发生的，随着理财环境的改变，企业可能在瞬间由破产困境变异为盈利顺境。例如，政府有关部门给予资助或者采取其他措施帮助清偿债务；取得担保；已核销应收账款的收回；外部资源改变；经济政策出台等。因此，破产企业的财务管理内容需要根据环境的变化做出相应调整或改变。

第三，破产企业的财务活动及破产财产受控于破产管理人，并处于人民法院的监督之下。企业提出重整与和解申请后，应当向债权人会议提交重整、和解协议草案，该草案经债权人会议通过并报请人民法院审查认可，自公告之日起具有法律效力。如果企业不执行协议或财务状况继续恶化或者严重损害债权人利益，债权人会议有权向人民法院申请，终结企业重整与和解，宣告其破产。人民法院自宣告之日起15日内成立清算组，清算组负责破产财产的保管、清理、估价、处理和分配，并接受人民法院监督。破产企业在财务预算、财务决策和财务控制诸环节的管理中必须重视破产管理人的意见。

由于破产企业财务管理具有以上特点，因此有必要把破产企业财务管理作为一个相对独立的问题来研究，研究内容包括以下两个方面：一是破产企业财务管理理论，包括预警管理理论和破产管理理论。主要研究企业破产的早期监测与控制；企业破产的财务管理体制；企业破产的原因；破产债权及破产财产的分辨标志；破产财产的估价方法等。二是破产企业财务管理实务，包括重整与和解实务及破产清算实务。主要研究重整与和解协议草案的内容；债务清偿方式及顺序；剩余财产的分配等。

11.2 破产预警管理

11.2.1 企业财务危机的防范

企业破产的直接原因和必要条件为不能清偿到期债务，即发生财务危机，它是财务风险加剧的必然结果。财务危机的早期监测就是提前预知风险发生的可能性，防止潜在风险转化为现实风险，一旦财务危机发生，能及时有效地采取应急对策，设法阻止危机进一步恶化。

1. 财务风险的辨识

财务风险是指全部资本中债务资本比率的变化带来的风险。在竞争激烈的市场经济条件下，由于各方面的原因，财务风险是不可避免的。企业管理者应善于辨识财务风险，及时采取有效措施，方能使企业远离财务危机。财务风险的辨识是指对存在于企业内部和外部的各种风险进行分辨，弄清楚哪些属于企业的财务风险，哪些不属于企业的财务风险；哪些已形成现实的财务风险，哪些尚属于潜在的财务风险；哪些财务风险已威胁到企业的生存与发展，哪些财务风险尚不构成威胁。

对财务风险的辨识可以从不同层次、不同角度进行。既可以运用预测分析法、系统研究法、决策分析法、环境分析法、动态分析法等方法从宏观层面分析，也可以运用财务状况分析法、资产负债分析法、因素分析法、平衡分析法、专家意见法等方法从微观层面分析，或将二者结合。进行财务风险分析和判断的前提是找到财务风险形成、发展的证据材料，健全的财务资料有利于提高辨识的质量。

财务风险的辨识可通过财务风险辨识问卷进行，如表11-2所示。可以根据具体情况，对表11-2中的问题给予不同的权重分值，通过得分高低来判断财务风险的大小。

表 11-2　财务风险辨识问卷

问题	是	否	说明
财务风险源是否存在？			
财务风险是否已经形成？			
财务风险是否针对本企业？			
与财务风险相关的因素是否已显现？有何具体特征？			
财务风险在波及本企业之前是否会发生变异？			
已有财务风险资料是否充分？			
财务风险是否已对企业构成威胁？			
财务风险是否处于显现期？			
财务风险是否需要进行衡量？			
财务风险是否需要进行监测？			

2. 财务风险的衡量

财务风险的衡量是指对财务风险进行数量界定，它是针对某种财务风险形成、发展的概率以及可能造成的损失范围和强度等进行测算，分析该财务风险对企业的威胁程度、可能造成的影响与危害以及企业的承受能力。

财务风险的衡量可通过财务风险衡量问卷进行，如表 11-3 所示。同样也可以通过对每一问题设定权重分值，对财务风险进行量化。

表 11-3　财务风险衡量问卷

问题	是	否	说明
财务风险源是否已经显现？			
财务风险资料及规律是否已经把握？			
是否有可借鉴和参考的先例或经验？			
财务风险将在何时或何种情况下产生？			
财务风险的产生需要具备什么条件？			
在企业内外该条件是否已形成？			
财务风险造成损失的范围和强度如何？			
财务风险是否会产生“并发症”？			
财务风险是否超出预警线？			
是否需要采取行动？			

3. 财务风险的防范

从总体上说，防范企业财务风险应做好以下几方面工作：第一，认真分析财务管理的宏观环境及其变化情况，提高企业对财务管理环境变化的适应能力和应变能力，制定多种应变措施，适时调整财务管理政策和改变财务管理方法，以此降低环境变化给企业带来的财务风险。第二，建立和不断完善财务管理系统，以适应不断变化的财务管理环境。面对不断变化的财务管理环境，企业应设置高效的财务管理机构，配备高素质的财务管理人员，健全财务管理规章制度，强化财务管理的各项基础工作，使企业财务管理系统有效运行，以防范因财务管理系统不适应环境变化而产生财务风险。第三，不断提高财务管理人员的风险意识。财务风险存在于财务管理工作的各个环节，任何环节的工作失误都可能会给企业带来财务风险，财务管理人员必须将风险防范贯穿于财务管理工作的始终。第四，提高财务决策的科学化水平，防止因决策失误而产生的财务风险。财务决策的正确与否直接关系到财务管理工作的成败，经验决策和主观决策会使决策失误的可能性大大增加。为防范财务风险，企业必须采用科学的决策方法。在决策过程中，应充分考虑影响决策的各种因素，尽量采用定量分析方法并运用科学的决策模型进行决策。对各种可行方案要认真进行分析评价，从中选择最优的决策方案，切忌主观臆断。第五，理顺企业内部财务关系，做到责、权、利相统一。为防范财务风险，企业必须理顺内部的各种财务关系，明确各部门在企业财务管理中的地位、作用和应承担的责任，并赋予其相应的权力，真正做到权责分明。

从技术角度来说，防范财务风险的方法主要有以下三种：（1）分散法。即通过企业之间联营、多种经营及对外投资，将风险转移给合作伙伴。例如，企业可以采用投资多元化方式分散财务风险。对于风险较大的项目，企业可以采用与其他企业共同投资、收益共享、风险共担的方式分散投资风险。（2）降低法。即企业面对客观存在的财务风险，努力采取措施降低财务风险的方法。例如，当市场不可预测因素增多，股票价格出现剧烈波动时，企业应及时降低股票投资在全部对外投资中所占的比重，从而降低投资风险。（3）回避法。即企业在选择理财方案时，应综合评价各种方案对企业正常生产经营活动的影响，以及可能产生的财务风险，在保证实现财务管理目标的前提下，选择风险较小的方案，回避风险较大的方案。

11.2.2 破产危机的征兆

美国危机管理专家菲克（Fink）在其1986年所著的《危机管理》一书中，将危机的发展分为四个阶段，即潜伏期、爆发期、慢性化期和解决期。企业管理者如果能在潜伏期察觉财务危机的征兆，就可以采取有效措施避开或化解可能出现的财务危机。

大多数情况下，企业破产危机表现为财务危机。管理无能、不明智的扩张、激烈的竞争、过高的负债等原因致使企业财务状况逐步恶化，最终危及企业的生存与发展。在企业财务状况由顺境到逆境的演变过程中，通常可以从企业外在特征（如交易记录恶化、过度依赖借款及关联交易、通过收购或资本支出方式大规模扩张、财务报表及相关信息公布迟缓、管理层持股数下降、领导班子更换频繁等）及财务特征（如指标和报表）两个方面察觉危机的征兆。以下仅对财务特征加以说明。

1. 财务指标

企业在日常经营过程中，通过观察现金流量、销售额、资产负债率、销售经常收益率等指标的变化，可以察觉财务恶化的苗头。

(1) 现金流量。企业出现财务危机首先表现为缺乏支付到期债务的现金流量。企业的现金流量与销售收入、利润密切相关，它们各自有可能上升，有可能持平，有可能下降，排列组合后呈现出联动的内在规律，用三维直角坐标系表示如图 11-1 所示。

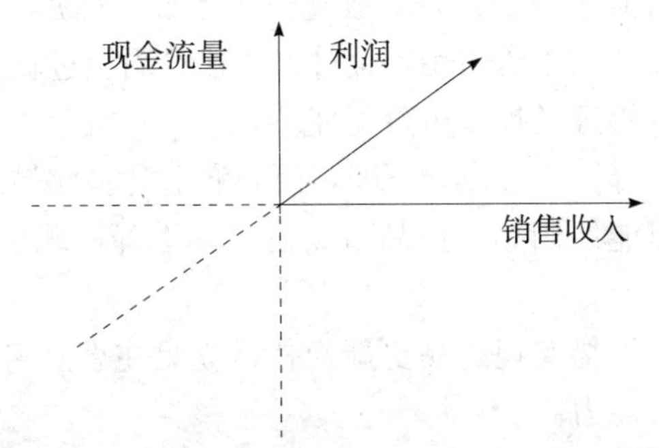

图 11-1　企业现金流量与销售收入、利润的关系

由图 11-1 可以看出，从坐标系区分的象限来看，在现金流量上升的同时，既存在销售收入、利润同时上升的现象（第Ⅰ象限），也存在销售收入、利润同时下降的现象（第Ⅲ象限），还存在销售收入下降、利润上升的现象（第Ⅱ象限）及销售收入上升、利润下降的现象（第Ⅳ象限）；同理，在现金流量下降的同时，既存在销售收入、利润同时上升的现象（第Ⅴ象限），也存在销售收入、利润同时下降的现象（第Ⅶ象限），还存在销售收入下降、利润上升的现象（第Ⅵ象限）及销售收入上升、利润下降的现象（第Ⅷ象限）。

就财务活动的客观结果而言，第Ⅰ象限属于正常情况，企业运作良好，现金流转顺畅。其余象限均为病态，存在危机隐患。通常情况下，一个企业在销售收入上升时，如果没有利润与现金流量伴随，那么该企业在财务方面便会呈现出病态，如成本失控、对外投资无法收回、流动资金短缺、企业不能按期还债付息等。根据症状的表象及上面的演绎结果，可以将病情归并为七类三级，以“＋”号的多少表示病情的严重程度。以下列示各病情的病因分析与诊断结果。

第一类，销售收入下降、利润上升，同时现金流量上升。此类病情为一级，用“＋”表示。出现该类病情的可能原因是：企业产品销路不畅，主营业务收入下降，企业靠其他业务、对外投资、营业外收入增加利润和现金流量。

诊断：企业资产配置不合理，影响其长期稳定发展。若举债进行证券投资，企业财务风险会进一步加大。企业应尽快调整资产结构及产品结构，生产适销对路的产品，才能稳步健康发展。

第二类，销售收入下降、利润下降，而现金流量上升。此类病情为二级，用“＋＋”表示。出现该类病情的可能原因是：企业产品销路不畅，成本上升，企业主营业务利润为负值，其他业务、投资活动等增加的利润有限，扭转不了利润下降的局面。从短期看，若亏损额小于折旧额，在固定资产不需要更新之前，企业现金流量仍可维持。一旦亏损额大于折旧额，若外部筹资不能及时到位，企业将很快破产。

诊断：短期内扭亏为盈或进行资产重组。

第三类，销售收入上升、现金流量上升，而利润下降。此类病情为一级，用“＋”表示。出现该类病情的可能原因是：成本费用上升幅度大于销售收入上升幅度，或投资损失超过主营业务利润。

诊断：加强成本控制及投资风险管理。

第四类，销售收入上升、利润上升，而现金流量下降。此类病情为一级，用“＋”表示。出现该类病情的可能原因是：企业放宽信用条件，增加了赊销量，但现金回笼状况差，现金流转不顺畅或长期投资占用资金过大，建设周期过长致使现金流量下降。

诊断：加强应收账款管理及投资风险管理。

第五类，销售收入下降、现金流量下降，而利润上升。此类病情为二级，用“＋＋”表示。出现该类病情的可能原因是：产品市场占有率下降，现金回笼状况差，投资收益未形成现金流入。

诊断：开发新产品，尽早实现产品更新换代；立足主营业务，调整投资结构，加快货币回笼，增强外部筹资能力。

第六类，销售收入下降、利润下降，同时现金流量下降。此类病情为三级，用“＋＋＋”表示。出现该类病情的可能原因是：产品市场占有率下降，其他业务及投资收益欠佳，外部筹资困难。

诊断：尽快进行资产重组。

第七类，销售收入上升、利润下降，同时现金流量下降。此类病情为二级，用“＋＋”表示。出现该类病情的可能原因是：企业采用赊销作为促销手段，信用标准降低致使收益质量下降。另外，成本上升或投资损失、营业外支出过高等均会导致利润下降。

诊断：进行账龄分析，调整信用标准；加强成本控制及投资风险管理。

(2) 销售收入的非正常下降。一般情况下，销售收入的下降会导致企业当期或以后各期现金流入量的减少，当期现金流量受影响的程度主要取决于企业的信用政策。如果当期现金余额明显下降，产成品存货大量积压，可以说企业财务出现了危险信号。

(3) 现金大幅下降而应收账款大幅上升。在稳定的信用政策下，若出现平均收现期延长，账面现金较少而应收账款较多，则表明企业现金回笼状况差，现金流转可能会受到严重影响。

(4) 财务比率。通过对反映企业财务状况的各项比率进行比较分析，观察其变化趋势，从中捕捉危机信号。判断企业财务状况的主要指标及危机的征兆如表 11－4 所示。

表 11－4　判断企业财务状况的主要指标及危机的征兆

财务指标	计算公式	财务危机的征兆
资产周转率	销售净额/平均总资产×100％	大幅下降
资本经常收益率	经常收益/资本平均总额×100％	大幅下降或负数
销售经常收益率	经常收益/销售净额×100％	大幅下降或负数
经常收益增长率	本期收益/前期收益×100％	小于 1，并逐年下降
销售利息率	利息总额/销售净额×100％	接近或超过 6％（统计数据）
资产负债率	负债总额/资产总额×100％	大幅上升
权益与负债比率	权益总额/负债总额×100％	大幅下降
流动比率	流动资产/流动负债×100％	降到 150％以下
经营债务倍率	（应付账款＋应付票据）/月销售额	接近或超过 4 倍（统计数据）

2. 报表

一般来说，财务报表能综合反映企业在一定日期的财务状况和一定时期内的经营成果。为此，通过对总体结构和平衡关系的观察，可以判断企业的安全状态。

（1）利润表。根据经营收益、经常收益与当期收益的亏损和盈利情况，可以将企业的财务状况分为 A～F 六种类型。不同类型财务状况对应的安全状态如表 11－5 所示。

表 11－5　不同类型财务状况对应的安全状态

<table>
<tr><th colspan="2">类型</th><th>A</th><th>B</th><th>C</th><th>D</th><th>E</th><th>F</th></tr>
<tr><td rowspan="4">项目</td><td>经营收益</td><td>亏损</td><td>亏损</td><td>盈利</td><td>盈利</td><td>盈利</td><td>盈利</td></tr>
<tr><td>经常收益</td><td>亏损</td><td>亏损</td><td>亏损</td><td>亏损</td><td>盈利</td><td>盈利</td></tr>
<tr><td>当期收益</td><td>亏损</td><td>盈利</td><td>亏损</td><td>盈利</td><td>亏损</td><td>盈利</td></tr>
<tr><td>说明</td><td colspan="2">接近破产状态</td><td colspan="2">若此状态继续，将会导致破产</td><td>根据亏损情况而定</td><td>正常状态</td></tr>
</table>

注：经营收益＝营业收入－营业成本－税金及附加－销售费用－管理费用－资产减值损失＋公允价值变动收益＋投资收益。

经常收益＝经营收益－财务费用。

当期收益＝经常收益＋营业外收入－营业外支出。

（2）资产负债表。根据资产负债表平衡关系和分类排列顺序，可以将企业的财务状况分为 X，Y，Z 三种类型。X 型表示正常；Y 型表示企业已亏损一部分资本，财务危机有所显现；Z 型表示企业已亏损全部资本和部分负债，临近破产。不同类型对应的安全状态如图 11－2 所示。

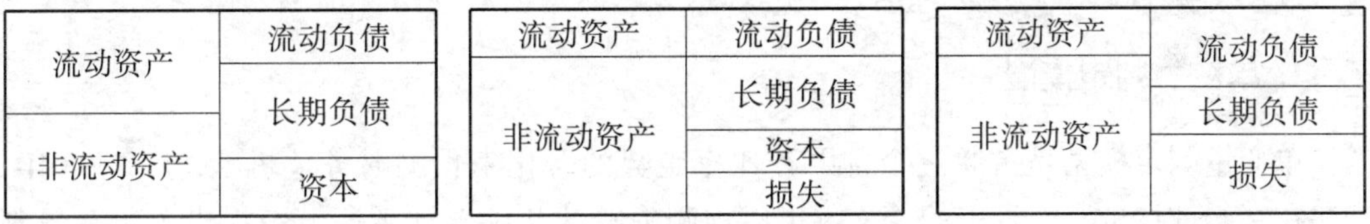

流动资产	流动负债
	长期负债
非流动资产	
	资本

（a）X 型

流动资产	流动负债
非流动资产	长期负债
	资本
	损失

（b）Y 型

流动资产	流动负债
非流动资产	长期负债
	损失

（c）Z 型

图 11－2　不同类型对应的安全状态

11. 2. 3　财务危机预警分析系统

破产预警管理是通过建立财务危机预警分析系统来进行的。财务危机预警分析系统是采用及时的数据化管理方式，通过全面分析企业内部经营和外部环境的各种资料，以财务指标数据形式将企业面临的潜在危险预先告知经营者，同时寻找财务危机发生的原因和企业财务管理中隐藏的问题，并明确告知经营者解决问题的有效措施的智能化管理系统。财务危机预警分析系统主要由指标体系、预警界限、数据处理和信号显示四部分组成。其构建步骤为：

第一步，建立一套能够敏感反映企业财务危机状况的指标体系。

第二步，根据企业的历史资料以及各个时期的理财环境，并参考国际公认标准、专家意见，确定各指标的预警界限，以及由预警界限所划分的安全状态。

第三步，用选定的数据处理方法，对各指标的取值进行综合处理，得出相应的安全等级（安全状态综合值 $=\sum$ 各指标安全状态分值 × 各指标重要性系数）。

第四步，用信号显示企业财务安全状态和安全等级。

在财务危机预警分析系统的构建过程中，财务危机预警分析模型是关键。据文献记载，最早提出财务危机预警分析模型的是比弗（Beaver），即通过个别财务比率走势的恶化来预测财务危机状况。由于采用不同比率预测同一企业可能会得出不同的结果，1968年，埃特曼（Altiman）提出了多变量模型，即运用多种财务指标加权汇总产生的总判别分来预测财务危机。由于该模型以制造行业中等资产规模（70万～2 590万美元）的企业为样本，对小企业适用性不大。1972年，埃德米斯特（Edmister）专门针对小企业建立了小企业财务危机预警分析模型。此后出现的预测模型有迪金（Deakin，1972）模型、迪蒙德（Dimond，1976）模型、奥尔森（Ohlson，1980）模型、梅农和施瓦茨（Menon and Schwartz，1987）模型、科赫和基洛（Koh and Killough，1990）模型等。这些模型按所用的信息类型不同分为财务指标信息类模型、现金流量信息类模型和市场收益率信息类模型。其中，财务指标信息类模型是指使用常规的财务指标，如资产负债率、流动比率、净资产收益率和资产周转速度等作为预警模型的变量所建立的财务危机预警模型。现金流量信息类模型是基于理财学的一个基本原理——公司的价值应等于预期的现金流量的净现值——而构建的模型。如果公司没有足够的现金支付到期债务，又无其他途径获得资金，那么公司最终将破产，因此，过去和现在的现金流量能很好地反映公司的价值和破产概率。市场收益率信息类模型是指使用股票市场收益率信息构建的财务危机预警模型。以下简要介绍几种具有代表性的财务指标信息类模型。

1. 单变量判定模型

单变量判定模型是指通过个别财务比率走势的恶化来预测财务危机状况。1968年，比弗在《会计评论》上发表的论文《可以预测失败的几种会计手段》中提出了单变量判定模型。他对79个失败企业和相同数量、同等资产规模的成功企业进行比较研究后发现，按预测能力大小，预测财务危机的比率依次排序为：债务保障率（现金流量/债务总额）、资产收益率（净收益/资产总额）、资产负债率（债务总额/资产总额）。他发现债务保障率指标预测的准确率最高，并且离失败日越近，预见性越强。

2. 多变量模型——Z 计分模型

多变量模型——Z 计分（Z-score）模型，即运用多种财务指标加权汇总产生的总判别分（称为 Z 值）来预测财务危机。该模型由埃特曼于20世纪60年代末提出，模型如下：

$$Z=0.012X_1+0.014X_2+0.033X_3+0.006X_4+0.999X_5 \tag{11-1}$$

式中，X_1 表示营运资金与资产总额的比值；X_2 表示留存收益与资产总额的比值；X_3 表示息税前收益与资产总额的比值；X_4 表示权益市价与债务总额账面价值的比值；X_5 表示销售额与资产总额的比值。

根据这一模型，Z 值越低，企业就越有可能破产。埃特曼提出判断破产企业和非破产企业的分界点为 2.675，Z 值大于 2.675，为非破产企业；Z 值小于 1.81，为破产企业；当 Z 值处于 1.81～2.675 之间时，由于进入该区间的企业财务状况极不稳定，误判的可能性很大，埃特曼称此区间为“灰色地带”。

该模型的预测结果表明，企业破产前两年的预测准确率最高，随着时间的延长，预测准确率下降。有关数据如表 11－6 所示。

表 11－6　运用多变量模型预测企业破产的情况

企业破产之前的年数	实际破产的企业数量	正确预测的数量	未正确预测的数量	准确率（%）
1	33	31	2	94
2	32	23	9	72
3	29	14	15	48
4	28	8	20	29
5	25	9	16	36

3. 小企业财务危机预警分析模型

1972 年，埃德米斯特专门针对小企业建立了小企业财务危机预警分析模型，该模型假定所有变量服从 $N(0,\ 1)$ 分布，以标准值为界线进行判别，变量值只能为 1 或 0。模型如下：

$$Z=0.951-0.423X_1-0.293X_2-0.482X_3+0.277X_4-0.452X_5-0.352X_6-0.924X_7 \tag{11-2}$$

式中，各变量的计算和取值规则为：

$X_1=\dfrac{\text{税前净利}+\text{折旧}}{\text{流动负债}}$，若 $X_1<0.05$，取值为 1；若 $X_1\geqslant 0.05$，取值为 0。

$X_2=\dfrac{\text{所有者权益}}{\text{销售收入}}$，若 $X_2<0.07$，取值为 1；若 $X\geqslant 0.07$，取值为 0。

X_3＝净营运资金与销售收入的比值再除以行业平均值，若 $X_3<-0.02$，取值为 1；若 $X_3\geqslant -0.02$，取值为 0。

$X_4=\dfrac{\text{流动负债}}{\text{所有者权益}}$，若 $X_4<0.48$，取值为 1；若 $X_4\geqslant 0.48$，取值为 0。

X_5＝存货与销售收入的比值再除以行业平均值，若 X_5 连续三年有上升趋势，取值为 1；反之，取值为 0。

$X_6=\dfrac{\text{速动比率}}{\text{行业平均速动比率趋向值}}$，若 X_6 有下降趋势并且小于 0.34，则取值为 1；若不满足此条件，则取值为 0。

$X_7=\dfrac{\text{速动比率}}{\text{行业平均速动比率}}$，若 X_7 连续三年有下降趋势，取值为 1；反之，取值为 0。

该模型的判定方法与埃特曼的模型相似，但埃德米斯特出于某种原因未能公开 Z 值的最佳分界点。

11.2.4 企业破产危机的应对与管理评价

企业应对破产危机的关键是捕捉先机，即在危机到来之前，建立明确的、便于操作的应急预案，避免事前无计划、事后忙乱的现象。应急预案的内容可能会随着企业经营范围、理财环境的变化而变化，但一般包括以下几个方面：(1) 处理危机的目标（包括最高目标和最低目标）与原则。(2) 与债权人的谈判策略。(3) 专家与组织。(4) 应急资金的来源。(5) 削减现金支出和变卖资产的顺序。(6) 资产结构和负债结构的调整和优化措施。(7) 应急措施，如利用媒体与债权人进行沟通，以此控制危机，设法使受危机影响大的债权人站到企业的一边，帮助企业解决有关问题；邀请公正的权威性机构及专家来帮助解决危机，以取得债权人与社会对企业的信任；设立危机控制中心等。(8) 重组计划。破产危机应急具体对策如表 11－7 所示。

表 11－7　破产危机应急具体对策

对策	举例	优缺点
规避	放弃风险大的投资项目	操作简便易行，安全可靠，效果有保障，但该方法易丧失盈利机遇，为竞争对手所利用
布控	企业建设项目投标的标的、与客户签订的购销合同的标的等重大财务决策采取加密措施	可有效控制财务风险的产生，但该方法受技术条件、成本费用、管理水平的限制
承受	变卖企业资产以偿还到期债务	丢卒保车，但该方法会发生实际经济损失，由企业内部资产进行补偿
转移	对已辨识的财务风险予以保险，或转让、转包、转租、联营、合资、抵押、预收、预提等	可减少或消除一时的风险损失，但转移不慎有可能导致新的风险因素
对抗	企业已资不抵债，再增加借款。股票投资已套牢，再注入一笔资金	高风险，可能带来高回报，但也可能遭受加倍损失

破产预警管理效果评价是指对破产预警管理结果的评价，目的在于总结经验教训，为以后决策提供依据。可采用破产预警管理效果评价问卷进行效果评价，如表 11－8 所示。

表 11－8　破产预警管理效果评价问卷

问题	是	否	说明
破产预警管理结果是否实现了预期目标？如果存在差异，差异有多大？			
破产预警管理对策是否易于分解落实？			
财务风险损失较预计有无增加？如有，原因何在？			
财务风险控制的力度如何？			
是否存在更佳的方案未被采用？			

续表

问题	是	否	说明
破产预警管理过程中是否出现失控区间？失控原因及后果是什么？			
是否有最佳费用选择？			
破产预警管理方案是否具有弹性？是否适用于可能发生的变异？			
破产预警管理的经验教训是什么？			

11.3　重整与和解财务管理

11.3.1　重整与和解财务管理的特点

重整是在法院的主持和各利害关系人的参与下，对陷入困境、濒临破产而又具有挽救价值和重建可能的企业进行生产经营的整顿和债权债务关系的清理，最终使企业重获生产经营能力，避免破产清算，摆脱困境的一种特殊法律形式。重整、和解与破产清算有机结合构成了破产程序体系。重整与和解期间，企业的生产经营活动会继续进行，具体特点主要体现在以下几个方面。

首先，重整计划草案与和解协议草案的制定是重整与和解阶段的首要任务，必须经过债权人会议并由人民法院裁定认可才能生效。如果企业未能履行重整计划与和解协议，法院将终止重整与和解，宣告其破产。

其次，重整期间，经债务人申请和人民法院批准之后，债务人可以在管理人的监督下自行管理财产和营业事务。管理人可以由有关部门、机构的人员组成的清算组或者依法设立的律师事务所、会计师事务所等中介机构担任，由人民法院指定。

最后，在重整计划规定的监督期内，债务企业需要向管理人报告重整计划的执行情况和财务状况。

11.3.2　重整计划的制定与执行

重整具有债务清理和拯救企业的双重目的，是一种再建型的制度设计，以促进债务企业复兴为目的，尽量减少债权人和债务人股东的损失。重整的程序可以分为四个步骤：

第一步，由债权人或债务人向人民法院申请重整。只要企业法人具备明显缺乏清偿能力的可能性，就可以申请进入重整程序。如果是债权人向人民法院申请债务人破产，在人民法院受理破产清理后、宣告债务人破产前，债务人或出资额占债务人注册资本 1/10 以上的出资人可以向人民法院申请重整。

第二步，在人民法院裁定重整的 6 个月内，债务人或管理人需向债权人会议和人民法院同时提交重整计划草案。

第三步，人民法院在收到重整计划草案的 30 日内召开债权人会议，对重整计划进行表决，表决通过后 10 日内，债务人或管理人向人民法院申请批准重整计划，人民法院在收到申请的30日内裁定批准。

第四步，债务人负责重整计划的执行，并在监督期内接受管理人的监督。

如果其中的任何一步没有按要求完成，则重整程序终止，人民法院会宣告债务人破产。

可以看出，重整是否可以顺利完成，主要取决于重整计划能否获得债权人会议的通过以及人民法院的裁定认可。重整计划草案应尽可能完整地勾勒出债务人对未来经营的设想与安排、可行性、对债权人的利益保护程度等，以获得债权人的认可。具体来说，主要可以分为以下几个方面：首先，经营方案的描述与可行性分析，这是企业获得新生的动力所在，也是促成重整程序获得通过的重要基础。其次，理清企业所有的债权并进行分类，在此基础上提出债权调整与受偿方案。这一环节要注意维护债权人的利益，做到公平对待不同类型的债权人。最后，明确界定重整计划的执行期限与监督期限。

债权人会议讨论重整计划草案时，需要按债权类型分类分组进行表决，如果涉及出资人变更权益事项，则应设出资人组对计划草案进行表决。各表决组均通过计划草案时，即为通过。否则，债务人或管理人应积极同未通过计划草案的表决组进行协商，协商后再次进行表决。如果还未能通过，债务人可以在重整计划符合公平、公正等条件下，申请人民法院批准计划草案。

重整计划获得批准后由债务人负责执行，并在监督期内接受管理人的监督，监督期满，管理人向人民法院提交监督报告，管理人的监督职责终止，重整计划的利害关系人有权查阅该监督报告。必要时，管理人可以申请人民法院延长监督期限。重整计划对所有债权人和债务人都有约束力，债权人未依照《破产法》的规定申报债权的，在重整计划执行期间不得行使权利；在重整计划执行完毕后，可以按照重整计划规定的同类债权的清偿条件行使权利。如果债务人不能执行或不执行重整计划，管理人或其他利害关系人可以向人民法院申请裁定终止重整计划，终止重整计划后，债权人在重整计划中做出的债权调整的承诺将失去效力。债权人因执行重整计划所受的清偿仍然有效，债权未受清偿的部分作为破产债权。

11.3.3 和解

和解制度着眼于债权债务关系的变动，通过债权、债务双方的协商，达成新的偿债协议，从而避免债务企业破产。不同于重整，和解申请一般由债务人提出，既可以直接提出，也可以在人民法院受理但未宣告债务企业破产前申请。

和解协议应由出席债权人会议有表决权的债权人半数以上同意，并且其所代表的债权额占无担保债权额的2/3以上。和解协议通过后，由人民法院裁定后公告，管理人应将财产和营业事务移交给债务人。享有无财产担保的债权人称为和解债权人，和解债权人与债务人一同受和解协议的约束，按照协议减免的债务，自和解协议执行完毕起，债务人不再承担清偿责任。如果债务人欺诈或不能、不执行和解协议，和解债权人可以请求人民法院裁定终止和解协议，并宣告债务人破产。

11.4　破产清算财务管理

11.4.1　破产清算的程序

人民法院宣告债务人破产的，自裁定之日内起 5 日内送达债务人和管理人，10 日内通知已知债权人，并进行公告。此后，管理人应及时拟定破产财产变价方案，并提交债权人会议讨论。在旧的破产法规中，企业被依法宣告破产后，受理破产案件的人民法院指定各方面人员组成清算组，接受破产企业的全部资产和债权，清理破产企业的财产，处理破产企业的善后事宜等。这不仅带有浓厚的行政色彩，而且会造成自受理破产申请到宣告破产之前债务人的财产处于无人管理的真空状态。现行《破产法》设立了管理人制度，有助于实现破产程序中管理主体的市场化和专业化。

管理人由人民法院指定，债权人会议认为管理人不能依法、公正履行职务或者有其他不能胜任职务情形的，可以申请人民法院予以更换。管理人的职责主要有：(1) 接管债务人的财产、印章和账簿、文书等资料；(2) 调查债务人的财产状况，制作财产状况报告；(3) 决定债务人的内部管理事务；(4) 决定债务人的日常开支和其他必要开支；(5) 在第一次债权人会议召开之前，决定继续或者停止债务人的营业；(6) 管理和处置债务人的财产；(7) 代表债务人参加诉讼、仲裁或者其他法律程序；(8) 提议召开债权人会议；(9) 人民法院认为管理人应当履行的其他职责。

除债权人会议另有决议的以外，变价出售破产财产应当通过拍卖进行，既可以全部也可以部分变价出售，其中无形资产和其他财产单独变价出售，按照国家规定不能拍卖或限制转让的财产应按国家规定的方式处理。破产财产分配方案应载明以下事项：(1) 参加破产财产分配的债权人名称或者姓名、住所；(2) 参加破产财产分配的债权额；(3) 可供分配的破产财产数额；(4) 破产财产分配的顺序、比例及数额；(5) 实施破产财产分配的方法。经债权人会议通过，并经人民法院裁定认可，由管理人执行破产财产分配。除债权人会议另有决议的以外，破产财产的分配应当以货币分配方式进行。破产财产不足以满足同一顺序的清偿要求的，按比例分配。破产企业的董事、监事和高级管理人员的工资按照该企业职工的平均工资计算。分配完毕，管理人要及时向人民法院提交破产财产分配报告，并提请人民法院裁定终结破产程序。自收到终结破产程序请求之日起 15 日内，人民法院应做出裁定，裁定终结的，应予以公告。自终结破产程序起 10 日内，管理人持人民法院的裁定公告到原注册机关办理注销登记。至此，破产清算程序完成。

11.4.2　破产财产的范围及计价

破产申请受理时属于债务人的全部财产，以及破产申请受理后至破产程序终结前债务人取得的财产，称为债务人财产。被宣告破产后，债务人财产称为破产财产。

下列特殊情况下的财产仍属于破产财产，管理人有权追回。

（1）人民法院受理破产申请前1年内，涉及债务人财产的下列行为，管理人有权请求人民法院予以撤销：1）无偿转让财产的；2）以明显不合理的价格进行交易的；3）对没有财产担保的债务提供财产担保的；4）对未到期的债务提前清偿的；5）放弃债权的。

（2）为逃避债务而隐匿、转移财产的；虚构债务或者承认不真实的债务的。

（3）人民法院受理破产申请前6个月内，债务人不能清偿到期债务，并且资产不足以清偿全部债务或者明显缺乏清偿能力，但仍对个别债权人进行清偿的，管理人有权请求人民法院予以撤销。但是，个别清偿使债务人财产受益的除外。

为了正确确定破产财产的价值，以便合理地按价值进行分配，破产财产的计价可以采用账面价值法、重估价值法和变现收入法等多种方法。

账面价值法是指以核实后的各项资产、负债的账面价值（原值扣除损耗和摊销）为依据，计算企业财产价值的方法。该方法适用于破产财产的账面价值与实际价值偏离不大的项目，如货币资金、应收账款等货币性资产项目。

重估价值法是指对财产的原值以采用重置成本法、现行市价法等方法进行重估所确定的价值为依据，计算企业财产价值的方法。该方法适用于各项财产价值的确定，如设备、存货等。

变现收入法是指以出售资产可获得的现金收入为依据，计算企业财产价值的方法。

11.4.3 破产债权的范围及计价

人民法院受理破产申请时对债务人享有的债权称为破产债权。债权申报期限自人民法院发布受理破产申请公告之日起计算，最短不得少于30日，最长不得超过3个月。此外，人民法院裁定终止重整计划执行的，债权未受清偿的部分作为破产债权。人民法院裁定终止和解协议执行的，和解债权未受清偿的部分作为破产债权。

债权人申报债权时，应当书面说明债权的数额和有无财产担保，并提交有关证据。申报的债权是连带债权的，应当说明。可以由其中一人代表全体连带债权人申报债权，也可以共同申报债权。在人民法院确定的债权申报期限内，债权人未申报债权的，可以在破产财产最后分配前补充申报；但是，此前已进行分配的，不再对其补充分配。审查和确认补充申报债权的费用，由补充申报人承担。

未到期的债权在破产申请受理时视为到期。附利息的债权自破产申请受理时起停止计息。

管理人对所收到的债权申报材料进行审查并编制债权表，供利害关系人查阅。债务人、债权人对债权表的记录没有异议时，由人民法院裁定确认；如有异议，可向人民法院提起诉讼。凡是依法申报债权的债权人均为债权人会议成员，有权参加债权人会议，享有表决权。

破产债权的计价是为了确定债权人对破产企业拥有的债权额度，以便为破产财产的公平分配提供依据。破产债权的计价因债权的类型不同而不同，主要有以下几种：

（1）破产宣告日尚未到期的利随本清债权，其债权额为原债权额，加上从债权发生日至破产申请受理时的应计利息。

(2) 不计利息的现金债权及非现金债权，一般按债权发生时的历史记录金额计价。

(3) 以外币结算的债权，按破产宣告日以国家外汇牌价中间价折合的人民币金额计价。

(4) 索赔债权，赔偿金额由清算组与索赔债权人协商确定。

11.5　案例研究与分析：嘉瑞新材破产重组

11.5.1　案例背景

湖南嘉瑞新材料集团股份有限公司在 2003—2005 年连续三年出现严重的资不抵债状况，于 2006 年 4 月 13 日被深交所暂停上市，股票简称 *ST 嘉瑞。为防止退市，*ST 嘉瑞一直有意转让壳资源，紫薇地产、北京天润置地房地产开发（集团）有限公司等地产公司都曾与 *ST 嘉瑞有过重组意愿，但随着 2010 年下半年开始的房地产调控，证监会暂缓受理房地产开发企业重组申请，*ST 嘉瑞转型地产的计划被迫终止，其资产与债务重组再次受到关注。

湖南嘉瑞新材料集团股份有限公司（简称嘉瑞新材）的前身是湖南省安江塑料厂，1994 年 6 月 9 日经湖南省体改委批准，湖南安江塑料厂改组，采取定向募集方式设立嘉瑞新材，设立时股本为 4 500 万股。1997 年 6 月吸收合并湖南金利塑料制品有限公司增加股本 1 000 万股；1998 年 3 月每 10 股送 1 股后，公司总股本增加到 6 050 万股；2000 年 8 月 18 日经证监会批准，公开发行社会公众股（A 股）3 600 万股，总股本为 9 650 万股；2000 年 9 月 6 日嘉瑞新材在深交所上市。

嘉瑞新材曾获得许多荣誉，包括“中国塑料制品行业百强企业（第三名）”“中国人造革行业百强企业（第一名）”“国家高新技术企业”“长沙工业十大突出贡献企业（第五名）”“年利税过亿元企业”等荣誉称号；公司产品和商标先后获得“国家高新技术产品”“国家免检产品”“中国驰名商标”等荣誉。公司曾被省政府评为“湖南省企业管理示范单位”，是我国人造革行业龙头企业、全国铝型材十强企业、国内人造革行业唯一的上市公司。然而，就在上市后的第三年，公司 2003 年年报披露的利润为 1 918.76 万元，实际虚增主营业务收入 12 488.11 万元，扣除相应的成本，虚增利润 2 731 万元，扣除虚增利润，嘉瑞新材 2003 年实际利润为亏损 812.24 万元，2004 年净利润为亏损 29 398.59 万元，同比下降 733.84%。如果以每股收益计算，2004 年嘉瑞新材每股亏损 3.05 元。

几经曲折，嘉瑞新材已经从当年的明星企业变成问题企业，经营基本处于停滞状态。资料显示，导致嘉瑞新材“变脸”的原因主要有以下几个方面。

1. 公司的技术保障能力较低

1990 年，湖南安江塑料厂本部从日本引进 PVC 压延法人造革生产线设备，但因 1996 年 7 月遭遇洪水侵蚀，关键部位出现故障，需要运往江苏省维修，工作量大，耗时长，公司做出暂停生产的决定，这直接影响了 2000 年、2001 年的经营业绩。同时，这也反映出公司设备供应不够充足的问题，一台机器发生故障就造成生产停产，生产管理无序，应急措施不到位。2001年公司自主成功开发了主导产品——湿法PU透气服装革，在技术和工艺上处于世界领先水平，该项目获得三项国家专利和国家新产品证书等。但由于湿法PU透气革工艺要求高，而公司当时只有少数员工掌握了操作技能，人才短缺，远远不能满足生产所需，造成设备开工率低，优质资源浪费。

2. 管理水平滞后

嘉瑞新材的前身是集体所有制企业。它经历了集体领导下的厂长负责制、租赁制、任期目标承包制等管理模式。1994年公司进行股份制改组，打破了集体领导体制，明晰了产权，建立了新的管理体制和管理结构平台。然而，公司并没有很好地把握这次彻底改变的机会，虽然管理形式变化了，但管理实质丝毫未变。直到2001年6月6日，公司的控股股东依然是社会团体——湖南安江塑料厂集体资产管理委员会（简称安塑资管会）。由于1996—2000年市场形势大好，公司销售收入连年大幅增长，管理层便盲目乐观，认为公司的经营模式和管理体制都是有效的，创新意识不强，严重阻碍了公司前进的步伐。2001年6月6日，公司原第一大股东安塑资管会与洪江市大有发展有限公司（简称洪江大有）签订了股权转让协议，洪江大有受让资管会持有的安塑法人股全部股份，成为公司第一大股东。但经证监会查实，公司的实际控制人是湖南鸿仪实业集团，并且公司的第一、第二、第三、第五大股东是一致行动人，湖南鸿仪实业集团及其旗下的一系列关联公司通过各种往来款和账外银行借款的方式大量占用嘉瑞新材的资金。因此，这次股权变更不但没有实现管理方法的转变与创新，反而将嘉瑞新材进一步逼向深渊。

3. 大股东侵占资金和违规担保

嘉瑞新材自2002年开始便出现募集资金被大股东占用的情况，2002—2004年均被证监会查出有虚构主营业务收入的情况。公司之所以虚构主营业务收入，是为了掩盖财务状况恶化的事实。自2002年开始，公司财务状况恶化，公司向银行贷款以募集资金，然而却有巨额资金被大股东占用，一方面公司要负担大额贷款利息；另一方面募集资金使用未到位，项目回报无从谈起，资金投入无法收回。公司为了维持生产经营继续向银行借款，并通过虚构收入来保证净利润为正，以此掩盖不乐观的销售状况。2003年公司对外担保总额超出净资产的50%，公司计提了很大比例的坏账准备，影响净利润达上亿元，使公司财务状况雪上加霜。

4. 投资分散、多元化经营不当

嘉瑞新材的投资比较分散，没有带来有效收益。比如，2003年公司投资湖南神农大丰种业股份有限公司400万元，至2006年12月31日还未受益。2003年公司以10 700万元收购长沙新大新置业有限公司（简称新大新）持有的泰阳证券有限责任公司9 000万股股权（7.47%），但因为2004年12月23日证监会查处公司2003年年末对外担保额占公司净资产的50.91%，超过了50%，根据《证券公司管理办法》的规定，或有负债达到净资产 50%的不得成为证券公司持股 5%及以上的股东，故而证监会下发《关于不予核准泰阳证券有限责任公司股权变更的通知》，于是公司将股权调入对新大新的应收款项。然而由于在证监会下发通知前股权已被质押给中国银行湖南省分行，公司又因资金被大股东占用而无力解除质押股权，因此对新大新应收款项计提了 100%的坏账准备，从而影响了 2005 年度净利润 8 560 万元。嘉瑞新材 2003—2006 年的主要财务指标如表 11－9 所示。

表 11－9　嘉瑞新材 2003—2006 年主要财务指标　　单位：万元

项目	2003 年	2004 年	2005 年	2006 年
主营业务收入	41 444.16	35 769.28	36 087.44	33 962.73
主营业务成本	32 984.45	34 749.85	33 313.40	30 387.29
营业利润	2 759.53	－20 905.07	－39 286.49	－1 948.50
净利润	1 884.36	－32 083.29	－67 872.28	1 358.81
资产（年末合计）	115 296.27	120 015.44	75 994.54	60 545.08
负债（年末合计）	56 974.77	101 359.25	128 482.25	121 361.26
所有者权益（年末合计）	58 321.50	18 656.19	－52 487.71	－60 816.18

可以看出，自 2005 年开始，公司已经资不抵债，截至 2006 年年底，嘉瑞新材总资产约 6 亿元，而债务高达约 12 亿元。另一方面，公司的管理费用、财务费用偏高。2004 年、2005 年的管理费用出现较大幅度的增长，分别较上年增长 443.93%，123.25%，而按照公司规模计算，管理费用应在 4 000 万元左右。2004 年，公司管理费用合计 16 485.1 万元，其中计提资产减值准备 12 302 万元，计提管理用固定资产折旧约 3 403 万元，管理人员工资及福利费约 220 万元，剩余 560 万元用于招待费、差旅费的支出等。2005 年，公司管理费用合计 36 803.3 万元，其中计提资产减值准备 1 060 万元，计提固定资产折旧和无形资产累计摊销合计约 3 282.45 万元，管理人员工资及福利费 210 万元，补提养老保险、医疗保险等 15 万元，剩余 32 235.8 万元为招待费、差旅费等的支出。

11.5.2　嘉瑞新材的重组过程

嘉瑞新材在 2006 年 4 月 13 日被暂停上市。嘉瑞新材决定进行重大资产重组，引进有实力的重组方，在出售全部资产、清偿本公司全部负债的同时，注入具有持续经营能力和较强盈利能力的优质资产，做大做强上市公司，保护上市公司广大股东特别是中小股东的利益。2011 年 9 月，嘉瑞新材牵手浙江华数传媒，确定重大资产重组方案，华数传媒的股东以其所持 100%股权价值认购了上市公司的定向增发股份，实现华数传媒整体注入上市公司。

1. 重组参与主体

华数传媒是主要的重组方。华数传媒是杭州地区有线数字电视网络运营商，全称为华数传媒网络有限公司，是华数数字电视传媒集团有限公司（简称华数集团）旗下主推企业之一，专业从事数字电视网络运营与新传媒发展。华数传媒的主营业务是全国新媒体业务和杭州地区有线电视网络业务。公司 2010 年、2011 年及 2012 年 1—6 月的营业收入分别为 10.19 亿元、12.94 亿元、6.89 亿元，归属于母公司股东的净利润分别为 0.51 亿元、1.19 亿元、0.81 亿元，2011 年收入和净利润分别同比增长 27.02%和 133.96%，均保持较高的增速。参与重组时，华数传媒已与全国 25 个省区百余个城市的广播电视网络建立合作关系，提供包括技术、内容及运营在内的综合服务，发展了超百万互动电视收费用户。强大的媒体资产管理库、雄厚的媒体资源储备为华数传媒与运营商和终端生产厂商的长期合作奠定了基础，是公司核心竞争力之一。

除了华数传媒，湖南千禧龙投资发展有限公司（简称千禧龙）也参与了重组过程。千禧龙成立于 2011 年 4 月 11 日，主营业务包括投资高科技产业、房地产业、运输仓储业等，同时为企业提供资产管理、投资策划咨询等服务，它还拥有销售资产产品的业务。千禧龙在重组前负责把嘉瑞新材变为无资产、无负债的“净壳”，作为对价补偿，千禧龙通过增资和受让股权的方式持有华数传媒的股份。

2. 重组过程

资产重组主要分为两个步骤：

第一步：出售资产和清偿债务。嘉瑞新材向千禧龙出售除货币资金外的全部资产，千禧龙以现金支付对价。根据北京国融兴华资产评估有限责任公司出具的资产评估报告书，截至 2011 年 12 月 31 日，嘉瑞新材总资产账面值 12 401.03 万元，评估值 17 656.50 万元，增值 5 255.47 万元，增值率 42.38%，其中货币资金 303.59 万元。因此，出售资产（除货币资金以外的全部资产）的评估值为 17 352.91 万元，最终将出售资产的转让价格调整为 17 400 万元。

嘉瑞新材出售的资产主要包括长期股权投资和固定资产，其中长期股权投资评估增值 5 094.51 万元；固定资产主要包括建筑物和机器设备，账面值 813.37 万元，评估值 974.33 万元，评估增值 160.95 万元。

嘉瑞新材以收到的出售资产转让价款及上市公司留存货币资金清偿债务，不足部分由千禧龙承担和解决。完成清偿后，公司成为无资产、无负债的“净壳”。作为对价补偿，千禧龙通过增资 2.5 亿元和受让股权的方式持有华数传媒的股份。

第二步：发行股份购买资产。嘉瑞新材以发行股份购买资产的方式向华数集团、千禧龙、浙江省二轻集团公司、东方星空创业投资有限公司和浙江省发展资产经营有限公司购买其所持有的华数传媒 100%的股权。

以为重大资产重组而召开的董事会会议决议公告日（定价基准日）前 20 个交易日公司股票交易均价 1.36 元/股为基础，嘉瑞新材非公开发行股票的价格确定为 2 元/股。

交易前，嘉瑞新材的总股本为 1 189 万股，洪江大有持股比例为 14.97%，为第一大股东，鄢彩宏为实际控制人。交易完成后，公司总股本变更为 10 970 万股，华数集团持有嘉瑞新材 5 956 万股，占总股本约 54.30%，公司的实际控制人变更为杭州文化广播电视集团。在评估基准日至购买资产交割日期间，购买资产产生的收益归嘉瑞新材所有，产生的亏损由发行对象按照其持有的购买资产的股权比例以现金补足。重组前后股权结构变化如图 11－3 所示。

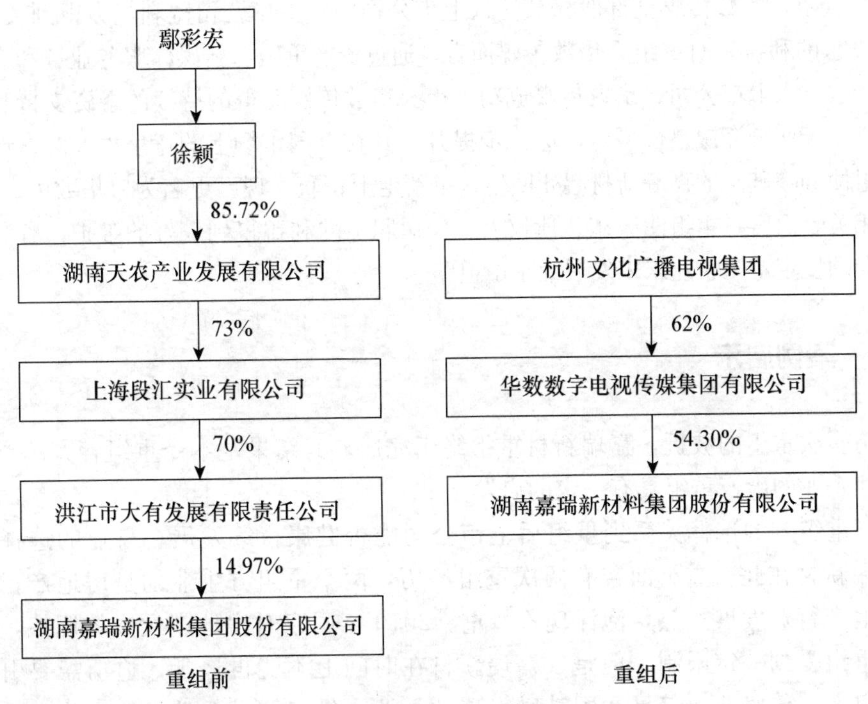

图 11－3　嘉瑞新材重组前后股权结构示意图

11.5.3　重组效应分析

嘉瑞新材的重组使公司免于退市或破产的风险，并且使债权人、股东及重组方获得了不同的收益。2012—2014 年嘉瑞新材的主要财务指标如表 11－10 所示。

表 11－10　2012—2014 年嘉瑞新材的主要财务指标　　单位：万元

项目	2012 年	2013 年	2014 年
主营业务收入	150 860.58	180 118.47	241 161.60
主营业务成本	86 412.72	100 596.49	139 536.44
营业利润	11 596.01	19 112.54	33 721.00
净利润	17 378.61	25 544.56	38 386.82
资产总额（年末）	338 357.09	508 453.25	555 817.72
负债总额（年末）	253 338.06	327 095.06	335 112.04
所有者权益（年末）	85 019.03	181 358.19	220 705.68

通过上表可以发现与重组前公司各项指标相比：第一，公司的净资产大幅增长，提升了资产质量，使公司的偿债能力得到极大增强；第二，公司的营业收入持续增长，使得公司未来有良好的发展空间。

嘉瑞新材重组成功给各参与方带来了积极的影响。对债权人而言，资产重组彻底解决了历史遗留问题，完成债务的偿还，并通过新注入的资产恢复了上市公司的持续盈利能力，从根本上提高了公司的资产质量和盈利能力，保护了债权人的利益。对股东而言，通过资产重组，华数传媒全部股权被注入上市公司中，上市公司盈利能力得到大幅提升，保护了股东的利益。对重组方华数传媒而言，通过资产重组，新媒体服务业务和有线电视网络资产被注入上市公司，华数传媒成功上市。华数传媒获得的持续的融资支持和资本市场所提供的产业链资源整合平台，进一步提升了其在全国市场上的竞争力。对嘉瑞新材而言，重组使濒临破产的嘉瑞新材起死回生，重新走上正轨，现已更名为“华数传媒”。对其他利益相关者而言，重组使股东、债权人、公司职工的利益得到较好的维护，有利于保持当地社会的稳定，为企业未来发展铺平了道路。

11.5.4 案例启示

经历多次重组的波折，嘉瑞新材重组终于完成，其结果基本令重组各方满意。本案例对其他企业的破产重组具有一定的启发。

（1）重组方的选择关系到重组后上市公司能否健康持续发展，行业的选择至关重要。嘉瑞新材在此次重组前曾有两次重组经历，两个重组方主业均是房地产，而当时我国房地产行业发展过热，泡沫现象严重。2010年国家对房地产发展的调控，使房地产企业重组受到一定限制。但是，嘉瑞新材在时间上不能再拖延，迫切需要引进有实力的重组方。传媒业一直是我国鼓励发展的行业，借三网融合的机遇，此次重组方案顺利完成。

（2）重组模式的选择是公司重组成功的重要因素。先破产重整再资产重组，资产重组前借助法律手段处理债务问题消除了重组方的后顾之忧，“净壳”重组降低了重组后的整合风险。

资料来源：

①王柄根．临终账单*ST嘉瑞每股巨亏6.92元．证券日报，2006-04-03.
②杨萌．*ST嘉瑞“破茧化蝶”华数传媒 停牌6年复牌当日大涨621%．证券日报，2012-10-12.
③陈燕青．*ST嘉瑞华丽转身暴涨6倍．深圳商报，2012-10-20.
④赵碧君．华数传媒借壳重组获放行*ST嘉瑞有望重回A股．上海证券报，2012-06-12.
⑤湖南嘉瑞新材料集团股份有限公司重大资产出售及发行股份购买资产暨关联交易报告书．2011.

本章小结

● 破产是企业消亡的一种重要方式。企业法人不能清偿到期债务，并且资产不足以清偿全部债务或者明显缺乏清偿能力的，可以按照《破产法》的有关规定清理债务，进入破产程序。

● 重整是在人民法院的主持下由债务人与债权人达成协议，制定重整计划，规定在一定的期限内，债务人按一定的方式全部或者部分清偿债务，同时债务人可以继续经营其业务的制度。重整适用于所有类型的企业法人，是一个独立的破产预防程序。

● 和解是破产程序开始后，债务人和债权人之间就债务人延期清偿债务、减少债务数额、进行整顿事项达成协议，以挽救企业、避免破产、中止破产程序的法律行为。和解一般由债务人提出。

● 恰当地辨识和衡量财务风险有助于防范财务危机；财务指标和报表分析可以察觉破产危机的征兆；通过构建财务危机预警分析系统，可以实现对破产危机的早期预防与控制，并在危机发生时采取相应的对策与方案。

案例讨论

浙江海纳破产重整

一、危机爆发

浙江海纳科技股份有限公司（简称浙江海纳）是一家以浙江大学为技术依托的高科技企业，公司成立之初，法人股东为浙江大学企业集团控股有限公司（简称浙大企业集团）、浙江省科技风险投资公司以及四位自然人。1999 年 5 月公司在深交所挂牌上市。

2003 年 2 月 14 日，浙大企业集团分别与珠海溶信、海南皇冠签订了股权转让协议。根据该协议，浙大企业集团将其持有的 2 560 万股国有法人股（占总股本的 28.44%）和 2 160 万股国有法人股（占总股本的 24%）分别转让给珠海溶信和海南皇冠，而珠海溶信与海南皇冠的实际控制人都是飞天系的实际控制人邱忠保。

在邱忠保控制了浙江海纳之后，公司为多家单位提供了层层担保，如表 11 - 11 所示。

表 11 - 11　浙江海纳提供的部分担保

时间	担保对象	金额	说明
2004 年 5 月 31 日	中油飞天实业投资开发有限公司	8 000 万元	为银行借款提供连带责任担保
2004 年 6 月 18 日	武汉民生石油液化气有限公司	3 000 万元	为银行借款提供担保
2004 年 8 月 5 日	南京恒牛工贸实业有限公司	3 500 万元	和中油龙昌共同为银行借款提供连带责任担保
2004 年 8 月 5 日	珠海经济特区溶信投资有限公司和海南皇冠假日滨海温泉酒店有限公司	1.46 亿元	为债务提供连带责任担保

邱忠保操控下的违规担保在债务到期后，债权人纷纷起诉，申请执行。为应对 2005 年开始出现的众多担保引起的诉讼事项，浙江海纳在 2005 年年报中将飞天系实际占用资金 2.82 亿元、涉讼担保 3.31 亿元和其他违规担保 2.51 亿元的 80%进行损失计提，直接导致浙江海纳 2005 年高达近 6.36 亿元的巨额亏损，当年每股亏损 7.07 元。

2005 年年底，浙江海纳的危机逐渐显现出来，公司涉及的重大诉讼、仲裁事项达 19 项之多，涉及债权人 16 家。随着 2006 年 2 月邱忠保被上海警方调查，浙江海纳危机全面爆发，大部分诉讼和仲裁事项进入强制执行阶段。

二、重整计划

2006 年 3 月开始，在浙江省政府、浙江大学和浙江证监局的领导和支持下，浙江海纳积极探索解决债务危机的方法。2007 年，以浙江大学经营性资产管理委员会为主体，成立了浙江海纳重组清算组，浙江大学国资办和浙江证监局派员参加。浙江海纳破产重组清算工作先行启动。清算组主动与债权人接触，尽力得到债权人的支持和理解，以维护公司及下属企业的生产稳定和员工稳定，防止资产不当流失。

2007年9月14日，债权人袁建华以拥有浙江海纳2 190.43万元的债权向杭州市中级人民法院提出浙江海纳破产重整的申请。申请当天，法院就裁定予以受理，并指定重组清算组担任管理人。由此，浙江海纳破产重整工作正式进入司法程序。杭州市中级人民法院则严格按照2007年6月1日正式实施的《破产法》的相关规定，进行各项程序。

2007年10月19日，15家债权人如期向浙江海纳管理人申报了债权，债权总金额为人民币5.42亿元。10月24日，浙江海纳第一次债权人会议在杭州市中级人民法院召开，15家债权人以及浙江海纳管理人等出席了会议。在这次会议上，浙江海纳破产重整计划（草案）正式出炉，在管理人对破产重整计划草案做了充分说明后，债权人对该草案进行表决。该草案显示：经专业机构评估，浙江海纳债务总金额为5.42亿元，债务本金总额为4.05亿元；资产价值为1.107亿元，两者相比，严重资不抵债。草案提出的方案是：深圳大地公司以浙江海纳资产价值1.107亿元为基数提供等值现金，用于清偿债务。债权人可以获得25.35%的本金清偿，高于模拟破产清算条件下19.84%的本金清偿率。

经法院确认，浙江海纳不存在对特定财产享有担保权的债权，不存在职工的工资和医疗、伤残补助、抚恤费用和应当划入职工个人账户的基本养老保险、基本医疗保险费用和法律、行政法规规定应当支付给职工的补偿金债权，不存在税款债权，只存在普通债权。普通债权人共计15家，普通债权本金总额共计40 522.89万元。普通债权人在重整计划执行期内获得上述比例现金一次性清偿后，免除浙江海纳剩余本金债权和全部利息债权及其他债权。

该草案经过表决，有12家债权人表示同意，不同意的为1家，还有2家弃权。根据《破产法》的相关规定，同意重整计划草案的债权人大大超过半数，他们所代表的债权额占债权总额的87.17%，超过《破产法》规定的2/3以上，重整计划获得通过。2007年11月23日，杭州市中级人民法院召开新闻发布会，宣布浙江海纳破产重整一案审理终结，法院裁定批准债权人会议通过的浙江海纳重整计划，并终止重整程序。

2009年浙江海纳资产重组和股权分置改革全面完成。公司将从原来单一的半导体节能材料拓展到以节能减排和轨道交通业务为主营业务方向的大机电产业。由于公司通过机电脱硫类资产经营实现的收入占公司主营业务收入的91.07%，经核准，从2009年7月16日起，公司所属行业变更为专用设备制造业，同时，公司中文名称缩写由“浙江海纳”更名为“众合机电”。

三、小结

浙江海纳是《破产法》实施后严格按照司法程序，最先实质性地走完破产重整程序的上市公司。在该案例中，如果按照破产清算，债权人只能获得19.84%的本金清偿率。而通过破产重整可以大大提高对债权人的清偿率，最大限度地保障债权人的权益。同时，破产重整可以使破产企业摆脱债务，轻装上阵，由此获得重生的希望，避免因纯粹的破产清算而引发的一系列社会问题。

资料来源：搜狐网. 首例上市公司破产案落幕：浙大海纳有望新生. [2007-11-28]. https://business.sohu.com/20071128/n253560937.shtml.

浙江海纳的破产重整对于陷入危机的上市公司有什么启示？破产重整是否优于破产清算？

思考题

1. 尽管国外有许多研究成果是关于财务危机预警分析模型的，但迄今为止，没有一个得到一致认可并广泛应用的财务危机预警分析模型。这说明财务危机预警分析模型纯属理论研究，缺乏实际应用价值。你如何看待这种说法？试对此进行评论。

2. 财务危机防范的重点和难点是什么？

3. 根据埃特曼模型，企业在计算 Z 值时会遇到哪些实际问题？

4. 如何理解重整与和解两个法律程序？适用时要注意什么问题？

5. 破产清算财务管理的工作重点是什么？

6. 如何进行破产财产的分配？

图书在版编目（CIP）数据

高级财务管理学/王化成，刘亭立主编；邓路，裘益政副主编. --5版. --北京：中国人民大学出版社，2022.1

新编21世纪财务管理系列教材

ISBN 978-7-300-30210-2

Ⅰ. ①高… Ⅱ. ①王… ②刘… ③邓… ④裘… Ⅲ. ①财务管理-高等学校-教材 Ⅳ. ①F275

中国版本图书馆CIP数据核字（2021）第281149号

本教材第4版曾获首届全国教材建设奖全国优秀教材二等奖

“十二五”普通高等教育本科国家级规划教材

新编21世纪财务管理系列教材

高级财务管理学（第5版）

主　编　王化成　刘亭立

副主编　邓　路　裘益政

Gaoji Caiwu Guanlixue

出版发行	中国人民大学出版社		
社　　址	北京中关村大街31号	**邮政编码**	100080
电　　话	010－62511242（总编室）		010－62511770（质管部）
	010－82501766（邮购部）		010－62514148（门市部）
	010－62515195（发行公司）		010－62515275（盗版举报）
网　　址	http://www.crup.com.cn		
经　　销	新华书店		
印　　刷	北京溢漾印刷有限公司	**版　　次**	2003年3月第1版
开　　本	787 mm×1092 mm　1/16		2022年1月第5版
印　　张	25 插页1	**印　　次**	2025年7月第12次印刷
字　　数	569 000	**定　　价**	54.00元

中国人民大学出版社　管理分社

教师教学服务说明

中国人民大学出版社管理分社以出版工商管理和公共管理类精品图书为宗旨。为更好地服务一线教师，我们着力建设了一批数字化、立体化的网络教学资源。教师可以通过以下方式获得免费下载教学资源的权限：

★ 在中国人民大学出版社网站 www.crup.com.cn 进行注册，注册后进入“会员中心”，在左侧点击“我的教师认证”，填写相关信息，提交后等待审核。我们将在一个工作日内为您开通相关资源的下载权限。

★ 如您急需教学资源或需要其他帮助，请加入教师 QQ 群或在工作时间与我们联络。

中国人民大学出版社　管理分社

教师 QQ 群：648333426(工商管理)　114970332(财会)　648117133(公共管理)
教师群仅限教师加入，入群请备注(学校+姓名)

联系电话：010-62515782，82501868，82501048，62514760

电子邮箱：glcbfs@crup.com.cn

通讯地址：北京市海淀区中关村大街甲 59 号文化大厦 1501 室（100872）

管理书社

人大社财会

公共管理与政治学悦读坊